Marko
Das Ende der Sanftmut

Gerda Marko

Das Ende der Sanftmut

Frauen in Frankreich
1789–1795

Verlag C. H. Beck München

Für meine Tochter

Mit 29 Abbildungen

Die Deutsche Bibliothek – CIP-Einheitsaufnahme

Marko, Gerda:
Das Ende der Sanftmut : Frauen in Frankreich 1789–1795 /
Gerda Marko. – München : Beck, 1993
  ISBN 3 406 37312 7

ISBN 3 406 37312 7

© C. H. Beck'sche Verlagsbuchhandlung (Oscar Beck)
München 1993
Satz: Fotosatz Otto Gutfreund GmbH, Darmstadt
Druck und Bindung: Ebner Ulm
Gedruckt auf säurefreiem, aus chlorfrei gebleichtem
Zellstoff hergestelltem Papier
Printed in Germany

Inhalt

Vorbemerkung

‹Die Geschichte ist eine Erfindung, zu der die Wirklichkeit die
Materialien liefert. Aber sie ist keine beliebige Erfindung. Das
Interesse, das sie erweckt, gründet auf den Interessen derer, die sie
erzählen; und sie erlaubt es denen, die zuhören, ihre eigenen Interessen wiederzuerkennen.› (Hans Magnus Enzensberger)

Die Frauen, von denen dieses Buch erzählt, hatten ihren großen
Augenblick vor 200 Jahren. Die Französische Revolution gestattete
ihnen Teilnahme am öffentlichen Leben, wie sie nie zuvor denkbar
gewesen wäre. Aber auch niemals zuvor hatten Frauen in den
politischen Kämpfen der Männer einen so blutigen Tribut entrich-
ten müssen. Die Zäsur dieses Eintritts in die Öffentlichkeit hat
zwar nicht auf Dauer die Lebensbedingungen des weiblichen Geschlechts verändert, aber jede einzelne Frau unwiderruflich geprägt.
Der Umschwung vom Ideal hingebungsvoller Sanftmut zu Selbständigkeit und Eigenverantwortung war so unvorbereitet erfolgt, daß er
bei den Frauen neben der Aufbruchseuphorie auch Verwirrung auslöste, bei den Männern Entsetzen.

Fast 200 Jahre lang waren die Frauen dieser Epoche, von wenigen
berühmten Ausnahmen abgesehen, vergessen. In ihren Tagebü-
chern, Briefen, Memoiren, in Gerichtsakten, Polizeiberichten, in
ihren Petitionen, Manifesten, Zeitungsartikeln beginnt die Erinnerung an sie zu leben. Verklärende Betrachtung wird ihnen nicht
gerecht. Gewiß, sie haben die erste Hürde im mühseligen Kampf
um Gleichberechtigung genommen, waren mutig, zielstrebig, unge-
beugt auch in verzweifelten Niederlagen – aber sie waren auch
anders, unvernünftig, exaltiert, starrköpfig, agitierten oft mehr gegeneinander als Seite an Seite, doch gerade in ihren Widersprüchen,
in ihrer Fassungslosigkeit, ihren Schwächen und Enttäuschungen
sind sie uns heute vertraut, so fremd auch ihre Lebensumstände
sein mögen. Geschichte: erzählt, um ‹eigene Interessen wiederzuerkennen›.

Mein Freund Jean-Jacques...

Jean-Jacques Rousseau, geächtet, aus Frankreich und Genf ausgewiesen, auf der Flucht vor Kirche und Justiz, die seine Bücher öffentlich verbrannten, in seiner Armut abhängig von Wohltätern, die ihm hier und dort eine Bleibe gewährten, krank, verbittert – wie wurde er von seinen Leserinnen geliebt! Kein anderer Philosoph, kein anderer Dichter hat so zu ihren Herzen gesprochen, sie so zu Tränen gerührt wie der arme Jean-Jacques. Sein Grab auf der Pappelinsel im Park von Ermenoville, das kleine Haus – die Eremitage – bei Montmorency, in der er den ‹Emile› und die ‹Neue Héloïse› verfaßt hat, wurden Pilgerstätten ihrer Verehrung. Sie fühlten sich reich beschenkt von seinem Verstehen des weiblichen Werts: ‹Die erste und wichtigste Qualität einer Frau ist die Sanftmut: einem so unvollkommenen Wesen wie dem Mann zum Gehorsam geschaffen, der so oft voller Laster und immer so reich an Fehlern ist, muß sie frühzeitig lernen, selbst Ungerechtigkeiten zu erdulden und die Launen eines Gatten klaglos zu ertragen; nicht um seinetwillen, sondern um ihrer selbst willen muß sie sanftmütig sein. – Ist ein Mann aber nicht geradezu ein Ungeheuer, so beschwichtigt die Sanftmut seiner Frau ihn wieder und triumphiert früher oder später über ihn.›

Heute fällt es schwer, die Begeisterung und Dankbarkeit nachzuempfinden, die Rousseau bei seinen Leserinnen auslöste. Hat es sie nicht beleidigt zu hören, daß ‹die Frau dazu geschaffen ist, zu gefallen und sich zu unterwerfen›? Waren sie nicht gekränkt zu lesen, wie Erziehung die süße Sophie vorbereiten sollte, Emiles Gefährtin zu sein, seine Ergänzung und sonst nichts?

Fragen, über die Frauen zur Zeit des Ancien régime nur gestaunt hätten. Kleine Mädchen ‹müssen sich frühzeitig an Zwang gewöhnen›, damit es ihnen allmählich immer leichter fällt, Zwang auszuhalten – jede Frau gab ihm recht, daß dies vernünftig sei, bestand doch ihr Leben aus nichts anderem als aus Zwängen. Rousseau bereitete sie ‹auf die unsinnigen Einrichtungen› des Lebens vor. Er hat sie nicht dazu aufgerufen, etwas daran zu verändern. Aber wäre denn ein solcher Versuch überhaupt realistisch gewesen? Erst mit der Revolution erkannten Frauen, und keineswegs alle, daß sie einen anderen Platz in der Gesellschaft fordern könnten, als sie es gewohnt waren und klaglos anerkannt hatten.

Ehen wurden selbstverständlich von den Eltern arrangiert. Junge Adelige, die man für die Ehe bestimmt hatte, bekamen einander vor der Unterzeichnung des Ehevertrages üblicherweise gar nicht zu sehen. Im Bürgertum wählte ein heiratswilliger Mann ein Mädchen aus und verabredete dann mit dessen Eltern die Verbindung, wobei ‹strenge Kastenschranken› zu berücksichtigen waren etwa zwischen ‹einem Handlungsgehilfen und einem Gerichtsschreiber, einem Goldschmied und einem Schlosser›, kritisierte Mercier in seiner Darstellung des Pariser Lebens 1788. ‹Nur im Volk wird frisch drauflos geheiratet›, wenn Mann oder Frau in der Lage waren, einen bescheidenen Haushalt einzurichten. Kam auch nur das geringste Vermögen ins Spiel, war das Losungswort jeder Ehe: Mitgift. Es genügte eben nicht, daß die Frau ‹all ihren angeborenen Liebreiz auf die Waage legte, ihre Sanftmut, ihre Tugend, ihre Ehrlichkeit, die Zartheit ihrer Seele…› – und diesem Mißstand setzte Rousseau ein Ende, indem er nur noch die gegenseitige Achtung und Liebe der künftigen Partner den Ausschlag geben ließ. Zwar werden in der ‹Neuen Héloïse› noch die Standesschranken als Hindernis einer Heirat von Julie und ihrem bürgerlichen Geliebten anerkannt, aber Emile entscheidet sich für Sophie nur deshalb, weil sie sein Herz bezaubert. Er weiß, daß sie außer einigem Hausrat nichts in die Ehe mitbringen wird, und es ist ihm gleichgültig.

Würden also Ehen geschlossen aus Zuneigung und nicht aus Berechnung, so könnten die Frauen hoffen, daß es ihnen erspart bliebe, die Untreue ihrer Männer hinnehmen zu müssen, während sie selbst zur Treue verurteilt waren und schwer dafür büßen mußten, wenn sie sich einen Ehebruch gestatteten. Dann verfiel ihre Mitgift, und sie konnten von Glück reden, wenn die Gatten sie nicht ins Kloster sperrten – auch wenn diese selbst ihre Geliebten bei sich ein und aus gehen ließen.

In der ‹Neuen Héloïse› zeichnet Rousseau besonders liebevoll das Familienglück Julie von Wolmars. Sie behandelt ihre drei Kinder nach dem Grundsatz, sie glücklich sehen zu wollen. Eine unerhörte Neuerung, gab es doch bis in die siebziger Jahre dieses aufgeklärten Jahrhunderts nichts Armseligeres und Elenderes als das Kind. Sofort nach der Geburt wurde es einer Amme übergeben, für die der Säugling nur einen zusätzlichen Verdienst bedeutete. Wenn sie ihn vernachlässigte, wurde sie von niemandem zur Rechenschaft gezogen, denn die Eltern kümmerten sich um ihre auf dem Land abgelegten Kinder während der ersten zwei Jahre nicht. Nicht einmal drei Viertel der Kinder überlebten das erste Lebensjahr. Auch die Zahl der vor den Findelhäusern und auf Kirchentreppen ausgesetzten Kinder nahm ständig zu, ging allein in Paris in die Tausende im Jahr.

*Der Philosoph Rousseau ehrt mit einem Blumenstrauß eine Mutter,
die ihr jüngstes Kind stillt.*

Dabei handelte es sich nicht nur um unehelich geborene Babys,
sondern auch um unerwünschten Nachwuchs von Ehepaaren, die
keine Lust hatten, die Kleinen selbst aufzuziehen (wofür Rousseau
selbst als berüchtigtes Beispiel zu nennen ist), oder sich aus mate-
rieller Not dazu außerstande fühlten. Behielt man die Kinder, so
durften sie so wenig wie nur möglich stören, verständlich bei
Bäuerinnen und Handwerkerfrauen, deren Arbeitskraft durch Geburt und Säuglingspflege nicht beeinträchtigt werden sollte – und
deshalb verschnürte man die Kleinen als Wickelpakete, damit sie
sich nicht viel bewegten und man nicht auf sie achten mußte.

Zudem verfielen sie durch diese brutale Methode in Apathie, schrieen auch nicht mehr und dämmerten bewußtlos vor sich hin.

Obwohl Ärzte vor den Spätfolgen dieser Behandlung warnten, fand sie erst ein Ende, als mit Rousseau das neue Mutterbild entstand, wie es auch auf Gemälden und Zeichnungen verbreitet wurde: die neue Mutter stillt ihr Kind selbst und bietet damit ihm die beste und gesündeste Nahrung, sich selbst eine köstliche Befriedigung. Sie freut sich darüber, wie sich das kleine Wesen entwickelt, und begleitet alle seine Regungen mit Stolz und Verantwortung. ‹Die Natur will, daß Kinder Kinder seien, ehe sie erwachsene Menschen werden›, erläutert Julie ihre Erziehung während der ersten Jahre – das bedeutet die Entdeckung der Kindheit als einer eigenständigen Lebensphase. Und dazu gehörte die Aufwertung der Frau in ihrer Mutterrolle. Tief bewegt durch die Lektüre, veränderten Mütter ihre Einstellung zu ihren Kleinen und begannen in ihren Aufgaben für sie ‹die heiligste und süßeste aller Pflichten› zu sehen (Manon Roland). Natürlich konnten sie dieser Pflicht, die ihnen ganz unerwartete Glückserfahrungen bescherte, nur nachkommen, wenn sie sich auf den häuslichen Bereich konzentrierten, ihren Ehrgeiz auf ein behagliches Heim für die Familie richteten, und ausschließlich darauf. Voraussetzung dafür war, daß der Mann ausreichend verdiente. So wird also nach Rousseaus Konzept nicht die Frau ins Haus verbannt (aus heutiger Sicht ein verächtlicher Vorgang), sondern der Mann wird dazu angehalten, allein seine Familie zu ernähren, um die Frau für den wertvollen häuslichen Bereich freizuhalten. Denn was wäre an weiblicher Berufstätigkeit zu dieser Zeit verlockend gewesen?

Es gab die klassischen Frauenberufe in der Modebranche, Schneiderin, Modistin, Seidenstickerin, aber kaum eine Frau war selbständig. Sogar die Herstellung von Knöpfen, Federn oder Fächern unterstand männlicher Leitung, und wenn Frauen in Zünften organisiert waren, dann unter einem Mann als Zunftmeister (einzige Ausnahme: die kaum prestigeträchtige Zunft der Weißnäherinnen). Außerdem verdienten Frauen für dieselbe Tätigkeit grundsätzlich wesentlich weniger als Männer. Neben diesen angenehmen Arbeiten, die junge Mädchen verrichteten, bis sie heirateten, und verheiratete Frauen nur aus wirtschaftlichen Gründen, auch in Heimarbeit, gab es die Berufe der Wäscherin, Händlerin, Verkäuferin, sogar Lastträgerin und die Mitarbeit im Handwerksbetrieb des Mannes – aber dies bedeutete nur eine Doppelbelastung der Frauen, die zusätzlich den Haushalt versorgten und die Männer bedienten – sogar in der Landwirtschaft, wo die Frauen genauso schwere Arbeit verrichteten wie die Männer. Und dennoch waren Frauen, die ohne

Mann lebten und für sich selbst aufkamen, der allgemeinen Verachtung ausgesetzt, auch wenn sie nicht ihren Lebensunterhalt mit Prostitution verdienten, was für viele der einzige Ausweg blieb.

Warum sollten es die Frauen ihrem Jean-Jacques nicht gedankt haben, daß er den Bereich von Haus und Familie für sie reservierte und ihn mit seiner gefühlvollen Beredsamkeit aufwertete? In den Kreisen des Adels und des wohlhabenden Bürgertums war das Ideal leicht zu erreichen, in den freien Berufen, Arzt, Jurist, Architekt, wurde es bald gängig, konnten sich doch die Frauen an diesen Berufen mangels entsprechender Ausbildung nicht beteiligen, und so erfolgte bald eine strikte Trennung von Arbeitsbereich und Privatheit. Natürlich stand auch schon früher das Haus unter dem Einfluß der Frau, in den gehobenen Schichten ist die Kultur des Salons dafür das beste Beispiel. Da scharten sich gebildete, berühmte Männer um einen weiblichen Fixstern, da bestimmte die Frau die Auswahl der Gäste und prägte die Atmosphäre. Daß in diesem Bereich die Macht der Frauen, auch ihr Einfluß auf Politik etabliert gewesen sei, gehört zu den am weitesten verbreiteten Mißverständnissen über die Epoche. ‹Ein großer Vorteil der Frauen, wenn sie regieren, ist, daß sie ertragen, studieren, beobachten und vor allem zur rechten Zeit zurücktreten können› – das sagte eine Frau, die es wissen mußte, Madame Necker, die den berühmtesten Salon des vorrevolutionären Paris führte, deren Mann Millionär und zeitweise Finanzminister war. Die Gastgeberin stand im Zentrum der Organisation, das ist richtig, und sorgte für das Wohlergehen der Anwesenden – darunter übrigens immer nur ganz wenige Frauen (auf dem Gemälde, das den Salon der Madame Geoffrin abbildet, sind von den 55 Personen nur sieben Frauen). Manche Frauen konnten sich wohl auf dem spiegelnden Parkett mit Brillanz und Schönheit Erfolge verschaffen, aber doch in erster Linie mit der Begabung, den geistreichen Gesprächen der Männer einen charmanten Impuls zu geben oder einfach nur bewundernd zuzuhören. Noch einmal Madame Necker, die persönlich nicht an mangelndem Selbstbewußtsein litt: ‹Glühwürmchen sind ein passendes Bild für Frauen: Solange sie im Dunkeln bleiben, ist man erstaunt über ihr Leuchten; sobald sie im Tageslicht erscheinen wollen, verachtet man sie und sieht nur ihre Mängel.› Bezeichnend auch, daß viele dieser Frauen fast ununterbrochen schrieben, Tagebuch, Betrachtungen, vor allem Briefe. Erst als spätere Generationen diese Briefwechsel veröffentlichten, wurde klar, welche Begabungen für Analyse und Gestaltung sich hier im Privaten niederschlugen, wenn die Freundinnen großer Männer zu Wort kamen.

Nein, erst Rousseau bot der Frau eine Bühne für ihre kostbare

Besonderheit, die sich jeder männlichen Konkurrenz entzog: das
Heim mit den Rollen der Hausfrau, Gattin und Mutter.

Dazu beschenkte er die Frauen mit einer neuen Sprache der
Inbrunst, Empfindsamkeit und Leidenschaft. Nicht mehr die kühle
Leuchtkraft des Verstandes allein, nicht mehr geschliffenes Parlie-
ren und die Prägnanz zielsicherer Pointen bestimmten den Wert der
Mitteilung, sondern der Rausch des Schön-Gesagten bewegte die
Seele. Nach dem Getändel des gezierten Flirts, des unverbindlichen
Genusses wurden Gefühle ernst genommen, und die Frauen entdeckten schnell diese Domäne als ihrem Wesen entsprechend. Sie
ließen sich auch von dem kleinen häßlichen Mann Natürlichkeit
als den neuen Maßstab für Schönheit anpreisen, akzeptierten zum
Beispiel seine harsche Kritik am Korsett (‹Es ist durchaus nicht
angenehm, eine Frau in zwei Teile zerlegt zu sehen wie eine Wespe;
das beleidigt das Auge und kränkt die Einbildungskraft. – Alles, was
die Natur hemmt und zwingt, ist schlechter Geschmack; das gilt
für den Putz des Körpers wie für den Schmuck des Geistes›) und
übernahmen von den Engländern weich fließende Kleider, flache
Sandalen und einfache Frisuren. Sie brauchten sich keinen Zwang
mehr anzutun, um zu gefallen.

Und daß er ihnen erklärte, für kleine Mädchen sei wichtiger, die
Nadel zu führen, als schreiben und lesen zu lernen? Daß es ihnen an
‹Geistesschärfe und Ausdauer› fehle, ‹um es in den exakten Wissen-
schaften zu etwas zu bringen›? Daß ihre vornehmste Wissenschaft
sein müsse, den Mann zu begreifen? Weshalb sollten sie sich darüber ereifern, gab es doch gar keine Möglichkeiten, andere Wissenschaften zu erlernen. Und bestätigte er ihnen nicht auch ihre
Überlegenheit: ‹Die Männer können besser über das menschliche
Herz philosophieren, die Frau aber kann besser im menschlichen
Herzen lesen.› Rousseau zeigte ihnen ihre Verschiedenheit von den
Männern, wer wollte dies als Demütigung begreifen? ‹Eine vollkommene Frau und ein vollkommener Mann dürfen sich im Geist
so wenig gleichen wie im Antlitz, und in der Vollkommenheit gibt
es kein Mehr oder Weniger.› Im richtigen Umgang der Geschlechter
entstehe ‹eine geistige Person, deren Auge die Frau und deren Arm
der Mann ist, jedoch mit einer solchen gegenseitigen Abhängigkeit,
daß die Frau vom Mann lernt, was sie sehen muß, und der Mann von
der Frau, was er tun muß. – Jeder gehorcht, und beide sind Gebieter.›
Und insgeheim ist es die Frau ein bißchen mehr, denn Rousseau
wußte, daß es nur vom Belieben der Frau abhinge, den Mann ‹den
Stärkeren sein zu lassen›. Rousseau führte die Frauen nicht den Weg
der Befreiung aus dem bestehenden System, aber er lehrte sie, es mit
allen Mitteln zu ihrem Vorteil zu nutzen. ‹Die Herrschaft der Frau

ist die Herrschaft der Sanftmut, der Geschicklichkeit, der Gefällig-
keit; ihre Anordnungen sind Schmeicheleien, ihre Drohungen sind
Tränen. Sie soll im Haus regieren wie ein Staatsminister, indem sie
sich befehlen läßt, was sie tun will.› Die Frauen verstanden die
feinsinnige List dieser Botschaft. Hätten sie den Irrwegen des Aufbe-
gehrens folgen sollen? Sie ließen sich leiten von dem Philosophen-
Dichter, der ihnen einen wunderbaren Lohn versprach. Was gäbe es
Besseres, als den Ehemann und den Geliebten zu Julie sagen zu
hören: ‹Wir sind allesamt schon längst Ihre Untertanen›?

1789
Erwartungen und Aufbruch

1788 – Staatsbankrott!
Ohne Steuerreform kann der Staatsverschuldung nicht Einhalt geboten werden. Der Adel aber betrachtet jeden Versuch, seine Privilegien anzutasten, als einen Akt königlicher Willkür.

Die dreizehn Gerichtshöfe des Landes, Parlamente genannt, wollen sich von den Ministern keine Entscheidungen vorsetzen lassen – sie bestehen darauf, daß Beschlüsse nur mit ihrer Gegenzeichnung gültig sind. Diese Haltung gefällt dem selbstbewußten Bürgertum in den Städten: es sieht jetzt für sich eine Chance, Gleichberechtigung mit dem Adel zu erlangen.

So drängt man den König gemeinsam, die Generalstände einzuberufen, gewählte Vertreter des Adels, des Klerus und des Dritten Standes. Sie sollen die Macht des Hofes einschränken, Vorschläge zur Lösung der Krise ausarbeiten und gegen jeden Widerstand durchsetzen.

Aber Ludwig XVI. muß gar nicht erst überredet werden. Er ist es zufrieden, die Verantwortung weitergeben zu können, zumal die oberste Entscheidungsbefugnis bei ihm liegt. Er befiehlt für den Mai des nächsten Jahres das Zusammentreten der Generalstände und erhofft sich eine Politik, die den Staatshaushalt stabilisiert, aber nichts am System verändert.

Die konservativen Kräfte wollen die Versammlung dominieren – so wie sie es bis 1614 getan hatten, bevor Ludwig XIII. sich entschieden hatte, auf ihre Mitarbeit zu verzichten.

Der liberale Adel träumt vom Vorbild Amerika: Frankreich hatte sich mit seiner Beteiligung am Unabhängigkeitskrieg als ‹Geburtshelfer der amerikanischen Republik› betätigt, war dadurch allerdings nur noch tiefer in sein Finanzdebakel geschlittert, aber jetzt endlich würden die neuen Ideen auch die französische Politik beeinflussen.

Der Dritte Stand, in den letzten Jahrzehnten reich geworden, will von nun an mitreden bei den Regierungsgeschäften und setzt durch, daß die Zahl seiner Vertreter verdoppelt wird – das ist bescheiden, bedenkt man die Brandthese, die der Abbé Sieyès mit seiner Flugschrift ‹Was ist der Dritte Stand?› in die Diskussion geschleudert hat: der Dritte Stand und die Nation sind eins.

Für die Bauern kann es nur besser werden, sie allein tragen alle Lasten: Steuern für den Staat, den Zehent für die Kirche, Abgaben und Fronleistungen für die adeligen Grundbesitzer.

Eine Katastrophenernte und die dadurch verursachte Preissteigerung für Brot haben die aufrührerische Stimmung angeheizt.

Der König gestattet, daß das Volk seine Sorgen vorbringen dürfe als Arbeitsgrundlage für die Deputierten. Gemeinden, Kirchspiele, einzelne Personen verfassen Beschwerdehefte, weit über 30000 überfluten Paris.

Etwa 40 darunter stammen von Frauen, ein verschwindend geringer Anteil, aber schließlich können auch nur knapp 15 Prozent lesen und schreiben. Außerdem hat bisher noch niemand Frauen um ihre Meinung gefragt, die Vorbereitung der erhofften Reformen ist Sache der Männer.

Am 5. Mai 1789 versammeln sich die fast 1200 Vertreter der Generalstände in Versailles. Nach der prunkvollen Eröffnungsfeier, aus der sich die Gruppe der schwarzgekleideten Bürgerlichen drohend abhebt, bricht der lange schwelende Konflikt aus: wie soll abgestimmt werden? Nach Ständen? Dann unterliegt der Dritte Stand immer im Verhältnis 2:1. Nach Köpfen? Dagegen sperrt sich der König, haben sich doch auch viele Aristokraten und Priester dem Geist des Fortschritts verschrieben. Aber seine Mißbilligung nützt ihm nichts, am 17. Juni erklärt sich der Dritte Stand zur Nationalversammlung mit der Begründung, er vertrete 96 Prozent der Bevölkerung. Und auch, daß Ludwig den prächtigen Sitzungssaal unter dem Vorwand, er müsse renoviert werden, schließen läßt, bindet die Abgeordneten nur fester aneinander: im kahlen Ballhaus, in dem es nicht einmal Sitzgelegenheiten gibt, schwören die Deputierten am 20. Juni, die Versammlung nicht eher aufzulösen, als bis sie eine Verfassung ausgearbeitet haben würden, und nennen sich dementsprechend Verfassunggebende Nationalversammlung, Konstituante.

Ludwig entläßt die liberalen Minister, ordnet an, daß Truppen näher an Paris herangeführt werden, und die Brotpreise steigen weiter. Die einfachen Leute von Paris wollen sich gegen die Gewalt, die sie von Militär und dem reaktionären Kabinett befürchten, wehren und fordern Waffen. Nachdem sie sich im Zeughaus versorgt hat, zieht die bewaffnete Menge von Männern und Frauen zur Bastille, dort sollen gewaltige Pulvervorräte lagern. Das fast leere Staatsgefängnis wird gestürmt und erobert, die symbolische Kraft dieser Aktion ahnt an diesem 14. Juli noch niemand. Der König lenkt ein, kommt selbst nach Paris, steckt sich eine Kokarde in den Farben der Stadt an, Weiß-Rot-Blau, um das Volk zu beruhigen. Und

er setzt den entlassenen Finanzminister Necker, populistische Leitfigur der Opposition und in seiner fachlichen Kompetenz weit
überschätzt, wieder in sein Amt ein – nach weniger als einem Jahr
wird er es unrühmlich und unbeachtet selbst räumen.

Die Nationalversammlung gerät in einen Rausch der Erneuerung.
Auf Antrag einiger Adeliger schafft sie am 4. und 11. August die
Privilegien ab, die Steuerfreiheit, die grundherrliche Gerichtsbar-
keit, das Vorrecht der Adeligen auf Offiziersrang und Verwaltungs-
ämter, das Jagdrecht, alle ungerechtfertigten Pensionen... Damit
ist der Feudalismus am Ende, denn auch die Abhängigkeiten der
Bauern werden aufgehoben – zwar gegen Ablöse, aber das geht im
Freudentaumel unter, um die Umsetzung wird man sich später
kümmern.

Der König denkt nicht daran, die Selbstentmachtung seines Adels
zu unterschreiben. Er verweigert seine Unterschrift auch unter die
Erklärung der Menschenrechte vom 26. August. Zu den unwiderruf-
lichen Ansprüchen des Menschen zählen von nun an Freiheit,
Gleichheit, Widerstand gegen Unterdrückung und das Recht auf
Eigentum.

Auf dem Land verlangen die Bauern die Vernichtung der Dokumente ihrer Abhängigkeit. Wenn die Grundherren diese Unterlagen
nicht freiwillig herausgeben, wird das ganze Schloß angezündet.
Eine durch Gerüchte genährte Angst breitet sich aus, Angst vor
weiteren Übergriffen der Bauern, Angst vor der Gegenwehr des
Adels, Angst, daß er schon längst mit dem Ausland konspiriert,
Angst vor Räuberhorden, die die bevorstehende Ernte vernichten
könnten – die Euphorie ist umgeschlagen in ein Gefühl allseitiger
Bedrohung.

Und schließlich füllt die Erklärung der Menschenrechte keinen
hungrigen Magen. Engpässe in der Versorgung mit Lebensmitteln
treffen immer zuerst die Frauen. Wie sollen sie ihre Familien satt
bekommen? Wenn die Essensbeschaffung ihre ganze Zeit in Anspruch nimmt, bleibt die andere Arbeit liegen, ihre Mithilfe im
Handwerksbetrieb oder im Laden des Mannes fehlt, die Heimarbeit
kann nicht rechtzeitig abgeliefert werden, ganz abgesehen davon,
daß die Aufträge für die charakteristischen Frauenberufe, in der
Modebranche, zurückgehen, wenn nicht sogar ausbleiben.

Einige besonders Widerspenstige richten eine Anfrage an die Nationalversammlung, ob sich die Menschenrechte auch auf das weibliche Geschlecht bezögen: gelten Frauen jetzt genausoviel wie Männer? Steht ihnen Widerstand auch gegen deren Unterdrückung zu?

Die klugen Köpfe der Nationalversammlung sind irritiert von so
vielen Mißverständnissen: der Bauern, die überstürzt ihre Befreiung

von den Dienstleistungen fordern; der kleinen Leute, die nicht einmal Steuern zahlen, aber Waffen tragen wollen; und auch der Frauen, die mit unsachlichen Fragen den revolutionären Schwung behindern. Am 5. Oktober ziehen doch tatsächlich mehrere tausend Familienmütter – Marktweiber? Huren? bezahltes Gesindel? – nach Versailles, um den Abgeordneten und auch direkt dem König ihre Forderungen vorzutragen: die Getreidespeicher müssen geöffnet, Exportverbote für wichtige Lebensmittel verhängt werden. Die Nationalversammlung und der Hof sollen umziehen nach Paris und inmitten des Volkes, im Anblick seiner Not und seiner Entschlossenheit, die weiteren Entscheidungen treffen. Der Druck der Frauen, unterstützt von den 20 000 Mann der Nationalgarden, die sich ihnen angeschlossen haben, bewirkt, daß der Hof von Versailles in das seit Jahrzehnten unbenützte Tuilerienschloß in Paris verlegt wird und sich die Konstituante im früheren Reitsaal dieses Schlosses einrichtet. Und daß der König endlich die Dekrete der Nationalversammlung unterschreibt. Noch ist wenig Blut geflossen, der Prestigeverlust der Hofpartei bedeutet zwar das Ende des Ancien régime, aber noch keineswegs der Monarchie.

Natürlich ist der Mangel an Lebensmitteln nicht beseitigt, aber der Kirchenbesitz wird verstaatlicht, Papiergeld als neue Währung eingeführt, die Maßnahmen brauchen Zeit, um zu wirken.

Politisch Gleichgesinnte schließen sich zusammen. Die Gesellschaft der Verfassungsfreunde bezieht das ehemalige Jakobinerkloster und organisiert Hunderte von Ablegern des Clubs im ganzen Land. Die Konstituante einigt sich bei ihrer Arbeit an der Verfassung auf ein Zensuswahlrecht, etabliert eine Gleichheit der Besitzenden. Passivbürger, also Leute, die zu wenig Steuern zahlen, um später wählen zu dürfen, verlassen verärgert den Club der Jakobiner und gründen einen eigenen, nennen sich nach ihrem Tagungsgebäude, dem früheren Franziskanerkloster, Cordeliers.

Paris richtet sich auf einen harten Winter ein.

Nach der zaghaften Beteiligung an den Beschwerdeheften wagen immer mehr Frauen, ihre Meinung zu sagen. Sie formulieren Bittschriften, stellen Anträge, unterbreiten Vorschläge, verfassen Beiträge für Zeitungen. Ungeübt sind sie, schießen oft übers Ziel hinaus, müssen sich den Hohn der Männer gefallen lassen, die immer wieder Texte unter weiblichen Namen einschmuggeln, um den Eifer der Frauen lächerlich zu machen. Unüberhörbar aber, neben den Ergebenheitsformeln und den stereotypen Beschwörungen aller guten Gründe für weibliches Selbstbewußtsein, ist der Ton fröhlicher Zuversicht – sind doch die erhobenen Forderungen nur recht und billig. Weshalb sollten sie verwehrt werden?

Sprechversuche

Seit der König die Erlaubnis gegeben hat, daß Menschen aus allen
Ständen und in allen Teilen Frankreichs ihre Nöte, Sorgen und
Wünsche formulieren, damit die Versammlung der Generalstände
auf der Grundlage dieser Informationen die nötigen Reformen erarbeiten kann, greifen auch Frauen zur Feder, um ihre Unterdrückung
anzuprangern und Abhilfe zu fordern.

Frauen, die sich als ‹Opfer der Anmaßung und Ungerechtigkeit›
der Männer sehen, wenden sich zunächst an den König, später an
die Volksvertreter.

... Sire, wir wollen Ihr Herz gewinnen, an dieses richten wir
unsere Klagen, ihm vertrauen wir unser Elend an.

Fast alle Frauen des Dritten Standes werden ohne Vermögen
geboren; ihre Erziehung ist nachlässig oder mangelhaft; sie besteht
darin, daß sie in die Schule geschickt werden zu einem Lehrer, dem
die Anfangskenntnisse fehlen von der Sprache, die er unterrichtet;
aber sie gehen weiter hin, bis sie den Gottesdienst auf französisch
und die Vesper auf lateinisch lesen können; sind diese ersten Pflichten der Religion erledigt, bringt man ihnen bei zu arbeiten; im Alter
von 15 oder 16 Jahren können sie dann also fünf oder sechs Sous pro
Tag verdienen. Hat ihnen die Natur Schönheit versagt, heiraten sie
ohne Mitgift unglückliche Handwerker, vegetieren erbärmlich in
der hintersten Provinz und bringen Kinder zur Welt, die sie außerstande sind zu erziehen. Sind sie aber hübsch, so werden sie – ohne
Kultur, ohne Grundsätze, ohne Vorstellung von Moral – die Beute
des ersten Verführers, begehen einen ersten Fehltritt, kommen nach
Paris, um ihre Schande zu verbergen, gehen hier ganz vor die Hunde
und sterben als Opfer der Libertinage.

... flehen wir Sie an, Sire: daß die Männer unter keinem Vorwand
Berufe ausüben dürfen, auf die Frauen ein Anrecht haben, also
Schneiderin, Stickerin, Modehändlerin, etc.; man lasse uns wenigstens Nadel und Spindel, wir werden dafür niemals einen Kompaß
oder ein Winkelmaß anrühren...

Wir fordern, aufgeklärt zu werden, eine Berufstätigkeit zu erlernen, nicht, um die Autorität der Männer an uns zu reißen, sondern
um von ihnen mehr geachtet zu werden...

...unentgeltliche Schulen... unser Herz bilden... die Tugenden
unseres Geschlechts: Sanftmut, Bescheidenheit, Geduld, Mildtätigkeit. Die Wissenschaften? Die würden uns nur überheblich machen, zur Besserwisserei verführen, sie widersprechen den Gesetzen
der Natur und machen aus uns zwiespältige Geschöpfe... kaum

Die kleinen Mädchen nähen und sticken, die kleinen Jungen schreiben, lesen, beschäftigen sich mit Landkarten und arbeiten mit dem
Zirkel: Vorbereitung auf die späteren Aufgabenbereiche.

treue Ehefrauen... selten gute Familienmütter... den Männern die
Bedeutung, die Genialität... uns das kostbare Gut der Empfindsam-
keit... in Ihnen, Sire, einen zärtlichen Vater... tausendmal unser
Leben hingeben...

...Ihr habt, verehrte Herren, großzügig die Gleichheit aller Individuen beschlossen; Ihr habt den bescheidenen Bewohner einer Hütte
gleichgestellt mit den Fürsten und Göttern der Erde; durch Eure
väterliche Fürsorge... Euer wunderbarer Einfluß... ein neues Volk,
ein Volk der Bürger, der Weisen, der Glücklichen wird sich erheben... die staunende Erde wird aus ihrem Schoß das goldene Zeitalter gebären... ach, meine sehr verehrten Herren, werden wir Frauen
denn die einzigen bleiben im eisernen Zeitalter, für immer... nicht
teilhaben an dieser glanzvollen Wiedergeburt, die das Antlitz Frankreichs erneuern wird?

Ihr habt das Szepter des Despotismus zerbrochen und habt dieses
schöne Wort ausgesprochen, das wert ist, auf allen Stirnen und in
allen Herzen eingegraben zu werden: ‹die Franzosen sind ein freies
Volk› – und Ihr duldet noch, daß 13 Millionen Sklavinnen beschämt
das Joch von 13 Millionen Despoten tragen?

...Die Devise für Frauen ist: arbeiten, gehorchen, schweigen. Dieses System ist sicherlich würdig der Jahrhunderte der Unwissenheit, als die Stärksten die Gesetze machten und die Schwächsten
unterdrückten, heute aber haben Aufklärung und Vernunft seine
Absurdität bewiesen...

...ein Adeliger kann keinen Arbeiter repräsentieren und dieser
keinen Adeligen; mit demselben Recht kann also kein Mann eine
Frau vertreten, denn die Vertreter müssen absolut dieselben Interessen haben wie die Vertretenen: Frauen können also nur durch
Frauen repräsentiert werden!

...unsere Erziehung... als ob wir für die Vergnügungen eines
Harems bestimmt wären! Schirmt uns nicht von Kenntnissen ab,
die uns befähigen könnten, Euch zu helfen... unser Rat... unsere
Arbeit... gute und schlechte Tage teilen...

Ehen sollen aus Liebe geschlossen werden, gemäß den Gesetzen
der Natur und Gottes, für das Glück der Menschheit... Mitgift,
Mitgift, Mitgift... Eine Ehe gegen die Natur und die Vernunft ist
keine Ehe, ist kein Sakrament und auch nicht unauflösbar. Sie ist
nichts, gleich Null.

Vorschlag für ein Dekret der Nationalversammlung:
– Alle Vorrechte des männlichen Geschlechts sind gänzlich und
unwiderruflich in ganz Frankreich aufgehoben.

– Das weibliche Geschlecht wird für immer dieselbe Freiheit genießen, dieselben Vorteile, dieselben Rechte und Ehren wie das männliche.

– …in allen Rechtsgeschäften und im Haushalt dieselbe Gewalt und Autorität…

– …Hosen in Zukunft nicht mehr ausschließlich für Männer…

– Alle Personen weiblichen Geschlechts haben von nun an Zutritt zu den gesetzgebenden Gremien des Bezirks, des Distrikts, der Stadt, auch des Staates… nach Maßgabe der Wahlergebnisse…

– …Zugang zu allen Verwaltungsämtern… zu den Justizbehörden.

– …zu allen militärischen Tätigkeiten, Auszeichnungen, Würden.

– …schließlich auch in den Gottesdienst… verpflichtet sich das weibliche Geschlecht, sich von der Kanzel herunter zu mäßigen und nicht zu lange die Aufmerksamkeit der Zuhörer zu beanspruchen.

…glaubt Ihr vielleicht, alle die Semiramis, Zenobia, Elisabeth, Anna, Katharina etc. hätten nicht zu regieren gewußt? Judith, Deborah, Jeanne d'Arc – sollte es unserem Geschlecht an Mut fehlen?

Berühmte Gelehrte wie Madame de Chatelet…

…Portia, die Tochter des Cato von Utica und Frau des Brutus…

…bei den Galliern… bei den Germanen… die Spartanerin…

Meine sehr verehrten Herren, warum vergangene Jahrhunderte bemühen und bei fremden Völkern die heroischen Spuren aufsuchen, die für unser Geschlecht sprechen?

Gerade haben die Pariserinnen den Männern gezeigt, daß sie genauso tapfer sind wie sie und genauso tatkräftig!

Wir würden auch mit Vergnügen und unbezahlt den Garden einige ihrer mühevollen und anstrengenden Arbeiten abnehmen, aber nicht, weil uns der Gedanke, Uniformen zu tragen, zu Kopf gestiegen wäre. Bitte sehr! wenn sich die Männer die Garden des Königs vorbehalten wollen, werden wir eben die Amazonen der Königin.

Und übrigens, so viel Latein, wie man als Minister oder hoher Kleriker braucht, kann ich auch.

…Plutarch berichtet… Tacitus erzählt…

Wir sind doch auch Bürgerinnen! Soll das schwache Geschlecht, das mit Gewalt von der allgemeinen Befreiung ferngehalten wird, vergeblich seine unwandelbaren Rechte fordern? Soll diese doch wich-

tige Hälfte der Gesellschaft sich nicht an einem Gesetzbuch beteili-
gen, das im Namen der ganzen Gesellschaft verkündet wird? – Wenn es stimmt, daß unsere Beschaffenheit uns beschränkt auf bestimmte nur für unser Geschlecht passende Aufgaben, die uns vom Titel der Bürgerin ausschließen, dann brauchen wir eben eine eigene Gesetzgebung, unabhängig von der, an der wir in der Masse aller Bürger teilhaben, genauso wie man in einer allgemeinen Verwaltung eine für verschiedene Teile besondere Zuständigkeit braucht.

Liebe zum Vaterland, zur Freiheit und zum Ruhm beseelt unser Geschlecht genauso wie das Eure, meine Herren; wir sind auf der Erde keine andere Rasse als Ihr: Der Verstand hat kein Geschlecht, genausowenig wie die Tugenden; aber die Laster des Verstandes und des Herzens erscheinen fast ausschließlich bei dem Euren. Es fällt mir schwer, diese Wahrheit zu sagen, aber es muß einmal erlaubt sein, Revanche zu nehmen.

Wenn die Qualität des Geistes und des Mutes abhingen von mehr oder weniger kräftigen Muskeln, könnte man nach diesem läppischen System den zarten Fürsten die Krone wegnehmen und die schwerfälligen Schädel eines Schweizers oder Holländers damit krönen. Die Heldentaten schwächlicher Individuen wie des berühmten Turenne und anderer Krieger, der erhabene, weltenumspannende Verstand, der dem schwachen Körper Voltaires entstammt, zeugen gegen diese erbärmliche Annahme.

Wir verdienen nicht mehr Huldigungen und nicht mehr Kritik als Ihr, meine Herren; einige Frauen sind die Schande ihres Geschlechts, andere seine Zier; nichts hält jene vom Laster ab, nichts hindert diese auf dem schwierigen Pfad der Tugend. – Kein Geschlecht ist als Unterdrücker des anderen geschaffen worden, und die lächerlichen Debatten über die Überlegenheit tun der Natur Unrecht. Ihr seid geboren als unsere Freunde, nicht als unsere Rivalen ...

Hören Sie auf, sich zu wundern!

Können wir Ihnen nicht eine eigene Generalständeversammlung entgegenhalten? Haben wir nicht einen echten Klerus, Äbtissinnen, Ordensschwestern ohne Zahl, einen Adel, der dem Ihren nicht unterlegen ist, einen respektablen Dritten Stand, zahlreich, ehrenwert durch seine der Gesellschaft nützlichen Eigenschaften, vor allem bei Ihrer ersten Erziehung? – Glauben Sie denn, daß diese neue Körperschaft Ihnen nachstände an Aufgeklärtheit, Patriotismus und Ergebenheit für den König und seine Familie?

Woher kommt denn diese Verachtung für unser Geschlecht, daß Sie uns jedes Wissen um Herrschaft und allen Einfluß darauf verbieten? – Nehmen Sie zur Kenntnis, daß Sie für den Fall, wir bekämen nicht die Zeit, ein ansehnliches Gremium zu bilden, den Boykott des Staatsrats durch die französischen Damen und alle Frauen fürchten müssen, die Ihr schönes Schaffen kassieren und annullieren werden. Sie wissen nicht, wie weit der Groll der Frauen gehen kann!

Und diese Überlegenheit der Männer über die Frauen – passen Sie auf, meine Herren, daß nicht wir die Überlegenheit verlangen – aber doch zumindest Gleichberechtigung!

Wir Wäscherinnen und Bleicherinnen aus Marseille müssen uns über ein Übel beklagen, das an sich schon beträchtlich ist, widerwärtig in der Praxis, schädlich für die ganze Nation, das den Handel vernichtet und gegen Recht und Sitte verstößt, weil es das Volk betrügt, das dadurch beleidigt wird. Wir klagen diese Egoisten an, die alle Grenzen der Menschlichkeit sprengen, die sich nicht davor scheuen, ihren Profit mit dem Blut der ärmsten Bevölkerung zu machen: wir klagen gegen die Herstellung von weißer Seife!

Meine Herren, Sie sind 1200, um eine Hälfte der Nation zu vertreten, und ich spreche ganz allein für die andere: aber ich versichere Ihnen, daß ich mich überhaupt nicht fürchte. Wir hoffen, daß sich die Volksvertreter auch mit unserem Los beschäftigen, aber sie haben ja noch so viel mit den Juden und den Komödianten zu tun...

Hören Sie meine Geschichte: Ich bin in einer Provinz geboren, deren Namen ich nicht weiß; meine sehr armen Eltern machten viele Kinder und wir machten ein trauriges Gesicht, wenn wir alle um den Eßtisch saßen. Rund um unsere elende Hütte lebten einige dieser unverschämten Privilegierten, die – nicht im Sinne der Philosophie! – die Rechte genossen, die sich ihre Vorfahren beim Aufbau der Monarchie erworben hatten. Einer von ihnen machte meinen Vater zum Pförtner seines Schlosses; die Frau eines anderen nahm meine Mutter bei sich auf; wieder ein anderer (diese Adeligen waren ganz wild darauf, uns zu beschützen) verwandelte meine zerlumpten und verhungerten Brüder in gut gekleidete und genährte Gehilfen, Jäger und Seminaristen; dann hatte ich noch eine bucklige Schwester und einen Onkel, der Priester war ohne Pfarre; die gute Marquise verschaffte meiner Schwester einen Platz im Kloster, meinem Onkel eine Gemeinde, und ich führte seinen Haushalt. – Trotzdem beklagten wir uns: diese Herrschaften waren nicht unseresgleichen! Aber nun kommt's, wie wir die Menschenrechte kennenlernten:

Das Schloß des Wohltäters meines Vaters wurde philosophisch

geplündert – Schluß mit dem Pförtner; die Beschützerin meiner
Mutter wurde patriotisch zur Flucht gezwungen – Schluß mit der
Zuflucht; man legte religiös Feuer an das Seminar – Schluß mit...
man zerstörte republikanisch das Amt –

...wenn ehemals die römische Republik in Bedrängnis war, sah
man die Römerinnen nach einem gemeinsamen Beschluß ihren
Gold- und Silberschmuck zum Fiskus tragen; von ganzem Herzen
brachten sie ihrem Vaterland dieses Opfer. – Beeilen wir uns zu
zeigen, daß wir gute Französinnen sind, bereit, ihren Besitz, ihr
Leben, wenn es sein muß, für unser Vaterland zu geben. Bieten wir
der erlauchten Versammlung der Vertreter der Nation den freiwilligen Tribut unseres unnützen Schmuckes. Ach, was sind die Vergnügungen der Eitelkeit und des Luxus neben der erhabenen Befriedigung –
...unser Geschlecht ist von schwierigen Aufgaben ausgeschlossen;
es sind ihm aber zwei wesentliche Aufgaben zugedacht: die Tugenden zu pflegen und heroische Opfer zu bringen –

Wir bitten um unentgeltlichen Unterricht
...um das Recht auf Ehescheidung –
...um die Anerkennung der nicht ehelich geborenen Kinder –
...um das Erbrecht auch für Frauen –
...um das Sorgerecht für unsere Kinder, wenn wir verwitwet
sind –
Wir wünschen, daß die Prostituierten mit einem Kennzeichen versehen werden. Da sie sich ja oft nicht einmal in der Kleidung von
uns unterscheiden, fühlen wir uns mit ihnen verwechselt.
...um Berufsausbildung –
...um das Wahlrecht –

Die umfangreichen Eingaben – Petitionen, Gesetzesvorschläge, Anträge, Deklarationen – sind eine verwirrende Lektüre. Einerseits
ergreifende Schilderungen von Notlagen, demütige, fast unterwür-
fige Bitten um Verbesserungen in den Bereichen Ehe und Ausbildung, kühne Analysen der Schäden, die die gesamte Gesellschaft
durch die Benachteiligung der Frauen betreffen, immer wieder Angebote, den Männern nützliche Partnerinnen sein zu wollen – aber
auf der anderen Seite auch Texte von dümmlicher Überheblichkeit
und naivem Mangel an Realitätssinn. Selbst wenn man berücksich-
tigt, daß eine ganze Reihe dieser Schriften von Männern verfaßt und
unter Frauennamen veröffentlicht sind, um die Bemühungen der
Frauen zu diskreditieren und lächerlich zu machen, lösen manche

Haltungen Unbehagen aus. Die unermüdlichen Demutsbeteuerungen lassen keinen Zweifel daran, wie heftig auch die fortschrittlichen Frauen um männliche Anerkennung buhlen. Und tatsächlich werden viele von ihnen nach den ersten Mißerfolgen für diesen Preis auf ihre Forderungen verzichten.

Die Hochmutsgesten dagegen, das Beschwören sogar weiblicher Überlegenheit: Zielscheibe für den Spott der Männer. Hilflos die Versuche, die eigenen Ansprüche mit Hinweisen auf große Frauen der Geschichte zu untermauern, und unangenehm, wie sich oftmals die Sprache bombastisch plustert. Zwar ist die Revolution insgesamt, auch in ihren Symbolen und Bildern, von pompösem Pathos, aber hätten nicht gerade Frauen die neue Sprache finden können, einfach, bewegend, unangepaßt? Sicher nicht. Denn diese Kompetenz wird nicht zugleich mit dem Auftauchen aus dem Schweigen erworben. Sie wächst langsam in immer neuer Übung, mit Zuspruch, Lob und fördernder Kritik.

Es macht traurig zu sehen, wie leicht die Männer das, was Frauen sagten, schon an der Art, wie sie sich äußerten, abwerten konnten. Überhaupt bedienten sich die Männer an den Schalthebeln der Macht der billigsten Methode, die unerbetene Beteiligung der Frauen abzuwehren: Nichtbeachtung.

Abgesehen von einigen wenigen sprachgewandten Frauen haben es die meisten bei ersten Sprechversuchen belassen, entmutigt durch fast einhellige Ablehnung.

Wetterleuchten der Revolution:
Die Jugend der Marquise de la Tour du Pin

Alleinsein bedeutet Stillstand des Lebens, eine schmerzliche Irritation, beinahe Verlust des Wissens um den eigenen Wert. Nur in anderen, Gleichgesinnten, spiegelt sich das wahre Wesen der Person. In der Andeutung einer Geste, in der Nuance von Blick und Wimpernschlag äußern sich Zuwendung und Kritik. Der Körper verbietet sich jede Nachlässigkeit, jedes Eingehen auf natürliche Schwäche. Man ist sich selbst und anderen schuldig, über das Netzwerk von Muskeln und Nerven zu triumphieren. Ein Schrei des Erschreckens, eine zu hastige Gebärde der Überraschung, die kleine Explosion des Niesens – Rückfall auf eine Vorstufe des Menschseins. Peinlich. Die Damen gleiten unhörbar über spiegelndes Parkett: Rascheln der Schleppen, die leise bebenden Fächer, aufdringlich geradezu das ächzende Vibrieren der Reifröcke. Gedämpfte Stimmen, Verstummen, um Raum zu geben für ein Bon-

mot, das wie eine Kostbarkeit weitergereicht wird, wenn es gefällt –
aber welche Entblößung, eine erfolglose Bemerkung formuliert zu
haben!

Man liest einander Kapitel aus der neuesten philosophischen
Literatur vor, redet darüber – ach nein, ereifert sich keineswegs. Die
Modewörter Freiheit und Gleichheit schweben graziös auf dem
Atem, dem Lächeln. Die Weltbildung bereichert sich an Modernis-
men des Englischen: Konstitution, Oberhaus und Unterhaus, Ha-
beas-corpus-Akte, Gewaltenteilung. Aufsässige Gedanken lassen
die Herren kühner, die Damen schutzbedürftiger erscheinen.

Menschen, die sich wie unabsichtlich zu eleganten Tableaus
formieren bei allem, was sie tun, beim Essen – mäßig, winzige
Portionen, Genuß, nicht Sättigung –, beim Trinken – Alkohol in
geringen Mengen, will man doch seine Sinne wachhalten für Gespräch und Musizieren –, beim Kartenspiel, beim Sticken, beim
Flirt, beim Vortrag selbstverfaßter Gedichte zum Lob der Gastgeberin. Wenn die Gouvernante die Kinder in den Salon bringt, damit sie
sich von der Mutter küssen lassen und von den Anwesenden gebüh-
rend bewundert werden – immer ergeben sich Bilder des guten
Geschmacks, der Leichtigkeit, der Anmut.

Natürlich ereignen sich Verstöße gegen die Sitten, werden Ehen
gebrochen, Liebesbeziehungen ohne den Segen der Kirche und der
Familien gelebt, aber sofern die Gesellschaft nicht durch aufreizen-
des Betragen gezwungen wird, dazu Stellung zu beziehen, sieht man
das Ungehörige nicht, verbietet sich und anderen jeden Kommentar.

Es läßt sich nicht verhindern, daß manche Eheleute wenig Bedürfnis nach der Nähe des Partners haben, vielleicht sehen sie einander
zum erstenmal, nachdem der Ehekontrakt unterzeichnet ist, Heiraten zwischen Fünfzehnjährigen sind keine Seltenheit, da liegt es
nahe, daß das junge Paar schon bald getrennte Wege geht. Aber man
respektiert einander, achtet den Zusammenschluß der Familien und
der Vermögen höher als die Forderungen des Gefühls, der Sinne.
Und so, wie man sich selbst zur Disziplin anhält, so erzieht man die
Kinder. Sie werden vorbereitet auf ihre spätere Verantwortung für
die von ihren Familien abhängigen Menschen, auf den Landbesit-
zungen die Bauern, in den Schlössern von Paris die fast unüberseh-
bare Dienerschaft. Frömmigkeit ist wichtiger als Bildung, die
Kenntnis der alten Sprachen, schöngeistige Literatur wichtiger als
die Beschäftigung mit den neuen Wissenschaften, die als Kuriosum
hübsche Gesprächsthemen abgeben für den Salon: Chemie, Mathematik, Botanik. Die kapriziöse Comtesse de Coigny hat mit ihrer
Leidenschaft für Anatomie Pech, sie verletzt sich beim Sezieren und
stirbt an Blutvergiftung. Ein aparter Tod.

Die Schattierungen des hierarchischen Systems zeichnen sich ab in der Beherrschung der Spielregeln. Der exzellente Tanzmeister ist an einem besonderen Raffinement zierlicher Schrittfolgen zu erkennen. Das gewandte Wort, das mühelose Schweben, die Arrangements, die wie improvisiert wirken, erfordern strengste Übung.

Über allen Werten steht die Jugend. Noch im Knospenalter gelten das junge Mädchen, der junge Mann als erwachsen, und mit Rührung begleiten die Älteren den Blütenflor der ersten Reife. Früh müssen die Frauen den Platz räumen für die blutjungen Konkurrentinnen ihres Glanzes. Sie ebnen ihren Töchtern den Weg zu Erfolg und vorteilhafter Heirat und dürfen selbst erst wieder Anspruch auf Aufmerksamkeit erheben, wenn sie im Alter eine große Familie um sich versammeln. Dann gewährt ihnen die Gesellschaft auch Freiräume für Unangepaßtheit, Exzentrik. Als höchstes Ideal gilt, zu sein wie gerade einem Gemälde entstiegen, von Fragonard, Boucher – anmutig, ohne den geringsten Anschein von Anstrengung, betörend, verlockend, das perfekte Kunstwerk seiner selbst.

Duft aus ferner Zeit...

Die Wirklichkeit hebt sich davon ernüchternd ab.

1820 schreibt die Marquise Henriette-Lucy de la Tour du Pin ihre Erinnerungen nieder. ‹Memoiren einer Fünfzigjährigen›: provozierend betont sie ihr Alter. Die kleine Lucy, Tochter einer der ersten Adelsfamilien Frankreichs, war ein unglückliches Kind. Es litt unter den Streitigkeiten in der Familie, besonders unter den mörderischen Wutanfällen der Großmutter. Die alte Dame schlug jähzornig auf das Kind ein, oft auch auf Dienstboten. Die geliebte Mutter hatte eine Liaison, für die sich die Tochter schämte. Jahrzehnte später versucht sie eine Verteidigung: ‹Zwar war meine Mutter keineswegs kokett, aber vielleicht doch nicht reserviert genug in den Beziehungen zu Männern, die ihr gefielen und die die Welt für ihre Liebhaber hielt. Einer von ihnen verbrachte alle seine Tage im Haus meiner Großmutter und meines Onkels, des Erzbischofs von Narbonne, bei denen meine Mutter lebte. Dieser Prince de Guéméné galt nun als Liebhaber meiner Mutter. Aber ich glaube nicht daran, denn der Herzog von Lauzun und der Herzog von Liancourt und andere waren ebenfalls ständig um sie.› Der Vater kämpfte zu dieser Zeit als Freiwilliger im amerikanischen Unabhängigkeitskrieg.

Das Kind blieb weitgehend sich selbst überlassen, niemand kümmerte sich um seine Erziehung. ‹Die Jahre meiner frühesten Kindheit hätten meinen Geist verderben, mein Herz zerstören, die Grundlagen von Moral und Religion in mir zerrütten können. Ich habe im Alter von zehn Jahren bei Gesprächen von größter Freizü-

gigkeit zugehört, beim Formulieren schamlosester Prinzipien. Ich
wuchs auf im Haus eines Erzbischofs, wo täglich sämtliche Glau-
bensregeln verletzt wurden, und erfuhr über die Dogmen und Lehr-
sätze der Religion weniger als über Geschichte und Geographie.›
Laster, Libertinage, Haß, Klatsch und Verleumdung umgaben
Lucy in einem Alter, in dem sie selbst dagegen noch keine Wider-
standskraft entwickeln konnte. ‹Eine einzige Person hat mich wahrscheinlich vor Ansteckung bewahrt, meine Gedanken zurechtgebo-
gen, mich Schlechtes als schlecht erkennen lassen, mein Herz im
Anstand bestärkt, und diese Person – konnte nicht einmal lesen und
schreiben.› Sie klammerte sich an das zwanzigjährige Bauernmädchen Marguerite. Die beiden so unterschiedlichen Menschen werden fast ihr ganzes weiteres Leben miteinander verbringen.

Lucy bekam mit sieben Jahren einen Lehrer, den Organisten der
Dorfkirche, er brachte ihr die Grundbegriffe der Musik bei. ‹Schon
immer hatte ich einen wahren Heißhunger zu lernen. Alles wollte
ich wissen, vom Kochen bis zu chemischen Experimenten, die ich
bei dem Apotheker von Hautefontaine machen durfte. Unser Gärt-
ner war Engländer, und meine geliebte Marguerite nahm mich mit
zu seiner Frau, die mich in ihrer Sprache lesen lehrte, meistens aus
dem «Robinson», ich war vernarrt in dieses Buch.› Die kleine
Aristokratin packte überall mit an, bei der Gartenarbeit, beim
Gemüseanbau, sie beteiligte sich beim Nähen, half in der Küche.

In den Kreisen der Adeligen galt sie als schwierig, verschlossen.
Erzählte sie einmal etwas aus ihrer Lektüre, lachte man sie aus.
Respektiert wurde, daß sie seit ihrem siebenten Lebensjahr sicher
und wagemutig reiten konnte. Zweimal in der Woche nahm sie an
der Jagd teil. Sonst hatte sie wenig Vergnügen. Fast täglich wurde sie
beschimpft und eingesperrt zur Strafe für geringfügige Vergehen.
Ihre junge Mutter konnte sich gegen die Grausamkeit der Großmutter nicht durchsetzen, außerdem war sie krank. Entsprechend ihrer
Herkunft Hofdame der Marie-Antoinette, beteiligte sie sich nie an
den üblichen Intrigen um irgendwelche Vergünstigungen. Die Königin liebte sie dafür.

Als sie immer mehr verfiel, rieten die Ärzte dringend zu einer
Kur. Die Großmutter reagierte auf die Krankheit der Tochter wie auf
eine ihr persönlich zugedachte Kränkung und weigerte sich, die
Kosten zu übernehmen. So ermöglichte schließlich die Königin aus
ihrer Privatschatulle den Aufenthalt der Freundin in einem Seebad.
Es war zu spät. Sie starb mit 32 Jahren, 1782, und ihre damals
zwölfjährige Tochter wurde von nun an von der Großmutter aufgezogen. Jahrzehnte später bekennt sie in ihren Memoiren, noch
immer nicht den Schmerz überwunden zu haben, daß ihre Mutter

ohne den Beistand eines Priesters, ohne die Sakramente sterben mußte, und dies im Haus eines Erzbischofs. Dieser Onkel, privat durchaus liebenswürdig, verbrachte die meiste Zeit auf der Jagd, obwohl Würdenträgern der Kirche untersagt war zu jagen, und bestritt seinen aufwendigen Haushalt aus den Einnahmen seines Bistums im fernen Narbonne, das er einmal im Jahr mit einem kurzen Besuch beehrte.

‹Ich habe keine Kindheit gehabt›, schreibt Lucy im Rückblick auf diese bitteren Jahre. Es verging kaum ein Tag, an dem sie nicht weinte vor Empörung über ihre ungerechte Behandlung und vor Scham über einen Lebensstil, der ihrem natürlichen Empfinden widerstrebte. ‹Je älter ich werde, um so mehr wird mir klar, daß die Revolution von 1789 das unvermeidliche Resultat und, ich würde sogar sagen, die gerechte Strafe für die Verfehlungen der oberen Stände gewesen ist, Verfehlungen, die so bis zum Äußersten getrieben wurden, daß es schließlich unausweichlich wurde – sofern man nicht mit finsterster Blindheit geschlagen war –, von dem Vulkan verschlungen zu werden, den man eigenhändig entfacht hatte.›

Waren die Verhältnisse in der Familie der kleinen Lucy besonders abstoßend? Oder hat sich diese Memoirenschreiberin über die in ihren Kreisen offenbar verbindliche Regel hinweggesetzt, über den eigenen Lebensbereich nur das Allerbeste zu überliefern? Ihre Kritik richtet sich gegen den höfischen Adel, einen in sich geschlossenen Personenkreis nur weniger auserwählter Familien. Der Landadel verachtete diese höfische Elite ebenfalls und lebte in bewußtem Gegensatz nach Maximen, die später als exemplarisch für bürgerliche Moral galten: der familiäre Zusammenhalt wurde sorgfältig gepflegt, außereheliche Eskapaden gab es selten, und wenn, unter dem Deckmantel der Verschwiegenheit. Den Kindern gehörte die Aufmerksamkeit liebevoller Eltern, die vor allem darauf bedacht waren, ihnen sittliche Festigkeit mit auf den Weg zu geben. Deshalb zählte der Priester fast zur Familie, seine Autorität entzog sich jedem Zweifel.

Der sonntägliche Gottesdienst, Mildtätigkeit für Arme und Kranke, die Lektüre der Bibel waren aus dem Alltag nicht wegzudenken. In Paris hielt man Frömmigkeit für unvereinbar mit der Würde eines aufgeklärten Menschen. Im Vakuum der Werte kreiste das Interesse nur um die Wirkung der eigenen Person, um das Bemühen, der lauernden Bedrohung von Langeweile und Eintönigkeit zu entgehen. Nie durfte Leerlauf entstehen zwischen den Verabredungen und Verbindlichkeiten. Erotik, brillante Geplänkel, Theater und Oper, das Spiel am Kartentisch, die Kreation einer neuen Frisur, eine überraschende Folge von Tanzschritten – man war immer beschäftigt. Noch war der Hof gesellschaftliches Zentrum, aber da man offen wagte, über den tolpatschigen König und seine vergnügungssüchtige Frau zu spotten, taugte das höfische Zeremoniell nicht mehr als Bindemittel der Loyalität. Dazu Madame de Genlis in ihren ‹Denkwürdigkeiten›: ‹Die Achtung für die Monarchie war ganz geschwunden, und es gehörte zum guten Ton, in allem dem Hof zu trotzen und sich über ihn lustig zu machen. Man ging nur klagend und seufzend nach Versailles, um dort seine Aufwartung zu machen; man hörte überall, nichts sei so langweilig wie Versailles und der Hof, und alles, was der Hof lobte, wurde von diesem Publikum getadelt.› Homogen erlebte sich dieser Zirkel nur nach außen, in der Verachtung all jener, die begierig darum bemüht waren, einen Blick, ein Wort der längst vor der Revolution ohnmächtigen Herrscher zu erhaschen.

Die Familie der Henriette-Lucy Dillon gehörte zum höfischen Adel. Der Vater, Arthur Dillon, hatte als Achtzehnjähriger seine ein Jahr jüngere Kusine geheiratet, die mit ihm aufgewachsen war. Das beträchtliche Vermögen blieb also in der Verwandtschaft. Der junge Graf verließ gleich zu Beginn des amerikanischen Unabhängigkeitskrieges Frankreich mit seinem eigenen Regiment, Relikt eines traditionellen Familienprivilegs. Er kämpfte erfolgreich und wurde Gouverneur einer der von ihm eroberten Inseln, Tobago. Zwei Jahre nach dem Tod seiner Frau kehrte er kurz nach Frankreich zurück, ordnete seine Besitzverhältnisse und heiratete erneut. Danach zog es ihn wieder auf seine Insel, und er erschien erst wieder in Paris, als er 1789 für Martinique als Deputierter in die Versammlung der Generalstände berufen wurde.

Lucy liebte ihn sehr, obwohl sie ihn kaum zu sehen bekommen hatte. Sie bewunderte sein Auftreten, seinen Witz, später seine bedingungslose Treue zur Monarchie – dafür endete er 1794 auf dem Schafott. Zur Guillotine brachte ihn dieselbe Fuhre wie Lucile Desmoulins. Die seltsame Freundschaft zwischen diesem überzeugten Royalisten und dem Republikaner Camille Desmoulins war der unmittelbare Anlaß zur Hinrichtung beider. – Zurück zu Lucys Jugend. Sie ist sechzehn Jahre alt, also muß eine passende Heirat arrangiert werden. Der Bewerber wird nur deshalb von der Großmutter abgelehnt, weil er die Zustimmung des Vaters hat – um so mehr fühlt sich Lucy von diesem Unbekannten angezogen. ‹Ehen werden im Himmel geschlossen›, schreibt sie, und: ‹Ich hatte mir M. de la Tour du Pin in den Kopf gesetzt. Man erzählte mir Schlimmes über ihn. Ich hatte ihn niemals gesehen. Ich erfuhr, er sei klein und häßlich, habe Schulden, sei ein Spieler – von einem anderen hätte mich dies augenblicklich abgebracht. Dennoch stand mein Entschluß fest: Ich habe mich entschieden. Ich wünsche mir keinen Besseren. – Meine Großmutter war verblüfft. Sie hatte, glaube ich, gehofft, daß ich ihn ablehnen würde. Sie konnte nicht begreifen, weshalb ich ihn ihrem Kandidaten vorzog, und – ehrlich – ich hätte es selbst nicht zu sagen gewußt. Das war eben ein Instinkt, eine Eingebung. Gott hat ihn für mich bestimmt! Und seit diesem Wort, das mir wie ohne mein Zutun entschlüpft war, fühlte ich, daß ich zu ihm gehörte, daß mein Leben sein Eigentum war.› Sie blieb fünfzig Jahre seine Gefährtin.

Noch am selben Tag, an dem er erfährt, daß sein Antrag angenommen ist, erscheint der Bräutigam persönlich. ‹Diese Eile hatte Stil. Man verabredete, daß er am nächsten Morgen zu meiner Großmutter kommen, aber mich erst nach der Unterzeichnung des Vertrages zu sehen bekommen sollte, wie es den Gebräuchen entsprach – eine Ausnahme wäre ein zufälliges Treffen gewesen, was wenig wahrscheinlich war, da ich nie zu Fuß das Haus verließ, nie spazierenging oder in ein Theater.› Am nächsten Tag steht sie hinter einem Vorhang und sieht, wie ihr Bräutigam aus einem offenen Wagen springt, der von einem jungen, ungebärdigen Pferd gezogen wird. Um wieviel besser gefällt ihr das, als wenn er in einer behäbigen Karosse vorgefahren wäre! ‹Ich fand ihn keineswegs so häßlich, wie man ihn mir angekündigt hatte.›

Lucy scheint ein ungewöhnliches Mädchen gewesen zu sein, hellwach, kritisch, neugierig. Nach einem Leben, in dem die Schwierigkeiten das Angenehme bei weitem übertrafen, hatte sie sich von den Konventionen ihres Standes weitgehend gelöst. Und dennoch kommt ihr im Rückblick auf den Heiratsschacher nicht der Gedanke, daß das Selbstbestimmungsrecht eines Menschen auch die Freiheit der Partnerwahl betreffen könnte. Sie hält ihr Eheglück für die selbstverständliche Folge des richtigen Verhaltens aller Beteiligten. Sie hat auch in ihrem späteren Leben nie in Frage gestellt, daß sich zwei völlig fremde Menschen für immer miteinander verbinden. ‹Ich war das, was man eine gute Partie nennt› – damit erklärt sich auch die Eile des verschuldeten Herrn, die fette Beute in Sicherheit zu bringen. Von ihrer Seite aber die feste Überzeugung, daß über all dem Gottes Segen gewaltet habe. Sosehr sie hier befangen ist in gängigen Ritualen, so spöttisch zeichnet ihr scharfer Blick ihr Portrait: ‹Eine Fülle aschblonder Haare war das Beste an mir. Ich hatte kleine graue Augen, sehr wenig Wimpern, eine tiefe Pockennarbe, blonde Augenbrauen, eine mächtige Stirn und eine Nase, die man griechisch nennen konnte – dabei war sie einfach zu lang und zu dick. Gut in meinem Gesicht war der Mund mit richtig schönen Zähnen. Heute mit 71 Jahren habe ich sie noch immer alle. Man sprach von meinen angenehmen Zügen, meinem reizenden Lächeln, aber trotzdem hätte man das alles zusammen häßlich finden können. Ich nehme an, daß ich vielen Menschen so vorkam, vor allem, weil ich selbst andere Frauen, die ich mir ähnlich dachte, abscheulich fand.› (Sie schrieb ihre Memoiren zwar schon 1820, fügte aber im Alter von 71 Jahren noch einige Ergänzungen hinzu.)

Bei der Hochzeit lernte sie die Eltern ihres Mannes kennen. Den Vater beschreibt sie als einen ‹altehrwürdigen Charakter im Stil Ludwigs des Heiligen›. Er kam nur zu den nötigsten Anlässen nach Paris, da ihm Ehrgeiz völlig fremd war. Seine uralte Schwiegermutter mochte ihn nicht. ‹Sie hatte ihn im Umgang mit seiner Frau ernsthafter gefunden als wünschenswert. Deren Seitensprünge waren so offenkundig gewesen, daß auch der sanfteste aller Männer sich zum Einsatz von Strenge gezwungen gesehen hätte. Selbst ehrenwert und tugendhaft, hatte er mit Berechtigung beschlossen, sie aus der Gesellschaft zu entfernen, der sie ein so skandalöses Beispiel geliefert hatte.› Er steckte sie in ein Kloster. Mit seiner Erlaubnis durfte sie während der 45 Jahre ihres Klosteraufenthalts einige Male ihren Vater besuchen, und er gestattete ihr, an der Hochzeit ihres Sohnes teilzunehmen. ‹Sie zeigte große Freude, sich wieder in einem geschmückten Salon aufhalten zu dürfen.› Keine Andeutung von Sympathie, gar Verständnis für diese Frau, die wegen jugendlicher Leichtfertigkeit Jahrzehnte im Kloster verbringen mußte – volle Zustimmung für das Verhalten des gestrengen Gatten.

Dabei richtete Lucy ihren Blick äußerst distanziert auf viele Kuriositäten der Epoche: ‹Die Damenmode verwandelte das Tanzen in eine Art Folter. Hohe Absätze, etwa 7 cm, brachten den Fuß in eine Position, als stünde man ständig auf den Zehen, wie um ein Buch im höchsten Regal einer Bibliothek zu erreichen; ein Reifrock aus schwerem und steifem Fischbein, rechts und links an der Taille befestigt; eine Frisur von etwa 30 cm Höhe, gekrönt von einem Kopfputz, in dem Federn, Blumen und Edelsteine ineinandergesteckt waren; ein halbes Kilo Pomade und Puder, den die leiseste Bewegung auf die Schultern rieseln ließ: eine solche Zurüstung machte es unmöglich, mit Vergnügen zu tanzen. Aber ein Souper, bei dem man sich darauf beschränkte zu plaudern, auch manchmal zu musizieren, zerstörte das Gesamtkunstwerk nicht.›

Wenn sie ihre Hochzeitsgeschenke aufzählt, nennt sie von jedem den Preis: ein Teetischchen mit einem Sèvres-Porzellanservice – 6000 Francs; ein Paar Ohrringe mit Brillanten – 10 000 Francs; usw.

Was bedeutet ihr in der Erinnerung der Kaufwert dieser Gegenstände? Ihre Darstellung wechselt sprunghaft von Angepaßtheit zu Kritik an den alten Sitten. Nach der kirchlichen Trauung soll sie der Königin vorgestellt werden. Zwei Vormittage übt sie dafür mit einem Zeremonienmeister. ‹Man kann sich nichts Lächerlicheres denken als diese Proben. Monsieur Huart, ein dicker Mensch, bewundernswert frisiert und weiß gepudert, mimte in der Tiefe des Salons die Königin, in einem gebauschten Unterrock. Er diktierte mir, was ich zu tun hatte, wobei er selbst einmal die Dame darstellte, die mich präsentierte, einmal die Königin, und zwar in dem rituellen Augenblick, in dem ich mich niederbeuge, um den Saum ihres Kleides zu küssen, und sie mich mit einer Bewegung davon zurückhält. Nichts war vergessen oder übersehen bei diesen Proben, die drei bis vier Stunden im Stück dauerten. Ich trug von der Festtagsrobe nur den Reifrock, darüber und darunter ein Hauskleid, dazu meine natürlichen Haare. Es war ein Witz.›

Nach der Heirat kommt es zum endgültigen Bruch mit der Großmutter. Das junge Paar wird von der Prinzessin Henin in ihrem Palais aufgenommen. Hier fügt sich Lucy in die Lebensweise des Adels ein, die ihr in der Kindheit so viel Widerwillen bereitet hatte. Sie beobachtet, daß die meisten Ehepaare getrennt voneinander leben, die Ehemänner ganz offiziell ihre Geliebten bei sich haben, Schauspielerinnen, Tänzerinnen, und daß die Ehefrauen sich trösten in einem intimen Kreis von Freundinnen, aber auch mit Liebhabern. Die Doppelmoral gebietet Diskretion: ‹Die Damen der Gesellschaft unterschieden sich voneinander durch den Grad der Kühnheit, mit der sie sich zu ihren Liebschaften bekannten. Von diesen Beziehungen wußte jeder, und sofern sie tragbar waren, erreichten sie eine gewisse Form des Einverständnisses.›

Monsieur de la Tour du Pin erhält den Befehl über ein Regiment und bringt ständig neue Nachrichten über die bevorstehenden Wahlen zur Versammlung der Generalstände. Um von den großen Ereignissen nichts zu versäumen, mietet man ein Haus in Versailles. Die Tante, Prinzessin Henin, hat Wohnrecht im Schloß. ‹Jeder, den man kannte, richtete sich in Versailles ein, und man erwartete in guter Laune und ohne Unruhe, zumindest ließ sie sich niemand anmerken, die Eröffnung dieser Versammlung, die Frankreich erneuern sollte.›

Der feierlichen Eröffnung bleibt das Ehepaar fern, Monsieur de la Tour du Pin ist verärgert, nicht gewählt worden zu sein. In unbeschwerter Arglosigkeit verbringt der Adel die Monate von Mai bis Juli 1789 und wird von dem Aufruhr des 14. Juli völlig überrascht. Plötzlich steht das französische Volk in Waffen. Aber noch immer nimmt man die Feindseligkeiten, denen Adelige bei Spazierfahrten oder Ausritten ausgesetzt sind, nicht richtig ernst. Gerüchte schwirren durch die Luft, das österreichische Heer habe bereits die Grenzen überschritten. Bei einem Ausritt wird es für Lucy gefährlich, weil die Bauern sie für die Königin halten. Die Männer dringen drohend auf sie ein, Frauen und Kinder werfen sich verehrungsvoll vor die Hufe ihres nervösen Reitpferdes, fast wäre es durchgegangen. Sie mokiert sich über den Vorfall: befreit sie doch ein Landarbeiter aus ihrer mißlichen Lage, indem er ruft, die Königin kenne er, die sei doppelt so alt und zweimal so dick. Wenn das Marie-Antoinette gehört hätte! Zu gerne betonen die Memoiren die bekannte Eitelkeit der Königin, zum Beispiel die Mahnung einer Hofdame vor Lucys erster Einladung bei Hof, sie möge sich nicht so aufstellen, daß volles Licht auf ihr Gesicht falle – die Königin werde sonst über ihren jugendfrischen Teint ärgerlich. Ein Genuß der kleinen Bosheit.

Wie sehr die Unzufriedenheit im Volk gärt, wie sich der Haß gerade durch die ungebrochene Ahnungslosigkeit der Aristokraten steigert – im Leben Lucys gibt es zunächst nur eine aufregende Neuigkeit: Anfang August wird ihr Schwiegervater, der bisher nie ein politisches Amt bekleidet hat, zum Kriegsminister ernannt. Da er ohne seine Ehefrau lebt, übernimmt seine Schwiegertochter mit ihren neunzehn Jahren die Führung seines Haushalts. Jede Woche zwei Essen mit 24 Gedecken für die Mitglieder der Nationalversammlung, die der Reihe nach eingeladen werden, grundsätzlich ohne ihre Frauen.

Die ersten Adeligen verlassen das Land. ‹In Frankreich ist alles eine Frage der Mode: und nun begann die Mode des Emigrierens. Man nahm auf seine Besitzungen eine Hypothek auf, um eine möglichst hohe Summe mitnehmen zu können. Diejenigen – eine große Zahl –, die Gläubiger hatten, sahen in der Emigration ein Mittel, ihnen zu entkommen, die jungen Leute darin einen Vorwand zu reisen. Kein Mensch machte sich eine Vorstellung, welche Folgen dieser Entschluß nach sich ziehen würde.›

Seit Juli 1789 hatte sich in der militärischen Organisation manches verändert. In Paris war eine Bürgermiliz entstanden – gegen die königstreue Armee. Überall in Frankreich bildeten sich nach diesem Vorbild die Nationalgarden, also Truppen der Revolution gegen das Ancien régime. Sie waren adeligen Anführern unterstellt, ausgebildeten Leuten, die ihre Fähigkeiten längst bewiesen hatten. Von demokratischen Experimenten war noch keine Rede. Die Nationalgarden setzten sich zusammen aus steuerzahlenden Bürgern, nur diese hatten das Recht, Waffen zu tragen. Schon bald richtete sich der Ordnungswille dieser Milizen nicht nur gegen das konservative Heer, sondern auch gegen den Druck der Volksmassen. Spätestens ab 1792 verteidigten die Nationalgarden die Besitzverhältnisse gegen die Umsturzversuche der Sansculotten. Aber noch ist es nicht so weit.

Monsieur de la Tour du Pin ist einer der erprobten Offiziere, denen eine Abteilung der Nationalgarde unterstellt wird, und zwar in Versailles. Er hält wenig von der Disziplin seiner Truppe, aber Befehlsverweigerung schließt er noch aus. Um gegen überraschende Angriffe gewappnet zu sein, hat der König ein Infanterieregiment aus Flandern nach Versailles beordert. Offiziere der königlichen Leibgarde wollen die Offiziere der Nationalgarden und dieses neuangekommenen Regiments miteinander bekannt machen. Dieses Gelage findet am 1. Oktober statt, im Theatersaal des Schlosses. In den Logen sitzen Zuschauer, Adelige, viele Frauen, darunter auch Lucy und ihre Schwägerin. Die Stimmung ist ausgelassen, es wird getrunken, gesungen. Zu Lucys Erstaunen betreten zu später Stunde der König und die Königin mit dem Dauphin den Saal. Sie findet dies unpassend, leicht kann dieser Auftritt mißverstanden werden. Die Offiziere jubeln der königlichen Familie zu, die sich bald wieder zurückzieht.

Am nächsten Tag heißt es, einige Aristokratinnen hätten aus ihren Logen weiße Kokarden, Wahrzeichen der Bourbonen, verteilt. ‹Seitdem stellte ich fest, daß diese absurde Geschichte auch in ernsthaften Darstellungen vorkommt, und dabei hat sich dieser unüberlegte Scherz beschränkt auf den Knoten einer Schleife, die Madame de Maillé, ein kleiner Dummkopf von 19 Jahren, von ihrem Hut gelöst hat!› Einige Tage später, wie aus dem Nichts, gibt es Alarm: die Pariser ziehen nach Versailles – mit Kanonen.

Der Zug nach Versailles: Mißverständnisse und Ernüchterung

Das Fest der Offiziere in Versailles verwandelte in Paris die schwelende Unruhe wegen der unzulänglichen Versorgung in offene Empörung. Aufgeschreckt durch Zeitungsberichte über die drohende Gefahr durch neue Regimenter in Versailles, forderte eine Abordnung der Cordeliers die Kommune auf, am folgenden Tag, dem 5. Oktober, einen Demonstrationszug nach Versailles zu organisieren, um vom König die sofortige Entlassung des flandrischen Regiments zu fordern. Am 5. Oktober? Das ist doch der Tag des spontanen Aufbruchs der Frauen von Paris, dem sich schließlich wohl oder übel die 20 000 Mann der Pariser Nationalgarden anschlossen! Eine geplante Aktion? Und in Versailles war man wirklich ahnungslos? Der Bericht der Schwiegertochter des Kriegsministers will dies glauben machen.

Der Hof wird also völlig unvorbereitet von den Ereignissen überrollt. Der König ist zur Jagd, wie gewöhnlich, die Königin wird aus dem Garten geholt, der Kriegsminister la Tour du Pin will die Zufahrtstraßen sperren lassen, aber die Nationalversammlung stimmt dagegen, also muß er auf die Rückkehr des Königs warten. Zumindest läßt er die schmiedeeisernen Gitter vor dem Schloßhof schließen, auch alle Türen, sogar die der Ställe. Nachmittags um drei Uhr kehrt der König zurück. ‹Er schloß sich in seine Räume ein und verließ sie nicht mehr. Die Nationalgarde begann zu murren und erklärte, sie werde nicht auf das Volk von Paris feuern. Aber es gab ja nicht einmal eine Kanone in Versailles.› Lucy berichtet: etwa 300 Frauen, die um die Gitter gestrichen waren, dringen plötzlich in den Schloßhof ein. Hatte man einen Eingang zu schließen vergessen, hatte ihnen ein Spitzel geöffnet? ‹Eine gewaltige Menge schob sich ins Vestibül, in die Vorzimmer und das Treppenhaus, alles war überfüllt.› Der Kriegsminister fleht den König ‹auf den Knien› an, sich mit seiner Familie in Sicherheit zu bringen, aber der König kann sich nicht entschließen, es verstreicht wertvolle Zeit. Vorsorglich erteilt der Minister den Auftrag, die Wagen bereitzustellen, aber was niemand für möglich gehalten hätte, geschieht: die Belagerer klettern in die Kutschen und zerschneiden das Zaumzeug. Ratlosigkeit. Es regnet in Strömen, es ist dunkel geworden. Die Menge vor dem Schloß verläuft sich und sucht Wirtshäuser in der Stadt. ‹Die Frauen, die in die Ministerien eingedrungen waren, schliefen auf dem Fußboden der Küchen, nachdem man ihnen zu essen gegeben hatte, was man auftreiben konnte. Viele von ihnen weinten, sagten, man habe sie zu diesem Marsch gezwungen, jetzt wüßten sie nicht, weshalb sie gekommen seien. Lucy graut es vor diesen Frauen. Ihr Mann führt sie in entfernte Räume, dort ist sie in Sicherheit. Am nächsten Morgen schreckt sie hoch: Lärm, Getümmel, Schüsse. Die treue Marguerite stürzt außer Atem zu ihr, schreit, man werde sie alle töten. Nach zwei Stunden nervösen Wartens bringt ihr Mann die Nachricht, daß die königliche Familie, die Minister und die Nationalversammlung gerade nach Paris aufbrechen. Er hat vom König persönlich den Auftrag erhalten, das Schloß vor Plünderung zu bewahren. Überall lungert Gesindel herum, er fürchtet einen neuerlichen Angriff.

Als die Gefahr abgewehrt ist, fährt auch Lucy nach Paris. Sie ist ärgerlich über den langweiligen Winter, es gibt kaum Empfänge, die

Mitglieder des Hofs gehen nie ins Theater – die Schuld liegt bei der Königin. ‹Als die Königin nach Paris zurückgekehrt war, hatte sie ihre Logen abgegeben, und diese Geste der Mißachtung, die zwar natürlich, aber doch recht ungeschickt war, hatte die Pariser noch mehr gegen sie eingenommen. Diese unselige Prinzessin kannte nie irgendwelche Rücksichten oder wollte sie nicht nehmen. Sie zeigte offen ihre schlechte Laune gegenüber denen, die ihr mißfielen. Indem sie sich ihren Stimmungen, deren Folgen sie nicht berechnete, auslieferte, schadete sie den Interessen des Königs. Ausgestattet mit großem Mut, hatte sie wenig Verstand, überhaupt kein diplomatisches Geschick und immer ein unangebrachtes Mißtrauen gegenüber denen, die ihr hätten nützlich sein können.› Anstatt einzusehen, daß der 6. Oktober ‹das Ergebnis eines Komplotts des Herzogs von Orléans war, richtete sie instinktlos ihre Abneigung auf alle Bewohner von Paris und vermied jede Gelegenheit, sich öffentlich zu zeigen.›

Wahrscheinlich hat Lucy damals wirklich nicht verstanden, wie bedrückend sich das Leben der königlichen Familie nach dem erzwungenen Umzug in die Tuilerien gestaltete. Zwar betont sie beim Schreiben ihrer Erinnerungen, daß es ihr nicht um die Aufbereitung historischer Fakten gehe, sondern nur um ihre subjektive Sicht. Aber es ist doch erstaunlich, daß sie die Ereignisse aus ihrer Jugend so darstellt, als wüßte sie nicht, was aus ihnen später folgte. Sie macht nie ein Hehl daraus, daß ihr Marie-Antoinette wenig am Herzen lag. Aber aus der Distanz von dreißig Jahren und vor allem mit dem Wissen um das Ende der Königin, als diese verwöhnte Frau vor dem Tribunal und bei ihrer Hinrichtung Haltung bewies, hätte die Berichterstattung vielleicht etwas versöhnlicher ausfallen können.

Madame de Tourzel hingegen, die Gouvernante der Königskinder und Marie-Antoinette in unverbrüchlicher Liebe zugetan, hat ihre Memoiren ganz klar in apologetischer Absicht geschrieben: ‹Es ist mir ein Bedürfnis, die Erinnerung an die Tugenden meiner erhabenen und unseligen Herrscher wachzurufen, sowie ihrem Gedächtnis meine verehrende Zuneigung darzubringen, die ich ihnen bewahren werde bis zu meinem letzten Atemzug.› Aber sie ist eine genaue Beobachterin und in der Wiedergabe der Fakten zuverlässig. Sie tut nicht so, als sei der Zug nach Versailles ein Blitz aus heiterem Himmel gewesen. Die Aggression hatte in den Wochen davor ständig zugenommen. So wurde ein Bäcker an die Laterne geknüpft, weil er zweierlei Brot gebacken hatte – dadurch war er in den Verdacht des Aristokratismus geraten. Aber niemand prüfte den Fall und zog die Täter zur Rechenschaft. Und sie ist der Meinung, daß die Feinde des Königs das Fest der flandrischen Offiziere gezielt als

Beginn der Konterrevolution interpretierten, um einen Anlaß für den – organisierten – Marsch nach Versailles zu gewinnen. Das Volk sei für die Beteiligung benützt und teilweise sogar bezahlt worden.

Sie setzt andere Akzente als die Marquise de la Tour du Pin. Zwar bestätigt sie, daß sich der König nicht zu Entscheidungen durchringen konnte, betont aber, wie sehr er darum bemüht gewesen sei, den Konflikt nicht zu verschärfen. Er ging ja auch auf den Wunsch der Fischfrauen ein, mit ihm persönlich zu sprechen. Zwölf von ihnen wurden ins Schloß eingelassen. ‹Seine Güte entwaffnete sie, und ihre Meinung hatte sich bei ihrer Rückkehr zu den anderen so verändert, daß sie fast deren Wut zum Opfer gefallen wären.› Das stimmt mit dem Polizeibericht über die junge Louison Chabry überein, die nach dem Gespräch mit dem König tatsächlich fast gelyncht worden wäre, weil die wartenden Frauen davon überzeugt waren, sie habe sich im Schloß bestechen lassen.

Madame de Tourzel berichtet von der gleichbleibenden Gefaßtheit der Königin, von der Gefahr, der sie am Morgen des 6. Oktober knapp entkam, als die ins Schloß eindringenden Aufständischen die Leibgarden vor ihrer Türe erschlagen und deren Köpfe auf Piken gespießt hatten. Hier ist sie sich einig mit Madame Campan, der Vorleserin der Königin, die es in ihren Memoiren keineswegs an spitzzüngigen Bemerkungen über die königliche Familie fehlen läßt. Marie-Antoinette war in Gefahr und das Auftreten der Fischhändlerinnen nicht so harmlos, wie Lucy es abschwächt, brüllten sie doch, ‹daß sie sich die Gedärme der Marie-Antoinette holen und daraus Kokarden machen wollten, und mischten die obszönsten Ausdrücke in diese schrecklichen Drohungen.› Beide Damen schildern eindringlich das Entsetzen, das sie gegenüber dieser entfesselten Volkswut empfunden hatten. Später wußten sie, daß dies erst der vergleichsweise friedliche Anfang künftiger Exzesse gewesen war.

Jubel, Stolz, Triumph dagegen im Bericht einer Teilnehmerin aus Paris. Am 5. Oktober um halb neun Uhr morgens bestürmten viele Frauen den Bürgermeister von Paris mit ungeduldigen Bitten um Brot und erklärten, es würde Paris viel besser gehen, wenn der König in seiner Hauptstadt lebte. Deshalb sei man losmarschiert, angeführt von den Männern, die sich auch schon beim Sturm auf die Bastille hervorgetan hatten. Die Nationalgarden hätten sich erst viel später auch zum Aufbruch entschlossen. Es regnete. Niemand hatte an Proviant gedacht, erst als die Menschen hungrig wurden, besorgten sie sich Lebensmittel von Händlern, die man freilich erst mit ein wenig Druck dazu überreden mußte. Frau Cheret, die Berichterstat-

Aufbruch der Frauen nach Versailles am 5. Oktober 1789.

terin, war gerade dabei, ein gutes Geschäft abzuschließen, aber sie ließ es sausen und mischte sich unter die ‹Damen Bürgerinnen›, die nach Versailles zogen. Dort wurden sie vom Applaus der Bürger und der Soldaten empfangen, ‹zu ihrer Ankunft beglückwünscht und gebeten, sich für das allgemeine Wohl einzusetzen. Richtet man eine solche Bitte vergeblich an Damen, Französinnen, noch dazu, wenn sie an ihrer Spitze die Helden der Bastille haben?› Die Frauen wurden zur Nationalversammlung geführt, brachten dort ihre Forderungen vor und erhielten die Zusagen, daß ab sofort Getreide nicht mehr exportiert werden dürfe, sondern zu erschwinglichen Preisen, genauso wie Fleisch, in Paris verkauft werden solle. Ein gutes Ergebnis! Viele Abgeordnete hatten sich aus dem Staub gemacht, die rebellischen Frauen hatten ihnen Angst eingejagt – solche Feiglinge!› ‹In der Zwischenzeit sollen sich die Leibgarden und die Nationalgarden einen Spaß daraus gemacht haben herumzuballern. Die ersteren waren dabei wohl nicht so toll, denn unsere Leute verloren nur wenige, und der König unterstützte ja auch den 5. Oktober! – Wir Bürgerinnen wurden ruhmreich auf Kosten des Königs im Wagen

zum Pariser Rathaus gebracht, wo man uns als die Retterinnen der
Hauptstadt empfing – na, wenn das nicht alle jetzigen und künftigen
Pläne der Aristokraten zunichte macht!›

Galerie 1:
Reine Audu

Sie war die Frau, die, auf einer Kanone reitend, den Triumphzug
anführte, der den König und die Nationalversammlung nach Paris
brachte, Louise-Renée Leduc, genannt Reine Audu, die Königin der
Markthallen, hatte ihr persönliches Ziel in Versailles nicht erreicht.
Sie wollte selbst mit dem König sprechen, um ihm die Notlage in
Paris zu erläutern. Aber andere waren ihr zuvorgekommen. Man
hatte sie gar nicht in das Schloß hineingelassen. Aber ihrer Aufmerksamkeit ist es zu verdanken, daß sich die königliche Familie
nicht durch die Hintertür davonmachen konnte, dafür sorgte sie mit
ihrem Befehl zum Sturm auf die schon bereitgestellten Kutschen.
Seit dem Kampf um die Bastille hatte sie mit ihrer Frechheit und
ihrem Gossenwitz Erfolg als Volksführerin. Hunderte Frauen ge-
horchten am 5. Oktober der streitbaren Obsthändlerin, die zum Zug
nach Versailles aufrief. Sie ordnete militärisch die Frauen in Achter-
reihen und organisierte die Bewaffnung aus dem Zeughaus.

Noch am Tag der Rückkehr aus Versailles begann eine heftige
Kampagne der königstreuen Presse, so daß Reine mit einem geschickten Vorstoß den Angriffen zuvorkommen wollte: sie trug mit
einigen Kameradinnen am 8. Oktober dem Bürgermeister eine Petition vor, er möge die Flut von Schmähungen, die über die Teilnehmerinnen hereinbrach, durch Strafen eindämmen. Der Bürgermeister ging über den Antrag noch hinaus, indem er eine Medaille
pressen und den ‹guten Bürgerinnen› zum Dank überreichen ließ –
aber zugleich beauftragte er einen Untersuchungsausschuß damit,
‹Urheber und Komplizen der scheußlichen Missetaten des 5. und
6. Oktober› herauszufinden. Die Medaillen wurden noch weiter
verliehen, als das Tribunal am 31. Juli 1790 das Verfahren wegen
Beleidigung der Nation aufnahm.

In der Nacht zum 21. September wurde Reine Audu verhaftet, das
Blatt hatte sich gewendet. Sie wurde angeklagt: erklärt zu haben,
daß sie den Kopf der Königin auf ihren Säbel spießen werde, mit
dem sie bewaffnet war; Geld bekommen zu haben, um den Aufruhr
anzuheizen; an den Massakern unter der Leibgarde beteiligt gewesen zu sein; das Regiment von Flandern zur Desertion aufgefordert
zu haben.

Nach dem dummen Versuch, ihre Anwesenheit in Versailles überhaupt zu leugnen, verteidigte sie sich in ihrer Verhandlung wütend und aggressiv: sie besitze keinen Säbel, sondern nur einen Besenstiel; sie bedaure, kein Geld bekommen zu haben, sie hatte nämlich nur drei Sous in der Tasche; während des Massakers habe sie mit Soldaten gesoffen und sei insgesamt gänzlich unschuldig. Unter dem schadenfrohen Jubel der Journalisten und unruhigem Gemurmel ihrer Freundinnen vom Markt läßt sie sich zu der mißverständlichen Aussage hinreißen, ‹sie sei eine gute Hure, die in allen Ehren ihren Beruf ausübe›.

Sie wird wieder ins Gefängnis gebracht, findet aber einen Anwalt, der sich mit großem Einsatz ihrer Sache annimmt. Reine ist über die Maßen verbittert, daß sie als einziger Sündenbock eingesperrt bleibt. Vielleicht hat sie dafür zu büßen, daß sich Théroigne de Méricourt durch Flucht dem Verfahren entzogen hat.

Während ihrer Gefangenschaft ändert sich das politische Klima erneut, die Frauen des 5. Oktober stehen wieder hoch im Kurs, besonders nach dem Fluchtversuch des Königs, und ihr Anwalt bringt ihren Fall vor die Nationalversammlung. Diese bestätigt, ‹daß es der Aufopferung dieser erstaunlichen Frau zu verdanken ist, daß Paris vor dem Hunger bewahrt blieb›, und sie wird am 16. September 1791 in die Freiheit entlassen.

Am 10. August 1792 beim Sturm auf die Tuilerien ist sie wieder in vorderster Front dabei, wird durch einen Schuß in den Schenkel verletzt und mit der Bürgerkrone geehrt. Sie stellt Anträge auf eine Anstellung in der Armee, und wichtige Männer wie Pétion setzen sich für sie ein. Weil sie aber nach ihrer Verwundung hinkt, immer bei Regen, bekommt sie nur einen Platz als Verwalterin der Mehlmagazine. Man hört nichts mehr von ihr.

Prinzenerziehung – jakobinisch:
Madame de Genlis

Madame de Genlis verspürt bei der Nachricht vom Sturz der Bastille ‹ein Gefühl lebhaftester Freude›. Als sie hört, daß das Volk von Paris darangehe, das Gebäude abzureißen, bricht sie sofort mit ihren Zöglingen auf, um diesen Anblick nicht zu versäumen. Vom Garten des befreundeten Beaumarchais beobachtet sie, was geschieht. ‹Diese gewaltige Festung war von Männern, Frauen und Kindern übersät, welche mit unerhörtem Eifer an den höchsten Stellen des Bauwerks und der Türme arbeiteten. Diese erstaunliche Zahl freiwilliger Arbeiter, ihr Eifer, ihr Enthusiasmus, die Freude, dieses

schauderhafte Denkmal des Despotismus einstürzen zu sehen, die
rächenden Hände, die hier die Aufgabe der Vorsehung zu übernehmen schienen und die mit solcher Geschwindigkeit das Werk von
Jahrhunderten zerstörten, dieses ganze Schauspiel sprach mit gleicher Gewalt zur Einbildungskraft wie zum Herzen.› Und sie läßt
sich ein Schmuckstück anfertigen aus einem polierten Stein des
Gemäuers der Bastille. In der Mitte dieses Medaillons prangt, umgeben von Brillanten, das Wort ‹Freiheit›. Solcher Schmuck ist ab
sofort in Paris große Mode.

Das schöne Haus, in dem man sich in Passy eingemietet hat,
erweist sich als sehr günstig: es liegt direkt an der Straße, auf der am
6. Oktober der Zug der triumphierenden Frauen aus Versailles zurückkehrt, in seiner Mitte die Kutsche mit der königlichen Familie.
Auf der Terrasse des Hauses betrachten der Herzog von Orléans,
geschmückt mit einer auffallenden Kokarde, seine vier Kinder und
deren Erzieherin das verwirrende Spektakel. Jubelrufe für die illu-
stren Zuschauer. Beim Erscheinen der Kutsche mit den gedemütig-
ten Verwandten zieht sich der Herzog diskret ins Haus zurück.

Im Winter 1789 kleidet sich Madame de Genlis in den Farben
der Saison: sie trägt einen blau-weiß-rot gestreiften Rock, eben-
solche Bänder an ihrem Hut. Die Wohnräume läßt sie in den drei
Nationalfarben neu dekorieren. Von der Revolution erhofft sie
sich eine Reform des Ancien régime, die Abschaffung der Justiz-
willkür und der Jagdprivilegien, dafür die Stabilisierung der
Monarchie durch Abdanken des schwachen Königs. Könnte Ludwig
nicht ihren Schüler Louis-Philippe, den ältesten Sohn des Herzogs
von Orléans, adoptieren? Sie hat ihn nach allen Regeln pädagogischer Kunst darauf vorbereitet, Verantwortung als künftiges Ober-
haupt einer einflußreichen Familie zu übernehmen, warum nicht
auch für Frankreich? Störend: die Empörung der königlichen Familie über diesen Vorschlag; die Loyalität des Hofadels mit dem
Dauphin.

Im Mai 1790 erklärt der siebzehnjährige Louis-Philippe seiner
Erzieherin in einem Brief, er liebe auf der Welt nichts so sehr wie sie
und die neue Verfassung. ‹In diesen ersten Revolutionszeiten hatte
der älteste meiner Zöglinge eine Anwandlung von Seelengröße, die
ich nicht mit Stillschweigen übergehen kann. Er erfuhr in meiner
Gegenwart, daß die Erstgeburtsrechte aufgehoben waren, und umarmte gleich darauf seinen jüngeren Bruder mit dem Ausruf: wie
freut mich das!›

Der Prinz besucht mit Begeisterung die Sitzungen der Nationalversammlung und des Jakobinerclubs und wird schließlich vom
Gatten seiner Erzieherin, dem Marquis de Sillery, zum Mitglied

vorgeschlagen. Seine Aufnahme erfolgt am 1. November 1790. Die Zeremonie seines Beitritts verfolgen sein Vater und Madame de Genlis gerührt von der Zuschauertribüne aus.

Manches ist auch kurios an der Revolution: ‹Wir gingen zu den Cordeliers; ich sah dort Schuhflicker und Lastträger als Redner und selbst ihre Frauen auf die Tribüne steigen und aus voller Brust gegen die Adeligen, die Priester, aber mit noch größerem Feuer gegen die Reichen sprechen. Eine Fischverkäuferin schrie immer, die mobilen Privilegien müßten abgeschafft werden, damit meinte sie wohl die noblen, nämlich adeligen Privilegien, aber niemand in der Versammlung achtete darauf, und die Schwätzerin erhielt dennoch Beifall.› Diese kleinen Leute erscheinen der kritischen Madame de Genlis wie Kinder, die mit großem Vergnügen ein neues Spielzeug handhaben. ‹Hätte man ihnen die Tribüne, ihren Präsidenten und seine Glocke genommen, hätten sie nur wenig Interesse für ihre Sitzungen aufgebracht.›

Plötzlich rebelliert die Herzogin. Gegen die politischen Sympathien ihres Mannes ist sie machtlos, aber die jakobinische Erziehung ihrer Kinder kann sie sich verbitten. Sie setzt die Entlassung Madame de Genlis' durch, und im Zug dieser Auseinandersetzung trennt sie sich von ihrem Mann. Ihre Schwester, die Prinzessin Lamballe, ist die engste Vertraute der Königin, der Ehekrieg im Hause Orléans ist damit ein Politikum ersten Ranges. Die fortschrittliche Erzieherin geht nach England, die ältesten Söhne des Herzogs treten in die Armee ein, der Herzog ist Hoffnungsträger der Anti-Bourbonen-Partei unter den Konstitutionellen. Später wird er die Einführung der Republik befürworten, für den Tod Ludwigs stimmen und selbst seinen Kopf auf der Guillotine verlieren.

Madame de Genlis war als junge Ehefrau in sein Haus gekommen und bald seine Geliebte geworden. Auch als die Leidenschaft vergangen war, schätzte der Herzog die außerordentliche Klugheit seiner Freundin und machte sie zur Erzieherin seiner Kinder. Es wäre üblich gewesen, Knaben mit dem achten Lebensjahr aus der Obhut von Frauen männlichen Erziehern zu übergeben, aber der Herzog setzte sich darüber hinweg, und Madame de Genlis wurde zum Gouverneur der Söhne ernannt – den Begriff gab es für sie nur in der männlichen Form. Sie war eine hervorragende Pädagogin. In den Jahren ihrer Erziehung hatte sich Louis-Philippe von einem antriebsarmen, ängstlichen, verwöhnten Kind zu einem selbstbewußten, zupackenden jungen Mann entwickelt. Das Erziehungskonzept Rousseaus, wonach einem Kind nichts beigebracht werden soll, was es nicht selbst für sich fordert, lehnt sie ab. Sie ist davon überzeugt, daß Kinder durch ein überlegtes Angebot erst angeleitet

Madame de Genlis

werden müßten, sich für etwas interessieren zu können. Neigungen und Talent sollten in Übereinstimmung gebracht werden ‹für das Glück des einzelnen und zum Nutzen der Gesellschaft›. In ihren Grundsätzen der Aufklärung verpflichtet, überläßt sie die ihr anvertrauten Kinder nie sich selbst, sondern nimmt an allen ihren Pflichten und Vergnügungen teil. Der Herzog hat nach ihren Anweisungen ein Haus bauen lassen, den berühmten Pavillon von Bellechasse, das sie mit ihren Zöglingen bewohnt. Bellechasse liegt auf dem Areal eines Nonnenklosters, und gerade die klösterliche Abgeschiedenheit garantiert Madame de Genlis den vollen erzieherischen Einfluß.

Die Gruppe besteht aus bis zu zehn Kindern, neben den vier Kindern des Herzogs auch noch aus Nichten, Neffen und zwei kleinen Engländerinnen, die hier erzogen werden, damit alle Kinder gezwungen sind, ständig englisch zu sprechen. ‹Ich bin die erste

Prinzen-Erzieherin, der es eingefallen ist, die vortreffliche, in anderen Ländern übliche Sitte nachzuahmen, lebende Sprachen durch den Gebrauch zu lehren.›

Einige Stunden des Tages verbringen die Kinder mit italienischen und deutschen Bediensteten, so daß Louis-Philippe im Alter von zwölf Jahren neben Latein alle diese Sprachen fließend beherrscht. Unterricht wird erteilt in Literatur, Mythologie, Botanik, Chemie, Zeichnen und Musik auf mehreren Instrumenten, wobei sie für die Mädchen die Harfe bevorzugt, die sie selbst meisterhaft spielt. Jungen und Mädchen treiben viel Sport, laufen, schwimmen, klettern auf Bäume und reiten selbstverständlich. Jedes Kind bebaut eine Ecke des Gartens in eigener Verantwortung, im Haus gibt es Werkstätten für verschiedenes Handwerk, so werden erstklassige Schreinerarbeiten angefertigt und armen Leuten zur Wohnungseinrichtung geschenkt. Krankenpflege und Armenfürsorge ist in diese Erziehung integriert, die auf einer tiefen Religiosität aufbaut. ‹Sie war ein harter Erzieher, das schwöre ich Ihnen›, wird Louis-Philippe erzählen, als er bereits König von Frankreich ist, ‹sie hat uns grausam behandelt. Sommer wie Winter mußten wir um sechs Uhr aufstehen, unsere Mahlzeiten bestanden aus Milch, Fleisch und Brot, nie gab es Naschereien, nie Süßigkeiten, es gab Arbeit, keinen Spaß. Sie hat mich daran gewöhnt, auf dem Fußboden zu schlafen. Sie ging systematisch und ernsthaft vor. Als kleiner Junge war ich schwach, faul und ängstlich, ich fürchtete mich sogar vor Mäusen! Sie hatte die Absicht, aus mir einen anständigen Menschen zu machen. Mein Gewissen erlaubt mir zu sagen, daß sie Erfolg damit hatte.›

Madame de Genlis kennt ihren Wert. Sie legt über jeden Tag einen Rechenschaftsbericht ab, und diese pädagogischen Aufzeichnungen geben Aufschluß über die Fortschritte und Schwierigkeiten jeden Kindes unter ihrer Obhut. Und sie veröffentlicht eine Vielzahl pädagogischer Schriften, in denen sie ihre Erfahrungen zum Programm erhebt.

Sie stellt das bestehende Wertsystem nicht in Frage, möchte es aber verbessern. Eine richtige Erziehung muß Kinder auf ihren künftigen Platz in der Gesellschaft vorbereiten, von demokratisch gleicher Ausbildung für alle hält sie nichts. Mädchen sollen wie Jungen erzogen werden, denn es hänge vom Format der Frauen ab, meint sie, ob aus Kindern wertvolle Menschen würden oder Versager, ob eine Familie weiterkomme im Leben oder zugrunde gehe, erst recht, wenn eine Frau als Witwe allein für ihre Familie verantwortlich sei. Für diesen Fall – aber auch nur für diesen – brauche sie die Kenntnis der Gesetze und Verfassung. ‹Eine vollkommene Frau ist jene, von der man nie reden hört.› Für sich selbst soll keine Frau Ehrgeiz entwickeln, sondern ‹ihr Empfinden darauf ausrichten, daß sie die Freuden des Stolzes allein in den Erfolgen ihrer Lieben genießt›. Also keine grundsätzliche Veränderung im Verhältnis der Geschlechter zueinander. Ihre beiden Töchter hat sie konservativ auf die Übernahme festgelegter Rollen hin erzogen und jede im Alter von vierzehn Jahren verheiratet, selbstverständlich ohne Rücksicht auf die Gefühle der füreinander bestimmten zukünftigen Eheleute. Sie ist davon überzeugt, daß strenges Einhalten der Pflicht und liebevolle Gefühle einander nicht ausschließen, und sieht sich von ihren Töchtern darin bestätigt. Die besonders geliebte ältere Tochter stirbt mit einundzwanzig Jahren im Wochenbett, tief betrauert von ihrer Mutter. Die junge Frau hat wenige Tage vor ihrem Tod eine Aufstellung gemacht, die ihre Mutter folgendermaßen überliefert: ‹Sie hatte eine Kolonne abgeteilt, oben stand: Bilanz über meines Mannes Treuebrüche während der Jahre unserer Ehe. – Nun zählte sie dieselben Jahr für Jahr auf und kam zu der Anzahl 21. Dann stand: Nun wollen wir uns nach den meinen umsehen. – Jedes Jahr hatte sie eine Null aufgezeichnet und darunter: Schlußsumme = Genugtuung. – Und sie liebte ihren Mann wirklich.› Wie traditionell ihre Auffassung von angemessenem weiblichen Verhalten ist, geht auch daraus hervor, daß sie ab ihrem dreißigsten Lebensjahr auf Schminke und in der Kleidung auf jeden Putz verzichtet. Mit dreiunddreißig Jahren verschenkt sie ihren gesamten Schmuck und ihr wertvolles Silber und Porzellan an ihre Töchter, um nur noch mit einfachen Gebrauchsgegenständen zu leben.

Konsequent wie mit ihrem Alter geht sie auch mit ihrem Beruf als Schriftstellerin um. ‹Meine Freunde gaben mir zu verstehen, ich besäße Vernunft und Geist nur, wenn von Erziehung und Literatur die Rede sei. Man machte sich daher über meine Ansichten lustig und fand ein großes Vergnügen daran, das Gegenteil von meinen Ratschlägen zu tun. Eine Frau hat in der Tat auch in dieser Laufbahn weit mehr Ungerechtigkeiten zu erwarten als ein Mann.› Doch gleich wiegelt sie wieder ab: ‹Aber selbst Männer haben in dieser Beziehung manches in der Gesellschaft auszuhalten.›

Jahrelang lebt sie unfreiwillig im Ausland, geschätzt zwar wegen ihres literarischen Rufs, aber doch heimatlos und immer in Finanzschwierigkeiten. Nach ihrer Rückkehr 1800 führt sie in Paris ein bescheidenes Leben unermüdlicher Bücherproduktion, mehr als achtzig Titel hat sie veröffentlicht. Kurz vor ihrem Tod 1830 erlebt sie die Thronbesteigung ihres Zöglings Louis-Philippe, der sie trotz mancher Differenzen über alle Jahre hin dankbar verehrte. Im Rückblick auf ihr Leben kann sie sich einen schweren Vorwurf nicht ersparen, nämlich ‹die Revolution während der ersten achtzehn Monate aufrichtig geliebt zu haben›.

1790–1792
Hoffnungsjahre der Revolution

Die Verfassunggebende Versammlung setzt zielstrebig die Erneuerung Frankreichs fort: das Territorium wird in 83 Departements mit weitgehender Selbstverwaltung aufgeteilt, seit dem 19. Juni 1790 ist der Adel abgeschafft, und die Einbindung der Kirche in den Staat schreitet voran. Der Klerus erhält eine Zivilkonstitution und soll laut Beschluß vom November einen Eid auf die Verfassung ablegen. Da aber der Papst die Revolution und ihre Grundsätze verurteilt, verweigern die meisten Priester diesen Eid. Der Staatsgewalt gelingt es nicht, sie zum Gehorsam zu zwingen. Die städtische Bevölkerung akzeptiert die ‹patriotischen› Priester, auf dem Land verwehren ihnen oft die Frauen den Zutritt zu den Pfarren und stellen sich schützend vor die Eidverweigerer.

Im Sommer 1790 überwiegt in Frankreich noch das Glücksgefühl einer allgemeinen Verbrüderung. Das Fest zum Jahrestag des Sturmes auf die Bastille soll den Triumph des Fortschritts beschwören: König und Kirche, der ehemalige Adel (ci-devants) und die Bürger, die Armee und die Nationalgarden, Männer und Frauen vereinigen sich im Treuegelöbnis als Nation.

Doch schon der erste Konflikt zeigt die Brüchigkeit des romantischen Bündnisses: Am 31. August fordern die Soldaten im Regiment Chateauvieux von Nancy Einsicht in die Regimentsabrechnung, was ihre Offiziere ablehnen. Die Truppe rebelliert, der Oberbefehlshaber reagiert schnell: er läßt nach kurzem Gefecht die Anführer standrechtlich erschießen, den Rest auf die Galeeren verbannen. Die Toten auf beiden Seiten spalten Frankreich in zwei Lager in der Frage, auf welcher Seite die Schuld zu suchen sei. Meuterei oder Massaker?

Im Oktober wird in Paris die Brüderliche Gesellschaft von Patrioten beider Geschlechter gegründet – der komplizierte Name weist auf die Schwierigkeit hin, auch weibliche Mitglieder gleichberechtigt aufzunehmen. Ziel des Clubs ist es, politische Informationen zu vermitteln, um die Mitglieder zu befähigen, politische Vorgänge zu verstehen und sich eine eigene Meinung zu bilden.

Im März 1791 erfolgt die Gründung des ersten Clubs, der ausschließlich für Frauen gedacht ist: Die Gesellschaft der Freundinnen der Wahrheit.

Natürlichkeit gilt als oberster Wert der neuen Mode. Kein Korsett darf den Körper deformieren, fließende Stoffe betonen die
Körperlinien. Flache Schuhe aus weichem Leder oder Stoff,
auch Sandalen haben die unbequemen Schühchen mit den hohen Absätzen verdrängt. Das Haar wird nicht mehr gepudert,
und zwar schon bevor verboten worden war, für diesen Zweck
weißes Mehl zu verschwenden.
Neben den Häubchen, die symbolisieren, daß der Platz der
Bürgerfrau zu Hause und nur ausnahmsweise in der Öffentlichkeit ist, trägt man Hüte, bisher adeligen Frauen und Männern
vorbehalten. Im Drapieren der Tücher und Schals entwickelt
jede Frau ihren besonderen Geschmack. Viele Hausschneiderin-
nen des entmachteten Adels eröffnen Geschäfte und bieten
erstmalig Konfektionsmode in Standardgrößen an. Damit beginnt die Demokratisierung der Mode.

In die letzte Phase der Arbeit an der neuen Verfassung, die vom
ganzen Volk hoffnungsfroh erwartet wird, platzt die Nachricht vom
Fluchtversuch des Königs am 20. Juni. Besonders eifrige Königstreue
wollen die Flucht als Entführung hinstellen, die Gegner der Bourbonen fordern die Absetzung Ludwigs, die Anhänger des Königs verlassen
den Jakobinerclub und richten sich im ehemaligen Kloster der
Feuillants ein, um gegenüber dem immer lauter werdenden Ruf
nach der Republik geschlossen Widerstand zu leisten – da bereitet
die Konstituante allen Spekulationen ein Ende, indem sie den König
am 15. Juli in seinen Rechten bestätigt. Die Republikaner sehen,

wie ihre Chance entschwindet, und wollen wenigstens ein Zeichen setzen: sie rufen die Bürger von Paris auf, am 17. Juli auf dem Marsfeld eine Petition zugunsten der ersehnten Staatsform zu unterschreiben. Bei strahlendem Sonnenschein promenieren unzählige Menschen, die Lafayette, der Kommandant der Nationalgarden, offenbar alle für republikanische Rebellen hält. Die erste Unbotmäßigkeit nimmt er zum Anlaß, Schießbefehl zu erteilen, und richtet in Minuten ein Blutbad an. Damit hat er nicht nur seinen politischen Kredit verspielt, sondern das Vertrauen zum König, den man für die unbegründete Brutalität verantwortlich macht, endgültig untergraben. Da hilft es auch wenig, daß der König am 14. September im Rahmen einer feierlichen Zeremonie den Eid auf die neue Verfassung ablegt. Die Konstitution macht Frankreich zu einem modernen Staat mit der Garantie der Menschenrechte, mit Gewaltenteilung und Repräsentativsystem. Der König ist an das Gesetz gebunden und verfügt über ein nur aufschiebendes Veto gegenüber den Beschlüssen der Nationalversammlung, die sich ab jetzt Legislative nennt und nach Zensus gewählt wird.

Die im September veröffentlichte Erklärung der Rechte der Frau, verfaßt von der Schriftstellerin Olympe de Gouges, geht im Trubel der Abgeordnetenwahl unter.

Gleich nach der ersten Sitzung der Legislative am 1. Oktober 1791 beginnt die girondistische Fraktion mit einer fieberhaften Aktivität: diese vorwiegend republikanisch gesinnten Abgeordneten sind davon überzeugt, daß die europäischen Monarchen die Veränderung in Frankreich nicht dulden und bei der erstbesten Gelegenheit angreifen werden. Um einem solchen Angriff zuvorzukommen, aber auch, weil die revolutionäre Entwicklung weitergetrieben werden müsse, fordern sie Krieg.

Das Recht, Waffen zu tragen, ist seit Beginn der Revolution zum Bürgerrecht geworden. Viele Frauen glauben, sie könnten Gleichberechtigung mit den Männern dadurch erringen, daß sie sich an der Ausübung der Bürgerpflichten beteiligen, und dazu gehört die Verteidigung des Vaterlandes. So tragen junge Frauen, in Gruppen oder als einzelne, in den gesetzgeberischen Gremien die Forderungen vor, im Umgang mit Waffen ausgebildet zu werden, in die Armee einzutreten und Frauenbataillone bilden zu dürfen. In den Monaten der Kriegspropaganda werden solche Petitionen wohlwollend zur Kenntnis genommen. Aber nur in der Provinz bilden sich Amazonenregimenter. Paris duldet bewaffnete Frauen, keineswegs als Vorbilder, eher als exotische Randerscheinungen patriotischer Gesinnung.

Am 15. April 1792 amnestiert die Legislative die rebellischen

Soldaten von Nancy und ehrt sie mit einem pompösen Fest – als demonstrative Absage an die alte Militärordnung. Am 20. April erklärt Frankreich Österreich den Krieg, wodurch das Volk in erneuter Begeisterung für die Revolution entflammt – die zunehmenden Versorgungsprobleme haben den Enthusiasmus nämlich bereits etwas abgekühlt. Und damit sich der Fortschritt auf allen Gebieten zeige, hat seit dem 25. April die Guillotine die früheren Hinrichtungsarten abgelöst.

Dem König stehen zwar seit März girondistische Minister zur Seite, aber er macht so konsequent von seinem Vetorecht Gebrauch, daß er die Arbeit der Nationalversammlung blockiert und sich den Unwillen der Pariser Bevölkerung zuzieht.

Seit 1789 gibt es in Paris neben der Nationalversammlung und dem königlichen Kabinett auch eine Stadtregierung, der (seit 1790) 48 Sektionen unterstehen. In diesen Sektionen gewinnen immer mehr die sogenannten Sansculotten an Einfluß: kleinbürgerliche Handwerker und Arbeiter, die sich von der bisherigen politischen Entwicklung übergangen fühlen, die sich von der Revolution in erster Linie die Verwirklichung des Gleichheitsgrundsatzes erhoffen und die unter Volkssouveränität das Recht auf Mitsprache verstehen, das sie in den vielen Aufständen ab 1792 tatkräftig durchsetzen wollen. Es gefällt ihnen nicht, daß sich der König weigert, zu unterschreiben, daß revolutionäre Truppen aus dem Süden in die Hauptstadt verlegt und die eidverweigernden Priester bestraft werden.

Deshalb organisiert die Pariser Kommune am 20. Juni eine gewaltige Demonstration, um den König mit dem Willen des Volkes zu konfrontieren. Die bewaffneten Menschenmassen dringen in die Tuilerien ein und richten Zerstörungen an, ohne allerdings den König und seine Familie selbst zu bedrohen. Aber daß sich die Macht vom König, seinen Ministern und der Legislative weg hin zur radikalen Kommune verlagert, ist nicht zu übersehen.

Am 28. Juli wird in Paris eine Flugschrift publik, in der der Herzog von Braunschweig, einer der Heerführer der Koalitionsarmee gegen Frankreich, furchtbare Strafen androht, wenn der königlichen Familie etwas angetan würde. Diese Anmaßung reizt die Sektionen zu der immer heftiger vorgetragenen Forderung nach dem Ende der Monarchie. Und am 10. August stürmen die Sansculotten, unterstützt von den inzwischen in Paris eingetroffenen Truppen aus Marseille, die Tuilerien. Der König flüchtet mit den Seinen in den Schutz der Nationalversammlung, die beschließt, ihn im alten Gebäude des Templerordens zu internieren. Mit seiner Gefangennahme beginnt ein neues Kapitel der Befreiung des Volkes, zumindest in den Augen der siegreichen Republikaner.

Adelige, die um ihr Leben fürchten müssen, verlassen das Land und versuchen vom Ausland aus, den Kampf gegen die Revolution zu schüren. Die preußisch-österreichische Hauptarmee überschreitet die Grenze – werden die patriotischen Heere dem überlegenen Gegner standhalten können?

Vom 2. bis zum 4. September organisiert die Kommune ein Massaker in den Gefängnissen, bei dem Hunderte von Aristokraten und Priestern niedergemetzelt werden. Keine Autorität greift ein, um den aufgeputschten Pöbel von Ausschreitungen abzuhalten. Die ohnmächtigen Jakobiner und Girondisten trösten sich mit der Sprachregelung von der ‹Rache des Volkes›. Die bürgerlichen Revolutionäre haben den Anspruch auf die Macht in Frankreich verspielt, sie versagen beim ersten Ansturm der entfesselten Straße.

Der kurze Ruhm und eine lange Finsternis:
Théroigne de Méricourt

Der Rest vom Verkauf ihres letzten Ringes: um für den Bruder die
Ausbildung bei David weiterbezahlen zu können, reicht es. Mit
selbständigen Arbeiten verdient Pierre-Joseph schon einiges dazu.
Ihre Ausgaben: Miete, der Unkostenbeitrag für die Zusammenkünfte im Saal des Franziskanerklosters – für Kerzen, Holz, Ge-
tränke –, die Zeitungsabonnements. Woran könnte sie noch spa-
ren? Die königstreuen Blätter würde sie gerne abbestellen, seit der
ersten Attacke am 10. November 1789 vergeht keine Woche, in der
sie nicht unflätig angegriffen wird. Fast hat sie sich daran gewöhnt,
aber das Entsetzen über die ersten Beleidigungen ist ihr noch
brennend gegenwärtig. Läufige Hündin, Hure der Nation – was
rechtfertigt diesen Haß? Besser gar nicht darüber nachdenken. Sie
betrachtet die Lektüre als tägliches Pflichtpensum. Außerdem gehört es zu den Satzungen des Clubs, daß sich die Mitglieder
gegenseitig Informationsmaterial zur Verfügung stellen. Und sie
hatte sich verpflichtet, eben auch die royalistische ‹Apostelgeschichte› zu abonnieren. Seltsam, daß gerade dieses Blatt den
Namen kreiert hat, unter dem sie jetzt in Paris jeder kennt:
Théroigne de Méricourt – weiß noch jemand, wie sie wirklich
heißt? Anne-Josèphe Terwagne: bäurisch-bescheiden. Aus ihrem
Geburtsort Marcourt in Brabant wurde flink ein fragwürdiges
Adelsprädikat gebastelt, kaum ohne Absicht, gewinnt doch der
Spott mit der Erhöhung des Opfers an Gewicht. Jetzt unterzeichnet
sie schon selbst so. Zunehmend berühmt, aber mit leeren Taschen,
wie soll das weitergehen?
  Wie klug, daß sie schon früher ihre Garderobe eingeschränkt hat!
Natürlich macht es Spaß, sich für den Besuch der Sitzungen der
Nationalversammlung passend zum jeweiligen Anlaß zu kleiden,
römisch-antik, ländlich, als gute Patriotin in den Farben der Kokarde, militant als Amazone – dieses Kostüm dient ihr jetzt als
Uniform. Das enganliegende Soldatenwams, der schwingende
Rock, die Ziegenlederstiefel, der runde Hut à la Musketier mit
schwarzen Federn: praktisch, sie besitzt drei solcher Kostüme in
verschiedenen Farben und hat keine Kleidersorgen mehr.
  Ein Collier ist ihr noch geblieben, das kostbarste Stück, davon
kann sie noch lange ihren Unterhalt bestreiten, Paris ist allerdings
ein teures Pflaster, auf dem Lande hielte der Verkaufserlös mindestens dreimal so lange vor, aber wozu sich den Kopf zerbrechen, sie
muß nur die Zeit überbrücken, bis sie wieder ihre Rente ausbe-

zahlt und das verliehene Geld zurückerstattet bekommt, mit an-
sehnlichen Zinsen. Ihr Bankier ist im Augenblick nicht liquide,
was hätte sie davon, wenn sie ihn verklagte? Also durchhalten.
Auch will sie die hier begonnene Arbeit nicht abbrechen. Die
geheiligten Menschenrechte! Ständig werden sie beschworen und
als Errungenschaft der Revolution gepriesen, aber noch lange ist es
nicht in den Köpfen verankert, daß nur im Kampf um die Rechte
aller Mitbürger die eigenen Ansprüche gesichert sind. Daß die
Sachwalter der Justiz sich für das allgemeine Wohlergehen einset-
zen müssen, anstatt sich um den persönlichen Vorteil zu kümmern.
Daß Moral, Mäßigung, Gerechtigkeit unverzichtbar... Der ‹Club
der Menschenrechte› wurde doch gegründet im Verantwortungsge-
fühl der Mitglieder für die Belange der Menschheit, aber von den
über vierzig Mitgliedern lassen sich nicht mehr als zehn regelmäßig
blicken. Übt sie überhaupt noch Einfluß aus? Nach ihrem Triumph
in der Versammlung der Cordeliers am 20. Februar 1790 schien sie
ihrem Ziel bereits so nahe! Sie hatte angeregt, daß auf den Ruinen
der Bastille der Tempel der Freiheit errichtet werden solle, in dem
zum Ruhme des Volkes die besten Künstler der Welt ihr Können
präsentierten. Stürmischen Jubel hatte ihre Rede ausgelöst – zwar
wurde ihre Bitte, Frauen von dieser Stunde an wenigstens eine
beratende Stimme zu gewähren, abgelehnt, aber sie hatte die
Verlegenheit der führenden Männer gespürt, des zarten Camille
Desmoulins zum Beispiel, und lag darin nicht das Eingeständnis
des Unrechts? Was für ein jämmerliches Los, nur eine Frau zu sein!

Jeden Tag war sie in der Nationalversammlung gesessen, mor-
gens und abends auf demselben Platz, der wie selbstverständlich
für sie freigehalten wurde. Mit welcher Inbrunst hatte sie die
Debatten dieses Gremiums verfolgt, dem sie sich zugehörig fühlte
seit den allerersten feierlichen Tagungen in Versailles. Jeden Redner
kannte sie, kannte seine politische Position, lachte manchmal vor
Vergnügen, wenn sie schon vorher wußte, welche Entgegnung der
Deputierte aus Caen vorbringen und wie gereizt darauf der Depu-
tierte aus Lille antworten würde. Und sie glaubte sich respektiert
mit ihrem Lerneifer, mit ihrem Mut, sich Gehör zu verschaffen. Als
sie nach dem unverschämten Antrag des Abbé Montesquieu, die
Sitzungen unter Ausschluß der Öffentlichkeit abzuhalten, mit
einem hellen NEIN! *der Empörung ersten Ausdruck gab, hatte ihr*
da die anschließende Abstimmung nicht Recht gegeben? Hatte sie
es nicht erreicht, daß die Nationalversammlung um das Vaterland
besonders verdiente Bürger auszeichnete mit der Bürgerkrone und
der Kokarde? – Aber als die neugewählte Legislative zum fest-
lichen Hochamt in den Dom zog und sie auf Aufforderung einiger

Freunde im Zug der Abgeordneten mitging, da machten sich die Gaffer am Straßenrand über sie lustig, einige Abgeordnete zischten ihr zu, sie möge aus dem Zug zurücktreten, und wie sich allmählich um sie herum die eisige Zone des Schweigens ausbreitete, da mußte sie wohl begreifen, daß sie den Makel vergessen hatte, der sie aus dem Kreis der Feiernden ausschloß: nur eine Frau. Sie verschwand in der Menge.

Kommt es nur auf das Geschlecht an? Zählen Verstand und Ehrlichkeit nichs? Sicher fühlt sie sich nur unter den Soldaten, wenn sie nicht auffällt in ihrem Amazonenkostüm, wie am 17. Juli, als sie in der ersten Reihe dem König gegenüberstand. Aber sonst? Demütigend die Knechtschaft und die Vorurteile, in denen der Hochmut der Männer ihr Geschlecht unterdrückt. Ernsthafte und kluge Männer schätzen sie, gewiß. Respekt für ihre Gedanken, solange sie sie im verborgenen äußert. Der berühmte Gilbert Romme gründete auf ihren Vorschlag die ‹Gesellschaft der Gesetzesfreunde›. Ihre Idee überzeugte: in einer für Interessenten offenen Vereinigung dazu beizutragen, daß die Abgeordneten die Bereiche ihres Einflusses besser kennenlernten, indem man sie informierte in Broschüren mit den einschlägigen Texten zu ihren Aufgaben und Rechten. Dazu sollte eine Spezialbibliothek eingerichtet werden, in der die neuesten Schriften auflagen und die Möglichkeit bestand, mit Gleichgesinnten zu diskutieren. Ihr eigenes Appartement hatte sie für diesen Plan zur Verfügung gestellt, nun, es war zu klein gewesen, und die Wohnung Gilbert Rommes bot günstigere Voraussetzungen, sich zu versammeln und auszusprechen. Weniger als drei Monate dauerte diese Initiative, dann verliefen sich die Mitglieder, sie hatten begriffen, weshalb aller Schwung so kläglich verpufft war.

Vielleicht hätte sie sich mehr darum bemühen müssen, daß die Männer mitarbeiteten, die sie aus der ersten Phase der Nationalversammlung aus Versailles kannte, Sieyès, Pétion, Brissot und der schwärmerische kleine Chénier, ständig im Schatten des älteren André. Inzwischen wagt sie kaum noch, von sich aus Männer um ihre Mitarbeit zu bitten. Wird doch fast jeder in ihrem Umkreis als ihr Liebhaber verdächtigt. Sie schämt sich für die Unterstellungen. Gilbert Romme treffen solche Gerüchte nicht, er erwartet von den Anhängern der Monarchie ohnedies nur schmutzige Mittel im Kampf, die anderen erklärten ihr sogar, sie fühlten sich geschmeichelt, mit ihr, der ‹schönen Lütticherin› (wieso eigentlich Lüttich?) in zarte Verbindung gebracht zu werden, und dabei ist auch der Blick der Parteifreunde nicht ohne die klebrige Lüsternheit, die sie von ihren Auftritten in der Öffentlichkeit kennt: Augen saugen sich fest an ihrem Mund, ihrer Brust, wie oft hatte es im Gedränge Griffe wie zufällig an ihren Hintern, ihre Schenkel gegeben, aber seit sie so tat, als mißverstehe sie die Annäherung als Angriff auf ihr Leben, und ihren Säbel zückte, hatte sie sich Respekt verschafft. Sie will nicht locken, nicht verführen. Stolz ist sie, wenn Chalier aus Lyon sie in einem Brief als ‹teure Schwester!› anredet. Das will sie sein, Schwester der Politik, Freundin des Rechts, Geliebte des Kampfes.

Die ‹Gesetzesfreunde› hatten als eine ihrer wichtigsten Aufgaben die Durchsetzung der Pressefreiheit verstanden. Und ausgerechnet darunter leidet sie jetzt, weil alles gesagt werden darf, gegen den König, gegen die Revolutionsführer, gegen jede Person des öffentlichen Interesses. Sie wird sich damit abfinden. Wenn sie nur wüßte, was sie tatsächlich befürchten muß! Als Ausländerin erregt sie in manchen Kreisen Mißtrauen. Solange die Erhebung ihres Heimatlandes Brabant gegen den österreichischen Habsburger erfolgreich verläuft, ist ihr die allgemeine Sympathie als Bürgerin des revolutionären Belgien gewiß, aber wenn das Kriegsglück sich wendet? Sie ahnt, daß sie sofort als Handlangerin der Konterrevolution verdächtigt werden würde, gelänge es dem kaiserlichen Heer, die Revolutionäre zu besiegen. Und das scheint ihr nur eine Frage der Zeit zu sein.

Im Augenblick bedroht sie eine andere Gefahr: vor einem halben Jahr, im Dezember 1789, war ein Tribunal eingesetzt worden, um die Vorgänge am 5. und 6. Oktober zu überprüfen und diejenigen zu bestrafen, die im Schloß von Versailles das Leben der Königin gefährdet hatten. Immer wieder fällt in Zeugenvernehmungen ihr Name. Auf einer Kanone soll sie geritten sein, die Nationalgardisten aufgehetzt, mit gezücktem Säbel die Meute zum Sturm auf die königlichen Gemächer angeführt haben – nichts davon ist wahr. Wie jeden Tag war sie auf der Tribüne der Nationalversammlung, als eine Abordnung von Frauen, angeführt von einem der Befreier der Bastille, sich Eintritt verschaffte und darum bat, sofort die Ernährungslage von Paris auf die Tagesordnung zu setzen. Als die Verteilung von Lebensmitteln und die Öffnung der Vorratsmagazine mehrheitlich gebilligt worden war, dachte sie, daß sich damit die Sache erledigt hätte, und ging nach Hause, schneller als sonst, hatte den Abgeordneten Pétion um seine Begleitung gebeten, weil die Unruhe in den Straßen sie ängstigte. Wenn das Tribunal aber doch den Zeugen Glauben schenken sollte – merkte es denn nicht, wie sich die Zeugen schon in der Beschreibung ihres Aussehens widersprachen! –, dann würde sie Paris verlassen müssen.

Im August 1790 entschied sich das Tribunal für einen Verhaftungsbefehl, und Théroigne de Méricourt machte sich auf den Weg nach
Brabant. Trotz ihres Eifers für die politische Arbeit ging sie nicht
ungern. Tag für Tag war sie Zielscheibe sarkastischer Spitzen der
Redner, allein, daß sie es wagte, sich öffentlich zu äußern, empörte
die Aristokraten. Sie lebte allein, finanziell unabhängig, ohne
männlichen Schutz. Diese ungewöhnliche Lebensform irritierte
auch ihre Parteifreunde, die sie nicht unterstützten und ermutigten,
wie sie es sich gewünscht hätte. Wenn Théroigne um Hilfe bat,
wiegelten sie ab, taten so, als seien die Beleidigungen nicht ernst zu
nehmen. Freundlich herablassend behandelten sie die sehr kleine,
zierliche Frau als eine Art Maskottchen der Revolution, was sie
noch mehr anwiderte als die Attacken der Feinde. Dennoch gab sie
selbst Geldmangel als den wichtigsten Grund an, die Stadt wegen
der steigenden Lebenshaltungskosten verlassen zu haben. In gemieteten Kutschen, aber größtenteils zu Pferd legte sie die weite Reise
zurück und war selig, als sie endlich zu Hause ankam.

Dabei bietet ihre Kindheit wenig Anlaß, ihre Freude zu erklären.
Am 13. August 1762 als Kind von Bauern geboren, verlor sie mit
fünf Jahren die Mutter. Der Bruder Pierre-Joseph war drei Jahre alt,
Nicolas-Joseph wenige Wochen. Nach dem Tod der Mutter begann
eine Irrfahrt. Zuerst kam das Kind zu einer Tante, die es in ein
Kloster steckte, für das sie aber, als sie selbst heiratete, nicht mehr
bezahlen wollte – der zunehmend verarmte Vater war dazu auch
nicht imstande, er hatte wieder geheiratet und sollte mit seiner
neuen Frau in den nächsten Jahren mehr als zehn Kinder zeugen.
Weder die Tante noch die Stiefmutter sorgten für das kleine Mädchen, nützten aber dessen schwache Arbeitskraft über Gebühr aus.
So flüchtete es mit den beiden Brüdern als Dreizehnjährige zu den
Großeltern, die von dem unerbetenen Familienzuwachs nichts wissen wollten. Zurück zur Tante, die die billige Hausmagd inzwischen
vermißt hatte. Auf verwegene Weise gelang Anne erneut die Flucht,
obwohl die Tante ihre Kleidungsstücke versteckt hatte. Das Mädchen wurde aber ermutigt, alle Schwierigkeiten durchzustehen,
weil es eine neue Bekanntschaft gemacht hatte: Madame Colbert,
die Anne, inzwischen fünfzehn Jahre alt, als Kindermädchen bei
sich aufnahm und mit ihrer eigenen Tochter erzog, ihr Lesen,
Schreiben und Klavierspielen beibrachte und von ihrer Stimme so
entzückt war, daß sie diese ausbilden ließ. Anne begleitete die
Familie Colbert nach England und lernte dort einen jungen Adeligen kennen, der ihr versprach, sie nach seiner Volljährigkeit zu
heiraten. Mit ihm kehrte sie nach Paris zurück, aber sein verlotter-
ter Lebenswandel stieß sie derart ab, daß es nicht zur Ehe kam,

obwohl sie ein Kind von ihm erwartete. Er, wie es scheint, hatte sie mit einer Geschlechtskrankheit angesteckt, an der sie noch Jahre später litt. Ob diese Krankheit der Grund für den frühen Tod des Kindes war, ist unbekannt. Der Engländer kaufte sich mit 200 000 Livres aus seiner Verantwortung frei, und Anne legte das Geld in einer Rente und Schmuck an. Ein alter Marquis bot ihr an, sich um ihr Vermögen zu kümmern und ihr Französisch zu verbessern, verwöhnte sie mit Geschenken und ließ keinen Zweifel an seinen tatsächlichen Absichten. Diese Beziehung brachte ihr den Ruf einer Kurtisane ein. Sie lebte zurückgezogen, besuchte nur regelmäßig die Oper – auffallend mit ihrem Schmuck, allein in ihrer Loge. Sie erzog ihre Brüder und nahm Gesangsunterricht bei einem berühmten italienischen Sänger, dem Kastraten Tenducci. Mit ihm gingen die drei Geschwister Terwagne nach Italien, und Anne unterschrieb einen Vertrag, von dem sie sich erhoffte, als Sängerin Zugang in die erste Gesellschaft Italiens finden zu können. Zunächst wurde sie auch in die Häuser der Botschafter eingeladen, aber unerwartet stellte sich heraus, daß Tenducci in ihrem Namen auch Bühnenengagements abgeschlossen hatte. Das Mädchen vom Lande hielt Bühnenauftritte für unvereinbar mit seiner Reputation und setzte nach heftigem Streit die Lösung des Vertrages durch. Wieder stand sie ohne Unterhalt und Sicherheit in einem fremden Land. Dazu belastete sie die Sorge um ihre Brüder. Gerade hatte sie Pierre-Joseph in Rom bei einem Maler als Lehrling untergebracht, so blieb nur der Kleinste bei ihr. Zermürbt von dem ruhelosen Leben und aus der Ferne angezogen von den Berichten über politische Umwälzungen in Frankreich, kehrte sie am 11. Mai 1789 nach Paris zurück. Seit dem 5. Mai tagten in Versailles die Generalstände, und nach den Wirren des Sturms auf die Bastille – die Tragweite dieses Ereignisses konnte sie nicht einschätzen – nahm sie sich in Versailles eine Wohnung aus dem noch unbestimmten Bedürfnis, dort zu leben, wo die Weichen gestellt wurden für die neue Zeit.

Von nun an besuchte sie täglich die Sitzungen der Nationalversammlung und verfolgte hingerissen von ihrem Tribünenplatz aus die politischen Debatten. Sie knüpfte Kontakte, darunter zu dem Bruder des Abbé Sieyès, dessen Schrift über die Bedeutung des Dritten Standes sie wie eine Offenbarung verehrte. Ihre kleine Wohnung wurde zum Treffpunkt von Abgeordneten, denen die glühende Bewunderung der jungen Frau wohl auch schmeichelte, die Tag für Tag jedes ihrer Worte mit gespannter Aufmerksamkeit verfolgte. Anne fühlte sich in dieser Zeit, in der kaum einer der Protagonisten älter als zwanzig war, zu älteren Männern hingezogen, zu Sieyès, zu Gilbert Romme, deren Ernst ihr die Zuverlässig-

Théroigne de Méricourt
– einmal nicht im Kostüm der Amazone

keit und Geborgenheit zu garantieren schien, die sie bei ihrem Vater
so bitter vermißt hatte.

*Rückkehr in die Kindheit! Die unschuldigen Abendvergnügungen
mit Musik und Tanz, Kirmes, Gespräche mit den Verwandten, die
von den politischen Zusammenhängen nichts verstehen – daß
längst wieder die Kaiserlichen gesiegt hatten, ändert ihren Alltag
nicht. Théroigne ist es gewöhnt, Ungerechtigkeit anzuprangern, wo
sie ihr unterkommt. So legt sie sich mit dem Müller an, der zu hohe
Preise nimmt – die Verwandten schwanken zwischen Stolz auf die
Revolutionärin und Scham über dies unweibliche Gebaren. Ein
Monat genügt, um zu erkennen, daß sie sich dem ländlichen Leben
entfremdet hat, sie langweilt sich, geht nach Lüttich, quartiert sich*

in einem kleinen Nest in der Nähe der Stadt ein, versucht, einen Rhythmus im Tagesablauf zu finden, geht täglich zur selben Zeit an derselben Stelle spazieren, wird deshalb von den brabantischen Rebellen für eine kaiserliche Spionin gehalten, kurzfristig eingesperrt. Der Widerstand gegen Habsburg wird angeführt von Aristokraten, nie und nimmer stünde sie auf deren Seite, auch nicht, um die Unabhängigkeit der Heimat zu erringen. Was könnte das Volk dabei gewinnen? Zutiefst mißtraut sie dem Adel, unglaublich, wie der Grundherr von La Boverie mit den Bauern umspringt, aber niemand stößt sich daran. Schreibend versucht sie sich ihre eigene Position klarzumachen, um nicht zu vergessen, was sie in Paris an Einsichten gewonnen hat: die öffentliche Meinung muß getragen sein vom Willen der Mehrheit. Aber bei uns ist die Mehrheit unfähig, sich irgendein Urteil zu bilden. Es kann in meinem Land erst dann den allgemeinen Willen geben, wenn gleiche Rechte für alle gelten werden. Aber das Volk kennt seine Rechte noch nicht, es weiß noch nicht, daß es ihm zusteht, schlechte Gesetze zurückzuweisen, sich seine eigenen Gesetze zu geben. – Visionen: ein Haus aus Erz, schwarz das Erdgeschoß. Eine Frau im Kampf mit einem Mann, der sie bezwingen will. Dieser Mann verkörpert die Tyrannei! Die Frau scheint zu unterliegen, ruft nach mir in großer Not – mit meinem Dolch töte ich den Mann, rette die Revolution. – Aber nein, sie wird hier in Brabant nicht den Kampf aufnehmen, auch nicht nach Paris zurückkehren, obwohl sie sich dringend um die Auszahlung ihrer Rente kümmern müßte, das wird ihr Bankier schon für sie regeln, drei Jahre ist er jetzt mit Zahlungen im Rückstand. Man hat ihr ein kleines Grundstück angeboten, sie wird es kaufen und sich hier niederlassen, gegen den Willen des Bürgermeisters, der ihre Aufsässigkeit fürchtet. Nie mehr will sie sich den Kränkungen aussetzen, die der politische Ehrgeiz ihr eingebracht hat. Sie wird hierbleiben, die kleinen Stiefgeschwister hängen an ihr, bewundern sie, nach dem Tod des Vaters sind sie völlig mittellos, sie wird sich um ihre Erziehung kümmern, vielleicht lernen sie, sich später auch gegen Unterdrückung zu wehren wie sie. Ist es ihr denn gelungen? Was hat sie erreicht? Muß sie nicht auch hier Verfolgung fürchten? Wenn sie nur Ruhe finden könnte, auch vor der Unrast in sich selbst. Sie hat Wäsche nähen lassen, um so bald wie möglich in ihrem kleinen Häuschen das zurückgezogene Leben aufnehmen zu können, nach dem sie sich sehnt und das sie schreckt.

In der Nacht zum 15. Januar 1791 wurde Théroigne de Méricourt von französischen Emigranten überfallen und entführt. In rasender Eile hatte man ihre Schränke und Schubladen durchwühlt und alle Unterlagen eingepackt. Sie selbst durfte nicht einmal das Nötigste für ihren Bedarf mitnehmen. Tagelang war sie mit ihren Entführern unterwegs. Was war geschehen?

Der kaiserliche Botschafter in Brüssel, Mercy-Argenteau, machte sich Sorgen um die Zukunft der Königin, der er seit seiner Akkreditierung in Paris persönlich zugetan war. Die französische Revolutionärin betrachtete er als Feindin Marie-Antoinettes, zumal auch er davon ausging, Théroigne sei im Oktober bei den Tumulten in Versailles beteiligt gewesen. So heuerte er drei Männer an, die Théroigne auf österreichisches Gebiet bringen sollten, damit sie dort vor Gericht gestellt werden konnte. Nach einigen Tagen Aufenthalt in Freiburg führte die Reise in einer verdunkelten Kutsche weiter nach Kufstein, wo man die Gefangene auf der Festung in Gewahrsam nahm. Sie stand unter der Anklage, die Anstifterin zum beabsichtigten Mord an der französischen Königin gewesen zu sein. Außerdem erhoffte sich der alte Staatskanzler Kaunitz über sie geheime Informationen aus dem innersten Zirkel der Revolution. Einer der adeligen Entführer, La Valette, hatte eine Niederschrift verfaßt, in der er alles auflistete, was Théroigne angeblich auf der Fahrt von Lüttich nach Kufstein über ihre bedeutende Rolle in der französischen Politik erzählt hatte. Mit dem Fall wurde ein französischer Hofrat in österreichischen Staatsdiensten betraut, ein kühler Mann von 44 Jahren, von einer einzigen Leidenschaft besessen: der Liebe zur Wahrheit. Mit sicherem Blick erkannte er, daß die junge Frau Opfer eines Komplotts geworden war, daß aber die Verdachtsmomente nur widerlegt werden konnten, wenn er mit äußerster Akribie jeden einzelnen Punkt untersuchte. Hofrat Le Blanc forderte sie also zunächst auf, ihr Leben aufzuschreiben. Sie tat es, obwohl es ihr schwerfiel, auch viel Zeit beanspruchte. Aus diesen Aufzeichnungen lassen sich ihre Kindheit und Jugend aufschlüsseln. Ihre Beteiligung an der Revolution stellt sie äußerst zurückhaltend dar, nennt kaum Namen, gibt auch von ihrem privaten Leben wenig preis. Der Untersuchungsrichter aber respektierte sie so sehr, daß er darauf verzichtete, anhand der Papiere, die man bei ihr beschlagnahmt und mit nach Österreich gebracht hatte, ihre Darstellung zu ergänzen. Geburt und Tod ihrer Tochter, ihre venerische Krankheit waren zwar auf Grund von Ärzterechnungen, die sie aufbewahrt hatte, nachzuweisen, doch Le Blanc korrigierte ihren Bericht nicht. Er konfrontierte sie mit der Darstellung der Adeligen und ließ sie auf jeden einzelnen Punkt schriftlich entgegnen. Dann verglich er die Aussagen und verhörte sie mündlich zu den Widersprüchen. Sein Bild von ihr stand bald fest, er wollte ihr helfen. In den feuchten und unfreundlichen Räumen der Festung verfiel sie zusehends, verschleppte eine fiebrige Erkältung, hustete, litt an Migränen und magerte ab. Von einem ihm befreundeten Arzt, den er aus Freiburg herbeizitierte, forderte er ein Gutachten über ihre Gesundheit an. Der Arzt attestierte ihr einen sehr bedenklichen Zustand, aber auch ihre geistige Ungebrochenheit. Die insgesamt schlechte Prognose des Gutachtens machte Le Blanc zur Grundlage seiner Bitte an Kaunitz, die Gefangene nach Wien überführen zu dürfen. Dies wurde gestattet. In Wien kümmerte er sich um ihr persönliches Wohlergehen, besorgte ihr Toilettenartikel, Wäsche, Kleidung. Sie dankte es ihm. Hatte sie ihn einen Tag nicht gesprochen, schrieb sie ihm, so eng, beinahe liebevoll war ihre Bindung an diese neue Vaterfigur. Nach Wochen der Untätigkeit wurde ihr schließlich ein Gespräch mit dem Kaiser gewährt, welches die sofortige Anordnung ihrer Entlassung aus der Haft bewirkte. Sie erhielt eine beachtliche Summe Reisegeld als eine Art Haftentschädigung.

Von Wien reiste sie auf dem schnellsten Weg nach Brüssel. Dort hielt es sie aber nicht lange, weil in der Angelegenheit ihrer Rentenrückstände nichts geschehen war, obwohl einer ihrer Brüder, inzwischen in Paris verheiratet, sich darum hätte kümmern können. Sie mußte also selbst nach Paris. Erleichtert wurde ihr dieser Entschluß durch die Nachricht, daß durch eine Generalamnestie alle Verdächtigen des 5. und 6. Oktober entlastet waren.

Das Gerücht von ihrer Verhaftung war zu Beginn des Jahres von der königstreuen Presse begierig aufgenommen, die Entführung als kühnes Husarenstück bejubelt worden. Die revolutionären Blätter beklagten einhellig Théroigne als Opfer absolutistischer Willkür. Da keine Informationen von Österreich nach Frankreich durchsickerten, war der Legendenbildung keine Grenze gesetzt. Gequält und gefoltert werde die junge Frau als Vertreterin des sich befreienden französischen Volkes, sie liefere das Exempel, wie Habsburg den freien Menschen zu knechten gedenke. Und so wurde sie bei ihrer Ankunft in Paris als Märtyrerin der Revolution empfangen. Ein ganzes Jahr hatte das schreckliche Abenteuer gedauert, Théroigne war überwältigt von der Begeisterung, die ihr entgegenschlug. Sie wußte nichts von den Ereignissen, die das politische Klima verändert hatten, seitdem sie gekränkt und enttäuscht die Hauptstadt verlassen hatte: die Flucht des Königs, das Blutbad auf dem Marsfeld...

Kaiser Leopold II. hatte alle Monarchen Europas aufgerufen, die

Sache der königlichen Familie zu ihrer eigenen zu machen, worauf sich eine Mehrheit in der Nationalversammlung dafür aussprach, einem Angriff durch Kriegserklärung zuvorzukommen. Die Feuillants, Anhänger einer konstitutionellen Monarchie, wagten kaum noch, das Wort zu ergreifen, die Republikaner kämpften längst nicht mehr Seite an Seite, sondern lieferten einander erbitterte Gefechte – vorläufig noch an den Rednerpulten. Die Linke hatte sich gespalten. Auf der einen Seite scharten sich die Republikaner um Brissot, beschworen die Ideale der Aufklärung, und in ihren Reihen fanden sich auch Verfechter der Frauenbefreiung wie der Philosoph Condorcet.

Unnachgiebig, geschlossen hinter Robespierre ihnen gegenüber stand die Bergpartei, wetteifernd um die reinste Adaption der Lehren Rousseaus – und damit Gegner von Frauen, die ihr Glück nicht in der Fürsorge um die Familie, das Heim sahen, sondern sich in die Öffentlichkeit drängten. Diese politische Gruppe lehnte Krieg ab, wollte sich nicht vom Ausland provozieren lassen. Aber der kühle Rhetoriker unterlag – noch – Brissot: ‹Ein Volk, das nach Jahrhunderten der Sklaverei die Freiheit errungen hat, braucht Krieg. Es braucht Krieg, um diese Freiheit zu festigen und von den Lastern des Despotismus zu reinigen.› Théroigne wirkte als Leitstern der Kriegspropaganda. Sie genoß die Rolle, in die sie die meisten der Abgeordneten drängten, sah sich angenommen von wärmster Anteilnahme, war getragen von der Zustimmung der Gremien, die ihr vor ihrer Gefangenschaft bittere Demütigungen beschert hatten – und sie plädierte leidenschaftlich gegen Österreich, ermunterte zur Befreiung Belgiens und ließ sich gerne als Zugpferd der Kriegstreiber benutzen.

Verdrängt die Erinnerung an die Fürsorge ihres Richters, des Hofrats Le Blanc, vergessen ihre kindliche Hoffnung auf die Lichtfigur des Kaisers, der ihr gegen französische Verleumdung zur Freiheit verholfen hatte – sein Tod am 1. März beseitigte die letzten Rücksichten der Dankbarkeit, jetzt schlüpfte sie freiwillig in die Rolle, die ihre Gegner ihr schon immer hatten aufzwingen wollen: die Kriegsfurie. Sie stellte einen Antrag auf Zulassung eines Amazonenbataillons, argumentierte in einer Front mit anderen militanten Frauen, Pauline Léon etwa, begann mit Ausrüstung und Ausbildung einer Frauenlegion – und war fassungslos, mit welchem Haß die Presse von links und rechts ihren Einsatz quittierte. Vorbei die Achtung im Jakobinerclub: ‹Ich beantrage, daß sie, als die Präsidentin ihres Geschlechts, heute Platz nehme an der Seite unseres Präsidenten, damit ihr alle Ehrungen der Sitzung zuteil werden.›

Die Straße reagiert schnell. Wo sie sich zeigt, singen die Kinder Spottlieder auf pikenschwingende Weiber. Und die Journalisten verhöhnen sie zusammen mit Madame de Staël, Sophie de Condorcet – was scheren sie diese Adeligen, die noch nie ein Wort mit ihr gewechselt haben! ‹Es würde ja genügen, wenn diese wackeren Damen den Österreichern ihre Büchsen zeigten, um die Feinde in die Flucht zu schlagen!› *Wenn sie ernstgenommen werden will, muß sie erreichen, daß Gelder für die Uniformierung bereitgestellt werden, über die Schwestern Fernigh wagt auch niemand mehr zu lachen, die sind in der Armee von Dumouriez und kämpfen Seite an Seite mit den Männern. Wenn sie dagegen ihre Soldatinnen sich sammeln heißt, werden sie begafft wie eine Jahrmarktssensation. Das muß sich ändern. Gerade heute hat die Nationalversammlung die Befreiung des Regiments Chateauvieux beschlossen. Bereits im August 1790 hatte dieses Regiment in Nancy gegen den Oberbefehl der nur adeligen Offiziere gemeutert. Lafayette – immer wieder sein Name, wenn sich Selbständigkeit Bahn brechen könnte! – hat den Aufstand niedergeschlagen, die Anführer erschießen lassen und die Soldaten auf die Galeeren geschickt. Und jetzt sind sie frei! Sie werden im April in Paris erwartet, und Théroigne hat ihre Freunde angeregt, mit ihr zusammen ein Fest zu organisieren. Mit dem kleinen Bruder des Dichters Chénier und dem Maler David reicht sie den Vorschlag bei der Stadtverwaltung ein. Bei diesem Fest soll sich zum erstenmal ihr Frauenbataillon zeigen, gekleidet in die Farben der Kokarde, in Reih und Glied zu Ehren der befreiten Brüder. Es genügt nicht, daß ihre Idee begeisterte Zustimmung fand, sie muß werben für ihre Ziele, Anhänger gewinnen. Morgen, am 25. März 1792, ist ihr großer Auftritt: am selben Tag, an dem die Republik ihr Ultimatum an Österreich adressiert, wird sie die Rechtfertigung ihrer Amazonen im Club des Minoritenklosters vortragen. ‹Bürgerinnen, greifen wir zu den Waffen; dies Recht steht uns nicht nur von Natur aus zu, sondern durch Gesetz; zeigen wir den Männern, daß wir ihnen weder sittlich noch an Wagemut unterlegen sind; zeigen wir Europa, daß wir Französinnen auf der Höhe der Aufklärung des 18. Jahrhunderts alle Vorurteile verachten. Französinnen, vergleicht doch, was wir sind, mit dem, was wir sein könnten, gebrauchen wir unseren Verstand, um unsere Rechte und Pflichten zu begreifen. Es ist endlich an der Zeit, daß die Frauen ausbrechen aus der beschämenden Bedeutungslosigkeit, in die Dummheit, Stolz und Ungerechtigkeit der Männer sie so lange verbannt haben. Wir sind nicht weniger wert als unsere germanischen Vorfahren. Daß wir auch neben unseren Männern kämpfen können, beweist unser Einsatz am 5. und 6. Oktober in Versailles.*

Warum nehmen wir uns nicht wieder dieses Recht? Soll den Männern allein Ruhm und Erfolg vorbehalten bleiben? Nein, keinesfalls... Bewaffnen wir uns, tragen wir uns ein in die Liste französischer Amazonen, wenn wir unser Vaterland lieben – einigen wir uns unter der Standarte der Pariser Bürgerinnen!>

Was schadet es jetzt, daß sie sich auf den Marsch nach Versailles beruft, obwohl sie jahrelang gegen die Unterstellung angegangen ist, damals dabeigewesen zu sein – es geht nur noch um die größtmögliche Wirksamkeit, jedes Mittel ist recht. Deshalb wird sie auch die Einladung annehmen, am Abend beim Bankett in den Champs-Elysées mitzufeiern, ihr früherer Freund Pétion, heute Bürgermeister in Paris, veranstaltet es zur Verbrüderung mit dem Volk. Reine Audu wird auch daran teilnehmen, die junge Marktfrau, auf deren Initiative der Marsch nach Versailles damals zurückzuführen war. Sie mag sie nicht, überhaupt will sie sich anderen politischen Gruppen nicht anschließen, Etta Palm soll ihren eigenen Club leiten, die Beziehung zwischen ihnen ist getrübt, seit die Presse Ettas jungen Geliebten Basire Théroigne angedichtet hat. Aber sie braucht auch von niemandem Unterstützung, selig läßt sie sich tragen von den Wogen nationaler Begeisterung, läßt sich feiern, singt in den Straßen, wirbt für den Beitritt in ihr Frauenregiment, weiß sich sicher im Wohlwollen der Parteifreunde...

Am 12. April forderte eine Delegation im Jakobinerclub, das Treiben Théroignes müsse verboten werden. Sie werbe für ihre Truppe unrechtmäßig mit gefälschten Unterschriften, verursache Unruhe in der Bevölkerung mit der Idee, einen reinen Frauenclub gründen zu wollen, von dem sie behaupte, er stehe unter der Schirmherrschaft Robespierres, störe den Frieden in den Familien braver Bürger. Robespierre bestritt kühl jede Zusammenarbeit mit ihr, erklärte, sie kaum zu kennen, und Santerre, ein reicher Brauer, verteidigte sie gönnerhaft: sicher hatte sie nichts Böses im Sinn gehabt, er werde auf sie einwirken, daß sie ihre Pläne aufgebe, bestimmt werde sie begreifen, daß es die Männer beunruhigen müsse, ihre Frauen am Abend nicht zu Hause vorzufinden, um ihr Wohlergehen besorgt, sondern in irgendwelchen politischen Versammlungen. – Die Jakobiner gingen beruhigt zur Tagesordnung über.

Sie faßt es nicht: keiner hatte sich für ihre Arbeit stark gemacht, den Anklägern das Maul verboten. Kämpft sie denn für sich? Geht es nicht um den Erfolg der Revolution? Unterschätzt man die Gefahr der feindlichen Koalitionen? Ist die Angst, daß die Frauen ihre angestammten Plätze verlassen und sich in der Politik enga-

gieren könnten, wichtiger als der Nutzen für das Vaterland? Sie ist geschüttelt von Ekel. Nicht nur, daß sie ständig den Spott über ihre sexuelle Unersättlichkeit ertragen muß – wie sie es leid ist, von immer neuen Liebhabern zu hören, es paßt wohl nicht in die Öde männlicher Fantasie, daß sie mit niemandem schläft – will man sie jetzt politisch vernichten? Wie sie ihre Weiblichkeit haßt!

Hingabe, Unterwerfung, Selbstaufgabe – nichts mehr davon, sie hat gezahlt für die Hoffnung, sich auf Männer verlassen zu können, wer hat ihr geholfen in ihrem einsamen Leben, das sie jetzt, allen Anfeindungen zum Trotz, zum Erfolg führt? Sie lebt als Mann, für keine Liebschaft der Welt würde sie aufgeben, was ihr an Unabhängigkeit gelungen ist. Diese Tölpel! Sie hat ihr Bedürfnis nach Schutz und Liebe überwunden, sich weit vorgewagt und wird diesen Platz zu verteidigen wissen. Sie ist gepanzert gegen Infamie – oder schmerzt es noch? Eine billige Glosse erzählt, wie sie mitten in einer Parlamentssitzung ein Kind zur Welt bringt, die Geburt ausgelöst durch Verzückungskrämpfe, die der Redner Robespierre bei ihr bewirkt. Und dann rollt ihr Kind durch die Reihen der Abgeordneten, die einen sehen in dem verkrüppelten Körperchen Ähnlichkeit mit Talleyrand, andere erkennen am Gebrüll des Babys die Vaterschaft Mirabeaus – Schmutzfinken! Warum denken sie sich immer neue Demütigungen aus, warum nur? Was fordert sie für sich? Opfert sie nicht alle Kraft demselben Ziel wie diese Wahnsinnigen auch? Warum erfinden sie, daß sie öffentlich verprügelt worden sein soll? Was ist an ihr so aufreizend, daß es die Lust auf immer neue Erniedrigung weckt?

Am 15. April findet das Fest für die von den Galeeren befreiten Soldaten statt – David hat eines seiner bombastischen Arrangements geschaffen: weißgekleidete Mädchen tragen die Ketten der Gefangenen in hocherhobenen Händen – und wo sind ihre Amazonen? Sie wagt sich nicht unter die Menge, diesmal fürchtet sie das fanatische Gekläff des Hasses, keiner stellt sich schützend vor sie!

Am 20. April geht die Kriegserklärung an Österreich. Öffentlich wird Théroigne apostrophiert als das große französische Loch, das sich anbiete, die Piken und Lanzen der Feinde in sich zu bergen. Ihr ist übel. Aber sie wird nicht aufgeben, im Gegenteil, ihre Wut zerreißt sie, sie braucht ein Ziel, um die angestauten Aggressionen loszulassen. Sie zwingt sich, nach wie vor täglich auf ihrem Platz in der Nationalversammlung zu sitzen, sie läßt sich nicht vertreiben, das ist sie sich schuldig, die Amazonen hatten sich nicht davor gescheut, sich die linke Brust auszubrennen, um im Kampf den Männern Widerpart bieten zu können, und sie sollte klein beigeben?

Dabei erträgt sie kaum noch die primitiven Dispute. Wie wagt es Tallien, Condorcet anzugreifen, weil dieser Kritik am Unbestechlichen geübt hatte: niemand müsse den Philosophen ernst nehmen, stehe er doch unter Kuratel seiner Frau! – Und wie sie lachen, die Hyänen neben ihr, die Meute Robespierres, die ihm wie einem Wundertäter die Füße lecken würde. Wieder predigt Robespierre die notwendige Säuberung, damit endlich die Tugend in Frankreich herrsche. Jubel, hysterisches Gekreisch – was ist nur an diesem schmalen trockenen Mann mit dem Mund ohne Lippen, das diese Weiber fasziniert? Da hört sie plötzlich ihren Namen, Collot, der zu ihren ersten Bekannten zählt noch aus der gemeinsamen Zeit in Versailles, dieser gescheiterte Schauspieler berichtet, er habe Théroigne heute morgen sagen hören – heute morgen? wo denn? was redet er da? –, Robespierre könne nicht mehr mit ihrer Unterstützung rechnen. Was heißt das? Schon erschüttert brüllendes Gelächter die Sitzreihen der Abgeordneten, rührend, was nimmt sie sich heraus, wer fragt nach ihrer Zustimmung? Die Weiber auf den Tribünen klatschen wie rasend, die Lächerlichkeit brandet hoch, es hält Théroigne nicht mehr auf ihrer Bank, mit einem Satz überspringt sie die Barriere, die die Tribünen vom Plenum trennt – Applaus, noch lauteres Gelächter – sie verlangt das Wort, sie schreit, versucht, die tobende Menge zu überbrüllen, erfolglos, der Vorsitzende setzt sich endlich mit minutenlangem Läuten seiner Glocke gegen den Tumult durch und schließt, selbst von Lachen geschüttelt, die Sitzung.

Das ist zuviel. Sie kann Schmähungen ertragen, die obszönsten Beleidigungen, aber nicht Lächerlichkeit. Daran erstickt sie.

Und doch wagt sie sich immer wieder aus dem Haus, nimmt ihren Platz ein, hocherhobenen Hauptes, wartet auf ihre Stunde.

Sie lebt wie in einer Muschel, bewohnt ein kleines Zimmer, das ihr Sieyès besorgt hat, der im selben Haus wohnt, in der Nähe des Jakobinerclubs. Wie ein Pflichtpensum absolviert sie die täglichen Sitzungen, schottet sich immer mehr ab. Kaum Kontakt zum Bruder, er klagt über die steigenden Seifenpreise, mit seiner Wäscherei macht er kaum noch Gewinn. Das interessiert sie nicht. Gibt er sich Mühe, sie zu verstehen? – Was willst du überhaupt? Warum bist du nicht an der Front? So viele Frauen haben es geschafft, sich in die Armee einzuschmuggeln, also, wenn es dir wirklich darum ginge, für das Vaterland zu kämpfen, sollst du aufhören, nur darüber zu reden, usw. – Er hat keine Ahnung. Théroigne agitiert unaufhörlich. Es geht ihr darum, den König davon abzuhalten, sein Land an die Feinde zu verraten. Eine Demonstration wird vorbereitet, der König soll merken, daß er

*nichts gegen den Willen des Volkes tun kann. In der Nacht vom 19.
zum 20. Juni laufen die Vorbereitungen auf vollen Touren. Immer
noch weigert sich Ludwig, gegen eidverweigernde Priester mit
staatlichem Druck vorzugehen, man muß ihn dazu zwingen. Der
Jahrestag des Ballhausschwurs soll ein Triumph des Volkswillens
werden. Bewaffnete Männer, Frauen, sonntäglich gekleidet, Kinder
mit Blumen ziehen zu den Tuilerien, werden von den Garden nicht
aufgehalten, dringen ein in die königlichen Gemächer. Der König
läßt sich nicht einschüchtern, er trinkt auf die Republik, setzt
sogar bereitwillig die Jakobinermütze auf. Es ist nicht einmal
gelungen, Ludwig Angst einzujagen. Die Königin hat geweint, aber
auch sie hat ihre Haltung nicht verloren. Was weiter?*

*Lafayette hat Paris verlassen, auf den Straßen werden Bilder und
Büsten von ihm verbrannt. Die letzte Stütze der Monarchie ist
geborsten. Und die Feinde drängen immer unverschämter. Am
28. Juli wird in Paris das Manifest des Herzogs von Braunschweig
bekannt. Er droht, die Stadt dem Erdboden gleichzumachen, wenn
der königlichen Familie nur ein Haar gekrümmt werde. Paris tobt –
was für eine Sprache gegenüber einem unbesiegten Volk!*

*Einen Tag darauf fordert Robespierre bei den Jakobinern unver-
hüllt den Sturz des Monarchen. Aber die Nationalversammlung
zögert. Auch die Sektionen insistieren, sogar der Bürgermeister von
Paris legt eine Petition vor, daß die Monarchie zu beenden sei.
Noch finden diese Wünsche nicht die Unterstützung der Mehrheit.
Nicht einmal die Anklage gegen Lafayette wegen Hochverrats ist
durchgegangen. Also Kampf. Alles ist vorbereitet. Théroigne sieht
noch einmal eine große Chance. Sie ist zum Äußersten entschlossen.*

Am Morgen des 10. August 1792 machte sich Théroigne auf den
Weg in die Nationalversammlung. Sie war bewaffnet, bereit, in den
Kampf einzugreifen, der über den Fortbestand der Monarchie entscheiden würde. Beim Überqueren der Terrasse des Klosters der
Feuillants geriet sie in eine Menschenmenge, die versuchte, sich
einiger Männer in der Uniform der Nationalgarde zu bemächtigen.
Eine Frau, die in der Druckerei der ‹Apostelgeschichte› gearbeitet
hatte, erkannte einen der Männer und schrie seinen Namen: Suleau. Dies war einer der Journalisten, die am aggressivsten gegen
Frauen im öffentlichen Leben polemisiert hatten. Für Théroigne
verkörperte er alles, was ihr in ihrem Leben an Bösartigkeit widerfahren war. Zwar gab es keinen Artikel von ihm, der direkt sie als
Zielscheibe benützt hätte, aber die Flut seiner Verachtung war
immer auch über ihr zusammengeschlagen. Sie wiederholte den

verhaßten Namen, schrie ihn mehrmals und gab damit das Signal
für die Menge, sich auf den Mann zu stürzen, der sich wie besessen
wehrte. Sie selbst griff nicht ein, hätte aber wahrscheinlich verhindern können, daß man ihn massakrierte. Dieses Ereignis blähte die
Legenden über sie ins Maßlose. Eigenhändig soll sie ihm die Kehle
durchgeschnitten haben. Daß sie mit dem Säbel in der Hand ihren
Reden Nachdruck verlieh, ist belegt, nicht, daß sie ihn jemals als
Waffe benützt hätte. Vor dem Tuilerienschloß brüllte sie, auf einem
Stein über dem Getümmel stehend: ‹Vernichtet die Vipernrasse, die
sich gegen euch verschworen hat. Wählt zwischen Tod und Leben,
zwischen Sklaverei und Freiheit.› – Auch Frauen stürzten sich auf
die Gardisten, Théroigne feuerte sie an: ‹Mögen sie doch kommen,
die Preußen, die Österreicher, wir werden Kämpfer verlieren, aber
diese Tiere werden ihre Heimat nie mehr wiedersehen.› – Über das
blutige Gemetzel erhob sich ihre Stimme, ekstatisch, in wahnwitziger Rage.

Für ihren Einsatz erhielt Théroigne de Méricourt die Bürgerkrone,
zusammen mit Claire Lacombe und Reine Audu.

Dann wurde es still um sie. Die Monarchie wurde abgeschafft,
Lafayette lief zu den Feinden über, die Septembermorde erschütter-
ten Paris, aus Belgien wurden die Österreicher vertrieben, und
Frankreich war die neue Besatzungsmacht, der König wurde zum
Tode verurteilt und hingerichtet – von Théroigne kein einziges
Wort. Belgien wurde von den Österreichern zurückerobert, in der
Vendée begannen die konterrevolutionären Aufstände, Marat ge-
wann an Einfluß in der Politik, die Bergpartei vernichtete die
Gironde – kein Lebenszeichen von Théroigne. Im Mai 1793 gründe-
ten Claire Lacombe und Pauline Léon den Club der Revolutionären
Republikanerinnen. Da erschien in den Straßen von Paris ein Plakat, auf dem Théroigne einen Text veröffentlichte, den einzigen von
ihr selbst autorisierten, ihr politisches Vermächtnis. Sie wolle den
Bürgern die Wahrheit sagen: der Kaiser kann Frankreich im Feld
nicht besiegen, aber er kennt Mittel, den Kampf dennoch zu gewinnen, er wird das Land im Bürgerkrieg spalten. Warum tappt Frankreich in diese Falle? Wieso gelingt es der Strategie der Feinde, daß
sich die Brüder gegenseitig zerfleischen? Wer kann sie vor sich
selbst schützen? ‹Und so schlage ich vor, daß jede Sektion sechs
Bürgerinnen wählen solle, in jeder Altersstufe die würdigsten und
ernsthaftesten, damit diese die zerstrittenen Bürger beraten und
wieder einigen, ihnen die Gefahren des Vaterlandes zeigen. Sie
sollen eine breite Schärpe tragen mit den Worten Freundschaft und
Brüderlichkeit. Sie sollen alle zur Ordnung rufen, die die Meinungsfreiheit nicht respektieren, aber sie liebevoll beraten, wenn sie

insgesamt noch guten Willens sind. Aber kein Mitleid mit den Feinden der Demokratie, den Agenten der Aristokraten und des Königs. Diese Bürgerinnen sollen alle sechs Monate neu gewählt, die besonders Fähigen dürfen wieder delegiert werden. Sie sollen auch über die Schulen Aufsicht führen, die speziell zur Erziehung des weiblichen Geschlechts vorgesehen sind, und bei den nationalen Festen einen hervorragenden Platz einnehmen.›

Unnötig zu sagen, daß dieses Plakat keinerlei Reaktion auslöste. Oder doch? Wenige Tage nach dieser öffentlichen Erklärung geschah, was eine feindliche Presse schon hämisch vorweggenommen hatte: Théroigne wurde vor dem Eingang zum Konvent, der neuen Volksvertretung, fast zu Tode geprügelt, von Frauen, von rasenden Jakobinerinnen. Wäre nicht Marat vorbeigekommen und hätte sich der bereits bewußtlosen Frau angenommen, hätte sie nicht überlebt.

Unter den Papieren Saint-Justs fand sich ein an ihn adressierter Brief vom 26. Juli 1794 (8. Thermidor des Jahres II), den er wohl nicht mehr gelesen haben wird – er wurde am 28. Juli, zusammen mit Robespierre und zwanzig anderen radikalen Jakobinern, guillotiniert. Diesen Brief hatte Théroigne de Méricourt aus dem Gefängnis an ihn geschrieben. Was wollte sie von Saint-Just, einem Politiker der ihr feindlichen extremen Linken, der sie außerdem kaum gut gekannt haben dürfte? Sie habe ihm bereits einen Brief geschrieben, aber ‹man hat mir erzählt, daß ich ihn, mangels Aufmerksamkeit, vergessen hätte zu unterschreiben.› Sie müsse ihn dringend sprechen: ‹Ich habe Ihnen tausend Dinge zu sagen. Wir müssen uns zusammenschließen; ich muß meine Projekte weiterentwickeln können, fortfahren zu schreiben, woran ich arbeite.› Aber es fehle ihr an Papier, an Licht, an allem. Sie dürfe ihre Sendung nicht verraten, bedaure, ihn nicht vor ihrer Verhaftung gesprochen zu haben. Sie sei das Opfer eines Komplotts, man scheue keine Mittel, sie zu demütigen. ‹Ich habe mit Ihnen schon über mein Projekt geredet.› Sie müsse sofort wieder nach Hause gebracht werden. Er möge ihr 200 Livres leihen.

Seitdem Théroigne am 15. Mai 1793 vor dem Konvent verprügelt worden war, was einer politischen Hinrichtung gleichkam, war sie öffentlich nicht mehr in Erscheinung getreten. Es gibt Unterlagen dafür, daß sie in dieser Zeit noch ihre Finanzen ordnete, und zwar mit einer Verzichtserklärung auf die noch ausstehenden Forderungen, damit sie wenigstens den Rest ihres Vermögens rettete. Vor ihrer Verhaftung richtete der Bruder Nicolas-Joseph, der eine Wäscherei betrieb, eine Bittschrift an die Behörden, daß er die Pflegschaft für seine Schwester übertragen bekomme, weil diese alle Anzeichen von Verfolgungswahn zeige. Dem Gesuch wurde stattgegeben – allerdings erst drei Tage nach ihrer Verhaftung. Daraufhin verstärkte der Bruder seine Bemühungen und erklärte, Théroigne sei in einem Zustand völliger Geistesgestörtheit – um sie vor der Justiz zu retten? Als Ausländerin und Parteigängerin der Gemäßigten stand sie längst auf der Liste der Verdächtigen, und es war nur normal, daß sie arretiert wurde. In ihren Papieren fand sich nichts Belastendes, und so entließ man sie im Dezember in die Obhut des Bruders – mit der offiziellen Bestätigung ihres Wahnsinns. Auf welche Beobachtungen sich diese Diagnose stützte, ist nicht bekannt. War es ungewöhnlich, daß sie sich heftig gegen ihre Verhaftung gewehrt hatte? Daß sie ständig von Intrigen redete, denen sie zum Opfer falle? Während der Zeit ihres Arrests schrieb sie den Brief an Saint-Just. Liegt darin ein Beweis für ihre geistige Verwirrung, gar ihren Irrsinn, wie Zeitgenossen, auch ihre Ärzte meinten? Es läßt sich nicht erklären, weshalb sie sich ausgerechnet an den jungen Vertrauten Robespierres gewandt hatte – wollte sie in der höchsten Etage der Macht um Hilfe bitten, wie sie es 1791, erfolgreich, in Österreich getan hatte? Damals bestand sie darauf, mit dem Kaiser persönlich sprechen zu wollen, und wenn man davon absieht, daß sie in Österreich irrtümlich für eine führende Persönlichkeit der Revolution gehalten und deshalb sehr wichtig genommen wurde, war dieser Wunsch mindestens so irrwitzig wie der Versuch, Saint-Just für ihre Sache zu gewinnen. Wie nah der Sturz Robespierres und seiner Anhänger bevorstand, konnte sie nicht ahnen, wußten es doch auch die Betroffenen nicht und tappten blind in ihre Falle.

Nach einem halben Jahr häuslicher Pflege – was auch immer man sich darunter vorstellen mag – steckte sie ihr Bruder in eine Irrenanstalt. Mit letzter Kraft protestierte sie dagegen, schrie aus den Fenstern des Hauses um Hilfe und scheint einen so überzeugenden Eindruck gemacht zu haben, daß ein Nachbar sich für sie einsetzte und beim Sicherheitskomitee beantragte, ihr Fall müsse überprüft werden. Er erhielt aber die Auskunft, für ihre Internierung gebe es nur gesundheitliche Gründe, er möge sich beruhigen. Damit war indirekt die Vermutung zurückgewiesen, sie sei Opfer einer politischen Aktion geworden. Der Nachbar hütete sich, noch einmal vorstellig zu werden.

Mehrmals in den folgenden Jahren wurde sie von einem Irrenhaus zum anderen verlegt, bis sie endgültig im Jahre 1807 in der berüchtigten Salpetrière landete, der schlimmsten Station, für Geisteskranke, die nicht über finanzielle Mittel verfügten. Niemand hat sich mehr um sie gekümmert. Pierre-Joseph hatte in Lüttich ein wohlhabendes Mädchen geheiratet. Er war nicht Maler geworden, umsonst also die Investition seiner Schwester in seine Ausbildung. Er übernahm die Fabrik seines Schwiegervaters. Nicolas-Joseph wurde 83 Jahre alt, ohne noch ein einziges Mal nach seiner Schwester gefragt zu haben. In ihrem Akt des Krankenhauses sind alle ihre Kontakte sorgfältig registriert. Von ihrem Vermögen, mit dem sie zum Zeitpunkt ihrer Verhaftung noch ihren Lebensunterhalt finanzieren konnte, wurde kein Pfennig für sie ausgegeben.

Zu der vergleichsweise fortschrittlichen Psychiatrie gehörte die genaue Buchführung über die Entwicklung der Patienten, und so geben diese Unterlagen Auskunft über weitere 22 Jahre ihres Lebens, bis der Tod sie erlöste. Zwischen 1812 und 1817 war Esquirol leitender Arzt der Salpetrière, und der von ihm angelegten Krankengeschichte entnehmen wir folgendes: noch Jahre nach ihrer Einlieferung beschimpfte sie ihre Umgebung als Royalisten und Gemäßigte, redete von ihrer Aufgabe, für die Revolution kämpfen zu müssen, von Freiheit und Gleichheit. Ab 1810, also 15 Jahre nach ihrer Internierung, versank sie in völlige Apathie. Sie redete kaum noch, brummte oft unverständlich vor sich hin, lag meistens unbeweglich auf ihrem Strohlager und reagierte auf keine Annäherung.

Bestandsaufnahme: sie hauste in einer dunklen, feuchten Zelle, unmöbliert bis auf die Bettstelle. Nie benutzte sie wärmende Dekken, selten Kleidungsstücke, nackt zeigte sie sich ohne Scham Mitinsassen und Pflegern. Zu niemandem hatte sie ein vertrauteres Verhältnis, ihre Ärzte schien sie kaum zu kennen. Oft suchte sie auf allen Vieren den Fußboden nach Brotkrumen ab, die sie in den Mund steckte. Tag für Tag schüttete sie in ihrer Zelle kaltes Wasser über ihren Körper und über ihr Bett, eimerweise. Das ärztliche Gutachten aus der Haftzeit in Kufstein beschreibt detailliert ihre angegriffene und gefährdete Gesundheit. In den Berichten der Salpetrière wird dagegen hervorgehoben, daß sie sich auch dann nicht einmal eine Erkältung zuzog, wenn das Wasser bei niedrigen Außentemperaturen in ihrem Haar und auf dem Stroh sofort gefror. Wurde die Anstalt gereinigt, trank sie mit Vorliebe das scharfe Putzwasser, ohne die geringsten körperlichen Auswirkungen. Zu lesen und zu schreiben hatte sie verlernt. Bestand der behandelnde Arzt auf einem Gespräch mit ihr, verweigerte sie sich mit der stereotypen Antwort: ich weiß nicht – das habe ich vergessen. Manchmal murmelte sie einzelne Begriffe, immer dieselben: Komitee, Revolution, Dekret. Sie zeigte nie den Wunsch, sich mitzuteilen. Nie Freude, Wut, Schmerz, Erregung, Anteilnahme.

Ende April 1817 lehnte sie plötzlich jede Nahrungsaufnahme ab, verließ ihr Bett nicht mehr, nahm nur noch Wasser zu sich. Am 1. Mai kam sie, bereits sehr geschwächt, auf die Krankenstation.

Sie stand nicht mehr auf, flüsterte manchmal leise mit tiefer Stimme vor sich hin. Am 9. Juni starb sie, zum Skelett abgemagert, mit 57 Jahren.

Entsprechend dem Erscheinungsbild lautet die Diagnose nach heutigen Erkenntnissen depressiver Stupor. Wodurch die Krankheit ausgelöst und wann sie ausgebrochen ist, wissen wir nicht. Nach jahrelanger Einsperrung war sie manifest. Daß sie nicht auf ‹politischen Fanatismus› zurückzuführen ist, wie Zeitgenossen und Nervenärzte des 19. Jahrhunderts urteilten, liegt auf der Hand. Aber daß auch moderne Biographen Théroignes gesamtes Leben nach Spuren und Merkmalen ihrer späteren Geisteskrankheit absuchen, muß verwundern. Gewiß, sie war ein ungewöhnlicher, auffallender Mensch. Schon daß sie allein lebte in einer Zeit, in der die Einbindung in die Familie, zumindest in stabile Gruppen, selbstverständlich war, weicht von der Norm ab. Zwar sorgte sie verantwortungsbewußt für ihre jüngeren Brüder, scheint auch ihre kleinen Halbgeschwister geliebt zu haben, aber seit der Trennung von ihrem ersten Geliebten gab es keinen Lebensgefährten mehr, kein einziger Mann danach war nachweisbar ihr Liebhaber, nie hatte sie eine Freundin. Ihre Begabungen und Interessen machten sie zur krassen Außenseiterin: benachteiligt durch ihr Geschlecht, zudem Kind kleiner Leute, aufgewachsen in bäuerlicher Provinz, haftete ihr in der Hauptstadt der Revolution noch der Makel der Ausländerin an. Die Frage ihres Mentors Sieyès ‹Was ist der Dritte Stand?› betraf alle Benachteiligten im bestehenden System, für Théroigne war es die Frage nach den Chancen ihrer Existenz. So identifizierte sie sich mit den gesellschaftlichen Umwälzungen, weil sie nichts zu verlieren hatte. Geborgenheit suchte sie bei Gleichgesinnten, die sich wie sie nach dem Ausbruch aus den lähmenden Zwängen der Realität sehnten. Sie setzte alles ein, was sie zu bieten hatte, Mut, Intelligenz, Fleiß, sogar ihr Leben, und hoffte, damit von den Männern als gleichberechtigte Mitstreiterin akzeptiert zu werden. Als sie das Scheitern ihrer Bemühungen erkannte, sich von den Frauen abgelehnt, von den Männern mißverstanden fühlte, flüchtete sie in den Wahn, selbst Mann sein zu dürfen.

Nichts, was sie anpackte, gelang. Jede Initiative versandete in Lächerlichkeit. Benützten Politiker die Werbewirksamkeit ihrer Exotik für ihre eigenen Zwecke, waren das die seltenen Glanzlichter ihrer Karriere. Nie hat man sich um ihre Mitarbeit bemüht, immer war sie es, die sich zur Aufmerksamkeit drängte. Am meisten verletzten sie die Unterstellungen ihrer unersättlichen sexuellen Gier. War es das, was sie jahrelang gnadenlos von ihrem Körper mit täglichen Wassergüssen wegwaschen wollte? Sicher trug ihre

Exzentrizität die Gefahr des Absturzes in sich. Daß dieser Charakter in den unsäglichen Zuständen damaliger Irrenanstalten zu brechen war, darf nicht erstaunen. Sie lebte zu einem Zeitpunkt, der die Verwirklichung ihres Lebensentwurfs noch nicht gestattete, aber ahnen ließ und zur maßlosesten Hoffnung verlockte. Daran ging sie zugrunde.

Galerie 2:
Die Schwestern Fernigh

‹Sie war einundzwanzig Jahre alt, eine der hübschesten, sittsamsten Gestalten, mit kleinen, weißen, zarten, allerliebsten Händen und einer sanften Stimme› – so beschreibt Madame de Genlis auf der Flucht in die Schweiz 1794 eine junge Dame, die, ungewöhnlich genug, eine Stelle als Sekretär bei einem reichen Emigranten übernimmt. Noch ungewöhnlicher allerdings, daß es sich bei diesem Mädchen um eine der berühmten Schwestern Fernigh handelt, die im Krieg als Adjutanten des Generals Dumouriez dienten. Félicité und Théophile, drei Jahre jünger als ihre Schwester, waren zwei von fünf Kindern eines adeligen Witwers, der im Norden Frankreichs nach einer Militärlaufbahn auf seinen Besitzungen lebte und sich der Literatur widmete. Freund Voltaires war er gewesen, hatte sogar ein Jahr mit ihm bei Genf gelebt, und selbstverständlich lag bei der Erziehung seiner Kinder das Hauptgewicht auf Philosophie. Ungern verließ er seine Studien, um 1789 den Oberbefehl über Truppen der Nationalgarde in Flandern zu übernehmen, in der auch sein Sohn als Freiwilliger diente. Die Gegend wurde ständig von Streifzügen österreichischer Soldaten beunruhigt, was die beiden Mädchen, dreizehn und sechzehn Jahre alt, zu der Entscheidung bewog, in Männerkleidung ihre Güter und die Bauern zu verteidigen. Nach der Legende soll der Vater die jungen Soldaten nicht erkannt haben, bis es zur Aufklärung kam, als die beiden nach einem siegreichen Scharmützel ausgezeichnet werden sollten. Ein Bericht über ihren Heldenmut wurde an die Nationalversammlung weitergeleitet.

Daraufhin traten sie in die Nordarmee ein, und der General Dumouriez nahm sie mit Vater und Bruder zusammen in den Generalstab auf. Sie fochten in allen wichtigen Schlachten mit außerordentlicher Tapferkeit und scheinen auch nicht zimperlich gewesen zu sein in ihrem Einsatz der Waffen – mehrmals schossen sie sich den Weg aus einer Einkesselung durch den Feind frei, sollen aber über die Toten, die ihnen zum Opfer gefallen waren, geweint haben.

Die ältere Schwester war dem Herzog von Chartres, dem späteren König Louis-Philippe von Orléans, zugeteilt und wich auch in den gefährlichsten Situationen nicht von seiner Seite – auch nicht, als Dumouriez beschloß, mit ihm zu den Österreichern zu desertieren. Eine Abordnung des Konvents war an die Front gekommen, um den General seines Amtes zu entheben, worauf er die Abgeordneten als Geiseln zu den Österreichern mitbrachte. Die Mädchen waren Dumouriez bedingungslos treu. Die Frage nach dem moralischen Aspekt dieser Desertion stellten sie sich also gar nicht. Als sie nun aber gegen Frankreich kämpfen sollten, flüchteten sie, genau wie der junge Herzog, in die Schweiz. Sie trugen wieder Mädchenkleider, verdienten das, was sie zum Leben brauchten, und pflegten ihren kranken Vater. Niemand hätte in den gebildeten, liebenswürdigen jungen Damen die berühmten Kriegsheldinnen vermutet.

Deshalb dauerte es auch lange, bis ein junger belgischer Offizier Félicité endlich fand, er suchte sie zwei Jahre. Er war während eines Kampfes, von einer Kugel verletzt, in die Hände der Feinde gefallen. Da war das Mädchen in den Haufen der Ulanen galoppiert, hatte zwei von ihnen niedergeschossen, die anderen in die Flucht getrieben und den Offizier, der sich kaum noch auf seinem Pferd halten konnte, zurück zu seinem Regiment gebracht.

Sie blieb ihm unvergessen, und er bat sie, seine Frau zu werden. Die beiden lebten in Brüssel, wohin auch Théophile nachkam, als der Vater gestorben war. Weder das Direktorium noch Napoleon hatten den Schwestern gestattet, in Frankreich zu leben. 1788 spottete Théophile: ‹Sie haben Angst vor uns, diese Herren, die ganz Europa zurückweichen lassen. Ja, sie fürchten uns und würden uns nur dann unsere Bürgerrechte zurückgeben, wenn wir verheiratet wären. Kämen wir nämlich ungebunden, hätten wir ja keine Aufgabe, die uns aus der Politik raushält...›

Sie heiratete nie, brachte aber einen Sohn zur Welt, dem sie den stolzen Namen Leonidas verpaßte.

Die gleißende Kälte der Tugend: Manon Roland

Nach Paris! Wie sie Lyon verabscheut, noch mehr das anmaßende Nest Villefranche. Abgeschnitten von aller Welt das Gütchen der Familie de la Platière, nur Pferd oder Esel für die zwölf Kilometer von Villefranche. Kein öffentliches Gefährt verirrt sich in diese Abgeschiedenheit. Eine eigene Kutsche können sie sich nicht leisten. Verzichten mit Stolz auf solch aristokratischen Luxus. Den-

noch macht ihr diese Unbequemlichkeit immer wieder die Einöde bewußt, in der sie begraben ist. Hätte sie immer nur hier gelebt, wahrscheinlich wäre sie zufrieden gewesen, das Haus in Ordnung zu halten, die Hühner brüten zu sehen und die Kaninchen zu versorgen. Ohne das Elend des Volks vor Augen und die Unverschämtheit der Reichen wie in Lyon hätte sie die Revolution nicht so inbrünstig begrüßt, ihre Dringlichkeit kaum geahnt. Die Verschuldung Lyons hätte wieder in eine Hungerkatastrophe geführt, wie üblich. Jetzt gibt es zumindest die Hoffnung auf Zuschüsse von der Nationalversammlung in Paris. Als Roland darauf bestanden hatte, die verworrenen Finanzgeschäfte der Stadt einer genauen Prüfung zu unterziehen – wie hatte ihn da der Magistrat angefeindet! Als Geächteter wurde er von den Ratsherren behandelt, überall lagen Listen aus mit den Namen all derer, die das Volk zu seinem eigenen Besten hängen lassen sollte, Roland hatte die Ehre, an erster Stelle genannt zu werden, bei den Behörden, in den Cafés, an den Häuserwänden. Ausgerechnet Roland soll in Paris die Stadtfinanzierung durchfechten, jetzt plötzlich erkennt man den Wert seiner Ratschläge, den Nutzen seiner unbestechlichen Geradlinigkeit. Paris wird ihn zu achten wissen.

Was hat sich Manon gequält während der letzten Jahre! Seit elf Jahren ist sie nun verheiratet, ja, fast auf den Tag genau vor elf Jahren, am 4. Februar 1780 wurde sie getraut, in derselben Kirche wie schon ihre Eltern, damals war sie von tiefer Befriedigung erfüllt, nach bangem Warten, nach lästigen Komplikationen dieses Ziel erreicht zu haben. Erst recht nach der Geburt ihrer Tochter ein Jahr später hatte sie nicht darüber nachgedacht, ob ihr Leben all ihre Sehnsüchte erfüllte. Demütig hatte sie Roland bei seinen Arbeiten unterstützt, sich von den Freunden für ihre Langmut bewundern lassen, zum Beispiel, als sie 1784 ganze acht Kopien des Beginns seiner Memoiren verfertigt hatte. Dazu das Redigieren seiner gesamten Post und seiner Artikel über das Handwerkswesen für die Enzyklopädie – keine Rede davon, daß diese Arbeit sie begeistert hätte, aber sie erfüllte mit unterwürfiger Bescheidenheit ihre Pflicht. Heute lächelt sie darüber, wie wenig diese Tätigkeit ihrem Verstand und ihren Neigungen entsprochen hatte. Nun, im Lauf der Zeit war Roland selbst klargeworden, daß sie zu mehr geeignet war, als Druckfahnen auf Fehler zu durchforsten. Als sie darum gekämpft hatte, seiner Familie ein Adelsprädikat zu verschaffen, wie leicht war es ihrem Charme gefallen, Beziehungen zu knüpfen und zu einflußreichen Persönlichkeiten vorzudringen! Zwar war dem Wunsch nicht stattgegeben worden, aber immerhin hatte sie seine Versetzung erreicht: von Amiens in die Manufaktur-

*verwaltung von Lyon, das brachte mehr Verdienst, mehr Einfluß
und schließlich auch die Nähe zum Familienbesitz, damit Eudora
in freier Natur aufwuchs. Da konnte Roland stolz sein auf seine
geschickte Frau. Allerdings, der Gewinn für sie! Herrin über das
abgelegene Weingut, strenge Aufsicht ist nötig über die Pacht-
bauern und Hausangestellten. Im Zentrum die Erziehung Eudoras:
ein starrköpfiges und, wie sie bedauernd feststellen muß, kein
besonders begabtes Kind. Wenigstens hübsch, mit gelocktem Haar
und einem Stupsnäschen. Aber wenig begeisterungsfähig und selten in der Lage, sich allein zu beschäftigen. Kaum wendet sich die
Mutter ab, um eigenen Interessen nachzugehen, erzwingt das Kind
geradezu ihre Aufmerksamkeit. Die Zeit für den aufwendigen
Briefwechsel mit Freunden muß sie mit List freihalten. Als ob sie
sich nicht genug um das Kind kümmerte! Jeden Morgen stehen
beide um sechs Uhr auf, erledigen die Toilette und die Lektüre des
Katechismus, frühstücken, das Mädchen lernt sticken, nähen und
stricken, dann ein wenig Erholung im Freien, Musikstunde, Essen –
alles exakt nach Plan. Das Kind ist zwar reizend, aber sie hatte so
sehr darauf gehofft, in der Tochter eine kluge Gesprächspartnerin
zu gewinnen, doch dafür eignet sich das hübsche Geschöpfchen
nicht, liebt auch den Vater mehr als sie. Wie sanft Roland mit dem
Kind umgeht, überhaupt nicht den Philosophen herauskehrt, was
sonst den Umgang mit ihm belastet.*

*Seit Beginn der Revolution lebt sie noch einsamer als sonst. Die
Freunde sind nach Paris gereist. Lanthenas, der treueste, hat sich
schon 1786 dort als Arzt niedergelassen. Beinahe sechs Jahre hatte
er hier bei ihnen verbracht, sogar die Reise nach England wurde
gemeinsam unternommen. Roland hatte ihn vor vielen Jahren
kennengelernt, der blutjunge Lanthenas war dem Älteren in
schwärmerischer Verehrung zugetan, die er dann auch auf sie
ausgeweitet hatte. Für ihn ist hier immer ein Zimmer bereitet, seit
er sich von ihnen getrennt hat. Nicht im Bösen, er akzeptiert, daß
Manon für ihn nur freundschaftliche Gefühle aufbringt, und versteht sich als ergebener Freund, der seine Leidenschaft einem
wichtigeren Wert opfert: der Treue. Ein schönes Feuer erfüllt ihn für
Vaterland und Freiheit, aber er weiß wohl, daß er den erzieherischen Einfluß Rolands und vor allem Manons braucht, um in seine
Gedanken Klarheit und in sein Leben Disziplin zu bringen. Immer
wieder muß sie ihn aufrütteln, weil er gar zu leicht Ergebnisse
bejubelt, die noch keineswegs gesichert sind. Wie hatte sie ihm den
Kopf zurechtrücken müssen, als er bereits 1790 die Revolution für
vollendet ansah und nicht wahrnehmen wollte, daß sich die gegne-
rischen Kräfte nicht so leicht aus dem Feld schlagen lassen würden.*

Manon Roland – natürlich beim Briefschreiben. Kleidung und Frisur sind typisch für die Mode der letzten Jahre vor der Revolution.

‹Feuer, Feuer!› hatte sie geschrieben, ‹wir sind nicht am Ende der Krisen, schreckliche bereiten sich vor ... Es ist keine Zeit zu verlieren, oder wir werden selbst verloren sein.› – Er ist zuwenig wachsam, aber Roland ergeben. Nun kann er für den Freund die nützlichen politischen Kontakte in Paris herstellen, damit dieser gleich bei seiner Ankunft die günstigsten Bedingungen für seine Arbeit vorfindet.

Auf ihn war Roland nie eifersüchtig. Sonst konnte er sich sehr kleinlich zeigen, wenn er seine ausschließliche Verfügung über Manon bedroht sah. In Amiens mußte sie sogar den Umgang mit ihren Freundinnen aus der Zeit ihres Klosteraufenthalts einschränken. Dabei wäre sie damals so sehr darauf angewiesen gewesen, mit vertrauten Menschen reden zu können. Aber Roland schirmte *sie von allem ab, wozu er keinen Zugang hatte. Sein lächerliches Mißtrauen gegen Bosc in Paris, während der Jahre gleich nach der Heirat! Roland hätte wissen müssen, daß sie nie und unter keinen Umständen die Grenzen des Erlaubten überschreiten würde. Sie hatte mit Bosc naturwissenschaftliche Vorlesungen besucht und war mit ihm und anderen in die Natur gewandert, um selbst kleine Forschungen anzustellen. Nie hätte sie gestattet, daß einer der jungen Männer zudringlich geworden wäre. Sie wußte genau, wie sie sich verhalten mußte, um deren verehrungsvolle Zuneigung nicht zu gefährden. Nie würde sie sich die Blöße geben, Gefühle zu zeigen. Zu sehr ist sie auf ihre Unverletzbarkeit bedacht. Sie versteht es, die Verliebten in ihre Schranken zu verweisen, ohne sie dabei zu kränken. Jeder respektiert die Tugend, die sie als Anforderung an sich selbst zuerst zelebriert.*

Sie gesteht sich ein, daß ihr Rolands Heftigkeit gefallen hatte: sofort sollte sie ihm mit dem Kind nach Amiens folgen, nicht einmal der mit Bosc geplante Besuch in Ermenoville, dem letzten Aufenthaltsort ihres geliebten Rousseau, durfte noch stattfinden. Später hat sie ihn mit ihrem Mann nachgeholt, eine Enttäuschung: ‹Sand auf den Höhen, Sümpfe im Grund, schmutzig-trübe schwarze Wasser, kein Ausblick, kein Zugang auf die Felder, ins blühende Land; Wälder, in denen man sich begraben fühlt, tiefliegende Wiesen.› Auch Rousseaus Quartier: erbärmlich. ‹Rousseau war nicht geschaffen für diese unwürdige Welt.›

Jetzt in Paris wird ihnen Bosc eine Stütze sein, längst ist die Mißstimmung überwunden. Sie hat ihm bereits den Auftrag erteilt, sich um eine Wohnung zu kümmern. Sicher wird er das Richtige finden, er kennt ihren Geschmack. Für die Politik ist er zu verträumt, zuwenig praktisch. Er begreift nicht, daß es ohne die Absetzung des Königs, ohne Prozeß gegen ihn und seine Frau keine Chance gibt, die Errungenschaften der Revolution voranzutreiben. Wie ein Kind genießt er seine Begeisterung. Wenigstens hört er auf sie und führt ihre Anweisungen aus. Sie wüßte, wie man es anpakken müßte, die alten Strukturen zu sprengen: zuerst wird eine öffentliche Bank eingerichtet und dem Hof der Etat entzogen, damit die Versorgung der Bürger gewährleistet ist; dazu sind genaue Abmachungen mit den Provinzen nötig. Die größte Gefahr droht vom Hunger, da verliert man die Kontrolle über die Massen. Jeder Schritt der königlichen Sippe muß beobachtet, die Postverbindung des Hofs mit den Emigranten und den europäischen Monarchen kontrolliert werden. Mit einem Angriff ist von Flandern her zu rechnen. Sind die Grenzen gesichert? Sind die Föderierten mit Waffen versorgt? Ist die Lieferung der lebensnotwendigen Gü-

ter organisiert? Das alles hat sie schon im Oktober 1789 verlangt, aber noch nichts davon ist konsequent durchgeführt. Sie hatte Bosc geschrieben, daß unbedingt ein Marsch nach Versailles geplant werden müsse, um die Nationalversammlung nach Paris zu holen – seltsames Zusammentreffen, an dem Tag, als sie diesen Brief abgeschickt hatte, am 6. Oktober, gab es einen Zug nach Versailles, aber der entsprach nicht ihren Vorstellungen: die Frauen der Markthallen hatten erreicht, daß die königliche Familie nach Paris kam – als ob sich dadurch irgend etwas an den Problemen änderte! Sie hält nichts von spontanen Volkserhebungen, und diese Fraueninitiative ist ihr schon gar nicht geheuer. Noch fehlen Führungspersönlichkeiten, die mit Verstand und Bildung die Geschicke Frankreichs lenken.

Auf Brissot setzt sie große Hoffnungen: er als einziger hat Erfahrung mit einem politischen System, das die unaufhebbaren Menschenrechte als heiligen Wert betrachtet. Nachdem er wegen unehrerbietiger Bemerkungen über die Königin und ihre Verschwendungssucht in der Bastille inhaftiert gewesen war, verbrachte er nach seiner Freilassung ein halbes Jahr in Amerika und kam zurück mit noch mehr Verachtung für das Ancien régime, als er sie vor dieser Reise in seinen Schriften artikuliert hatte. In seinem Blatt, dem ‹Französischen Patrioten›, wird sie auch veröffentlichen, zwar ohne jeden schriftstellerischen Ehrgeiz – zutiefst mißbilligt sie das Bemühen mancher Frauen, in der Öffentlichkeit Aufsehen zu erregen, sie sieht ihren Platz nur als Beraterin im Hintergrund, aber im Schutz der Anonymität wird sie ihre Meinung sagen, und sie ist davon überzeugt, mit ihrer ‹Sprache des Herzens und der Wahrheit› im Kampf für die Freiheit selbstlos nützen zu können.

Jetzt ist es ihr recht, daß Roland darauf bestanden hatte, Eudora einige Zeit in einem Internat erziehen zu lassen, so ist sie frei von der Verantwortung für das Kind, das mit seinen neun Jahren immer weniger von dem zeigt, was sie an einer Tochter hätte lieben können: ‹Sie besitzt weder Gedächtnis noch Geschmack, kein Verlangen, etwas wissen zu wollen, außer, daß ich sie liebe, und hat wenig Fähigkeiten für andere Dinge, als meine Zuneigung zu erwidern.›

Wie sehnt sie sich danach, die Freunde um sich zu versammeln und sie aus der zunehmenden Mutlosigkeit herauszureißen! Sicher, die Arbeit an der Verfassung geht nicht so zügig voran, daß das revolutionäre Feuer daran hochloderte, aber deshalb verzagen? In ihren Briefen mußte sie mehrmals deutlich werden: ‹Wenn Sie verzweifeln wollen – bitte sehr! Spielen Sie die Rolle eines Weibes,

die ich nicht übernehmen möchte. Man muß bis zum letzten
Atemzug wachen und predigen, oder man soll die Finger von
Revolutionen lassen.› – Tatsächlich, es ist höchste Zeit, selbst in
Paris die Zügel in die Hand zu nehmen.

Die Hoffnungen Manon Rolands wurden zunächst nicht erfüllt.
Zwar gelang es ihr schnell, wie gewohnt einen Kreis von Bewunde-
rern um sich zu scharen – was sie selbst darauf zurückführte, daß
sie zentral wohnte und gut eingerichtet war –, aber der Revolution
schien der rechte Schwung abhanden gekommen zu sein. Bosc, der
das möblierte Appartement in der Rue Guénégaud besorgt hatte,
und Lanthenas zeigten sich ergeben wie immer. Brissot, dessen
Selbstlosigkeit und Eifer sie schätzte, hielt sie für zu vertrauensselig
als Führer der republikanischen Gruppe, und ihr ‹geübtes Auge›
meinte seinen ‹schnellen und oft flüchtigen Geist› tadeln zu müssen. Er hatte auch seine Freunde in ihren Salon mitgebracht, Pétion,
den später fast allmächtigen Bürgermeister von Paris, und Robespierre. Sie zeichnet in ihren Memoiren von ihm ein sehr scharfes
Porträt als beflissenen, mißgünstigen Langweiler, der von fremden
Ideen profitierte, die er sich ohne Scham aneignete und als seine
eigenen präsentierte, an Freundlichkeit wenig mehr als ein verknif-
fenes Lächeln zustande brachte, ein miserabler Redner war und zu
allem Überfluß an seinen Nägeln kaute. Allerdings hatte sie sich die
erste Zeit in Paris sehr um ihn bemüht, ihn umworben und um-
schmeichelt, und erst, als ihre Verführungskünste an ihm abprall-
ten, ging sie zum Angriff über. Unter diesen Männern, alle um die
zwanzig Jahre und mehr jünger als ihr Ehemann, gefiel ihr besonders Buzot, der sie zwar als Redner wenig begeisterte, aber mit
seiner Charakterfestigkeit und Sensibilität beeindruckte.
Viermal in der Woche versammelte sich das Grüppchen bei ihr,
die kulinarischen Freuden waren bescheiden, sie ließ Zuckerwasser
reichen. Dafür entschädigte der Rausch der Gedanken. Später
schrieb sie: ‹Ich hätte manchmal diese weisen Leute vor Ungeduld
ohrfeigen können. Sie waren alle hervorragende Denker, politische
Philosophen und Gelehrte von Rang. Da sie aber nicht verstanden,
Menschen zu führen, und ebensowenig, in einer Versammlung
Einfluß zu gewinnen, so blieb ihre Mühe für gewöhnlich ohne
Ergebnis.› Bitter für Manon, die sich zutraute, die eher zaghaft
agierenden Männer zu überflügeln. Liebend gerne hätte sie sich an
die Spitze gestellt und mit republikanischem Eifer die schlafmüt-
zige Politik in Schwung gebracht, aber: ‹Ich wußte, welche Rolle
mir als Frau zukam, und vergaß das niemals.› So hielt sie sich
bescheiden im Hintergrund, stickte, mischte sich, wenn man ihren

Angaben glauben darf, nie ins Gespräch, erledigte ihre Korrespondenz und ›biß sich auf die Lippen‹ vor Ungeduld und Verachtung. Diese Abendveranstaltungen gestaltete sie mit dem heiligen Ernst der Fanatikerin, die sich zur Selbstverleugnung kasteite. Nie waren andere Frauen anwesend, darauf hielt sie sich etwas zugute. Die Soiréen hätten sonst in Vergnügen ausarten können! Grundsätzliches Mißtrauen gegenüber Frauen trübte ihren Blick. Die Gattin Brissots hätte sie ihrer würdig finden können: eine gebildete Frau, die aus dem Englischen übersetzte, sich ihren drei Kindern widmete und den Haushalt mit sparsamsten Mitteln perfekt organisierte. Als die Revolution ausbrach, wollte die Familie gerade nach Amerika auswandern, die Hoffnung auf einschneidende Veränderungen in der Heimat vereitelte den kühnen Plan.

Auch für die Republikanerin Louise Robert, die bereits als junges Mädchen eine eigene Zeitung herausgegeben und eine Geschichte Elisabeths I. von England veröffentlicht hatte, konnte sich Manon nicht erwärmen. ‹Eine Schriftstellerin und Republikanerin? Pikant.› Das war alles, was ihr dazu einfiel. Nein, sie wollte die Sonne bleiben, um die ihre Trabanten kreisten. Gemeinsamkeit mit anderen Frauen, die dieselben Ziele anstrebten und dieselben Ideale im Herzen trugen, war ihr unvorstellbar. Zwar gestattete sie ihrem Hofstaat Liebeshändel, aber da sie selbst diesbezüglich keine Wünsche hatte und keine zu erfüllen bereit war, verstärkte diese Haltung nur ihren Ruf als einzigartige Freundin.

Gerne wäre sie bereit gewesen, sich der Überlegenheit eines Mannes unterzuordnen, demütig ihre Arbeitskraft und Bewunderung einer Persönlichkeit darzureichen, die sie wie ein wertvolles Instrument, das nur dem großen Künstler gehorchen will, zum Klingen hätte bringen können. Aber seit sie nun selbst in Paris die Möglichkeit hatte, ‹viele, vor allem in den großen und wichtigen Angelegenheiten beschäftigte Leute kennenzulernen›, war sie überrascht und enttäuscht von der ‹allgemein verbreiteten Mittelmäßigkeit›. So ertrug sie es schon bald nicht mehr, an den Sitzungen der Nationalversammlung teilzunehmen, zu schnell hatte sie die eingefahrenen Mechanismen durchschaut, die Kleinmütigkeit der Volksvertreter begriffen. Im Jakobinerclub ging es wenigstens um das große Ziel der Freiheit, das für alle Menschen gleichermaßen angestrebt wurde. Als in der Nationalversammlung im April 1791 der Antrag angenommen wurde, daß nur Aktivbürger, also Leute, die einen gewissen Steuersatz zahlten, der Nationalgarde angehören durften, trat sie mit dem leidenschaftlichen ‹Brief einer Römerin› an die Öffentlichkeit, der im Blatt Brissots erschien. Brutus möge seine Feder ins Feuer werfen und statt dessen Salat pflanzen! Die Nationalversammlung? ‹Vernunft, Wahrheit, Gerechtigkeit werden hier erstickt, verhöhnt, verunglimpft.› Bürgerkrieg bezeichnete sie als unerläßlich, um die gefährlichen Gestrigen zu besiegen. Sie plädierte für das Recht der Arbeiter, als vollberechtigte Staatsbürger Waffen tragen zu dürfen, weil sie der Verfassung und dem Vaterland verbunden seien, auch wenn sie vorübergehend den Steuersatz nicht aufbringen könnten, sogar während der Wirtschaftskrise auf öffentliche Hilfsgelder angewiesen seien. Der Staatsbürger sei gekennzeichnet durch seine Gesinnung und nicht durch seinen gefüllten Geldbeutel. – Sie war zum Kampf entschlossen: ‹Es gibt keine Halbheiten mehr!› Ihre Haltung wurde zwar bewundert, auch bestaunt vom kleinen Zirkel ihres Salons, aber am lauen Zögern der Freunde änderte sich nichts.

Die Flucht des Königs am 20. Juni 1791: war dies der Feuerfunke Hoffnung, der die morsche Monarchie endlich in Brand setzte?

22. Juni: ‹Der König und seine Familie sind fort. Das ist durchaus kein Unglück, wenn wir Verstand, Energie und Einigkeit aufbringen.› Die Kritik am König, die Empörung, von ihm verraten zu sein, weckte im Volk den Wunsch nach einer Republik, vorerst aus Trotz, fast spielerisch. Manon jubelte über diese Stimmung bei den Massen, mißtraute aber der Nationalversammlung, die doch tatsächlich versuchte, die Flucht als Entführung zu verbrämen.

23. Juni: Manon wurde Mitglied der Brüderlichen Gesellschaft beider Geschlechter. In Ausnahmefällen hatten die Jakobiner auch Frauen das Recht zum Beitritt gewährt. Am selben Abend Krisensitzung in ihrem Salon. Diesmal wird sie wohl nicht geschwiegen, sondern sich mit konzentrierter Energie darum bemüht haben, ihre Freunde mit ihrer Forderung nach der Republik anzustecken. Sie schrieb – in fliegender Hast, denn es zog sie auf die Straße, in den Club –, jetzt wolle sie sich nicht mehr ‹an die Art Einfluß halten, die ihr für ihr Geschlecht bisher passend zu sein schien›.

25. Juni: Endlich hatte sie Brissot so weit, daß er von den Jakobinern in einer flammenden Rede forderte, der König müsse vor Gericht gestellt, auf seine angebliche Unverletzlichkeit dürfe keine Rücksicht mehr genommen werden. Aber trotz aller Begeisterung war sie überzeugt, daß das leichtsinnige Volk der Franzosen nur durch ‹die große Schule der bürgerlichen Tugenden›, den Bürgerkrieg, gestählt werden könne: ‹Wir werden nur durch Blut unsere Wiedergeburt erleben.› – Große Worte, übersteigertes Pathos, denn im Grunde wußte sie genau, daß es zu diesem Zeitpunkt noch keine Chance gab, die Staatsform zu ändern. Danton, der Führer der Cordeliers, erklärte als Sprecher seines Clubs, die Entscheidung, ob der König ein Trottel oder ein Verbrecher sei, bedeute noch nicht das

Ende der Monarchie. Unter den Jakobinern gab es nur wenige, wie die unentwegten Roberts, die das Ende der Monarchie wünschten, und Robespierre soll sogar spöttisch gefragt haben, was denn das überhaupt sei, eine Republik.

Erbittert mußte Manon mit ansehen, wie sich allmählich wieder die Royalisten durchzusetzen begannen und erreichten, daß die Nationalversammlung am 16. Juli beschloß, Ludwig wieder in seine Rechte einzusetzen, sofern er sich bereit erklärte, die Verfassung zu akzeptieren. Der 17. Juli vollendete das Debakel. Der zweite Jahrestag des Sturms auf die Bastille sollte gefeiert werden. Das Ehepaar Robert wollte die Gelegenheit für eine Unterschriftensammlung unter eine Petition nach Einführung der Republik nützen. Festlich gekleidete Familien spazierten friedlich zum Marsfeld, sangen revolutionäre Lieder, tanzten, da nahmen die Truppen auf Befehl Lafayettes einen vergleichsweise unbedeutenden Zwischenfall zum Anlaß, in die Menge zu feuern. Das Fest endete in einem Blutbad. Manon war zwar noch so überlegt und beherrscht, dem Ehepaar Robert bei sich zu Hause Schutz vor Verfolgung zu gewähren, aber am Abend des denkwürdigen Tages brach sie völlig zusammen. Sie hatte allen Mut verloren. Überwältigt von Ekel über die ‹Schlaffheit und Mittelmäßigkeit› der Politiker wollte sie sich nur noch zurückziehen in die Natur: ‹Ich habe das Bedürfnis, nach so vielen Dummköpfen und Gaunern meine Bäume zu sehen.› Roland hatte den Auftrag Lyons, die Übernahme der Schulden der Stadt durch die Nationalversammlung auszuhandeln, zur Zufriedenheit erfüllt, es gab also keinen Grund mehr, in der ungeliebten Hauptstadt zu bleiben. Erschöpft und niedergeschlagen machte sie sich auf den Weg. Jetzt erschien ihr das Gütchen de la Platière als Paradies.

Aber Manon hatte sich über sich selbst getäuscht. Die in den Wirren von Paris herbeigesehnte Zuflucht löste keine ihrer Erwartungen ein. Sie kam während der Zeit der Weinlese an und stellte fest, wie das Gütchen ohne die Aufsicht seiner Besitzer verkommen war. Das Wiedersehen mit der Tochter erinnerte sie daran, daß sie ein zwar sensibles, aber geistig kaum entwickeltes Kind hatte, und sie fragte sich, ob nicht die Erziehung im Internat daran Schuld trug, daß sich die Kleine für keinerlei Studien interessierte. Sie nahm sich vor, ihr ‹eine Menge Gegenstände zu bieten, geeignet, Geschmack bei ihr zu entwickeln›. Aber sie war zu müde, auch zu ungeduldig, um sich wirklich ernsthaft diesen Bemühungen zu widmen. Roland wurde in Lyon nicht in die Gesetzgebende Nationalversammlung gewählt, die die Konstituante ablösen würde. Obwohl er in Paris erfolgreich die Belange Lyons vertreten hatte, waren die Rolands unbeliebter denn je, es wurde sogar das Gerücht verbreitet, Roland habe während der Monate seiner Abwesenheit im Gefängnis gesessen – wegen konterrevolutionärer Umtriebe! In Lyon hatte die Partei der Patrioten keine Basis.

Als einen ihrer letzten Beschlüsse vor ihrer Auflösung am 24. September 1791 hatte die Verfassunggebende Versammlung den Verwaltungsapparat in den Provinzen dadurch zu verkleinern versucht, daß sie die Posten der Inspektoren für Manufakturen und Handel abschaffte. Nach fast vierzig Dienstjahren war Roland also entlassen, ohne daß von irgendeiner Abfindung oder Rente die Rede gewesen wäre. Was tun? Er entschloß sich, weiter an seinem Nachschlagewerk für das Manufakturwesen zu arbeiten, und rechnete selbstverständlich dabei auf die hingebungsvolle Mitarbeit seiner Frau wie in all den Jahren vor der Revolution. Aber dazu war Manon außerstande. Sie hatte in sich Begabungen gespürt, die in ihr eigenes Bild von Weiblichkeit nicht paßten, sie aber nicht mehr losließen. Je deutlicher sie erkannte, daß sie klarer denken und gezielter planen konnte als die Männer um sie herum, desto unnachsichtiger überprüfte sie ihren Ehrgeiz. Galt ihr Eifer wirklich nur dem allgemeinen Wohl? Ging es ihr selbstlos nur um die gleichen Rechte für alle Menschen? Berauschte sich nicht ihr Stolz am Einfluß, den sie mit ihren sanften Augen und ihrer bezaubernden Stimme auf die ergebenen Freunde ausübte? Drängte sie nicht insgeheim längst in die Strahlenfelder des Ruhms? Immer wieder sagte sie sich, daß sie ja bereitwillig die weibliche Beschränkung annahm, nur im Hintergrund die Fäden spinnen zu dürfen, wenn sie nur nicht ganz verbannt würde an die Peripherie des Geschehens. Zu oft hatte sie in den letzten Monaten erlebt, wie ihre Vorschläge in der Nationalversammlung vorgetragen und angenommen worden waren, wie nur ihre Energie die treibende Kraft war, das Ziel der Republik nicht aus den Augen zu verlieren, als daß sie jetzt sich damit begnügen wollte, ihren Mann zu unterstützen bei seiner Fleißarbeit über die Produktion von Leder, Seifen, Ölen, Farben! Die besonders umfangreichen Briefe, die sie während ihres ländlichen Exils verfaßte, wirken wie ein verzweifelter Versuch, sich bemerkbar zu machen, nicht in Vergessenheit zu geraten.

Einem spontanen Einfall folgend, hatte sie auf das Gut eine junge Frau mitgenommen, die ihr von Bosc vorgestellt worden war: Sophie Grandchamps. Außer Sophie Cannet, der Vertrauten aus ihrer Internatszeit im Kloster, scheint dies die einzige Frau gewesen zu sein, der sie sich näher verbunden fühlte. Diese Frau wird Jahrzehnte später ausführlich von der Intensität und Innigkeit dieser Freundschaft berichten – ob man ihr glauben darf? Manon jedenfalls, die während ihrer Kerkerhaft auf Hunderten von Seiten minutiöse Porträts von Menschen entwickelte, die sie im Lauf ihres Lebens kennengelernt hatte, erwähnt diese Frau mit keinem Wort. Lediglich in einem Brief vom 11. September 1791 schreibt sie: ‹Mein Herz ist traurig. Ich habe immerhin eine recht interessante Frau mitgebracht, mit der ich mich in Paris angefreundet habe.› Eine Freundin, eine zärtliche Vertraute hätte nicht in das Bild gepaßt, dem Manon zu entsprechen suchte: pflichtbewußte Gattin und Mutter, dem empfindsamen Herzen Gelassenheit abfordernde Stoikerin und Ratgeberin großer Männer wie die keusche Nymphe Egeria der römischen Sage. Ihre Verzweiflung entsprang nicht so sehr dem Verzicht auf eigenen Ruhm, sondern der Einsicht, daß bisher keiner dieser Männer ihrer stolzen Hingabe wert gewesen wäre.

Hier auf dem Lande nun verzehrte sie sich in ihrer Abgeschiedenheit und erreichte schließlich mit einer Fülle von Argumenten – Paris wäre für die Erziehung der Tochter wichtig; in Paris könnte man sich selbst darum kümmern, eine Abfindung für den Verlust des Inspektorpostens zu erlangen; die Arbeit an der Enzyklopädie würde in der Nähe des Verlegers Panckoucke zügiger vorangehen als in der Ferne der Provinz... – die Rückkehr nach Paris im Dezember.

Beschränkt in den finanziellen Mitteln nahm man Quartier zwar im selben Haus wie vor der Abreise, in der Rue Guénégaud, mußte sich aber mit einer kleinen Wohnung in der dritten Etage begnügen. Geselliges Leben wie früher kam nicht mehr zustande, und nicht nur, weil kein geeignetes Empfangszimmer zur Verfügung stand. Der Kreis der Verehrer hatte sich gelichtet. Buzot war in seine Heimatstadt zurückgekehrt und hatte dort das Amt des Präsidenten des Kriminalgerichts übernommen. Pétion war Bürgermeister geworden und seine Eitelkeit in Selbstherrlichkeit umgeschlagen, seine freie Zeit verteilte er nach Maßgabe des Nutzens für seine Karriere. Robespierre ließ sich nicht blicken, und die anderen Freunde, Bosc, Lanthenas, Brissot, scharten sich um einen neuen Mittelpunkt, den brillanten Vergniaud, den wohl glänzendsten Redner der Epoche. Gewählt vom Departement Gironde, hatte er wie selbstverständlich die Führungsrolle unter den Parteifreunden übernommen. Manon mochte ihn nicht. Er bewohnte an der Place Vendôme ein Palais, dessen Besitzerin, eine kultivierte junge Witwe, ihm für Empfang und Bewirtung seiner Freunde ihren Salon und ihre Mittel zur Verfügung stellte. Dort also trafen sich die klügsten Mitglieder der Legislative, und Manons bescheidenes Zuhause blieb auf seltene Besuche der treuesten Verehrer angewiesen. In ihren Memoiren ist ihr diese Kränkung einen einzigen Satz wert:

‹Auch Roland, dessen Patriotismus und Bildung man schätzte, wurde eingeladen. Er fand jedoch wenig Geschmack daran und ging nur selten hin.›

Von Lanthenas vermittelt erhielt Roland eine politische Aufgabe: er übernahm das Korrespondenzbüro des Jakobinerclubs. Das war eine Tätigkeit ganz nach Manons Geschmack. Denn die Briefe wurden von ihr beantwortet, wenn auch nach Absprache mit ihrem Mann. Die Jakobiner staunten über die rasche Erledigung der eingegangenen Korrespondenz. Manons Dienstfertigkeit war so groß, ihre Einschätzung dessen, was einer Frau zukam und was nicht, so unbeirrbar, daß sie ertrug, wie nicht einmal Roland ihren Anteil erfaßte: ‹Ich freute mich über seine Befriedigung, ohne eigentlich recht zu merken, daß ich es selbst gemacht hatte. Oft war er dann schließlich überzeugt, daß er wirklich eine gute Stunde gehabt hatte beim Schreiben einer Passage, die aus meiner Feder stammte.› Dennoch ging es ihr nicht gut. Sie fühlte sich unterfordert, ausgeschlossen von Entscheidungen, sogar von den Diskussionen, die zu Entscheidungen führten. Bezeichnenderweise mehrten sich während dieser Zeit die kolikartigen Anfälle, an denen sie besonders während ihrer Periode litt. Ganze Tage verbrachte sie im Bett, gequält von Übelkeit und Krämpfen.

Die politische Lage wurde immer verworrener. Im Streit der Minister untereinander und des Kabinetts mit der Legislative demissionierte schließlich die Regierung. General Dumouriez riet dem König, den Republikanern den Wind aus den Segeln zu nehmen, indem er deren Anführer zu Ministern berief. Ein geschickter Schachzug, nur: die führenden Köpfe der Gironde saßen in der Legislative und durften laut Verfassung daher nicht auch in der Exekutive tätig sein. So wurden zwei krasse Außenseiter vorgeschlagen. Am 23. März 1792 erhielt Roland das Portefeuille des Innenministers.

Mit großem Jubel reagierte Paris auf die Berufung der Patrioten, staunte allerdings, den unbekannten Roland in einer so zentralen Position zu sehen – in Zeitungsberichten wurde er sogar mehrfach mit einem anderen Mann gleichen Namens verwechselt.

Die schwere Zeit der Niedergeschlagenheit war für Manon zu Ende. Charakteristisch für sie ist, daß sie das Angebot der Besitzerin ihres Wohnhauses, wie früher in die komfortable Wohnung im ersten Stock zu ziehen, ablehnte und, neben der aufwendigen Dienstwohnung, ein bescheidenes Appartement in der Rue de la Harpe mietete: ‹Das ist ein Zufluchtsort, den man vor Augen haben muß wie manche Philosophen ihren eigenen Sarg.› In ihren Briefen, mit denen sie aller Welt die Neuigkeit mitteilte, bedauerte sie zwar, daß Roland jetzt die Arbeit an seinem ‹Journal des Kunstgewerbes› abbrechen müsse, aber es ist offenkundig, wie sie vor Erregung und Hoffnung strahlte. Der erste Auftritt Rolands vor dem Hof ließ eine Inszenierung Manons vermuten: der neue Minister erschien anstatt in Schnallenschuhen mit Schnürsenkeln! Der Hof, abhängig von strengen Ritualen, erfaßte den Affront in der Schwere seiner Bedeutung: hier zeigte sich das System am Ende.

Die Minister trafen sich dreimal in der Woche beim König und beschlossen, anschließend miteinander bei einem von ihnen zu essen, um die Ergebnisse dieser Zusammenkünfte zusammenzufassen. Jeden Freitag traf man sich im Innenministerium bei Roland, und Manon setzte schließlich durch, an diesen Essen als Gastgeberin teilnehmen zu dürfen. Da dies völlig unüblich war, hielt sie sich noch mehr als sonst im Hintergrund, erreichte aber allmählich, daß ihre Freunde zu diesen Essen der Minister gebeten wurden. Der Rausch der Teilhabe an der Macht erfaßte Manon noch im Rückblick auf diesen hoffnungsvollen Beginn. Als sie später im Gefängnis ihre ersten Eindrücke festhielt, überwältigte sie trotz ihres Elends die damalige Überheblichkeit. Von Dumouriez sprach sie als von einem ‹geistreichen, verschlagenen Burschen, einem dreisten Kavalier›, der sich über alles lustig machen mußte, ausgenommen seine eigenen Interessen und seinen Ruhm. Dem König attestierte sie Mangel an Seelengröße, Kühnheit und Charakterkraft. Ihr Urteil über die Königin – ‹verführt von allen Lastern eines asiatischen Hofes, auf die das Beispiel ihrer Mutter sie nur zu gut vorbereitet hatte› – beweist einmal mehr ihren Anspruch auf Unfehlbarkeit, ohne sich um Beweise für ihre Meinung zu kümmern: Die asiatisch lasterhafte Maria Theresia zählt wohl zu den blamabelsten Fehleinschätzungen Manons. Weniger ihr harsches Verdikt, in der Politik gebe es lediglich ‹Pygmäen›. De Grave, Nachfolger Narbonnes als Kriegsminister: ‹Ein in jeder Hinsicht kleiner Mann... Er sprach wenig, wie aus Zurückhaltung, in Wirklichkeit aber, weil er weder Einfälle noch Ideen hatte.› Nach wenigen Wochen sollte sie durchgesetzt haben, daß er durch einen Mann ihrer Wahl ersetzt wurde, den aufrechten General Servan.

Lacoste, Marineminister: ‹Ein echter Kanzleischreiberling... von blasser Bedeutungslosigkeit.› Duranthon, Justizminister: ‹Wie man sagt, ein achtbarer Mann, aber sehr faul. In eitler und dünkelhafter Pose machte er mit seinem ängstlichen Wesen und seinem wichtigtuerischen Geschwätz den Eindruck eines alten Weibes.› Clavière, der Finanzminister, hat zumindest, wie sie zugibt, ‹Kenntnisse, über die ich nicht urteilen kann›. Wenigstens gab es Roland, der sich ‹mit seiner unglaublichen Aktivität und seinem großen Ordnungssinn bald einen Durchblick auf allen Gebieten seines Ressorts verschafft hatte›.

Aber sogar ihr Mann muß sich den herben Hinweis gefallen lassen, er sei während der ersten drei Wochen im Amt ‹fast verklärt› gewesen über die Haltung des Königs. Und dafür gab es keinerlei Grund, wie sie schnell begriffen hatte. Die Sitzungen des Rats waren ‹erbärmliche Veranstaltungen›: ‹Ihr seid alle recht guter Stimmung, weil ihr keine Scherereien habt›, warf sie ihm vor.

Der König plauderte mit seinen Ministern, las die Zeitung, während sie debattierten, und unterzeichnete von Zeit zu Zeit eines der ihm vorgelegten Dekrete, wobei er hauptsächlich eine Verschleppungstaktik anwandte, so daß kaum etwas voranging. So verzögerte der König geschickt seine Zustimmung zur staatlichen Verfolgung der eidverweigernden Priester und zur Stationierung von 20000 Föderierten in Paris, bis er beide Vorlagen dann doch, am 27. Mai und am 8. Juni 1792, ablehnte.

Manon empfand geradezu sich selbst mit dieser Weigerung verhöhnt und beschloß zu handeln. Immer deutlicher forderte sie Beachtung ihrer Person und ihrer Wünsche. Bereits am 25. April hatte sie Robespierre einen Brief geschrieben, in dem sie ihn streng tadelte, Gegner der von der Legislative beschlossenen Kriegserklärung an Österreich zu sein. Sie warf ihm vor, seine politischen Gegner als Feinde zu behandeln und sich ihrem wiederholten Angebot, die Kontrahenten zusammenzuführen, entzogen zu haben: ‹Sie sind mir aus dem Weg gegangen.› An ihm liege es jetzt, ob er für alle Ewigkeit Ruhm erwerben oder diesen verspielen würde. Und sie schloß: ‹Verzeihen Sie mir meine Rigidität. Sie hat mit den Grundsätzen zu tun, die ich vertrete, und den Gefühlen, die mich bewegen. Ich kann immer nur als die erscheinen, die ich bin.› Robespierre muß geglaubt haben, sie sei größenwahnsinnig geworden.

Am 10. Mai sandte sie an Servan, den neuen Kriegsminister von ihren Gnaden (‹Ja, ich habe es gewollt›) ein Schreiben mit Ratschlägen, wie er sein Amt ausüben müsse, um ihren Beifall zu verdienen: ‹Wenn Sie nicht in vierzehn Tagen von heute an gerechnet einen großen Charakter und Achtung gebietende Maßnahmen hervorgebracht haben, wird bewiesen sein, daß Sie nicht mehr taugen als die anderen.›

Und jetzt, einen Monat später, war sie nicht bereit zu dulden, daß sich der verachtete König zwei Dekreten verweigerte, die ihn unverbrüchlich an die Verfassung binden sollten. Sie verfaßte einen Brief (‹Ich schrieb den berüchtigten Brief›), der alles in den Schatten stellte, was bisher an Kritik gegenüber Seiner Majestät gewagt worden war. Er beginnt mit dem heuchlerischen Verständnis für die Lage des Königs: ‹Ew. Majestät genossen große Vorrechte und meinten, diese seien Zubehör des Königtums. Erzogen in dem Gedanken, sie zu erhalten, mußten Sie mit Mißvergnügen sehen, daß man sie Ihnen entriß. Der Wunsch, sich ihrer wieder zu bemächtigen, war ebenso natürlich wie das Bedauern, sie vernichtet zu sehen.› Nun müsse der König aber begreifen, daß seine einzige Chance darin bestehe, sich den neuen Verhältnissen anzupassen: ‹Die Erklärung der Menschenrechte ist ein politisches Evangelium geworden und die Verfassung eine Religion, für die das Volk zu sterben bereit ist.› Es sei die Pflicht Ludwigs, ‹dem Wunsch der Nation zu entsprechen›, und das Volk in seiner ‹natürlichen Gutherzigkeit› würde in dieser Pflichterfüllung noch einen Grund zur Dankbarkeit sehen. Eines allerdings sei jetzt nicht mehr möglich: daß der König weiterhin den Verdacht erhärte, mit Leuten in Verbindung zu stehen, ‹die am Umsturz der Verfassung arbeiteten›. Ein drohender Blick in die Zukunft: ‹Die Revolution hat sich in den Köpfen bereits vollzogen; sie wird sich blutig vollenden und durch Blut zementiert werden, wenn nicht die Weisheit einem Unglück zuvorkommt, dessen Vermeidung gegenwärtig noch möglich ist.› Da es bis jetzt trotz gesetzlicher Vorschrift noch nicht gelungen war durchzusetzen, daß am Ministerrat ein Protokollführer teilnehme, müsse Roland einen Brief verfassen, um nachzuweisen, daß er den hier vorgetragenen Standpunkt tatsächlich vertreten habe. Der seitenlange Text ist typisch für den Stil Manons: klare Gedanken, aber mit ermüdender Umständlichkeit dargelegt. Tugendhafte Besserwisserei spricht aus jeder Zeile.

Am 11. Juni 1792 wurde der Brief überreicht, am nächsten Tag hielt Roland seine Entlassung in Händen, worauf er ihn auch vor der Nationalversammlung vorlas. Dafür erntete der gefeuerte Minister begeisterten Beifall, der nicht schwer zu erringen war, da ihn jede Respektlosigkeit gegenüber dem König beinahe automatisch auslöste. Manon genoß in diesem Beifall ihren persönlichen Triumph, die Entlassung Rolands schien ihr ruhmvoller als die dreimonatige Teilnahme an den unergiebigen Beratungen des Kabinetts mit dem König.

Jetzt rächte sie sich für die Demütigungen ihrer Kindheit. Wie hatte sie darunter gelitten, als ihre verehrte Großmutter von einer dümmlichen Aristokratin, deren Sohn sie erzogen hatte, mit Herablassung behandelt worden war! In ihren im Gefängnis verfaßten Memoiren häufen sich Geschichten über die Diskrepanz zwischen der eigenen Begabung und Belesenheit und der Anmaßung von Aristokraten, die sich herausnehmen durften, auf sie herabzublikken. Und jetzt war sie es, die Bürgerin, die dem König seine nur noch vom guten Willen des Volks gestützte Überflüssigkeit vor Augen führte! Hocherhobenen Haupts verließ das Ehepaar Roland die pompöse Dienstwohnung und zog sich in die Unterkunft in der Rue de la Harpe zurück.

Die nächste Zeit verbrachten die Rolands mit beleidigtem Pläneschmieden ohne Nähe zur Realität. Sofern der Norden Frankreichs weiterhin der Monarchie ergeben bleiben wollte, könnte man nicht im Süden eine freie Republik etablieren? Über ihren Sandkastenspielen verloren sie aus dem Blick, was sich in Paris anbahnte. Außer ihren üblichen anfeuernden Briefen an die Freunde gibt es von Manon keinen Hinweis, daß sie an der Vorbereitung der Aufstände des 20. Juni und des 10. August 1792 beteiligt gewesen wäre. Nachdem sich der König nach dem Sturm auf die Tuilerien in den Schutz der Nationalversammlung begeben hatte, erklärte ihn diese seines Amtes verlustig und setzte die von Ludwig vor zwei Monaten entlassenen Minister wieder in ihre Ämter ein.

Manon kehrte also zurück ins Innenministerium. Sie sollte sich ihres Triumphs nicht lange freuen können. Der aus sechs Ministern bestehende Provisorische Vollzugsrat hatte wenig Macht und kaum Einfluß. Die Nationalversammlung verstand sich als Platzhalterin des zu wählenden Konvents, und die tatsächliche Herrschaft lag bei der Kommune, die sich als die revolutionäre Volksvertretung definierte und der die Streitkräfte der Sektionen unterstanden. Die Trennung in Aktiv- und Passivbürger war aufgehoben, ein neuer politischer Typus prägte das Geschehen: der Sansculotte. Die Macht und vulgäre Energie der Straße waren Manon fremd und unangenehm. An der Seite ihres Mannes zog ein Volkstribun als Justizminister alle Aufmerksamkeit auf sich: Danton. Seine ungezügelte Vitalität beunruhigte sie und stieß sie ab. Der Krieg hatte auch Frauen animiert, sich im Kampf für das gefährdete Vaterland nebenbei die Gleichberechtigung zu erobern, und diese Amazonenlegionen marschierten im Gleichschritt zu Trommelwirbel durch die Stadt. Die Sprache der Presse nahm immer ungebärdigere Formen an. Journalisten, die mit rabiater Demagogie die öffentliche Meinung manipulierten, gewannen an Einfluß: Marat und Hébert, die sie für geistesgestört hielt. Die Zeit schien keinen Raum mehr zu bieten für feinsinniges Raisonnieren, und Manon verlor langsam den Boden unter den Füßen.

Das Ziel ist erreicht. Die Feinde sind bei Valmy zurückgeschlagen worden, seit dem 21. September 1792 ist Frankreich Republik. Die Parteifreunde haben die Mehrheit im Konvent, bald werden sie mit der Arbeit an einer neuen Verfassung beginnen. Träume haben sich erfüllt, und doch! Sie kann sich über den Sieg nicht freuen, das Entsetzen über die Ereignisse der letzten Wochen sitzt ihr noch in allen Poren, was ist aus ihrer geliebten Revolution geworden? ‹Sie ist von Schurken befleckt, sie ist widerwärtig geworden.› Nie kann sich diese Republik davon befreien, daß sie besudelt ist vom Blut Unschuldiger. Der Aufstand des 10. August hatte auch seine Opfer gefordert, aber da war es um offenen Kampf gegangen, hinterlistig waren nur die Gegner verfahren, als im Hof der Tuilerien die Schweizer plötzlich auf die eindringenden Menschen feuern ließen. Frauen und Kinder hatten sich auf die Straßen gewagt, sicher, daß niemand sie angreifen würde, ging es doch nur darum, den König zu entmachten, seine Garden außer Gefecht zu setzen. Der hohe Preis – die nackten Leichen der Schweizer im Schloßhof, die Verwüstungen im Schloß, Trauer um die Opfer aus den eigenen Reihen – wurde durch das Ergebnis gerechtfertigt. Aber später das Gemetzel des 2. September! Was nur hatte diese wahnwitzige Wut ausgelöst, ‹Frauen brutal vergewaltigt, bevor sie von diesen Tigern zerrissen wurden, Eingeweide herausgeschnitten, Menschenfleisch blutig verschlungen› – die grausamsten Fantasien hatte die Realität übertrumpft. Und warum? Waren die Gefangenen wirklich eine Gefahr für das Vaterland, wie auf den Straßen behauptet wurde? Durfte Paris, aus dem die Heere wegzogen, um sich den Preußen zu stellen (Verdun bereits zur Übergabe gezwungen!), Verrätern überlassen werden, die die Zurückbleibenden vernichtet hätten? Wer war denn so gefährlich in den Gefängnissen? Adelige, Priester, die den Eid auf die Verfassung verweigerten – keine Rede davon, daß Manon Sympathie empfunden hätte, aber wozu dieses blindwütige Morden? Ein Komplott steckte hinter diesem Treiben, die Täter sollten sich hervorwagen und nicht hinter der angeblichen Empörung des Volkes verstecken!

Die Vernichtung war perfekt organisiert, sie verfügte über Informationen, die dies belegten. Als zum Beispiel Gefangene, die den regulären Gefängnissen zugeteilt werden sollten, aus dem Lagerhaus, in das man sie notdürftig eingesperrt hatte, überführt werden sollten, da wurden sie von einer kleinen Gruppe Bewaffneter in den Wagen niedergemetzelt – wo waren denn da die Nationalgardisten, die sonst jeden Gefangenentransport martialisch bewachten? Kein einziger war zugegen, die Mörder zu hindern – und ganz Paris sah zu! Roland und sie hatten erst am Tag nach dem Massaker Berichte vom Ausmaß der Katastrophe erhalten und sofort protestiert – ohne Erfolg. Das Morden ging weiter. Danton, schändlichster Justizminister aller Zeiten, war doch selbst Anstifter des grausamen

Treibens, in erbärmlicher Gemeinsamkeit mit Marat und Robes-
pierre mußte er seinen Blutrausch austoben. Sie erfaßte die Zusam-
menhänge, niemand würde sie lehren, Danton richtig einzuschät-
zen. Abgekartetes Spiel! Die Kommune hatte sich nicht entblödet,
Roland und Brissot verhaften zu wollen – der Vorwurf der Zusam-
menarbeit mit den Preußen war grotesk –, und ausgerechnet Dan-
ton zeigte sich als Retter, der den Haftbefehl zerriß. Dabei war alles
von ihm selbst eingefädelt! Ihr Ekel vor seinem brutalen Gesicht,
seinem massiven Kinn, dem Grinsen, das die Grobheit seiner Seele
verrät – vom ersten Augenblick an hatte sie ihn durchschaut. Wäre
sie nur mehr auf der Hut gewesen! Die bittere Pille, zu erfahren,
daß bei der Rückkehr ins Ministeramt Roland als neuen Kollegen
Danton an seiner Seite haben würde! Gut, sie hatte sich entgegen-
kommend gezeigt, ihn bei sich empfangen, sogar mit dem schleimi-
gen Tartuffe, seinem Schatten Fabre d'Eglantine. Aber sie verab-
scheute ihn zutiefst, seine Gewöhnlichkeit, seinen Mangel an
Bildung, seine zudringlich zur Schau getragene Männlichkeit, nein,
nie mehr würde sie sich mit ihm auch nur auf ein Gespräch ein-
lassen.

Ist sie den Bestien ausgeliefert? Marat hatte bereits die bösartig-
sten Schmähungen gegen sie veröffentlicht: der Tölpel Roland
brauche seine Frau, die der eigentliche Innenminister sei – wohl
seine Rache, weil Roland staatliche Zuschüsse für seine unflätigen
Schmierereien abgelehnt hatte: dafür sei Danton zuständig. Und
diese beiden passen zusammen. Dazu noch Robespierre, der seine
diktatorischen Neigungen offen zeigt: eine Troika des Grauens, die
allerdings, und das ist ihr nicht verborgen geblieben, über geballte
Macht verfügt. Robespierre hat den Jakobinerclub hinter sich,
Danton ist der Mann der Straße, der löwenhafte Liebling der
Massen, und Marat verkörpert die plebejische Kraft der Kommune.
Es wäre dringend nötig, die Kommune aufzulösen und durch eine
ordentlich gewählte Stadtverwaltung zu ersetzen, aber wer sollte
gegen die bewaffneten Haufen einen solchen Entschluß durchset-
zen? Sogar dem Konvent waren die Hände gebunden. Buzot hatte
am 24. September versucht, gegen die Schuldigen an den Septem-
bermassakern eine gerichtliche Anklage durchzusetzen – umsonst,
die Feiglinge hatten vor den grölenden Horden kapituliert.

Die Wiederbegegnung mit François Buzot. Sie erinnert sich an
ihre ersten Gespräche: beide waren besessen von denselben Idea-
len, hatten in der Jugend dieselben Vorbilder verehrt, die Bibel früh
durch Plutarch ersetzt, und beide legten an die eigene Person einen
Tugendmaßstab an, der von anderen belächelt worden wäre, hät-
ten sie ihn gekannt. Mit Buzot gab es eine Vertrautheit vom ersten

Augenblick an. Die Gemeinsamkeit der inbrünstigen Selbstkasteiungen, die sich beide als Kinder abverlangt hatten, führte in intimes Verstehen. Nichts mußte ausgesprochen werden von den Verzückungen, die Wünsche des jugendlichen Körpers durch die Kraft des Willens in Schranken gehalten zu haben. Wie sonst wäre es ihm auch möglich gewesen, seine Cousine zu heiraten, wie es der Verabredung der Familien entsprach? Eine unschöne Frau ohne Geist und Bildung, aber er respektierte seine Pflicht, war er doch schon früh gewohnt, Lust darin zu finden, sich selbst und die Bedürfnisse zu beherrschen, die seine stolze Seele zum Sklaven seines Körpers erniedrigt hätten. Auch seine Arbeit als Jurist entsprach nicht unbedingt seinen Neigungen zur Philosophie, zum Schöngeistigen, und gerade deshalb war er schon als junger Mann ein so ernsthafter Richter gewesen. Zu Recht hatte ihn sein Departement in die Generalstände entsandt, um die Interessen des Volkes zu Gehör zu bringen. Hier und in der Nationalversammlung war seine Stimme geschätzt worden. Als die Verfassunggebende Versammlung ihre Arbeit beendet hatte, stand er vor der Entscheidung, eine Stelle am Gericht in Paris oder zu Hause, in Evreux, anzunehmen. Er ging zurück in die Normandie. Sie konnte es sich nicht verhehlen, seit der Nachricht, er sei für den Konvent nominiert worden, fieberte sie seinem Kommen entgegen.

Das Wiedersehen übertraf ihre Hoffnung. Auch er hatte sie nicht vergessen. Auch er gestand, daß die Erwartung, wieder mit ihr zusammenzutreffen, seinen Aufbruch in Evreux beflügelt hatte. Manon spürt die selige Spannung ihres Körpers, der sich endlich wieder eine Sehnsucht gestattet, die sie seit mehr als zwanzig Jahren nicht mehr zugelassen hat. Damals, als junges Mädchen, fast noch ein Kind, war sie davon überwältigt worden, wie sich ihre Sinne einen eigenen Willen erlaubten. Die Beschäftigung mit ernsthaften Dingen und das Bewußtsein der Sünde, sich begehrlichen Fantasien hinzugeben, hinderten den aufblühenden Leib nicht daran, sein Recht zu fordern. ‹Überraschend war ich aus dem tiefsten Schlaf herausgerissen worden, eine ungewöhnliche Erregung reizte meine Sinne in der Wärme der Ruhe und bewirkte von selbst, bei meiner ausgezeichneten Kondition, eine Lust, die mir ebenso unbekannt war wie ihre Ursache.› Mit welcher Angst hatte sie dieses Vergnügen, das ihr ein verbotenes Wohlbehagen beschert hatte, als Schande verurteilt! Welche Strafen hatte sie sich nicht selbst auferlegt und welche Maßnahmen ergriffen, um die Wiederholung zu vermeiden! Mit nackten Füßen war sie auf die Steinfliesen gesprungen, um den ‹Fallen des Satans› zu entgehen, noch bevor das süße Gefühl von ihr Besitz ergreifen konnte. Am nächsten Morgen hatte sie Asche statt Salz auf ihr Brot gestreut und hätte sich am liebsten blutig gepeitscht und darauf ein härenes Büßerhemd angezogen, wenn ein solches Verhalten in der Familie nicht aufgefallen wäre. Immer hatte sie es durch Stärke des Willens geschafft, ‹wenn die Verführung mich fortzureißen drohte›, die Vernunft einzusetzen, um den Schrecken der Beschmutzung zu entkommen. ‹Ich sehe das Vergnügen, wie das Glück, nur in der Vereinigung dessen, was Herz und Sinn mit Entzücken füllt und keine Reue kostet.› Die furchtbare Beklemmung, die die Mischung aus Sehnen und Ekel in ihr ausgelöst hatte, bis sie endlich in der Hochzeitsnacht, mit schließlich bereits fünfundzwanzig Jahren, mit Ereignissen konfrontiert wurde, die ihr ‹ebenso überraschend wie unangenehm vorkamen›. Damals ahnte sie, daß ihr erregter kindlicher Körper doch andere Lust verheißen hatte, als sie in den verhaltenen ehelichen Umarmungen finden konnte. Und jetzt gesteht sie sich ein, daß sie Buzot leidenschaftlich begehrt, daß sie mit ihm in Bereiche vordringen könnte, die ihr keusches Leben ihr vorenthält – aber nie würde sie darüber ihre Grundsätze der Sittlichkeit und vor allem die Roland geschworene Treue verletzen. Daß Buzot und sie in jedem Blick um die Schwere des Opfers wissen, daß sie der Sehnsucht nach Hingabe nicht nachgeben, verschafft ihnen eine Befriedigung, die weit über das hinausgeht, was die Körper als ihr Recht einfordern. Hätte sie als junges Mädchen Buzot getroffen – was für eine Lebensgemeinschaft wäre aus der Verwandtschaft ihrer Seelen entstanden! Sie sind einander so ähnlich mit ihrem stolzen Geist und dem unerschütterlichen Mut, ihrer Empfindsamkeit und der Unfähigkeit, Ungerechtigkeit zu ertragen, mit ihrer Liebe zur Menschheit und dem Desinteresse an Menschen. Sie hat in ihm den Mann gefunden, dem sie ihre Liebe schenkt, vorbehaltlos und uneingeschränkt, sicher im Wissen, daß er genauso wie sie den simplen Vollzug dieser Liebe ihrer beider für unwürdig hält.

Vor wenigen Tagen ist Dumouriez nach Paris zurückgekehrt, stolz, der Sieger von Valmy. Sie hat ihm sein klägliches Verhalten nicht verziehen, als Roland wegen des berühmten Briefes die Demission erhielt. Er hatte eine klare Stellungnahme vermieden, den Kollegen nicht gestützt. Jetzt versucht er, die frühere Beziehung wiederzubeleben, hat ihr mit sichtbarer Verlegenheit Blumen überreicht, die sie annahm mit einer leichten Anspielung darauf, daß er wohl am allerwenigsten hätte erwarten können, ihr den Strauß in denselben Räumen zu überreichen, aus denen sie schon einmal vertrieben worden war. Dann wollte er sie überreden, den Abend nach dem Essen in der Oper zu verbringen, was weniger mit seinem

Kunstsinn zusammenhängt als mit dem Bedürfnis, sich in der Öffentlichkeit feiern zu lassen. Zuerst hatte sie abgelehnt, dann aber ihren Entschluß geändert und war mit ihrer Tochter ein wenig später doch in die Oper gefahren. Dort mußte sie sich sagen lassen, daß die Regierungsloge bereits besetzt sei, und als sie die Beschließerin zwang, die Türen zu öffnen, fand sie doch tatsächlich Danton mit einigen seiner billigen Weiber. Dröhnend unterhielt er sich mit Dumouriez in der Nachbarloge. Diese Erniedrigung würde sie beiden niemals vergessen. Wie unsagbar peinlich, wenn man sie ausgerechnet mit Danton zusammen gesehen hätte!

Manon wußte nicht, daß genau dies von den beiden Männern geplant gewesen war. Auf diese tolpatschige Weise sollte die Versöhnung eingeleitet werden, Dumouriez hatte sich angeboten zu vermitteln. Obwohl die Gironde über die Mehrheit im Konvent verfügte, stand es um ihre Sache nicht gut. Zwischen der sansculottischen Kommune und der jakobinischen Fraktion im Konvent hatten Kontakte stattgefunden, die für die weitere Arbeit der Gironde gefährlich werden konnten. Wichtig wäre gewesen, den populären Danton nicht als Gegner zu haben. Nachdem der erste Versuch einer Annäherung mißlungen war, arrangierte Dumouriez ein Treffen der girondistischen Führung mit Danton – aber Manon hatte auf die jungen Radikalen, Buzot, Barbaroux, Louvet, Lanthenas, so energisch eingewirkt, unter keinen Umständen mit Danton zusammenzuarbeiten, daß auch diese Bemühung vergeblich endete. Sicherlich hatte sich Danton einige Ungeschicklichkeiten erlaubt – Roland wäre gerne von seinem Ministerposten zurückgetreten, weil der Machtverlust unübersehbar war, und als Abgeordneter in den Konvent eingezogen, wurde aber von den Parteifreunden bestürmt, in der Regierung zu bleiben, was Danton zu der spöttischen Bemerkung veranlaßte, man müsse sich hinter seine Frau stecken, da Roland ohne sie keine Entscheidung treffe – aber er meinte in seiner plumpen Art solche Attacken nicht wirklich gehässig, war weit davon entfernt, in das Wutgeheul der Marat und Hébert einzustimmen – zumindest jetzt noch. Denn schon bald spitzte sich die Gegnerschaft zu. Im Oktober trat nun er als Justizminister zurück, um im Rahmen der Volksvertretung effektiver zu arbeiten, und natürlich mußte er seine Abrechnung vorlegen, wozu er von seinem Naturell her unfähig war. Und jetzt heftete sich Roland an seine Fersen und forderte pedantisch diesen Rechenschaftsbericht, wies ihm zudem noch die Veruntreuung von Staatsgeldern nach – geringe Summen, die die fürchterlichen Konsequenzen wahrlich nicht wert waren.

Aber Manon ließ nicht locker. Sie haßte die Kommune, die sie zu Recht für die Septembermorde verantwortlich machte, aber sie bezog auch Danton und Robespierre in den Kreis der Schuldigen mit ein, sperrte sich gegen die Beweise, die dagegen sprachen, und blies zum gnadenlosen Kampf gegen diese beiden. Nachdem es nicht gelungen war, Danton über Fehler in seiner Buchführung zu entmachten, sollte Robespierre gestürzt werden. Am 29. und 30. Oktober griffen ihn Louvet und Buzot im Konvent scharf an, verdächtigten ihn der Willkür und des Machtmißbrauchs und warfen ihm vor, eine Diktatur anzustreben. Robespierre konnte sich, getragen vom frenetischen Jubel der ihm hörigen Tribünen, rehabilitieren – und Manon mußte ernüchtert erkennen, daß sie die Gegner unterschätzt hatte. Die Öffentlichkeit wußte, wer hinter diesen Angriffen stand, und die jakobinische und sansculottische Presse geiferte gegen die Circe, die Sirene. Die Verleumdungen in den Zeitungen mehrten sich. Ausgerechnet dem genußunfähigen Philosophenpaar Roland wurden die tollsten Freßgelage angedichtet und ihr sexuelle Ausschweifungen.

Roland litt unter den täglichen Angriffen. Er konnte kaum essen, sein altes Gallenleiden brach wieder aus, und dazu gestand ihm seine Frau ihre Liebe zu Buzot, versicherte aber zugleich, daß nichts geschehen werde, was Rolands Ehre verletzen könne. Verwundert stellte sie fest, wie gekränkt ihr Mann darauf reagierte: ‹Seine Gedankenwelt verdüsterte sich, seine Eifersucht erzürnte mich, das Glück floh uns.› Sie war unfähig zu begreifen, wie ihn der Verlust ihrer ausschließlichen Aufmerksamkeit treffen mußte, gerade jetzt, als er außer der Solidarität der Freunde keinen Rückhalt mehr besaß. Und hier stach ihn ein Nebenbuhler aus, zwanzig Jahre jünger, brillant, leidenschaftlich. Er vertraute seinen Schmerz anderen an, die sein Vertrauen mißbrauchten und die Information an die Öffentlichkeit weitergaben, allerdings ohne den Namen von Manons Geliebtem zu nennen. Mit einer Gier ohnegleichen stürzten sich die Gegner auf das private Unglück des prominenten Girondisten. Der Hahnrei und ‹Königin Coco›: nun konnte man dem tugendhaften Paar dieselben üblen Sitten unterstellen, wie sie am Königshof Brauch gewesen waren, jetzt konnte man sich das Maul zerreißen über Intrigen, Unmoral, Bestechung. Diese glühenden Republikaner wurden beschuldigt, dem König zur Rückkehr auf den Thron verhelfen und die Emigranten in ihre alten Rechte wiedereinsetzen zu wollen! Damit war aber der Bogen der Glaubwürdigkeit gründlich überspannt, Roland verteidigte sich mühelos vor dem Konvent, und auch Manon hatte ihren Auftritt, der mit Beifall quittiert wurde. Die so offenbar haltlosen Verdächtigungen brachten ein letztes Aufflackern der Sympathie für das meistverleumdete Paar von Paris. Der Name des Geliebten blieb auch weiterhin unbekannt, nur Lanthenas, der jahrelang in Manon verliebte ‹Bruder›, wollte niemandem gönnen, worauf er selbst zu verzichten gezwungen gewesen war, ahnte den wahren Sachverhalt und machte ihr heftige Vorwürfe. In Briefen von großem Ernst verwies sie ihm seine Einmischung, so daß er sich von den Rolands zurückzog und sich unter ihre Gegner einreihte.

Erst Ende des 19. Jahrhunderts wurde entdeckt, wem die tiefe Zuneigung galt, die Manon bis zu ihrem Tod mit Mut und Dankbarkeit erfüllte.

In nur wenigen Wochen war Rolands politischer Kredit verspielt. Seine politischen Fähigkeiten beschränkten sich auf abstrakte Konzepte, der weltfremde Philosoph auf dem Ministersessel erfaßte nicht die Dringlichkeit aktueller Nöte. Im September hatte der Konvent eine kriegsbedingte Beschränkung des Getreidehandels beschlossen, um ausreichende Mengen von Lebensmitteln für Paris zu garantieren. Im Dezember hob Roland diese Maßnahme wieder auf, und die erste Welle einer entsetzlichen Hungersnot kam über die Stadt. Manon, in Flugblättern beschimpft als fuchsschlaue Tigerin und weiblicher Zerberus, wurde vorgeworfen, Gefallen daran zu finden, ‹das rechtschaffene französische Volk mit dem Schwert des Hungers umzubringen›, dafür aber Unsummen für die Pariser Theater auszugeben, während unglückliche Familienväter zur Verzweiflung getrieben wurden. Und es wurde behauptet, daß die Forderung nach freiem Getreidehandel, die dem Wirtschaftsliberalismus der Gironde entsprach, nur dazu diente, die südlichen Departements mit Nahrungsmitteln zu versorgen, damit diese sich als Separatrepubliken etablierten und der Herrschaft von Brissot und Roland unterstellten. In diesen Vorwürfen zeigte sich die eigentliche Gefahr: die Rolands nahmen die Sorgen der Straße überhaupt nicht ernst. In den Hunderten von Seiten, die Manon im Gefängnis über die politische Lage Frankreichs verfaßt hat, findet sich kein Wort über dieses gravierende Problem des ersten Kriegsjahres! Die lapidare Bemerkung, unter Roland habe es nie Mangel an Lebensmitteln gegeben, beweist, daß sie für Bereiche, die nicht in ihren schöngeistigen Blickwinkel paßten, schlechterdings keine Wahrnehmung hatte. Auch die Brisanz der Anklage wegen Separatismus war ihr nicht bewußt. Hätte sie sonst zugelassen, daß Buzot mehrfach der Kommune mit Kontrolle durch Soldaten aus der Provinz drohte?

Manon war eine schwärmerische Seele mit unglaublicher Energie, aber wenig Spürsinn für Tagesaktualität und mit geringer Menschenkenntnis, obwohl sie sich gerade darauf eine Menge einbildete. Über jede Person ihrer Umgebung formulierte sie geschliffene, nahezu apodiktische Urteile und war höchlichst überrascht, wenn sich die Betroffenen nicht diesen Urteilen entsprechend verhielten, also etwa Karriere machten, obwohl sie ihnen eklatante Unfähigkeit nachgewiesen hatte. Dadurch vergrößerte sie selbst den Kreis ihrer Feinde, verstand sich als Hort politischer Tugend und Einsicht und zugleich als unschuldiges Opfer böswilliger Attacken. So erfaßte sie nicht die Gefahren, die auf sie und ihren Mann zukamen, war zu stolz, sich in Sicherheit zu bringen, vertraute darauf, mit der reinen Stirn der Unschuld den Pöbel in seine Schranken zu verweisen, falls sie bedroht werden sollte – und zahlte zuletzt mit ihrem Leben für die provozierende Mißachtung der Realität.

Im Konvent verschärften die Gegner die Angriffe gegen Roland. Gebrochen und entkräftet stellte er am 27. Januar 1793 sein Amt zur Verfügung.

Die Kommune nahm der Familie Roland die Pässe ab. Gerade jetzt aber war Manon entschlossen, Paris zu verlassen. Nicht nur wegen der immer unverhüllter gegen ihren Mann und sie ausgestoßenen Drohungen, sondern weil sie Ruhe suchte, um ihre Gefühle für Buzot zu klären. Seit sie ihn liebte, quälten sie schwere Depressionen. Bereits im Dezember hatte sie Lanthenas als Antwort auf seine Vorwürfe geschrieben, sie ersehne nichts so sehr wie die Zuflucht des Grabes. Das Leben bereite ihr solche Mühe, ‹daß ich nicht böse wäre, wenn sein Ziel schneller käme, und ich empfände vielleicht eine Art Vergnügen, wenn es nahte.› Sie beantragte also neue Pässe, die auch tatsächlich ausgefertigt wurden, und war bereit zum Aufbruch. Da entmachtete ein girondistischer Aufstand in Lyon die dort regierenden Jakobiner, und dies verstärkte in Paris deren Haß auf die Partei Brissots, aber besonders gegen Roland, der ja seine politische Arbeit im Auftrag Lyons begonnen hatte. So schickte die Kommune am 31. Mai 1793 ein Kommando, um Roland zu verhaften. Er verwahrte sich aber dermaßen überzeugend gegen die Unrechtmäßigkeit des Verfahrens, daß die Gardisten verunsichert wieder abzogen und ihre Instruktionen überprüfen ließen. Daraufhin verließ Roland das Haus, und Manon, plötzlich wieder im Vollbesitz ihrer Energie, nahm sich eine Kutsche, die sich im Straßengetümmel nur mühsam voranbewegen konnte, zum Konvent. Sie drängte sich in den Warteraum, überzeugte, verschleiert, in der Rolle einer Jakobinerin, und so ließen sie die Wachen durch. Unter Hunderten von Menschen, die Petitionen abgeben wollten, überredete sie einen Saalwärter, daß sie Vergniaud sprechen müsse. Dieser kam tatsächlich, erschöpft und erregt von der wüsten Sitzung, in der die Jakobiner zum tödlichen Schlag gegen die Gironde ausholen wollten – noch wehrten sich die Angegriffenen erfolgreich. Manon bot Vergniaud an, jetzt sofort vor dem Konvent zu sprechen. Auch wenn es ihr nicht gelinge, Roland zu retten, so werde sie doch ‹mit Kraft Wahrheiten vortragen, die für die Republik nicht nutzlos sein sollten›. Der Politiker hielt wenig von diesem Vorschlag, ermutigte sie aber, später wiederzukommen. So eilte sie nach Hause und begann ihren Mann zu suchen. Sie fand ihn bei Freunden, und es wurde beschlossen, daß er Paris verlassen müsse. Sie verabschiedete sich von ihm, sie sahen einander zum letztenmal. Dann kehrte sie trotz der späten Stunde zum Konvent zurück, aber die Sitzung war bereits geschlossen. Wieder quälte sich der Kutscher durch die Menschenmenge, sie mußte eine Kontrolle über sich ergehen lassen, weil eine Frau allein so spät am Abend Verdacht erregte, kam endlich zu Hause an und legte sich zu Bett. Gegen Mitternacht wurde sie geweckt. Abgesandte der Kommune verhafteten sie im Namen des Revolutionstribunals. Ihre Wohnung wurde versiegelt, alles Schriftliche konfisziert. Beherzt bestritt sie die Legalität dieses Vorgangs, ließ sich dann aber doch in ein Gefängnis bringen, eine frühere Abtei. Die Gefängnisaufseherin reagierte erstaunt auf den unangemeldeten Neuzugang, behandelte sie mit ausgesuchter Höflichkeit und wies ihr ein Zimmer zu. Die Falle war zugeschnappt.

Obwohl Manon seit Wochen die Möglichkeit ihrer Verhaftung ins Auge gefaßt hatte, traf sie die Situation unvorbereitet. Was konnte man ihr vorwerfen, was hatte man gegen sie in der Hand? Ihre Selbstbeherrschung verwunderte alle, die mit ihr zu tun bekamen. Am nächsten Morgen richtete sie den Raum, in dem sie nun die weitere Zeit verbringen sollte, für ihre Zwecke ein, rückte den kleinen Tisch zum Fenster und verlangte Schreibzeug. Und sie begann in fliegender Hast zu schreiben: historische Notizen – eine Bestandsaufnahme der Revolution, ihre persönlichen Erinnerungen, Porträts und Anekdoten.

Mit der bitteren Bemerkung: ‹Heute auf dem Thron und morgen in Ketten. – Das ist das Los der Unschuld in Revolutionszeiten› begann sie die Darstellung der politischen Ereignisse aus ihrer Sicht. Nach drei Wochen hatte sie die ‹Historischen Notizen› abgeschlossen und übergab sie dem Freund Champagneux, der sie im Gefängnis besuchen durfte. Wenige Tage später erfuhr sie, daß er die Blätter aus Furcht vor seiner eigenen Verhaftung vernichtet hatte. Sie besann sich kurz und begann mit ungebrochener Energie von neuem. Während der vierundzwanzig Tage ihrer ersten Gefangenschaft verfaßte sie mehrere Briefe, um für ihre Sache zu kämpfen:

an den Konvent, den Innenminister Garat, den Nachfolger ihres
Mannes, an den Justizminister – sie war alles in allem aktiv und
zuversichtlich. Auf merkwürdige Weise fühlte sie sich sogar erleichtert. ›Schon immer, wenn ich krank war, empfand ich eine ganz
besondere Art von Ruhe, da mir scheint, daß alle Pflicht ihr Ende,
jede Verpflichtung ihren Zugriff auf mich verloren hat. Keine qualvollen Mühen mehr, keine Berechnung, keine Vernünftelei. Ganz
der Natur hingegeben, friedlich wie sie, leide ich ohne Ungeduld
oder ruhe mich entspannt aus. Das Gefängnis wirkt auf mich
ähnlich wie eine Krankheit.‹ Wie sehr lastete auf dieser Frau zeitlebens der Druck ihres eigenen Anspruchs! Nie konnte sie sich
verzeihen, irgendeine Rolle nicht perfekt zu meistern: die hingebungsvolle Gattin, die sich bis zur Selbstaufgabe mit ihrem Mann
identifizierte; die Hausfrau, stolz auf ihre Planung, die häuslichen
Aufgaben zu erledigen ohne Aufwand an Mitteln und Zeit; die
Republikanerin, konzentriert auf die Überzeugung, daß jeder ihrer
Schritte von einer ihr kaum gewogenen Öffentlichkeit beurteilt
wurde; die Brief- und im Gefängnis auch Memoirenschreiberin, die
ihre Gedanken für die ‹unparteiische Nachwelt› formulierte; die
Liebende schließlich, deren höchstes Ziel es war, sich nach ihrem
eigenen Tugendkodex nichts zuschulden kommen zu lassen – ständig stellte sie an sich Anforderungen, die ihren Willen und ihre
Selbstdisziplin bis zur äußersten Belastbarkeit anspannten. Aus
dem Stolz, beinahe Unmögliches zustande zu bringen, entsprang
ihre Verachtung menschlicher Schwäche. Mit Hohn ahndete sie
Fehler, die sie sich selbst nie gestattet hätte. Jetzt, in der Gefangenschaft, entkam sie dem Druck, den sie unaufhörlich auf sich selbst
ausübte. Die Verantwortlichkeit für ihr Leben lag nun außerhalb
ihrer Entscheidung.

Durch die Vermittlung von Freunden erhielt sie zwei Briefe von
Buzot, der nach Caen geflohen war. Seitdem sich der Konvent am
2. Juni von Bewaffneten der Kommune hatte zwingen lassen, die
führenden girondistischen Abgeordneten mitten aus einer Sitzung
zu verhaften und die Abwesenden auf die Fahndungsliste zu setzen,
war sein Leben in Gefahr. Am 22. Juni schrieb ihm Manon, er müsse
weiterhin für die Rettung des Vaterlandes kämpfen und dürfe nichts
zu ihrer Befreiung unternehmen. Sie betonte, daß sie sich wohl
fühle, und nicht nur wegen ihrer recht günstigen Haftbedingungen,
sondern auch, weil sie die Haft als eine Art Buße für den Kummer
Rolands über ihre Liebe zu Buzot ertrug. Und weil sie hier im
Kerker ihren Gefühlen für den Geliebten freien Lauf lassen durfte.
Ab nun wollte sie auch keine Anstrengungen mehr unternehmen,
um freizukommen: ‹Ich würde lieber in meinen Fesseln sterben als

mich erniedrigen. Die Tyrannen können mir Gewalt antun; aber mich erniedrigen? Niemals, niemals.›

Zwei Tage später, also am 24. Juni, wurde sie unerwartet aus der Haft entlassen, um sofort bei ihrer Ankunft zu Hause erneut verhaftet zu werden. Diesmal legte man auch, der Form nach korrekt, eine Anklageschrift des Sicherheitsausschusses vor. Sie wurde in ein anderes Gefängnis gebracht, das den Eingekerkerten weniger Komfort bot als die alte Abtei. Auch diesen Schock trug sie mit Haltung. Zwar wagte sie jetzt nicht, weiter an ihren Erinnerungen zu arbeiten, weil sie sich stärker kontrolliert fühlte als während der ersten Gefangenschaft, dafür verfaßte sie lange Briefe an den Geliebten. ‹Mich in einen Kerker einsperren, heißt das nicht, mich meinem Herzen ungeteilt lassen?› – ‹Wenn ich sterben muß – nun denn! Ich habe das Beste kennengelernt, was das Leben zu bieten hat.› – ‹Wie lieb sind mir die Ketten, denn sie gestatten mir, Dich ohne Ablenkung zu lieben und mich ohne Unterlaß mit Dir zu beschäftigen.›

Da sie voller Zuversicht war, daß das Gericht ihr keine Schuld würde nachweisen können, rechnete sie mit ihrer baldigen Entlassung. So wird ihre Einschätzung der Lage etwas verständlicher: ‹Ich bin da, wo das Schicksal mich hat haben wollen; fast möchte man sagen, daß es, ergriffen von meinen Leiden, gerührt über die Kämpfe, die es selbst mir auferlegt hatte, eine Situation geschaffen hat, die mir etwas Erholung und Ruhe schenken sollte.› Sorge bereitete ihr lediglich die Zukunft der girondistischen Freunde. Mit Schmerz erfuhr sie, daß Brissot zufällig in dieselbe Zelle der Abtei eingeliefert worden war, in der sie den Juni zugebracht hatte.

Sie begann auch wieder zu schreiben. Abwechselnd arbeitete sie an ihren politischen Porträts und ihren Memoiren. Die einsame Frau ließ ihr Leben noch einmal vor sich abrollen und begutachtete sich selbst kritisch, distanziert – letztlich vertraute sie nur ihrem eigenen Urteil. Das fiel nicht übel aus: ‹Ein sanfter Charakter und eine starke Seele, ein scharfer Verstand und ein leidenschaftliches Herz, dazu ein Äußeres, in dem sich all dies ausdrückte ...›

Die Freude am eigenen Körper, die ein Leben lang unterdrückt werden mußte, brach sich Bahn in einer fast indezenten Beschreibung der eigenen Schönheit: ‹Mit vierzehn war ich, wie heute, ungefähr fünf Fuß groß, ich hatte also schon meine volle Körpergröße erreicht; gut geformte Beine und Füße, stark betonte Hüften, ein prächtiger voller Busen, schöne gerade Schultern, eine feste und anmutige Haltung, ein flinker und leichter Gang – soviel auf den ersten Blick.› Ihr Gesicht: ‹Nahm man jeden Gesichtszug für sich, so mochte man sich fragen, worin seine Schönheit lag. Meine Züge waren nicht regelmäßig, aber alle angenehm: der Mund war ein

bißchen groß, es gab tausend hübschere, aber keiner lächelte zärt-
licher und verführerischer. Die Augen waren dagegen nicht sehr
groß, mit graubrauner Iris; sie standen ein wenig vor, überwölbt von
schöngeschwungenen Augenbrauen vom selben Braun wie das
Haar, der Blick war offen, aufrichtig, lebhaft und sanft, und ihr
Ausdruck wechselte mit den Regungen der schönen Seele, die sie
widerspiegelten...› Sie bekennt, im Älterwerden an ‹Fülle und
Frische› verloren zu haben, wäre aber dennoch selig, wenn sie die ihr
noch verbliebenen Reize dem Geliebten schenken könnte: ‹Wenn
sich die Pflicht mit meiner Neigung verbinden ließe, so daß das,
was noch übrig ist, nicht nutzlos wäre, hätte ich nichts dagegen.›

Da saß sie und bot eine liebevolle Bestandsaufnahme all ihrer
körperlichen Details, während vor dem vergitterten Fenster die
Zeitungsjungen die Schlagzeilen ausriefen von Madame Coco,
dem jämmerlichen alten Weib, der zahnlosen Vettel mit kaum
noch Haaren auf dem Kopf. Trotzig rettete sie ihr Bild für die
Nachwelt.

Wenn sie Nachricht von ihrem Mann erhielt, staunte sie, wie
fremd er ihr geworden war. ‹Schwach, argwöhnisch und wunderlich›
kam er ihr vor. Tag und Nacht arbeitete sie an ihren Memoiren. Für
Roland will sich auch in der Erinnerung kein liebevoller Gedanke
einstellen. Und auch nicht für ihre Tochter. Wie um sich selbst zu
beruhigen hebt sie mehrmals hervor, daß sie das Kind selbst gestillt
hatte, sogar unter erheblichen Schwierigkeiten, aber vertraut ist ihr
das kleine Geschöpf nie gewesen. ‹Ich bedaure, daß meine Tochter
so gar nicht dem ähnelt, wie ich früher einmal war. Sie wird eine
gute Frau mit einigen Qualitäten, aber nie werden ihre laue Seele
und ihr spannungsloser Geist mein Herz befriedigen. Sie wird nie
meine Leidenschaft, meine Schmerzen und Freuden kennenlernen.›
Es beruhigt sie, das Kind bei zuverlässigen Leuten untergebracht zu
wissen. Im Abschiedsbrief an ihr Kind spricht sie zwar von ihrer
‹Anstrengung, bei Eudoras süßem Bild nicht weich zu werden›, aber
zentral steht das Vermächtnis: ‹Sei Deiner Eltern würdig›; wir
hinterlassen Dir große Beispiele; und wenn Du sie zu nützen weißt,
wirst Du kein sinnloses Leben führen.›

Am 4. Oktober hörte sie, daß gegen die verhafteten Girondisten
Anklage erhoben wurde, und sie beschloß zu sterben. Da ihr kein
geeigneter Gegenstand und auch nicht Gift zur Verfügung stand,
wollte sie verhungern, und es gelang ihr tagelang, ihre Wärter zu
täuschen. Abgemagert und fiebernd brachte man sie schließlich in
die Krankenstation des Gefängnisses, und dort erfuhr sie, daß sie als
Zeugin im bevorstehenden Prozeß gegen ihre Freunde vorgesehen
war. Diese Hoffnung aktivierte erneut ihre Kräfte, sie lebte nur auf

dieses Ziel zu. Zu Beginn des Prozesses am 24. Oktober wurde sie ins Gerichtsgebäude überführt, wartete dort aber den ganzen Tag umsonst. Zurückgekehrt in ihre Zelle, nahm sie schriftlich Stellung zur Anklageschrift. Bis zum 30. Oktober hoffte sie mit schwindender Zuversicht, doch noch vernommen zu werden. Dann teilte man ihr die Hinrichtung aller Verurteilten mit. Am Tag darauf kam sie in die Conciergerie.

Der Richter: wer ihre Freunde gewesen seien; ob sie sie von der Unabhängigkeit der Departements habe sprechen hören; wie die privaten Konferenzen im Innenministerium verlaufen seien; ob sie die Korrespondenz für Roland geführt habe; wozu das Büro zur Bildung der öffentlichen Meinung gedient habe; wo sich Roland aufhalte...

Antworten: man kennt die Namen ihrer Freunde; keineswegs ist die Unabhängigkeit der Departements angestrebt worden; es hat keine privaten Konferenzen gegeben; Roland brauchte keine Frau, um ein kluger und umsichtiger Minister zu sein; niemals existierte eine Kanzlei mit dem Namen ‹Büro zur Bildung der öffentlichen Meinung›, sondern eine patriotische Korrespondenz, die im Auftrag der Volksvertretung die Provinzen mit Publikationen aus der Hauptstadt versorgte; es gibt kein Gesetz, das dazu zwingt, die teuersten Gefühle der Natur zu verraten...

‹Hier schrie der öffentliche Ankläger voll Wut, daß man mit einer solchen Schwätzerin niemals ein Ende finde, und er ließ das Verhör schließen.›

Die Beweisführung zielt auf ihre Vernichtung ab. Es geht also nicht mehr darum, sich von den Vorwürfen zu entlasten, sondern nur zu zeigen, daß das Urteil ohne Beweise, willkürlich und ohne gesetzliche Grundlage gesprochen werden wird. Ihre Gegner müssen sie schuldig sprechen, weil es zum Wesen der Tyrannei gehört, alle auszulöschen, die sich nicht belügen lassen. Wird man ihr gestatten, in der Verhandlung ihre Verteidigungsschrift vorzulesen? Sie selbst hatte auf ihren Verteidiger verzichtet, einen Mann, der schon so viel Haß auf sich gezogen hatte, weil er Charlotte Corday, die Königin und die Girondisten vor Gericht vertreten hatte, daß sie ihn nicht mehr weiter belasten will.

Nach dem ersten Satz ihres Plädoyers unterbricht man sie: sie mißbrauche die Redefreiheit, um ihre Verbrechen zu verherrlichen. Gut, damit hat sie gerechnet. Eine letzte Genugtuung: die Tribünen erleben den Akt der Gewalttätigkeit, der an ihr verübt wird. – Geschrei: Nieder mit den Verrätern! – Die Sinnverwirrten. Sie werden begreifen, aber zu spät.

Noch am selben Nachmittag die Hinrichtung. Abschied nehmen, Umarmungen, Tränen, Haltung bewahren – seltsam, es fällt nicht schwer. Sie hätte nicht länger warten mögen. In ihrem weißen Musselinkleidchen, einfach im Schnitt, zart das Material, wie sie es liebt, wird sie zum Richtplatz fahren.

An ihrer Seite ein Mann, der wegen Drucks von Falschgeld verurteilt ist – zu Recht? Was spielt das noch für eine Rolle. Fast bricht er zusammen. Mit seinem geschorenen Haar gleicht er einem antiken Statuenkopf. Sie lächelt: der letzte der vielen jungen Männer, die ihr Leben begleitet haben. Aufrecht steht sie im holpernden Leiterwagen. Sie fühlt, wie das Blut in ihren Wangen pulsiert, stolz und lebendig. ‹Auf die Guillotine!› – ja, ich komme. –

Sie bittet, nach ihrem Begleiter geköpft zu werden, ihm fehlt die Kraft für diesen Anblick. Wieder lächelt sie: Kraft wofür? Für einen Tod, der als kostbarster Schatz nicht besudelt werden darf. Sie wird den Satz sprechen, den sie seit ihrer Kindheit weiß, wenn sie sich als Opfer eines Blutregimes träumte: ‹O Freiheit, welche Verbrechen begeht man nicht in deinem Namen!› – Hatte der Satz in ihrem Kopf gedröhnt, hatte sie ihn bereits ausgesprochen? Ihr ist, als klinge er leuchtend über die Köpfe der unübersehbaren Menge. O Freiheit – Adieu, mein Geliebter, nein, von dir allein trenne ich mich nicht, die Erde verlassen heißt uns zusammenführen ...

Auf die Nachricht von ihrem Tod beging Roland Selbstmord. Buzot tötete sich ein halbes Jahr später, jeder allein im Schmerz, in der Ausweglosigkeit. Eudora wuchs auf im Schutz guter Freunde, zuerst von Bosc, dann von Champagneux, dessen Sohn sie Jahre später heiratete. ‹Mein Vater hatte einen sanften, wundervollen Charakter. Es war, unter uns gesagt, meine Mutter, die ihn in das Theater der Politik getrieben hatte, weil sie sich dazu befähigt fühlte und das Bedürfnis hatte, eine bedeutende Rolle zu spielen.›

Manon Roland ist dafür gestorben.

Schwester oder Feindin? – Etta Palm und Louise Robert

Im Juni 1791 verfolgen die Pariser amüsiert den Streit zweier Frauen, die sie bisher einträchtig im selben politischen Lager vermutet hatten.

‹Niemals, wirklich niemals habe ich es an Kindespflicht fehlen lassen, niemals habe ich Tränen meines Vaters verschuldet, keines-

wegs habe ich die letzten Augenblicke meiner Eltern durch Bitterkeit und Schmerz beschwert, niemals habe ich das Vertrauen der
Freundschaft mißbraucht, deren Schätze und Geheimnisse ich wohl
gehütet habe.› Und mit Nachdruck erklärt Etta-Lubina-Johanna-
Desista Palm d'Aelders, selbstverständlich sei sie keine preußische
Spionin. Diese schwerwiegenden Vorwürfe erhebt der ‹Mercure
National›, der Brandartikel stammt von Louise Robert, seiner Her-
ausgeberin. Die Angriffe gegen Etta zeigen schnell Folgen. Genüßlich berichtet die ‹Gazette Universelle›, man habe Etta verhaftet –
als Konterrevolutionärin und Agentin Preußens. Die Inhalte der
Attacken scheinen unwesentlich, bezeichnet doch dasselbe Blatt
Etta Palm nur wenige Tage später als gefährliche Demokratin, die
gegen die neue Verfassung, an der gerade gearbeitet wird, intrigiere.
So wäre Etta eine preußische Demokratin? Hund und Katze zugleich?

So in die Schußlinie öffentlicher Aufmerksamkeit geraten zu sein
ist für Etta gefährlich, sie ist Holländerin und könnte jederzeit aus
Frankreich ausgewiesen werden. Und wohin dann? Seit mehr als
fünfzehn Jahren wohnt sie in Paris. Zu Hause hatte sie Schwierigkeiten mit ihrer Familie, von der sie nur für eigene Interessen
benützt und deshalb blutjung an einen Baron d'Aelders verheiratet
wurde, der sich allerdings bald nach der Eheschließung aus dem
Staub machte und nie wieder von sich hören ließ. Eine Schiffspassage nach Indien ist die letzte Spur seiner Existenz. Keine dieser
Angaben ist von einer anderen Person als Etta selbst bezeugt.
Sollten sie stimmen, befindet sich die Holländerin in einer unange-
nehmen Lage: von einem Verschollenen kann sie nicht geschieden
werden und sie kann sich auch nicht wieder verheiraten ohne
Urkunde vom Tod des Ehemannes. Sie hätte sich also mit der
Erfindung dieser Geschichte keinen Gefallen erwiesen. Ihren Lebensunterhalt bestreitet sie aus den Resten ihres Vermögens, wie sie
sagt, lebt bescheiden, aber provozierend. Eine Frau ohne Familie,
mit wechselnden Liebhabern – nur zu bereitwillig nimmt man der
Presse ab, sie beziehe als Spionin Sold vom feindlichen Ausland.
Oder auch vom Herzog von Orléans, der die Absetzung des Königs
plant und selbst gekrönt werden will. Da sie aber mit dem radikalen
Republikaner Basire befreundet ist, könnte sie auch an Wühlarbei-
ten zum Sturz der Monarchie überhaupt beteiligt sein. Man hat den
preußischen Gesandten in ihrem Salon gesehen, deshalb weigert
sich der Abgeordnete Choudieu, weiterhin ihr Gast zu sein – behauptet er selbst, als Etta bereits zu den Verdächtigen gehört. Die
öffentliche Meinung ist nur in einem Punkt einig: Etta paßt in
keine Norm. Schon ihr Aussehen: sie überragt die zierlichen Parise-

rinnen, auch die meisten Männer; ihren mächtigen Körper hüllt sie in wallende Gewänder, vom Korsett hält sie nichts. Um so mehr von ausladenden Hüten. Wenn sie Platz nimmt, müssen alle anderen zusammenrücken, und mit ihrer Stimme verschafft sie sich in jeder Versammlung Gehör, auch im heftigsten Trubel. Sie ist 48 Jahre alt. In diesem Alter haben Frauen ihre erwachsenen Kinder verheiratet und damit alles erreicht, was ihnen an Aufgaben zusteht. Aber Etta hat kein Kind, dafür junge Geliebte. Choudieu – hat nicht doch sie ihn vor die Türe gesetzt? – ist 30 Jahre alt, sein Nachfolger 27. Claude Basire ist der jüngste Abgeordnete in der Nationalversammlung. Seine Frau und sein Kind hat er in Dijon gelassen. Hier in Paris begleitet er seine pompöse Freundin auf Schritt und Tritt. Von Ettas Schlafzimmer wird gemunkelt, von den Spiegeln rund um das Bett. Nach ihrer Ausweisung aus Frankreich notiert der Polizeibericht, es habe sogar einen an der Decke gegeben.

Obwohl Etta erschrickt über die plötzliche Mißgunst, die ihr aus der Presse entgegenschlägt, wehrt sie sich geschickt: ‹Eine Frau, Madame Robert, beschimpft in ihrem Blatt mich und meinen Patriotismus. Ich werde mich auf die mir eigene Art verteidigen und mich auf persönliche Beleidigungen nicht einlassen, das sind doch Waffen der Schwächlinge. Ich bin geboren und aufgewachsen in einer Republik, die 24 Jahre dafür gekämpft hat, die Prinzipien der Freiheit und Gleichheit einzuführen; diese Prinzipien sind meinem Herzen angeboren, sie datieren nicht von der Revolution und richten sich nicht nach äußeren Umständen. Meine schlaflosen Nächte, meine Arbeit, meine ganze Existenz beschäftigen sich damit, meinen Wohlfahrtsverein zu konsolidieren, eine Vereinigung patriotischer Bürgerinnen. Daß diese meine Gründung erfolgreich ist, befriedigt mich. Diese Gesellschaft verdient Wertschätzung durch ihr Ziel und durch den Patriotismus und die Aufgeklärtheit der Frauen, aus denen sie sich zusammensetzt. Sie will mit Jahresbeiträgen die Mittel aufbringen für die Gründung von Erziehungsanstalten oder Werkstätten, um junge Mädchen von sechs bis dreizehn Jahren auszubilden. – Meine Anklägerin trete vor, beweise, was sie mir unterstellt, die gesetzlichen Gerichte und die öffentliche Meinung mögen urteilen über sie und mich, und nachdem Verleumdung und Lüge erwiesen sind, kann ich ihr verzeihen, denn Haß ist unvereinbar mit Nächstenliebe und ist ein Gefühl, das meinem Herzen fremd ist. Nichts ist mir unangenehmer, als diejenigen verachten zu müssen, die ich gerne lieben würde.›

Was hatte die Aggression Louise Roberts ausgelöst? Als Etta im Oktober des vergangenen Jahres zum erstenmal von sich reden machte, war es der ‹Mercure National›, der ihren Vorschlag einer

Subskription veröffentlichte. Etta und ihre jetzige Gegnerin waren damals in den verschiedenen Clubs anzutreffen, die auch weibliche Mitglieder aufnahmen und ihnen die Möglichkeit gaben, spezifisch weibliche Probleme in die Debatten einzubringen. Niemand tat dies so beredt und selbstbewußt wie Etta Palm. Am 30. Dezember 1790 trug sie einen Text vor, der sich wie später alle ihre Reden und Artikel mit der Benachteiligung der Frauen beschäftigte: ‹Gibt es etwas Ungerechteres? Wir Frauen verfügen nicht über unser Leben, nicht über unsere Freiheit, nicht über unseren Besitz. Am Ende unserer Kindheit werden wir einem Despoten übereignet, der oft unser Herz zurückweist. Die schönsten Tage unseres Lebens vergehen unter Seufzern und Tränen, während unser Besitz ausgebeutet wird von Betrug und Ausschweifung.›

In allen ihren Texten arbeitet sie nach demselben Muster: über allen Einzelüberlegungen steht die These, die Frauen seien die natürlichen Gefährtinnen der Männer bei deren Arbeit und in deren Ruhm, nicht aber ihre Sklavinnen. Darauf folgen ausführliche Exkurse in die Geschichte, in denen die Mutter Coriolans ebenso als Kronzeugin zitiert wird wie die Jungfrau von Orléans und Elisabeth I. von England. Und durchgehend legitimiert sie ihre Rolle in diesem Diskurs mit dem Hinweis auf ihre holländische Abstammung und den ungebrochenen Freiheitswillen der Niederländer.

Im Februar 1791 wurde sie von der Vereinigung bürgerlicher Amazonen in Creil mit einer Medaille für ihren Einsatz geehrt. Creil wie andere Städte auch, z. B. Orléans, hatte eine eigene Amazonenkompanie in der Nationalgarde. Exerziert wurde nach strengem militärischen Reglement, die Rangordnung, am Vorbild der Armee orientiert, erfolgte nach Leistung und war an genau festgelegten Unterschieden in der Uniform erkennbar. Bei den Dienstgraden unterschieden sich die Hüte in der Farbe, Kragen und Aufschläge nach Form und Größe, und bei den einzelnen Legionen wurden verschiedene Waffen getragen vom handlichen Beil über Pistolen zu Säbel, Pike und Spieß. Jede Legion verfügte über ein Musikcorps, das mit Trommeln und Pfeifen für gleichen Schritt und Tritt sorgte. In Paris erregten die schmucken Damen, die Etta ihre Auszeichnung überbrachten, Aufsehen: eine Hauptmännin, eine Unteroffizierin und mehrere Soldatinnen übergaben der Vorkämpferin ihrer Interessen im Cercle Social die Medaille. Etta versprach gerührt, der Preis werde als Ehrenzeichen einst ihr Grab schmükken. Ob sie mit der martialischen Ausrichtung der Schwestern aus Creil einverstanden war? Ihre üppige Weiblichkeit gepreßt in ein knappes Jäckchen, verniedlicht in einem kurzen, schwingenden Rock? Das kann ihre Sache nicht gewesen sein. Dennoch preist sie

*Aufmarsch der Amazonen von Orléans: ‚Wir haben diese Bekleidung
gewählt wegen der Bequemlichkeit und wegen des Anstands, der zu
wahrem Heldentum gehört.'*

die Überbringerinnen der Gabe: ‹Glückliche Bürgerinnen von Creil,
euer kluger Stadtmagistrat hat tatsächlich ein Recht auf eure Dankbarkeit, diese erleuchteten Männer, die es wagen, die Vorurteile,
Abkömmlinge der Dummheit, zu verachten, mit denen man uns
sonst zu begegnen beliebt, um uns in erniedrigender Untätigkeit zu
belassen.› Und sie sucht die männlichen Mitglieder des Clubs zu
verführen mit der Lockung, sie könnten sich den einmaligen Ruhm
erwerben, die Beschränkungen für das weibliche Geschlecht aufzuheben, die es seit Jahrhunderten demütigen. Die Männer versichern
sie ihres Respekts und tun nichts dergleichen.

Ermutigt durch die Anerkennung, die noch durchaus wohlwol-
lend von der Presse kommentiert wird, gründet sie die Patriotische
Wohlfahrtsgesellschaft der Freundinnen der Wahrheit. Der Grün-
dungsaufruf geißelt die jahrhundertelange Unterdrückung der
Frauen – ‹von der Wiege bis zum Grab in Sklaverei›. ‹Schon in der
Kindheit erstickt man die lebendige, glühende und empfindliche
Fantasie, die die Seele erhebt und den Genius weckt, in einer
kleinmütigen Erziehung voller Schlupflöcher für Unwissenheit und
Fanatismus. In der neuen Ordnung des Staates, in der der Mann zur
Würde seines Wesens zurückgefunden hat, muß sich der Kreis des
Glücks auch für die Frauen erweitern, denn dies ist die Wahrheit:
Frauen haben unmittelbaren Einfluß auf das Volk; und um freie
Menschen zu formen, muß man selbst die Freiheit kennen.› Durch

Spenden müßten Frauen, die durch Wohlstand begünstigt sind, ihren Tribut für die Erneuerung Frankreichs leisten. Aber es geht ihr nicht nur um Wohltätigkeit im Sinn einer finanziellen Unterstützung. Es geht ihr auch um die Rettung der Schwestern, die sie als Opfer des alten Systems begreift, diejenigen, ‹die, verschlungen von zügellosem Luxus, ihre Tage schlaff in erschöpfender Sinnlosigkeit verbringen; denn wo das Laster hocherhobenen Hauptes daherkommt und der Egoismus die Menschen knechtet, steht das Reich der Freiheit noch auf schwankendem Grund.› Die französischen Damen müssen also aus den Klauen der Frivolität gerissen werden, und dazu bedarf es des Beispiels an Bescheidenheit und Nächstenliebe. Nur so werden Frauen zu wahren Gefährtinnen der neuen Franzosen, der freien Männer.

Und wie in allem, was sie schrieb, plädiert sie für eine sorgfältige Erziehung der Mädchen: patriotische Lehrerinnen sollen den Kindern die Menschenrechte vermitteln, Gehorsam gegenüber den Gesetzen, Bürgerpflichten, Achtung vor der Nationalversammlung und vor den Reformern Frankreichs ‹anstelle von Heiligenlegenden und Wundergeschichten›.

Weil sie ihre Gedanken nicht nur im kleinen Kreis der privaten Clubs diskutieren möchte, trägt sie sie mit einer Abordnung ihres Vereins vor der Nationalversammlung vor, um die Arbeit an der Verfassung zu beeinflussen. Hier geht es ihr vorrangig um das Scheidungsrecht. Bisher war nur der Mann berechtigt, die Scheidung einzureichen. Für Ehebruch wurde die Frau mit Gefängnis oder Klosteraufenthalt bestraft, und der Ehemann entschied, ob er sie wieder in die Familie aufnahm. Für die Zeit ihrer Haft verfügte der Mann auch über ihre Mitgift, und zwar unabhängig von anderslautenden Klauseln des Ehevertrags. Ein Fehltritt der Ehefrau konnte also mit beträchtlichen Vorteilen für den Mann verbunden sein. Umgekehrt gab es keine Handhabe für die Frau, ihrerseits gegen Untreue des Gatten zu klagen. Ehebruch des Mannes galt nicht als Delikt. Etta Palm fordert dringend, diese veralteten Gesetze zu ändern, aber auch die schwache Moral der Frauen durch Erziehung zu festigen. ‹Denn Erziehung ist für die Seele, was das Bewässern für Pflanzen ist: es macht fruchtbar, bringt zum Blühen, stärkt und bringt den Keim von Tugend und Begabung zur vollendeten Reife.›

Etta wirbt um das Verständnis der Männer. ‹Wir sind die Stützen eurer Kindheit, die Beglückung des reifen Mannes und der Trost eures Alters – heiligt dies nicht unseren Anspruch auf Dank?› Sie weiß, daß die männliche Macht durch Schmeichelei bis zur Unterwürfigkeit dazu gebracht werden muß, freiwillig für die Besserstellung der Frauen tätig zu werden. In jedem Satz, so stolz er auch formuliert sein mag, schwingt das Wissen um die Abhängigkeit vom guten Willen der Gesetzgeber mit. Schwer zu sagen, ob die Aufhebung der Unterschiede zwischen Mann und Frau im Erbrecht und später in den Scheidungsgesetzen auf ihren Einfluß zurückzuführen ist. Ihr einziges Interesse in ihren Artikeln und Aufrufen gilt immer nur dem Problem der Ungleichheit der Geschlechter. Mit Konsequenz und unbeirrt vertritt sie ihre Sache und scheut sich nicht vor Wiederholungen der immer gleichen Argumente und Beispiele. Sie beteiligt sich nicht an der Diskussion über die künftige Staatsform, über einen Krieg gegen die Koalition, über Wirtschaftsreformen. Sie legitimiert ihre politische Arbeit durch ihren Einsatz für Wohltätigkeit – also im traditionellen Frauenbereich. Schon bald nach der umjubelten Gründung ihrer Gesellschaft klagt sie bitter über mangelndes Interesse und geringe Beteiligung.

Was waren die Gründe für die plötzliche Feindschaft Louise Roberts? Es gibt vielfältige Möglichkeiten, kein Grund für sich allein ist stichhaltig. Zu billig wäre es zu sagen, Eifersucht auf den wachsenden Bekanntheitsgrad Ettas sei ausschlaggebend gewesen. Sicher, Louise hatte sich als bereits prominente Journalistin der unbekannten Ausländerin angenommen, und diese hatte bald ihren Schutz nicht mehr benötigt. Neben der Walküre aus Holland mag sich die kleine, unruhige, wegen ihrer Geltungssucht nur wenig beliebte Louise bedrängt gefühlt haben. Sie war eine der ersten Frauen gewesen, die in die Clubs eintraten, die auch Frauen die Mitgliedschaft gestatteten, und jetzt machte Etta mit der Gründung ihres eigenen Clubs, des ersten, der nur weibliche Mitglieder aufnahm, spektakulär von sich reden. Genügt dies, um eine intellektuelle Frau zu Verdächtigungen hinzureißen, die der Gegnerin das Genick brechen können? Eher wird die feministische Position Ettas den Konflikt ausgelöst haben. Sie setzte die Gleichberechtigung der Frauen an die erste Stelle ihrer Argumentation, forderte, daß auch Frauen politische Funktionen ausüben sollten. Nicht so Louise. ‹Ich glaube nicht, daß Frauen jemals am Regieren beteiligt werden können, und ich glaube, daß die Verfassung den allgemeinen Sitten damit den besten Dienst erweist, sie für immer davon auszuschließen.› Sie formuliert nicht einmal die Einschränkung, daß Frauen so lange überfordert seien, als ihnen jede Vorbildung dazu fehle, nein: Ausschluß von unpassenden Tätigkeiten für immer.

Oder Ettas Kampf für ein verbessertes Scheidungsrecht. Daran hat Louise überhaupt kein Interesse. Die Ehe ist für sie ein Gesetz der Natur und damit eine geheiligte Bürgerpflicht, von der sie nicht einmal die Priester ausgeschlossen wissen will. Sie selbst scheint eine Art Stolz in ihrer betonten ehelichen Unterwerfung zu empfinden: bevor sie ihren späteren Mann, den Advokaten und Kaufmann François Robert, in die Redaktion ihrer Zeitung engagierte, bestritt sie die Beiträge jeder Ausgabe vorwiegend selbst. Nach ihrer Heirat 1790 ließ sie ihm bei allen wichtigen Tagesthemen den Vortritt und reduzierte die Anzahl ihrer eigenen Artikel zusehends. Sie stellte sich ganz in den Dienst seiner politischen Karriere. Überhaupt ist ihre Auffassung, welche Rolle Frauen im öffentlichen Leben spielen sollten, gegenüber ihrem radikalen Neuerungswillen in ihrem gesamten Denken erstaunlich traditionell.

Am 23. Mai 1790 publiziert die frischgetraute Madame Robert einen Aufruf an die katholischen ‹Frauen von Montauban›, eine gepfefferte Standpauke, um die ‹Unseligen›, ‹Wahnwitzigen› zur Besinnung zu bringen. Was ist geschehen? Am 10. Mai waren die wenigen Protestanten von Montauban darangegangen, bei den laut Dekret vom 13. Februar enteigneten Kirchengütern Inventur zu machen. Die Katholikinnen der Stadt hatten dagegen einen Aufruhr angezettelt, der viele Menschen das Leben kostete. Die Protestanten wurden grausam zugerichtet und gezwungen, öffentlich für ihr frevlerisches Tun Abbitte zu leisten. Sie waren unter dem Ancien régime rechtlos gewesen und hatten schon deshalb die Neuerungen der Revolution begrüßt, besonders die Entmachtung des Klerus und die Absicht, ihn im künftigen Staat strenger Kontrolle zu unterstellen. Madame Robert schäumt vor Empörung: ‹Mit dem Abscheu, der das in Montauban begangene Verbrechen auslöst, verbindet sich Entsetzen, wie es widernatürliche Verhaltensweisen immer hervorrufen. Daß Despotismus, Fanatismus, Überheblichkeit, Habsucht Waffen sind in den Händen von Vagabunden, Menschen ohne Familie und Vaterland, das kennt man seit Beginn der Revolution. Aber daß das schwache und ängstliche Geschlecht sich der zwei Empfindungen entäußert, die doch den Kern seines Wesens ausmachen, nämlich Scheu und Mitgefühl, daß es seine kraftlosen Hände bewaffnet gegen seine Mitbürger, Freunde, Brüder, Verteidiger; daß Frauen in aller Öffentlichkeit die Männer zum Kampf aufhetzen, Mord befehlen und ihn auch selbst begehen – das haben uns die barbarischen Jahrhunderte bisher vorenthalten. Noch nie haben Frauen die Fackel des Bürgerkriegs in die Häuser getragen und sind aus den Tempeln getreten, um sich mit dem Blut von Nachbarn und Verwandten zu besudeln. Unglückselige Bürgerinnen! Welche Wut macht euch blind! Was glaubt ihr denn zu verteidigen? Ist es dieser hochmütige Adel, der die Rechte eurer Väter, Brüder und Söhne mit Füßen getreten hat? Der ihnen ihren Lebensunterhalt entrissen und sich davon in Laster und Müßiggang gemästet hat? Könnte es dieser Klerus sein, der dem Adel den Preis eures Blutes streitig macht? Was fordert ihr denn so gewaltsam zurück? Die Feudalrechte, die Salzsteuer, das Jagdprivileg, Steuern auf alles und jedes, die Lehnsgerichtsbarkeit, den Zehent, die Knechtschaft, die Bastille, die Galeeren, die Gefängnisse? Und ihr Sinnverwirrten glaubt, der Religion zu dienen?› Und sie zeichnet in düstersten Farben das Bild der Sittenlosigkeit des hohen Klerus mit seinen Palästen und seinen Kurtisanen und prangert an, wie diese Schandpriester den Gläubigen den Verstand verwirrt haben. Sie fordert die Frauen auf, zu dem Gott, der zum Frieden und zum Verzeihen mahnt, zurückzukehren und nicht weiter Verbrechen zu begehen im Auftrag des Adels und der Kirche. ‹Lauft nur von Stadt zu Stadt und massakriert eure Freunde, eure Verteidiger, tragt nur eure Wut in die heiligen Tempel, wo eure Gesetzgeber Tag und Nacht über eurem Wohl wachen und dafür ihre Gesundheit, ja, ihr Leben riskieren› – die Wohltäter Robespierre, Barnave, Pétion –, ‹verwüstet nur diese Stadt, wo das tapfere Volk die Bastille zerstört und im Triumph den König, den man euch als Gefangenen hinzustellen gewagt hat, zurückgeholt hat. Los doch, ihr Fehlgeleiteten!› Noch schlimmer als der Klerus sind die adeligen Damen, die es von ihrer Erziehung her besser wissen müßten als das Volk. Aber was heißt schon Erziehung? Diese Frauen sind ohne Schamgefühl, zu ihren übrigen Lastern fügen sie jetzt noch die Heuchelei hinzu – was ist also von ihnen zu erwarten? ‹Keusche Frauen sind furchtsam, gefallene Frauen schroff, tollkühn, grausam.›

Über acht Seiten beschimpft sie in ihrer Zeitung diese Frauen, die sich von Priestern und Adeligen haben verleiten lassen, sich Beschlüssen der Volksvertretung zu widersetzen. Die massive Polemik setzt die berechtigten Vorwürfe gegen die gewalttätigen Ausschreitungen ins Unrecht. Deutlich wird auch, daß es Madame Robert offenbar gar nicht in Erwägung zieht, Frauen hätten aus eigenem Entschluß, nach eigenem Nachdenken die Durchführung der Dekrete verhindern wollen. Vielleicht haben sie nicht so klar wie die Verfasserin gesehen, wie sich die Volksvertreter unter Aufopferung ihrer Gesundheit um das Wohl des Volkes bemühen, vielleicht haben sie nicht die Erfahrung so blutiger Ausbeutung durch den Adel erlebt, wie Madame Robert voraussetzt. In jedem Fall hätten sie sich nicht in politische Belange einmischen dürfen, denn ‹keusche Frauen sind furchtsam...›

Der Haß gegen die Aristokraten verblüfft bei einer Frau, die selbst einer alten bretonischen Adelsfamilie entstammt. Louise de Kéralio hat gebildete Eltern, die ihrer Tochter eine ausgezeichnete Bildung zukommen ließen. Bereits als junges Mädchen war sie als Autorin und Übersetzerin tätig, hat eine umfangreiche Biographie über Elisabeth I. von England verfaßt und mehrere Bände mit Literatur von Schriftstellerinnen herausgegeben. Sie gehört der gelehrten Akademie von Arras als Mitglied an. Ihre Eltern unterstützen ihre journalistische Laufbahn, der Vater schreibt mit ihr die Artikel der Zeitung, die sie seit August 1789 eigenverantwortlich publiziert: ‹Zeitschrift für Staat und Bürger›. Später werden noch andere Mitarbeiter verpflichtet, zu denen auch der Rechtsanwalt François Robert stößt. Er ist einige Jahre jünger als Louise, bürgerlich, ohne Vermögen und nach zeitgenössischen Berichten kein schöner Mann: klein, dunkel, dick. Vielleicht hat Louise fasziniert, daß er von ihrer Intellektualität nicht eingeschüchtert war, schließlich ist sie bereits 31 Jahre alt, ohne daß bisher ernstlich jemand um ihre Hand angehalten hätte. Die Ehe ist nach konservativem Verständnis eine Mesalliance. Die beiden stimmen in der Utopie von der Gleichheit aller Menschen und einer darauf beruhenden direkten Demokratie überein und kämpfen von nun an für dieses Ziel Seite an Seite.

Im November 1790 entsteht die erste Gesellschaft, die sich als Arbeitsform für beide Geschlechter versteht. Louise und ihr Mann gehören zu den ersten Mitgliedern. Die Zusammenkünfte dienen zunächst dazu, die Tagesereignisse zu erläutern und zu diskutieren, eventuell im Anschluß daran Petitionen zu entwickeln, die vor der Nationalversammlung vorgetragen werden sollen. Als später Robert die Leitung übernimmt, wird diese ‹Gesellschaft der Patrioten beider Geschlechter› immer deutlicher zu einer Vereinigung von Passivbürgern, also Leuten, die aufgrund ihres niedrigen Steueraufkommens nicht das Recht haben, zu wählen oder in die Nationalgarden einzutreten. Hier soll radikaldemokratisches Denken geübt und keiner ausgeschlossen werden – deshalb ist der Mitgliedsbeitrag so niedrig, daß ihm fast nur symbolische Bedeutung zukommt. Weil man auch nur wenig Miete zahlen kann, ist man immer wieder auf der Suche nach einem Versammlungsraum, der wenig kostet. Die bürgerlichen Clubs wie die Jakobiner – auch sie haben sich durchgerungen, Frauen aufzunehmen, die allerdings keine Funktionen ausüben – fordern einen wesentlich höheren Mitgliedsbeitrag und setzen sich aus Aktivbürgern zusammen.

Louise hält nichts davon, als Voraussetzung für alle weiteren Entwicklungen die Gleichheit aller Menschen zu fordern – zunächst sollen die gravierenden Unterschiede in der Bildung aufgehoben werden, ist doch Kompetenz die Grundlage der Teilhabe am politischen Leben. Schon 1789 hatten sie und ihr Vater eine Société polysophique gegründet, die sich ausdrücklich an beide Geschlech-

ter wandte. Fremdsprachen wurden unterrichtet, auch moderne
neben Latein und Griechisch, dazu Literatur, Komposition, Gesang,
Tanz, Mathematik, Zeichnen, Mythologie, Militärstudien – ein
breitgefächertes Programm, das dem Namen der Schule Ehre
machte, aber doch einen eher elitären Bildungsbegriff vertrat. Für
den Unterricht mußte bezahlt werden, wodurch der exklusive Charakter des – übrigens nur kurzlebigen – Bildungsinstituts unterstri-
chen war. In frappierendem Gegensatz dazu steht die Einsicht
Louises, daß die Verwirklichung des Gleichheitsgrundsatzes an der
ökonomischen Basis ansetzen müsse. Im Mai 1790 rühmt sie die
Abschaffung der Zünfte und begrüßt die Chancen freier Wirtschaft.
Die Handwerker können nach den Bedürfnissen des Marktes produ-
zieren, nicht mehr gegängelt von staatlicher Bevormundung. Immer
heftiger ergreift sie Partei für die Armen und Notleidenden und
fordert die ‹unverschämten Reichen› auf, die Clubs zu besuchen,
um einmal die Menschen kennenzulernen, auf deren Ausbeutung
ihr Wohlstand beruht. Sie würden staunen über diese Arbeiter, die
nach dem ermüdenden Tagwerk ruhig und aufmerksam die neu von
der Nationalversammlung erlassenen Dekrete lesen, erörtern, Vorschläge machen, anhand dieser Texte ihre Rechte und Pflichten
studieren – und aus welchem Interesse? Haben sie vielleicht Reich-
tümer zu verteidigen? ‹Ihre Arbeitskraft ist ihr ganzer Reichtum.› –
‹Ihr unverschämten Reichen werdet schließlich von den Ergebnissen dieser Ausbildung profitieren, die sich die Armen mit so viel
Einsatz erwerben. Ihr existiert nur auf ihre Kosten, und sie gehen
vielleicht an euch zugrunde. Ihr bildet euch ein, ihre Lebensgrund-
lage zu sein. Nein, ganz im Gegenteil, ihr verdankt ihnen eure
Existenz – und dann verachtet ihr sie auch noch, beleidigt sie, deren
Fleiß eure Trägheit ermöglicht, und verweigert ihnen das einzige,
was sie von euch verlangen: Brot und Freiheit!› Ungewöhnlich ihr
Bewußtsein für die Sprengkraft des sozialen Gefälles! Sie ist par-
teiisch und will nichts anderes sein.

Als Anfang September 1790 die Nachricht von der blutig nieder-
geschlagenen Rebellion in Nancy Paris erreicht, ist Louise mit
ihrem Kommentar schnell zur Hand: nicht die Soldaten haben
etwas verlangt, was ihnen nicht zusteht, nämlich die Überprüfung
der Regimentskassen, nicht die Soldaten haben die Gesprächsange-
bote der Offiziere ausgeschlagen, nicht die Soldaten haben den
Gehorsam verweigert und zuerst auf die Offiziere, die ihnen gegen-
überstanden, gefeuert – nein, ohne weitere Recherchen erklärt sie
die Offiziere, die im Auftrag Lafayettes die Rebellion unterdrücken
sollten, den Kriegsminister La Tour du Pin und seinen Sohn, der
bei dieser Aktion lebensgefährlich verwundet wurde, zu Verbre-

chern. Sie ist davon überzeugt, daß der Vorfall ein Signal der Konterrevolution sei, und sie versteht die patriotische Presse als ‹Schild-
wache› der Wahrheit. ‹Der Widerstand gegen Unterdrückung ist ein
legitimes Recht; unsere Soldaten haben von diesem Recht Gebrauch gemacht, und Mörder haben sie hingeschlachtet. Wo ist
denn jetzt unsere Freiheit? Alle Menschen sind gleich vor dem
Gesetz, sagt ihr. Gleich vor dem Gesetz? Die Soldaten, die man
unterdrückt und jetzt getötet hat? Gleich vor dem Gesetz? Die
Offiziere und Minister lassen sie umbringen und werden nicht
einmal verhaftet?›

Louise mischt sich also auch in die Auseinandersetzung um
wirtschaftliche und sogar militärische Belange ein, ihre scharfen
Analysen bemühen sich nicht um Objektivität, sondern darum, die
Revolution voranzutreiben. Die Vorbedingung dafür sieht sie aber
auch darin, daß die Frauen verantwortungsvoll ihre Aufgaben erfüllen, nämlich für die Erziehung der Kinder zu sorgen und loyal die
Arbeit der Männer zu unterstützen.

Die kritischen Vorstöße Etta Palms, die Rolle der Frau neu zu
überdenken, müssen Louise geradezu schädlich vorgekommen sein.
Die innovativen Energien dürfen nicht auf einen Nebenschauplatz
des Geschehens abgezweigt werden. Außerdem ist das freie Leben
Ettas kein Vorbild für die neue Sittlichkeit, die Louise den Frauen
abverlangt, um ihre gesellschaftliche Wertschätzung zu steigern. Sie
entschließt sich also, Etta durch gezielte Angriffe aus dem Blickfeld
der öffentlichen Aufmerksamkeit zu befördern.

Der Konflikt zwischen den beiden Frauen endet abrupt, als mit
der Flucht des Königs andere Probleme in den Vordergrund geraten
als die Frage nach Sinn und Nutzen der Frauenbewegung. Louise
und ihr Mann sehen sich in ihrem Vertrauen in die Bereitschaft des
Königs, am Aufbau des neuen Staates ehrlich mitzuarbeiten, getäuscht. Exakt ab diesem Zeitpunkt fordern sie die Einführung einer
Republik. Die Nationalversammlung hält an ihrem Konzept einer
konstitutionellen Monarchie fest. Zwar kommt es im Anschluß an
den mißglückten Fluchtversuch zur Spaltung des Jakobinerclubs in
Anhänger und Gegner Ludwigs, aber kaum ein Mitglied des Clubs
vertritt den Gedanken an Abschaffung der Monarchie. Das Ehepaar
Robert will die Gelegenheit der schlechten Stimmung gegen den
König nicht ungenützt verstreichen lassen. Für den Tag des Födera-
tionsfestes am 17. Juli verfassen sie eine Petition für die Umwand-
lung Frankreichs in eine Republik und beginnen, Unterschriften zu
sammeln. Die Petition wird am Tag des Festes auf dem Marsfeld
ausgelegt, damit möglichst viele Menschen unterschreiben können.
Der Tag endet in einem Blutbad. Die Nationalgarden unter ihrem

Anführer Lafayette erwarten an diesem Tag politische Provokationen und sind auf der Hut. Aber die Menge verhält sich friedlich. Eine Ausschreitung ist zu beklagen: zwei betrunkene Perückenmacher erlauben sich einen dummen Scherz, die patriotischen Bürger glauben sich verhöhnt, und die Übeltäter werden an einen Baum geknüpft. Ob Lafayette darin den Beginn des befürchteten Aufstandes sieht? Plötzlich wird der Schießbefehl erteilt, und die Garden feuern in die sonntäglich gekleidete Menge, Frauen und Kinder sind Opfer des Gemetzels, das wie ein Spuk nach wenigen Minuten beendet ist – und das Marsfeld bedeckt von Toten und Verwundeten zurückläßt. Die Roberts geraten in Panik, fühlen sich in Gefahr, wollen sich verstecken und bitten im Haus der Madame Roland um Asyl. Es wird ihnen gewährt, der Preis ist ein vernichtendes Portrait in Manons Memoiren.

Nach dem Blutbad des 17. Juli 1791 bemühen sich die Roberts, im Club der Cordeliers das Gedankengut der Republik zu propagieren. Dies führt zur Spaltung: die Anhänger einer konstitutionellen Monarchie gründen einen eigenen Club im aufgelassenen Kloster der Feuillants. Die Zeitung der Roberts hat ihr Erscheinen eingestellt.

Etta Palm hat keine Angriffe von Louise Robert mehr zu fürchten. Den Herbst 1791 benützt sie wohl dazu, Initiativen im Interesse der Frauenbewegung vorzubereiten. Anfang 1792 unternimmt sie in der Nationalversammlung einen Vorstoß gegen den Artikel 13 des Polizeikodex, in dem die Ungleichheit von Männern und Frauen bei Ehebruch verankert ist. Sie macht Eindruck, und die Versammlung beschließt, sich des Themas anzunehmen, die Diskussion darüber beginnt am 13. Februar, die Neufassung des Scheidungsgesetzes wird am 20. September angenommen.

Die Republik bringt für Louise zunächst Vorteile. Ihr Mann wird in den Konvent gewählt. Außerdem betreibt er einen Handel mit Delikatessen, ein gewagtes Unterfangen in einer Zeit des Hungers und der Notverordnungen. Eines Tages wird sein Haus durchsucht, ob er Lebensmittel versteckt habe; darauf stehen strenge Strafen, Tod bei schweren Fällen. Mehrere Fässer mit Rum werden beschlagnahmt. Dennoch erreicht er durch seine geschickte Verteidigung einen Freispruch, zieht sich aber daraufhin völlig aus der Öffentlichkeit zurück. Erst nach dem Sturz Robespierres im Mai 1795 erhält er einen Auftrag, in Liège die Armeebestände zu respizieren. Anschließend verdient er seinen Lebensunterhalt als Rüstungslieferant. Ausgerechnet er, der noch 1790 geschrieben hat: ‹Die Armee ist ein notwendiges Übel, notwendig sicher im Augenblick, aber das hängt von den Umständen ab. Wenn wir für alle Menschen das Wohl und die Freiheit wollen und dies auch bei den uns benachbarten

Völkern, werden wir keine Armee mehr brauchen, denn es wird keine Feinde mehr geben, mit denen wir uns schlagen müssen.› Dieser Traum scheint in eine ferne Zukunft gerückt zu sein – Robert verdient an der Armee. Er lebt mit Louise in Belgien. Sie schreibt Romane, die sich zwar gut verkaufen, ihr aber keinen Ruhm bringen. Die politischen Ideale scheinen vergessen.

Auch Etta macht in der ersten Phase der Republik Karriere: sie wird als eine Art Gesandtin nach Holland geschickt, um dort um Verständnis für die Revolution zu werben. Anfang 1793 fällt sie unter die Verdächtigen, gilt als gefährliche Ausländerin und darf nicht mehr zurückkehren. Ihre Wohnung mit dem frivolen Schlafzimmer wird versiegelt, später ein Inventar zusammengestellt und alles zum Wohl der Nation versteigert. Ihr Liebhaber Basire gerät ins Kreuzfeuer der Aufmerksamkeit. Seine Beziehungen zu Etta und besonders zu dem ehemaligen Mönch Chabot, der sich an zwielichtigen Geschäften beteiligt, werden ihm zum Verhängnis. Als er ins Gefängnis eingeliefert wird, amüsieren sich die anderen Gefangenen über Klatsch aus seinem Privatleben. Seit der Liebesgeschichte mit Etta gilt sein Ruf keinen Pfifferling. Mit dem Freund, an dessen Geschäften er nachweislich nicht beteiligt war, besteigt er im April 1794 das Schafott. Auf der Treppe zur Guillotine fragt ihn Chabot: ‹Basire, was hast denn eigentlich du getan?› Er hat eine Frau geliebt, die man im neuen Frankreich nicht brauchen konnte. Das genügte.

In ungebeugter Loyalität:
Madame de Tourzel und ihre Tochter

30. Juli 1792: heute sind die Marseiller in Paris eingetroffen. Ihre Mutter sagt, das seien die übelsten Banditen des Südens. – Sie haben den weiten Weg durch ganz Frankreich auf sich genommen, um Paris gegen die Feinde zu verteidigen, denn die Österreicher stehen an der Grenze. Wenn sie Paris verteidigen wollen, können sie doch keine Schurken sein, oder doch? Und sind die Österreicher Feinde, wenn sie doch für die Befreiung des Königs kämpfen? Der österreichische Kaiser ist der Bruder der stolzen, traurigen Königin – ein Feind oder der Retter? Für wen soll sie abends beten, für die Franzosen oder für die Österreicher? Ihre Mutter sagt: für Frankreich. Aber das versteht sie nicht. Früher war es einfach, da war Frankreich der König und das Volk und Paris und der Ruhm ihrer Familie, des Vaters, des Bruders, die dem König dienten – aber jetzt? Ihre Kindersehnsucht kreiste um den Hof, sie konnte nicht genug darüber hören, von der Güte des Königs, von der Schönheit

der Königin – sie war ja auch überzeugt, die Sonne gehe direkt in
Versailles auf, dort sende sie der König persönlich auf ihre tägliche
Bahn. Der Spott der älteren Geschwister! Jetzt lebt sie selbst am
Hof, und das ist kein Märchen. Sie ist sechzehn und könnte längst
heiraten. Vor einigen Wochen hat der Dauphin ihre Mutter sehr
ernst um eine Gunst gebeten und darauf bestanden, daß sie ihm
gewährt werden müsse: ‹Ich bin sechs Jahre alt und werde ab
sieben von Männern erzogen. Versprechen Sie mir, bis dahin Pauline nicht zu verheiraten. Ich wäre so traurig, sie zu verlieren! Nein,
Sie werden mir meine liebe Pauline nicht wegnehmen!› Und dann
hatte er sich in ihre Arme geworfen und sie heftig an sich gedrückt.
Das steht fest: sie wird erst heiraten, wenn der Prinz und seine
Familie nichts mehr zu befürchten haben, wenn das alte Leben mit
seinem Glanz und seinen Vergnügungen zurückkehrt – aber wann
wird das sein? Immer wieder bleibt das Kind vor den zerfetzten
Tapeten stehen, vor den eingetretenen Türen, den zerbrochenen
Fensterscheiben. Warum, fragt es, warum ist das geschehen? Aber
Pauline weiß keine Antwort, sie versteht es doch selbst nicht,
weshalb das Volk begonnen hat, seinen König zu hassen, warum es
die Königin bedroht und verlangt, daß der kleine Prinz die abscheuliche rote Mütze aufsetzt, die ihm über die Ohren rutscht, so
daß er fast darunter erstickt. Oft wird er ungeduldig. Sie könne ihm
ruhig die Wahrheit sagen, er sei diskret, er werde niemanden
kompromittieren. Woher hat er diese Wörter? Weiß er überhaupt,
was sie bedeuten? Aber wenn sie ihn packt und mit ihm durch die
Räume tollt, vorbei an den Wachen, und wenn er sich hinter einer
schweren Portiere versteckt und sie so tut, als müsse sie ihn
suchen, vergißt er die Fragen und spielt wie andere Kinder auch. Er
ist so allein. Für die Nationalgarden an den Toren und Treppen muß
sein ernstes, vorwurfsvolles Gesichtchen schwer auszuhalten sein,
er bleibt vor ihnen stehen und stellt die Frage nicht, über die er
grübelt: warum habt ihr uns nicht beschützt? Er ist vorsichtig
geworden. Wie entzückt waren früher die Leibgarden, wenn er sie
mit ihren Namen begrüßte und ihnen vergnügt zuwinkte. Die
Leibgarden sind abgeschafft. Kann man den neuen Männern vertrauen? Er fragt bei allem, was er tun will, ihre Mutter, ob es richtig
und erlaubt sei. Ihre Mutter braucht ihn kaum noch zu ermahnen.
Nichts mehr von den kleinen Streichen, die er gegen seine ‹ge-
strenge Madame› ausheckte. Er ist immer gehorsam, lernt die
Lektionen des Abbé d'Avaux und macht sich ein Vergnügen daraus, die Königin mit Kenntnissen zu überraschen, die er mit seinem Lehrer vorbereitet hat. Und ist glücklich, wenn sie lächelt und
ihn lobt. Seit einiger Zeit besteht er darauf, nicht auf den Arm

genommen zu werden, wenn offizieller Besuch kommt. Dann steht er aufrecht und angespannt, sein Körperchen strafft sich in dem Bewußtsein, wie wichtig es ist, einen guten Eindruck zu machen – er, der künftige König. Pauline sorgt sich um ihn.

Vor wenigen Tagen hat ihre Mutter die Königin gebeten, mit dem Dauphin einen Spaziergang machen zu dürfen, sie kenne die Wachen an den Toren, das diensthabende Bataillon sei zuverlässig. Die Königin stimmte zu, kam sogar selbst mit. Kaum hatte sie das Schloß verlassen, blieben die Vorübergehenden stehen und drängten sich an die Gitter: Nieder mit der Österreicherin! Nieder mit Madame Veto! Es lebe die Nation! Aber die treuen Garden brachten so kräftige Hochrufe aus, daß die Schreier aus dem Volk verstummten. Dennoch war die Königin tief gekränkt, auch das Kind hielt sich die Ohren zu und gab sich alle Mühe, nicht zu weinen. Die Königin dankte den Garden – ach, wären doch alle Soldaten so wie diese, aber ihr Bruder erzählt immer wieder, daß im Augenblick kein Offizier sich seiner Truppen sicher sein könne. Der Himmel hatte sich schwarz bewölkt, Donnergrollen kam näher, ein heftiger Wind erhob sich, und da begannen die Glocken von Saint-Sulpice zu läuten – ihre Mutter sagte nachher, sie habe gedacht, es bereite sich das Begräbnis der Monarchie vor. Und als sie dies sagte, schlug der Blitz zwei-, dreimal in der Nähe der Tuilerien ein – und ihr wurde auch bange, als kündige sich ein großes Unglück an. – Aber solche Gefühle läßt sie selten über sich Gewalt gewinnen. Im Gegenteil, sie gibt die Hoffnung nicht auf, daß die bösen Menschen, die dem König schaden wollen, ihre schlimmen Absichten aufgeben. Wenn doch alle den König sehen könnten wie sie! Wie mild und freundlich er ist und wie er seine Kinder liebt! Und erst die Königin mit ihrer sanften Stimme und ihrer immer gleichbleibenden Güte! Pauline wird nie ihren ersten Empfang in Versailles vergessen. Wie war sie geblendet von all der Pracht! Inmitten die Königin in überirdischem Glanz – ihre Anmut, ihre Eleganz, den Reifrock durch die Türen zu schwingen – mein Gott, er war doppelt so breit wie ihr eigener, und sie hatte schon Mühe, nicht damit hängenzubleiben und zu stolpern. Und wie die Königin den Kopf trug mit der Coiffure aus Federn und Edelsteinen und Blumen! Als sie sich zu ihr beugte und eine Umarmung andeutete, fühlte sich Pauline eingehüllt in einen Duft, der für immer verbunden sein wird mit dem Gedanken an alles, was ihr erstrebenswert und unerreichbar schien: sie wird nie aufhören, diese Frau zu lieben und zu verehren.

Der Dauphin und Madame, seine Schwester, schlossen sie schnell ins Herz. Das Prinzlein war vier Jahre alt, als sie an den Hof kam. *Wie er versuchte, sie mit Grimassen aus der Fassung zu bringen und wie er unschuldig geradeaus schaute, wenn er es geschafft hatte, daß sie hinter ihrem Fächer losprustete! Sie war glücklich – Pauline de Tourzel in unmittelbarer Nähe des Königs, wenn fremde Gesandte kamen, wenn berühmte Sänger eine neue Arie darboten, sie schwebte mit den Damen und Herren nach den Anweisungen des Tanzmeisters in den zierlichsten Figuren durch den Saal, und ihre Mutter lächelte ihr zu. Und sie sah selbst, worüber sie so viel hatte flüstern hören, das künstliche Dörfchen, das die Königin im Park hatte anlegen lassen, mit seiner kleinen Mühle, einem Ententeich und sogar einem Taubenhaus. Früher soll sie sich dort mit ihren Freunden als Schäfer verkleidet haben, aber das liegt weit zurück. Sehr ernst war die Königin, als Pauline sie kennenlernte, und ist es noch mehr in den Tuilerien. Das muß sie schon sagen: lustig ist das Leben am Hof nicht mehr. Nicht ein einziges Mal war der Hof in ein Schauspiel gegangen, und darauf hatte sich Pauline besonders gefreut. Seit jenem 6. Oktober zeigte sich die Königin kaum noch in der Öffentlichkeit, und das ist jetzt schon fast drei Jahre her! Natürlich hatte sich alles verschlimmert nach der Flucht des Königs. Sie weinte, als ihre Mutter damals von ihr verlangte, von nun an bei einer verheirateten Schwester zu leben. Sie glaubte, etwas falsch gemacht zu haben, weil sie nicht mehr am Hof sein sollte. Erst als sie von dem mißglückten Fluchtversuch erfuhr, begriff sie, daß sie ihre Mutter vielleicht nie wiedergesehen hätte, wenn diese Flucht ins Ausland zustande gekommen wäre. Und obwohl ihr bei dem Gedanken noch heute das Herz stockt, muß sie zugeben, daß es für alle besser wäre, müßte die königliche Familie nicht mehr unter dem gefährlichen Volk von Paris leben.*

Eines Abends, als man wie gewöhnlich im Salon zusammensitzt und Trictrac spielt, sieht sie, daß der Königin, die sich über ihre Stickerei beugt, Tränen über die Wangen laufen. Und da schwört sie sich, ihr immer ergeben zu bleiben, auch um den Preis ihres Lebens – allerdings wäre es schon besser, wenn es ganz so arg nicht kommen müßte.

Pauline de Tourzel war das jüngste von fünf Geschwistern. Ihr Bruder diente in der Garde des Königs, die drei Schwestern waren bereits verheiratet. Nach dem Tod des Vaters – er starb 1786 an den Folgen eines Reitunfalls – zog sich ihre Mutter vom Hof zurück und schenkte ihre ganze Aufmerksamkeit diesem besonders geliebten Kind. Mit dem Zusammentreten der Generalstände wurde öffentlich immer mehr Kritik am Hof geäußert, und die Königin trennte sich schweren Herzens von Madame de Polignac, ihrer Freundin und der Erzieherin ihrer Kinder. Gerade noch rechtzeitig verließ diese Frankreich, sonst hätte sie den Haß des Volkes zu spüren bekommen, machte man doch hauptsächlich sie für die verschwenderische Lebensweise der Königin verantwortlich und neidete ihr die vielen Begünstigungen, die ihr diese einträgliche Freundschaft eingebracht hatte.

Ihre Nachfolge bot die Königin Madame de Tourzel an, gegen deren untadeligen Ruf keine Verdächtigungen ankamen. Am 26. Juli übernahm sie die Aufgabe, Gouvernante des vierjährigen Dauphin und seiner zehnjährigen Schwester zu werden. Sie trat ihren Dienst in einer äußerst angespannten Situation an – nachdem sich der Dritte Stand zur Nationalversammlung erklärt hatte und sogar nach dem Sturm auf die Bastille. Weshalb tut sie das? Die Tochter schreibt später, die Mutter habe mehrere Tage überlegt, bevor sie zusagte. Sie dachte an die Wohltaten, die der König ihrer Familie erwiesen hatte, aber, noch wichtiger: ‹Das Gefühl für das Unglück dieser königlichen Familie, das Schauspiel, wie so viele Menschen, die sie umgeben hatten, sie jetzt im Stich ließen, bewegten sie. Sie fügte sich in das Opfer, das man von ihr verlangte, denn es war eines, und ein großes, weil man bereits voraussehen konnte, was die Zukunft noch an Unglück verborgen hielt.›

Madame de Tourzel war vierzig Jahre alt, Witwe, und hatte vom Leben nicht mehr zu erwarten, als ihre jüngste Tochter, die dreizehnjährige Pauline, gut zu verheiraten. Sie hätte zurückgezogen auf dem Familienschloß gelebt und sich der Religion und der Wohltätigkeit gewidmet. In ihren Memoiren lernt man sie kennen als eine Frau mit ungeheurer Energie, offensiver Kraft. Immer wieder bändigt sie ihre Darstellung in die Mäßigung und Gottergebenheit, die ihrer Herkunft und Erziehung entsprechen, und immer wieder bricht eine Aggression aus ihr heraus, kocht eine mörderische Wut in ihr hoch, die sie nur zu rechtfertigen weiß, da es doch um das geheiligte Anliegen der Monarchie geht. Ohne ihr Zutun fühlt sie sich in die Aufmerksamkeit der Geschichte geraten, gerade deshalb kann sie die Herausforderung annehmen. Wird sie auf der Straße darauf angesprochen, wie sie ihre Beteiligung an der Flucht des Königs verantworten könne, kontert sie: ‹Würden Sie es denn gut finden, wenn die Erzieherin Ihrer Kinder mit Ihnen über Ihre Handlungen diskutierte, den Gehorsam verweigerte und Ihnen vorschriebe, wie Sie sich zu verhalten hätten?› Und sie kommentiert ihr Verhalten: ‹Wenn man schon das Unglück hat, sich inmitten einer aufgewiegelten Menge zu befinden, habe ich immer die Erfahrung gemacht, daß man am besten fährt, wenn man zu ihr mit

Festigkeit und sicherer Würde spricht und sich nicht das geringste Anzeichen von Furcht anmerken läßt.› Und es gefällt ihr, wie ihr selbst ein solches Verhalten gelungen ist. Daß sie ihre Aufgabe übernommen hat gerade in einer Zeit der Gefährdung der bestehenden Ordnung, war für sie die Chance, ein Leben zu führen, das ihrem Wesen zutiefst entsprach – allerdings hätte sie das nie zugegeben. Sie verbarg sich in einer Sprache der Devotion, den Gebärden der Hingabe, der trotzigen Identifizierung mit den Verlierern. Verständnis für die Revolution, auch nur eine Andeutung vom Begreifen der Ursachen und Ziele, sucht man in ihren Memoiren vergebens, ist es doch ihre erklärte Absicht, ‹das Andenken an unsere erhabenen und unglücklichen Herrscher zu ehren, an ihre Leiden zu erinnern und an ihre außerordentliche Güte.› Als Zeitzeugin und als Opfer ihrer Treue nimmt sie sich das Recht, auf jede Ausgewogenheit bewußt zu verzichten.

Sie ließ es sich nicht nehmen, die königliche Familie auf ihrer Flucht zu begleiten – und erhöhte dadurch das Risiko, denn ein zweiter Offizier neben dem als Kutscher verkleideten Fersen hätte die Koordination der in den Plan eingeweihten Truppen verbessern können. Wie dem auch sei – die Flucht mißlang. In unerträglicher Hitze, schweißüberströmt und staubig, dazu von der Sonne verbrannt, ‹denn, um das Maß der Barbarei vollzumachen, hatte man ihnen verboten, die Vorhänge der Kutsche zuzuziehen›, kam der König mit seiner Frau, seiner Schwester, seinen Kindern und Madame de Tourzel wieder nach Paris zurück. Im Schrittempo fuhren sie an einer unübersehbaren Menschenmenge vorbei. ‹Jeder behielt seinen Kopf bedeckt, auf Anordnung des Monsieur de Lafayette, der außerdem absolutes Stillschweigen eingeschärft hatte, um dem König die Gefühle zu zeigen, die seine Reise hervorgerufen hatte. Seine Befehle wurden so strikt befolgt, daß einige Küchenjungen ohne Hut sich den Kopf mit ihrem schmutzigen und zerrissenen Taschentuch bedeckten.› Die königliche Familie stand nun unter verschärfter Bewachung und verließ ihre Wohnräume fast nicht mehr. So war es besonders für die Kinder ein Glück, wieder ihre geliebte Pauline als Spielgefährtin zu haben, die ihnen mit ihrer Unbekümmertheit das Leben unter den bedrückten Erwachsenen erleichterte.

Als der König die Verfassung unterschrieb, war dies ein schwarzer Tag für alle Königstreuen, und Madame de Tourzel hatte Ludwig sogar, in aller Ergebenheit, versteht sich, davon abzuhalten versucht. Sie wußte, daß Ludwig und Marie-Antoinette in geheimen Briefen und konspirativen Audienzen versuchten, die europäischen Monarchen zu militärischen Interventionen gegen Frankreich zu bewegen – dennoch rühmt sie die Loyalität des Königs gegenüber seinem Land und der Verfassung. Sie ist nichts als Partei, und ihr Urteil gegenüber Menschen ist von einem einzigen Faktor bestimmt: Ergebenheit gegenüber dem König. Eine ihr unverständliche Persönlichkeit wie den republikanischen Aristokraten Condorcet kann sie nur als Pervertierung des Guten sehen, und sie geht in ihrer Verachtung so weit, ausgerechnet diesem Mann eine Intrige zu unterstellen, die ihn zum Erzieher des Dauphin machen sollte. Nichts lag Condorcet ferner (‹Im Augenblick kommt es nicht darauf an, einen König zu erziehen, sondern ihm beizubringen, daß er keiner mehr sein will›).

In ihrer Einseitigkeit setzt sie sogar die Perspektive ihrer Darstellung aufs Spiel: immer wieder pocht sie auf die Authentizität ihres Berichts, betont ihren Standort als Augenzeugin. Aber wenn sie das Verhalten von Personen beschreibt, die ihr besonders verhaßt sind, wie etwa des Pariser Bürgermeisters Pétion, oder auch Vorgänge, die ihr als der Gipfel der Ruchlosigkeit erscheinen, zum Beispiel die Sitzung der Nationalversammlung, in der die staatskonformen Priester sich unter dem Jubel der Tribünen die Soutanen vom Leibe rissen, um ihre Trennung von der alten Kirche zu dokumentieren, dann schreibt sie so, als hätte sie teilgenommen, obwohl davon nicht die Rede sein kann. In solchen Fällen einer fast heiligen Wut ist sie sich auch für Kolportage nicht zu schade.

Die Vorgänge des 20. Juni und erst recht des 10. August 1792 schildert sie eindringlich als Verbrechen einer aufgehetzten Meute und im Kontrast dazu die würdevolle Gefaßtheit der Mitglieder der königlichen Familie. Für den Leser entsteht allerdings manchmal ein abweichendes Bild von dem, was die Verfasserin beabsichtigte. So erzählt sie, wie der König in Erwartung der entscheidenden Auseinandersetzung am 10. August schon um 5 Uhr morgens das diensthabende Bataillon der Nationalgarde aufsuchte, um durch seine Präsenz dessen Zuverlässigkeit zu stärken, daß aber Pétion kurz darauf diese Truppe auswechseln ließ (‹in einer Haltung, die den Stempel seiner Schurkerei trug›). Der König konnte sich also nur noch auf ‹seine Schweizer› verlassen. Seine Leibgarde war bereits am 30. April aufgelöst worden, aber viele Offiziere hielten sich in Privatkleidung in der Nähe des Königs auf, natürlich nur unzulänglich bewaffnet mit Säbel und Pistolen, aber entschlossen, ihn mit ihrem Leben zu verteidigen. Die Nacht zum 10. August verging in düsterer Spannung. Nur der Dauphin war erschöpft eingeschlafen, Madame de Tourzel und Pauline wachten an seinem Bett. Um sieben Uhr die Meldung, die Vorstädte und die Marseiller marschierten auf die Tuilerien zu. Der König schickte nach der Nationalversammlung mit der Bitte um eine Deputation, um die

Eindringlinge abzuhalten. Darauf kam der Stadtsyndikus Roederer, allein, und legte dem König dringend nahe, sich in den Schutz der Nationalversammlung zu begeben, um Blutvergießen zu vermeiden. Die Königin widersetzte sich, man dürfe die Getreuen hier im Schloß nicht sich selbst überlassen! Roederer: ob sie das Leben ihrer Kinder und des Königs aufs Spiel setzen wolle? Darauf wandte sich der König an seine Offiziere: Meine Herren, ich bitte Sie, sich zurückzuziehen und die sinnlose Verteidigung zu beenden. Hier ist nichts mehr zu machen, nicht für Sie und nicht für mich. – Dann verließ er das Schloß mit seiner Familie und der Prinzessin Lamballe. Madame de Tourzel begleitete die Kinder. ‹Ich ließ meine geliebte Pauline zurück, den Tod im Herzen, weil ich an die Gefahren dachte, die ihr zustoßen konnten, und ich vertraute sie der guten Prinzessin von Tarente an, die mir versprach, sich nicht von ihr zu trennen und das eigene Los mit dem ihren zu verbinden.›

Kein Mensch kam auf die Idee, die Schweizer zu benachrichtigen, daß sich der König nicht mehr im Schloß befand. Sie meinten, ihn vor den eindringenden Volksmassen beschützen zu müssen. Dadurch entstand ein furchtbarer und ganz überflüssiger Kampf, in dessen Verlauf die ‹treuen Schweizer› getötet wurden, sofern man sie nicht gefangennahm und später massakrierte.

8. September 1792. ‹Liebe Schwester, ich konnte Ihnen nur mitteilen, daß meine Mutter und ich nicht mehr in Paris sind. Aber heute will ich Ihnen erzählen, wie wir den schrecklichen Gefahren entkommen sind. Ein sicherer Tod war davon noch die geringste, die Furcht vor all dem Grauenhaften, das ihn begleitet haben könnte, läßt mich noch jetzt schaudern. Ich nehme meine Geschichte dort wieder auf, wo das Gefängnis unsere Korrespondenz unterbrochen hat. Sie wissen, daß meine Mutter am 10. August die königliche Familie in die Nationalversammlung begleitete.› Sie muß den richtigen Ton finden, sachlich berichten, kühl, Joséphine soll sich ja nicht zu Tode erschrecken, aber sie will die Gefahren auch nicht zu harmlos darstellen – alle werden staunen über die Erlebnisse der kleinen Pauline, und wenn sie nachträglich Angst kriegen, schadet das auch nichts.

Um sich vor dem Höllenlärm von Kanonenschüssen und zersplitternden Fensterscheiben ein wenig zu schützen, flüchteten die Hofdamen in die Räume der Königin, die nicht auf der Straßenseite liegen. ‹Da kam uns die Idee, die Fensterläden zu schließen und alle Kerzen in den Kronleuchtern und Kandelabern anzuzünden in der Hoffnung, daß die Banditen, wenn sie unsere Türen eintreten, so verblüfft sind von dem vielen Licht, daß uns dies zunächst rettet und wir Zeit gewinnen, um mit ihnen zu reden. *Kaum waren wir damit fertig, als wir grauenhafte Schreie aus dem Nebenzimmer hörten und Waffengeklirr, das uns anzeigte, das Schloß war gestürmt, und wir mußten uns mit Mut wappnen. Es dauerte nur einen Augenblick, dann wurden die Türen eingeschlagen, und Männer mit dem Säbel in der Hand und Augen, die ihnen aus dem Kopf fielen, stürzten in den Saal. Sie erstarrten eine Sekunde vor Staunen, was sie hier sahen: nur uns zwölf Frauen. Das Kerzenlicht, widergespiegelt in den Scheiben im Kontrast zum Tageslicht, beeindruckte die Schurken dermaßen, daß sie verstört stillstanden. Einige Damen wurden ohnmächtig, und Madame de Ginestous hatte dermaßen den Kopf verloren, daß sie sich auf die Knie warf und Entschuldigungen stammelte. Wir brachten sie zum Schweigen; und während ich sie beruhigte, bat die gute Madame de Tarente einen jungen Marseiller, Mitleid zu haben mit der Verwirrtheit dieser Dame und sich ihrer anzunehmen.> Tatsächlich führte er sie aus dem Raum, war aber offenbar so verblüfft, daß in solcher Gefahr eine Frau für eine andere um Hilfe bat, daß er zurückkam, um sie beide zu retten. Er packte die Frauen an den Armen und schleppte sie durch mehrere Zimmer bis zu einer Dienstbotentreppe, die in den Garten führt. Mit Gewalt bahnte er den Weg durch eine wüste Horde von Plünderern, die Wäsche, Kleider, Silber und Porzellan zusammenraffte. Sie kletterten über die blutüberströmten Leichen der Kammerdiener, hasteten vorbei an Verwundeten mit gespaltenem Schädel, die erbärmlich röchelten – nein, davon will sie nichts schreiben, sie erträgt die Erinnerungen nicht, auch nicht von den Verwüstungen des Schlosses, Glasscherben, zerschmetterte Kronleuchter und Spiegel, zerhackte Möbel, zerfetzte Gemälde, aufgeschlitzte Daunendecken, klebrige Blutpfützen – nein, sie erträgt es nicht, kann noch nicht darüber sprechen, deshalb also ganz knapp: <Nach vielen Schwierigkeiten brachte uns der Mann schließlich zu einer kleinen Pforte, durch die wir das Schloß verließen...>*

Nun standen sie auf der Straße, wußten nicht, wohin. <Da hörten wir plötzlich hinter uns fürchterliches Schreien; wir drehten uns um und sahen eine Horde Banditen, die uns mit dem Säbel in der Hand nachliefen, und vor uns tauchten andere auf, die ihre Gewehre auf uns anlegten und brüllten, wir dürften nicht entkommen. Zum erstenmal hatte ich Angst. Auf diese Art umgebracht zu werden, kam mir grauenhaft vor. Madame de Tarente redete auf die Menge ein und erreichte, daß wir unter Bewachung zum Bezirksamt gebracht wurden.> An Toten und Verletzten vorbei kamen sie nur langsam voran, es war glühend heiß, und Schwärme dicker

Fliegen stürzten sich auf die Kadaver. Der Bezirkspräsident befreite sie aus der johlenden Meute und erklärte, er werde Madame de Tarente und sie sofort ins Gefängnis stecken. Aber durch einen Nebenausgang ließ er sie nach einer Weile laufen. Verstört flüchteten sie ins Haus der Großmutter von Madame de Tarente.

‹*Am Montag, den 13. August um 8 Uhr morgens, als wir gerade beisammensaßen und darüber redeten, was uns zugestoßen war, klopfte es. Es war mein Bruder, der zwei Nächte in der Nähe des Königs verbracht hatte. Er kam, um uns Neuigkeiten zu bringen und mir zu sagen, daß die Königin von meiner Mutter verlangt habe, ich solle zu ihr kommen, daß der König dafür die Erlaubnis vom Bürgermeister gefordert habe und daß er selbst in einer Stunde wiederkommen werde, um mich abzuholen.*› *Sie versucht sich das Gesicht der großen Schwester vorzustellen, wenn sie diese Zeilen liest: Wieso verlangt die Königin nach unserer kleinen Pauline? Das kann doch nicht sein! – Doch, liebe Joséphine, so ist es: der König und die Königin wünschten mich bei sich zu haben!* ‹*Diese Nachricht erfüllte mich mit tiefer Freude. Ich war glücklich, meine Mutter wiederzutreffen und mein Schicksal an das ihre zu binden und an das der königlichen Familie.*›

Der König und die Seinen brachten zwölf zermürbende Stunden in der Loge eines der Protokollanten der Nationalversammlung zu und auch den nächsten Tag nach einer improvisierten Nachtruhe in den Zellen des ehemaligen Feuillantinerklosters. Sie mußten eine Flut von Vorwürfen und Anschuldigungen über sich ergehen lassen. Schließlich wurde der Antrag angenommen, die königliche Familie in dem alten Gebäude der Templer unterzubringen.

‹Die Königin, die nie aufhörte, sich um alles zu kümmern, was das Leid ihrer Umgebung lindern könnte, wollte mir den Trost verschaffen, Pauline mit mir nehmen zu können, und setzte sich dafür mit vollendeter Güte bei Pétion ein. Ich war erstarrt über den Vorschlag, sah ich doch nur zu deutlich voraus, daß man uns für lange in den Temple bringen werde; ich zitterte bei dem Gedanken, meine hübsche, junge Tochter dem Wohlwollen dieser Rasenden auszusetzen; aber ich kannte die Festigkeit ihres Charakters und das Glück, das sie empfinden würde, mit ihren Mitteln, mit ihrem Respekt und ihrer Ergebenheit, die grausame Lage der königlichen Familie erleichtern zu helfen; so verbot ich mir, die Gefahren abzuwägen, in die sie geraten könnte. Der Dauphin und Madame, die mich einen Augenblick zögern sahen, umarmten mich und forderten von mir mit Nachdruck ihre geliebte Pauline. Sogar Madame fügte ausgesucht gnädig hinzu: Schlagen Sie uns das nicht ab, sie wird uns trösten, und ich werde sie wie eine Schwester behandeln. – Diesen Bitten konnte ich unmöglich widerstehen: ich überließ meine Tochter der Vorsehung.› Die Fakten und ihre Interpretation klaffen auseinander. Aus reiner Anteilnahme an den Muttergefühlen Madame de Tourzels will die Königin sich dafür einsetzen, daß Pauline in dieser besorgniserregenden Situation den Aufenthalt im Temple teilt? Und die Mutter stellt alle Bedenken um die Sicherheit ihrer Tochter, die gerade knapp dem Tod entkommen ist, hintan, um der königlichen Familie gefällig zu sein? Und nicht einmal aus der Sicht ihrer späteren Kenntnis, in welche Gefahr sie ihre Tochter mit diesem Ansinnen gebracht hatte, ändert sie etwas an den stereotypen Beteuerungen über die Selbstlosigkeit der Königin.

Der Temple war für einen angemessenen Aufenthalt des Monarchen weder geeignet noch auch nur notdürftig vorbereitet. Es bestand kein Zweifel, daß es sich um eine Gefangenschaft handelte. Die Zimmer wurden verteilt, die Schwester des Königs in einer lange unbenutzten Küche untergebracht, die vor Schmutz starrte. ‹Diese Prinzessin, die mit der Tugend eines Engels eine unvergleichliche Güte vereinte, sagte sofort zu Pauline, daß sie sich um sie kümmern wolle, und ließ an der Seite ihres Bettes noch ein Klappbett für sie aufschlagen. Wir werden nie alle diese Beweise ihrer Güte vergessen, die Pauline von ihr empfangen hat.›

‹Die königliche Familie war der einzige Inhalt unseres Denkens, und Pauline und ich waren ständig damit beschäftigt, wie wir diese Schreckenssituation erleichtern könnten mit unserem Respekt und unserer Ergebenheit. – Der Dauphin und Madame waren reizend zu Pauline; sie brachten ihr eine rührende Freundschaft entgegen, und der König und die Königin überhäuften sie mit Güte.›

Am 18. August wurde Madame de Tourzel geweckt, nachdem sie kaum eingeschlafen war, mußte sich sofort anziehen und zu einem Verhör fahren. Auch Pauline, die Prinzessin Lamballe, die Damen der Königin und die Kammerdiener des Königs wurden zu dieser späten Stunde zum Rathaus gebracht. Jeden von ihnen führten zwei Gendarmen, und sie durften einander nicht einmal ansehen. ‹Gegen drei Uhr morgens holte man die Prinzessin Lamballe. Ihr Verhör dauerte nicht lange. Meines war länger. Die Furien, die diesen traurigen Ort nie verließen, beschimpften mich, als ich an ihnen vorbeigehen mußte. Die Verhöre waren Tag und Nacht öffentlich, und die Weiber lösten einander ab, so daß immer einige von ihnen dabei waren. Beim Eintreten fragte ich, ob ich meine Tochter nach dem Verhör bei mir behalten könne. Aber man beschied mich harsch, daß sie nicht in Gefahr sei, sie befinde sich in der Obhut des Volkes.› Dann wurde sie von Billaud de Varennes zu den Vorgängen am 10. August befragt. Sie antwortete so knapp wie möglich. Ihr wurde zur Last gelegt, daß sie an der Flucht beteiligt gewesen sei, und wieder berief sie sich auf ihre Pflicht als Erzieherin des Dauphin.

Nach dem Verhör, dessen Ergebnis ungewiß war, wurden alle Frauen in das Gefängnis gebracht. Sie forderte flehentlich, mit ihrer Tochter zusammen eingesperrt zu werden, aber alle Frauen kamen in verschiedene Zellen. Von Weinkrämpfen geschüttelt, versuchte sie sich im Gebet zu beruhigen. Der Wärter, ein freundlicher, noch junger Mann, ‹voll Mitleid mit meinem aufgelösten Zustand, vertraute mir an, daß Pauline direkt unter mir eingesperrt sei und daß er ihr zur Gesellschaft ein kleines Hündchen gegeben habe.›

Ein gewisser Hardy – Madame de Tourzel berichtet nicht, in welcher Funktion er sich bei Gericht und auch im Gefängnis aufhielt – setzte sich bei Manuel, dem Prokurator der Kommune, dafür ein, daß Mutter und Tochter nicht weiter getrennt bleiben sollten. Am nächsten Abend kam Manuel persönlich in ihre Zelle und brachte ihr Pauline. ‹Wir stürzten einander in die Arme, ohne ein Wort herauszubringen, so daß sogar Manuel gerührt war.›

Am Morgen des 2. Sepember verbot ihnen der freundliche Gefängniswärter, ihre Zelle zu verlassen, es gebe große Unruhen in Paris. Spätabends am selben Tag holte ein Mann, wieder dieser Hardy, ohne eine Erklärung abzugeben, Pauline ab, und Madame de Tourzel verlor fast den Verstand vor Angst. Um sechs Uhr in der Früh inspizierten mit Säbeln und Pistolen bewaffnete Männer die Zellen und trugen die Namen der Häftlinge in Listen ein. Etwas Schreckliches schien sich vorzubereiten.

Nach einigen Stunden wurde die Prinzessin Lamballe abgeholt, und Madame de Tourzel begleitete sie, ohne selbst zum Verhör gerufen worden zu sein. In einer der Amtsstuben war ein Tribunal improvisiert worden; die Gefangenen wurden im Eilverfahren entweder zum Tod verurteilt, der sofort vollstreckt wurde, oder freigelassen. Von den Hofdamen fiel nur die Prinzessin Lamballe dem blutigen Massaker unter den Gefängnisinsassen zum Opfer. Ihren abgeschnittenen Kopf spießten Sansculotten auf eine Pike und hielten ihn vor das Fenster der Königin im Temple.

Die Hofdamen sollten im Verhör die Ruchlosigkeit und Verderbtheit der Königin bezeugen, aber alle sprachen nur von ihrer Güte und Liebenswürdigkeit, so daß den Richtern bald das Interesse verging, diese Damen weiter zu befragen. So setzte man sie auf freien Fuß. Unter den Anwesenden bemerkte Madame de Tourzel auch den Mann, der in der vergangenen Nacht ihre Tochter mit sich genommen hatte. Er wollte offensichtlich nicht von ihr erkannt werden, flüsterte ihr aber im Vorübergehen zu, daß Pauline gerettet sei. Das stärkte ihre Zuversicht im Verhör. Nach ihrem Freispruch brachen ihre Bewacher in Jubel aus und führten sie im Triumph zum Ausgang des Gefängnisses. ‹Dieselben Männer, die bereit gewesen waren, mich umzubringen, umarmten und küßten mich, um mir zu gratulieren, daß ich der drohenden Gefahr entronnen sei. Mich versetzte das in Panik, aber ich konnte sie auch nicht zurückweisen.› Diesen Männern verdankte sie ihr Leben, denn als sie um die nächste Ecke biegen wollte, ‹sah ich wie einen Abfallhaufen die Leichen der Ermordeten in zerfetzten Kleidern und schlammbesudelt, der irre Pöbel tanzte darum herum und wollte, daß ich mit einstimmte in die Schreie: Hoch die Nation! Bei diesem Anblick verließen mich meine Kräfte, und ich fiel in Ohnmacht.›

Ihre Begleiter aus dem Gefängnis sorgten dafür, daß sie wieder zu sich kam, und brachten sie in einem Mietwagen zu der Adresse, die sie nannte, das Haus einer sehr alten befreundeten Adeligen. Am nächsten Tag erkundigten sich diese Leute nach ihrem Befinden, aber vor allem brachte ihr Wohltäter Hardy die Adresse, wo ihre Tochter Pauline versteckt war.

‹Ach, meine liebe Schwester, ich kann gar nicht beschreiben, mit welcher Güte ich vom König und der Königin im Temple empfangen wurde!› Da feststand, daß man bald an einen anderen Ort gebracht werden würde, vertraute ihr Madame Elisabeth an, sie habe einen sehr wichtigen, aber auch gefährlichen Brief, der vernichtet werden müsse. ‹Wir begannen also diesen acht Seiten langen Brief in kleine Stücke zu zerreißen, und diese Stückchen zwischen den Fingern und mit den Füßen zu zerreiben. Aber da dies zu lange dauerte und unsere lange Abwesenheit hätte Verdacht erregen können, steckte ich eine Seite des Briefes in den Mund und verschluckte sie.› Bald darauf erfolgte die Abfahrt in den Temple. Pauline kümmerte sich um die Kinder. Sie hatte nur ein einziges Kleid, da ja in den Tuilerien alles geplündert worden war, und so bekam sie von Madame Elisabeth eines ihrer Kleider geschenkt, aber das war zu groß. Nun wurde es geändert: ‹Jeden Tag hatten die Königin, Madame und Madame Elisabeth die außerordentliche Güte, daran zu nähen.› Aber es wurde nicht fertig, bis Pauline mit ihrer Mutter zum Verhör abgeholt wurde. Nach der Prinzessin Lamballe und ihrer Mutter machte auch Pauline ihre Aussagen: ‹Sie erfuhren nur das, was ich ihnen sagen wollte. Ich hatte überhaupt keine Angst und fühlte mich von einer unsichtbaren Hand beschützt.›
Nach der Überführung in das Gefängnis warteten sie erst einmal,

bis ihre Namen registriert und die Zellen zugewiesen waren. ‹Ich werde niemals vergessen, wie sich ein sehr gut gekleideter Mensch, der herumstand, mir näherte und zu mir sagte: Mademoiselle, Ihre Lage beschäftigt mich. Ich rate Ihnen, Ihr höfisches Benehmen abzulegen und umgänglicher und freundlicher zu sein.› Sie verbat sich diese Einmischung ziemlich schroff. Wenn sie geahnt hätte, daß gerade dieser Mensch ihr Leben retten würde! Mit dieser Erfahrung wird sie nie mehr auf ihren Stolz pochen und einen Rat herablassend abwehren – sie weiß, daß sie mit ihrer Arroganz fast ihre Rettung verspielt hätte. Zunächst allein in eine Zelle gesperrt, in der sie nicht einmal aufrecht stehen konnte, gestattete man schließlich, daß sie mit ihrer Mutter und der Prinzessin Lamballe zusammengelegt wurde. So vergingen fast vierzehn Tage. Aus dem Temple kam ein Paket mit dem Nötigsten, was sie im Kerker brauchten, ‹darunter das Kleid von Madame Elisabeth, von dem ich weiter oben erzählt habe. Es ist für mich das Unterpfand ewigen Andenkens; ich behandle es mit heiligem Respekt und werde es mein Leben lang aufbewahren.› Eines Nachts wird sie von dem Mann, der ihr den Rat wegen ihres Verhaltens hatte geben wollen, aus dem Bett geholt und auf geheimen Wegen aus dem Gefängnis ins Freie geführt. Und schon ist sie umringt von einer schreienden Menge, die sie bedroht: Das ist eine Gefangene, die man retten will! – Aber ihr Begleiter behauptet, sie sei nur zufällig in der Force gewesen, man dürfe die Unschuldigen nicht mit den Schuldigen ausrotten – ein Satz, der sie um ihre Mutter zittern läßt. Im klaren Mondlicht erkennt sie an ihrem Retter, Hardy, wie sich später herausstellt, die Kennmarke der Mitglieder der Pariser Kommune. Da die Straßen voll von Menschen sind, versteckt er sie in einem dunklen Hof und bringt ihr nach einer Zeit Männerkleidung, die sie anziehen solle. Sie sträubt sich dagegen, und ‹bemerkte glücklicherweise, daß er weder Schuhe noch Hut mitgebracht hatte. Ich hatte auf dem Kopf mein Nachthäubchen und bunte Pantoffel an den Füßen. Die Verkleidung war so unmöglich, und ich blieb, wie ich war.› Hardy bringt sie zunächst in seinem Haus unter, aber auch dort muß sie schnell wieder weg, weil sich herumgesprochen hat, daß er sie retten wollte. Nun verbirgt er sie in einer Kapelle, von wo er sie nach geraumer Zeit mit einem Fiaker abholt, der gelenkt wird von Billaud de Varennes, dem Untersuchungsrichter, von dem sie verhört worden ist. Sie versteht das alles nicht, wagt aber keine Fragen zu stellen, sondern fleht nur um das Leben ihrer Mutter, ohne deren Rettung sie auch nicht leben wolle. Die beiden Revolutionäre bringen sie zu ihrem früheren Kindermädchen, und Hardy verspricht ihr, sofort in das Gefängnis zurückzu-

kehren und ihre Mutter in Sicherheit zu bringen. ‹Er ließ mich zurück, erfüllt von Dankbarkeit für die Gefahr, in die er sich für meine Rettung begeben hatte, und von Hoffnung, daß er meine Mutter aus allen Nöten, die ich befürchtete, befreien werde. Adieu, liebe Joséphine.›

Am nächsten Tag gab es ein Wiedersehen von Mutter und Tochter. Gerettet! Monsieur Hardy mietete ihnen eine kleine Wohnung in Vincennes, weil zwar Madame de Tourzel vom Gericht freigesprochen war, aber Pauline sich ja der Mordjustiz durch ihre Flucht entzogen hatte. Am 7. September verließen sie Paris. Sie lebten die nächsten vier Monate in völliger Zurückgezogenheit und reisten dann auf eines der Familienschlösser.

Der Kommissar der Stadtverwaltung Hardy hat das Leben von Pauline de Tourzel gerettet und sich weiterhin für die beiden eingesetzt – hat ihnen Pässe besorgt, in Paris eine Wohnung gemietet, weil sie in der Nähe der königlichen Familie sein wollten, in der ständigen Hoffnung auf eine Nachricht aus deren Gefängnis.

Warum hat sich dieser Funktionär der Revolution diese Mühe gemacht? Daß Billaud de Varennes und andere Jakobiner an Rettungsaktionen beteiligt waren, um sich für den Fall, daß sich die Machtverhältnisse änderten, durch gute Taten abzusichern, paßt zur Struktur politischer Opportunisten. Für Hardy scheint dieser Beweggrund nicht zuzutreffen. Er wolle nicht mit ansehen, daß Unschuldige vernichtet würden, sagte er. Unschuldige? Sollte es davon nicht mehr gegeben haben? Weshalb gerade Pauline und ihre Mutter?

Madame de Ginestous, von der Pauline berichtet, wie sie beim Eindringen der Sansculotten ins Schloß den Kopf verloren hatte, wurde gleichfalls von einem Mann gerettet, der keinen Grund dafür zu haben schien. Sie wurde ihm von dem Marseiller übergeben, der Pauline und die Prinzessin Tarente ins Freie geleitete. Daraufhin fühlte er sich für ihre Sicherheit zuständig, nahm ihr ihren Schal aus kostbarer Spitze ab, damit man sie nicht daran als Hofdame erkenne, und führte sie an den Kämpfen zwischen Schweizern und Marseillern vorbei auf die Straße. Sie konnte sich kaum auf den Beinen halten und wurde von ihm mehr getragen, als daß sie selbst gehen konnte. Auf seine Frage, wohin er sie bringen solle, flehte sie ihn an, sie zu sich mitzunehmen, und dieser über und über blutbespritzte Mensch mit seinem zerfetzten Hemd brachte sie tatsächlich in einen Modeladen, der offenbar seiner Frau gehörte. Dort bettete er Madame de Ginestous auf ein Sofa, und sie schlief sofort ein. Am nächsten Tag ließ er sie zu ihren Verwandten bringen. Warum diese Fürsorge?

Die Vorleserin der Königin, Madame Campan, gehörte auch zu den Frauen, die sich verzweifelt aneinanderdrängten, als die Türen zu den Räumen der Königin eingetreten wurden. Sie erzählt, ein bärtiger Mann habe bei dem Anblick der verängstigten Frauen gerufen: Seid mitleidig mit den Frauen! Macht der Nation keine Schande! – Da sie ihre Schwester vermißte, rannte sie in dem allgemeinen Tumult in den Zwischenstock, vermutete, sie habe sich dort in einer Kammer versteckt. Aber schon stürmten die Mörder hinterdrein, und sie versuchte über eine enge Treppe zu entkommen. Ein Marseiller packte sie an ihrem Kleid und wollte sie mit seinem Säbel erstechen, als ihm ein anderer nachschrie: Man tötet doch keine Frauen. ‹Ich lag auf den Knien, mein Henker ließ mich los und sagte: Steh auf, du Hündin, die Nation begnadigt dich!› Jetzt packten sie andere Sansculotten und zwangen sie, vom Fenster aus ‹Hoch die Nation!› zu rufen. Dieselben Männer aber führten sie aus dem Schloß und wollten wissen, wohin sie gebracht zu werden wünsche. ‹Ich nannte die Adresse meines Schwiegervaters. Da sah ich meine Schwester, geführt von Nationalgarden. Ich rief sie, und sie drehte sich um. Soll sie mit dir kommen? fragten mich meine Beschützer. Natürlich wollte ich das. Sie holten sie von ihren Bewachern, die mit ihr auf dem Weg ins Gefängnis waren, und sie kam nun mit uns.›

Beide Frauen trugen blutbeschmierte weiße Kleider, und daran erkannten sie die Fischfrauen als Damen der Königin. Deshalb verlangten ihre Bewacher, daß sie die Kleider auszogen, ‹aber weil die Unterröcke viel zu kurz waren, brüllten jetzt andere Fischweiber, wir seien wohl als Frauen verkleidete junge Schweizer.› Ein wüster Haufen kam ihnen entgegen, mit dem Kopf eines Mannes auf eine Pike gespießt. ‹Jetzt drängten uns unsere Beschützer schnell in ein kleines Wirtshaus, bestellten Wein, und wir mußten davon mit ihnen trinken. Sie versicherten der Wirtin, wir seien ihre Schwestern und gute Patriotinnen.› Dann rannten die Marseiller zurück zum Schloß, und die Männer, die sie weiter begleiteten, sagten ihnen, sie fänden die Vorgänge des heutigen Tages grauenhaft. ‹Ihr wart in höchster Gefahr, als wir diese Furien trafen, die den Kopf von Mandat trugen. Diese schrecklichen Frauen haben gestern um Mitternacht auf dem Platz der Bastille Rache für den 6. Oktober in Versailles geschworen und daß sie eigenhändig die Königin töten wollten und die Damen, die ihr dienten.›

Auf dem weiteren Weg kam sie an ihrem brennenden Haus vorbei und erreichte schließlich die Wohnung ihrer Schwester, wo sich die ganze Familie eingefunden hatte; aber dort konnte sie nicht bleiben, denn der Pöbel brüllte vor der Türe, daß sich hier eine Vertraute der

Königin verstecke, und forderte ihren Kopf. Verkleidet versteckte sie sich daraufhin bei einem Bekannten, ging aber am nächsten Tag auf Wunsch der Königin zu den Feuillants, wo die königliche Familie notdürftig untergebracht war.

Weshalb brachten die wildesten Revolutionäre diese beiden Frauen vor ihren Mitstreitern in Sicherheit, besonders vor den Fischverkäuferinnen?

Die Prinzessin Tarente blieb einige Tage, nachdem Pauline zur Königin geholt worden war, im Haus ihrer Großmutter, wurde mehrmals zu Verhören abgeholt und schließlich ins Gefängnis, die Abbaye, gebracht. Dort führte ein gefühlvoller Gefängniswärter das Regiment, der sich jeden Abend mit einem Gute-Nacht-Kuß von seinen Schutzbefohlenen verabschiedete. Der Prinzessin erlaubte er, daß ihre Kammerfrau Wäsche und Bücher brachte und sogar bei ihr blieb.

Eines Tages kam ein gewisser Chaney, Mitglied des Sicherheitsausschusses, zu ihr mit einem Brief ihres Schwagers. Das Hauptthema ihrer Verhöre war gewesen, ob gerade dieser Schwager sich bei der Verteidigung des Schlosses am 10. August besonders hervorgetan habe, und nun ein Brief von ihm? Die Prinzessin zögerte, ob dies nicht eine Falle sei, und wagte nicht, ihn zu öffnen. Chaney ermunterte sie dazu, und sie las zu ihrer größten Verblüffung, daß ihr Schwager absolutes Vertrauen zu Monsieur Chaney empfahl. Wie das? War er bestochen? Jedenfalls hat er sie vor den Massakern am 2. und 3. September aus dem Gefängnis geholt und so ihr Leben gerettet.

Alle diese Retter wollten keinen Dank, nahmen kein Geld, zeigten sich später nie mehr bei ihren Schützlingen – was hat sie bewogen? In den grauenhaften Gemetzeln während der ersten Septembertage in den Gefängnissen wurden zwar auch Frauen getötet, aber noch öfter verschont und sogar gerettet. Der Haß auf Aristokraten und Konterrevolutionäre beschränkte sich fast ausschließlich auf die Männer. Die den blutigen Siegern ein Leben lang selbstverständliche Verehrung dieser adeligen Frauen ließ sie offenbar Genuß empfinden, wenn diese früher unerreichbaren Luxusgeschöpfe jetzt hilflos auf ihren Schutz angewiesen waren. Die Geste der Unterwürfigkeit, der Demut, Flehen und Schluchzen verfehlten ihre Wirkung nicht. Viele dieser Retter brachten sich selbst gegenüber ihren Kampfgefährten in Gefahr und durften ihre Hilfsbereitschaft nur im geheimen erweisen. In der Abfolge der Morde, des Abschlachtens schon wehrloser Gegner, des wüstesten Vandalismus gab es keine Vergewaltigungen. Die Frauen wurden nicht als Frauen bedroht, sondern in ihrem gesellschaftlichen Stand als Aristokratinnen, als Nonnen. Die besonders ekelhafte Ermordung der Prinzessin Lamballe mit dem darauffolgenden Blutrausch geht auf das Konto von Frauen, die in ein mänadisches Rasen verfielen. Vor dem Schloß sollten die Innereien der Prinzessin auf offenem Feuer gebraten werden. Und die Männer aus den eigenen Reihen erschraken vor dem Ausbruch weiblicher Wildheit so sehr, daß sie die zarten und demütigen Adeligen retteten, um in sich das Bild des Weiblichen zu retten, das von den militanten Frauen ebenso gefährdet war wie das alte System durch die Revolution.

1793
Ersehnt und ungeliebt – Die Republik

Der Schock über die Septembermorde sitzt tief. Auch wenn das Bürgertum das grausame Gemetzel als Notwehr gegen Staatsfeinde verharmlosen will, bleibt die Angst vor weiteren Ausschreitungen. So nehmen nur wenige Menschen an den Wahlen teil, die im September mit Vorgriff auf eine neue Verfassung nach allgemeinem und gleichem Wahlrecht stattfinden. Ergebnis: die neue Nationalversammlung, der Konvent, hat sich radikalisiert. Die Girondisten haben die Mehrheit verloren, die sogenannte Bergpartei, eine Gruppe von Jakobinern, die die Politik der Kommune vertreten, gewinnt an Einfluß.

Am 20. September 1792 beschließt die alte Legislative in ihrer letzten Sitzung das neue Scheidungsgesetz, das die völlige Gleichberechtigung von Männern und Frauen bringt.

Die ersten Entscheidungen des Konvents ab dem 21. September sind die Abschaffung der Monarchie und Ausrufung der Republik. Die alte Verfassung ist überholt, eine neue soll die Grundlage schaffen für einen zentralistischen Einheitsstaat mit Gewaltenkonzentration beim Konvent. Noch bevor diese Konstitution fertig ist, beginnt der Konvent in richterlicher Kompetenz den Prozeß gegen den König und verurteilt ihn wegen Verbrechens an der Nation zum Tod. Am 21. Januar 1793 wird ‹Ludwig der Letzte› geköpft.

In den vergangenen Monaten waren der Revolutionsarmee Siege gelungen: die Parole vom ‹Vaterland in Gefahr› hatte die Einsatzbereitschaft so zunehmen lassen, daß sich die preußische Armee nach erfolgloser Kanonade am 20. September 1792 vom Schlachtfeld bei Valmy zurückziehen mußte. Ein Triumph für die Patrioten!

Trotzdem leidet der Handel unter dem Krieg, die gewerbliche Produktion stagniert, die Preise steigen, die Menschen hungern, besonders in den Städten. Im Februar versuchen Frauen, die Probleme auf ihre Weise zu lösen: sie organisieren Ladenstürme und verkaufen die Waren zu von ihnen festgesetzten Preisen – unter den Augen der Polizei und der Nationalgarden, die nicht eingreifen. Die Versorgung mit lebensnotwendigen Gütern wird als Bürgerrecht begriffen.

Die Girondisten lehnen im Konvent die Einführung wirtschaftlicher Zwangsmaßnahmen ab und geraten dadurch immer stärker in Gegensatz zur städtischen Bevölkerung.

Durch eine bewaffnete Belagerung des Konvents erzwingen die Sansculotten am 2. Juni die Verhaftung girondistischer Abgeordneter. Damit hat der Konvent dem Druck der Straße nachgegeben und ist erpreßbar geworden. Überall in Frankreich, besonders im Süden, brechen girondistische Aufstände aus, weshalb die Führungsgruppe in Paris um Brissot zu Landesverrätern erklärt und vor ein Revolutionstribunal gestellt wird, das sie zum Tode verurteilt. Im Oktober 1793 wird ihre Hinrichtung erfolgen.

Seit März 1793 tobt in der Vendée ein Aufstand der königstreuen und katholischen Bevölkerung gegen die Maßnahmen der Revolution, zu denen eine Zwangsaushebung gehört. Ab Mai setzt Paris die Armee ein, ein blutiger Bürgerkrieg belastet das Land zusätzlich zum Krieg nach außen. Am 24. Juni wird die demokratische Verfassung verabschiedet, bei einem aufwendigen Fest bejubelt und sofort wieder suspendiert. Ihr oberster Grundsatz lautet: ‹Das Ziel der Gesellschaft ist das allgemeine Glück.› Davon ist vorerst wenig zu merken.

Schon seit dem vergangenen April hat der Wohlfahrtsausschuß, das zentrale Machtorgan, seine Arbeit aufgenommen, findet aber keine Lösung für die bedrängenden Versorgungsnöte. Wer die Zustände kritisiert, gilt als Verräter der Nation, als Verbündeter des Auslands. Dies rechtfertigt die Härte, die jede Opposition zum Schweigen bringt. Am 10. Mai 1793 haben sich Frauen zum Club der Revolutionären Republikanerinnen zusammengeschlossen. Sie vertreten in der Wirtschaftspolitik die Position der radikalsten Sansculotten, der Enragés, hoffen aber, den Wohlfahrtsausschuß, der sich aus Jakobinern zusammensetzt, für Maßnahmen zu gewinnen, die den Armen zugute kommen, die Einführung von Höchstpreisen für Grundnahrungsmittel zum Beispiel. Deshalb bemühen sie sich, spontane Ladenplünderungen zu verhindern. Sie greifen auch ein, als im Juni die aufgebrachten Wäscherinnen Seifentransporte überfallen. Nichts soll die Autorität der Republik mindern. Im Konvent erreichen sie, daß Wucher und das Horten von Waren mit dem Tod bestraft werden.

Frankreich ächzt unter dem wirtschaftlichen Elend, dem Krieg gegen die Koalition, den Aufständen der Revolutionsgegner im Süden, Westen und Norden und unter der Unfähigkeit der Führung in Paris, die ihren Mangel an Konzept hinter vermehrtem Einsatz von Gewalt verbirgt.

Am 13. Juli 1793 ermordet Charlotte Corday den Journalisten Marat.

Waghalsige Unschuld:
Lucile Desmoulins

*Die schmerzhaften Stöße dieses Lachens würgen ihr den Atem ab,
wollen ihr die Rippen sprengen. Lucile preßt die beiden Handflä-
chen gegen den Unterkiefer, fürchtet, er könne aus dem Gelenk
springen. Doch schon löst sich der Anfall in Schluchzen, verzittert
allmählich: Camille, ihr Camille Generalsekretär des Justizdepar-
tements, wie über alles Vorstellbare seltsam! Bedeutet dies, Macht
zu haben? Kann sie nun allen Menschen Gutes tun? Danton ist
Justizminister geworden, ‹von Gnaden der Kanone›, sagt Camille.
Beginnt jetzt ernsthafte Politik? Sie wird ganz regelmäßig die
Zeitungen lesen und sich erklären lassen, was sie nicht versteht.
Wenn Camille zuwenig Zeit hat – dann eben von Fréron oder
Suleau – nein, der kann es nicht mehr tun, seit sein abgeschlagener
Kopf auf der Spitze einer Pike durch die Straßen der Stadt
schwankte. Grauen schießt ihr durch die Glieder. Sich in diesen
Zeiten als Anhänger des Königs zu bekennen, wie unvernünftig
aber auch! Camille hatte ihn gewarnt: das Volk wird ihn zerreißen!
– Suleau spottete wie üblich und steckte Camille schließlich an
mit seiner Sorglosigkeit. Jetzt ist er tatsächlich tot. Angeblich war
er erkannt worden von einer Frau aus der Druckerei, in der seine
Zeitung hergestellt wird. Er hat nie verborgen, wie sehr er das Volk
verachtete. Aber gleich mit dem Leben dafür zahlen! So viele ihrer
Freunde sind an diesem 10. August gestorben, auch einige der
tapferen jungen Männer aus Marseille, die sie am Abend zuvor in
ihrer Wohnung bewirtet hatte. Sie büßten den Verrat des Königs.
Denn er trägt die Schuld an diesem Massaker, das steht für sie fest.
Steckt er nicht mit den Feinden der Revolution unter einer Decke?
Niemals würde sie glauben, der König habe nichts gewußt von dem
unverschämten Manifest des Herzogs von Braunschweig! Und
hielt er nicht seine Garden in Alarmbereitschaft? Um 5 Uhr in der
Früh soll er am 10. bereits die Parade abgenommen haben, der
verschlafene Sack, den so leicht nichts aus den Federn jagt. Und
doch hat dieser Tag Frankreich die Republik geschenkt. Wie das
aber zugegangen ist, sie würde es gerne in ihrem Tagebuch festhalten, ein so gewaltiges Ereignis! Immer wieder liest sie ihren letzten
Eintrag vom 9. August: ‹Camille, o mein armer Camille! Was wird
aus dir werden? Ich habe nicht mehr die Kraft zu atmen. Das ist
sie, die verhängnisvolle Nacht. Mein Gott! Wir wollen frei sein.
Um jeden Preis. Der Mut verläßt mich.›*
Danach nur leere Seiten. Also: jeder wußte, daß eine Entschei-

dung bevorstand, spätestens als gegen den Willen des Königs die Truppen der Föderierten nach Paris kamen. Sie freut sich, daß sie einigen von ihnen noch ein Fest gegeben hat, das hatte viel Mühe gekostet, schließlich ist ihre Wohnung zu klein für größere Einladungen. Und zu sehr mit Möbeln vollgestopft. Einen ganzen Tag war sie mit den Vorbereitungen beschäftigt, auf ihre Jeanette kann sie sich verlassen, aber sogar Maman hat mitgeholfen. Wie vergnügt und zuversichtlich sie alle waren! Nach dem Essen hielt es sie nicht mehr im Haus. Mit Camille ging sie zu den Dantons. Auf den Straßen ein Gedränge und Geschiebe, in der Schwüle der Sommernacht entlud sich die gereizte Stimmung in Hochrufen auf die Nation, überall Fahnen, Piken, finstere Mienen – wenn die Sansculotten Camille erkannten, wurde er gegrüßt, manche klopften ihm auf die Schulter, sie mögen ihn, er ist ja auch einer der Ihren, ein wahrer Volksfreund, sicher mehr als Marat, der den schönen Namen für sich und seine Zeitung am liebsten gepachtet hätte. Kein Mensch hat diesen Marat jemals lächeln sehen. Camille ist auch viel hübscher. Er muß Hände schütteln, sich anhören, es sei Zeit für die Republik, man wolle sich endlich mal wieder satt essen. Keiner der Männer kommt ihr selbst zu nahe, um sie in ihrem hauchdünnen Kleidchen bleibt ein respektvoller Abstand, keiner wagt einen lüsternen Blick, sie geniert sich fast für ihre entblößten Arme. Sie zupft den Schal im Ausschnitt höher zum Hals.

Bei Danton dicke Luft. Seine Frau bemüht sich um ein harmloses Gespräch, die alten Eltern sitzen verstört mitten im Zimmer, er selbst ist so wie immer, fegt mit seinen Blicken den Musselinrock von ihren Beinen, hat Zeit für derbe Komplimente, ohne Rücksicht auf seine Frau, die darauf gar nicht mehr achtet. – Camille hatte ihr doch anvertraut, der für diese Nacht geplante Aufstand sei das Werk Dantons – sie merkt an ihm keinerlei Erregung, jetzt dehnt und streckt er sich und erklärt, ein wenig schlafen zu wollen. Da kommt Camille aus einem Nebenzimmer, bewaffnet mit einer Flinte. Sie erschrickt, findet ihn aber wunderbar in seiner wilden Entschlossenheit, er wird doch nicht im Ernst... Doch, er muß auf die Straße. Fréron schließt sich ihm an: ‹Ich bin des Lebens müde, ich will nur noch sterben!› – der arme Hase! Bietet sich wieder eine Gelegenheit, sich im Unglück seiner hoffnungslosen Liebe zu ihr zu brüsten, aber niemand beachtet ihn, sie lächelt ihm zu, gierig packt er ihre Hand, knetet ihre Finger – laß Camille aus dem Spiel, will sie noch rufen, da rennen die beiden schon aus dem Zimmer, die Treppe hinunter. Sie verkriecht sich in einem Alkoven, ist wieder durchzuckt von Lachen und Schluchzen, sie atmet tief, wie um Schluckauf zu vertreiben, die Anspannung verebbt, sie geht *wieder zu den anderen. Mehrfach war unterdessen nach Danton gefragt worden, jetzt verläßt auch er das Haus, ist aber schnell wieder zurück und geht nun wirklich zu Bett. Frau Robert, richtig, sie hat auch hier Zuflucht gesucht, beginnt zu toben: ‹Wenn meinem Mann etwas passiert – ich werde ihn nicht überleben. Aber dieser Danton, der einfach schlafen geht, er, der Drahtzieher! Wenn mein Mann umkommt, bin ich imstande, Danton zu erstechen!› Das ist kein Spaß, dieser rabiaten kleinen Person ist alles zuzutrauen. Sie vergöttert ihren dicken Mann, ordnet sich ihm völlig unter, schreibt kaum noch selbst einen Artikel für die Zeitung, die sie schließlich gegründet und jahrelang geleitet hat. Sie begnügt sich, seine Artikel zu redigieren – was heißt das eigentlich? Camille hat das Wort mit wichtigem Gesicht gesagt, er muß es ihr erklären.*

Endlich ist Camille zurück, unverletzt, erschöpft, er will jetzt nichts erzählen. Es ist mitten in der Nacht. Frau Robert, die wieder nichts über ihren Mann erfährt, beginnt zu schreien – Camille schlägt vor, sie nach Hause mitzunehmen. In ihren Kleidern verbringt sie den Rest der Nacht auf dem Klappbett im Wohnzimmer.

Der nächste Morgen: Camille hat bereits das Haus verlassen, sie frühstückt mit Frau Robert, die sich etwas beruhigt zu haben scheint, sie lesen die Zeitungen, da hört man Kanonenschüsse. Sofort laufen sie auf die Straße, wollen ihre Männer suchen, treffen Frau Danton, die sich einmal nicht beherrscht und weint. Menschen jubeln, feiern den Sieg der Sache des Volks, noch immer kein Lebenszeichen von den Ehemännern, endlich treffen sie Camille, erschüttert über den Tod Suleaus. Dann Robert: schwitzend, in der Pose des Helden erzählt er, daß er vom Rathaus aus gesehen hat, wie die Schweizer Garden im Schloß niedergemetzelt wurden – gut so, das gebührt ihnen für die Verteidigung des Königs! Von Danton zunächst keine Spur. Warum noch immer die Sturmglocke geläutet wird – besteht denn noch Gefahr? Das Dröhnen in ihren Ohren versetzt sie in Panik, sie will nicht nach Hause, fürchtet sich davor, überfallen zu werden, schließlich gibt Camille ihrem Drängen nach, sie übernachten beide bei den Roberts.

Als sie am nächsten Tag nach Hause zurückkehrten und alles vorfanden, wie sie es verlassen hatten, bedrückte sie dennoch die Ahnung, irgend etwas sei unwiederbringlich zerstört. Sie schämte sich vor Camille, der sie zu beruhigen suchte. Gewiß, die alte Herrschaft ist überwunden, der Weg zur Republik ist frei – was genau bringt denn diese Freiheit? Hier steht sie als Gipsfigürchen auf dem Schrank mit dem Geschirr, die Jakobinermütze auf den Kringellocken, elegant stützt sie sich auf die Pike in der Rechten – wie oft haben Camille und die Freunde das Glas gehoben zu ihrer

Ehre, sie selbst hat die kleine Statue geschmückt mit einem Kranz aus frischen Blumen, aber wofür dieses grausame Blutvergießen? Warum können nicht alle Menschen leben wie sie, heiter, unbeschwert, und doch, immer wieder krampft sich eine Schwermut um ihr Herz, die ihr Lachen erstickt, ihre Bewegungen lähmt. Freiheit – sie wäre glücklich, wenn dieser Druck von ihr genommen würde, aber das schafft auch nicht die Republik. Vielleicht kommt ihr dieser August so düster vor, weil sie sich nach ihrem Kind sehnt, das sie doch erst vor vier Wochen geboren hat. Jede Katze behält ihre Jungen, als Kind konnte sie sich nicht satt sehen, wenn sich die Tierchen an den Zitzen der Mutter drängelten. Sie will ja vernünftig sein, hat auch nicht geweint, als man ihr gleich nach der Geburt den Sohn wegnahm und zu einer Amme brachte, zusammen übrigens mit dem Neugeborenen der Dantons. Da hat sie die Brust fest mit Kreuzbändern umwickelt, damit der Milchstrom versiegte, aber die Leere in ihrem Leib erleichterte sie nicht, und als sie sich bei den Eltern auf dem Lande erholen sollte, fühlte sie sich so unbedeutend und klein und verlassen wie als junges Mädchen, bevor sie Camille liebte. Der war natürlich in Paris geblieben, arbeitete Tag und Nacht; seit er seine Zeitung aufgegeben hatte, nahm er wieder Aufträge an als Advokat, dazu war er täglich im Club, fand aber doch die Zeit, ihr zu schreiben: ‹Süße Lucile, weine doch nicht... Du darfst mich nicht so lieb haben, wenn es Dir weh tut... Gestern habe ich bei Robespierre gegessen und nur von meiner Roulette geredet, meinem armen Röllchen.› Und dann erzählte er ihr, daß er eine Rede vorbereitete, um den Reichen klarzumachen, wie untrennbar verbunden ihr Schicksal ist mit dem der Armen, daß sie nur gemeinsam siegen können gegen die Konterrevolution und die österreichisch-preußische Koalition. Hoffentlich haben sie ihn verstanden, ihren Liebsten! ‹Ich beeile mich mit dieser Rede, damit ich ganz schnell in Deine Pfötchen fliegen kann. Leb wohl, mein Engel, meine Lolotte...›, und schon wieder laufen ihr die Tränen über die Wange. Nein, so geht das nicht! Wozu liest sie auch jetzt diesen Brief? Sie ist doch stolz auf Camille, wie wichtig ist er jetzt in der Politik, so viele Bittbriefe bekommt er täglich – hier ist auch einer von einem entfernten Verwandten, der mit Camilles Hilfe eine besser bezahlte Stelle in der Justiz anstrebt: ... ‹Sie kennen meinen Patriotismus und meine Befähigung für alle anstehenden Sachfragen. Ich schmeichle mir mit der Hoffnung auf Ihre Protektion beim Justizminister... Sie wissen, ich bin Vater einer großen Familie und wenig begütert... Ich bin, mein geschätzter Verwandter, Ihr ergebener und gehorsamer Diener...› Fouquier-Tinville, ein trockener Mensch, aber Camille hat ihm

einen Posten verschafft, er ist so gut, kümmert sich um so vieles.
Sie ist richtig froh, daß sie es durchgesetzt hat, ihr Klavier und ihre
Harfe mitzunehmen, natürlich ist die Wohnung dafür eigentlich zu
klein. So hat sie wenigstens etwas zu tun, bis Camille nach Hause
kommt. Sie überlegt genau, was sie für ihn zum Essen zubereiten
läßt, er ißt unregelmäßig und meist in großer Hast, trinkt zu viel
Kaffee, aber davon will sie ihn nicht abbringen, auch sie würde nicht
auf diesen Genuß verzichten. Bis spät in die Nacht arbeitet Camille
an den Akten, die er mitbringt, verdirbt sich die Augen, seit Wochen
will er sich eine stärkere Brille besorgen. Er leidet wieder an
Magenkrämpfen. Sie mag es gar nicht sehen, wie er gekrümmt vor
Schmerzen an seinem Schreibtisch hockt, inmitten seiner viertau-
send Bücher an den Wänden. Wenn er eine Rede vorbereitet – ach
Gott! das ist seine Sache nicht! –, dann hört sie ihn ab, damit er
nicht in sein altes Leiden verfällt zu stottern. Und seine frühere
Unart, sich aus Verlegenheit zu räuspern und zu hüsteln, hat sie ihm
fast abgewöhnt, ihrem geliebten ‹Monsieur Häm-Häm›!
Aber meistens ist sie allein, besucht Frau Danton oder Frau
Robert, die ihr mit ihrem hysterischen Getue auf die Nerven geht.
Wäre es nur schon an der Zeit, das Kind von der Amme zurückzuho-
len! Das kleine Bett und das winzige Korbstühlchen sind schon
vorbereitet. Sie muß noch ein wenig üben für eine würdevolle
Miene. Sie ist Ehefrau und Mutter, wird demnächst 22 Jahre alt und
will ernsthaft erwachsen werden.

Erst am 12. Dezember 1792 hat es Lucile Desmoulins geschafft, die
Ereignisse vom 10. August schriftlich festzuhalten. Zu dieser Zeit
scheint sie besonders fröhlich gewesen zu sein. Am 24. Dezember
berichtet sie von einer kleinen Gesellschaft bei Frau Danton. Nach
dem Abendessen habe man überlegt, ob man den weiteren Abend zu
Hause verbringen, ins Theater oder zu den Jakobinern gehen solle:
‹Frau Robert sagte zu mir, sie sei unentschlossen, wolle aber doch mit
uns zu den Jakobinern. Ich verhielt mich ziemlich blöde, murmelte
irgend etwas Unverbindliches und ging in den Vorraum. Sie kam mir
nach und bat mich, auf sie zu warten, worauf sie zu Frau Danton ging.
Da sagte Brune: Los, gehen wir. – Ich folgte ihm und sagte zu ihm:
Aber Frau Robert wollte doch auch ... Wir waren schon im Treppenhaus, als wir Frau Danton und Frau Robert hörten: Da sind sie ja! Da
sind sie! – Nun rannten wir die Treppe in wahnsinnigem Tempo
hinunter, und auf der Straße liefen wir sogar noch schneller. Gott
weiß, wir lachten uns tot, etwas Komischeres gibt es gar nicht.›
Seit September 1792 war Camille neben seiner einflußreichen
Position im Justizministerium auch Abgeordneter im Konvent. Die

Septembermassaker in den Pariser Gefängnissen spalteten die Bürger in unversöhnliche Lager: die einen beklagten voll Abscheu, daß die Revolution ihre Unschuld verloren habe, die andern rechtfertigten euphorisch die Greuel als längst fälligen Befreiungsschlag des Volkes. Kein Wort darüber in Luciles Aufzeichnungen. Auch von Camille gibt es aus dieser Zeit kein Zeugnis, daß ihn das wütende Morden um den Schlaf gebracht hätte. Angeblich soll er am Vorabend des Gemetzels seinen alten Seminarlehrer, den Abbé Bérardier, aus der Haft befreit haben – ist dies ein Beweis dafür, daß er wußte, was bevorstand? Ihm selbst ging es gut, er verbrachte soviel Zeit wie nur möglich mit seiner jungen Frau, es wurde mit Freunden gefeiert und getafelt, als ob es in Paris keine Probleme mit der Lebensmittelversorgung gegeben hätte. Paris hungerte? Darauf kam es jetzt nicht an. Die Stadt war auf dem besten Weg, das blühende Athen des Perikles zu werden, sollte man da dem düsteren Gleichheitsgrundsatz Spartas huldigen?

Im Januar 1793 wurde der König geköpft. Camille hatte für die Hinrichtung gestimmt. Lucile notierte, der König erleide einen gerechten Tod. Aus dem Rehbock, den ihr Fréron geschickt hatte, würde sie ein festliches Mahl bereiten. Das Begräbnis des Abgeordneten Saint Fargeau rührte sie dagegen zu Tränen: er war einem Attentat zum Opfer gefallen, weil er für den Tod Ludwigs votiert hatte. Wurde ihr bewußt, daß dasselbe Schicksal ihren Camille hätte ereilen können? Sie tröstete sich bei einem Tee und einem Abendessen bei den Dantons. Fast täglich vermerkte sie säuberlich, wo und mit wem sie gegessen hatte.

‹Donnerstag, 6. Februar: ich habe mit Maman gegessen. Ich habe Frau Danton besucht. Sie ist ziemlich krank.

Freitag, 7. Ich habe bei Frau Engel gegessen, bin von dort in die Oper gegangen.

Samstag, 8. Camilles Bruder ist gekommen. Wir haben bei Frau Brune gegessen.

Sonntag, 9. Wir haben bei Frau Engel gegessen, Frau Danton ist krank, sie hat von einem Mädchen entbunden.

Montag, 10. Februar. Ich habe mit Maman gegessen. Frau Danton ist tot.

Dienstag, 11. Wir haben bei Frau Brune gegessen. Maman kam auch dorthin.›

Und so geht es weiter, Tag für Tag. Sind diese Notizen Ausdruck von Gefühlsarmut, gar Dummheit? Zu welchem Urteil über Lucile laden sie ein? So erzählt ein Kind. Die Vorgänge sind zusammenhanglos aneinandergereiht, ohne erkennbare Rangordnung ihrer Wichtigkeit. Wozu diese Notizen? Weshalb dies Bedürfnis festzuhalten, wie ihr kleines Leben Tag für Tag verlief? Hat sie der Tod Frau Dantons so teilnahmslos gelassen, wie aus ihrem kargen Sätzchen zu schließen wäre? Sie drückt kein Gefühl aus, kommentiert nichts, die Notizen sind kein Versuch, über die Disziplin des Schriftlichen irgend etwas besser zu verstehen, eine Ursache zu erfassen, über sich selbst oder andere Klarheit zu gewinnen. Verfügt sie wirklich nur über das Abstraktionsvermögen eines Kindes? Oder gehören diese platten Worte zu einer Rolle? Die sie sich selbst abverlangte? Die ihr zugewiesen wurde?

Am 11. Dezember 1790 hatte Camille seinem Vater mitgeteilt, daß er heiraten werde, und hinzugefügt, er habe acht Jahre um Lucile geworben, bis er endlich an das Ziel seiner Wünsche gelangt sei. Bei der Hochzeit war Lucile zwanzig Jahre alt. So hätte sich Camille, zweiundzwanzigjährig, in ein zwölfjähriges Mädchen verliebt? Begehrte er ein Kind, dessen Anmut ihn um so heftiger anzog, je weniger es ihm Einlaß gewährte in seine geheimnisvolle Welt fremdartiger Fantasien? Lucile lebte in träumerischer Vertrautheit mit Bäumen und Blumen, entzog sich dem Umgang mit Menschen. In ihrem Tagebuch erzählt sie von ihrer Freundschaft mit einem Veilchen. Es hatte sie gebeten, es nicht zu pflücken, und Lucile verspricht, täglich wiederzukommen, um das Blümchen zu pflegen. Doch ‹Ach! Ich werde meine Freundin nie wiedersehen. Mein süßes Veilchen, eines Abends... vergebens stützte ich den Stengel der Sterbenden, vergeblich besprengte ich sie sanft mit ein paar Tropfen Wasser, um sie ins Leben zurückzurufen, ihre letzte Stunde war gekommen. Nie mehr werde ich in diese Talmulde zurückkehren...›

Das empfindsame Mädchen klagt sich an, marmorkalt und ohne Liebe zu den Menschen zu sein. Die Achtzehnjährige schreibt: ‹Freitag, 17. Juni 1788. Ich verstehe nicht, wie ich lebe, ich erhole mich wieder, und der Traum der vergangenen Nacht fällt mir ein. Ich träumte, ich sei am Rande eines Abgrunds. Ein Mann kam auf mich zu, und während er mich umarmte, gab er sich alle Mühe, mich in den Abgrund zu stürzen. Plötzlich fühle ich, wie dieser Mann hart wird, er verwandelt sich in einen Baum, seine Arme, die mich umfangen, werden Holz, und schon bedecken mich mächtige Zweige. Ich war in großer Erregung, weil ich glaubte, ich müsse nun für immer so bleiben, aber es gelang mir, mich zu befreien, ich begann mit aller Kraft zu laufen und fuhr aus dem Schlaf hoch!›

Fast jeder Tagebucheintrag ist überschattet von der Frage nach dem Sinn ihrer Existenz. ‹Dieses Glück, wonach man sucht, wo ist es zu finden? Der Mensch betrügt sich. Und nur wenn er sich vergißt, glaubt er glücklich zu sein. Nein, es gibt auf Erden kein Glück. Vergeblich laufen wir hinter ihm her, es ist nichts als ein

Wahn.› Luciles schmerzhaft-lustvolles Kreisen in sich selbst ist charakteristisch für die Pubertätsmelancholie vieler junger Mädchen. Ratlosigkeit gegenüber den Veränderungen des Körpers, Scheu vor den Wünschen, die noch nicht zu benennen sind, sich aber fordernd der Träume bemächtigen, Unsicherheit in der Wirkung auf andere – nicht weiter bemerkenswert. Lucile aber erwartet den Aufbruch in einen neuen Lebensabschnitt nur als Bedrohung, ohne Neugier, den Kokon selbst zu sprengen, wie gelähmt vor dem Schrecklichen, Unvermeidbaren. Sie hält sich auf am Rande des Abgrunds. Der Mann, den sie ja zunächst an sich heranläßt, täuscht sie mit Zärtlichkeit, will sie vernichten. Die geliebten Bäume des Gartens werden zum Sinnbild der Gefahr, überwachsen, überwuchert zu werden. Ganz knapp gelingt die Rettung – durch Davonlaufen. Noch fürchtet sie das Werben der jungen Männer, häufiger Gäste in ihrem Elternhaus. Sie schützt sich durch Betonen ihrer Kindlichkeit, gibt sich kratzbürstig, schnippisch, täuscht Gleichgültigkeit vor. Dem Tagebuch öffnet sie sich, in der Intimität des Schreibens wagt sie, die Masken des Tages abzulegen, doch sogar dies unterliegt ihrer eigenen Zensur...

Lucile Duplessis stammte aus wohlhabenden Verhältnissen. Der Vater, selbst bescheidener Herkunft, hat sich im Dienste der königlichen Verwaltung ein Vermögen erworben und bot den Seinen ein angenehmes Leben. Die Familie bewohnte das erste Stockwerk eines eleganten Hauses im Zentrum von Paris. Besucher rühmten die Kostbarkeit der Möbel, die Großzügigkeit der Räume. Die schöne Zeit des Jahres verbrachte man im eigenen Landhaus in Bourg-la-Reine, später umbenannt in Bourg-de-l'Egalité. Die Mutter war eine sehr schöne Frau, noch blutjung bei der Geburt der beiden Töchter, von denen sie die ältere, Lucile, deutlich bevorzugte. In diesem Kind fand die junge Frau, deren Tage an der Seite ihres ernsten Gatten gesittet und vernünftig verliefen, die Spielgefährtin für romantische Träume. Lucile liebte es, wenn sich die Mutter Geschichten ausdachte, in denen sich die Bäume des Gartens als verzauberte Ritter um Luciles Gunst bemühten. Lediglich der Ritter zur Linde hatte es zu heftig auf sie abgesehen, er bedrängte sie, schlang stürmisch seine Zweige um sie, die Mutter unterbrach ihr Erzählen und prustete vor Lachen – die Tochter nahm sich vor, ihr Tagebuch noch sorgfältiger zu verstecken. Sie war zierlich, anmutig, hatte ein zartes Gesicht unter einer Fülle blonder Locken. Dem Vater mißlang jede Bemühung, sie zu Pflichten zu erziehen, etwa, bei Besuchen der Honoratioren des Bezirks anwesend zu sein. Sie war viel allein, las, musizierte und fühlte sich oft unverstanden und verlassen.

Die Eltern öffneten ihr ländliches Domizil einer Reihe junger Leute, die sie auch in Paris als ihre Gäste sahen. Dazu gehörten besonders häufig Camille Desmoulins, Sohn des Friedensrichters in Guise, Absolvent des berühmten Kollegiums Louis-le-Grand, Advokat am Beginn einer hoffnungsvollen Laufbahn, und Stanislas Fréron, früher Mitschüler Camilles, jetzt Journalist. Diese beiden waren wohl zunächst angezogen von der Klugheit und dem Charme der Dame des Hauses, aber immer stärker bezauberte sie das heranreifende Kind Lucile. Für die beiden Freunde ein geheimnisvoller Reiz: das Doppelwesen Mutter und Tochter. Nicht nur äußerlich einander ähnlich, verschmolzen das Kind und die Frau in der innigen Vertrautheit der Blicke und Umarmungen zur begehrenswerten Einheit. Wollte Camille das Mädchen lenken, quälte es ihn mit Abweisung und übler Laune, dann durfte er sich trösten in der Wärme der Frau: ‹Haben Sie gemerkt, gnädige Frau, wie grausam mich Lucile gestern weggeschickt hat?› Er mußte sich gar nicht die Frage stellen, ob er der Reife der nur wenig älteren Frau entsprechen könnte, war sie doch gebunden und gewährte ihm alle erlaubte Zuneigung in seinem Werben um die Tochter. Wagte diese in ihrem Tagebuch das Eingeständnis, daß es ihr zu schaffen machte, Camille ständig von Frauen umgeben zu wissen, beendete sie den Passus mit vielsagenden Pünktchen: ‹und auch Maman ...› Diese Tabuzone berührte sie nicht einmal in Gedanken. Schließlich hielt Camille um ihre Hand an und wurde vom Vater abgewiesen. Der kühle Rechner wünschte sich für seine älteste Tochter vermögendere Heiratskandidaten.

Und Lucile? Die widerstreitendsten Gefühle quälten sie, sie vertraute sich nur dem Tagebuch an. Sie liebte Camille – ‹dein Bild in meinen Gedanken läßt mich nie los, ich suche nach Fehlern an dir, ich finde Fehler und ich liebe sie ...› –, aber sie fürchtete auch den Besitzanspruch Camilles – ‹Männer! Ach, daß sie uns weniger vergöttern wollten und uns lieber unsere Freiheit ließen!› –, vor allem aber fühlte sie, daß sie ihm ähnlich werden konnte in der Sucht, keine Sekunde ohne den anderen ertragen zu wollen. Lucile ahnte den Sog einer Hingabe, die alle Eigenständigkeit vernichtet. Noch wehrte sie sich und stürzte Camille in seine ‹übliche Melancholie›, aus der ihn Luciles Mutter aufzurichten versuchte. Allmählich gab der Vater den Widerstand gegen den beharrlichen Bewerber auf. Camille war berühmt geworden, arbeitete als Privatsekretär bei Mirabeau, und es war allgemein bekannt, daß sein flammender Aufruf am 14. Juli 1789 den Sturm auf die Bastille ausgelöst hatte. Er gab eine eigene Zeitung heraus, verdiente nicht schlecht, mehr als doppelt soviel wie ein Abgeordneter in der Nationalversammlung, warum also den Segen verweigern? Und schließlich konnte

Lucile die wachsende Verzweiflung Camilles nicht mehr ertragen – ‹Nie wird es mir gelingen, Ihnen zu gefallen, ich sehe, daß ich Ihnen nichts bedeute...›, sie stemmte sich nicht mehr gegen die ersehnte Symbiose und lieferte sich rückhaltlos aus. Außer sich vor Stolz und Entzücken teilte Camille seinem Vater mit, der Heirat stehe nichts mehr im Wege.

Er berichtete von der beachtlichen Mitgift Luciles und von dem Anteil an Tafelsilber, das sie in die Ehe mitbringen würde. Diese Details waren wohl speziell für seinen Vater gedacht, denn nichts sonst berechtigt zu der Annahme, Camille habe sich jemals etwas aus Besitz und Vermögen gemacht. Im Oktober 1789, als er seine Stellung bei Mirabeau antrat, hatte er sich bitter bei seinem Vater beklagt, daß er immer finanziell äußerst knapp gehalten worden sei, da ihn der Vater für ‹einen verlorenen Sohn, einen Verschwender› angesehen habe. So verfüge er nicht einmal über ein eigenes Bett und Laken: ‹Es ist mir leichter gefallen, Revolution zu machen und Frankreich aufzurütteln, als meinen Vater dazu zu bewegen, daß er mich unterstützt, wenn ich mich einrichten will.› Der Brief endete mit der Wiederholung der dringenden Bitte um ein Bett.

Mit Lucile hatte er dann ein Bett, und was für eines! Im Polizeiinventar der Wohnungseinrichtung nach seiner und seiner Frau Hinrichtung liest man, daß ein auffallend großes, breites Bett der Blickfang der drei ineinandergehenden Wohnräume des Ehepaares war. Der überraschte Polizist schätzte den Preis: 1000 Livres, das war ein Sechstel des Jahreseinkommens eines Abteilungsleiters in einem Ministerium.

Am 29. Dezember 1790 fand die kirchliche Trauung statt, mit einem Sonderdispens für diesen Termin im Dezember. Aber nicht nur gegen das Datum hatte die Kirche Bedenken. In seinen Zeitungsartikeln hatte sich Camille als aggressiv kirchenfeindlich gezeigt, und jetzt bat er um das Sakrament der Ehe? Vor einem mißtrauischen Pfarrer mußte er eine Art Examen ablegen, das er offenbar nicht bestand, denn erst, nachdem sich sein ehemaliger Lehrer am Jesuitenkolleg eingeschaltet hatte, wurde die Hochzeit genehmigt.

Als Trauzeugen nahmen teil die Abgeordneten der Nationalversammlung Maximilien Robespierre, Jérome Pétion, Jacques-Pierre Brissot und Sébastian Mercier, und selbstverständlich die Freunde aus dem Kolleg, Stanislas Fréron und François Suleau. Camille liefen die Tränen übers Gesicht, er fühlte sich als der ‹glücklichste aller Menschen, der keinen Wunsch mehr hat auf Erden›.

Die gegnerische Presse stürzte sich hämisch auf die Jungvermählten, Luciles eheliche Geburt wurde bezweifelt, Camille ein Liebesverhältnis mit der schönen Schwiegermutter angedichtet, und der erheiratete Wohlstand des Revolutionärs bot Anlaß für Hohn und Spott. Das junge Paar mietete eine zentral gelegene Wohnung, nur wenige Schritte von Luciles Elternhaus entfernt, so daß Mutter und Tochter wie bisher viele Stunden täglich miteinander verbringen konnten. Die Einrichtung verriet deutlich weiblichen Geschmack: helle Farben überwogen, es gab Seidenkissen, bunte Teppiche, gefärbte Pfauenfedern, bestickte Decken, im Vorraum plätscherte ein kleiner Springbrunnen. Körperpflege wurde wichtig genommen: neben der in kultivierten Haushalten obligaten Spiegeltoilette mit Parfumflakons stand, abgeschirmt durch einen Paravent, ein damals unüblicher Gegenstand, ein Bidet, das den Polizeibeamten, der das Inventar aufnahm, in Erstaunen versetzte.

Das Ehepaar führte ein gastliches Haus. Lucile bewirtete gerne und oft Gäste, sie war mit Geschirr und Gläsern überaus reichlich versehen, und der Weinkeller zeigte in seiner exzellenten Bestükkung, daß man mit Geschmack zu genießen wußte. Im Salon Desmoulins hatte privates Vergnügen Vorrang vor der Politik, hier wurden keine Ränke geschmiedet, keine Entwürfe für Frankreichs Zukunft geboren. In der entspannten Atmosphäre traf sich Robespierre, dessen linkische Bemühungen um Luciles jüngere Schwester Adèle die Familie wohlwollend zur Kentnnis nahm, mit der schärfsten Feder des königstreuen Lagers, Suleau, Herausgeber der ‹Apostelgeschichte›, dem Blatt der Reaktion, der Republikaner Brissot plauderte ungezwungen mit dem Royalisten Fréron. Anfang des Jahres 1791 bot das gesellschaftliche Parkett die Möglichkeit, unterschiedlichste politische Konzeptionen in brillanten Streitgesprächen gegeneinander zu verfechten – von dem Wahnsinn, dem nur dreieinhalb Jahre später fast alle der Anwesenden zum Opfer gefallen sein würden, war noch nichts zu merken. Suleau, Sohn eines reichen Wollhändlers, ein elitärer Geist und skrupelloser Pamphletist, wird am 10. August 1792 von einer wütenden Menge gelyncht werden. Brissot und seine Anhänger werden im Oktober 1793 das Schafott besteigen, und die Verleumdungen der Hetzkampagne, die der sanfte Camille gegen den früheren Freund anzetteln wird, haben ihren Anteil daran.

Auch das Ehepaar Danton hat nicht mehr lange zu leben: Gabrielle stirbt bei der Geburt eines Kindes im Januar 1793, von ihrem Mann so verzweifelt betrauert, daß er ihr Grab öffnen lassen will, um sie noch ein letztes Mal in die Arme zu schließen. Dennoch wird er kurz darauf ein blutjunges Mädchen heiraten, welches vielleicht die Ursache dafür ist, daß er sich für Monate ganz ins Privatleben zurückziehen wird.

Die Familie Desmoulins

Bei seiner Rückkehr in die Politik wird er bald als Anführer einer gemäßigten Gruppierung zum Tode verurteilt werden, mit ihm Camille und Lucile. Die Verhaftung wird aufgrund eines von Robespierre unterzeichneten Dekrets erfolgen. Der arme Verwandte Fouquier-Tinville, durch Camilles Protektion ins Anklägerkollegium aufgenommen, spricht in allen diesen Prozessen das ‹Schuldig›.

Der hoffnungslos und beständig in Lucile verliebte ‹Hase› Fréron wird seine Treue zum König übertragen vom geköpften Ludwig auf den Dauphin und nach dessen Tod auf Ludwigs Bruder. Sein Name verbindet sich mit dem blutigen weißen Terror, der nach dem Thermidor jeden Jakobiner und Sansculotten, dessen man habhaft werden kann, zu Tode prügelt. Der Thermidor des Jahres 1794 führt Robespierre selbst zur Guillotine. Der Schriftsteller Mercier wird gegen die Hinrichtung der Girondisten protestieren, aber doch dem Schafott entgehen und sich der Wertschätzung Napoleons erfreuen können – einer der wenigen Überlebenden der alten Freundesrunde.

Im Jahr 1791 war nicht nur das verliebte Ehepaar Desmoulins ahnungslos, welche Schrecken in naher Zukunft sie selbst und ihren gesamten Kreis vernichten würden. Es war die Zeit unbeschwerter Glückseligkeit für Lucile und ihren Mann. Nichts mehr von der Schwermut der Jahre, in denen sie sich seinem Werben verweigert hatte, nichts mehr von der Jungmädchenangst, dem Geliebten nicht genügen zu können, aber auch nichts mehr von dem so leidenschaftlich formulierten Wunsch nach Selbstbehauptung. Sie hatte sich hingegeben, ging auf sein Bedürfnis, ohne Unterbrechung mit ihr zusammenzusein, ein und nahm also an fast allen Sitzungen des Clubs teil, sie war seine heiter zwitschernde Lolotte, pflegte ihre Kindlichkeit, die ihn so sehr entzückte, alle erwachsenen Anteile ihrer Persönlichkeit waren auf die Mutter delegiert, die die Tochter und den Schwiegersohn oder auch nur Lucile allein begleitete: in den Club, in die von Camille besonders geliebte Oper, ins Theater, zu den Verhandlungen, in denen er als Advokat beschäftigt war. Ein friedliches Dreigestirn mit genau festgelegter Rollenverteilung. Und nichts änderte sich am betont kindlichen Verhalten der jungen Frau, als Camilles ‹Röllchen› selbst Mutter werden sollte. Bis hin zur Sprache in ihrem Tagebuch paßte sie sich seinem Bild von der liebreizenden Kindfrau an.

Was für ein Einsatz von Überredung und Liebkosungen, aber es ist ihr gelungen: sie hat Camille aus der brodelnden Hauptstadt fortgelockt, nun wollen sie eine Weile hier verbringen, in diesem schönen unbewohnten Wasserschloß, das sie gemietet haben. Sie bringt Camille dazu, selbst die Fische zu angeln, die sie zum Abendessen zubereitet, er stellt sich dabei so ungeschickt an, daß sie vor Lachen ins Wasser purzeln könnte. Ganz allein führt sie hier den Haushalt. Wenn nur Mama und die Freundin kämen! Sie hat zwar für beide nur ein einziges Zimmer, das sich ordentlich heizen läßt, es ist ja noch erbärmlich kalt, die Bäume sind gänzlich unbelaubt. Wie herrlich könnte es hier im Frühling sein! Ach, Maman, bitte bitte komm! Es tut Camille so gut, wenn sie alle beisammen sind. Mit ihrer Mutter redet er über seine Arbeit – woran schreibt er eigentlich? Mit ihr tollt er nur durchs Haus, drückt sie, küßt sie und ist verrückt nach ihrem Lachen. ‹Bringt unbedingt Stiefel mit, ohne kann man nicht vors Haus, nehmt eure ältesten Kleider mit, hier trifft man absolut niemanden.› Es fällt ihr schwer, ihre Unruhe zu unterdrücken. Sie versteht nicht, weshalb die Freunde so böse aufeinander sind, so gereizt, feindselig. Wie kam es zu diesem schrecklichen Streit zwischen Camille und Brissot? Hat Brissot nicht verstanden, daß Camille darauf angewiesen ist, wieder als Rechtsanwalt zu arbeiten? Warum mußte er ihn so scharf angreifen, als er diese Frau Beffroy vor Gericht vertrat, die ihren Spielsalon ohne Lizenz geführt hatte? Sie selbst wollte auch nicht, daß Camille diesen Auftrag annahm, aber ihm deshalb Verrat an allen patriotischen Tugenden vorzuwerfen, wie es Brissot in seiner Zeitung getan hatte, ging zu weit. Camille hat kräftig zurückgeschlagen, sein Artikel ‹Der entlarvte Brissot› erregt ganz Paris. Ob es nötig war, Brissot als Spion zu bezeichnen? Nun, das geht sie nichts an.

Camille verbirgt vor ihr, daß er Sorgen hat, aber sie weiß doch längst, daß das Vermögen, das sie in die Ehe mitgebracht hat, geschmolzen ist. Sie hat zwar keine Ahnung, wie das geschehen konnte, sicher hängt das mit dem Papiergeld zusammen, dessen Wert von Woche zu Woche sinkt. So gerne hätte Camille das Haus seines Vaters gekauft, als dieser es ihm zum Kauf angeboten hatte. Sie hat ihm kein einziges seiner Argumente, es besser nicht zu kaufen, geglaubt. Es fehlte einfach am Geld – aber was macht das schon? Sie haben doch alles, was sie brauchen. Heute wird sie auf dem Eselchen zu der benachbarten Manufaktur reiten, billige Stoffe für Sommerkleider kaufen, die Manufaktur muß bald schließen, hört man. Zu essen gibt es hier reichlich, und beste Qualität. In Paris klappt gar nichts mehr, sogar die Kerzen werden knapp. Die Waschfrauen haben einen Seifentransport überfallen, weil sie die Teuerung nicht mehr mitmachen wollen. Ach Maman, ‹bitte bring mir Taschentücher mit, die Wäscherin muß schon gekommen sein, und meine beiden Baumwollhauskleider, sie sind so bequem›. Sie langweilt sich ein wenig. Camille sitzt und schreibt. Sie hat das Kind in Paris gelassen, damit er ungestört arbeiten und sie sich nur auf ihn konzentrieren kann. Er braucht Ruhe. Was bedrückt ihn? Glücklich scheint er nur zu sein, wenn sie spätabends einschlafen, wenn er ihren Kopf an seiner Schulter spürt. Aber sonst? Sie darf ihn nichts fragen. Merkt er ihre Sorge, zieht er eine Grimasse, um sie zum Lachen zu bringen. Wenn sie nur über ihr Unbehagen sprechen könnte! ‹Camille sagt, wenn Du nicht kommst, wird er Dich holen. Du mußt doch Zeugin sein, wie gut er das Schiffchen über den Wassergraben steuert!›

Als das Ehepaar nach Paris zurückkehrte, war die politische Lage entscheidend verändert. Das Leben hatte alle Unbefangenheit verloren, die verschiedenen Clubs teilten die Welt in Anhänger und Verräter. Dafür fehlte es Camille an Verständnis. Im April 1793 widersetzte er sich dem Antrag, daß gegen Marat Anklage erhoben werden sollte, bekundete damit seine Sympathie für den Tribun der Straße, den Radikalismus der Sektionen. Aber seit Februar war er eng befreundet mit dem General Arthur Dillon, einem überzeugten

Anhänger des Königs, der seinerseits akzeptierte, daß Desmoulins
für den Tod des Königs gestimmt hatte. Dillon war bereits zweimal
seines Dienstes enthoben worden, als Vertrauter der Generäle Lafayette und Dumouriez, die beide zum Feind übergelaufen waren,
galt er als verdächtig. Aber beide Male erhielt er wieder den Befehl
über einen Teil der Armee, und dies verdankte er dem Einsatz seines
Freundes Desmoulins. Nach der Hinrichtung des Königs war ihm
ein Komplott vorgeworfen worden, das den Dauphin aus dem
Temple befreien wollte. Dillon leugnete seine Beteiligung daran,
und Camille übernahm seine Verteidigung. Dies aber führte ihn
selbst ins Verderben. Er konnte und wollte nicht begreifen, daß er
sich in Gefahr brachte, wenn er mit Männern der verfeindeten
politischen Lager freundschaftlich verkehrte, er trennte scharf zwischen seiner Zuneigung zu einem Menschen und seiner Kritik an
dessen politischer Gesinnung. In einem Punkt war er allerdings
konsequent: in seiner Vernichtungsstrategie gegen Brissot und seine
Anhänger. In dem idyllischen Wasserschloß hatte er den Text verfaßt ‹Die Geschichte der Brissotins›, von dem er selbst sagte, er
werde die früheren Freunde aufs Schafott bringen. Er unterstellte
ihnen eine Verschwörung mit England und Preußen gegen Frankreich und führte diesen Feldzug mit der ganzen Autorität seines
Namens. Es läßt sich heute nicht nachweisen, ob er selbst an seine
Behauptungen glaubte – aber seine Polemik wirkte um so stärker,
als die frühere Freundschaft der Gegner in Paris bekannt war, und
nicht zuletzt ihm ist es zuzuschreiben, daß die girondistischen
Abgeordneten mitten aus einer Sitzung des Konvents heraus verhaftet wurden, gegen jede Rechtsordnung.

Ein letzter, ein zweifelhafter Erfolg für Camille, denn unter den
Gesinnungsfreunden galt er längst nicht mehr als zuverlässig. Sein
unbekümmerter Umgang mit Journalisten, die offen für die Restauration der Monarchie eintraten, wie Fréron und Suleau, mit Adeligen, die kein Hehl machten aus ihrer Verachtung der Volksvertretung, wie eben Dillon, provozierte die Freunde aus dem jakobinischen Lager zu der Frage, wie weit sie sich noch auf ihn verlassen
könnten. Er litt darunter, daß er nicht mehr das Vertrauen des
Konvents und des Wohlfahrtsausschusses besaß und daß sich sein
Freund Robespierre anderen Mitarbeitern zuwandte, besonders dem
rigiden, aber berechenbaren Saint Just. Er sah sich als Opfer von
Verleumdungen, ohne zu erkennen, wie sehr er selbst das Mißtrauen gegen sich schürte. Im August 1793 vertraute er seinem
Vater an, daß er sich nach einer ‹Zufluchtsstätte› sehne, nach ‹einem
Raum unter der Erde, der mich mit meiner Frau, meinem Kind und
meinen Büchern vor allen Blicken verbirgt›. Er beklagte die

Menschenopfer der Revolution und brüstete sich damit, selbst an keinem einzigen Mord die Schuld zu tragen. Zu diesem Zeitpunkt warteten die Girondisten in den Gefängnissen auf ihren Prozeß, der sie dann im Oktober 1793 aufs Schafott brachte. Nach einem Augenzeugenbericht soll Camille bei der Verkündung des Todesurteils in Ohnmacht gefallen sein. Konnte er so schlecht die Wirkung seiner Schriften einschätzen? Er war ein Mann der Feder, um eines drastischen Effekts willen schreckte er auch nicht vor Verleumdungen zurück, der Genuß am Formulieren, an der Übertreibung als Ausdruck der neu errungenen journalistischen Freiheit fegte alle moralischen Bedenken hinweg.

Aber nun war er selbst zum Verdächtigen geworden. Sein Ersuchen, an einen Außenposten der Revolution versetzt zu werden, wurde abgelehnt. Er blieb in Paris, mißtrauisch kontrolliert in jedem Satz, bei jedem Schritt. Mit verzweifelter Energie versuchte er noch einmal, das Ruder herumzureißen. Im Dezember 93 erschien die erste Nummer seiner Zeitschrift ‹Der alte Franziskaner›. Der Name ist Programm: Camille wollte die Rückbesinnung auf den Anfang der Revolution, als die Freunde im aufgelassenen Franziskanerkloster ihre Träume von einer besseren Welt formulierten. Siebenmal wurde eine Ausgabe produziert, die letzte erschien erst nach dem Tod Camilles.

Camille trat die Flucht nach vorn an. Mit Zustimmung Dantons kritisierte er schärfstens die Schreckensherrschaft des Wohlfahrtsausschusses und forderte, um den mörderischen Druck auf die politischen Gegner zu lockern, die Schaffung eines Begnadigungskomitees. Obwohl er in erster Linie gegen Robespierre polemisierte, versuchte dieser, ihn zu retten. Zwar bezeichnete er Camilles Artikel als ‹bizarres Gemisch aus Wahrheiten und politischen Lügen und Absurditäten, aus vernünftigen Ansichten und wahnhaften Projekten›, aber er verwies auf die führende Rolle Camilles zu Beginn der Revolution und nannte ihn ein ‹verwöhntes Kind›, das man nicht allzu ernst nehmen dürfe. Aber war denn Camille glaubhaft als Verfechter der Mäßigung und Milde? Traf nicht ihn die Schuld für die Vernichtung Brissots, für die tödliche Verleumdung Rolands und seiner Frau, die er kein einziges Mal auch nur gesehen, der er aber alle nur erdenklichen Laster und die widerwärtigsten Intrigen unterstellt hatte? Wollte er jetzt mit dem Mut der Verzweiflung dafür büßen und nahm deshalb das Risiko seines eigenen Untergangs in Kauf?

Da mit ihm nicht zu reden war, versuchten besorgte Freunde, Lucile zu beeinflussen, sie möge ihren Mann von seinem selbstmörderischen Kurs abbringen. Umsonst. Lucile erklärte den Warnern,

Camille müsse genau das tun, was er für richtig halte, sie unter-
stütze seinen Kampf für die Wahrheit. Die Rolle des unbedarften,
arglos fröhlichen Kindes hatte sie längst abgelegt, die Angst um
ihren Mann zerfetzte die Maske der Naivität. Jetzt war keine Zeit
mehr für kichernde Eskapaden. Zwar verstand sie die Ursachen der
zunehmenden Isolierung Camilles nicht, für sie lediglich das Ergebnis der persönlichen Schikanen undankbarer und treuloser Menschen. In ihrer Not rief sie Fréron zu Hilfe: ‹Kommen Sie zurück,
Fréron, kommen Sie so schnell wie nur möglich zurück!... Sie
machen sich keine Vorstellung, was hier los ist!... Das kann man
von Toulon aus nicht beurteilen. Sie haben es gut, bei Ihnen ist alles
nach Wunsch gelaufen, aber wir: verleumdet, verfolgt von den
Dummen, von Intriganten, ja sogar von den Patrioten, Robespierre,
unsere Galionsfigur, hat Camille bei den Jakobinern denunziert. Er
hat Nummer 3 und Nummer 4 seines Blattes vorlesen lassen und
verlangt, man solle sie verbrennen, ausgerechnet er, der sie schon
im Manuskript kannte, begreifen Sie das? In zwei aufeinanderfolgenden Sitzungen hat er gewettert, gebrüllt gegen Camille, und
dann in der dritten wurde Camilles Mitgliedschaft gelöscht.›
    Camille mußte erkennen, daß er allein kämpfte. Danton äußerte
sich nicht, worüber sich Lucile empörte, und mehrere Freunde
waren unter dem Vorwurf der Bestechung und Bereicherung in
undurchsichtigen Auslandsgeschäften verhaftet worden. Was aber
Lucile am meisten schmerzte: ‹Diese Ungeheuer haben gewagt,
Camille vorzuwerfen, eine reiche Frau geheiratet zu haben. Ach,
wenn sie mich nur aus dem Spiel ließen! Ich will nichts von ihnen,
ich würde ihnen alles, was mir gehört, überlassen, wenn ich nur
nicht mehr dieselbe Luft mit ihnen atmen müßte! Könnte ich sie
nur vergessen, sie und das Böse, was sie uns antun! Um mich herum
sehe ich nur Unglückliche. Ich bin zu schwach, muß ich zugeben,
einen so traurigen Anblick auszuhalten. Das Leben ist mir zu einer
schweren Last geworden. Ich kann nicht mehr denken. Denken, ein
so reines, so süßes Glück. Ach, es ist mir geraubt... Mir kommen
die Tränen. Ich verschließe diesen schrecklichen Kummer in meinem Herzen, ich mache für Camille ein fröhliches Gesicht, ich
heuchle Mut, damit er seinen nicht verliert.
    Ja, der Thymian ist fertig eingekocht, ich habe das unter tausend
Sorgen gemacht. Ich lache nicht mehr, ich spiele nicht mehr die
Katze, ich rühre mein Klavier nicht an, ich habe keine Träume
mehr, ich bin nur noch eine Maschine. Ich treffe niemanden mehr,
ich gehe nicht mehr aus. Seit langem habe ich die Roberts nicht
mehr gesehen. Sie sind durch eigene Schuld in Schwierigkeiten
geraten und zeigen sich nicht mehr in der Öffentlichkeit.

Leb wohl, Du mein Hase! Sie halten mich wohl für verrückt. Noch bin ich es nicht ganz, es bleibt mir noch genug Verstand, um zu leiden. Komm schnell, damit ich Dich umarmen kann, kommen Sie schnell zurück, wir erwarten Sie ungeduldig.›

Was mag sich Lucile von der Rückkehr des Freundes erhofft haben? Wußte sie nicht, daß er längst zu den Verdächtigen zählte, die nur entfernt von Paris eine Chance hatten zu überleben? Wäre Fréron auf ihren flehenden Brief vom 13. Januar 1794 nach Paris geeilt, wäre er sofort in die Fänge der Schreckensherrschaft geraten. Er blieb in Toulon. In der Nacht vom 29. zum 30. März verhafteten die Schergen der Blutjustiz Danton, Camille und deren nächste Gesinnungsfreunde. In großer Eile wurde der Prozeß vorangetrieben – das Urteil stand zu Beginn schon fest, also beschränkte das Revolutionstribunal die Verhöre auf das Nötigste, damit die Angeklagten die Zuhörer nicht auf ihre Seite bringen konnten. Die angeblichen Verräter wurden am 5. April guillotiniert.

Camille bewahrte im Gefängnis nur mühsam die Fassung. Sein einziger Lebensanker waren seine Briefe an Lucile. Er klammerte sich an die Liebe zu seiner Lolotte, ein letztes Mal beschwor er die Seligkeiten dieser Welt. ‹Ich war ein guter Ehemann, ein guter Sohn, und ich wäre ein guter Vater geworden.› Er starb mit 33 Jahren, ‹im Alter des Sansculotten Jesus›.

Ja, sie wird so nahe wie nur möglich an das Gefängnis herankommen, damit Camille sie sehen kann, sie weiß doch, daß er stärkere Brillengläser gebraucht hätte, sie wird ihm neue besorgen. Ja, sie wird den Sohn in die Höhe halten. Ihre Mutter wird mitkommen, Camille findet Trost in den Tränen ihrer Liebe. Wenn er es wünscht, geht sie zweimal täglich zu den Sitzungen für ihr Portrait, Camille soll es bald in Händen halten, wie auch ihre Locke, um die er gebeten hat. Sie wird ihm das Glas schicken mit den verschlungenen Buchstaben C und L, und seine Notizbücher und seine Medizin, um seine Koliken zu lindern, und eine Waschschüssel und einen Krug und ein Öfchen und ... Ja, sie wird ihm jeden Tag eine stärkende Suppe bringen, auch wenn sie fast immer abgewiesen werden wird. Und sie wird versuchen, nicht zu weinen. Und alles tun, um ihn zu retten. Ja, sie erinnert sich wie er an ihre ersten Begegnungen hier im Park des Luxembourg, an ihre ersten scheuen Gespräche, gerade hier, wo sie jetzt mit ihrem Kind hin- und herläuft, damit er sie vielleicht von seiner Zelle aus bemerkt. Du gutes Tierchen, du einziger Liebster ... nein, sie wird ohne ihn nicht weiterleben.

Ob Lucile wirklich versucht hat, durch Bestechung Camilles Flucht aus dem Gefängnis zu ermöglichen? Zumindest war die Denunziation, sie habe in den Gefängnissen eine Verschwörung angezettelt, der Anlaß, sie zu verhaften und vor Gericht zu stellen. Während der Verhandlung hat sie sich nicht verteidigt, als wollte sie die lästige Prozedur rasch hinter sich bringen. Hätte es Camille oder ihr geholfen, wenn Robespierre den Brief erhalten hätte, den sie ihm geschrieben, aber nicht abgeschickt hatte? Beim Versiegeln ihrer Wohnung wurde er als belastendes Dokument sichergestellt. – Bist das wirklich du, der es wagt, uns wegen konterrevolutionärer Pläne anzuklagen, wegen Landesverrats? Camille hat gesehen, wie dein Hochmut zunahm und auf welchen Weg du dich verirrt hast. Aber er hat an eure alte Freundschaft gedacht und schreckte davor zurück, einen Schulfreund anzuklagen. Und du schickst ihn in den Tod! Dabei solltest du ihm dankbar sein, weil er geschwiegen hat. Hast du die Bindungen vergessen, an die Camille nie ohne Rührung denken konnte? Du, unser Trauzeuge, der unsere Hände ineinanderlegte, du, der meinen Sohn angelächelt hat und den dessen Kinderhändchen liebkosten, du könntest meine Bitte abschlagen, meine Tränen verachten, die Gerechtigkeit mit Füßen treten? Welches Verbrechen hat denn mein Camille begangen? Ich verfüge nicht über seine Feder, um ihn zu verteidigen, aber die Stimmen aller guten Bürger und dein Herz, sofern es noch empfindsam und gerecht ist, werden dies für mich tun. Glaubst du denn, daß ein Mensch Vertrauen genießt, der seine Freunde vernichtet? Glaubst du denn, daß es dir Segen bringen wird... Der arme Camille, in der Einfalt seines Herzens war er unfähig, sich vorzustellen, was ihn heute erwartet. Er meinte doch, zu deinem Ruhm beizutragen, wenn er dich darauf hinwies, woran es in unserer Republik fehlt! Zweifellos hat man ihn bei dir verleumdet, denn du könntest ihn gar nicht für schuldig halten. Denk daran, daß er von dir niemals den Tod eines Menschen verlangt hat, daß er dir niemals schaden wollte, daß du sein ältester und bester Freund bist. Und sollte er das Vaterland und die Republik zu wenig geliebt haben, so nur deshalb, weil die Zuneigung für dich seinen Patriotismus übertraf, und dafür verdienen wir den Tod?...

Sie brach ab, sie wußte, dieses Schreiben würde ihr nichts nützen und sie nur demütigen.

Der Leiterwagen, der sie acht Tage nach der Hinrichtung ihres Mannes zum Richtplatz karrte, beförderte noch die Witwe Héberts, für dessen Tod sich Camille leidenschaftlich eingesetzt hatte, und den General Dillon, der sich bei Lucile entschuldigte, war doch seine Freundschaft mit Camille einer der Gründe für seinen Untergang. Lucile lächelte: ‹Sehe ich aus wie eine Frau, die Trost braucht?› Camille auf seinem letzten Weg hatte geweint, geschrien, seine Mörder verflucht, bis zum letzten Atemzug den Namen seiner Frau gestöhnt.

Lucile war ruhig. Ihre Augen leuchteten, das Blut pulsierte in ihren Wangen, um sie flirrte der Zauber einer festlichen Erregung: sie ging ihrem Geliebten entgegen. Ihre letzten Zeilen: ‹Guten Abend, liebe Maman, eine Träne stiehlt sich aus meinen Augen, sie gehört dir. Ich werde einschlafen mit der Gelassenheit der Unschuld.› Sie war 23 Jahre alt.

Aus heiliger Liebe zur Humanität: Madame Jullien

Am 2. Februar 1793 besucht Maximilien Robespierre mit seinem jüngeren Bruder und seiner Schwester Charlotte die Familie des Abgeordneten Jullien. Es gibt eine Poularde, für immerhin fünf Erwachsene und ein Kind, Gemüse, Salat, Käse, Brot, kein aufwendiges Mahl, angemessen der allgemeinen Notlage, die Hausfrau hat ihre Ausgaben sorgfältig notiert. Alle Anwesenden stimmen in den grundsätzlichen Fragen der Politik überein, der Volksvertreter aus dem Departement Drôme war einer der heftigsten Verfechter der Todesstrafe für den König, vor nicht ganz zwei Wochen ist sie vollstreckt worden. Auf diese Einladung werden weitere folgen, der älteste Sohn der Familie Jullien ist ein aufstrebendes politisches Talent und soll von Robespierre gefördert werden. Da er zur Zeit einen Regierungsauftrag an der Pyrenäenfront absolviert, berichtet ihm seine Mutter schriftlich von dem privaten Kontakt mit dem einflußreichen Politiker, den sie bei aller Bewunderung doch als etwas trocken und nüchtern empfindet, als typischen Nordfranzosen. ‹Ich sehe, er hat nicht unsere gefühlvolle Art; aber ich würde glauben, er will das Gute für das Menschengeschlecht, allerdings eher aus Gerechtigkeit als aus Liebe.›

Rosalie Jullien ist Mitte vierzig, Tochter eines wohlhabenden Kaufmanns, der für ihre Erziehung viel Geld ausgegeben hat, sie verfügt über eine ungewöhnliche Bildung besonders im Bereich der alten Sprachen, Literatur und Philosophie und hat sich als Jüngerin Rousseaus, den sie nur ihren ‹Freund Jean-Jacques› nennt, mit größter Hingabe der Erziehung ihrer eigenen Kinder gewidmet. Marc-Antoine berechtigt zu großen Erwartungen. Bereits mit sechzehn Jahren verfaßte er brillante Diskurse zur Verteidigung jakobinischer Politik, wurde deshalb schon in diesem Alter in den Jakobinerclub aufgenommen und auf Empfehlung Condorcets zu einer Art Diplomatenlehrgang nach England geschickt. Nach seiner Rückkehr wurde er vom Sicherheitsausschuß zum stellvertretenden Kriegskommissar ernannt, mit weiteren Beförderungen ist zu rechnen. Weil der Vater keine Erziehung durch Hauslehrer gewünscht hatte, besuchte das Kind ab dem zehnten Lebensjahr ein Internat in Paris und erhielt von den Eltern fast täglich Briefe, die ihn ihrer Liebe versichern, aber auch erzieherisch beeinflussen sollten. ‹Ich wollte, ich könnte Dir die Weisheit und alle Tugenden der Griechen und Römer einflößen, damit Du so wirst, wie ich es mir wünsche›, schreibt die Mutter, und: ‹Ich kenne nur eine dauerhafte Schönheit, ich weiß nur von einem soliden Besitz und ich sehe nur ein Mittel zum Glücklichsein: das ist die Tugend. Der Rest ist Illusion.› Um bei ihm zu sein, ist sie 1790 mit dem kleinen Sohn nach Paris gezogen, der Vater bleibt in Romans, Geschäfte und seine politische Arbeit halten ihn dort fest. Seine Frau, die ihn vermißt und bei aller Selbstdisziplin doch immer wieder über die Trennung klagt, hält ihn in ausführlichen Briefen über die Ereignisse in der Hauptstadt auf dem laufenden. Sie schildert die Stimmung in Paris, ihre Sorgen, die Patrioten könnten die Revolution zu früh für abgeschlossen halten und zuwenig auf der Hut sein, sie referiert Sitzungen der Nationalversammlung und der Clubs und beschreibt in glühender Begeisterung die revolutionären Feste, wie das zu Ehren der amnestierten Soldaten von Chateauvieux. Sie nimmt leidenschaftlich Anteil, die Aufregungen versetzen sie in ein Fieber, das ihr ‹Essen und Schlaf raubt›. Und auch, wenn es ihr manchmal zuviel wird – ‹ich widme mich lieber meiner wahren und natürlichen Bestimmung, der Erziehung meines lieben Auguste und meinen Klöppeln› –, hält es sie nicht zu Hause, und mit ihrem Kind stürzt sie sich ins öffentliche Leben, denn ‹die Staatsangelegenheiten sind meine Herzensangelegenheiten; ich denke, träume, fühle nichts anderes›. Doch zweifelt sie manchmal an der Richtigkeit ihres Verhaltens: ‹Sage mir, mein Freund› – dieser Brief vom 8. August 1792 ist an den Sohn in London gerichtet –, ‹ob eine Frau und ein Kind, die unverzagt der guten Sache anhängen und die überall dabei sind, um das Neueste zu erfahren, sich nicht freiwillig der Gefahr aussetzen. Ich könnte zu Hause bleiben, schön; ich könnte die Einsamkeit eines Landaufenthalts aufsuchen, recht und gut; aber ich habe eine gewisse Neugier, deren Quelle in meinem Herzen fließt und die meine Schritte gebieterisch dahin lenkt, wo oft Gefahr ist. – Ich habe mir tausendmal gesagt, daß dieses Schauspiel der Aufregung und des Kampfes der Leidenschaften, die in diesem Augenblick so heftig sind, für die zarte junge Seele meines Auguste nicht paßt; meine Vernunft hat mir darüber alles gesagt, was Mentor mir hätte sagen können; und immer wieder fange ich mich in der nämlichen Schlinge, das große politische Interesse treibt mich zum Herd der Politik, und da sind wir so glühend bei der Sache, daß wir dann nach Hause kommen, die Seele vor Ermattung erschöpft und das Herz oft von Leidenschaft kochend, mit dem Wunsch, morgen die Fortsetzung dessen zu erleben, was heute angefangen hat.›

Die entscheidenden Ereignisse stehen aber da noch bevor. Sie berichtet ihrem Mann von der Unruhe der Nacht vom 9. zum 10. August, um 7 Uhr in der Früh sitzt sie schon wieder am Schreibtisch und erzählt, daß sie seit 5 Uhr morgens durch ihr Stadtviertel gelaufen ist, weil ständig die Sturmglocke geläutet und das ‹Quecksilber in ihren Füßen› sie aus der Wohnung getrieben hat. Und am Abend des folgenden Tages verfaßt sie noch bis spät in die Nacht die Mitteilungen von allem, was sie selbst gesehen und was sie gehört hat. ‹Das Volk hat alles im Schloß zertrümmert. Es hat den ganzen Pomp der Könige unter seinen Füßen zertreten. Die kostbaren Schätze sind durchs Fenster geflogen; die Schweizerkasernen sind an allen vier Ecken angezündet worden, und man hat geschrien, das Schloß solle dem Erdboden gleichgemacht werden. Köpfe sind abgeschnitten worden, und es kam zu Ausbrüchen der Volkswut, deren Grausamkeit denen, die nicht weiter nachdenken, gräßlicher vorkommt als die raffinierte und zivilisierte Ruchlosigkeit der Höflinge, die um der Laune einer Mätresse oder der Willkür eines Intriganten willen ganze Geschlechter zugrunde richten.› So eindeutig nimmt Madame Jullien Partei. Sie haßt seit ihrer Kindheit die Monarchie, die sie für zwölf Jahrhunderte der Sklaverei verantwortlich macht, was zu einer allmählichen Deformation der Menschheit geführt habe. Dennoch hat sie sich damals ‹aus Furcht vor Bürgerkrieg nie bis zum Republikanismus› durchgerungen. Aber die Revolution hat sie ‹vergöttert›, von ihr erhofft sie die Herrschaft der Tugend und die Gesundung eines guten, aber verdorbenen Volkes. Kann die Erneuerung gelingen? ‹Von den 25 Millionen Franzosen ist es unter hundert kaum einer, der sich auf die Höhe der Revolution erhoben hat.› Aber sie beharrt auf der Unschuld des Volkes, nichts kann sie von dieser fanatischen Überzeugung abbringen. Nichts – nicht einmal die Ereignisse des 2. und 3. September. ‹Wenn man das Ziel will, muß man auch die Mittel wollen: Schluß mit der barbarischen Humanität! Das Volk hat sich erhoben, das Volk, furchtbar in seiner Wut, rächt die Verbrechen aus drei Jahren schrecklichsten Verrats. Ach, lieber Mann, ich flüchte mich in Deine Arme, um einen Tränenstrom zu vergießen; aber vor allem rufe ich Dir zu: Frankreich ist gerettet! – Mein Freund, ich werfe hier mit zitternder Hand einen Schleier über die Verbrechen, die man das Volk zu begehen gezwungen hat durch all diejenigen, deren trauriges Opfer es drei Jahre lang gewesen ist. Die schwarzen Verschwörungen, die überall aufgedeckt werden, werfen das abscheulichste Licht und die sicherste Gewißheit auf das Schicksal, das die Patrioten erwartet und bedroht: wenn sie nicht den Tod bringen, sterben sie selbst! Das ist die brutale Notwendigkeit, das unheilvolle Werk unserer Feinde! Abgeschnittene Köpfe, niedergemetzelte Priester... Ich kann Dir darüber nicht berichten, obwohl mir mein heller Verstand zuruft: die Preußen und die Könige hätten dasselbe und tausendmal Schlimmeres getan. Wenn das Volk – ach! unglückliches Volk, daß man es nur nicht verleumdet!›

Madame Jullien ist außer sich. Maurer, die von der Arbeit kommen, berichten ihr, was vorgefallen ist, das Hausmädchen Marion drängt sich überall durch, um Neuigkeiten zu erfahren, sie selbst bleibt mit ihrem kleinen Auguste lieber zu Hause, zu groß ist die Gefahr, auf Leichenwagen zu treffen oder die Straße von einem Haufen verstümmelter Kadaver versperrt zu finden. ‹Mein Gott! Habe Erbarmen mit einem Volk, das auf den Weg des Blutbades getrieben wurde, lege ihm dies nicht zur Last!› Es ist nur gut, daß alle diese Grausamkeiten gerechtfertigt sind: ‹Hätte das Volk die Erde nicht von den Verbrechern befreit, die in den Gefängnissen saßen, so hätten sie die Erde mit dem Blut des Volkes getränkt. Man hat Waffen, Geld und alle Beweise für das erbärmliche Komplott gefunden, das in der Nacht vom 5. auf den 6. September alle Patrioten hätte vernichten sollen.› In letzter Minute konnten Pétion und Manuel die Verschwörung aufdecken – kein Wunder also, daß der Volkszorn nach Vergeltung dürstete und in den Gefängnissen abrechnete mit den Anstiftern zu diesem geplanten Gemetzel. Aber jetzt kann sich Frankreich auf den Feind im Krieg konzentrieren, der die Revolution zu Fall bringen will. Nachdem die Gefängnisse gereinigt sind von allen, die mit dem König und den Emigranten gemeinsame Sache machen wollten, tanzt das unschuldige Volk in den Straßen im Takt der Trommeln und nach den Klängen fröhlicher Militärmusik. ‹Wir sehen nicht aus wie ein bedrohtes oder gar niedergeschlagenes Volk, sondern wie eine große Familie, die herrlich und in Freuden lebt.› Die Republik wird eingeführt, und Madame Jullien begrüßt glücklich den Aufbruch in eine neue Epoche, wenn es ihr auch Sorgen bereitet, ob wirklich alle Bürger so wie sie und ihre Familie entflammt sind von ‹heiliger Liebe zur Humanität›.

Die Wahlen bringen ihren Mann aus Romans nach Paris in den Konvent; die Karriere des geliebten Sohnes kann beginnen.

Der Sohn – ‹Hoffnung meines Herzens› nennt sie ihn. Die Eltern haben dem zarten, begabten Jungen außerordentlichen Respekt entgegengebracht. Der Vater schreibt an den Sechzehnjährigen: ‹Du hast mir einen reizenden Brief geschrieben, lieber Sohn, und Dein Vater glaubt Dir für das Vergnügen und die Ehre, die Du ihm erwiesen hast, danken zu sollen. Ich habe ihn all meinen Freunden vorgelesen, und sie alle haben mir gerührt zu dem Glück gratuliert, einen Sohn zu haben wie Dich. Mein lieber Freund, während so viele entartete Kinder ihre Eitelkeit von dem Verdienst ihrer Vorfahren nähren, kann ich, der ich wohl weiß, daß ich ein Vater bin, der der Welt nichts nütze ist, mich nur des Verdienstes meines Sohnes rühmen.› Die Mutter zieht ihn voll in ihr Vertrauen und bittet ihn um Rat, ist aber auch besorgt um seine ‹zarte Seele› und seine ‹Neigung zur Schwermut›. Dennoch: ‹Dein Vater hat mir immer versichert, und das ist auch meine Prophezeiung, daß sein guter Jules, wenn er einmal sich selbst überlassen ist, keinen einzigen Fehltritt tun wird, weil seine Charakterfestigkeit und Gewohnheit nachzudenken ihn sicher auf den Wegen gehen lassen werden, die zum Guten führen.›

Im August 1793 wird er nach erfolgreicher Mission (‹er ist begabt und von ungewöhnlicher Energie›) mit dem Auftrag betraut, den Süden des Landes von den Resten an Sympathien für die Girondisten zu säubern und für die Republik zu gewinnen. Die Reiseroute ist genau vorgeschrieben. In Nantes macht er dem Schreckensregime Carriers ein Ende, indem er voller Abscheu dessen Greueltaten (Massenertränkungen in der Loire!) nach Paris meldet. Und in Bordeaux soll er nach dem Rechten sehen, denn dort halten sich die Volksvertreter Tallien und Ysabeau nicht an die Vorschriften des Sicherheitsausschusses, der striktes Durchgreifen mit äußerster Härte gefordert hat. Die gemäßigte Haltung Talliens wird auf dessen Liebesverhältnis mit der schönen Teresa Cabarrus, geschiedener Gräfin Fontenay, zurückgeführt. Sie soll den Jakobiner Tallien dazu bewegen, Fluchthilfe für Aristokraten und andere Verdächtige zu gewähren. Jullien kommt an, als sich Tallien gerade auf den Weg nach Paris gemacht hat, um dort seine Amtsführung zu verteidigen. Teresa mit ihren blühenden zwanzig Jahren versucht sofort, den neuen Machthaber, neunzehn Jahre alt, zu bezaubern. Daß ihr ein Mann widerstehen könnte, hält sie nicht für möglich. Bei Jullien versagt ihr Liebreiz. Er hält sich an die Ratschläge seiner Mutter, die ihm schon früh ans Herz gelegt hat: ‹Wie Du so vorzüglich darlegst, gibt es in der ganzen Natur keinen größeren Genuß als zu lieben und geliebt zu werden. Aber, mein Sohn, dieser Reiz ist so gefährlich, daß ich Dir für immer rate zu versuchen, die Dämme Deiner

Vernunft gegen den Sturm Deiner Empfindsamkeit zu stemmen, die mich ängstigt.› Julliens erklärtes Ziel ist es, ‹Intriganten, Müßiggänger, die gierigen Handelsleute, die föderalistische Verwaltung, Aristokraten und Reiche› zu vernichten. Dagegen hat die schöne Teresa keine Chance. Er errichtet eine strenge Herrschaft des Schreckens zur Verfolgung der letzten Girondisten und anderer Regimegegner, bemüht sich, die Bevölkerung mit der Veranstaltung genau geplanter Feste zu gewinnen, führt eine extreme Überwachung der Theater und scharfe Pressezensur ein, stärkt die Eigeninitiative der Volksgesellschaften. Denkt er an seine Mutter, wenn er sich bemüht, den neuen Menschen zu formen, den sie so dringend von der Revolution erhofft hat? Immer bezieht er die Frauen mit ein und fordert sie auf, sich ihrer Bedeutung für den Geist des ganzen Volkes bewußt zu sein – als Mütter, als Gattinnen. Aber er weiß auch, daß es Frauen gibt, deren Charme und Anmut geeignet sind zu verführen: ‹Unwichtig! Man muß sie fliehen wie Rosen, die man auch nicht anfassen kann, ohne sich ihren Dornen auszusetzen.› Hätte dies Rosalie gefallen? Hätte es ihr gefallen, daß ihr so überaus geliebter Sohn prinzipiell jede Bindung an einen Menschen ablehnt und nur die Verpflichtung gegenüber einer Lehre, einem Auftrag gelten läßt? ‹Die Stimme der Freiheit ruft: Bindet euch nicht an Menschen. Die Stimme der Gleichheit ruft: Duldet es nicht, daß sich ein einzelner Mensch außerhalb aller stelle und daß seine Macht sie verdunkle.› Damit ist es ihm auch leicht, den Förderer Robespierre nach dessen Sturz zu verleugnen – was hat er mit ihm zu schaffen? Für nicht ganz zwei Jahre verschwindet der ehemals treue Parteigänger des gestürzten Diktators in den Gefängnissen. Seine Verteidigung baut er darauf auf, nichts als ein einflußloser Befehlsempfänger gewesen zu sein. Daß sich die Todesurteile und Hinrichtungen in Bordeaux vom Zeitpunkt seiner Machtübernahme an vervielfachten, scheint sein Gewissen nicht zu belasten.

Von der Mutter sind ab 1793 keine weiteren Briefe erhalten. Daß die Greuel der Volkserhebungen von ihr nicht so unbeschwert mit fadenscheinigen Begründungen entschuldigt und damit verdrängt wurden, wäre zu hoffen. ‹Ich sehe eine Republik ohne Republikaner, und ich kann keine nach meinem Herzen finden, außer in der kommenden Generation, die noch ganz in der Knospe oder im Keime ist. Ich schmeichle mir mit der Hoffnung, daß sich da die Tugenden entwickeln werden, die ich erwarte.› Wir wissen nicht, ob sie in ihrem Sohn ihre Hoffnungen erfüllt sah. Die grotesk übertriebene Wertschätzung des Sohnes, bereits als der Halbwüchsige die ersten Schritte in die Politik wagte, lassen vermuten, daß diese leidenschaftliche, energiegeladene Frau sich nur mit Mühe bescheiden konnte in der ihr zustehenden und von ihr nie in Zweifel gezogenen Rolle einer liebevoll lenkenden Betrachterin männlicher Talente. Der Überschwang ihres Jubels sprengt die Sachlichkeit des Beobachtens, ihre erregte Anteilnahme setzt ihr sogar körperlich zu, Enttäuschungen bewirken eine ‹matte Lähmung ihrer Seele›, verstörenden Wahrnehmungen entzieht sie sich durch das fanatische Wiederholen unangefochtener Werte: Tugend, Volk, Zukunft. Sie hat als Frau keine Chance, über ihren kleinen Familienkreis hinaus Einfluß zu nehmen. Schwerlich läßt sich dies bedauern.

Galerie 3:
Madame Cavaignac

Der Kommissar Cavaignac war einer der blutigsten Schergen der Jakobinerherrschaft. Im Januar 1793 erstattete er beim Sicherheitsausschuß Anzeige gegen Frauen von Verdun, die die Schuld an der Kapitulation der Stadt im September letzten Jahres tragen sollten. Sie hätten auf dem Schlachtfeld den Preußenkönig getroffen, um die Stadt an ihn zu verraten. Davon stimmte kein Wort, schon deshalb, weil der Preußenkönig nie nach Verdun gekommen war, aber der Grund für die Niederlage klang so einleuchtend, daß tatsächlich zwölf Frauen verhaftet, verurteilt und hingerichtet wurden. Cavaignacs Ehefrau sieht keine Notwendigkeit, in ihren ‹Erinnerungen› diesen Vorgang auch nur zu erwähnen. Sie verteidigt die Zeit des Schreckens vehement: ‹Jeden Morgen beim Frühstück las man in den Zeitungen die Listen der Verurteilten, und so sehr man auch mit Begeisterung für die Sache erfüllt war, so war es doch unmöglich, nicht betroffen, nicht entsetzt zu sein von den Mitteln, die angewandt werden mußten. Es ist heute Mode, die Übel jener schrecklichen Epoche zu übertreiben, die Akteure zu verleumden. Sie werden geradezu mit Fluch und Schande überhäuft, als ob sie sich den Terror ausgesucht hätten, als ob sie nicht dazu gebracht, gezwungen worden wären durch Sachzwänge und die Verpflichtungen ihrer Position, als ob sie auf andere Weise das Land hätten retten können; wenn aber dieses System, mehr befohlen als verinnerlicht, allein Frankreich vor der Invasion retten konnte, und das wird wohl niemand abstreiten, wenn es außerdem der Nation die ungeheuren Wohltaten der Revolution bringen konnte, Wohltaten, die heute jede Partei anerkennen muß, dann muß man auch das Andenken derer ehren, die sich dem Wohl ihres Landes geopfert haben, die vor keinem Mittel zurückschreckten, um es zu erlangen, und die doch als Belohnung nichts bekommen haben als Verleumdung, Ächtung und Schafott.›

Madame Cavaignac weiß sich auszudrücken, sie ist ja auch die Tochter des Herausgebers der ersten Tageszeitung Frankreichs, des ‹Journal de Paris›. Und sie ist eine loyale Ehefrau, ganz nach dem Vorbild ihrer Mutter, von der sie sagt: ‹Sie war in einer Zeit geboren, als man die Frauen noch nicht unterrichtete und ihnen kaum Rechtschreibung beibrachte; da nahm sie ihre Erziehung selbst in die Hand durch Beobachten und Lektüre; das ist sicher das beste für alle, die daraus Nutzen ziehen können. Ohne Bücherweisheit trat sie in die Welt, ohne vorgefaßte Meinungen, ohne Unterrichtsergebnisse, ohne kluge Sprüche. Eine Frau, die nicht außerordentlich, sondern ganz normal ausgestattet ist mit Feinheit und Takt, wie es ja fast alle sind, eine Frau, die liest, beobachtet und sich ihr eigenes Urteil bildet, wird eine Natürlichkeit bewahren, eine Originalität, oder besser eine geistige Unverwechselbarkeit, die eine Ausbildung für immer verderben könnte. Ein Mann, der viel weiß, wird das, was er gelernt hat, als notwendige Voraussetzung für seine Entwicklung ansehen; aber auf dem Lebensweg von Frauen hinsichtlich ihrer Aufgabe als Familienmütter ist die, die am meisten weiß, nichts als ein armseliger Schüler. – Als man vor zwanzig Jahren die Pensionate junger Mädchen umwandelte in Gymnasien, damit sie dort Kurse belegen können, erschien mir das als eine höchst ärgerliche Entartung. – Das ist meiner Meinung nach eine falsche Richtung, ein falscher Weg; die ihn einschlagen, sind von unvorsichtigen Ratgebern verleitet so wie diejenigen, die sich auf der Ebene völliger Gleichberechtigung mit Männern glauben und beanspruchen, unter denselben Bedingungen wie Männer zu leben. – Das hochgelobte Leben in Paris, das man doch für das Paradies der Frauen hält, scheint mir im Gegenteil ungeeignet für ihr Glück, und ich habe immer gedacht, daß das Leben von Türkinnen, das übereinstimmt mit der Person, zu der man sie macht – denn Türkinnen gestattet man weder Begabungen, die ihnen nichts nützen, noch Intelligenz, die ihnen schadet, noch das Bedürfnis nach Genüssen, die nicht ihrer Bestimmung entsprechen, noch die Idee von einer Unabhängigkeit, die man ihnen nicht gewähren kann –, daß dieses Leben letztlich das allerbeste ist. – Die Eitelkeit einer Frau erregen und ihre Fantasie, an ihr gewisse Fähigkeiten entwickeln, die sich Raum schaffen wollen, und dann hoffen, daß sie sich beschränkt auf den engen Bereich ihrer Aufgaben, das ist wirklich viel verlangt, und vielleicht kann man es überhaupt nicht erwarten.›

Das Ehepaar Cavaignac – die befreiten Menschen des neuen Frankreich?

Politische Gebärden
der Germaine de Staël

Seit dem 20. August hatte sich Germaine verzehrt nach dem Wiedersehen mit ihrem Geliebten, hatte Todesangst unter dem Terror des Pöbels in Paris gelitten, sich in der Mühsal der Schwangerschaft auf schlechten Wegen nach Coppet gequält, die fürchterlichen Gemütszustände der Mutter, die insistierenden Vorwürfe des Vaters ertragen, das Kind zur Welt gebracht, sich aufgerieben im meist vergeblichen Warten auf Post von diesem angebeteten Vater ihrer Kinder – und jetzt ist sie nach einer beschwerlichen und vor allem gefahrvollen Reise bei ihm in England, und sein Denken kreist nur um die Hinrichtung des Königs, an der er sich schuldig fühlt, weil er nicht sein Leben riskiert hat, um ihn zu retten. Ihre Anwesenheit beschäftigt ihn viel weniger als die Qual seiner Selbstvorwürfe, über die ihn die neuen englischen Freunde offenbar erfolgreicher zu trösten verstehen als sie. So bleibt ihr nur, mit aller Kraft dagegen anzureden, Narbonne hätte den König retten können – wie denn? Er wollte ja nach Paris reisen, um seine Verteidigung zu übernehmen, und hatte, als ihm der Konvent, wie zu erwarten, das geforderte freie Geleit abschlug, mit einem Memorandum versucht, den König zu entlasten. Er als Kriegsminister habe die Verantwortung zu tragen für die Außenpolitik Frankreichs, die Frankreich in den Krieg führte, der König habe sich lediglich an seine Ratschläge gehalten. Eine noble Geste, aber überflüssig, sinnlos. Verzweifelt und wütend verbot sie ihm, nach Frankreich zu fahren und sein Leben leichtfertig aufs Spiel zu setzen – und damit das ihre. ‹In dem Augenblick, in dem du Deinen Fuß auf französischen Boden setzt, bringe ich mich um›, hatte sie ihm gedroht. ‹Du weißt ganz gut, daß Du damit extravagant wirkst und dem König schadest. Du weißt, daß Du für die Jakobiner der bestgehaßte Mann Frankreichs bist. Und wenn sie Dir, bevor sie Dich aufs Schafott bringen, Zeit zu reden geben, dann nur, um in Deiner Aussage über den König einen Grund mehr zu seiner Verurteilung zu finden. Du weißt das, aber Du brauchst einen solchen Eklat, denn Dir sind die drei Monate, in denen nicht von Dir die Rede war, wie Jahrhunderte vorgekommen.› Damit hat sie seinen Stolz verletzt, ja, aber sie mußte ihn von einem Wahnsinn abhalten, der sie mit vernichtet hätte. Zu wissen, daß jedes ihrer Worte mindestens zwei Wochen unterwegs ist, bis es den Geliebten erreicht! Da konnte er die tollkühnsten und blödsinnigsten Entscheidungen längst getroffen haben! Ohne die geringste Rücksicht auf sie! ‹Aber warum bin ich denn so traurig? Es ist nicht mehr das entsetzliche Schicksal, das unserem König bevorsteht, es ist das Gefühl, du hättest mich zu wenig geliebt, so daß Du Deinen großen Auftritt meinem Dasein vorziehst› – diese unerträgliche Kränkung, in seinem Leben nicht alles zu sein, verdrängt zu werden von einer sogenannten Aufgabe, einer edelmütigen Verpflichtung. Oder langweilte er sich bloß und brauchte die Erregung, die ihm sein Selbstopfer bescheren könnte? – Jetzt ist sie jedenfalls hier bei ihm und wird ihn wiedergewinnen. Der Verlust seines Vermögens läßt ihm gar keine andere Wahl, als mit ihr in der Schweiz zu leben, wenn er seinen Lebensstil nicht würde empfindlich einschränken wollen. Und gehört ein Vater nicht zu seinen Kindern? Sie fühlt sich als ‹die Mutter der Gracchen› mit den zwei Söhnen ihres Geliebten, hat er für diese Kinder und deren Mutter keine Verantwortung? Zwar muß sie sich noch von ihrem Mann scheiden lassen, der so unverschämt ist, diese Söhne für die seinen zu halten. Schon vor Wochen hat sie Narbonne gebeten, sich hier in England über das schwedische Scheidungsrecht zu informieren, das hat er wohl nicht getan. Nun kann sie selbst die nötigen Auskünfte einholen.

Wenn nun schon sein Plan, den König vor der Hinrichtung zu bewahren, gescheitert ist, kann wenigstens sie versuchen, sich für die Befreiung der Königin einzusetzen. Er soll sehen, daß sie für alles kämpft, was ihm wichtig ist. Sie wird einen Text entwerfen, der selbst die rabiatesten Jakobiner rühren muß, sie wird nicht juristisch argumentieren, sondern zu den Herzen sprechen. Zwar verdient die Königin ihre Anteilnahme nicht, aber sie will ihr nichts nachtragen. Sie hält Marie-Antoinette nicht für persönlich gefährdet – die Königin ist geschützt durch die Empörung, die Ludwigs Hinrichtung in ganz Europa ausgelöst hat –, aber doch ist der Zeitpunkt günstig, sich mit einem Appell an die Vernunft zu Wort zu melden, eine Flugschrift in Paris verbreiten zu lassen. Narbonne wird es ihr danken. Er scheint nicht geneigt, England zu verlassen, und was soll dann weiter geschehen? Sie hat um Aufenthaltserlaubnis angesucht, aber die Behörden zeigen sich wenig entgegenkommend. Sicher, seit Februar befindet sich England im Krieg mit Frankreich, aber was hat das mit ihr zu tun? Sie ist Schweizerin und die Gattin des schwedischen Botschafters in Paris – zumindest ist sie dies jetzt noch. Obwohl doch von ihr bekannt sein dürfte, daß sie, genauso wie ihr Vater, in Frankreich eine Verfassung nach englischem Vorbild durchsetzen wollte, schlägt ihr eine seltsame Feindseligkeit entgegen. Wenn sie ihre politischen Ansichten darlegt und mit dem Lordkanzler über die seinen disku-

tieren möchte, haben diese Aristokraten eine Art, schweigend die Augenbrauen hochzuziehen, daß sie ihre Energie an diesen eisigen Mienen abprallen fühlt. *Sie wird ihnen die Kunst der Konversation beibringen müssen und sie dazu erziehen, in scharfen Wortgefechten die Behendigkeit des Geistes zu kultivieren. Heute abend erwartet sie Gäste, die sich schon daran gewöhnt haben, ihren Attacken standzuhalten, und Vergnügen am schlagfertigen Gedankenaustausch finden. Es soll ein unbeschwerter Abend werden, sie wird italienische Arien singen und es genießen, ihrem Geliebten nahe zu sein. Nichts darf diese Seligkeit stören. Und doch steigt wieder die würgende Panik in ihr hoch, die sie monatelang gequält hat, weil er sie ohne Nachricht ließ. – Laß mich doch nicht umkommen durch Dein Schweigen! – ... und flehe Dich an, mir Dein unbegreifliches Schweigen zu erklären. – Wieder ein Tag ohne Nachricht! – Was habe ich Dir für Anlaß zu dieser abscheulichen Vernachlässigung gegeben? – Jeden Tag, jeden Tag schrieb sie ihre Verzweiflung ins Leere.*

Und als sie dann endlich seinen zweiten Sohn geboren hatte, bedrängt von der Mißbilligung der Eltern, die sogar unter diesen Umständen darauf bestanden, eine Versöhnung mit dem Ehemann zustande zu bringen, als dieser sich dann auch noch dazu bereit erklärte, obwohl das Kind zehn Monate nach ihrem letzten Treffen mit ihm auf die Welt kam – nicht heute abend daran denken! Sie wird aus dem Buch, an dem sie arbeitet, vorlesen: ‹Über den Einfluß der Leidenschaften auf das Glück von Individuen und Nationen›. Sie wird das Kapitel vortragen, in dem sie das Recht auf Selbstmord verteidigt, ein düsteres Thema für die Freundesrunde, aber Narbonne wird verstehen, daß sie aus der Erfahrung eines verwundeten Herzens geschrieben hat, sie wird ihm auf diese Weise sagen können, daß sie nicht am Leben bleiben wird, wenn er sich von ihr trennen wollte, er wird ihr die bedingungslose Ergebenheit, mit der sie sich ihm ausliefert, lohnen, sie entschädigen für die Leiden der gottlob vergangenen Monate, sie wird ihn bezaubern, daß er ein Leben ohne sie gar nicht mehr in Erwägung ziehen kann. Immer heftiger zwirbelt sie eines der unzähligen Papierröllchen, ohne die sie nicht sein kann, zwischen ihren Fingern.

Germaine de Staël-Holstein, 27 Jahre alt, verließ England Ende Mai 1793. Nach vier ‹dem Schiffbruch des Lebens abgerungenen Monaten› hatte sie eingesehen, daß sie weder in England bleiben konnte – ein Ausländergesetz stand vor der Verabschiedung, und sie hatte keine Aufenthaltserlaubnis erhalten –, noch daß ihr Geliebter bereit war mitzukommen. Aber sie nahm sein Versprechen mit, in spätestens vier Monaten bei ihr in der Schweiz zu sein. Bis zum August 1794 ließ er auf sich warten, der ruhige Aufenthalt in dem von Germaine gemieteten und bezahlten Haus war für ihn weit reizvoller als das Zusammensein mit der exaltierten Frau, die er nur noch schlecht ertragen konnte. Die Qualen Germaines steigerten sich ins Wahnhafte. Obwohl sie wußte, daß Narbonne sie nicht mehr liebte, orientierte sie ihr Leben nur nach dem Eingang der Post und bestürmte ihn in einer Flut von Briefen. Als er endlich doch von Dorking aufbrach, wollte er diese Zeugnisse ihrer Besessenheit nicht mitnehmen und vertraute sie einem Freund an, dessen Frau das Paket mit der Aufschrift versah ‹Brennende Briefe zur Verbrennung›, sie aber dann doch nicht dem Feuer übergab.

Germaine wurde in der Zeit der Trennung von heftigen Krämpfen und Fieber befallen, sehnte sich danach zu sterben und plante ihren Selbstmord, was sie ihrem Geliebten auch nicht vorenthielt: ‹Im übrigen beeile Dich, wenn Du mich noch sehen willst, denn ich sterbe.› In die Zeit dieser selbstzerstörerischen Fixierung auf ihre abgewiesene Liebe fiel die Nachricht, daß das Revolutionstribunal tatsächlich den Prozeß gegen Marie-Antoinette vorbereitete. Germaine besann sich auf ihre in England begonnene Verteidigung der Königin, überarbeitete ihre Notizen und ließ ihren Aufruf mit dem Titel ‹Rettet die Königin!› in Paris verbreiten.

‹Mein Name tut nichts zur Sache, darum soll er ungenannt bleiben. Um aber die Unparteilichkeit dieser Schrift zu unterstreichen, möchte ich doch vorbringen, daß unter den Frauen, welche die Königin besuchen durften, ich diejenige war, die die geringsten persönlichen Beziehungen zu ihr hatte.› Germaine machte der Königin den Vorwurf, die Verdienste ihres Vaters, des Finanzministers Necker, zu wenig geschätzt zu haben, sie verzieh ihr nicht, daß sie sich so lange dagegen gesträubt hatte, Narbonne zum Kriegsminister zu machen, und seine schmähliche Entlassung schrieb sie ebenfalls dem Einfluß der Königin zu, sie empfand es als Affront, daß die königliche Familie einen Fluchtplan, den sie sich ausgedacht hatte, als zu romantisch zurückgewiesen hatte – nein, die persönlichen Beziehungen waren eher unerfreulich. Natürlich hatte es ihr der Hof übel genommen, daß sie in ihrem Salon die Anhänger einer konstitutionellen Monarchie nach englischem Vorbild um sich scharte, aber Marie-Antoinette hatte wohl nicht verstanden, daß die Revolution von ihr Zugeständnisse erforderte. Jetzt war es zu spät. Erstmalig fühlte sich Germaine im Schmerz um die verlorene Liebe Narbonnes der Königin, in deren Einsamkeit sie ihr eigenes Leid projizierte, nahe.

Sie wendet sich an alle Menschen, die selbst Unglück kennen, um sie für die Sache der Königin zu gewinnen. Sie erinnert an die Begeisterung der Franzosen, als die blutjunge Prinzessin den Dauphin heiratete, und an die Verleumdungen, die später immer mehr den Haß des Volkes gegen sie anheizten. ‹Habt ihr in jenen alten Gefängnissen, die ihr geöffnet habt, ein einziges Opfer gefunden, das Marie-Antoinette seines Schicksals wegen angeklagt hätte? Keine Königin hat sich in der Zeit ihrer absoluten Herrschaft so öffentlich verleumdet gesehen wie sie; und je sicherer man war, daß sie in keinem Fall bestrafen würde, um so mehr beleidigte man sie. Es ist bekannt, daß sie zahllosen Flegeleien, Tausenden von Schmähschriften, aufrührerischen Aktionen ausgesetzt war – und man wird vergeblich nach der Spur eines Racheakts suchen.› In Gedanken daran, wie die Königin hilflos der Wut ihrer Feinde ausgeliefert ist, schreibt sie wie über sich selbst: ‹Man verletzt an ihr, der fremden und schutzbedürftigen Frau, die Gesetze der Gastfreundschaft und die der Natur!› Und weil sie sich fühlt, als hätten ihr Schmerz und Demütigung die Flügel gebrochen, weiß sie, daß von der Königin nichts mehr zu befürchten ist; sie beruhigt die Leser über den Ehrgeiz Marie-Antoinettes: ‹Dem Grab entstiegen, will man nicht den Thron besteigen; und so lange Leiden vertreiben fast ganz das Verlangen nach Glück.›

Schließlich warnt sie vor einer Politik, die das Volk an den Terror gewöhnt: ‹Wenn ihr auf eurer Grausamkeit beharrt, wenn ihr die Königin opfert, brandmarkt ihr eure bisherigen Erfolge. – Ihr regiert mit dem Tod; die Macht, die eurem Regierungssystem fehlt, ersetzt ihr durch eine Terrorjustiz; und da, wo es einen Thron gab, habt ihr ein Schafott errichtet.› Man hat dieser zärtlichen Mutter den Sohn entrissen: ‹Ich wende mich an euch, ihr Frauen, die ihr alle in dieser einen liebevollen Mutter hingeopfert würdet durch das Verbrechen, das ohne Mitleid an der Hilflosigkeit verübt würde. So wird auch euer Leben, wenn das unbezähmbare Grauen regiert, dies wird auch euer Los, wenn eure Tränen vergeblich fließen. Verteidigt die Königin mit allen Waffen, die euch die Natur verliehen hat!›

Am 16. Oktober 1793 wurde Marie-Antoinette hingerichtet. Die Verfasserin ihrer Verteidigung geht nur in einer kurzen Bemerkung in einem Brief an Narbonne darauf ein: ‹Du kannst doch kein Fremder für mich sein, der mich nicht wiedersehen mag? Glaube mir, ein solcher Entschluß wäre mir schlimmer als das grauenhafte Schicksal dieser berühmten unglücklichen Frau. Ihre Scharfrichter haben jede Art der Folterung an ihr verübt, aber M. de Fersen war nicht unter ihnen, seinen Namen hat sie ohne Schauder aussprechen, auf sein Mitleid bauen können.› Sie kreist so ausschließlich um sich selbst, daß sie allen Ernstes ihr Liebespech mit dem grausamen Ende der Königin gleichsetzen kann, sich selbst sogar noch mehr bedauert, da ja die Königin in ungetrübter Verbundenheit an ihren fernen Freund denken konnte. Germaine sieht andere Menschen nur als einen Teil ihres Selbst, einen geliebten Menschen wie ein lebenswichtiges Organ, einen ungeliebten als störenden Splitter in ihrem Fleisch. Sie kennt keinerlei Distanz, ist ohne Verständnis für Ansprüche anderer auf ein Eigenleben, verdammt jeden Gedanken, der nicht ihr gilt, als Verrat. Mit zunehmendem Alter wird sich ihre Selbstbesessenheit steigern, Germaine wird sich an Männer klammern, die vor der Gewalt dieses Zugriffs kapitulieren. Wer sich entziehen will, reizt ihr Besitzenwollen ins Maßlose, dann ruht sie nicht, bis der Widerstand gebrochen, der Mann eingereiht ist in den Reigen der Liebhaber, aus dem er nie mehr entlassen wird. Kaum eine Frau hat so wie sie schon in der Jugend Lawinen losgetreten an Haß, Spott, Verachtung, was jedoch durch ihren Mangel an Einfühlung an ihr abprallte. Doch löste sie auch Leidenschaften aus bei Männern, die sich vielleicht nur eine kurze Phase ihres Lebens ganz über sie definierten, aber dafür angeschmiedet blieben, resignierend vor der Gewalttätigkeit ihres Willens.

Als Germaine Necker 1766 in Paris geboren wurde, war ihr ein privilegierter Lebensweg vorgezeichnet. Der Vater hatte es durch erfolgreiche Spekulationen zu einem der größten Vermögen der Schweiz und schließlich zu einer politischen Karriere gebracht, über deren Berechtigung die Meinungen der Zeitgenossen weit auseinandergingen. Er hatte ein Mädchen aus armer Familie geheiratet, das schön und anziehend war und nach einer unglücklichen Liebe nicht mehr damit rechnen konnte, eine wirklich gute Partie zu machen. Da begegnete ihr mit siebenundzwanzig Jahren Jacques Necker, und die beiden blieben einander in unverbrüchlicher Gemeinschaft bis zum Tod verbunden. Sie stammten aus preußischen und Schweizer Pastorenfamilien und zeichneten sich durch eine bedeutende Gemeinsamkeit aus: eine besondere Hochachtung vor dem eigenen Wert. Durch die Ehe weiteten sie beide ihre anmaßende Selbstverzückung auf den Partner aus. Als Germaine, ihr einziges Kind, geboren war, übertrugen die Eltern das Wissen um die eigene Besonderheit auch auf das Kind, und so gab es schließlich selten drei Menschen, die einander auf so naiv-grandiose Weise anbeteten wie Familie Necker. Die Mutter unterhielt in Paris einen Salon mit den berühmtesten Männern der Aufklärung, deren Komplimente sie als selbstverständlichen Tribut einheimste. Sie liebte ihre Tochter nicht, war aber verbissen damit beschäftigt, diese zu genau dem herausragenden Geschöpf zu erziehen, das einzig so bedeutenden Eltern zukam. Das Kind verschlang philosophische Bücher, weil die Autoren im Haus der Eltern ein- und ausgingen, und es wurde zur Gewohnheit, das kleine Mädchen an den Einladungen teilnehmen und sogar mitreden zu lassen. Die erleuchtetsten Köpfe beugten sich verehrungsvoll über die Hand der erstaunlichen zehnjährigen Intellektuellen und nahmen ihre Meinung ernst oder taten zumindest so. Madame de Genlis beschreibt die erste Begegnung mit Mutter und Tochter: ‹In Belle Chasse kam ich in nähere Berührung mit Madame Necker, die vor der Revolution sehr zuvorkommend gegen mich war und mich besuchte: sie brachte mir ihre Tochter, die damals noch nicht verheiratet und erst sechzehn Jahre alt war. Diese junge Person war nicht hübsch, aber sehr lebhaft, sie sprach viel zuviel, aber mit Geist. Ich erinnere mich noch, daß ich Madame Necker ein Stück aus meinem Théatre de jeunes personnes vorlas, wobei als dritte Person nur ihre Tochter anwesend war. Der Enthusiasmus und die Freude dieser jungen Dame setzten mich in Erstaunen, ohne mir zu gefallen; sie weinte, begleitete jede Szene mit Ausrufen, küßte mir alle Augenblicke die Hände und umarmte mich öfters. Madame Necker gab ihr keine gute Erziehung, als sie ihr erlaubte, drei Viertel des Tages mit den Schöngeistern der damaligen Zeit, welche sie umgaben, zuzubringen. Während die Mutter sich mit anderen Personen beschäftigte, die sie besuchten, vorzüglich mit Damen, stritten sich die Schöngeister mit Mlle Necker über die Leidenschaften und die Liebe. Ihr einsames Zimmer und gute Bücher wären für sie angemessener gewesen. Sie lernte schnell und viel zu sprechen, ohne dabei zu denken, und so schrieb sie dann auch.›

Ist auch der letzte Satz die typische Bosheit einer Schriftstellerkollegin, so trifft die erfahrene Pädagogin doch genau die Überforderung des heranwachsenden Mädchens, das ständig atemlos darum bemüht sein mußte, den berühmten Erwachsenen Eindruck zu machen. Zudem verwirrten die Eltern Germaines Selbsteinschätzung durch ihr dauerndes Gerede über ihre gewaltige Mitgift. Als sie dreizehn Jahre alt war, begann ein freundlicher dreißigjähriger Schwede seine Werbung um sie, weil er dermaßen verschuldet war, daß ohne diese Heirat seine künftige Karriere keinen Pfifferling mehr galt. Sechs Jahre scheint ihn nur dieses Ziel beschäftigt zu haben, für das er alle Menschen, die ihn gern hatten oder bei denen er verschuldet war, für seine Bemühungen einschaltete, darunter sogar Marie-Antoinette und den Schwedenkönig Gustav. Mit dieser Zähigkeit erreichte er schließlich die Heirat, er brachte seinen Rang als schwedischer Botschafter ein und Germaine ihr Geld. Am Ziel seiner

Wünsche stellte er überrascht fest, daß seine Frau nicht nur Vermögen, sondern auch Verstand und Temperament hatte, was er so großartig fand, daß er sich heftig in sie verliebte und ihr bis an sein Lebensende in Bewunderung und Zuverlässigkeit verbunden blieb. Die Braut ging nüchtern in die Ehe. Monsieur de Staël ‹ist ein Mann, der sich vollkommen korrekt benimmt, unfähig, etwas Dummes zu sagen oder zu tun, aber hohl und träge; er wird mich nicht unglücklich machen aus dem einfachen Grund, weil er zu meinem Glück nichts beitragen kann, es aber auch nicht zu stören vermöchte.›

Zumindest hatte diese Ehe den Vorteil, sie aus der pedantischen Bevormundung ihrer Mutter zu befreien, der sie übelnahm, die Frau ihres Vaters zu sein. Sie war davon überzeugt, nur ihr Vater wäre für sie der geeignete Mann gewesen, und bedauerte ihr ganzes Leben lang, daß sie ihn nicht hatte heiraten können. Ein Tagebucheintrag vom 31.Juli 1785, ein halbes Jahr vor ihrer Hochzeit: ‹Gestern schrieb ich nichts. Ich war noch im Bett, als mein Vater mich besuchen kam, und ich widmete ihm eine Stunde, die sonst meinem Tagebuch gehört. Wir sprachen über nichts, aber jeder Augenblick war erfüllt von Heiterkeit und zarten Empfindungen... Doch wie kommt es nur, daß wir nicht immer miteinander harmonieren, daß wir uns manchmal leidenschaftlich, manchmal kühl gegenüberstehen? Sicher deshalb, weil er möchte, daß ich ihn wie einen Liebhaber liebe, während er wie ein Vater zu mir spricht; weil ich möchte, daß er eifersüchtig wie ein Liebhaber sei, während ich mich wie eine Tochter gebe. Sein Wunsch wäre, daß ich die meinem Alter entsprechenden Neigungen völlig unterdrücke, und der Kampf zwischen meiner Leidenschaft für ihn und diesen Neigungen macht mich so unglücklich... Unter allen Männern der Welt ist er derjenige, den ich mir als Geliebten gewünscht hätte.› Bei seinem Tod weinte die achtunddreißigjährige Germaine um ‹ihren Vater, ihren Bruder, ihr Kind, ihren Mann›. Die kühle, selbstherrliche Mutter hatte sie als Kind erlebt unter dem Druck von deren brutaler Überforderung, in der Pubertät als Konkurrenz und, als Erwachsene, seit sie ihr eigenes Leben und einen eigenen hochkarätigen Salon führte, als Besiegte.

Die Fixierung auf den Vater ließ Germaine ein Leben lang hinter dem Traum herjagen, daß es einen Mann gäbe, dem sie sich völlig unterwerfen, der sie bändigen und damit erlösen könne. Und jeden Mann, den sie kennenlernte, interpretierte sie in der gehetzten Blindheit ihres Wahns als möglichen Retter und gab ihm so eine Aureole des Außerordentlichen, die ihn über sich selbst staunen und auch über sich hinauswachsen ließ. Jeder fühlte sich in der Begegnung mit Germaine in einer Grandiosität erkannt, an die er

für sich selbst nie geglaubt hätte. Aber schnell schlug das beiderseitige Entzücken um in den Horror empörter Enttäuschung. Kein
einziger Mann konnte Germaines Erwartungen entsprechen. Jeder
mußte vor ihren verschlingenden Ansprüchen, die er zu erfüllen
gehabt hätte, versagen: zunächst mußte er großartiger sein als der
Vater, weil endlich die Lösung von dem aussichtslosen Begehren,
sich diesem anzuvermählen, gelingen sollte; dann mußte er dazu
geeignet sein, über die Mutter zu triumphieren, die im Besitz des
Vaters sonst immer überlegen bleiben würde; und schließlich
mußte er durch seine Liebe bestätigen, daß Germaine auf einmalige
Weise liebenswert sei. Denn sie wußte sehr wohl, daß sie häßlich
war. Auch wenn sie sich eine verblüffende Unempfindlichkeit gegen Kritik zugelegt hatte, mußte sie doch die grausamen Urteile, die
ihr die Zeitgenossen seit ihrer frühen Jugend zudachten, erst einmal
verkraften. Ihr plumper Körper wurde verspottet – sie stellte ihn
provozierend entblößt zur Schau; man höhnte über ihre groben, fast
negroiden Gesichtszüge –, sie betonte ihren Gesichtstypus, indem
sie einen exotischen Turban für sich kreierte, den sie in tausendfa-
cher Ausfertigung zu privaten und öffentlichen Anlässen trug und
der ihre gedrungenen Proportionen noch unterstrich; man lachte
über ihren schlechten Geschmack – sie takelte sich erst recht auf,
als wollte sie ihre Umgebung dazu zwingen, hinter der Maskerade
ihren eigentlichen Wert, ihren Liebreiz, ihren Zauber zu erkennen.
Die meisten Zeitgenossen zeichneten hämische Portraits von ihr.
Nicht so Madame de Boigné, die als junge Frau zum erstenmal 1807
in Lyon mit ihr zusammentraf.

‹Ich mußte oft nach Savoyen. Auf meiner ersten Reise hielt ich in
Lyon an und logierte im Hotel Europa, wo ich spät ankam. Früh am
nächsten Tag sagte mir der Hoteldiener, daß Madame de Staël im
Hause sei, und fragte, ob ich sie zu empfangen wünsche. – Fünf
Minuten später betrat sie mein Zimmer, begleitet von Camille
Jordan, Benjamin Constant, Mathieu de Monmorency, Schlegel,
Elzéar de Sabran und Talma. Ich war sehr jung; diese große Be-
rühmtheit und dieses einzigartige Gefolge beeindruckten mich zu-
nächst.›

Man blieb den ganzen Tag zusammen und besuchte abends Talma
im Theater.

‹Als wir das Theater verließen, bestieg sie wieder ihren Wagen, um
nach Coppet zurückzufahren. Sie hatte ihre Exilierung durchbrochen
mit dem Risiko aller möglichen Unannehmlichkeiten, nur um eine
Vorstellung Talmas zu sehen. Dies war also das erstemal, daß dieser
Meteor vor mir erschien; ich war davon ganz wirr im Kopf. Auf den
ersten Blick war sie mir häßlich und seltsam vorgekommen; eine

Den unvermeidlichen Turban auf dem gelockten Haar, das üppige Décolleté, die entblößten Arme – so zeigte sich Germaine de Staël am liebsten. Auffallend die großen strahlenden Augen und die besonders feingeformten Hände.

dickliche, gerötete Gestalt ohne Jugendlichkeit, die Haare ungekämmt, was sie malerisch arrangiert nannte; kein Brusttuch, eine tief ausgeschnittene Tunika aus weißem Musselin, Arme und Schultern nackt, kein Schal, keine Schärpe noch irgendein Schleier: dies alles machte in einem Herbergszimmer am Mittag einen sonderbaren Eindruck. Sie hatte ein kleines Papierröllchen, das sie ununterbrochen zwischen ihren Fingern drehte. Ich glaube, das war gedacht, um auf ihre sehr schöne Hand aufmerksam zu machen, aber es vervollständigte die Seltsamkeit ihres Aufzugs. Nach einer Stunde war ich bezaubert und überrascht, daß ich sie beinahe schön fand.›

Im Lauf der nächsten Jahre fanden viele gegenseitige Besuche statt, und die junge Madame de Boigné wurde Augenzeugin der fürchterlichen Szenen, die sich zwischen Germaine und ihren Liebhabern abspielten. Die Heftigkeit dieser Auseinandersetzungen muß einzigartig gewesen sein. Aber: ‹Sie besaß so außerordentlich viel Geist, daß der Überschuß auch anderen zugute kam; nach einem Gespräch mit ihr verließ man sie mit Bewunderung für sie, aber auch sehr mit sich selbst zufrieden. Man hatte das Gefühl, daß man sich in seinem ganzen Wert gezeigt hatte. – Wenn man sie einmal getroffen hatte, war es unmöglich, den Zauber ihrer Gesellschaft zu vergessen. Meiner Meinung nach war sie in ihren Gesprächen bemerkenswerter als in ihren Schriften.› So, wie sie geschrieben hat, ist das auch nicht verwunderlich: ‹Sie hatte nie einen festen Platz zum Schreiben; eine kleine Schreibgarnitur aus grünem Leder, die sie auf den Knien hielt und mit der sie von Raum zu Raum wanderte, enthielt zugleich ihre Texte und ihre Korrespondenz. Oft erledigte sie diese, umgeben von mehreren Personen; mit einem Wort, als einziges fürchtete sie Einsamkeit, und die Geißel ihres Lebens war Langeweile.› Tatsächlich nahm die Kunst der Konversation den vielleicht wichtigsten Rang in ihrem Leben ein, zumindest den, der ihr den beständigsten Erfolg bescherte. Sie selbst definiert die Hohe Schule der Unterhaltung in ihrem Buch ‹Über Deutschland›: ‹Die Art des Wohlbefindens, welche eine belebte Unterhaltung gewährt, besteht gerade nicht in dem Gegenstande dieser Unterhaltung; nicht die Ideen und Kenntnisse, die man darin entwickeln kann, bilden das Hauptinteresse. Dies geht hervor aus einer gewissen Manier, aufeinander zu wirken, sich gegenseitig und rasch Vergnügen zu bereiten, so schnell zu sprechen, wie man denkt, sich selbst mit Wohlgefallen zu empfinden, Beifall ohne Anstrengung zu ernten, seinen Verstand in allen Abstufungen durch Ton, Gebärde und Blick zu offenbaren und, nach Belieben, eine Art von Elektrizität hervorzubringen, deren sprühende Funken die Lebhaftigkeit der einen mäßigt und die unangenehme Apathie der anderen verbannt.›

Ihr schriftliches Werk, oft ermüdend langatmig, löst selten eine damit vergleichbare Faszination aus. Könnte man es verknappen auf die geistreichen und lebensklugen Passagen, wäre das Vergnügen uneingeschränkt. Germaine hat fast nie etwas Geschriebenes noch einmal durchgelesen, worüber viele Beobachter staunten. Sie hielt sich selbst und jedes ihrer Worte für so bedeutend, daß sie meinte, auf Selbstkontrolle oder gar nachträgliche Korrektur verzichten zu können.

Sie hatte eine Leidenschaft für Politik. Aber an keinem einzigen

ihrer Sätze wäre abzulesen, es hätte sie gestört, daß Frauen das
Wahlrecht nicht zugebilligt wurde. Dieser Aspekt interessierte sie
überhaupt nicht. Politik, so wie sie sie verstand, wurde vom Salon
aus betrieben, wo die Männer von einer genialen Frau mit Anweisungen versehen werden, wie sie sich auf der politischen Bühne zu
verhalten haben. Die Frau inspiriert die Männer aus dem privaten
Kraftzentrum ihrer Intimität. Germaine selbst scheute sich nicht,
ihre Sexualität einzusetzen, um zu erreichen, was ihr wichtig war,
und war sich auch nicht zu schade, den Druck ihres gewaltigen
Vermögens wirken zu lassen. Nie dachte sie daran, selbst eine
politische Funktion anzustreben, keine Bemerkung läßt vermuten,
sie hätte sich für fähiger gehalten als die Männer, die sie mit ihrem
Verstand und mit Plänen vollpumpte.

Es wäre ihr allerdings auch nicht in den Sinn gekommen, daß es
einen Mann beschämen könnte, nur dadurch ein Amt zu erwerben,
weil sie in dem Geflecht ihrer Beziehungen so geschickt Verspre-
chungen und Drohungen spielen ließ, bis an einer schwachen Stelle
das Hindernis durch ihre Zermürbungstaktik weichen mußte. Sie
hat ohne Wissen der Männer, die sie fördern wollte, Briefe an deren
Widersacher geschrieben, hat in der Presse Lobestiraden bestellt
und schon auch selbst einem Günstling die Feder geführt, wie 1792,
als Narbonne dem König einen von ihr verfaßten Brief überreichte –
der dann allerdings seine Entlassung bewirkte.

Sie fühlte sich eingeweiht in die verborgenen Mechanismen der
historischen Entwicklung und kompetent, aus ihrer Kenntnis der
internen Abläufe für Zeitgenossen und Nachwelt ein gültiges Gemälde der Französischen Revolution zu entwerfen, und kurz vor
ihrem Tod mit nur einundfünfzig Jahren begann sie mit diesem
ehrgeizigen Werk. Bittere Jahre lagen hinter ihr; daß Napoleon sie
aus der geliebten Stadt Paris und später auch aus Frankreichs
Grenzen verbannte, hat sie zu einer ruhelos durch Europa jagenden
Heimatlosen gemacht, denn wo, wenn nicht in Paris, wäre ihr
Lebensanker gewesen? Diese Jahre der Verstoßung aus dem Paradies
brachten ihr aber auch internationalen Ruhm mit ihren Romanen
und Essays. Als sie endlich nach dem Ende Napoleons in ihre Stadt
zurückkehren konnte, war sie verbraucht, erschöpft durch ihre
aufreibenden Beziehungen zu Männern, die sich mit ihrer Berühmt-
heit schmückten, ohne ihr die geringste Zärtlichkeit entgegenzu-
bringen, oder die als geistig völlig unzulänglich von aller Welt
belächelt wurden. Ihr Opiumkonsum hatte ihre Gesundheit ebenso
untergraben wie ihr hektisches Leben ohne Regelmäßigkeit und
Muße. Ausgebrannt, fast schon zerstört setzte sie an zu dem gigan-
tischen Kraftakt des letzten Werkes: Betrachtungen, Considérations,

über die Französische Revolution nannte sie es – bescheiden oder
kokett? Ihre persönliche Sicht sollte das Werk vermitteln und
nimmt doch für sich in Anspruch, die Ereignisse nicht nur schlüssig
zu deuten, sondern auch beurteilen zu können.

1789 hatte Germaine die Revolution begrüßt und von einem
Frankreich mit einem König und zwei Kammern geträumt, das ihr
Vater in eine glänzende Zukunft geführt hätte. Als sich aus der
unaufhaltsamen Radikalisierung eine Republik herauskristallisierte,
akzeptierte sie auch diese Staatsform, sofern sie dazu geeignet war,
den Eliten ausreichend Einfluß einzuräumen, die heiligen Rechte
des Besitzes zu schützen und größtmögliche Freiheit denen zu
garantieren, die einer solchen Freiheit auch würdig waren, also den
Gebildeten, Begabten, Schöpferischen und Verantwortungsbewuß-
ten – wobei die Verantwortung für das eigene Talent den Vorrang vor
allen anderen Pflichten haben mußte. 1795 sah sie eine Chance für
eine auf diese Weise konservative Republik: ‹Ich wünsche aufrichtig
die Errichtung einer französischen Republik auf den heiligen
Grundlagen der Gerechtigkeit und Menschlichkeit, weil sich erwiesen hat, daß einzig eine republikanische Regierung Frankreich Ruhe
und Freiheit geben kann.› Das Volk sollte von klugen Männern
geführt werden, aber nicht selbst über Macht verfügen, da die Macht
der Masse automatisch in Terror mündet. Ihr Bild vom ‹Volk› ist
äußerst negativ. Zwar hat es sich durch den Jubel für den Vater als
einsichtig und instinktsicher gezeigt, konnte sich aber auch gewalt-
tätig und blutrünstig gebärden. Über den 20. Juni 1792 schreibt sie,
daß 20 000 Menschen in die Tuilerien eingedrungen seien, ‹ohne zu
wissen warum›. ‹Ihre Gesichter waren gezeichnet von jener moralischen und körperlichen Roheit, der gegenüber man den Ekel nicht
unterdrücken kann, was für ein Menschenfreund man auch sein
mag. Hätte sie ein echtes Gefühl getrieben, wären sie gekommen,
gegen Unrecht zu protestieren, gegen den hohen Brotpreis, die
wachsende Steuerlast, die Zwangsaushebungen, einfach gegen alles,
was Macht und Reichtum dem Elend zumuten, die Lumpen, mit
denen sie bekleidet sind, das vorzeitige Altern ihrer Frauen, die
Verwilderung ihrer Kinder, das alles hätte Mitleid erweckt. Aber
ihre grauenhaften Flüche, vermischt mit Schreien, ihre Drohgebär-
den, ihre Mordwaffen boten ein widerwärtiges Schauspiel, das die
dem Menschengeschlecht gebührende Achtung für immer zerstören
könnte.›

Da sie aber nun wußte, daß alle die von ihr genannten Beweggründe die rebellierenden Sansculotten nicht angetrieben hatten,
wenn sie wußte, daß diese Menge keine Ahnung hatte, was sie im
Schloß wollte, welche Erklärung bietet sie selbst an? Die Armen

sind immer neidisch auf alle, die mehr besitzen als sie selbst. So einfach ist das. An den Jakobinern bemängelt sie ‹eine Mischung aus Grobheit und Wildheit, worin man überhaupt keinen Plan erkennen kann außer dem, die eine Hälfte der Nation von der anderen umbringen zu lassen›. Das politische Programm der Jakobiner hat ihr nicht gefallen müssen, es aber schlechterdings gar nicht wahrzunehmen zeugt doch von einem begrenzten Blickwinkel. Dabei weiß sie an anderer Stelle so scharf zu analysieren: ‹Der große Irrtum leidenschaftlicher Politiker ist es, den Gegnern alle Arten von Lastern und Gemeinheiten zuzuschreiben. Man muß unter bestimmten Gesichtspunkten diejenigen, die man haßt, schätzen, sogar diejenigen, die man verachtet. Denn kein Mensch und erst recht keine Masse Menschen war jemals ganz ohne Moral. Diese wütenden Jakobiner, die zu allen Schandtaten fähig sind, haben immerhin Energie; und aufgrund dieser Eigenschaft haben sie über die ausländischen Armeen triumphiert.›

Woran sich aber diese Energie entzündete, sieht sie nicht, denn sie ist unfähig zu erkennen, daß es ökonomische und soziale Mißstände sind, die einem System den Todesstoß versetzen. Ihrer Meinung nach haben die Philosophen die Revolution gemacht, und nur diese werden sie auch zu einem schlüssigen Ende führen. Einer der aufrechtesten Veteranen der Revolution, Bailleul, hat die Interpretation der ‹Betrachtungen› scharf kritisiert und seine Einwände knapp zusammengefaßt: ‹Madame de Staël hat von der Revolution nur sehr oberflächliche Vorstellungen. Man muß annehmen, daß sie immer nur Personen sieht, aber nie Gegebenheiten. Das ist die Quelle aller ihrer Irrtümer.› Dies ist aber auch die Stärke ihrer Darstellung. Denn mit dem Blick auf Personen gelingen atmosphärisch packende Bilder. Der zweite Jahrestag des 14. Juli: der König wiederholt den Eid auf die Verfassung: ‹Ich sah von weitem seinen gepuderten Kopf inmitten all der dunkelhaarigen Köpfe; sein Anzug, noch bestickt wie sonst, hob sich ab von der Kleidung der einfachen Leute, die sich gegen ihn drängten. Als er die Stufen zum Altar hinaufschritt, glaubte man, ein heiliges Opfer zu sehen, das sich freiwillig zum Schlachten anbietet. Er stieg herunter, durchquerte die ungeordneten Reihen und nahm Platz neben der Königin und seinen Kindern. Von diesem Tag an hat ihn das Volk erst wieder auf dem Schafott gesehen.›

Nach dem Thermidor hatte sie sich Hoffnungen gemacht auf eine liberale Entwicklung der Politik und versuchte, nach gewohntem Muster, über die einflußreichen Männer ihres Salons ihrem Liebhaber Benjamin Constant den Start in eine politische Karriere zu ermöglichen. Die Machtergreifung Napoleons bedeutete das Ende ihrer Illusionen. Der Konsul und spätere Kaiser erklärte strikt, nicht mit ihr in derselben Stadt leben zu wollen, und verfügte schärfste Polizeikontrollen über jeden ihrer Schritte. So wurde Madame de Staël nach anfänglichem Werben um den starken Mann Frankreichs zur hellsichtigsten Kritikerin seiner Despotie. Nicht auszudenken, welche Energien sie ihm zur Verfügung gestellt hätte, wäre sie von ihm in den inneren Zirkel seines Vertrauens aufgenommen worden! Notgedrungen wurde die Opposition ihr Lebensinhalt. In einem Punkt ist sie allerdings mit dem Diktator Europas einer Meinung: über die Aufgaben der Frau. Entblödete sich der Kaiser nicht, immer wieder zu betonen, Frauen sollten ‹beim Strickstrumpf› bleiben, liest man mit leiser Verwunderung aus der Feder Madame de Staëls: ‹Mit Recht hat man die Frauen von den politischen und bürgerlichen Angelegenheiten ausgeschlossen; nichts widerspricht ihrem natürlichen Beruf so sehr wie alles, was sie in die Konkurrenz der Männer drängt, und selbst der Ruhm wäre nur ein glänzendes Trauerkleid für das verlorene Glück der Frau.› Außerdem: ‹Gott hat den Mann als das edelste der Geschöpfe erschaffen.› Da sie in ihrem Werk ‹Über Deutschland›, aus dem diese Sätze stammen, in vielen Passagen nachweisbar nicht ihre Meinung sagt, sondern darum buhlt, das Wohlgefallen Napoleons zu gewinnen, damit er seinen Bannfluch löse, mögen auch solche Aussagen als Tribut an seine Omnipotenz gedacht sein. ‹Es wäre besser, Frauen wie Sklaven einzusperren, als sie mitten in die Welt zu schleudern und alle Fähigkeiten zu entwickeln, um ihnen hinterher das Glück zu versagen, das aus diesen Tätigkeiten entstehen kann.› Unnütze Begabungen, ein nicht verwertbarer Fundus an Talent – hier mag man schon eher die Frau erkennen, die alle einengenden Konventionen immer wieder in Frage stellte und doch in ihnen gefangen blieb. Keine Aufgabe hat die vielfältigen Fähigkeiten Germaines so herausgefordert, daß ihr rastloser Geist Erfüllung und damit Ruhe gefunden hätte. Sie ist nie in einer Tätigkeit so aufgegangen, daß sie Alleinsein als die notwendige Voraussetzung dazu hätte schätzen können, hat Einsamkeit nie anders gesehen als das Nichtvorhandensein anderer Menschen, das sie nur als Bedrohung erlebte.

In der Kindheit hatte sie lernen müssen, ihre Leistungsfähigkeit bis zur äußersten Grenze anzuspannen, und flüchtete sich in Erschöpfungskrankheiten, die sie dem Druck des mütterlichen Ehrgeizes entzogen. Aber sie war an Überforderung gewöhnt, und spätestens seit ihrer Hochzeit entsprach nichts mehr von dem, was sie tat oder hätte tun können, der expansiven Gewalt ihrer Persönlichkeit. So wurde sie zum Schreckensbild einer Frau, die bis ins Absurde die alten Verhaltensmuster bediente: Launen, Erpressungen durch Zusammenbrüche, Tränenfluten, Selbstmorddrohungen, Bombardements von Briefen, wüste Szenen, die vor keiner Theatralik zurückschreckten, körperliche Symptome wie Lähmungen und Schüttelkrämpfe wechselten ab mit Gesten der Hingabe, der Unterwerfung. Sie hat sich nie befreit von dem Zwang, durch männliches Begehren bestätigt zu werden. Sie litt so sehr an ihrem Mangel an Schönheit, daß sie sogar die Bezeichnung ‹schön› aus ihrem Wortschatz strich (‹versehen mit äußeren Vorzügen› lautete die Sprachregelung für ihre Umgebung, berichtet Madame de Boigné). Ihre Verführung durch den Geist, ihre Circekünste des Betörens und Eroberns sind Kompensationen einer Frau, die sich ihrer Weiblichkeit nie sicher war. Darum umgab sie sich mit sanften, sensiblen Männern, die sie wegen ihrer weiblichen Psyche auswählte und zugleich verachtete. In ihrem ganzen Leben gab es eine einzige Freundschaft mit einer Frau, der hinreißenden Madame Récamier. Diese Frau, die sich bis zum Alter von vierzig Jahren mit uneinnehmbarer Jungfräulichkeit panzerte – im Einverständnis mit dem Ehemann und zur Qual unzähliger Verehrer –, benötigte erotische Erregung als Lebenselixier, den Selbstgenuß ständiger Verlockung. Dieser Demivierge war Germaine mit männlicher Überlegenheit zugetan, von dieser Sylphe im Kraftfeld eigener Vitalität bezaubert.

Germaine unterhielt seit ihrem ersten Liebhaber, wahrscheinlich war es Talleyrand, der sich als einziger nicht in ihren Hofstaat einbinden ließ, immer mehrere Liebesbeziehungen gleichzeitig – weniger aus einem Übermaß an sexuellen Bedürfnissen als aus dem letztlich verzweifelten Wissen, das hungrige Herz nie befriedigen zu können. Sie lebte ja immer in der Erwartung, verlassen zu werden, und versuchte sich dagegen zu wappnen, plötzlich allein übrigzubleiben, indem sie sich mit einem Gefolge mehrerer Trabanten umgab, das sie auf ihrer Jagd durch Europa mit sich schleppte und auch ihren kaiserlichen und königlichen Gastgebern in Wien, Petersburg, Stockholm und London zumutete. Sie war so berühmt, daß sie sich alles leisten konnte. Alles – außer dem Verzicht auf Ekstase.

Aufbegehren und gescheiterte Illusionen:
Claire Lacombe und Pauline Léon

Die Schwüle des Tages dampft noch in den engen, verwinkelten Gassen. Die Rolläden sind geschlossen, die Menschen zum Abendessen in den Häusern. Schmutz und Abfälle verbreiten den üblichen Hitzegestank. Vor Einbruch der Dunkelheit bilden sich

Schlangen vor den Lebensmittelgeschäften, besonders den Bäckerläden. Die Chance, in aller Herrgottsfrühe einen Laib Brot frisch aus
dem Ofen zu ergattern, macht die Mühe einer durchwachten Nacht
erträglich. Die Frauen sind guter Dinge, dankbar für die milden
Abende des Sommers 1793. Sie unterhalten sich, viele haben ihr
Strickzeug dabei, allmählich kommt Stimmung auf, das Lachen
wird lauter. Ärgerlich werden Fensterflügel zugeschlagen. Die Bewohner der Häuser haben die nächtlichen Ansammlungen in den
Straßen satt. Wenige Männer lehnen an den Häuserwänden, drängen sich unter die Wartenden: Polizeispitzel. Sie liefern genaue
Berichte über die Vorkommnisse der Nacht, registrieren die öffentliche Meinung, merken sich Wortführerinnen. Die Frauen beachten
sie kaum, halten ihre Meinung nicht zurück. Wenn jetzt, im Sommer, die Versorgung der Familien schon soviel Aufwand erfordert,
wie soll der nächste Winter werden? Ob man wieder zur Selbsthilfe
wird greifen müssen wie im vergangenen Februar, als man die
Läden geplündert hatte? Damit war die Not ja auch nur ein paar
Tage gelindert worden. Sind die neuen Machthaber wirklich Herr
der Lage? Seit fast einem Jahr ist die Monarchie abgeschafft – gibt
es deshalb mehr zu essen? Sicher, Frankreich muß Krieg führen,
gegen die Feinde im Innern und das Ausland. Wenn die Männer an
der Front wüßten, wie mühsam das Leben in Paris geworden ist!
    Neben den Wartenden patrouillieren Bewaffnete. Piken, Säbel,
Pistolen und Messer im Gürtel – Frauen. Die Körper stecken in
knapp sitzenden Jacken aus rauhem Stoff und den knöchellangen
Hosen, wie sie die Sansculotten tragen. Auf dem offenen Haar die
rote Freiheitsmütze, die Füße in derben Pantinen oder Stiefeln.
Neben den Hausfrauen mit ihren gefältelten Häubchen und leichten Baumwollkleidern befremdliche Gestalten.
    Ruhig marschieren sie auf und ab. Schutz oder Bewachung?
Beides. In einer Menge, die hungert, die sich durch das gemeinsame
Erörtern der Not in immer größere Erbitterung hineinpeitscht,
schlägt die Energie leicht in Gewalt um. Da werden dann mitten in
der Nacht die Läden gestürmt, die Waren aus den Regalen gerissen,
man prügelt sich um das noch ofenheiße Brot. Diese spontanen
Selbsthilfeaktionen wollen sie verhindern. Auch Hunger ist kein
Freibrief für Aufruhr. Die Versorgung gehört zu den Aufgaben des
Staates. Es müssen endlich Gesetze erlassen werden, um Höchstpreise festzusetzen, nicht nur für Getreide wie im Mai, sondern für
alle Grundnahrungsmittel. Subventionen sind nötig, Wucher und
Hamstern strengstens zu bestrafen. Die Entscheidungen des Konvents sollen nicht unter dem Druck der Straße zustande kommen.
    Aber heute ist alles ruhig. Die Frauen erzählen von ihren Kämp-

fen um Gemüse, Kerzen, einige von ihnen waren vor wenigen Wochen dabei gewesen, als ein Seifentransport gestoppt und die ganze Ladung zu einem Billigpreis zwangsverkauft worden war. Vor den Augen der Polizei! – Man redet sich in Erregung, jede gibt ein Erlebnis zum besten, die Lautstärke nimmt zu. Da – aus einem Fenster wird ein Kübel Wasser auf die Menge geschüttet. Gezeter, Beschimpfungen, am Ende der Straße zeigen sich Polizisten, kehren aber um, als sie sehen, daß die bewaffneten Frauen eine Kette vor den Schaufenstern der Läden bilden. Den Frauen mit den roten Mützen ist es zuzuschreiben, daß die Seifentransporte nicht geplündert werden konnten. Sie haben das Abladen der Ware bewacht und den Verkauf organisiert. Dafür gab es auch offizielles Lob durch den Präsidenten der Pariser Departements: ‹Die Revolutionären Republikanerinnen haben sich um das Vaterland wohl verdient gemacht. Ihr Eifer ist unermüdlich, ihre Wachsamkeit deckt Verschwörungen auf, ihr Argwohn wendet Aufruhr ab, ihre Kühnheit beugt den Gefahren vor, ihr Mut überwindet sie – mit einem Wort: sie sind Republikanerinnen und Revolutionärinnen.›

Bewaffnete Frauen als Ordnungstruppe der Revolution? Auch heute schaffen sie es mit ihrem unerschrockenen Ernst, daß sich der Spektakel bald beruhigt. Sie würden wohl von ihren Waffen Gebrauch machen, käme ihnen irgendwer zu nahe. Eine von ihnen könnte Pauline Léon sein. Erst 25 Jahre alt, und doch eine der bekanntesten Figuren des öffentlichen Lebens. Und eine der verhaßtesten. Sie besitzt als Erbin ihres Vaters eine Schokoladenfabrik. Zur Zeit des Ancien régime war das eine Goldgrube, galt Schokolade doch als Aphrodisiakum, als Statussymbol in den Boudoirs der Reichen. Heute ist der Umsatz dieser Luxusdelikatesse zurückgegangen, der Verkauf deckt kaum die Herstellungskosten. Aber daß ausgerechnet Pauline den Schutz der Läden vor unerlaubtem Zugriff übernimmt, empfinden die Frauen als Provokation. Sie wird beschimpft als Hure, Emanze. Manche Frauen spucken angewidert auf den Boden. Erneut steigt die Aggression, Pauline geht wohl besser. Das kurze Gäßchen hindurch hört sie noch, wie man ihr Prügel androht. Sie wird sich zu wehren wissen.

Danach wird es still. Eine lange Nacht des Wartens liegt vor den Frauen, man rückt näher aneinander, zieht die Schultertücher fröstelnd über der Brust zusammen. In sechs Stunden gibt es Brot.

Pauline Léon, geboren am 28. September 1768 in Paris, war das Lieblingskind ihres Vaters. Er hatte ihre schnelle Auffassungsgabe erkannt und ihr beigebracht, gemeinsam mit ihm die Schriften der Aufklärung zu lesen. 1794 schrieb sie über ihn: ‹Er hat mich vor

Vorurteilen bewahrt.› – Ganz gewiß vor der herrschenden Meinung, daß Denken für kleine Mädchen schädlich sei. Als sie 16 Jahre alt war, starb er. Um die jüngeren Geschwister zu versorgen, führte sie mit ihrer Mutter den Betrieb weiter. Aber im bitteren Duft der kochenden Schokolade träumte sie sich an die Spitze einer Armee gegen die Unterdrücker des Volkes. Natürlich war sie dabei, als die Bastille gestürmt wurde, in flammenden Reden rief sie auf zum Bau von Barrikaden und zum unauslöschlichen Haß gegen die Aristokraten. Daß der Adel ehrlich bereit sein könnte, mit dem Volk zusammenzuarbeiten, glaubte sie nicht. Sie mißtraute der wohlwollenden Haltung Lafayettes und begriff nicht, wie ihn die Frauen des Zuges nach Versailles als einen der Ihren feiern konnten. Aber auch mit vielen Männern stritt sie sich herum, die in den Helden der beiden Welten ihre Hoffnungen setzten. Niemand nahm ihre Befürchtungen ernst, der Adel mache nur so lange Zugeständnisse, bis er wieder fest im Sattel sitze. Bei einer Diskussion in der Wohnung des Jakobiners Fréron muß es heiß hergegangen sein. Da Pauline sich mit ihren Argumenten offenbar nicht durchsetzen konnte, warf sie die Büste Lafayettes aus dem Fenster auf die Straße. Wie sonst konnte sie ihrer Meinung Nachdruck verleihen? Übrigens sollte sie recht behalten: wenig später lief Lafayette zu den Österreichern über. Den König und besonders die Königin hielt sie für Verräter. Am Tag der Flucht der königlichen Familie forderte sie die Absetzung des Monarchen – dafür wäre sie mit ihrer Mutter vor dem Schloß von den Leibwachen fast massakriert worden. In letzter Minute retteten sie einige mutige Männer aus dem Volk.

Davon keineswegs eingeschüchtert, ging sie noch weiter und verfaßte eine Eingabe nach der anderen, in denen sie von der Nationalversammlung den Tod Louis Capets verlangte. Dafür war die Zeit noch nicht reif. Die Gemäßigten arbeiteten an einer neuen Verfassung, die Ludwig als offizielles Staatsoberhaupt vorsah. Paulines Haß brachte nur sie selbst in Lebensgefahr. In ihrem Wohnviertel rotteten sich die Nachbarn zusammen, um ihr eine kräftige Abreibung zu verpassen. Man hatte genug von ihrem Geschrei. Aber sie konnte nicht zurück, sah sie doch jetzt eine Chance, ein für allemal die Zwänge zu sprengen, denen Frauen unterworfen waren. Worauf stützte sich der Führungsanspruch der Männer? Auf ihre körperliche Stärke? Auf ihre Bereitschaft, im Krieg das Vaterland zu verteidigen, während die Frauen den Herd und die Kinder hüteten? Im März 1792 war klar, daß sich die europäischen Herrscherhäuser die Entmachtung der Bourbonen nicht würden bieten lassen. Also Krieg. Die Menschenrechte waren die große Errungenschaft der Revolution. Pauline berief sich auf sie, als sie von der Legislative für alle Frauen das Menschenrecht auf Selbstverteidigung forderte: ‹Glaubt ihr denn, die Tyrannen würden uns verschonen, sollen wir uns wie Lämmer zur Schlachtbank schleifen lassen?› Sollten die Väter, Ehemänner und Brüder von den Feinden besiegt werden, stand den Frauen nicht das ‹süße Glück› zu, an ihrer Seite zu sterben oder sie vielleicht sogar zu rächen? Frauen sollten sich also bewaffnen und an Sonn- und Feiertagen auf geeigneten Plätzen den Umgang mit Waffen erlernen dürfen, unter Anleitung von Offizieren der eben aufgelösten Garden. Die Männer der Nationalversammlung dankten für die Initiative. Paulines Hinweis auf eine mögliche Niederlage der Armee war kein sehr glückliches Argument. Es gab Beifall für den Antrag – und selbstverständlich geschah weiterhin nichts.

Pauline nahm sich das Recht, das ihr vorenthalten wurde. Am 10. August, als sich die Sektionen entschlossen, die Tuilerien zu stürmen und die königliche Familie zu verhaften, stand Pauline bereit zum Kampf. Aber inständig gebeten, ihre Pike einem waffenlosen Sansculotten zu überlassen, trat sie zurück und beschwor den Mann, ihrer Waffe Ehre zu machen. Wie muß ihr zumute gewesen sein, als sie vor dem Königsschloß andere Frauen in erster Reihe gegen die Garden des Königs kämpfen sah! Vielleicht lernte sie hier Claire Lacombe kennen, ihre Mitstreiterin während des nächsten Jahres. Sie hatte zwar eine Gruppe junger Frauen um sich geschart, die sie bewunderten und jeden ihrer Schritte mitvollzogen, zum Beispiel ihre Petitionen mit unterschrieben. Aber den entscheidenden Aufschwung erhielt ihre Tatkraft durch Claire Lacombe: wie Pauline bereit zu jedem Risiko, auch zum Einsatz des Lebens im stolzen Kampf für Freiheit und Gleichberechtigung.

Claire Lacombe, geboren am 4. März 1765, war Schauspielerin in der Provinz, in Marseille, Lyon, Toulon. Sie spielte die großen Heldinnen der klassischen Tragödie, war keine der verachteten Schmierenkomödiantinnen. 1790 wollte sie die Rolle der Semiramis spielen. Das Publikum im Parkett tobte so lange, bis der Direktor nachgab und ihr die Rolle übertrug. Die Assyrerin Semiramis, die sich in Männerkleidung siegreich im Feld geschlagen und sogar die Königsmacht errungen hatte, war vielleicht für Claires unbändige Sehnsucht nach Ruhm die Initialzündung. Erfolg auf dem Theater genügte ihr nicht, auch nicht die Aussicht, über Heirat in das gehobene Bürgertum oder sogar den Adel aufzusteigen. Ihr Ehrgeiz zielte auf eine Rolle im öffentlichen Leben, es drängte sie in die Politik. Im Sommer 1792 traf sie in Paris ein, sie brachte ein erstklassiges Leumundszeugnis der Touloner Polizei mit, wenige Ersparnisse und den leidenschaftlichen Willen, in Paris schnell bekannt zu werden. Sofort, nachdem sie sich

in einem einfachen Zimmer bei der Geschäftsfrau Justine Thibault
eingemietet hatte, richtete sie ihre erste Denkschrift an die Nationalversammlung: ‹Ich kann meinem Vaterland nicht mit finanziellen Spenden zu Hilfe kommen, also weihe ich ihm meine ganze Person.› Die elenden Sklaven der Nero und Caligula müßten vernichtet,
Lafayette, der perfide Catilina, vom Gericht verurteilt werden. Es sei
höchste Zeit, daß die Gesetzgeber hart durchgriffen.

Theaterdonner? Die Garnierung ihrer Petition mit bekannten
Namen der römischen Antike durfte nicht darüber täuschen, daß
sie ihren Antrag, in die Armee aufgenommen zu werden, ernst
meinte. Für diesen Vorstoß wurde sie im Regierungsblatt, dem
‹Moniteur›, lobend erwähnt – als ‹junge Bürgerin›, noch namenlos.
Kurz darauf kämpfte sie beim Sturm auf die Tuilerien und erhielt
die Bürgerkrone: Fräulein Claire Lacombe hat persönlich am Gefecht des 10. August teilgenommen und sich durch ihren Mut und
ihre Tapferkeit verdient gemacht. ‹Um ihr ein glänzendes Zeichen
unserer lebhaften Erkenntlichkeit zu geben, haben wir diese Be-
scheinigung ausgestellt, als erhabenes Sinnbild der Freiheit, die sie
ruhmvoll verteidigt hat.› Gezeichnet vom Präsidenten der General-
versammlung der Föderierten. War dies bereits der Durchbruch?
Zumindest war ihr von nun an die allgemeine Aufmerksamkeit
sicher, wenn sie in den verschiedenen politischen Clubs das Wort
ergriff. Es fand Beachtung, daß sie nach dem Verrat des Generals
Dumouriez vorschlug, Kinder adeliger Familien als Geiseln zu
nehmen für jeden bedrohten Revolutionär. Sie gehörte zwar zur
Prominenz im Stadtbild von Paris, aber bald war ihr klar, daß sie als
Einzelkämpferin nur wenig erreichen konnte. Hörte man ihr nicht
nur zu wegen ihres Redetalents und ihrer Schönheit? Ungefähr 1,70
groß, dunkelblond, mit kühner Adlernase und weichem Mund, so
haben wir sie uns vorzustellen nach den Angaben ihres Passes.
Wahrscheinlich war es die Idee Pauline Léons, größere Durch-
schlagskraft zu erreichen durch Zusammenschluß in einem Club
mit nur weiblichen Mitgliedern. Jedenfalls zeichnete Pauline den
Gründungsaufruf als erste Präsidentin.

Die jungen Frauen trugen ihren Wunsch nach einer eigenen politischen Vereinigung ihren Gesinnungsfreunden, den Jakobinern, vor.
Baten zugleich, für ihre Versammlungen die Bibliothek des Jakobs-
klosters benützen zu dürfen, da dieser Raum von den Jakobinern
selbst nur selten gebraucht wurde. Nun hatten sich die Jakobiner
viel darauf zugute gehalten, daß in ihrem Club Frauen nicht nur
anwesend sein durften, sondern in der Brüderlichen Gesellschaft
beider Geschlechter sogar als Mitglied aufgenommen wurden. Aber
eine eigene Vereinigung? ‹Wenn wir den Bürgerinnen gestatten, sich

hier zu versammeln, könnten sich 30 000 Frauen zusammenrotten und Paris in eine Aufregung versetzen, die bedenklich für die Freiheit wäre.› 30 000 politisierte Frauen – eine traumatische Vision! Nun, der Club wurde dennoch gegründet, wahrscheinlich mit höchstens 100 Mitgliedern. Am 12. Mai 1793 wurde der erste Aufruf der Revolutionären Republikanerinnen veröffentlicht.

Frankreich hatte militärische Niederlagen erlitten, konterrevolutionäre Aufstände erschütterten die Provinz. Noch gab es keine allgemeine Wehrpflicht, so daß die Wohlhabenden sich dem Kriegsdienst entziehen konnten. Nur revolutionäre Patrioten verteidigten die Grenzen. Hier setzten die Vorschläge der Frauen an: Wenn die Reichen schon nicht für das Vaterland kämpften, sollten sie wenigstens den Krieg finanzieren (eine brauchbare Idee, nicht einmal 14 Tage später befahl der Konvent eine Zwangsanleihe von einer Milliarde). Außerdem erklärten sich die Frauen bereit, die Verantwortung mit den Männern zu teilen: ‹Wir haben uns entschieden, den Staat im Innern zu retten, während unsere Brüder die Grenzen verteidigen.› So war man wieder bei der Forderung nach Waffen für Frauen. Woher schließlich das Geld dafür aufgebracht wurde, ist unbekannt. Auch fehlen Informationen über Zahl, Namen, Berufe, Alter der Mitglieder. Dank einer Denunziation kennt man folgende Geschichte: Eine Eingabe des Clubs an den Konvent hatte das Gewicht von 4675 Unterschriften. Die Denunziantin gab zu Protokoll, sie habe sich über diese Zahl gewundert, da sie selbst nur von 170 Mitgliedern wisse und zu den zuletzt Eingetretenen gehöre. Claire habe den Schwindel sofort zugegeben und ihn kommentiert: Wie sonst könne man diese Hosenscheißer beeindrucken?

Gut, also: circa 170 Mitglieder, Verkäuferinnen, Geschäftsfrauen, eine Wäscherin, in der Mehrzahl sicher Hausfrauen, denn welche berufstätige Frau hätte die Zeit gehabt, sich an den vielen Aktionen zu beteiligen? Es gab ununterbrochen zu tun: die Mitglieder sollten in den Sitzungen des Clubs historisch und politisch gebildet werden; genauestens über die Tagesereignisse informiert sein, also die Tagungen anderer Clubs und die Sektionen und Ausschüsse besuchen, um die anderen Mitglieder auf dem laufenden zu halten; an Demonstrationen auf der Straße teilnehmen; die republikanischen Feiern mitgestalten; Kontrollen durchführen, daß weder Läden geplündert noch Waren gehortet wurden – die Zeit reichte nicht aus.

‹Ich gelobe, für die Republik zu leben oder zu sterben; ich schwöre Gehorsam den Satzungen des Clubs.›

Wollte man mit diesem feierlichen Eid in den Club aufgenommen werden, mußte man mindestens 18 Jahre alt sein (damit jüngere Mitglieder dem Club durch unüberlegte Äußerungen nicht Schaden

Im Patriotischen Frauenclub liest die Vorsitzende aus dem ‚Moniteur'
vor. In dem Teller in der Mitte wird entweder für eine patriotische
Spende gesammelt oder der Mitgliedsbeitrag abgeliefert.

zufügten) und zwei Bürgen vorweisen, die einen sittlich einwand-
freien Lebenswandel der Kandidatin bezeugten. Reputation und
Moral schienen unverzichtbar, wenn schon sonst nichts von den
bürgerlichen Erwartungen an ehrbare Frauen erfüllt wurde. Im weiteren Verlauf der Arbeit des Clubs wurden die Mitglieder in der
Öffentlichkeit immer unflätiger beschimpft. Als Furien, Megären,
Hündinnen, Hexen, aber eben auch als Huren erschienen sie ihren
Gegnern. Gerade deshalb forderte der Club immer wieder ein ver-
schärftes Einschreiten des Staates gegen Prostitution. Die Straßenmädchen sollten in Arbeitshäuser gesteckt und durch strenge Zucht
geläutert werden. Keine Solidarität mit Unmoral!

Die neue Frau gebärdete sich martialisch, weil Schwäche ihre
Unterdrückung gerechtfertigt hätte, gab sich sittsam, fast prüde, um
nicht als leichtfertig verachtet zu werden, forderte von sich eiserne
Disziplin, damit niemand sie als Spielzeug belächeln könne – und
stand doch gegen eine Welt von Feinden auf verlorenem Posten.

Die Revolutionären Republikanerinnen haben einen neuen Versammlungsort gefunden, die Krypta der Kirche St. Eustache. Endlich keine Auseinandersetzungen mehr mit den Hausherren des Jakobinerklosters! Claire hat ein Szenarium ausgearbeitet, das den Sitzungen einen festlichen Charakter verleihen soll. Sie kann sich auf ihren Sinn für theatralische Wirkungen verlassen. Und die neuen Örtlichkeiten passen perfekt. Tritt man aus dem Lärm der sonnendurchglühten Straße in die Kirche, tastet man wie blind im plötzlichen Dunkel die Stufen zur Krypta hinunter, legt sich die Kühle wie eine Aufforderung zur Konzentration um die Eintretenden. Lachen verstummt, die Gespräche versickern in Flüstern. Haben sich die Augen an die Dunkelheit gewöhnt, nehmen sie ein weitläufiges, aber ziemlich niedriges Gewölbe wahr, in das nie Tageslicht eindringt. Ganz von selbst verbreitet sich eine gedämpfte Feierlichkeit. An der Stirnseite des Saales ist der Tisch für den Vorstand aufgebaut. Die Präsidentin und zwei Sekretärinnen werden dort Platz nehmen. Neben ihnen die Sprecherinnen der drei Komitees für Verwaltung, Wohlfahrt und für den Schriftverkehr. Jedes Komitee besteht aus zwölf Mitgliedern, das Amt der Präsidentin wird jeden Monat durch Wahl neu besetzt, heute ist die erste Versammlung unter der Präsidentin Claire Lacombe. An beiden Seiten des Tisches sind die Symbole des Clubs aufgebaut: die Fahne der ungeteilten französischen Republik, das ‹Auge der Wachsamkeit›, Piken als Zeichen der Kampfbereitschaft. An den Längsseiten des Raumes stehen Bänke für die Mitglieder, gegenüber dem Vorstandstisch trennt eine einfache Absperrung den Club von den Zuschauern, die stehen müssen. Allmählich füllt sich der Raum, die Clubmitglieder nehmen Platz, 67 werden am heutigen Tag gezählt. Alle haben die dreifarbige Kokarde angesteckt und die Freiheitsmütze auf dem Kopf. Der Vorstand begibt sich auf seine Plätze. Wenn die Präsidentin die rote Mütze aufsetzt, beginnt die Sitzung, solange sie sie auf dem Kopf behält, hat sie Hausrecht, erteilt das Wort und bestimmt die Redezeit.

Das Thema der heutigen Versammlung: die Rolle der Frau in der Politik. Es ist nicht einfach, den Mitstreiterinnen Selbstbewußtsein zu vermitteln, stoßen sie doch in fast allen Bereichen der Öffentlichkeit auf Kritik, wenn sie Ansprüche stellen, mitreden wollen. Das Standardargument: keine Bildung, keine Kenntnisse, daher keine Eignung.

Eine junge Geschäftsfrau hat sich bereit erklärt, aus der Geschichte nachzuweisen, daß Frauen zu allen Zeiten bedeutenden Anteil am politischen Leben hatten.

Während sie noch nervös in ihren Unterlagen blättert, erinnert sich

*Claire der vergangenen Tage, als bei nachlassendem Mut unter Trä-
nen der Verzagtheit die Arbeit immer wieder zu scheitern drohte.
Woher auch Material nehmen, um überzeugende Informationen zu-
sammenstellen zu können? Zu den Bibliotheken der Universitätsin-
stitute haben Frauen keinen Zutritt, und wie fände man sich auch
zurecht? Wäre man nicht erschlagen von der abweisenden Menge der
Bücherrücken an den Wänden? Dabei ist es schon ein Vorteil, daß im
Club nur wenige Frauen nicht lesen und schreiben können, zumindest die Bibel hatte man um brauchbare Beispiele durchforsten können. Im Alten Testament sind Prophetinnen genannt, wie Deborah,
die Moses und Josua nachfolgte, die Königin von Saba, ja, und natürlich kann Claire ihre geliebte Semiramis beisteuern, ‹Taube in der
Regierung und Adler auf dem Schlachtfeld›. Auch bei intensivstem
Nachdenken kommt immer nur wieder Jeanne d'Arc zur Sprache, die
russische Zarin Katharina läßt sich benennen – das kann doch nicht
alles sein! Wenn man nur die Möglichkeit hätte zu forschen, zu studieren – die Referentin setzt sich mit großem Schwung über die Unzu-
länglichkeit ihrer historischen Beweisführung hinweg: sie verweist
auf die Beteiligung der Frauen beim Zug nach Versailles und an der
Eroberung des Königsschlosses im August 92 und erwähnt den ruhm-
reichen Anteil der Präsidentin Lacombe. Sie erklärt es für überflüssig,
im Staub der Geschichte zu wühlen, um die Rechtfertigung dafür zu
finden, daß Frauen selbstverständlich für alle politischen Aufgaben
geeignet sind, ‹ich sage, fast mehr als die Männer›.*

*Claire leidet an der brüchigen Argumentation – hätte man sich
nur nicht darauf eingelassen, aus der Geschichte die Beweise
beziehen zu wollen! Die Vortragende hat sich in atemlose Erregung
hineingesteigert. Claire gibt das Zeichen für Beifall. Hört sie nicht
von den Plätzen der Zuschauer hämisches Gelächter? Hier hilft nur
das Vorpreschen in die Offensive: sie bittet darum, Anträge zu
formulieren. – Ich beantrage, daß eine Armee von 30 000 Frauen
aufgestellt und aus der Staatskasse ausgerüstet und besoldet wird!
– Gut so, weiter: Ich beantrage, daß zu allen öffentlichen Ämtern
auch Frauen zugelassen werden. – Ergänzungsantrag: Die jetzt
amtierenden Männer müssen weibliche Bewerber sorgfältig und
gewissenhaft in die Materie einführen, bis die Frauen in der Lage
sind, selbständig zu arbeiten. – Ausgezeichnet, was noch: Gleichberechtigung in der Besetzung der Richterstellen! – Auch im Generalstab! – In der Wirtschaftsplanung! – In den Finanzbehörden! – Je
mehr sich die Clubmitglieder gegenseitig überbieten in Forderungen und Anträgen, desto deutlicher wird die Unruhe im Publikum.
Das Lachen ist nun nicht mehr zu überhören, einige Adlige, die
ihren Kopf noch bemerkenswert stolz auf den Schultern tragen,*

halten sich die Seiten vor Vergnügen und prusten in spitzenbesetzte Taschentücher. Höhnische Bravorufe feuern die Republikanerinnen an, sich immer weiter in politische Phantastereien zu verlieren.

Da übertönt Claire den allgemeinen Lärm mit ihrer Klingel und formuliert in dürren Worten den Antrag, der das Ergebnis des Tages sein wird. Sie bittet um Zustimmung, dem Konvent den Wunsch vorzutragen, daß per Gesetz alle Bürger, also auch Frauen, die Kokarde der Freiheit tragen müssen. Abstimmung: alle Hände gehen hoch, keine Gegenstimme, Claire dankt, nimmt die rote Mütze vom Kopf und legt sie vor sich auf den Tisch, sie steht auf – die Sitzung ist beendet. Erregt, entrüstet, begeistert schiebt sich die Menge aus der Krypta hoch ins gleißende Tageslicht. Claire schämt sich.

Die erste Phase der politischen Arbeit nach der Clubgründung verlief für die Republikanerinnen befriedigend. Sie hatten Position bezogen in der aktuellen Auseinandersetzung zwischen den Gemäßigten, der Gironde, und den Jakobinern, naturgemäß auf der Seite der Radikalen, wobei sie mit dem linken Flügel der Bergpartei, den Cordeliers, sympathisierten. Mit diesen zusammen stellten sie Anträge für verschärfte Wirtschaftskontrollen. Claires geschulte Stimme setzte sich in den Konventsdebatten leicht gegen Tumulte durch, ihre Einwürfe waren bei den Gemäßigten gefürchtet. Die Nationalversammlung beschloß, gegen die Radikalen, für die Zuschauertribünen Eintrittskarten auszugeben und den größten Teil dieser Karten durch die Abgeordneten verteilen zu lassen. Damit wäre die Legislative unter sich und ihren Anhängern gewesen. Die Revolutionären Republikanerinnen aber standen an den Eingangstüren, kümmerten sich nicht um diese Regelung und hätten notfalls auch mit ihren Messern und Säbeln den Eintritt in den Saal erkämpft. So weit wollten es die Garden nicht kommen lassen. Der Trick hatte also seine Wirkung verfehlt. ‹Wir werden das Vaterland retten, Bürger, hofft nicht, uns zu entmutigen.› Bei den girondistischen Politikern lösten diese Frauen Widerwillen und Haß aus. Sie hätten ihnen am liebsten den Hals eigenhändig umgedreht. Buzot, der sanfte Geliebte Madame Rolands, geriet außer sich, in seinen Memoiren erregt er sich über ‹Weiberhaufen, deren Schamlosigkeit ihre Frechheit noch übertraf, weibliche Ungeheuer, die sich im Schutz ihrer Schwäche alle Brutalität herausnehmen durften›. Einen anderen Girondisten erinnerten sie an Bacchantinnen, bevor sie Orpheus zerfleischten, und er erkundigte sich besorgt beim Bürgermeister von Paris, was dieser plane, um die Stadt vor den Furien zu schützen.

Mochten die Frauen bewaffnet als Bürgerschreck durch die Straßen rennen – viel gefährlicher für die Konservativen waren ihre radikalen Forderungen. Am 19. Mai 1793 richteten sie eine Petition an den Jakobinerclub:

1. Sofortige Verhaftung aller Verdächtigen!
   (Darunter fielen alle, die sich nicht als revolutionäre Patrioten ausweisen konnten, überhaupt alle, die rechts von den Jakobinern standen oder auch nur keine Meinung hatten.)
2. Einrichtung von Revolutionstribunalen in allen Departements und Sektionen von Paris!
   (Gerichte, die nur auf Denunziation hin tätig wurden, keine Verteidigung der Beschuldigten zuließen, wenn der Denunziant als verläßlicher Parteigänger der Revolution bekannt war. Hier wurde nur auf unschuldig oder schuldig erkannt, wobei der Schuldspruch den Tod bedeutete.)
3. Erhebung der Anklage gegen alle führenden Girondisten!
   (Sie fielen alle unter das Etikett Konterrevolutionäre.)
4. Aufstellung von Revolutionsarmeen in jeder Stadt!
5. Vergrößerung der Armee in Paris auf 40000 Mann!
   (Selbstverständlich sollten dazu auch Frauenkontingente gehören.)
6. Gnadenlose Vernichtung aller Hamsterer und Wucherer!

Die Verfolgten und die Sieger in diesem Kampf um die Vormacht vermerkten, daß die Republikanerinnen mit ihrer Agitation wesentlichen Anteil an der Verhaftung und schließlich Hinrichtung der girondistischen Abgeordneten hatten. Besonders Pauline Léon bekam im ‹Journal de la Montagne› attestiert, sie habe mit der ihr eigenen Energie ‹die heilige Erhebung› zugunsten der Bergpartei vorangetrieben. Mit diesen ersten Erfolgen setzte der Club an zum nächsten Ziel: die Wirtschaftspolitik der Jakobiner zu beeinflussen und endlich staatliche Reglementierung zu erreichen.

Wie diese Reglementierungen auszusehen hätten, darüber gingen die Meinungen auseinander. Die Jakobiner wollten grundsätzlich das Privateigentum nicht antasten, waren aber zu Lenkungen der Preis- und Lohnpolitik bereit. Die extreme Linke, die sogenannten Enragés, sah in der Umstrukturierung der Eigentumsverhältnisse die wesentliche Voraussetzung, den Gleichheitsgedanken zu realisieren. Auch die Sansculotten in den Sektionen forderten ein Besitzmaximum. Die Frauen des Clubs fühlten sich wohl mehrheitlich mit den Jakobinern solidarisch, deshalb war der gemeinsame Kampf gegen die Gemäßigten reibungslos verlaufen. In der nächsten Phase der politischen Arbeit kam es zur Zerreißprobe. Auch innerhalb des Clubs.

Im Mai 1793 war ein junger Mann nach Paris gekommen, ein Revolutionär der ersten Stunde: Théophile Leclerc. Erst 22 Jahre alt, hatte er seit Ausbruch der Revolution Einsätze an verschiedenen Schauplätzen hinter sich. Er zählte zum radikalsten linken Flügel und war bislang noch nicht durch Erfolge aufgefallen. Jetzt kam er aus Lyon, wo sich starke girondistische Kräfte zusammengezogen hatten. Chalier, sein Vorgesetzter in der Stadtverwaltung von Lyon, hatte ihn nach Paris geschickt, um Verstärkung der Revolutionstruppen durchzusetzen. Kaum hatte er die Stadt verlassen, brach der girondistische Aufstand aus, in dessen Verlauf Chalier und seine Mitarbeiter gefangen und später geköpft wurden.

Leclerc überwand in Paris schnell den Schock, der Gefahr so knapp entgangen zu sein. Er lernte Claire Lacombe kennen und ist offenbar sofort in ihr Appartement eingezogen, denn noch im Mai mußte sich Claire gegen Vorwürfe ihres Clubs rechtfertigen, mit Leclerc zusammenzuleben, ohne mit ihm verheiratet zu sein. Sie dementierte artig, und er blieb bei ihr wohnen.

Natürlich war dieser Leclerc ein unversöhnlicher Gegner der Gemäßigten. Einige Tage nach der ‹Säuberung› des Konvents von girondistischen Abgeordneten beklagte er vor der Kommune, daß man irrtümlich die Revolution bereits für beendet halte. Man müsse sich der Feinde endgültig entledigen: ‹Warum fürchtet ihr euch davor, einige Tropfen Blut zu vergießen?›

Er traute auch dem neuen Konvent, in dem nur noch die Bergpartei vertreten war, nicht zu, die Lösung der Probleme zu schaffen, und nahm an, daß über kurz oder lang die Sansculotten die Macht an sich reißen würden. Es war unerträglich geworden, wie schlecht die Jakobiner die Versorgungsschwierigkeiten in den Griff bekamen – früher kostete die Seife 12 Sous, heute 40: es lebe die Republik! Der Zucker kostete 20 Sous, heute 4 Francs: es lebe die Republik! Mit dem roten Priester Jacques Roux formulierte er Vorschläge, um den Konvent endlich zum Handeln zu bringen. Aber der Konvent war damit beschäftigt, eine Verfassung auszuarbeiten. Die Republik brauchte einen neuen Ordnungsrahmen.

Die Revolutionären Republikanerinnen leisteten intensive Öffentlichkeitsarbeit, um diese geplante Verfassung populär zu machen. Am 24. Juni erbaten sie vom Konvent die Ehre, mit einer Abordnung dabeisein zu dürfen, wenn die Verfassung verabschiedet würde. Dabei enthielt sie keinerlei Rechte für Frauen, nicht das aktive und schon gar nicht das passive Wahlrecht! Den Enragés erschien sie noch aus anderen Gründen als halbherziges Machwerk: kein Wort über eine neue Wirtschaftskonzeption! ‹Die Freiheit ist nichts als ein leerer Wahn, wenn eine Menschenklasse die andere ungestraft aushungern kann!› Wieso stand der Club nicht hinter dieser glühenden Kritik des Jacques Roux? Weshalb fiel er mit seiner Devotionsadresse den Gesinnungsfreunden in den Rücken? Was bedeutete für die Anführerinnen des Clubs das öffentliche Lob, mit dem ihr Engagement für die Republik und die Verfassung von den Jakobinern honoriert wurde? War das politischer Pragmatismus, um, geborgen im Wohlwollen der Bergpartei, für die eigenen Ziele weiter kämpfen zu können? Aber waren die Ziele mit dieser Verfassung nicht in weite Ferne entrückt?

Vielleicht hatten Claire und Pauline für einen Augenblick die Übersicht verloren. Wovon waren sie abgelenkt?

Leclerc hatte sich in Pauline verliebt. Sie war seine neue Gefährtin, sie nahm er einige Monate später zur Frau. Ob diese private Veränderung die Zusammenarbeit der beiden Frauen beeinträchtigt hat, läßt sich nicht nachweisen. Wie sind sie mit der Konkurrenz um den Mann fertig geworden? Die frauenfeindliche Presse hätte es sich nicht entgehen lassen, ihre Feindschaft genüßlich auszuschlachten, wenn es sie gegeben hätte.

Die Ermordung Marats am 13. Juli war ein Schock für die sansculottische Politik. Für private Kränkungen war jetzt keine Zeit. Daß die Tat von einer Frau ausgeführt worden war, brachte allen feministischen Bemühungen einen schweren Rückschlag. Hatten sie doch recht, die konservativen Kritiker der Frauenbewegung, die die Mitwirkung von Frauen am öffentlichen Leben für gefährlich und den häuslichen Bereich als weibliches Betätigungsfeld für angemessen hielten!

Die Revolutionären Republikanerinnen traten die Flucht nach vorn an. Sie nahmen an den Trauerfeierlichkeiten teil, aber nicht genug damit, suchten sie eigene Wege, ihren Verlust zu bekunden. Am 17. Juli schickten sie eine Delegation zum Konvent, die Rache für den Tod Marats forderte und seinen Feinden den verschärften Kampf ankündigte. Klug schmuggelten sie in ihren Auftritt einen ihrer zentralen Programmpunkte ein: sie forderten eine Zusage, daß ihre Kinder ein für allemal vor den verderblichen Ideen der Gegner geschützt werden müßten, und deshalb sei die Errichtung öffentlicher Volksschulen unter staatlicher Aufsicht dringend nötig. Stillschweigend wurde als selbstverständlich vorausgesetzt, daß diese revolutionären Ausbildungsstätten auch für Mädchen geplant werden müßten. Dazu erklärten die Frauen, daß sie von nun an ihren Kindern statt des Evangeliums die Worte Marats beibringen wollten. Und als Schlußpunkt teilte eine Delegierte die Umbenennung ihres Sohnes von François in Marat mit.

Kurz darauf riefen sie zu einer Spendenaktion auf, um für den Volksfreund Marat einen Obelisken als Denkmal errichten zu können. Leclerc hatte die populäre Zeitung Marats als Herausgeber und

Redakteur übernommen, die Diadochenkämpfe unter den Enragés in einem schnellen Streich für sich entschieden. Im August kündigte er in seinem Blatt eine Trauerfeier der Revolutionären Republikanerinnen für Marat an. In feierlichem Umzug trugen die Frauen Marats Badewanne durch Paris, seinen Schreibtisch, Tintenfaß und Feder, seine Büste. Abgeordnete des Konvents, der Sektionen und aller wichtigen Gesellschaften nahmen daran teil und hielten Reden. Die Veranstalterinnen konnten das Ergebnis als einen gewaltigen Erfolg für sich verbuchen – und sogar der Obelisk wurde errichtet. Im Juli legte Robespierre seinen ‹nationalen Erziehungsplan› vor, wahrscheinlich war dieser Termin durch den Vorstoß der Frauen dringlich geworden. Die gleichberechtigte Erziehung von Jungen und Mädchen wurde beschlossen und nie mehr rückgängig gemacht.

Jubel über Jubel im Club, bei aller ehrlichen Trauer um Marat. Die Empörung über seinen Tod ebnete die Gegensätze unter den Revolutionären ein. Daß Marat die Jakobiner leidenschaftlich angegriffen hatte und von diesen selbst zunehmend unter Beschuß geraten war, rückte in den gemeinsamen Aktivitäten anläßlich seiner Ermordung in den Hintergrund. Als sich die Gemüter wieder beruhigten und Normalität einkehrte, zeigte sich eine veränderte Situation: seit ihrer klaren Identifizierung mit Marat standen die Revolutionären Republikanerinnen links vom jakobinischen Konvent. Wie wenig den Club und die Bergpartei tatsächlich noch verband, sollten die Frauen erst allmählich merken, auch, daß ihr Untergang beschlossene Sache war. Noch wiegten sie sich im Triumph, aus dem politischen Leben nicht wegzudenken zu sein. Der ‹Volksfreund›, das Blatt Marats, hatte sich zu dessen Lebzeiten nie für Frauenfragen interessiert. Jetzt unter Leclerc änderte sich das grundlegend. Der Club der Revolutionären Republikanerinnen wurde als der einzige wahre Hort revolutionärer Gesinnung gepriesen. Die Frauen mit ihrem den Männern überlegenen Empfinden für die Nöte des Staates seien fähig, die schlafmützigen Männer wieder zu beflügeln. Sie, persönlich uneigennützig und deshalb auch nicht korrumpierbar, verfechten die Sache des Volks. – Sicher, politischer Erfolg brachte Frauen keinerlei greifbares Ergebnis: sie wurden nicht reich, erhielten keine Posten und Ämter – was also blieb ihnen, als sich für Ideale zu begeistern!

Die enge Allianz zwischen dem ‹Volksfreund› und dem Club wurde hämisch beklatscht (war doch die enge Beziehung Leclercs zu den beiden Präsidentinnen allgemein bekannt), aus Unbehagen darüber kündigte der Konvent dem Club still und heimlich die Gemeinsamkeit. Die Zeichen standen auf Sturm: zum ersten Mal wurde eine Delegation des Clubs nicht vorgelassen. Noch war Claire so angesehen in Paris, daß das Regierungsblatt, der ‹Moniteur›, ihren Antrag dennoch veröffentlichte. Die neue Marschroute der Jakobiner hatte sich also offiziell noch nicht herumgesprochen.

Claire stellte einige unbequeme Fragen: Wann die Verfassung, die mit so viel Aufwand gefordert und begrüßt worden war, endlich in Kraft trete? Wieso es möglich sei, daß sich noch immer der Adel am Blut des Volkes mäste? Ob der Adel unter den Gesetzgebern vielleicht Gönner habe, die seine Sache gegen die Nöte des Volkes verträten? Wieso noch immer an der Spitze der Armee Adlige stünden und nicht Männer aus dem Volk, die durch Verdienst und Leistung ausgezeichnet seien? Wieso es zwar Gesetze gegen die Verdächtigen gebe, aber diese Gesetze nicht angewendet würden? Wolle man sich über das Volk lustig machen? Werde sich an den Mißständen nichts ändern, müsse das Volk zur Selbsthilfe greifen. ‹Beschließt auf der Stelle die Vernichtung der früheren Aristokratie; erlaßt ein Gesetz zur allgemeinen Wehrpflicht, und ihr rettet das Vaterland.›

Außer dem provokanten und vorwurfsvollen Ton hätte nichts an diesem Text die Jakobiner stören dürfen. Auch die Enragés forderten fast täglich das Inkrafttreten der Verfassung – die sie vor wenigen Wochen so heftig kritisiert hatten. In der herrschenden Notlage war sie aber besser als die gegenwärtige Lähmung gegenüber den Feinden der Revolution. Zwar galt seit Ende Juli die Todesstrafe für Horten von Waren (beschlossen übrigens auf einen Antrag der Revolutionären Republikanerinnen!), aber es wurden keine staatlichen Kontrollen durchgeführt, um die privaten Warenbestände zu überprüfen. Man war angewiesen auf Denunziation.

Der Club nahm jetzt die Sache in die Hand und erzwang den Eintritt in Speicher und Keller von Privathäusern. Die ertappten ‹Hamsterer› wurden zur Polizei geschleppt. Aber weder die Jakobiner noch die Sansculotten empfanden Sympathie für diesen Einsatz der Frauen. Daß ständig nach dem Recht gemäß der neuen Verfassung gerufen wurde, verärgerte den Konvent ebenfalls. Nach einem feierlichen Plebiszit zur Annahme der Verfassung sollte diese nämlich sofort ausgesetzt und eine Notstandsregelung etabliert werden. Davon wußten die Revolutionären Republikanerinnen nichts – ein Beweis, wie weit sie schon aus dem Zentrum der Entscheidungen gerückt waren. Schon munkelte der ‹Volksfreund›, die ganze Aktion um die Verfassung sei ein großer Betrug gewesen, um die Massen von den eigentlichen Problemen abzulenken. Aber wußten denn die Jakobiner, was Neuwahlen bringen würden? Zwar war das allgemeine, freie und gleiche Wahlrecht eingeführt, aber konnte man sich für richtiges Verhalten des Volkes verbürgen? Besser, man ließ erst einmal die erprobten Autoritäten in Amt und Würden. Pauline Léon soll zu diesem Zeitpunkt geäußert haben: Es reicht jetzt, wie lange die Abgeordneten an ihren Bänken kleben! Es ist, wie Rousseau gesagt hat: Verlängerung von Macht bedeutet oft das Grab der Freiheit. Noch sammelte der Konvent solche despektierlichen Bemerkungen, ohne einzugreifen. Ein anderer Schlag war jetzt wichtiger: der große Ideologe der Enragés, Jacques Roux, wanderte ins Gefängnis. Sofort schwenkte Claire ihren Club auf eine vorsichtigere Linie ein. Es war bereits zu spät.

Die Konventssitzung vom 16. September manifestierte den Umschwung der Wertschätzung. Claire nahm wie üblich auf einer der Tribünen Platz. Plötzlich erklärte ein Redner, daß er beabsichtige, die üblen Machenschaften der sogenannten Revolutionärinnen aufzudecken, und zwar ohne Rücksicht auf deren ‹Intrigen, Anwürfe und Drohungen›. Er führte aus, Claire habe sich bei ihm für einen zu Recht verhafteten Gemäßigten einsetzen wollen, eine Ungeheuerlichkeit, die er natürlich sofort dem Sicherheitsausschuß gemeldet habe. Zwar habe Claire am nächsten Tag ihm einzureden versucht, er habe das Objekt ihrer Fürsorge verwechselt mit einem Namensvetter, aber er wisse, was davon zu halten sei. Sie habe auch erklärt, daß man die Verdächtigen nicht ewig in den Gefängnissen festhalten dürfe: sie seien innerhalb von 24 Stunden zu verhören und dann entweder freizulassen oder zu verurteilen. Außerdem habe sie in diesem Gespräch mehrmals von Robespierre als ‹Monsieur› gesprochen! – Ein zweiter Redner beklagte sich, von den revolutionären Damen immer als Schwächling beleidigt worden zu sein: ‹Ich bedaure ergebenst, mit meinem schwachen Bartwuchs nicht ihrem Geschmack zu entsprechen!› – Der nächste beschwerte sich, daß Claire mit ihrer Beredsamkeit keine Autorität verschone und ohne Respekt die Delegierten des Volkes in Grund und Boden argumentiere. Und zudem lebe sie mit dem übel beleumundeten Leclerc zusammen! Was zu diesem Zeitpunkt nicht mehr zutraf.

Claire schien von diesem Überfall völlig überrascht worden zu sein, aber, keineswegs eingeschüchtert, bat sie um das Wort, um sich zu verteidigen. Da schrien sie die Frauen von den Tribünen nieder: sie solle schweigen, sie begünstige die Aristokraten, sie sei die neue Corday, sie möge sich vorsehen, sonst würde man sie in Stücke reißen. Die aufgebrachte Menge drängte auf sie ein, aber sie hielt sie in Schach: ‹Der erste, der mich angreift, kann erleben, wozu eine freie Frau imstande ist!› Man befürchtete, sie sei bewaffnet, und kam nicht näher.

Der Konvent beschloß, sie dem Sicherheitsausschuß vorführen zu lassen, der über ihr weiteres Schicksal entscheiden solle. Also wurde sie von drei Garden unter dem Gegröle einer aufgebrachten Menge zum Sicherheitsausschuß geleitet. Dort mußte sie mehrere Stunden warten, bis ihren Bewachern mitgeteilt wurde, es sei niemand vom Ausschuß mehr im Haus. Die Garden brachten nun Claire zu ihrem Wohnhaus, das sie aber versiegelt vorfand. Sie hatte sich mit ihrer Ruhe die Achtung der jungen Garden erworben, und deshalb durfte sie bei einer Freundin übernachten anstatt im Gefängnis.

Am nächsten Tag war der Alarm abgeblasen. Nach der Hausdurchsuchung, bei der sich nur Beweise für ihre republikanische Gesinnung gefunden hatten, durfte sie nach Hause. Als sie ihrem Club Bericht erstattete von den Vorfällen dieses Tages, erklärte sie, sie warte darauf, daß ihre Gegner einen einzigen Beweis brächten, irgendeine Aktion des Clubs habe nicht im Interesse der Republik stattgefunden.

Das Blatt hatte sich gewendet.

Es ist nicht zu fassen – in diesem kleinen dreifarbigen Fetzchen Stoff bündeln sich die widersprüchlichsten Energien der Zeit. Erbitterte Verachtung, Sehnsucht nach Solidarität, Wut über die versagte Anerkennung, unnachgiebiger Stolz, Angst, Ekel – ausgelöst wie durch einen winzigen mechanischen Impuls vom Anblick der Kokarde. Für Claire ist sie der Inbegriff all dessen, wofür sie kämpft, die dreifarbige Blume der Utopie. Im vergangenen April war den Männern vorgeschrieben worden, in der Öffentlichkeit das Symbol der Revolution deutlich sichtbar zu tragen, an der Mütze, am Rock, am Gürtel. Wieder einmal hatten sich die Männer unter einem gemeinsamen Zeichen zusammengeschlossen, bildeten eine Phalanx gegen die Frauen, die das kostbare Emblem auch für sich begehrten. Schmückt euch mit frischen Blüten, hatte man den Frauen geraten, mit Schleifen, mit Schärpen, damit ihr schön und fröhlich seid! – Und weit weg von den wichtigen Geschäften der Männer. – Wir machen die Arbeit doch für euch, für die Familien, warum wollt ihr euch mit Lasten beschweren, eure Sanftmut verderben mit dem Anblick der Grausamkeit, notwendiger Härte – laßt uns nur machen! Aber Claire hatte erreicht, daß nach der Gründung des Clubs die Männer gezwungen waren, die Einsatzbereitschaft der Frauen ernst zu nehmen, sie mußten die ungewünschte Unterstützung akzeptieren. Und da hatte man dem Club die Vergünstigung gewährt, ebenfalls die Kokarde zu tragen. Wie die rote Freiheitsmütze. Welcher Haß wurde damit freigesetzt!

Schon im Sommer war es besser, den Tagungsort des Clubs nicht allein zu verlassen. Oft wurden die Frauen von einem Steinhagel erwartet, zumindest von einer Flut wüster Beschimpfungen. Warum? Wen verletzten, wem schadeten sie mit diesem Zeichen des Anspruchs, mitarbeiten zu dürfen? Ärgerlich die gutmütigen Bemerkungen mancher Männer: warum läufst du in diesen Hosen herum? Hättest du gar nicht nötig. Du bist doch eine schöne Frau. Ganz schlimm die offene Ablehnung in den Augen der meisten Frauen: warum macht ihr euch wichtig? Seid ihr etwas Besseres als wir mit unserer Sorge für die Familie? Mal ehrlich, ihr versteht von Politik genauso wenig wie wir. Was soll die Hochstapelei?

Natürlich, solange die Kokarde auffällt, scheint eine Minderheit sich besondere Aufmerksamkeit erschleichen zu wollen. Aber wenn sie schon das Symbol der Gleichberechtigung mit den Männern ist, steht sie allen zu. Es müßte dafür gesorgt werden, daß sich die Frauen der Entscheidung für oder gegen die Kokarde gar nicht zu stellen brauchen. Seit dem 21. September ist sie vorgeschrieben. Wer sie nicht trägt, darf öffentliche Gebäude, Parks, die Plätze der republikanischen Feiern nicht betreten. Straßenmädchen ist sie verboten. Wer sich aber weigert, sie deutlich sichtbar zu tragen, muß mit strengen Strafen rechnen, Gefängnis im schlimmsten Fall. Da ist der Konvent zu weit gegangen – wer nimmt diese Drohung für bare Münze? Dennoch unverständlich: warum weigern sich so viele Frauen, die Kokarde anzustecken? Werfen sie in Straßenschmutz und trampeln darauf herum? Reißen sie Frauen vom Kragen und bespucken sie? Daß manche Marktfrauen die Kokarde demonstrativ am Hintern plazieren, verwundert wenig. Seit es endlich das Maximumgesetz gibt mit Festlegung der Höchstpreise zumindest für Grundnahrungsmittel, hat sich ihre Profitspanne deutlich verringert. Wenn sie nach Freiheit schreien – ‹Sollen wir uns jetzt auch noch in Hosen zwängen lassen?› –, meinen sie die Freiheit des Marktes. Waren dürfen jetzt eben nicht mehr an den Meistbietenden verkauft werden. Es ist erstaunlich, wie wenig dem gutbürgerlichen Mittagstisch von der Versorgungskrise anzumerken ist – da fehlt es an nichts. Bei fixierten Preisen haben auch die Armen eine Chance, satt zu werden. Aber die Fischverkäuferinnen, die Gemüsefrauen denken nur an ihren Gewinn. Und die Revolutionären Republikanerinnen tragen einen Hauptanteil der Schuld, daß dieser Gewinn jetzt limitiert ist. Dafür verdienen sie Prügel. Immer wieder passiert es im Streit auf der Straße, daß sich die Marktfrauen rabiat auf die Frauen des Clubs stürzen, die sie als ihre ärgsten Kontrahentinnen sehen, zu Recht, und mit Fäusten und Stöcken auf sie einschlagen. Wohin soll das führen?

Kommt es zu diesen Angriffen spontan, in der Erregung einer hitzigen Debatte, läßt es sich zur Not noch begreifen. Aber neuer-

Jakobinerinnen prügeln mit Ruten eine halbentkleidete Frau. Die An-
greiferinnen tragen Häubchen auf dem Kopf, das Opfer hat offenbar
auch mit seiner Männerkopfbedeckung ihren Zorn erregt.

dings lauern vor der Kirche St. Eustache Gruppen von Frauen, die
ganz offen Ruten und Besen bereithalten, um damit die Clubmitglieder zu verdreschen, wenn diese sich aus dem Schlupfloch wagen.

Claire ist äußerst beunruhigt über diese tagtäglichen Zusam-
menstöße. Zudem macht sie sich Vorwürfe. In der Zeit des Kampf-
fes gegen die Girondisten hatten Jakobinerfrauen Théroigne de
Méricourt mitten in einer ihrer Reden, die sie als Parteigängerin der
Gemäßigten auf der Straße hielt, gepackt und so lange auf sie
eingedroschen, bis sie wie leblos zusammenbrach. Ausgerechnet
Marat hatte die politische Gegnerin aus den Händen der Frauen
befreit, die wie im Blutrausch von ihrem Opfer nicht ablassen
wollten. Zwar war damals kein Mitglied des eben gegründeten
Clubs beteiligt, aber sie erinnert sich noch, mit wieviel Beifall und
zustimmendem Gelächter der Bericht von dieser Mißhandlung von
ihnen allen aufgenommen worden war. Unmenschlich, schlimmer

noch: kurzsichtig war diese Reaktion gewesen. Jetzt geht es ihnen selbst an den Kragen. Claire hat für sich selbst keine Angst. Sie geht nie unbewaffnet auf die Straße. Und sie weiß mit ihrer Pistole umzugehen. Sie merkt, wie sich auch auf sie der Druck verstärkt. Am 24. September veröffentlicht das Presseorgan des Wohlfahrtsausschusses, daß sie endlich hinter Gittern sei. Andere Blätter stürzen sich mit Genuß auf die Meldung: ‹Jetzt trinkt diese konterrevolutionäre Bacchantin Wasser.› Schluß mit den Besäufnissen und Freßgelagen, Schluß mit den Ausschweifungen mit Jacques Roux und Leclerc! – Wovon reden diese Wahnsinnigen? Daß sie immer wieder als Schnapsdrossel bezeichnet wird, kennt sie schon. Aber dieser Angriff geht zu weit, und vor allem, er geht aus vom Zentrum jakobinischer Propaganda. Also hat sie reagiert: ‹Mein Herr, der Dringlichkeit nach zu schließen, mit der sie meine Verhaftung in Ihr Blatt setzen, scheint sie Ihnen ein großes Bedürfnis zu sein.› Leider müsse sie ihn enttäuschen. Sie sei auf freiem Fuß, erfreue sich bester Gesundheit, und wenn er nicht sofort widerrufe, werde sie persönlich bei ihm in der Redaktion erscheinen und ihn mit Hieben von ihrem guten Zustand überzeugen. – Darüber hat man wenigstens gelacht auf der Straße.

Längst ist die Flucht nach vorn verzweifelte Taktik. Am 9. Oktober hat Claire eine Abordnung von vier Frauen zu den Jakobinern geführt. Sie wollten gegen die unaufhörlichen Verleumdungen protestieren. Nach Stunden zermürbenden Wartens durften sie in den Versammlungsraum. Da springt doch tatsächlich ein Jakobiner Claire an die Gurgel! Sie schüttelt ihn ab wie eine tollwütige Ratte. ‹Willst du mich unsterblich machen wie Marat – erschlag mich: die Gelegenheit ist günstig. Ich bin dir nicht böse, denn lieber sterbe ich durch die Hand eines Patrioten, als mich mit Verbrechern und Verrätern zu arrangieren.› – Ihre Schlagfertigkeit, ihre schneidende Rhetorik – sie setzt eine Pointe wie das Stichwort zum Applaus. – Und noch fasziniert sie so sehr, daß sich die Feinde ducken, wenn sie ihr gegenüberstehen. So muß sie sich die dumme Ausrede anhören, die Jakobiner wüßten die Leistungen der Revolutionären Republikanerinnen zu schätzen, aber sie müßten energisch gegen Frauen vorgehen, die sich für Mitglieder des Clubs ausgeben und nur Unruhe stiften wollen. Jämmerlichste Hilflosigkeit! Verständlich, denn wer ist ihr auch gewachsen?

Macht es euch nicht zu einfach! Ihr nennt uns in einem Atem mit den Medicifrauen, mit Marie-Antoinette, mit der Corday: was haben die mit unserer Gesellschaft zu tun? Da sind wir großzügiger als die Männer. Wir machen euch nicht verantwortlich für die

Auswüchse des männlichen Geschlechts, von denen wir seit Jahren verfolgt und bedroht werden! ‹*Unsere Rechte sind die des ganzen Volkes, und wenn man uns unterdrückt, werden wir dieser Unterdrückung Widerstand entgegenzusetzen wissen!*›
Claire fühlt sich sehr allein. Von Pauline hört und sieht sie wenig, die ist in ihrem Privatleben untergetaucht. Leclerc schreibt zwar wohlwollende Artikel, aber ihr Wert in der Öffentlichkeit ist gering. Der einzige brauchbare Mitstreiter, Jacques Roux, sitzt im Gefängnis. Von dort veröffentlicht er weiter: ‹Diesen Frauen ist es möglicherweise vorbehalten, die Republik vor sich selbst zu retten.› Aber was bewirkt sein guter Wille?
Claire muß dafür sorgen, daß besonders die Frauen besser verstehen lernen, wofür der Club kämpft. Die Frage nach der Gleichberechtigung beider Geschlechter ist völlig aus der öffentlichen Diskussion verschwunden – dafür muß sie die Hausfrauen gewinnen, Arbeiterinnen, alle, die sich nicht damit zufriedengeben wollen, für alle Zeit zweitrangig zu sein. Wenn schon die politische Zusammenarbeit mit den Männern, die man für Gesinnungsfreunde gehalten hatte, nicht mehr funktioniert, müßte doch ein solidarisches Miteinander der Frauen möglich sein. In der Unterdrückung sind sie doch alle gleich, Schwestern in Ohnmacht und Wut.

Am 28. Oktober wollte eine Pariser Sektion die Büsten von zwei Märtyrern für die Freiheit einweihen. Dazu lud man den Club der Revolutionären Republikanerinnen ein. Er schickte eine Delegation von 15 Frauen. Kaum angekommen, wurden sie heftig von den Frauen auf den Tribünen beschimpft und bedroht. Als sich der Tumult nicht legen wollte, baten die Clubfrauen um Wachen. Diese kamen auch, erklärten sich für nicht zuständig, und nach ihrem Weggang strömte eine aufgebrachte Menge von der Straße in den Saal, stürzte sich auf die 15 Frauen, mißhandelte sie, schlug sie zu Boden, traktierte sie mit Stiefeltritten und schleifte sie über den Boden. In dieser Lebensgefahr für die Gäste der Sektion griffen endlich einige Männer der Sektion ein und brachten die Frauen in einen Nebenraum. Diese verlangten ein Protokoll der Vorfälle und erklärten, nicht eher zu gehen. Schließlich kam ein Nationalgardist und beschwor die Frauen, nicht auf dem Protokoll zu bestehen, die Zeit dränge, die Gefahr sei zu groß. Also ließen sich die Frauen auf Schleichwegen zu ihrem Versammlungsort führen, hatten aber den Eindruck, als sei auf den Straßen alles ruhig.
Die Nachricht von diesen Ereignissen brachte ein dem Club besonders freundlich gesinntes Blatt. Der Sinn der Veröffentlichung war wohl, sich mit diesem Bericht als wohlwollend objektiv zu

*So könnte Claire Lacombe ausgesehen haben: sie trägt Hosen und die
Jakobinermütze auf dem Kopf. Dazu ist sie bewaffnet – drei schwere
Verstöße gegen die Vorrechte der Männer.*

zeigen, um sich besser zu legitimieren für den geplanten Totalangriff auf Frauen in der Politik generell. Und dieser Angriff stand unmittelbar bevor. Wegen permanenter Störung der Ruhe und Ordnung wurde Ende Oktober der Club geschlossen und jede neue Clubbildung verboten.

Pauline und Leclerc heirateten, Leclerc ging zur Armee. Den ‹Volksfreund› hatte er selbst bereits am 21. September 1793 aus Angst vor Verhaftung eingestellt.

Im Januar 1794 tötete sich im Gefängnis Jacques Roux mit mehreren Messerstichen. Er verachte dieses Leben und hoffe auf ein anderes, in dem den Kämpfern für die Freiheit ein besseres Los beschieden sei. Am 3. April wurden Pauline und Leclerc verhaftet, aber bereits im August wieder freigelassen. Man weiß nichts von ihrem weiteren Leben. Einen Tag vor dem Ehepaar war auch Claire ins Gefängnis gekommen. Man beschuldigte sie, nach England auswandern zu wollen, weil sie einen Paß beantragt hatte. Sie wurde erst am 20. August 1795 freigelassen. In ihren vielen Eingaben hatte sie nie den neuen Machthabern geschmeichelt, anders als Pauline, die während ihrer Gefangenschaft behauptete, unter dem Tyrannen Robespierre gelitten zu haben. Claire soll in Paris einen kleinen Lebensmittelladen geführt haben, im September 1796 jedenfalls war sie in Nantes, wieder als Schauspielerin. Sie war engagiert für ‹Hauptrollen und Königinnen in der Tragödie und Salondamen und Hauptrollen in der Komödie›. Anhand von Briefen ihrer früheren Vermieterin in Paris, Justine Thibault, läßt sich ihr Weg rekonstruieren. Im Mai 1799 lebte sie in Paris mit einem Lebensgefährten, ebenfalls Schauspieler. Beide tauchten unter, weil sie ihr Hausherr wegen Mietrückstands angezeigt hatte. Er konfiszierte dafür ihr Gepäck. Weitere Spuren gibt es nicht.

Die Lust am Opfer:
Charlotte Corday und Simone Evrard

Zwei Frauen ineinander verkeilt wie in leidenschaftlicher Umarmung: die kleinere, dunkle preßt die andere keuchend gegen die Vorhänge im Vorraum, versucht, deren Kopf mit dem verrutschten Hut gegen die Wand zu drücken, verkrallt sich in ihren Haaren, drängt sich drohend gegen ihren Leib, der keinerlei Anstalten macht, sich aus der Umklammerung zu befreien. Sie verharren reglos, beinahe Mund an Mund, dunkle Augen und sehr helle graue verschmolzen. Aus der kleineren Frau bricht atemloses Schluchzen, sie beginnt auf die andere einzuschlagen, mit kraftlosen Fäusten, die Angegriffene bewegt sich nicht, beugt sich nur noch näher zu dem geröteten, verzerrten Gesicht vor ihr und staunt: Liebe zu Marat? Nachbarn trennen den zitternden Körper von dem angespannt aufrechten, zuletzt lösen sich die Augenpaare. Geheul, Schreie aus dem Nebenzimmer.

Eine Stunde später: Ärzte konnten nur noch den Tod des Mannes in der Badewanne feststellen, so tief war das Messer eingedrungen. Die Lebensgefährtin Marats, Simone Evrard, sitzt still neben der

Leiche, die man aus dem Wasser gehoben hat. Ihre Schwester kreischt noch immer. Vier Männer des Sicherheitsausschusses sind eingetroffen, beginnen die erste Vernehmung. Die geräumige Wohnung ist voller Menschen, die einen Blick in den Raum werfen wollen, in dem gerade dem Toten das Blut abgewaschen wird. Vor dem Haus Gedränge, Fragen, Weinen, Flüche. Der Kutscher, der die Mörderin zu diesem Haus gefahren und von ihr den Auftrag bekommen hat, auf sie zu warten, hat sich aus dem Staub gemacht.

Das erste Verhör kreist um eine einzige Frage: hat die junge Frau im Auftrag einer Verschwörung gehandelt? Nein, es gibt kein Komplott, nicht einmal Mitwisser. Schließlich wird sie abgeführt und muß davor bewahrt werden, daß die wütende Menge sie auf der Stelle lyncht.

Marie-Anne-Charlotte Corday d'Armont hat tatsächlich keine einzige Person in ihren Plan eingeweiht, das französische Volk durch die Tötung Marats zu retten. Ihre Briefe unterzeichnet sie mit ‹Marie› oder ‹Corday›. Das Gericht und die Presse nennen sie Charlotte. Diesen Vornamen hat sie nie geführt. Aber sie trägt in ihrem Kleid den Taufschein, er lautet auf Charlotte Corday. Ihren 25. Geburtstag am 27. Juli, also in vierzehn Tagen, wird sie nicht mehr erleben. Vor zwei Tagen ist sie mit der Postkutsche gekommen, aus Caen. Da ist sie zu Hause, entstammt einem alten Adelsgeschlecht. Pierre Corneille war ein direkter Vorfahre der mütterlichen Linie. Sie ist auf dem Land aufgewachsen, auf dem bescheidenen Gut der Familie. Die Eltern unterrichten die fünf Kinder selbst, ohne intellektuelle Ansprüche. Die Familie zieht um nach Caen. Die neunjährige Marie gewöhnt sich schwer an das Stadtleben. Bei der Geburt eines weiteren Kindes stirbt die Mutter, 45 Jahre alt. Die Familie zerfällt. Der Vater will wieder auf dem Land leben, die beiden Söhne gehen an die Militärakademie, die älteste Schwester ist schon vor einigen Jahren gestorben, Marie und Eleonore, 13 und 11 Jahre alt, werden in eine Klosterschule aufgenommen, in der sie aufgrund ihrer Herkunft für ihre Ausbildung nichts bezahlen müssen. Als der Unterricht abgeschlossen ist, will Marie nicht zurück zum Vater. Sie bleibt als Sekretärin der Äbtissin im Kloster, arbeitet in der Verwaltung mit und erteilt den Zöglingen Unterricht in der Herstellung kostbarer Spitzen. Sie beschließt, Nonne zu werden – weil es ihr an einer Aussteuer fehlt, um angemessen heiraten zu können, oder aus Überzeugung? Gleichviel, die Revolution vereitelt den Plan, am 13. Februar 1790 werden die Klöster aufgelassen. Eine Verwandte in Caen, deren eigene Tochter unlängst gestorben war, nimmt Marie in ihr Haus auf. Dort lebt sie bis zu ihrem Aufbruch nach Paris.

Sie ist ein schönes Mädchen, groß, kräftig, dabei anmutig, mit klaren Gesichszügen, im Wesen zurückhaltend, belesen. Sie kennt die Werke ihres berühmten Vorfahren und der Philosophen der Aufklärung. Briefe schmückt sie gerne mit Zitaten aus ihrer Lektüre. Sie wird als eigenwillig und stolz beschrieben, verträumt und spöttisch. Während der Zeit im Internat besucht sie ihre Verwandten als Novizin gekleidet. In den Jahren in Caen gibt es Bewerber um ihre Hand, nichts Ernstes. Sie verfertigt Spitzen, deren Erlös trägt zu ihrem Unterhalt bei. Die Revolution mit dem Gedankengut, das ihr aus der Lektüre innig vertraut ist, erfüllt sie zunächst mit Hoffnung. Die Auflösung der Klöster scheint sie nicht tief zu treffen, sie besucht Verwandte, gilt als heiter und angenehm, vielleicht etwas zu schweigsam. In Caen wird bei einem Aufruhr ein Neffe der früheren Äbtissin erschlagen, sein Kopf auf einer Pike durch die Straßen getragen. Den Stadtverwalter, einen ruhigen, gemäßigten Mann, massakriert eine Meute von Aufständischen vor den Augen seiner Frau und seines Kindes. Maries Brüder, ihre Onkel emigrieren. Wohin treibt die Revolution?

Simone Evrard ist fünf Jahre älter als Marie. Der Vater arbeitete als Schiffszimmermann in einem kleinen Ort an der Saône. Weshalb seine drei Töchter nach Paris gegangen sind? Sie verdienen zunächst ihren Lebensunterhalt im Wäscheladen einer Bekannten aus ihrem Geburtsort. Die beiden älteren Schwestern heiraten bald, und auch die jüngste wechselt die Arbeitsstelle, wird Arbeiterin in einer kleinen Fabrik für Uhrzeiger. Der Mann der älteren Schwester ist Drucker, ein Sansculotte der ersten Stunde. Er ist stolz darauf, daß die Druckerei, in der er beschäftigt ist, den ‹Volksfreund› herstellt, die einzige Zeitung, die die Interessen der kleinen Leute vertritt. Deshalb ist die Arbeit gefährlich. Immer wieder wird das Blatt beschlagnahmt, die Druckerei durchsucht, jeder Arbeiter verhört. Der Journalist Marat führt kein ruhiges Leben, ist ständig auf der Flucht, schläft kaum zweimal im selben Bett. Da bietet ihm Simones Schwager an, bei ihm zu wohnen. Seit Januar 1792 ist Simone seine Lebensgefährtin.

Marat ist zwanzig Jahre älter als sie, ein vielseitig begabter Mann. Nach medizinischen und naturwissenschaftlichen Studien in Paris hat er jahrelang in England gelebt, den Doktortitel erworben, als Arzt und Sprachlehrer sein Geld verdient, dazu gefühlvolle Briefromane im Geschmack der Zeit verfaßt, aber auch politische Essays. ‹Die Ketten der Sklaverei› – ein flammender Aufruf, das Joch des Despotismus abzuschütteln. Das war schon 1774. Marat ist ein Besessener. Er selbst berichtet, wie er seine damals zweiundzwanzigstündigen Arbeitstage nur bei exzessivem Kaffeegenuß durchhielt. 1776 kommt er nach Paris zurück und wird Arzt der Leibgarde beim Comte d'Artois, dem Bruder des Königs. Er wird berühmt durch windige Heilwasserkuren, mit denen er die Schwindsucht heilen will, veröffentlicht Studien über das Licht, das Feuer, Farben. Allgemein wird er für einen Scharlatan gehalten, verspottet, verhöhnt – seltsam nur, daß seine anonym eingereichte Untersuchung über Magnetismus von der Akademie in Rouen den ersten Preis zuerkannt bekommt. Marat fühlt sich verkannt, vom ihm zustehenden Ruhm durch Intrigen ferngehalten, und sein an sich exzentrisches Wesen artet aus in zeitweiligen Verfolgungswahn. Sicherlich behindert ihn sein Äußeres. Es trübt den Blick der Zeitgenossen. Wer ihn nicht persönlich kennt, fällt positive Urteile über seine Schriften, so auch Goethe über die Ergebnisse von Marats Farbenlehre.

Jean-Paul Marat ist ein kleiner knochiger Mann mit einem mächtigen Schädel, gepeinigt von Migränen, zu deren Linderung er das berühmte in Essig getränkte Tuch um den Kopf wickelt. Wann seine Hautkrankheit, wohl eine Art Schuppenflechte, ausgebrochen ist? Kaum ein Bericht über ihn, der sie nicht erwähnt. Geradezu trotzig unterstreicht er den Widerwillen, den sein Anblick auslöst, durch provokante Nachlässigkeit seiner Kleidung: das Hemd offen bis zum Gürtel, die nackten Beine in derben Stiefeln, meist mehrere Pistolen am Gurt, als Festtagsgewand ein abgewetzter Pelz – aber diese Selbstinszenierung entwickelt sich erst als Antwort auf seine Ablehnung. In den Jahren in England war er befreundet mit der Malerin Angelika Kaufmann und wäre wohl auch in den Haushalt des Comte d'Artois nicht aufgenommen worden, wenn sein Aufzug die später so charakteristische Schlampigkeit aufgewiesen hätte. Oft versteckten ihn Freundinnen, etwa Mademoiselle Fleury, Schauspielerin an der Comédie Française.

Der Beginn der Revolution hat ihm Auftrieb gegeben, er beginnt eine neue Karriere als politischer Journalist. Die Schärfe seiner Analysen, das beschwörende Pathos seiner Sprache, die schamlose Polemik: ein unverwechselbarer neuer Ton, den viele fürchten, sogar verabscheuen. Nach dem Marsch nach Versailles wird er als Anstifter angeklagt, seine Zeitung verboten. Er taucht unter und führt ein beschwerliches Leben in Kellerverstecken, im Kanalsystem von Paris, immer in Angst vor den Verfolgern. Im Januar 1790 wird sogar die Nationalgarde eingesetzt, ihn zu finden, sein Wohnviertel durchkämmt, und nur mit letzter Kraft gelingt ihm die Flucht nach England. In dem Taumel der Begeisterung zum ersten Jahrestag des Bastillesturms, in den Nachhall des grandiosen Spektakels zum Föderationsfest am 14. Juli 1790 warnt er das Volk vor

Unachtsamkeit: ‹Bald werden die privilegierten Stände sich wieder erheben, wird der Despotismus, der abscheuliche Despotismus wieder erscheinen, furchtbarer denn je. Fünf- bis sechshundert abgeschlagene Köpfe hätten euch Ruhe, Freiheit und Glück gesichert; eine falsche Humanität hat eure Arme zurückgehalten und eure Schläge außer Kraft gesetzt: sie wird das Leben von Millionen eurer Brüder kosten. Eure Feinde brauchen nur einen Augenblick zu triumphieren, und das Blut wird in Strömen fließen; sie werden euch ohne Mitleid erwürgen, sie werden euern Frauen den Bauch aufschlitzen, und um auf ewig unter euch die Liebe zur Freiheit zu ersticken, werden ihre blutigen Hände das Herz in den Eingeweiden eurer Kinder suchen.› Daraufhin beschließt die Nationalversammlung die Lex Marat, wonach solche Texte als Volksverhetzung unter Strafe fallen. Der ‹Volksfreund› aber erscheint weiterhin und mildert seine Angriffe gegen Mißstände aller Art nicht. Immer mehr wird Marat zum rabiaten Einzelkämpfer; zwar hat sein Blatt einen treuen Leserstamm, aber seine Warnungen gellen ins Leere, die Verantwortlichen schweigen ihn tot, nicht einmal die Presse reagiert auf ihn, er verzweifelt: ‹Alles ist verloren. Die Tölpel sind für die Sklaverei gemacht, sie drängen selbst ihren Ketten entgegen.› Er arbeitet ohne Zustimmung, ohne Gönner, die Druckerei der ihm treu ergebenen Mademoiselle Colombe wird verwüstet und geschlossen, er kann das Blatt und sein Leben nicht mehr finanzieren – da gewinnt er die Liebe von Simone.

Was hat sie an ihm angezogen? Sie ist eine unscheinbare Frau, sollte in ihrem Alter längst verheiratet sein, findet Unterschlupf in den Familien der Schwestern, verrichtet eintönige Arbeit. Manchmal Vergnügungen: die Promenaden an warmen Abenden, ein kleines Fest, selten Tanz – und mit einem Mal wird sie herausgehoben aus einem Leben, das bis jetzt wenig Glück für sie bereitgehalten hat. Ein Mann sucht ihre Nähe, den alle Welt kennt, fürchtet, wohl auch haßt, nur wenige bewundern ihn und meiden ihn dennoch. Ein Unverstandener, Einsamer. Auf nie geahnte Weise wird sie der auserwählte Mensch an seiner Seite. Nur sie erkennt die Verletzungen der Mißachtung, der Verhöhnung, die sich tiefer eingekerbt haben als das Elend der ständigen Flucht. Nur sie erträgt die Not seines geschundenen Körpers, sie bereitet ihm die Bäder mit den Kräuteressenzen, die ihm Linderung bringen, sie sorgt dafür, daß er im Bad arbeiten kann, reicht ihm Schreibzeug, die benötigten Unterlagen, Erfrischungen. Ob sie seine Schriften gelesen hat? Verstehen konnte? Ihre Liebe hängt nicht an Zustimmung oder Ablehnung, ist doch jeder Satz richtig, allein, weil er von ihm stammt. Daß sich dieser ruhelose Mann ohne Rücksicht auf Erwerb und

Ruhm für das Wohl der Ärmsten dieser Gesellschaft einsetzt, respektiert sie. In seinem Haß gegen die alten Eliten und die neuen, die die Revolution nur ihrem eigenen Machtstreben dienstbar machen wollen, fühlt sie sich geborgen. Sein Kampf gilt dem Glück der kleinen Leute. Mehr braucht sie nicht zu wissen.

Als er den Schwindel anprangert, Frankreich müsse Krieg führen – und nur, weil die Verantwortlichen nicht in der Lage sind, mit den inneren Schwierigkeiten fertig zu werden, steht er wenigstens nicht allein, da hat er die Männer aus dem Club der Cordeliers an seiner Seite, Robespierre vor allen anderen. Dennoch wird erneut seine Verhaftung angeordnet. Bevor er flieht, für die Freundin ein Dokument tiefer Zuneigung: ‹Die wertvollen Eigenschaften von Simone Evrard haben mein Herz gewonnen, dessen ganze Verehrung ihr gilt. Ich hinterlasse ihr für die Zeit meiner Reise nach London das heilige Versprechen, sie sofort nach meiner Rückkehr zu heiraten; falls ihr meine ganze Zärtlichkeit nicht genügt als Garantie meiner Treue: Schmach soll mich bedecken, wenn ich das Versprechen vergesse. Gegeben in Paris am 1. Juni 1792.›

Die Ereignisse des 10. August erlauben ihm die Rückkehr. Das Ende der Monarchie und das Bekanntwerden der vielen verräterischen Bemühungen des Königs und seiner Berater heben das Ansehen Marats, dessen Warnungen sich also bestätigen. Er nimmt an den Beratungen der Kommune teil, die staatlichen Druckereien werden ihm zur Verfügung gestellt, er wird in den Konvent gewählt. Er bezieht mit Simone und seiner Schwester Albertine eine Sieben-Zimmer-Wohnung in der besten Wohngegend, die weitläufige Wohnung ist in bestem Zustand, Marmor und offene Kamine. Und er heiratet Simone – zwar nicht nach dem Buchstaben des Gesetzes, er verachtet Zeremonien: im ‹ungeheuren Tempel der Natur› nimmt er den Schöpfer ‹zum Zeugen für seine ewige Treue›. Sie ist es zufrieden.

In besessener Tag-und-Nacht-Arbeit produziert er seine Pamphlete, die immer unverblümter zur Vernichtung der Gegner aufrufen. Ein letztes Mal gelingt es den Girondisten, ihn unter Anklage zu stellen – diesmal muß er nicht fliehen, er hat die Sektionen auf seiner Seite; die Hungersnot, die Ladenstürme, die konterrevolutionären Aufstände in der Provinz bezeugen längst die Richtigkeit seiner Prognosen. Das Revolutionstribunal spricht ihn frei. An diesem 24. April 1793 wird ihm ein Triumph ohnegleichen zuteil: jubelnde Menschen tragen ihn nach Hause, er versinkt fast unter den Blumen und Kränzen, starr vor Erschütterung läßt er die Ovationen über sich ergehen. Den Sturz der Gironde kann er noch als seinen Erfolg miterleben, dann versagt ihm sein erschöpfter Körper den Dienst. Die Girondisten sind im Kerker verschwunden, er wird kaum noch seine Badewanne verlassen können.

Simone wacht darüber, daß begeisterte Anhänger und Bittsteller nicht seine letzten Kräfte verbrauchen. Sie bleibt zwar im Hintergrund der Ereignisse, nie käme ihr die Idee, selbst das Wort ergreifen zu wollen, aber sie kennt den Wert ihres Anteils. Der Mann, der seine Brandfackel schleudert, auf dessen Wink sich das Volk zusammenschließt, um seinen Willen auch gegen den Konvent durchzusetzen, dieser Mann, dem die Unterdrückten auf dem notwendigen Weg der Gewalt zu folgen bereit sind: was wäre er ohne ihre behutsame Pflege, ihre aufopfernde Sorgfalt? Ihre Liebe bebt im Rausch seligster Selbstentäußerung.

Verzweifelt ereignislos dagegen das Leben der Marie Corday. Die Stille im Haus der alten Verwandten, die sie aufgenommen hat; Besuche bei den Großeltern; seltene Einladungen mit Gesprächen über die Gefahren für Adel und Kirche; schließlich die Emigration als einziges Thema; Informationen aus verschiedenen Zeitungen aus Paris, liberal-gemäßigt bis königstreu alle; viel Zeit zum Grübeln. Am 2. Mai 1792 schreibt sie einen Brief an eine Freundin, die nach Rouen umgezogen ist, weil diese Stadt weniger gefährdet scheint, von der Revolution verschlungen zu werden. Marie beantwortet die Frage der Freundin nach den Vorfällen in Verson, einem Dorf in der Nähe von Caen, dort leben Verwandte der beiden Mädchen. Ein furchtbares Strafgericht hat stattgefunden, weil ein Nationalgardist beleidigt worden sein soll. ‹An die fünfzig Personen sind geschoren und geschlagen, Frauen vergewaltigt worden. Drei sind ein paar Tage danach gestorben.› Maries Blick für das Lächerliche: beleidigt worden sei der Nationalgardist, ‹ja sogar seine Kokarde. Das heißt, einen Esel und sogar sein Zaumzeug beleidigen.› Mit deutlichem Vergnügen erzählt sie, wie ein Bauer auf die Frage, ob er Patriot sei, geantwortet habe: ‹Ach ja, meine Herren, ich bin es, jeder kann Ihnen sagen, daß ich als erster Besitzungen des Klerus ersteigert habe, und Sie wissen doch, daß anständige Leute davon nichts kaufen wollten. – Ich weiß nicht, ob ein geistreicher Mann besser hätte antworten können als dieser Dummkopf; selbst die Richter mußten trotz ihrer Würde schmunzeln.›

Marie berichtet knapp von ihrer wachsenden Einsamkeit, alle vernünftigen Leute reisen ab, ‹wir bleiben fast allein›. Man lebt in Angst vor neuen Aufständen. Aber ‹man stirbt nur einmal, und was mir in allen Schrecknissen unserer Lage Ruhe gewährt, ist der Gedanke, daß niemand etwas verliert, wenn ich verloren bin – sofern nicht Sie ein wenig mitzählen dürfen, liebe Freundin.›

Als Marie nach dem Mord an Marat im Gefängnis auf ihre Hinrichtung wartet, schreibt sie: ‹Ich habe das Leben immer nur geschätzt nach dem Nutzen, den es bringen könnte.› Also hat ihr eigenes Leben in Caen keinen Wert, denn es ist für niemanden von Nutzen. Sie würde niemandem fehlen, keiner würde sie vermissen – die höfliche Ausnahme, die sie der Freundin einräumt, ist kaum mehr als eine Floskel.

In den nächsten Monaten verbindet sich ihre zunehmende Empörung über die Entwicklung der Revolution mit dem Bewußtsein der eigenen Ohnmacht. ‹Zitternd vor Abscheu und Wut› erregt sie sich in einem Brief vom 28. Januar 1793 an eine andere Freundin: ‹Alle diese Männer, die uns die Freiheit geben sollten, haben gemordet und sind nichts anderes als Henker. Beweinen wir das Schicksal unseres armen Frankreich.› Nach den Septembermorden auch noch die Hinrichtung des Königs – obwohl sie kein Ereignis direkt benennt, kann sich ihre Empörung nur darauf beziehen. Sie hat Ludwig nicht geachtet – soll sich einmal geweigert haben, bei einem Abendessen auf sein Wohl mit den anderen Gästen anzustoßen, weil sie einen schwachen König nur als Schaden für die Politik einschätzt. Aber die Revolutionäre sind längst zu weit gegangen. Sogar ihre alte Tante muß mit schweren Unannehmlichkeiten rechnen, weil sie vor seiner Abreise einen Emigranten bei sich übernachten ließ. Und dann der merkwürdige Satz: ‹Ich würde es auch machen wie er, wenn ich könnte, aber Gott hält uns hier für andere Aufgaben zurück.›

Die Untätigkeit in der Provinz, die Ereignislosigkeit der sich hinschleppenden Tage beleidigen sie nachdrücklich. Sie macht sich ein Bild von den Vorgängen in der Hauptstadt, und sie zelebriert dieses Bild als Ersatz für Leben. In diesem Konstrukt gibt es einen Bösewicht, der die Not und die sittliche Verwilderung des Volkes zu verantworten hat, Marat. Aus seinen Texten, sofern sie die gemäßigte Presse zitiert, liest sie nur den Aufruf zum Blutvergießen heraus, ein Appell, der sie wahnhaft verfolgt. Sie versteht seine Artikel als Auslöser eines grausamen Bürgerkriegs, erkennt aber nicht, daß sich die Revolution nach einer schönen Phase der Befreiung bereits wieder in ein Instrument der Unterdrückung wandelt. Marat warnt davor, daß sich die neuen Fronten zwischen oben und unten verhärten, bis sie nur noch mit den äußersten Mitteln überwunden werden können, wenn überhaupt. Was weiß Marie von den gärenden Konflikten in der Hauptstadt, vom tödlichen Endkampf der Parteien im Konvent? Sie ist allein mit ihrer Lektüre, mit ihrer ungenutzten Kraft – ‹eine lebhafte Fantasie, ein gefühlvolles Herz fordern ein stürmisches Leben›, sagt sie kurz vor ihrem Tod. Wie aber, wenn in der Stille der Einsamkeit all diese brennenden Gewalten nur gegeneinander wirbeln? Welchen Ausweg sprengt sich dann die gedrosselte Fantasie frei? Marie ist fromm. Täglich soll sie die Kommunion empfangen haben. Das Selbstopfer Christi ist der Kern ihres Glaubens. Der Streit zwischen eidverweigernden und patriotischen Priestern kümmert sie nicht. ‹Ich verachte beide.› Marats Forderungen nach Blut, die Frankreich immer tiefer in Erniedrigung und Elend treiben, müssen gesühnt werden mit einem Blutopfer. Sie wird es bringen. Wann hat sie den Entschluß gefaßt? ‹Zu allen Zeiten waren die Menschen Tiger, bereit, sich gegenseitig zu verschlingen. Unter der alten Ordnung waren der Despot, seine Handlanger und seine Lakaien unsere Herren. Sie zogen uns das Fell über die Ohren und knechteten uns um die Wette. Seit 1789 dient das Gesetz, das uns Schutz bieten sollte, nur dazu, uns zu unterdrükken. Obwohl wir keine Herren mehr haben, ächzen wir unter der eisernen Knute unserer eigenen Bevollmächtigten. Es ist der Gipfel der Abscheulichkeit, daß sie uns im Namen der Gerechtigkeit mit Leid überhäufen; daß sie uns im Namen der Freiheit in Ketten legen; daß sie uns bestrafen, wenn wir den Pflichtvergessenen Widerstand leisten, die unsere Streitkräfte mißbrauchen, um uns zu unterjochen, unsere Notwehr zu einem Verbrechen stempeln, uns jedes Murren untersagen und uns sogar verbieten, uns zu beschweren. – Wir scheuen uns nicht zu wiederholen, daß wir weiter denn je von der Freiheit entfernt sind. Denn wir sind nicht nur Sklaven; wir sind es sogar laut Gesetz, infolge der Tücken unserer Gesetzgeber, die zu Verbündeten des wieder zu Ehren gebrachten Despotismus werden.› Kennt Marie diese Zeilen Marats?

Die Auflösung der girondistischen Fraktion im Konvent soll der Anstoß gewesen sein, Marat töten zu wollen. Aber schon am 23. April hat sich Marie einen Reisepaß für Paris ausstellen lassen. Zu welchem Zweck? Bei der Behörde gibt sie als Grund an, sie wolle sich um die Angelegenheit einer in der Schweiz lebenden Freundin kümmern. Sicher nur ein Vorwand, obwohl es diese Freundin, eine junge Stiftsdame, tatsächlich gibt. Aber wofür soll sich Marie einsetzen?

Zwischen dem 31. Mai und dem 2. Juni tobt der Entscheidungskampf zwischen den Girondisten und den von Marat angefeuerten Sansculotten, die deren Verhaftung aus der Mitte des Konvents heraus erzwingen. Einigen gelingt es zu entkommen. Am 18. Juni erreichen die Flüchtigen Caen: Buzot, der Geliebte Manon Rolands, Pétion, der ehemalige Bürgermeister von Paris, die Journalisten Gorsas und Louvet, und Barbaroux. Nur ein Jahr älter ist er als Marie und die vielleicht bezauberndste Erscheinung der Revolution.

Seine südländische Schönheit, er stammt aus Marseille, hat die kühl-kritische Manon Roland in ihren Memoiren zu der Bemerkung hingerissen, für einen Bildhauer wäre er das ideale Modell für eine Antinous-Statue. In diesem wiedererstandenen Liebling des Kaisers und der Götter sehen diejenigen, die ihr politisches Ideal in der römischen Antike suchen, die Verkörperung von Leidenschaft, Anmut und Verstand. Frauen sind besonders von ihm angezogen. Als Kind erzogen nur von seiner Mutter und entzückten Tanten, trifft er den für Frauen unwiderstehlichen Ton zwischen Stolz und Ergebenheit. Er studierte Rechts- und Naturwissenschaften, belegte bei seinem ersten Aufenthalt in Paris, 1788, bei Marat eine Vorlesung über Optik, entschied sich aber dann doch für die Laufbahn eines Advokaten. Nach der Revolution wurde er in Marseille Sekretär der Stadtverwaltung und Wortführer der neuen Ideen und überzeugte auch die Zögernden, bot er doch mit seinen sanften Manieren und seiner Vorliebe für kokett-altmodische Kleidung keineswegs den Eindruck eines gewalttätigen Revoluzzers. Nach dem Zusammentreten der Legislative schickte ihn seine Stadt nach Paris, um für finanzielle Zuwendungen zu werben. Hier gerät er in den Kreis um Manon Roland, die ihn gern unter die ihr ergebenen jungen Männer einreiht. Als Roland im März 1792 Innenminister wird, rückt auch Barbaroux ins Zentrum politischer Entscheidungen nach. Er ist es, der aus Marseille eine Truppe von Freiwilligen nach Paris zitiert, um die Position gegen den König zu stärken. Diese Truppe, die, nach Barbaroux' Worten, ‹zu sterben weiß›, wird von den Zirkeln um Roland und Condorcet begeistert begrüßt; die Königstreuen, aber auch viele Nationalgardisten sehen sie als einen wüsten Haufen von Verbrechern, die sich der heimischen Justiz entzogen haben. Diese Männer sangen auf dem Marsch von Marseille nach Paris immer wieder das Lied des Straßburgers Rouget de l'Isle, bis es den Namen Marseillaise behält. Sie sind die Kerntruppe des Aufstandes vom 10. August und werden als die Sieger über die morsche Monarchie gefeiert. Barbaroux wird in den Konvent gewählt und erweist sich als einer der brillantesten Befürworter der Republik.

Nach ihrer Zeitungslektüre wird sich Marie Corday mit den eleganten Rednern der Gironde identifiziert haben, die, gebildet und beschlagen in antiker Mythologie, die glorreiche Vision einer wahren Volksherrschaft verfechten. – Und nun sind sie in Caen, die gestürzten Anführer dieser Fraktion, wohnen nur wenige Schritte von ihr entfernt. Von Freunden, darunter dem jungen Stadtsyndikus, läßt sie sich bei den Flüchtlingen einführen. Was will sie? Sie wendet sich an Barbaroux mit der Bitte um Hilfe für die emigrierte Freundin. Natürlich kann er gar nichts tun, ist aber so stark beeindruckt von der schönen Besucherin, daß er sie weiterverweist an Duperret in Paris, einen der letzten Girondisten, die noch nicht gefangen oder geflohen sind. Louvet berichtet in seinen Memoiren, wie sie alle, nachdem ihre Tat bekanntgeworden war, versucht hatten, sich über dieses seltsame Mädchen klarzuwerden, und kommt zu dem Ergebnis, daß die gewünschte Hilfe nur ein Vorwand gewesen sei. ‹Ihr tatsächliches Motiv war zweifellos, einige der Begründer dieser Republik kennenlernen zu wollen, für die sie sich aufzuopfern anschickte.›

Marie beobachtet, wie die Flüchtigen den Freiheitskampf der Normandie vorbereiten. Eine Truppe von 2500 Mann steht zur Verfügung, aber das genügt nicht gegen die Revolutionsheere aus Paris. Aufrufe, sich freiwillig zu melden, bleiben ohne Erfolg: am 17. Juli melden sich zusätzlich siebzehn Männer. Am 9. Juli sitzt Marie in der Diligence nach Paris. Barbaroux hat ihr Briefe an Duperret mitgegeben und ein Empfehlungsschreiben, damit sie vorgelassen wird.

Nach ihrer Tat schreibt sie an Barbaroux: ‹Ich gestehe, was meinen Entschluß letztlich ausgelöst hat, war der Mut, mit dem unsere Freiwilligen am Sonntag, dem 7. Juli, angetreten sind. Ich überlegte also, daß so viele tapfere Männer ausziehen sollten, um den Kopf eines einzelnen Mannes zu bekommen, den sie am Ende verfehlen könnten oder der viele gute Bürger in seinen Sturz verwikkeln könnte, daß er so viel Ehre gar nicht verdiene und daß die Hand einer Frau genügen müsse.› Sie hat also gemeint, die Männer zögen nach Paris, einzig und allein, um Marat zu erledigen? Erstaunlich, wie ausschließlich sie auf ihn fixiert ist. Vielleicht ist es seine Beschwörung des Blutes, das vergossen werden müsse, um den Weg zur Freiheit endlich freizulegen, was sie so in seinen Bann gezogen hat, daß sie ihre Energie und ihren Haß nur auf ihn richtet. Denn Marat hat nur wenig konkreten Einfluß. Seit Anfang April konzentriert sich die Macht im Wohlfahrtsausschuß und um Robespierre. Marat ist krank, verläßt fast gar nicht mehr das Haus. Da Marie alle ihre politischen Kenntnisse nur aus der Zeitungslektüre bezieht, überschätzt sie maßlos die Macht des Wortes. Die Anhänger Marats folgen ihm nicht wegen der Gewalt seiner Sätze, sondern weil es tatsächlich massive Probleme gibt, die die Girondisten nicht lösen können – wie etwa die Versorgungsschwierigkeiten nicht durch die Freigabe des Marktes durch Roland bewältigt wurden. Durch das tagtägliche Versagen der Politik bestätigen sich die Parolen Marats, ohne die reale Not wäre er mit seinen Tiraden nichts als ein kläffender Köter, den man mit einem Tritt zur Seite schafft. Marie sieht nicht seine richtige Diagnose, ihr graut vor der verordneten

Therapie: ‹Heute genügen kaum zehntausend abgeschlagene Köpfe, um das Vaterland zu retten.› Zwei anstrengende Tage ist sie unterwegs nach Paris. Sie nimmt ein Zimmer in einem Hotel und sucht Duperret auf. Erst am übernächsten Tag, also am 13. Juli, begibt sie sich zu Marat. Ursprünglich wollte sie ihn im Konvent erdolchen, um das leuchtende Brutuszeichen zu setzen. Zufällig erfährt sie im Hotel von seiner Krankheit und vom Mietkutscher seine Adresse. Seit etwa 6 Uhr morgens ist sie unterwegs in der Stadt, kauft in einem Laden des Palais Royal ein Küchenmesser mit Holzgriff und 20 cm langer Klinge. Sie verbirgt es in ihrem Kleid. Gegen 9 Uhr steht sie vor der Tür Marats. Simone öffnet und weist sie energisch ab, Marat sei für niemanden zu sprechen, es habe auch keinen Sinn wiederzukommen. Die Hausmeisterin beobachtet, daß die Besucherin sehr schnell die Treppe hinuntersteigt und das Haus verläßt, aber auf der Straße zögert und offenbar einige Zeit ratlos herumläuft, denn sie kommt zurück, steigt entschlossen die Treppe hoch, bleibt im Treppenhaus vor Marats Wohnungstüre stehen, unentschieden, was zu tun sei, macht dann abrupt kehrt und geht nun endgültig.

Marie fährt in ihr Hotel und schreibt an Marat, daß sie ihn sprechen müsse, um ihn über die in Caen geschmiedete Verschwörung gegen die Revolution zu informieren. Dieses Billett läßt sie sofort mit der Post befördern. Abends gegen 7 Uhr steht sie wieder vor der Tür. Was mag sie während dieses Tages getan, gedacht haben? Über Paris lastet eine drückende Hitze, wohin hätte sie spazieren sollen? Verfaßt sie in ihrem Zimmer den ‹Aufruf an die Franzosen›, den sie nach ihrem Tod veröffentlicht wünscht? Wahrscheinlich ist dieser Text der Rechtfertigung ihrer Tat schon tags zuvor fertig gewesen, denn selbstverständlich hatte sie damit gerechnet, gleich bei ihrem ersten Besuch Marat zu töten. Ganz gewiß hat sie einen zweiten Brief an Marat geschrieben, den sie ihm schicken wollte, für den Fall, daß sie erneut abgewiesen würde. Sie hat ihn nicht mehr gebraucht, er fand sich in ihrem Mieder und entspricht ihrer Überzeugung, Tyrannen sei niemand die Wahrheit schuldig: ‹Ich habe Ihnen heute morgen geschrieben, Marat, haben Sie meinen Brief erhalten, kann ich auf einen Augenblick Gehör hoffen, wenn Sie ihn erhalten haben, hoffe ich, daß Sie mich nicht abweisen werden, dazu ist die Angelegenheit zu wichtig. Es genügt doch, daß ich unglücklich bin, um ein Recht auf Ihren Schutz zu haben.› Sie weiß, wie sie ihn packen kann.

Diesmal öffnet ihr die Hausmeisterin, die auch in der Wohnung hilft, die Türe und will sie nicht einlassen. Da beschwert sich Marie mit ihrer sanften Stimme, daß sie nicht mit dem Volkstribunen sprechen darf, und Marat bittet seine Freundin Simone, die Fremde einzulassen. Interessieren ihn die angekündigten Fakten über das Komplott in Caen, oder zieht ihn der oft gerühmte Liebreiz ihrer Stimme an? Marie tritt ein, kann ihn nicht sofort töten, muß erst die ungewöhnliche Situation verkraften. Vor ihr sitzt ein Mann in einer Badewanne, über der ein Brett liegt, auf dem er Schreibarbeiten erledigt. Der Kopf ist umwickelt mit einem Tuch, wie auf den Abbildungen, die sie kennt. Der Oberkörper mit der von Ekzemen übersäten Haut ist nackt. Was für ein Anblick! Etwa zehn Minuten dauert das Gespräch, braucht sie so lange, um sich zu fassen? Vor der Türe hört die zufällig anwesende Schwester Simones zu – hat Simone sie gebeten zu lauschen? Sie bestätigt, was Marie später Barbaroux berichten wird. Marie redet also von den Verschwörern in Caen, gibt sich erregt über deren Pläne, so daß Marat ihr tröstend versichert, sie würden bald hingerichtet. Dieser Satz habe den Ausschlag gegeben, behauptet Marie. Im Stehen führt sie den tödlichen Streich, stößt dem wehrlosen Mann das Messer mit voller Wucht in den Leib. Er schreit nach seiner Freundin, röchelt, mehrere Frauen, darunter seine Schwester Albertine, stürzen in den Raum, Marie geht ohne Hast in den Vorraum, Simone meint, sie wolle entfliehen, rennt ihr nach und hält sie fest, bis Nachbarn kommen, darunter der Vermieter der Wohnung, ein Dentist, der als erster den Tod Marats feststellt.

Nach dem ersten improvisierten Verhör wird Marie ins Gefängnis gebracht, wo sie einen Brief an Barbaroux beginnt: ‹Im Gefängnis L'Abbaye, in der früheren Zelle Brissots, am zweiten Tag der Vorbereitung des Friedens.› Marie setzt den Tod Marats an den Beginn einer neuen Zeitrechnung: Vorbereitung des Friedens. Der Brief wird als ein Teil der Anklage vor Gericht verlesen.

Vor dem Tribunal ist Marie ruhig. Sie weiß, daß ihr Leben verwirkt ist, und beantwortet deshalb alle Fragen ohne die geringste Verbindlichkeit. Ja, sie sei nur mit dem Ziel nach Paris gekommen, um Marat zu töten. Sie wisse, er sei der Verderber des Volkes. Sie habe einen Menschen getötet, um Hunderttausende zu retten. Marat zu töten sei kein Verbrechen, er sei ein wildes Tier. – Der Präsident: Wie konnte sie Marat als ein Ungeheuer ansehen, wenn sie doch auf seine Menschlichkeit setzte, indem sie ihm schrieb, sie benötige seinen Schutz? – Marie: ‹Was kümmert mich, daß er sich mir gegenüber menschlich zeigt, aber gegen alle anderen als Ungeheuer.›

Als seine Verbrechen nennt sie die Septembermorde, den Aufruf zum Bürgerkrieg, die Vernichtung der Girondisten, Anarchie ganz allgemein, und daß er sich zum Diktator machen wolle – wie sonst auch könnte sie sich als Brutus gegenüber Cäsar fühlen?

Das letzte Portrait der Corday im Gefängnis – das weiche Mädchen-gesicht der Mörderin ließ sich von der jakobinischen Propaganda nur schwer zur Monsterfratze umdeuten.

Zweimal verliert sie kurz die Fassung: die Vernehmung der Simone Evrard will sie abkürzen, indem sie heftig beteuert, sie ganz allein habe die Tat begangen. Auch als man ihr das Messer zeigt, verliert sie die Beherrschung: ‹Ich erkenne es, ja natürlich erkenne ich es!› – Immer wieder betont sie, daß sie keinen Verbündeten oder Mitwisser gehabt habe. ‹Man will sich nicht damit zufriedengeben, nur ein unbedeutendes Weib den Manen des großen Mannes opfern zu können!› Der Richter versucht, ihr Leben zu retten, indem er den

Verteidiger auf einem Zettelchen auffordert, er möge auf unzurechnungsfähig plädieren. Der aber spürt, wie wichtig es seiner Mandantin ist, nicht für verrückt erklärt zu werden. Sie besteht auf ihrer vollen Verantwortlichkeit.

Nach dem Todesurteil ersucht sie den Sicherheitsausschuß, ihr einen Maler zu schicken, sie möchte sich porträtieren lassen. Das wird ihr gewährt, und der Maler ist noch bei ihr, als sie schon der Henker holt, ihr die Haare schneidet und das rote Hemd der Vatermörder überzieht: gilt doch Marat als Vater der Republik.

Auf der Fahrt zum Richtplatz in strömendem Regen verliert sie nicht einen Augenblick ihre gelassene Heiterkeit. ‹O mein Vaterland! Dein Unglück zerreißt mir das Herz, ich kann dir nichts bieten als meine Liebe, und ich danke dem Himmel, daß ich die Freiheit habe, darüber zu verfügen. Ich will, daß mein letzter Hauch meinen Mitbürgern nützlich sei, daß mein Haupt, wenn es in Paris herumgetragen wird, zum Signal für alle Gesetzesfreunde werde und daß das gerächte Universum erkläre, ich habe mich um die Menschheit verdient gemacht.› Diesen ‹Aufruf an die Franzosen›, den letzten Brief an Barbaroux und die wenigen Zeilen an den Vater schmückt sie mit Zitaten aus heroischer Literatur: ‹Schande bringt das Verbrechen, doch nicht das Blutgerüst.›

Ein größensüchtiger Mensch, gebannt in einen Frauenkörper. ‹Wir in Paris sind so gute Republikaner, daß man nicht begreift, wie ein unnützes Weib, dessen längstes Leben keinen Wert hätte, sich kalten Blutes opfern kann, um das Vaterland zu retten!› Das unnütze Leben – der Frauen zumal. Dabei verlangt die Zeit nach dem außerordentlichen Charakter: ‹Es gibt wenig wahre Patrioten, die für ihr Land zu sterben verstehen, fast alles ist Egoismus, was für ein trauriges Volk zur Begründung dieser Republik!› Sie hat wenigstens ein Zeichen gesetzt, schmeichelt sich, eine historische Zäsur bewirkt zu haben. Wäre mehr möglich gewesen für eine Frau? Welche Aufgaben wären ihrem fordernden Geist, ihrer Kühnheit, ihren Begabungen angemessen gewesen? Schon in den Kinderjahren waren Maries Stolz aufgefallen, ihr Ernst, ihre Würde, die seltsame Mischung aus Sanftheit und Aufsässigkeit. Sich in die mystischen Abenteuer der Seele zu begeben, sich anzuvermählen dem erlesensten Bräutigam in einem asketischen Weltverzicht, sich die Wonnen einer Ekstase zu holen, für die nicht der platte Maßstab des Alltäglichen gilt – das wäre noch wünschenswert gewesen. Vertrieben aus der himmlischen Enklave bleibt die Sehnsucht nach den elysischen Feldern des Ruhms, der Vaterlandsliebe, Seite an Seite mit den Großen der Vergangenheit. Auch dazu ist der Zugang versperrt – aber vielleicht könnte sie mit ihrer Tat den Weg bereiten für Barbaroux, vor dem sie ihre letzten Gedanken ausbreitet, wie es der kurze Kontakt kaum zu rechtfertigen scheint. Im Gefängnis vertreibt sie sich die Zeit damit, patriotische Lieder aus dem Gedächtnis aufzuschreiben, in denen Caen als das Marseille des Nordens gepriesen wird. Die Jungfrau aus der Normandie und der Götterliebling: was hätten sie für ein Paar sein können!

Mußte, wer sich mit dem kleinen Glück nicht bescheiden will, den großen Tod wählen? Widersprüche: das Pathos von Maries Anspruch tanzt Hand in Hand mit dem ‹Leichtsinn ihres Charakters›, wie sie es nennt, mit dem flirrenden Vergnügen am Spott. Bis zuletzt. ‹Mir geht es, so gut es nur sein kann in meinem Gefängnis; man hat mir Gendarmen beigegeben, um mich vor Langeweile zu bewahren, ich fand das sehr gut für den Tag und sehr schlecht für die Nacht, ich habe mich über diese Ungehörigkeit beschwert, aber der Ausschuß hat es nicht für nötig gefunden, sich darum zu kümmern. Ich halte das für eine Idee Chabots, nur ein Kapuziner kann auf solche Einfälle kommen.› Bei der Verlesung dieser Briefstelle vermerkt das Protokoll, daß die Angeklagte das Lachen nicht unterdrücken konnte. Und dann hat sie tatsächlich den armen Barbaroux noch einmal darum gebeten, sich der Angelegenheit ihrer emigrierten Freundin anzunehmen – soll die Fiktion bis zum absurden Ende durchgehalten werden? Widersprüche.

‹Nur eine Frau› – in dieser spöttischen Einschränkung liegt wohl die Bitterkeit eines Lebens, das seinem Anspruch nur im Blutopfer gerecht werden konnte. Dabei hat sich Marie in der Einschätzung ihrer Tat furchtbar getäuscht.

Der Geist des Widerstandes breitete sich in der Normandie nicht aus, das kleine Trüppchen der Girondisten wurde am Tag des Prozesses gegen Marie vernichtend geschlagen. Die Anführer mußten erneut fliehen, töteten sich selbst wie Buzot, wurden hingerichtet oder scheiterten bei dem Versuch, sich umzubringen, wie der bezaubernde Barbaroux, der noch mit seiner tödlichen Verwundung auf die Guillotine geschleift wurde. Duperret war in den Sog der Rache für Marat geraten und wurde geköpft. Die eingekerkerten Girondisten wie Brissot, Vergniaud und Manon Roland wußten, daß die Tat der Corday ihren eigenen Tod beschleunigen würde, denn für die Öffentlichkeit galt Marie als Werkzeug dieser entmachteten Fraktion.

Marat wurde, gegen Maries Vorhersage, verklärt.

Simone erfüllte ihre Pflicht als Witwe Marat, eine Bezeichnung, die ihr trotz fehlender Ehedokumente niemand streitig machte. Sie überwachte die mühevolle Prozedur des Einbalsamierens, Marats öffentliche Aufbahrung, die Trauerumzüge. Der Plan, den Leichnam zur Huldigung durch ganz Frankreich zu fahren, mußte wegen der Hitze und wegen des trotz der Behandlung verwesenden Körpers fallengelassen werden. Der unbeliebte, nie anerkannte Journalist wurde kultisch verehrt, seine Badewanne und sein Schreibzeug trugen trauernde Frauen durch die Straßen von Paris, die Republik hatte ihren Märtyrer.

Simone blieb ihrem Wesen treu. Sie übernahm nicht die Rolle einer Hohenpriesterin des Kults, sondern hielt sich im Hintergrund, in unwandelbarer Treue dem Toten verbunden.

Ein einziges Mal ergriff sie öffentlich das Wort, hielt eine Rede vor dem Konvent, in der sie ausdrücklich nichts für sich selbst erbat – sie benötige nur noch ein Grab, erklärte sie. Obwohl sie in bedrängten Verhältnissen lebte, nahm sie für sich selbst nichts an. Aber sie forderte, daß die Zeitung, die sich als Nachfolge des ‹Volksfreunds› ausgab, verboten werde. ‹Ich zeige hier im besonderen zwei Männer an, Jacques Roux und einen gewissen Leclerc, die vorgeben, sein patriotisches Blatt weiterzuführen und seinen Schatten sprechen zu lassen, um sein Andenken zu beschimpfen und das Volk zu täuschen. Sie suchen noch nach seinem Tod die Verleumdungen zu verewigen, die ihn verfolgten und ihn als verrückten Apostel der Unordnung und Anarchie darstellten.› Nach dem Erfolg ihrer Petition lebte sie mit seiner Schwester in großer Armut, arbeitete wieder an der Fabrikation von Ersatzteilen für Uhren. Sie hütete das Andenken ihres Mannes, bewahrte sorgfältig alle Erinnerungsstücke an ihn und weigerte sich auch nach der Restauration, den Namen abzulegen, der ihr schadete und ihr juristisch nicht einmal zustand. Sie starb mit sechzig Jahren.

Zwei Frauen, in Herkunft und Bildung unterschiedlich, ähnlich in der ausschließlichen Ausrichtung ihres Lebens auf Marat. Die eine, indem sie sich im Wissen, für ihn unentbehrlich zu sein, bedingungslos zu seiner Verfügung hielt und dem Außenseiter die hingebungsvollste Liebe entgegenbrachte. Die andere, indem sie durch seinen Tod Unsterblichkeit zu erringen hoffte. In einem kurzen Augenblick waren ihre Körper, ihre Blicke, ihre Seelen ineinander verwoben, in einem Augenblick wahnwitziger Nähe.

1793/94
Besichtigung eines Zerfalls

Am 5. September 1793 ist der Konvent von bewaffneten Sansculotten umstellt. Die Nahrungsmittel in Paris sind so knapp, daß endlich Maßnahmen zur Behebung der Wirtschaftsmisere beschlossen werden müssen. Noch konnte sich der Konvent nicht zu den geforderten staatlichen Eingriffen entschließen. Unter dem Druck der Hungeraufstände werden Gesetze verabschiedet, die den Mangel zumindest besser organisieren sollen. Das Große Maximum setzt Höchstgrenzen für Preise und Löhne fest. Die Sansculotten wollen noch weitergehen, ihr Ziel ist die Einführung eines allgemeinen Besitzmaximums. Dafür findet sich unter den Jakobinern keine Mehrheit.

Sie suchen aber die wachsende Unzufriedenheit der Bevölkerung mit dem Erlaß des Verdächtigengesetzes am 27. September abzulenken. Die emsige Verfolgung aller Gegner der Revolution, zu denen auch alle zählen, die sich nicht aktiv für die Revolution einsetzen, soll darüber hinwegtäuschen, daß den Verantwortlichen im Wohlfahrtsausschuß nichts einfällt, um die Lage zu verbessern. Dies ist der Beginn der Schreckensherrschaft. Niemand kann mehr vor Verhaftung sicher sein. Die Gefängnisse sind schnell überfüllt, die Tribunale überlastet. Der Terror gilt als offizielle Doktrin der Revolutionsregierung. Am 4. Dezember wird die gesamte politische und militärische Führung dem Wohlfahrtsausschuß übertragen.

Um die weltgeschichtliche Zäsur der Revolution hervorzuheben, ist seit dem 5. Oktober 1793 der Revolutionskalender in Kraft, er gilt rückwirkend ab dem 22. September 1792, ab der Einführung der Republik. Das neue System verwirrt alle, erschwert den ohnehin schwer angeschlagenen Außenhandel und entzückt lediglich seine Erfinder, die mit poetischen Monatsnamen – Blütenmond, Wiesenmond usw. – die düstere Alltagsrealität aufheitern wollen.

Gnadenlos vernichtet die Guillotine nach fragwürdigen Prozessen Personen, die aus unterschiedlichsten Gründen für schuldig befunden worden sind, dem Volk und der Nation Schaden zugefügt zu haben. 16. Oktober: Marie-Antoinette; 31. Oktober: 31 Anführer der entmachteten Gironde; 3. November: Olympe de Gouges; 8. November: Manon Roland.

Zwei Frauenbilder aus dem republikanischen Kalender. Die Symbol-
figur des ‚Hitzemonats' Thermidor nimmt Anleihen bei der lüsternen
Geschichte von Leda und dem Schwan, der frühere Weihnachtsmonat
Dezember, jetzt Nivôse, benützt als Vorlage für die Hausfrau mit
Spindel die Madonna. Die alten Kulte und Mythen werden in eine
patriotische Religion integriert.

Am 30. Oktober hat sich der Konvent von der Belästigung durch
politisch engagierte Frauen befreit: alle politischen Zusammen-
schlüsse wurden verboten, das bedeutete das Ende des Clubs der
Revolutionären Republikanerinnen. Als Begründung dienten die
heftigen Auseinandersetzungen zwischen Anhängern der Jakobiner
und den militanten Sansculottenfrauen. Auf den Straßen war es zu
Prügeleien zwischen den verfeindeten Gruppen gekommen – da
mußte der Gesetzgeber doch für Ruhe und Ordnung sorgen. Aber
noch dürfen Frauen Mitglieder der Volksgesellschaften bleiben und
den Sitzungen des Konvents und der Sektionen beiwohnen – sofern
sie nicht stören. Die öffentliche Meinung reagiert auf Frauen, die
am politischen Leben teilnehmen wollen, immer feindlicher.

Am 10. November feiert sich die Blutherrschaft selbst mit dem
‹Fest der Freiheit und der Vernunft›. Als Beitrag zur praktischen
Vernunft ist wohl die Einführung der allgemeinen Schulpflicht
für Knaben und Mädchen im Dezember 1793 gedacht. Eine Kleinig-

keit stört an dem wichtigen Beschluß: Es gibt kaum Schulen für
Mädchen, und das Geld fehlt, solche Schulen aufzubauen und
einzurichten.

Und ebenfalls der Vernunft verpflichtet fühlen sich Danton und
Desmoulins, als sie die Politik Robespierres und seiner Regierungs-
mannschaft kritisieren, die trotz einiger Siege an den Fronten und
der Niederschlagung aller konterrevolutionären Aufstände weiterhin an der Schreckensherrschaft festhalten wollen. Diese Offensive
der ‹alten Cordeliers› endet mit ihrer Hinrichtung am 5. April 1794.

Robespierre und seine Vertrauten geraten immer mehr in die
Isolierung, da sie den Gemäßigten, die das Ende des Terrors wünschen, zu blutrünstig, den hungernden Sansculotten zuwenig
radikal sind. Mit der Einführung des Kultes um ein Höchstes Wesen,
als dessen Hoherpriester sich Robespierre versteht, will er das Volk
ideologisch zusammenschweißen – aber der Pomp dieses Festes
empört die Arbeitslosen, die gemeinsam mit den zwar unterbezahl-
ten, aber immerhin noch Beschäftigten bedrohliche Streiks durchführen. Also werden noch einmal die Terrorgesetze verschärft, aber
die Waffe der Unterdrückung ist stumpf geworden, kann Widerstand
nicht mehr verhindern.

Am 27. Juli, dem 9. Thermidor, stürzt Robespierre durch die Rebellion ehemals treuer Mitstreiter. Im Lauf der nächsten beiden
Tage wird er mit 92 Vertrauten hingerichtet, die Pariser Kommune
aufgelöst.

Die mißbrauchte Göttin:
Frauen bei revolutionären Festen

Madame Jullien weiß sich vor Begeisterung nicht zu fassen: ‹Das
Fest ist vorbei, es ist mit dem ganzen Gepränge, mit der ganzen
großartigen Einfachheit und der ganzen tiefen Ruhe eines Volks-
festes begangen worden. Es kann nichts Schöneres geben! – Die
Gesetzestafeln, getragen von kräftigen Männern, folgten den ersten
Gruppen, die sich aus Leuten zusammensetzten, welche verschiedene Transparente zu Ehren der Freiheit trugen. Es folgten die
Bildnisse der großen Männer, geschmückt mit Bürgerkronen. Steine
aus der Bastille mit der Inschrift Freiheit und Gleichheit wurden auf
einer Bahre getragen, die in den drei Farben verziert war; dann kam
der Schrein mit dem Buch unserer heiligen Verfassung; dann ein
Trauersarkophag, von Zypressen umrahmt und mit Flor umhüllt,
der die Asche der unglücklichen Nationalgarden enthielt, die in
Nancy gestorben waren. Ein ansehnliches Musikkorps begleitete
diese Gruppe mit entsprechenden Klängen. Truppen der Nationalgarden marschierten untergehakt in der Ordnung des Zuges zwischen den Bürgern, darunter waren einige Frauen. Die Soldaten von
Chateauvieux marschierten zusammen mit Nationalgarden und
anderen Militärpersonen, überall, wo sie vorbeikamen, erhob sich
jubelnder Beifall. Frauen und Kinder streckten ihnen die Arme
entgegen; die Männer zogen ihre Hüte, und die einstimmigen Rufe:
Es lebe Chateauvieux! schollen zum Himmel, begleitet von den
Rufen: Es lebe die Nation! Es lebe die Freiheit!
    Eine Galeere und Ruder wurden auf einer hochgehobenen Trage
mit der Inschrift: Das Verbrechen macht Schande, nicht das Schafott! vorbeigetragen; und darauf folgten etwa hundert junge Damen,
als Nymphen gekleidet und so schön wie Nymphen, die die Fesseln
der unglücklichen Soldaten trugen. Dieser glänzende Zug wurde
beschlossen von einem Sarkophag mit Inschriften zu Ehren der vom
Kriegsgericht so unmenschlich geopferten Soldaten, und 40 junge
Mädchen trugen auf Fähnchen den Namen eines jeden der Soldaten
von Chateauvieux, die der Rache des Gerichts entgangen waren.
Die Fahnen der freien Nationen waren vereinigt und wurden von
einem Gewinde in den drei Farben zusammengehalten. – Da in dem
Zug manchmal Lücken entstanden, trat man, um dem Ganzen Zeit
zu geben, sich wieder zu sammeln, zu Tänzen an, und die Melodie
Ça ira wurde von den Fenstern aus so oft wiederholt, daß der Tanz
von ganz allein ging und die kleine Unregelmäßigkeit, die im
Festzug entstanden war, ihm eine große Schönheit gab.›

Am 15. April 1792 wird dieser Umzug als Fest der Freiheit gefeiert, die als Standbild einer schönen Frau ‹mit einem Füllhorn und allen Attributen des Ruhms und des Glücks› auf einem der geschmückten Wagen repräsentiert ist.

Der Erfolg des Festes ermutigt die Gemäßigten, auch ihrerseits mit einer Großveranstaltung Stimmung zu machen. Der Bürgermeister von Etampes war von Radikalen getötet worden, weil er sich geweigert hatte, den wegen drohender Hungersnot nötigen Marktregulierungen zuzustimmen. Ein Märtyrer für die Freiheit – zwar nur für die Freiheit der Preise, aber noch ist dieses Leitwort der Revolution dehnbar für unterschiedlichste Inhalte. Für den 3. Juni wird dem Getöteten zu Ehren das Fest des Gesetzes anberaumt. Die engagierte Publizistin Olympe de Gouges will zu diesem Anlaß auch wieder ihr persönliches Anliegen ins Spiel bringen, die gleichberechtigte Beteiligung von Frauen in allen Bereichen des öffentlichen Lebens. Mit einer Petition tritt sie vor die Nationalversammlung. Sie wünscht, mit einer Frauengruppe an dem Fest teilnehmen zu dürfen: ‹Alle Frauen im Trauerflor mögen vor dem Sarkophag einherschreiten und ein Transparent tragen, das die heroische Tat dieses großen Mannes ausdrückt: ‹Für Simonneau, die dankbaren Frauen.› Dieses Transparent sollen sie vor dem französischen Pantheon niederlegen, falls wir nicht auf das Marsfeld dürfen. Denkt daran, daß es bei den berühmtesten Völkern die Frauen waren, die die Helden krönten. Öffnet, öffnet uns die Schranke der Ehre, und wir werden euch den Weg aller Tugenden zeigen.›

Sie erhält Beifall für ihren Vorschlag, nur die jakobinischen Blätter kommentieren skeptisch: ‹Die Ehre ist keineswegs eine Schranke, die für Frauen verschlossen und zur Verfügung der Männer bleibt. Die Ehre der Frauen besteht darin, in aller Stille die Tugenden ihres Geschlechts zu pflegen, und zwar unter dem Schleier der Bescheidenheit und im Schatten ihres Heimes. Außerdem müssen Frauen keineswegs Männern den Weg weisen.›

Olympe läßt sich nicht abschrecken, sie beginnt für die Kosten der Organisation zu sammeln, spendet selbst 50 Livres und wendet sich sogar an Marie-Antoinette mit der Bitte um Unterstützung. Das Ersuchen wird von der Prinzessin Lamballe wegen Unerheblichkeit nicht weitergeleitet, worauf Olympe selbst in den Palast vordringt und dort offenbar solchen Eindruck macht, daß sich die Königin zu einer Spende entschließt. Trotz sorgfältigster Vorbereitung ist der Frauengruppe bei dem Umzug kein großer Erfolg beschieden. Olympe wird mit einem Tambourmajor verglichen, und der Nationalversammlung wird empfohlen, der Würde der Frauen durch solch theatralische Spektakel fürderhin nicht zu schaden.

Was reizt den Spott der Journalisten? Die weißgekleideten Damen tragen Kränze aus Eichenlaub – daß ausgerechnet während ihres Vorbeimarsches ein tosendes Unwetter niederprasselt, deuten die Spötter als kritischen Kommentar der Natur. Dennoch, ein Anfang ist gemacht. Bereits am 14. Juli zeigt sich Olympe mit Etta Palm inmitten einer ‹ebenso ausgefallenen wie lächerlichen Schar nationaler Jungfrauen›: ‹Man bemerkte viel zu viele dieser Frauen, von denen einige sogar bewaffnet waren. Die kluge Epoche der Antike zeigt uns wohl manchmal die aufgerichtete Pallas mit einer Lanze in der Hand; aber die Frauen Griechenlands und Roms hatten Verstand genug, an den Altären der Minerva nur dann zu opfern, wenn ihre Göttin dort saß mit dem Spinnrocken in der Hand.›

Die Frauen haben sich zu weit vorgedrängt. Weshalb wollen sie einen eigenen Programmpunkt bieten? Genügt es nicht, wenn sie Blumen streuen, Kränze flechten oder Ruhmessymbole für die Männer, die es zu ehren gilt, tragen? Aber nichts anderes hat Olympe auch getan, fast peinlich in der Einfallslosigkeit, das männliche Arrangement des Freiheitsfestes nachzuahmen. Der Fehler besteht darin, daß die Initiative und Organisation von einer Frau ausgegangen sind. Die Feste werden als minutiös ausgearbeitetes Szenarium vorbereitet, das ist ein staatlicher Auftrag, der mit beträchtlichem Ansehen verbunden ist und für den auch reichliche Geldmittel bereitgestellt werden. Keine Rede mehr davon, daß sich einfach jeder beteiligen könne, so wie zu Beginn der Revolution. Vom Mai 1790 erzählt Madame Jullien, wie in ihrer Heimatstadt Romans ein Kanonier geehrt wurde, der entlassen worden war, weil er sich geweigert hatte, auf das Volk zu schießen. ‹Seine Kameraden haben ihm in feierlichem Zug und mit klingendem Spiel das Geleit gegeben. Die Truppe der Vorstadt hat ihn mit größten Ehren empfangen. Mit Lorbeer gekrönt ist er durch die Stadt gezogen; man hat ihm ein prächtiges Festessen gegeben. Dieses patriotische Fest, das im Garten des Zollhofes stattfand, war so schön und rührend, daß alle Frauen vor Freude und Vergnügen weinten.›

Auch die Vorbereitungen zum Föderationsfest am 14. Juli 1790: welche Fröhlichkeit, welch ungetrübt solidarischer Eifer! Da die Arbeiten auf dem Marsfeld nicht rechtzeitig fertig wurden, diese Fläche aber als einzige den Tausenden von Mitwirkenden und Zuschauern Platz bieten kann, packt das Volk selbst mit an. Ausgerüstet mit Spaten und Schaufel und Leiterwägelchen, ziehen die Menschen zum Festplatz, um ihn in einer gewaltigen Gemeinschaftsaktion zu planieren. Damen mit Hut und Frauen im Häubchen graben Seite an Seite, die Kinder springen vergnügt um sie herum, und auch Herren mit gepudertem Zopf helfen mit. Der

große Traum vom familiären Zusammenhalt des Volkes! Eine Stör-
aktion: Madame Mouret, erfahrene Pädagogin, die Entwürfe zur
Erziehung der Jugend und speziell der Mädchen vorgelegt hat und
mit ganzer Kraft die Neuerungen unterstützen will, wendet sich
mit einer Bitte an die Nationalversammlung: so wie die Männer
wollen auch die Frauen ein Fest auf dem Marsfeld feiern, einer
großen Messe in der Kathedrale beiwohnen, um den Schwur abzulegen, die Kinder erziehen zu wollen ‹in der Treue zur Nation, zum
Gesetz und zum König›. Abgelehnt. Eine gesonderte Feier der
Frauen würde die Utopie der beglückenden Gleichheit aller Menschen empfindlich stören, und sie ist der Grundgedanke dieses
Festes, die Integration aller Elemente ihr szenisches Thema: am
einen Ende des Marsfeldes erhebt sich ein Triumphbogen, durch den
die Militärdelegationen aller Departements einziehen. An der ge-
genüberliegenden Seite ist eine Tribüne aufgebaut für den König,
seine Familie und seinen Hofstaat. In der Mitte des riesigen Platzes
erhebt sich der Altar des Vaterlandes, an dem Talleyrand, assistiert
von 200 Priestern, die Messe zelebrieren wird. 1200 Musiker sind
über den Platz in Kapellen verteilt. Der Bürgereid wird die unmittelbar Beteiligten mit dem Volk verbinden. In den vereinigenden Jubel
sind auch die Frauen mit einbezogen, im staatsrechtlichen Sinn
noch nicht einmal Bürgerinnen. Der einzelne fühlt sich vertreten in
den feierlich geordneten Gruppen auf dem Platz und geborgen in der
ungeordnet begeisterten Masse um ihn herum. Eine eigene Veranstaltung für die Frauen oder auch nur eine Frauengruppe in den
schönen Ornamenten der Festchoreographie könnte vielleicht erst
aufmerksam machen auf den tatsächlichen Ausschluß der Frauen
aus den Bereichen, in denen Entscheidungen fallen. Die Gründe für
die Zurückweisung der Bitte, ähnlich in der Provinz wie in Paris,
verschleiern diese Einsicht. ‹Es geht nicht an, diese erhabene Zeremonie in einen Karnevalsspektakel umzuwandeln›, heißt es grob.
Die Männer sind sich einig: ‹Was man auch darüber sagen mag:
Frauen sind nicht geeignet für einen großen Auftritt.›
  In manchen Provinzstädten sind die Magistrate großzügiger und
lassen Frauen die Feste mitgestalten. In einigen Orten ist es sogar
gestattet, daß ein bewaffnetes Frauenregiment im militärischen
Gleichschritt am Umzug teilnimmt. Aber das sind eher Ausnahmen. Wenn Freiheitsbäume gepflanzt werden, sind die Frauen dabei,
beim Tanz im spontanen ländlichen Reigen, natürlich bei Festessen
auf öffentlichen Plätzen – wenn das Vergnügen aber abgelöst wird
vom pompösen Zeremoniell einer pathetischen Ordnung, dann
bleiben die Männer unter sich, wie sie es von den religiösen Ritualen her gewöhnt sind. Die Frauen liefern zwar ihre patriotischen

Opfergaben ab, ihren Schmuck, nach der Kriegserklärung Frankreichs auch Kleidung, Wäsche, Verbandszeug, aber dem Revolutionsfest dienen sie nur zum Aufputz, zur Verschönerung am Straßenrand und zur Beschwörung einer illusionären Gleichheit.

Der weitere Verlauf des Sommers bringt nach zunehmenden Bedrohungen und Verhöhnungen des Königs seine Gefangennahme und schließlich seine Absetzung. Daß es möglich war, die sakrosankte Autorität des Staates immer mehr zu entmachten, daß der König der Einschränkung seiner Herrschaftsgewalt durch konstitutionelle Zugeständnisse auch noch zustimmte, daß er sich in seiner Schwäche offenbar hilflos dem Zugriff auf seine Macht beugte, bedeutet für die Revolutionäre einen fragwürdigen Triumph. So sehr war der König im absolutistisch patriarchalischen System die unangefochtene Vaterinstanz, daß die aufbegehrenden Söhne durch seinen Fall nicht nur siegreich, sondern auch tief gekränkt und beleidigt sind. Nun hat auch die zweite Säule des Herrschaftsgefüges, die Kirche, dem Ansturm der Revolutionäre nicht standgehalten. Enteignet, entmachtet, dem Staat gegenüber in die Pflicht genommen, sind die Priester, die bereit sind, den Eid auf die Verfassung abzulegen, ein Zeichen für die Unzuverlässigkeit väterlicher Autorität. Die eidverweigernden Priester dagegen, von den neuen Machthabern verfolgt und von den Schwächsten der Gesellschaft, den armen Bauern, genauer noch, von deren Frauen, versteckt, beeinträchtigen nur den Siegesrausch, der schnell schal wird. Nie hätten die Revolutionäre selbst daran gedacht, die Forderungen immer weiter treiben zu können, die Unbotmäßigkeiten nie zurückgewiesen zu sehen – der Erfolg der eigenen Aufsässigkeit erfüllt die ins Nichts Rebellierenden mit Verachtung. Deshalb können sie sich nicht mit der Umgestaltung alter Machtstrukturen begnügen, die gestürzten Autoritäten müssen vernichtet, ausgelöscht werden, der Tod des Königs, seiner aristokratischen Anhänger und der eingekerkerten Geistlichen ist die schmerzende Besiegelung der so unerwartet geglückten Annexion der Macht.

Durch diese blutige Vernichtung der Väter werden die Söhne aber schuldig, sie haben alle Schranken früherer Verbote eingerissen, sind in die heiligen Bezirke des Königs und der Kirche eingedrungen und haben wie Kinder in der Maßlosigkeit ungezügelten Ausbruchs alles in Trümmer geschlagen, was sie sonst respektvoll nur aus weiter Ferne bestaunen durften. Und nicht genug damit, auf den leicht errungenen Sieg folgt das Gemetzel, unnötig, bestialisch, in einem dunklen Rausch. Die Septembermorde in den Gefängnissen sind, nach übereinstimmenden Augenzeugenberichten, leise verübt worden wie unter dem Diktat einer Pflicht, die es zu erledigen gilt.

Die Väter sind gestürzt, die Söhne mit Blut besudelt, für den neuen Anfang ist Unschuld nötig, das Verzeihen der Mütter. Und die sind ja auch bereit, ‹den Schleier des Vergessens› über die Untaten zu ziehen, sie dürfen zwar nicht einbezogen werden in den Aufbau des neuen Machtapparats, aber ihre Anwesenheit und die Verehrung ihrer Reinheit segnet und legitimiert das Tun der Söhne. Und so werden die Frauen in die Symbolsprache des neuen Staates geholt, die Feste der Republik finden statt unter den segnenden Blicken der Muttergöttinnen. Die Natur als die Urmutter nährt ihre Kinder, und um diesem Vorgang Ausdruck einer überhöhten Pracht zu verleihen, tut sie es aus vielen Brüsten. Die Isisfigur erscheint als Sinnbild lebenspendender Fruchtbarkeit – günstig, daß seit der Renaissance Forscher behauptet haben, Isis sei die Stadtgründungsgottheit von Paris. Für die einfachen Leute spricht nicht Geschichte, sondern der direkte Appell des Bildes: streng, erhaben, machtvoll und Nährerin ihrer Kinder erscheint sie dem Volk, Anbetung fordernd, nicht kindliche Liebe. Ihr zur Seite die Freiheit, die ‹Himmelstochter›, ‹die angebetete Göttin der Franzosen›, wie sie der Maler David nennt, der als Mitglied des Bildungsausschusses für Planung und Durchführung der großen Feste in der Hauptstadt verantwortlich zeichnet. Sein Sinn für die theatralische Dekoration, für ein Pathos, das sich von jeder spontanen Heiterkeit gefährdet sieht, in Komik umzuschlagen, sein an einer mißverstandenen Antike geschulter Ernst und seine Fähigkeit, aus Musik, Pappmaché, Text, Gips und gefügigem Menschenmaterial ein Gesamtkunstwerk zu gestalten, prägen die revolutionäre Repräsentation.

Für das Fest der Bekanntgabe der republikanischen Verfassung am 10. August 1793 läßt er auf den Trümmern der zerstörten Bastille den Brunnen der Wiedergeburt errichten. Sein Wasser fließt aus den Brüsten einer sitzenden Riesin, Mutter Natur. Die 86 Vertreter der 86 Departements ‹werden bei Trommel- und Hörnerklang nach dem Alphabet aufgerufen› und trinken einen Becher dieses ‹gesunden, reinen Wassers›; eine Artilleriesalve kündet jedesmal, wenn ein Kommissar trinkt, den Vollzug des Aktes der Verbrüderung.› Die Kommissare tauschen nach dem Akt den Bruderkuß.› Anschließend beginnt der Umzug, der in Stationen, wohl dem Kreuzweg nachempfunden, durch die ganze Stadt führt.

Eine emsige Produktion patriotischer Kunstwerke, Grafiken, Kupferstiche, überflutet das Land. Im Mittelpunkt immer eine weibliche Allegorie.

Alle Elemente sind vereint auf einem Kupferstich, der die verbindende Macht der neuen Verfassung symbolisiert: eine kühne Heldenjungfrau, Minerva mit Helmbusch und Brustpanzer, legt zärtlich

Die französische Verfassung 1793

ihre Arme um zwei Frauengestalten, das Gesetz und die Freiheit.
Blick in Blick ist sie dem Gesetz zugewandt, einem anmutigen Weib
mit römischer Flechtfrisur, dieses wird ruhig an der Hand genommen von der Freiheit im hochgeschürzten antiken Gewand und
Sandalen, die gelassen die Ketten des Despotismus zertritt. In ihren
Arm gelehnt ruht die Lanze, gekrönt von der Jakobinermütze, ihr zu
Füßen eine Katze als weiteres Sinnbild freiheitlicher Unzähmbar-
keit. Die stolz aufgerichtete Frau reicht die Hand einer beschwingt
tändelnden jungen Frau mit nackten Brüsten und in schwungvoll
bewegte Tücher gehüllt: die Natur in all ihrer Lieblichkeit. Um sie
herum tanzen nackte Kinder, frei von jedem Zwang, strahlend
einträchtig, wie auch die in die Darstellung aufgenommenen Tiere,
nämlich Löwe und Lamm, die sich harmonisch von ernsten Kindern
leiten lassen, die die Gesetzestafel in Händen halten.

In diesem Zusammenhang ist der Frau auch ein kriegerisches
Auftreten gestattet, etwa als Republik, die in den Farben Frank-
reichs stolz einer antiken Pallas oder Minerva gleicht, die rechte
Brust amazonenhaft entblößt. Die Sehnsuchtsappelle zielen fast

alle in die Antike, wobei attische und spartanische Elemente mit denen der römischen Republik fast unentwirrbar verknüpft sind. Bei den ‹Alten›, da hatte es wahre Gleichheit unter den Menschen gegeben, verbunden mit Verantwortung aller für das Gemeinwohl – ein wahrhaft Goldenes Zeitalter, zumindest in der Bildersprache. Die weibliche Standardfigur ist eine schöne junge Frau in stolzer Haltung, ausgestattet mit der Lanze, der Freiheitsmütze, einem Winkelmaß als Symbol der Gleichheit, der Gesetzesrolle. Sie trägt ein antikisierendes Gewand, das ihren weichen, anmutigen Körper ahnen läßt. Sie ist aber nicht mehr die Republik als Pallas, sondern meistens die göttliche Freiheit, der dieselben Insignien zugeordnet sind. Und schließlich verkörpert sie die Vernunft. Republik, Freiheit, Vernunft, offenbar synonym gedacht. Diese eher jungfräulich wirkende Figur wird aber auch mit den schützenden Attributen der Mutter geschmückt, parallel zu dem Versuch, die Bindung an den christlichen Glauben aus den Köpfen der Menschen zu verdrängen. Die vertraute Figur der jungfräulichen Gottesmutter Maria wird folgerichtig in den säkularisierten Kirchen verdrängt durch die neue Göttin der Vernunft, die die Marienstatuen in den Nischen und Kapellen ersetzt. Der Vernunft ist das große Fest am 10. November 1793 gewidmet, das sich nach dem Pariser Vorbild im ganzen Land wiederholen soll. Für diesen Kult genügt es aber offenbar nicht mehr, in Umzügen Standbilder mit sich zu führen, leibhaftige Frauen sollen die neue Göttin verkörpern. Besonders schöne Frauen werden ausgewählt, meistens Schauspielerinnen, die herumgetragen werden, auf einem Podest stehend oder auf einem Prunksessel thronend. Sie deklamieren weihevolle Texte zum Sieg über den Aberglauben und zum Triumph der Wahrheit. ‹Sterbliche, eure Aufgabe ist es, einander zu lieben. Die Stunde des Glücks ist angebrochen...› – marmornes Pathos. Paris schwärmt für die bezaubernde Sophie Momoro in dieser Rolle. Sie ist die Frau eines Typographen, der sich ‹Erster Buchdrucker der Freiheit› nennen darf, da er es war, der den Slogan ‹Freiheit, Gleichheit, Brüderlichkeit› kreierte und durchsetzte, daß dieser allen öffentlichen Gebäuden eingraviert wurde.

Aber mit einem Mal schlägt die Stimmung um: Seit wann ist die Vernunft vorstellbar als eine Frau? Als junge noch dazu? Wie können Schauspielerinnen, Frauen mit bekannt leichtfertigem Lebenswandel, im Mittelpunkt dieses Ritus stehen? – Es ist ihnen allen, die überall in Frankreich diese Rolle übernommen haben, schlecht bekommen: unter fadenscheinigen Vorwänden landen sie alle in kurzer Zeit in den Gefängnissen. Die Sittenstrenge der Sansculotten, die zwar noch das Mutterbild akzeptieren konnten, sich aber

kaum von den antiken Allegorien angesprochen fühlten, entwickelt
sich immer stärker zu einer politischen Kraft, und zu deren Parolen
gehört, daß anständige Frauen ihre Aufgabe im Haus erfüllen und
nichts in der Politik, und damit auch nichts in der politischen
Publizistik zu suchen haben. Eine militante Frauenfeindlichkeit
breitet sich aus, und Robespierre geht daran, den Unfug eines
Kultes, der für die kleinen Leute zuwenig integrationsfähig ist,
durch eine neue männliche Religion zu ersetzen: den Kult des
Höchsten Wesens.
‹Die Natur und alle Tugenden laden wir zu unseren Festen!
Erhabene Freiheit, du teilst unsere Opfergaben mit deiner unsterb-
lichen Gefährtin, der sanften und heiligen Gleichheit. Wir feiern die
Menschlichkeit, die entwürdigte und von den Feinden der Französischen Revolution mit Füßen getretene Menschlichkeit!› Sicherlich
hat es Robespierre bedauert, das grammatikalische Geschlecht dieser Begriffe nicht vermännlichen zu können.
Alle Einzelheiten dieses Festes, das beziehungsvoll am 8. Juni,
dem früheren Pfingstsonntag, stattfindet, sind von Robespierre
selbst festgelegt. Am Ausgangspunkt vor den Tuilerien entzündet
der Hohepriester zwei gewaltige Pappmachéfiguren, Zwietracht
und Atheismus, unter deren Asche ein Standbild der Weisheit zum
Vorschein kommt – ziemlich verrußt, wie Spötter betonen. Der Zug
endet am Marsfeld, auf dem der Heilige Berg errichtet ist, das
Symbol der Montagnards. Auf seinem Gipfel steht neben einem
Freiheitsbaum ein Obelisk, der von einer Statue gekrönt ist: dem
französischen Volk in der Gestalt des Herkules, der die Figürchen
der Freiheit und Gleichheit trägt. Zum Gipfel führen breite Stufen,
auf denen 2400 Sänger postiert sind. Dort wird Robespierre seine
Rede halten. Die Zuschauer sind entzückt: ‹Man glaubt doch, die
Franzosen seien Zauberer, in so kurzer Zeit so schöne Dinge herstellen zu können›, die Mitwirkenden erschöpft – an Verpflegung hat
während der viele Stunden dauernden Zeremonie niemand gedacht –, die Sansculotten murren: es sei Robespierre noch nicht
genug, der Herr über alle zu sein, er müsse sich nun auch noch zum
Gott machen.
Insgesamt findet seine gigantomanische Selbstinszenierung in
einer Zeit ungelöster Versorgungsprobleme wenig Zustimmung.
Mit der Gestaltung eines letzten Festes zur Stabilisierung seiner
Macht beauftragt der einsame Jakobiner seinen Maître de plaisir
David: zwei heranwachsende Jungen sind in der Auseinanderset-
zung mit Konterrevolutionären ums Leben gekommen, der eine bei
Avignon, der andere bei Marseille. Die beiden Märtyrerkinder sol-
len im Pantheon beigesetzt werden. Am 11. Juli 1794 legt David

dem Konvent seinen Plan für die Feier vor, die am 28. Juli zelebriert werden soll. Dazu kommt es nicht mehr, der 9. Thermidor, also der 27. Juli, setzt eine jähe Zäsur.

David begründete das Vorhaben im Konvent in einer vaterländischen Rede und stellte den Plan für den Ablauf des Festes vor. Zum erstenmal sind auch die Kollektive der Pariser Schauspieler und Tänzer eingeplant, sogar an eine Gruppe der Dichter ist gedacht. Die erzieherische Wirkung des Festes zielt vor allem auf die Eltern, die den Heldentod ihrer Kinder als schätzenswertes Gut lieben lernen sollen. ‹Möge die Mutter, deren Sohn auf dem Schlachtfelde gefallen ist, stolz sein auf das Blut, das er für das Vaterland vergossen hat; mögen Freudentränen den Tränen des Schmerzes folgen beim Anblick der Ehren, die das dankbare Volk seinem Andenken weiht. Und ihr, junge Republikanerinnen, hört die Stimme des Vaterlandes: In euch hat es seine zartesten Hoffnungen gesetzt; eure Mütter haben Helden geboren; folgt ihrem Beispiel. Der Sieg wird eurer würdige Liebhaber zurückbringen: ihnen gelte eure Wahl, und hütet euch, die erlauchten Kämpfer mit ihren Wunden gering zu achten. Die Narben der Freiheitshelden sind die reichste Mitgift und der echteste Schmuck.› Deutlich ist die Aufgabe der Frau festgelegt als gebärende und mit Liebe zum Vaterland nährende Mutter. Haben die Frauen nicht gemerkt, daß nie mehr um ihre tätige Mithilfe an der Seite der Männer geworben wird, um ihr Verständnis für Politik, um ihre Unterstützung bei Entscheidungen? Die Frauen, die ihren Anteil anders verstehen wollten, waren längst ausgeschaltet, und diejenigen, die sich zu Wort meldeten, verdoppelten das männliche Konstrukt der Weiblichkeit durch die freiwillige Angleichung der eigenen Wünsche an den Willen der Männer.

Sofern Frauen künstlerisch hervorgetreten sind, ist in ihren Werken nie eine eigene Sicht, ein abweichendes Begehren, ein spezifisch weiblicher Zukunftsentwurf erkennbar. Sie schreiben Oden und Hymnen (‹dem Vaterland mehr als dem Leben schenken wir unsere Kinder›), Kampfgesänge (‹Erschallt, Trompeten des Krieges, / Weht, Standarten der Trikolore! Freunde, zieht die Wagen / der Kanonen über die Grenzen / Dort erwartet euch der Ruhm›), Theaterstücke (‹Die republikanische Mutter› fragt: ‹Wofür sind meine Kinder geboren? Hat das Vaterland nicht mehr unantastbare Rechte an ihnen als ich? Ihr, meine Kinder, ich, alle gehören ihm; unsere Tage, unser Schweiß, unser Blut, alles gehört ihm. Es ist der größte Ruhm eines Franzosen, zu der Ehre gerufen zu werden, ihm zu dienen›), Danksagungen an den Nationalkonvent und Angebote eigenen Einsatzes (‹Gesetzgeber, da nun einmal die Gesetze mir nicht erlauben, hinzueilen und unseren Brüdern dabei zu helfen, mit dem Schwert die Bösewichte, die unserer Freiheit entgegentreten, niederzuschlagen, nicht etwa, weil es mir an Mut fehlt, aber wenigstens entwirft meine Feder, geführt von den Gefühlen meines Herzens, patriotische Lieder, um unsere Feinde vor Wut erbleichen zu lassen und um meine Brüder und Schwestern zu unterrichten›], Katechismen zur Aufzucht guter Republikaner mit besonderen Hinweisen für die junge Republikanerin (‹Wenn du willst, daß man dir Wertschätzung entgegenbringt, sei einfach und bescheiden, ein gefallsüchtiges Mädchen wird stets verachtet›] – nichts davon weist auch nur auf den Wunsch hin, Freiheit und Gleichheit für sich anders zu definieren als in der herkömmlichen Hingabe und Aufopferung: Für diese Zurückhaltung ist auch der 9. Thermidor keine Zäsur. Lyon feiert im Oktober 1794 ein Fest zu Ehren Rousseaus, da tragen die Knaben ein Transparent mit der Aufschrift: ‹Er hat uns Emile als Vorbild gegeben›, die jungen Mädchen: ‹Er erkennt an uns die Sanftheit Sophies›, und schließlich stillende Mütter Tafeln mit den Worten: ‹Er führt die Mütter zu ihren Aufgaben zurück und die Kinder ins Glück.›

Und selbstverständlich lassen sich die Sieger des Thermidor die Wirkungskraft nationaler Feste nicht entgehen, sie werden sogar vermehrt. Waren während der Jakobinerdiktatur vorgeschrieben Festlichkeiten am 14. Juli, am 10. August (Verfassungsfest am Tag des Sturmes auf die Tuilerien], am 21. Januar (Hinrichtung des Königs], am 31. Mai (Sturz der Gironde] und am früheren Pfingstsonntag das Fest des Höchsten Wesens, schaffen die Thermidorianer neue Nationalfeiertage mit starken moralischen Impulsen wie den Tag der Jugend, den Tag der Gatten, das Fest der Dankbarkeit, das Fest der Alten, etc. Und die Bezwinger Robespierres lassen sich in Bilddarstellungen verherrlichen, die wieder Allegorien verwenden, in entscheidend abgewandelter Form: die weiblichen Heroinen sind verschwunden, keine bewaffnete Minerva mehr als Republik, keine Amazone mehr als Freiheit. Jetzt wird die verführerische Nacktheit, die auch die Mode der Thermidorianerfrauen in den Salons prägt, ins Zentrum der Betrachtung gerückt: es ist die Wahrheit, die sich hüllenlos präsentiert, entschleiert von der Gerechtigkeit oder von der Zeit. Mit ihrem Liebreiz besiegt sie die Symbolfiguren des untergegangenen Regimes, jetzt nicht mehr Feudalismus und Monarchie, sondern die Blutherrschaft der Jakobiner. Mit dieser lockenden Weiblichkeit konnten sich nicht die Frauen identifizieren, die in zunehmender Verzweiflung versuchten, ihre Kinder satt zu bekommen, und denen die neuen Herren des Direktoriums nichts zu bieten hatten als die Aufhebung des Maximumgesetzes und Solda-

*Die Künstlerin Marguerite Chatté entwirft einen Kalender für 1795.
Alle Insignien der revolutionären Gesinnung sind zusammengefaßt:
die Freiheitsmütze, die Kokarde, das Fascienbündel, das gleichschen-
kelige Dreieck ... Nationalgardisten bewachen den Genius der Freiheit. Eine stolze Amazone und eine bewaffnete Bürgerin lassen nicht
vermuten, daß bereits 1794 alle Ansprüche der Frauen auf Gleichberechtigung zurückgewiesen worden waren.*

ten, die die Hungerrevolten niederknüppelten. Das erotische Stimulans betörender Nacktheit ist nicht für Frauen gemeint, sogar von den Signalen der Bildsprache werden Frauen ausgeschlossen. Freiheit, Gleichheit, Vernunft, Menschlichkeit, Wahrheit bleiben aber auch weiterhin weiblichen Geschlechts, gewiß, sie werden aber bald ebensowenig gebraucht wie DIE REPUBLIK.

Ich, Olympe de Gouges,
mehr Mann als Frau...

28. Oktober 1793 – die Conciergerie. Der Prozeß steht also unmittelbar bevor. Seit Wochen fiebert Olympe de Gouges diesem Termin entgegen. Die Ungewißheit hat ihre Nerven betäubt, die Abschirmung von der Außenwelt funktionierte fast lückenlos. Daß die Anklage gegen sie nicht durchzusetzen sein würde, ist Fouquier-Tinville sicher längst peinliche Gewißheit. Vertrauensvoll hatte sie Gebrauch gemacht vom Recht der Rede- und Meinungsfreiheit, verbürgt in der Verfassung. Kritik hatte sie geübt an den Machthabern, zugegeben, in beißender Schärfe, aber gestützt durch die Belege von deren Versagen. Benötigen diese Männer den gewaltigen Apparat der Revolutionsjustiz, um ihre Angriffe zu parieren? Ein angenehmer Gedanke, er schmeichelt ihr. So hatten ihre Plakate, ihre Flugschriften mehr Wirkung als das Sirren einer Stechmücke, beweist doch die zermürbende Haft, jede einzelne Willküraktion gegen sie, daß man sie fürchtet. Und jetzt wird ihre Verhandlung mit einem Triumph enden, vor dem Publikum auf den Tribünen werden die Richter klein beigeben müssen, sich bei ihr entschuldigen, ihr für erlittenes Unrecht eine Entschädigung zusprechen, die Ehrenrente, die sie sich längst verdient hatte, unter dem Jubel der Passanten wird man sie nach Hause geleiten lassen – Olympe stürzt zu einem der beiden kleinen verschlossenen Fenster, rüttelt am Riegel, der sich nicht bewegen läßt, dafür reißt die um den Riegel gewickelte Banderole, auf die jemand ein einziges Wort geschrieben hat, immer wieder: Freiheit. *– Nach Hause? Anfang September hatte sie erfahren, daß der Hauswirt gekündigt hatte, verständlich, wußte er doch nicht, wann er wieder mit Miete würde rechnen können. Wohin hat man ihren Hausrat gebracht? Auch das wird sich klären, eins nach dem andern. Zuerst geht es um den Prozeß.*

Wenn ihr die Anklageschrift vorgelegt wird, kann sie mit ihrem Verteidiger die Arbeit beginnen. Sie muß mit ihm besprechen, welche Geschworenen sie auswählen soll, dieses Recht steht ihr zu.

Aber sie braucht Ratschläge. Bei den schnellen Machtablösungen können Fehler tödlich sein. Das Schlimmste in dieser Zelle ist der Modergeruch. Feuchte Wände, eine eisenverkleidete Tür – drei Schlösser, was für eine Verschwendung! Die abgemagerte Frau fröstelt. Auf dem schmalen Bett liegt eine dunkle Decke, beim Zugriff erweist sie sich als klamm, bretthart. Welcher Verzweifelte hat wohl vor Olympe in dieser elenden Gruft die Befreiung ersehnt oder auf seinen Tod gewartet? Aber sie wird nicht vergeblich gelitten haben: ihre Kerkerhaft ohne gesetzliche Legitimation hat die Herzen der Franzosen empört, ihre Freunde lassen den Wohlfahrtsausschuß nicht mehr zur Ruhe kommen mit immer neuen Petitionen, Olympe de Gouges, die Märtyrerin der Gerechtigkeit, endlich zu rehabilitieren. – Immer schneller durchmißt sie die enge Zelle, sie gestikuliert, stößt Drohungen aus: ihr Schicksal wird das Fanal der Jakobinerdiktatur sein, ihr eigener Sohn wird an der Spitze einer aufgebrachten Menge ihre Befreiung erkämpfen, falls sich die Handlanger der Erbärmlichkeit, das Häufchen korrupter Richter, nicht zu einem Freispruch durchringen, in Tag- und Nachtmärschen wird er mit treuen Soldaten aus der Vendée herbeieilen, um seine Mutter zu retten...

Erhitzt von den glühenden Fantasien steht sie still: wo ist ihr Sohn? Hat Pierre überhaupt Kenntnis von ihrer Notlage? Sie hat ihm ein Exemplar ihrer Flugschrift ‹Die drei Urnen› an die Front geschickt, aber von ihm kam keine Reaktion. Oder doch? Was bedeutete der Besuch seiner Lebensgefährtin Hyazinthe Mabille und der Kinder bei ihr im Gefängnis? Weshalb hatte die junge Frau sie unter Tränen beschworen, den Sohn nicht zu kompromittieren? War Pierre selbst in Gefahr? Seit über einem Jahr hat Olympe ihren Sohn nicht gesehen. Als sie die Ungewißheit, ob er überhaupt noch am Leben war, nicht mehr aushielt, war sie zu seiner Familie nach Tours gereist. Dieser Besuch war eine Enttäuschung gewesen. Hyazinthe konnte oder wollte ihr nicht sagen, weshalb der Sohn die Verbindung zu ihr abgebrochen hatte. Dabei verdankte er seine militärische Karriere nur seiner Mutter, wie wäre er ohne sie in jungen Jahren so oft befördert worden? Olympe korrigiert sich selbst: ohne seine große Begabung hätte all ihre Fürsprache nichts genützt. Das neue Frankreich belohnt nur die Tüchtigen. Er braucht ihr nicht dankbar zu sein. Sie hat keinen Grund zur Kränkung. Der Besuch in Tours war doch nicht umsonst gewesen, sie hatte ihre Enkelkinder kennengelernt und das wunderschöne Landgut gekauft, auf dem sie sich nach ihrer Freilassung erholen und in Ruhe ihre Erlebnisse niederschreiben, vielleicht ein Theaterstück verfassen will, in dem ihre Unschuld über die klägliche

Gehässigkeit der Feinde triumphieren wird. Sie sehnt sich nach dem ländlichen Anwesen, für das sie die Reste ihres Vermögens ausgegeben hat. Aber dort wird sie kein Kapital brauchen, bescheiden von den Erträgen des Bodens leben können, vom eigenen Weizen Brot backen, Gemüse und Obst anbauen.

Höchste Zeit, aus dem bequemen Gefängnis der Maison de santé fortzukommen, sie hätte nicht mehr gewußt, womit sie die hohen Tagessätze bezahlen sollte. Die vier Wochen, die sie dort verbracht hatte, konnte sie sich nur leisten, indem sie allen Schmuck, den sie bei sich hatte, verkaufte – zu Schleuderpreisen. Aber der Aufenthalt unter menschenwürdigen Verhältnissen hat ihr Kraft gegeben. Sie darf die hohen Kosten nicht beklagen. Wie grauenhaft war dagegen die Zeit vor dieser Erleichterung: zuerst das Bürgermeisteramt, dann die Abbaye und schließlich die Petite Force, wo sie in einer Jammerhöhle vegetierte, die vor der Revolution Schwerverbrechern zugemutet worden war. Nicht zurückdenken! Nichts beklagen! Alle Energien sammeln für die Vorbereitung auf den Prozeß. Sie wird zu kämpfen wissen.

Olympe de Gouges war am 20. Juli 1793 verhaftet worden auf Grund der Denunziation des Plakatanschlägers, der für sie einige hundert Exemplare ihrer Schrift ‹Die drei Urnen oder Das Wohl des Vaterlands› an die Häusermauern kleben sollte. Was hatte den Mann zu diesem Schritt bewogen? Den Inhalt des Textes hatte er wohl kaum verstanden.

Die in Paris prominente, aber fast durchwegs verspottete und verhaßte Publizistin wurde von Marino, dem Verwalter des Wohlfahrtsausschusses, verhört, der sie wie eine Verbrecherin behandelte und kaum zu Wort kommen ließ. Sie hatte sofort zugegeben, die Verfasserin der plakatierten Schrift zu sein, was Marino als Erfolg seiner Verhörmethode betrachtete. Zu Unrecht, denn Olympe war viel zu stolz auf ihre Produkte, um ihre Urheberschaft zu leugnen. Außerdem sah sie keinen Grund für die Aggression des Beamten, hatte sie doch selbst ein Exemplar an den Wohlfahrtsausschuß geschickt mit dem Ersuchen um ein Gutachten – und um ganz sicher zu sein, daß der Text den Jakobinern nicht unbekannt bliebe. Immer wieder fragte sie – vergeblich – nach ihrer Schuld. Nach dem Verhör behielt man sie im Bürgermeisteramt und ließ sie von einem Polizisten bewachen, der sie keine Minute aus den Augen lassen durfte.

Da sie am Tag vor diesen Ereignissen gestürzt war und sich eine schmerzhafte Verletzung am linken Knie zugezogen hatte, bat sie um ärztliche Versorgung, die ihr nicht gewährt wurde, auch nicht, als das Gelenk anschwoll und Fieber ausbrach. Sie durfte nicht einmal von zu Hause frische Wäsche holen lassen. Eine mitleidige Köchin gab ihr schließlich eines ihrer eigenen Leibhemden zum Wechseln.

Neun Tage nach ihrer Festnahme wurde ihr Haus durchsucht, und sie selbst zeigte den Polizisten die Plätze, wo sie ihre Schriften aufbewahrte. Es fand sich nichts, was gegen sie gezeugt hätte, dennoch wurde sie ins Gefängnis L'Abbaye gebracht und blieb auch da ohne medizinische Betreuung, obwohl sich ihr Gesundheitszustand verschlechterte. Am 6. August wurde sie dem öffentlichen Ankläger Fouquier-Tinville vorgeführt. Die Ansatzpunkte seines Verhörs waren die Verfassung vom 24. Juni 1793, in der als Staatsform die zentralistische Republik festgelegt worden war, und ein Gesetz vom März davor, das die Erörterung anderer Staatsformen, also der Monarchie und der föderalistischen Republik, bei Todesstrafe verbot. Olympe hatte aber in ihrer Flugschrift vorgeschlagen, die Franzosen sollten in freier Wahl selbst darüber entscheiden, welche Staatsform ‹ihrem Charakter, ihren Sitten und ihrem Klima gemäß› sei. Die Wahl solle mit Hilfe der drei im Titel genannten Urnen vonstatten gehen. Der gegenwärtigen Regierung sprach Olympe offen ihr Mißtrauen aus und äußerte die Befürchtung, die unfähigen und blutdürstigen Männer, die jetzt den Staat lenkten, würden Frankreich in den Bürgerkrieg und letztlich zurück zur Monarchie führen (die sie übrigens als Synonym für Diktatur begriff).

Fouquier-Tinville erklärte ihr in besorgniserregender Ruhe, daß ihr Text Hochverrat sei, und ließ sich durch keinen ihrer Hinweise auf ihre Treue zum Staat und die Opfer, die sie Frankreich bereits gebracht hatte, beeindrucken. Er verfügte die Fortdauer ihrer Haft.

Olympe erkannte, daß sie sich in eine schwierige Lage manövriert hatte. Ob sie die Tragweite erfaßte? Sie schrieb Briefe an frühere Freunde und Vertraute, auch an die Justizbehörden, um sich zu beschweren, zu rechtfertigen – gänzlich ohne Resonanz. Schließlich gelang es ihr, die Streitschrift ‹An das Revolutionstribunal› aus dem Gefängnis zu schmuggeln und anschlagen zu lassen. Aber die Pariser waren die leidenschaftlichen, exaltierten Plakate der Olympe de Gouges gewöhnt und belächelten ihre Empörung. Die einzige Reaktion auf ihre Anwürfe war die Verlegung in ein noch übleres Gefängnis. Ihre Energie zerschellte an einer geschlossenen Wand aus Schweigen. Ihre Sucht, sich bemerkbar zu machen, drohte mit der Folter völligen Ausbleibens jeder Wirkung in Manie umzuschlagen. Kein einziger Mensch setzte sich für sie ein, niemand schien sie zu vermissen, um sie in Sorge zu sein. Der Sohn bangte lediglich um den Verlust seines militärischen Ranges und litt unter der Peinlichkeit, daß man ihn mit den Überspanntheiten seiner Mutter identifizieren könnte. Als Olympe endlich in das Gefängnis verlegt wurde, das als ehemaliges Hospiz mehr Bequemlichkeiten'zu bieten hatte, verdankte sie dies den fortdauernden Beschwerden an ihrem Knie und dem die Verletzung begleitenden Fieber. Zwei Ärzte, die zwar weder eine Diagnose noch hilfreiche Behandlung zustande gebracht hatten, meldeten immerhin Olympes erbärmlichen Zustand an die Behörden. Die Machthaber hatten kein Interesse daran, die Gegnerin in der Öffentlichkeit Mitleid gewinnen zu lassen, und so bekam Olympe die Chance, sich selbst in der Maison de santé gesundzupflegen. Sie kurierte sich mit kalten Umschlägen, da sie an die heilende Kraft des Wassers glaubte. Tatsächlich erholte sie sich schnell, konnte sich frei bewegen, erwog sogar zu fliehen, ließ diese Idee jedoch wieder fallen, sei es, daß sie von ihrer Unschuld so felsenfest überzeugt war, wie sie ständig behauptete, sei es, daß sie nicht wußte, wohin sie sich hätte in Sicherheit bringen können. Es mußte ihr aufgefallen sein, daß sie von außen kein einziges Angebot an Unterstützung und Solidarität erreichte.

Die Tage vor ihrem Prozeß in der Conciergerie vernichteten fast ihre so mühsam gekräftigte Zuversicht. Nicht nur ließ der von ihr benannte Verteidiger nichts von sich hören, sondern eine fundierte Vorbereitung auf ihre Verhandlung war gar nicht möglich: um Mitternacht wurde ihr die Anklageschrift überreicht, was hätte sie in den wenigen Stunden bis zum Morgen noch damit tun können? Vom Recht, die Geschworenen zu wählen, war ebenfalls keine Rede. Zitternd in ihrem für die Jahreszeit viel zu dünnen Kleidchen, das sie bei ihrer Verhaftung im Juli getragen hatte, trat sie am 2. November vor ihre Richter.

Aus dem ‹Saal der Gleichheit›, dem Verhandlungsraum, schlägt ihr Stimmengewirr entgegen. Durch die Menge der Zuschauer wird sie durch den ganzen Saal zu dem etwas erhöhten Sitz für die Angeklagten geführt. Bei ihrem Eintritt steigert sich der Lärm, sie unterscheidet einzelne Bemerkungen, vulgären Hohn. Offenbar ein sorgfältig gesiebtes Publikum. Vorwiegend Frauen. Es ist kurz nach sieben Uhr am Morgen – wer nimmt zu so früher Stunde freiwillig an einem Prozeß teil?

In diesem Saal war am 17. Juli die Corday zum Tod verurteilt worden. Gegen ihre Gewohnheit, an brisanten Veranstaltungen der Revolution teilzunehmen, war Olympe zu Hause geblieben. Sosehr sie Gewalttaten verabscheute und selbst für den Mord an Marat, den auch sie für eine Geißel der Menschheit hielt, kein

Verständnis aufbringen konnte, überwog ihr Mitgefühl mit der Frau. Sie wollte nicht Zeugin ihrer Vernichtung sein. Verglichen mit dem Verbrechen der Corday – wie wenig fallen dagegen die Anklagepunkte, mit denen Fouquier-Tinville aufwarten kann, ins Gewicht! Wo ist er überhaupt? Am Tisch des Anklägers sitzt ein ihr Unbekannter. Wagt Fouquier nicht, ihr selbst gegenüberzutreten? Olympe sucht ihren Verteidiger – vergeblich. Die Richter nehmen Platz, den Vorsitz führt Herman, dies hatte ihr der Gerichtsdiener zugeflüstert. Robespierre hat den jungen Anwalt, den er aus der gemeinsamen Zeit in Arras kennt, persönlich als Präsidenten des Revolutionstribunals vorgeschlagen. Neben ihm zwei weitere Richter mit ihren Assistenten. Die fünf Männer tragen die üblichen riesigen Hüte mit schwarzen Straußenfedern. Olympe erinnert sich an ihre Leidenschaft für auffallende Hüte, mit denen sie im Straßenbild von Paris Furore machte, als sie noch zu den bekannten Schönheiten der Stadt zählte. Nun, die monströsen Kopfbedeckungen der Männer verfehlen den Eindruck als Symbol für Amt und Würde. Wer sich so in Szene setzen muß!

Der Lärm legt sich, die Befragung beginnt. Name, Alter, Geburts- und Wohnort, Tätigkeit. In ihrem letzten Paß hat Olympe ihr Alter um sieben Jahre verringert, auch jetzt gibt sie 38 Jahre an statt 45 – diese kleine Lüge braucht sie als Teil ihrer Strategie, falls es zum Äußersten kommen sollte. Beruf: Schriftstellerin. Auf den Galerien wird gelacht.

Verlesung der Anklage:

– In den Schriften der Angeklagten und deren Aussagen bei ihrer Vernehmung erkennt man eindeutig ihre Mißachtung des Volkswillens und damit einen Angriff auf die Souveränität des Volkes. – Welche Unverschämtheit! Die Verfassung von 1793 war zwar durch ein Plebiszit angenommen, aber sofort mit dem Hinweis auf die Notlage Frankreichs ausgesetzt worden. Wer legitimierte die Diktatur der Jakobiner? Olympe darf sich diese Frage an die Richter nicht entgehen lassen!

– Die Angeklagte hetzt die Bürger gegeneinander auf und provoziert einen Bürgerkrieg. – Zum Lachen! Ist das Land nicht längst von blutigem Bürgerkrieg zerrissen? Haben die Jakobiner nicht genau diesen Bürgerkrieg gebraucht, um ihren Wohlfahrtsausschuß zu etablieren?

– Die Angeklagte hat seit Jahren die um das Volk verdientesten Politiker mit Galle bespien und in den Schmutz übelster Verleumdungen gezogen. – Jetzt zeigen sie ihr wahres Gesicht, jetzt rächt sich Robespierre, daß sie ihm unnachsichtig die Maske des Volksfreunds heruntergerissen und seinen maßlosen Ehrgeiz als einzige

Antriebskraft seiner Politik aufgedeckt hatte! Lange mußte er auf die Stunde der Rache warten!

– Die Angeklagte sieht die Monarchie als die dem französischen Wesen am besten entsprechende Staatsform. – Das hat sie längst revidiert, aber ihr habt insofern recht, besser eine Monarchie mit nur einem Verbrecher an der Spitze des Staates als eine Republik, in der sich eine Meute verantwortungsloser Emporkömmlinge austoben darf.

– Die Angeklagte will die vom Volk gewünschte Eine und Unteilbare Republik zur Disposition stellen. – Verteidigt nur eure Eine und Unteilbare Republik! Sie bietet euch allerdings die günstigsten Voraussetzungen, die gesamte Macht bequem zu bündeln!

– Die Angeklagte hat ein Exemplar ihrer hochverräterischen Schrift an ihren Sohn gesandt, Offizier des Generalstabs an der Front in der Vendée. – Vorsicht! Jetzt keinen Fehler machen – Pierre darf auf keinen Fall gefährdet werden!

An Olympe rasen die Anklagepunkte vorbei, wenn sie sich wenigstens Notizen machen könnte, um jeden Vorwurf einzeln zu widerlegen!

Wenn sie doch nur sofort zu Wort käme! Aber zuerst werden drei Zeugen vorgeführt, die beweisen sollen, daß Olympe de Gouges die Schrift von den Drei Urnen verfaßt hat. Völlig überflüssig, sie wird kein Wort, keinen Gedanken verleugnen.

Endlich wird sie befragt, aber nicht zu den Punkten der Anklage. Wann hat sie ihre Flugschrift verfaßt? Was hält sie vom Föderalismus? Hat sie sich nicht mehrfach positiv dazu geäußert? Wieso kommen in ihren Theaterstücken Feinde des Volks zu Wort wie Marie-Antoinette? Weshalb darf diese Verbrecherin in wohlgeformten Sätzen die eifrigsten Verfechter der Sache des Volks beleidigen? Wollte sie ihre letzte Schrift plakatieren lassen? Hat sie die Verhaftung davon abgehalten?

Wo ist mein Verteidiger?

‹Sie sind geistreich genug, um sich selbst zu verteidigen.›

Sie hat große Erfolge zu verzeichnen gehabt, wenn sie in der Öffentlichkeit geredet hat, auch vor dem Konvent. Aber sie ist es gewohnt, schriftlich zu formulieren, und hier, in dieser feindseligen Atmosphäre, sind ihr die treffenden Argumente nicht sofort zur Hand. Kaum läßt man ihr einen Augenblick, sich zu besinnen. Sie schreit auf: ‹Ich wünschte, die Richter könnten in mein Herz sehen, sie würden nichts finden als meine Liebe zur Freiheit.› – Ein Anwalt könnte klarer auf ihre Verdienste für den Staat hinweisen, ihre auch finanziellen Opfer darlegen. Auch versteht sie es schlecht, sich zu beherrschen, will es auch gar nicht. Der Haß auf ihre Feinde bricht sich Bahn: Sie hat recht mit ihrer Abneigung gegen die jetzigen Machthaber, ihr Urteil über deren Verbrechen wird sich noch von selbst bestätigen! Wo sind die Beweise, daß sie jemals dem Volk Schaden zugefügt hat? – Der Vorsitzende entzieht ihr das Wort und erteilt es Naulin, dem Vertreter Fouquiers. Noch einmal kaut er alle Anklagepunkte durch. Als ob er während ihrer Aussagen, mit denen sie jeden Vorwurf entkräften konnte, geschlafen hätte! Merken die Zuschauer nicht, was hier gespielt wird? Sie versucht, mit einem einzigen Menschen auf der Tribüne einen Blick zu wechseln, die Augen weichen ihr aus, sie prallt ab an einer Front aus Ablehnung und Unverständnis. Jetzt bleibt ihr nur noch die letzte Trumpfkarte: ‹Ihr könnt mich zum Tod verurteilen, aber nicht hinrichten: ich bin schwanger und werde der Republik dieses Kind gebären.› Glaubwürdig gerade noch mit den vorgetäuschten 38 Jahren. Dennoch: brüllendes Gelächter im Publikum, auch die Richter grinsen, als sie die Überprüfung dieser Behauptung anordnen.

Das Urteil: Todesstrafe für Olympe de Gouges. Schuldig in allen Punkten.

Noch am selben Tag wurde Olympe vom Amtsarzt und einer Hebamme auf Schwangerschaft untersucht: Befund negativ. Sie hatte wohl nur etwas Zeit gewinnen wollen, weil sie noch immer hoffte, ihren Sohn zu sehen. Aber die Hinrichtung wurde bereits für den nächsten Tag anberaumt. An ihren Sohn diktierte sie einen Brief und verpflichtete ihn darin, sie zu rehabilitieren. Sie vermachte ihre Habseligkeiten seiner Frau und schrieb eigenhändig auf das Blatt: Ich sterbe, mein geliebter Sohn, ich sterbe unschuldig.

Der 3. November tauchte Paris in Wolkenbrüche. Ruhig ließ sich Olympe die Haare abschneiden und den Nacken rasieren, verlangte aber für diese Prozedur einen Spiegel und vergewisserte sich, daß sie nicht zu blaß aussah für ihren letzten Auftritt. Frierend, dennoch aufrecht, mit auf dem Rücken zusammengebundenen Händen wurde sie auf dem Leiterwagen zum Richtplatz gekarrt. Auf den Stufen des Blutgerüsts wandte sie sich an das Volk, das ihr den so leidenschaftlich ersehnten Respekt nie gewährt hatte: ‹Kinder des Vaterlandes, ihr werdet mich rächen!› Ein letztes Mal klammerte sie sich an die Täuschung, eine Person des allgemeinen Interesses zu sein.

Der Sohn, der seine Familie und seine berufliche Laufbahn nicht gefährden wollte, hatte es eilig, öffentlich zu beteuern, er habe die politischen Gedanken seiner Mutter nie geteilt, sich bewußt von ihr ferngehalten.

Niemand weinte um sie.

Ihr Besitz – ihr Hausrat, das neuerworbene Gütchen in der Tou-
raine – fiel an den Staat, auch ihr gesamter schriftlicher Nachlaß,
der deshalb erhalten blieb und heute in französischen Archiven
eingesehen werden kann: zwei Romane, ungefähr 40 Theaterstücke
und über 100 Streitschriften. Ihre gesamte literarische Produktion
hatte sie auf eigene Kosten publizieren lassen und für den Druck
und die Verbreitung ihr Vermögen aufgebraucht. Olympe de Gouges,
die so verzweifelt um Mitsprache im öffentlichen Leben kämpfte,
aber mehr als eine fragwürdige Prominenz nicht erringen konnte –
und am Ende den Tod.

Sie wurde 1748 in Montauban geboren als Tochter des dortigen
Metzgermeisters Pierre Gouze und seiner Frau Anne-Olympe. Es
gab bereits zwei ältere Kinder in dieser 1737 geschlossenen Ehe. Die
Mutter hatte vor ihrer Heirat ein Liebesverhältnis mit dem älteren
Sohn der Familie Franc de Pompignan, der jüngere Sohn war ihr
Milchbruder. 1734 ging der adelige Liebhaber nach Paris und kehrte
erst nach Jahren, 1747, in sein Heimatstädtchen zurück, um das
Erbe zu übernehmen. Aus dieser Rückkehr und der zeitweiligen
Abwesenheit des Ehemannes zur fraglichen Zeit leitete das fanta-
siebegabte Mädchen Marie die Gewißheit ab, die Tochter dieses
Mannes zu sein, der einen gewissen Ruhm als Autor und vor allem
als konservativer Kontrahent Voltaires genoß. Die Mutter, nach
dem Tod des ersten Mannes wieder verheiratet, zog aus den ihren
Ruf schädigenden Behauptungen ihrer Tochter die Konsequenz,
diese schnell zu verheiraten mit dem unbedeutenden Herrn Aubry,
einem Geschäftspartner der Metzgerei. Marie, mit 16 Jahren Ehefrau, mit 17 Mutter eines Sohnes, Pierre, und auch schon wieder
Witwe, hielt diese Ehe zeit ihres Lebens für eine unpassende Verbindung, zu der sie sich nie bekannte. Nicht einmal den Namen des
verstorbenen Gatten wollte sie tragen, und als sie sich 1767 entschloß, nach Paris zu gehen, tat sie es bereits mit einem Namen,
den sie sich selbst konstruiert hatte, Olympe nach der Mutter, de
Gouges eine aristokratisierte Spielart des simplen Familiennamens
Gouze. Ihren Lebensunterhalt finanzierte ein Liebhaber, der Mili-
tärlieferant Jacques Biètrix. Die beiden heirateten nicht, vielleicht
auf Wunsch Olympes, die später mehrfach die Ehe als Grab der
Liebe bezeichnen sollte. Da Schenkungen an Maitressen vor dem
Gesetz keine Gültigkeit hatten, überschrieb ihr der reiche Organisa-
tor der Heeresversorgung die Zinsen eines fiktiven Vermögens als
lebenslängliche Rente. Davon konnte sie mühelos ein aufwendiges
Leben bestreiten, befand sich aber dennoch fast ständig in finanziellen Schwierigkeiten, da ihre Großzügigkeit im Geldausgeben keine
Grenzen kannte.

Sie war also 2ojährig in Paris und bald integriert in die frivole Gesellschaft der Hauptstadt. Dabei sprach sie schlecht Französisch und mit starkem Akzent (ihre Muttersprache war Provenzalisch), konnte kaum lesen und schreiben, war ohne die geringste Bildung, aber originell und sehr hübsch. Mehr als fünfzehn Jahre führte sie das unbeschwerte Leben einer femme galante im Kreise berühmter Männer. Es gelang ihr, erfolgreiche Schriftsteller um sich zu versammeln und Zutritt zu den ersten Adelskreisen zu gewinnen. Eine enge Beziehung bestand zur Familie der Orléans. Mit Philippe Orléans, dem späteren Egalité, verband sie zuerst Freundschaft, wenn nicht mehr, und in den letzten Jahren ihrer beider Leben (beide wurden im Abstand von nur wenigen Tagen geköpft) erbitterter Haß, den sie in offenen Briefen an ihn austobte, während er nicht reagierte, falls die Mordanschläge, die sie ihm unterstellte, nicht tatsächlich auf seinen Auftrag zurückzuführen waren.

Das gesellige Treiben befriedigte sie auf die Dauer nicht; ihre Sehnsucht nach Bedeutung und Anerkennung war schließlich der Impuls zu schreiben. Die Rechtfertigung für diesen eher ungewöhnlichen Wunsch einer Autodidaktin aus der tiefsten Provinz bezog sie aus ihrer angeblichen Abstammung vom Marquis Le Franc de Pompignan. Es gibt keine Beweise für dessen Vaterschaft. Briefe des Marquis, die Olympe veröffentlichte, stammen aus einem autobiographischen Roman, den sie nach seinem Tod publizierte. Die Originale kennt niemand, so daß deren Echtheit nicht geprüft werden kann, und außerdem enthalten sie nur die wiederholte entschiedene Ablehnung des Adeligen, die Tochter seiner Jugendliebe als eigenes Kind anzuerkennen. Aber ist dieser Aspekt überhaupt von Interesse? Hätte es das Bauernmädchen Jeanne Thibault d'Arc gewagt, seine strategische und politische Genialität den französischen Heerführern und sogar dem König anzubieten, ohne, auch vor sich selbst, die Rechtfertigung zu haben, von den Stimmen seiner Schutzheiligen dazu aufgefordert worden zu sein? Mit welchem Selbstbewußtsein sollte in der Ständegesellschaft des Ancien régime ein Kind aus kleinbürgerlichen Verhältnissen in die Literatur drängen? Noch dazu ein Mädchen? Die vom Wunschvater ererbte Begabung aber durfte sich durchsetzen wollen gegen alle Hindernisse: ‹Ich mache aus meiner Unwissenheit eine Trophäe, ich schreibe aus meiner Seele, nicht aus Intellektualität.›

Mit ihrem ersten Drama geriet sie in einen Strudel heftigster Kontroversen. Olympes Stück erzählt die Geschichte des schwarzen Liebespaares ‹Zamore und Mirza›, das sich empfindsam-gesittet gebärdet wie vom Geist des erleuchteten Zeitalters durchdrungen und deshalb zu Recht die Frage aufwerfen darf, weshalb Schwarze

weniger wert sein sollten als Weiße, von denen sie unterdrückt und
wie Tiere behandelt werden. Im Thema lag das Skandalon, nicht in
der konventionellen künstlerischen Gestaltung des Stoffes. Die
Grundbesitzer in den Kolonien genossen mit dem Vermögen, das sie
den Kolonien auspreßten, ein aufwendiges Leben in den Metropo-
len, auch in London und Madrid. Die französischen Kolonialherren
fühlten sich durch Olympe herausgefordert und setzten ihren Einfluß ein, um eine Aufführung des Stücks zu verhindern. Dabei hatte
sich Olympe bereits darüber freuen dürfen, daß die Comédie nach
einer Lesung des Textes durch das Schauspielerensemble eine Inszenierung zugesagt hatte. Dazu kam es aber erst nach Jahren erbitterten Ringens. Da es nicht opportun erschien, die wirtschaftlichen
Rücksichten zu benennen, die die Leitung des Theaters von einer
Aufführung abhielten, wurden Einwände gegen die Qualität des
Dramas erhoben, allerlei Sachzwänge vorgeschoben und die Autorin von Saison zu Saison vertröstet. Sie kämpfte mit all ihrer Kraft
für ihr Recht, nahm sich Anwälte, gewann einen Prozeß gegen das
Theater und erreichte dennoch nichts. Erst am 28. Dezember 1789
kam das Stück auf die Bretter und fiel unter dem Jubel gutdotierter
Claqueure durch. Zwar protestierte die Autorin gegen die unzuläng-
liche Darbietung, der sie die Schuld an dem Mißerfolg gab, aber mit
dem Herzen war sie am Geschick ihres Textes nicht mehr beteiligt:
der Sturm auf die Bastille lag bereits ein halbes Jahr zurück, und
seitdem sah Olympe ihre wahre Berufung in der Politik.

Schon 1788 war sie in die politische Publizistik vorgeprescht und
hatte mehrere Vorschläge unterbreitet, um an der Behebung der
Staatskrise mitzuwirken. Dem König und der Monarchie treu ergeben, hatte sie die Bürger Frankreichs aufgerufen, eine freiwillige
Abgabe in eine ‹patriotische Kasse› einzuzahlen, um den Staatsbankrott abzuwenden. Demselben Zweck sollte eine von ihr ausge-
dachte Luxussteuer dienen. Das Theater war nur noch eines ihrer
Interessen unter anderen. Zwar plädierte sie nach den entwürdigen-
den Rangeleien mit der Comédie für die Gründung eines unabhängi-
gen Theaters, in dem Frauen in der Leitung und als Autorinnen
gleichberechtigt mitarbeiten können sollten, aber es gab Wichtigeres:
die Sklavenbefreiung hatte sie zu ihrem persönlichen Anliegen
gemacht und mehrere Artikel verfaßt, die dieses Problem schärfer
anpackten als das rührselige und auf idyllische Harmonie abzielende
Drama. Daneben forderte sie eigene Krankenhäuser für Frauen, die
dort auch entbinden sollten, propagierte eine Verbesserung der
hygienischen Verhältnisse in solchen Kliniken und verlangte insgesamt mehr Eingehen auf spezifisch weibliche Bedürfnisse.

Zunächst aber müßten die Frauen die eigenen Fehler erkennen, bevor sie zu Recht einen neuen Platz in der Gesellschaft erwarteten. ‹Frauen, was habt ihr getan, was angerichtet? Glaubtet ihr tatsächlich, eure Macht zu bewahren, indem ihr euch an die Spitze der Männer vordrängtet?› Wollte sie etwa die Überlegenheit der Männer anerkennen, forderte sie Bescheidenheit von ihrem eigenen Geschlecht? Durchaus nicht. Sie proklamierte eine neue Weiblichkeit, verstand die Frau als ernst zu nehmende Partnerin an der Seite des Mannes, setzte aber nicht an mit Vorwürfen gegen die Unterdrückung durch die Männer, sondern erklärte den Frauen, daß sie selbst an der Mißachtung, an der deutlichen Einbuße an Wertschätzung die Schuld trugen. Im Ancien régime hatte die Frau Einfluß ausgeübt über Verführung und Intrigen und wunderte sich heute, daß die Männer gelehrige Schüler waren: ‹Sie beherrschen eure Falschheit, eure Ausflüchte, eure List, eure Leichtfertigkeit.› Ihre Belehrungen aber brachten Olympe bei den ‹teuersten Schwestern› nur wenig Sympathie ein, sie galt als anmaßend und schulmeisterlich – und unweiblich.

Als im Mai 1789 die Generalstände nach Versailles einberufen wurden, hielt es Olympe nicht länger in Paris. Sie nahm eine Wohnung in Versailles, versuchte die Volksvertreter kennenzulernen und bombardierte die Repräsentanten ihrer Heimat, der Provence, mit Briefen voller guter Ratschläge. Auch ihre Schrift ‹Aufschrei eines Weisen (von einer Frau)› ließ sie ihnen überreichen. Darin rief sie Adel und Klerus auf, die Ständeschranken aufzuheben und auf die Privilegien zu verzichten, zugleich aber warnte sie den Dritten Stand davor, im Alleingang Gesetze erlassen zu wollen. Nur in der Einigkeit könne die Rettung Frankreichs und der Monarchie liegen, und deren Verteidigung war ein Kernpunkt ihrer Argumentation, denn ‹keine Monarchie, keine Ordnung!›

Anfang des Jahres 1790 litt sie an Mutlosigkeit, ja Verzweiflung. Erfolglosigkeit als Theaterautorin, geringes Echo ihrer politischen Schriften, keine Anerkennung für ihren begeisterten Einsatz für die Revolution, im Gegenteil, zunehmende Einsamkeit als Folge ihrer anrüchigen Prominenz – eine Frau, die fast täglich Gesprächsstoff lieferte und damit gegen das Gebot weiblicher Zurückhaltung verstieß, konnte nicht auf Respekt hoffen: sie wollte Frankreich den Rücken kehren und konnte es nicht lassen, ihren Plan der Öffentlichkeit ausführlich zu erläutern. Wahrscheinlich erwartete sie Protest gegen ihren Schritt, aber niemand reagierte außer einigen Journalisten, die ihr spöttisch Glück wünschten, und so blieb sie doch in Paris. Wo auf der Welt wäre es auch vergleichbar aufregend gewesen? Beinahe jeden Tag besuchte sie die Sitzungen der Nationalversammlung oder der politischen Clubs, zu ihrer großen Freude

Olympe de Gouges.
Von der Schönheit der Lebedame, die in der Jugend das elegante Paris
entzückte, zeigt dieses Bild nichts mehr. Wohl aber von der unbeug-
samen Energie, die sich bis zu Verbissenheit steigern konnte.

lud man sie ein, Mitglied des hauptsächlich von Intellektuellen
gegründeten ‹Clubs der Revolution› zu werden, eine Zeitlang engagierte sie sich in der ‹Gesellschaft der Freundinnen der Wahrheit›,
einer Gründung der Holländerin Etta Palm, und Ende 1790 bezog sie
ein elegantes Appartement in Auteuil, das sie mit ihren noch nicht
ganz vergessenen Qualitäten einer femme galante zu einem mondänen Treffpunkt der fortschrittlichen Intelligenz formte.

Das Werk, das ihr die Unsterblichkeit bringen wird, ist fertig. Zwar
hat sie sich um die entscheidenden Wochen verspätet, die nötig
gewesen wären, um ihre Deklaration zum Gegenstand der Bera-
tung in der Nationalversammlung zu machen. Jetzt ist die Arbeit
an der Verfassung abgeschlossen, ausnahmsweise war die Arbeit
der Volksvertreter schneller vonstatten gegangen als erwartet. Als
sie in ihrem Wohnort Auteuil erfahren hatte, daß die Konstitution

kurz vor ihrer Vollendung stand und dem König vorgelegt werden sollte, packte sie wütende Verzweiflung: sollte es ihr nie gelingen, teilzuhaben an den politischen Entscheidungen, die den Weg in die neue Zeit ebneten? Sollten ihre Mühen immer nur dazu dienen, sie bei den Mißgünstigen zum Gespött zu machen? Rühmen müßte sie das französische Volk für ‹die Grundsätze der Gleichheit, Gerechtigkeit und Menschlichkeit, die die Verfassung mir zu verdanken hat›. Hatte sie tatsächlich diese kühne Formulierung gewagt? Gut so, sie ist im Recht mit dieser Aussage, niemand hat so wie sie auf die Wahrung der Eintracht gedrungen, auf Gewaltlosigkeit als Voraussetzung humaner Politik – sie ist im Recht, aber damit hat sie den Stolz der Politiker verletzt, die ihr seit je vorwerfen, aus Geltungssucht ihre Mitarbeit anzubieten, keiner hat sie darum gebeten, die Volksvertreter brauchen ihre geistige Unterstützung nicht. – Doch! Bei diesem Text, den sie jetzt vorlegt, kann das niemand behaupten. Von Freunden, die sich in ihrem Salon in Auteuil treffen und die von den girondistischen Fraktionsangehörigen im Konvent auf dem laufenden gehalten werden, weiß sie, daß diese neue Verfassung keinen einzigen Passus enthält, der die Stellung der Frau definiert. Dabei brüsten sich die Volksvertreter, das Verfassungswerk auf der Basis der Menschenrechtserklärung errichtet zu haben. Die Menschenrechte. Der erste Meilenstein unserer großartigen Revolution. Menschenrechte oder Männerrechte? Auf Anfrage hatte sich eine jakobinische Sektion nicht gescheut mitzuteilen, daß diese Rechte keine Gültigkeit hätten für Unmündige, Kriminelle, Wahnsinnige und Frauen! Ja, jetzt wird niemand ihre Beteiligung abschmettern können mit dem Hinweis darauf, daß die Männer allein zu überzeugenden Ergebnissen gelangen, die vor der Ewigkeit Bestand haben! Sie, Olympe de Gouges, hat die Rechte der Frau formuliert, eine Gesetzesinitiative, die von der Nationalversammlung in den letzten Sitzungen dieser oder in der nächsten Legislaturperiode zu verabschieden sein wird. Sie hat genau überlegt, wie sie für ihren Vorstoß die größtmögliche Aufmerksamkeit gewinnen kann: die Königin selbst muß sich für diese Forderungen einsetzen, als die erste Frau im Staat für die Durchsetzung dieser Frauenrechte kämpfen. Zwar ist die Widmung an die Königin nicht ungefährlich, denn seit der Flucht nach Varennes hatte die königliche Familie an Ansehen verloren, besonderer Haß richtet sich gegen Marie-Antoinette, die nicht nur als Initiatorin dieser Flucht, sondern aller Kontakte des Königs mit dem feindlichen Ausland gilt.

Auch Olympe war maßlos enttäuscht gewesen von diesem jämmerlichen Sich-Entziehen des Königs aus seinem Land. Wie sollte

der Glanz der französischen Monarchie in der Welt aufrechterhal-
ten bleiben, wenn der König sein Volk verrät? Welche Schande für
die Franzosen! Wer sollte seinen Platz einnehmen? Der Herzog von
Orléans? Früher hatte sie ihn für einen erleuchteten Kopf gehalten,
ihm schließlich auch die erste Ausgabe ihrer Werke gewidmet, aber
wie loyal ist dieser Ehrgeizige wirklich? Schon nach den Ereignis-
sen von Versailles hatte man ihm vorgeworfen, die Absetzung
Ludwigs im eigenen Interesse zu betreiben. Mit dem Plan des von
ihr verehrten Mirabeau wäre wohl viel für das Prestige der Krone
gewonnen worden: der Dauphin als neuer unbelasteter Monarch
und Philippe bis zu dessen Großjährigkeit als Regent. Aber jetzt
schien Philippe gar die republikanischen Bestrebungen unterstüt-
zen zu wollen – unverständlich. Olympe hat Angst vor dem finste-
ren Fanatismus der Männer der Bergpartei, ihnen mangelt es an der
bezaubernden Leichtigkeit im Benehmen, die sie an vielen Giron-
disten schätzt. Wenn schon mit den Gedanken an eine Republik
der Selbstreinigungsprozeß der Monarchie vorangetrieben werden
muß, dann schon lieber Unterstützung der Girondisten. Aber
Olympe will die Monarchie erhalten wissen, und deshalb schließt
sie sich der allgemeinen Kritik am König nicht an. Und deshalb
widmet sie die ‹Erklärung der Rechte der Frau› der Königin. Jetzt
erst recht.

Wie wird die Öffentlichkeit auf ihre Forderungen reagieren? Sie
ist davon überzeugt, daß diese Revolution nur gelingen kann, wenn
sich alle Frauen um die Gleichberechtigung bemühen und diesen
Kampf auch gewinnen. In der Tierwelt herrscht zwischen Männ-
chen und Weibchen selbstverständliche Eintracht, nur die Men-
schen lassen die Unterdrückung des einen Geschlechts, das doch
dieselben Fähigkeiten besitzt, durch das andere, das sich despo-
tisch aufbläht, ohne Widerspruch zu. Das darf nicht so bleiben.
Olympe hat sich im Aufbau ihrer Artikel streng an die Menschen-
rechtserklärung von 1789 gehalten. Das Wort Mensch/Mann ist
ersetzt durch ‹die Frau›. Die natürlichen Rechte der Frau dürfen
sich nicht mehr an der Tyrannei der Männer brechen. Gleiche
Rechte gelten für die Frau im Erwerb von Eigentum und im Zugang
zu öffentlichen Ämtern, schließlich müssen sie ja auch Pflichten
übernehmen, ohne daß man sie um ihre Zustimmung gefragt hätte.
Und dann der Artikel 10, den Olympe mit Genuß formuliert hat:
‹Wenn die Frauen ein Recht aufs Schafott haben, so haben sie es
auch auf die Rednertribüne.› – In ihrem Nachwort hat sie – zum
wievielten Mal? – die Frauen aufgerufen, ihre Lage kritisch zu
überdenken. Als die Frauen in der alten Gesellschaft über die
Macht des Schlafzimmers Einfluß ausübten, hatten sie Verachtung

verdient, denn sie ‹haben mehr Schaden angerichtet als Gutes zustande gebracht›. Jetzt aber sind sie aus dem politischen Leben ganz ausgeschaltet, und das dürfen sie sich nicht gefallen lassen. Und Olympe hängt wie in einem Rausch der Einsicht an die ‹Rechte der Frau› noch den Entwurf für einen ‹Gesellschaftsvertrag zwischen Mann und Frau› an, in dem die Rechte beider Geschlechter bezüglich des Vermögens und der Kindererziehung geregelt sind, und zwar unabhängig davon, ob es sich um ein verheiratetes oder unverheiratetes Paar handelt. Gleiche Rechte auch für die Kinder aus freien Liebesverbindungen!

Beim Diktieren ihres Textes fühlte sich Olympe wie fortgerissen vom Lavastrom des Begreifens, was alles in dem morschen System verbessert werden muß: Einführung der Priesterehe; Gleichstellung der Farbigen in den Kolonien mit den Weißen; Schutz der Freudenmädchen; Versöhnung der legislativen mit der exekutiven Gewalt und damit die Festigung des Throns, damit das französische Weltreich seinen Ruhm bewahre...

Da rennen Ausrufer durch die Straßen und unterbrechen Olympes Rekapitulieren dieses Textes, dessen Fertigstellung sie kaum erwarten kann: Der König hat die Verfassung unterschrieben! – Da hält es Olympe nicht länger, noch einmal muß sie in die Druckerei und die Arbeit der Setzer unterbrechen: ‹Göttliche Vorsehung, laß diesen allgemeinen Freudentaumel keine Illusion sein!› Sie ist beteiligt an der Unterschrift des Königs. Bereits im August hat sie dem König und der Königin in offenen Briefen den Rat erteilt, sich mit der Sache des Volkes zu identifizieren, solange das Volk noch in Liebe zu seinem Herrscher stehe. Der General Gouvien, ein treuer Verehrer, hat persönlich dafür gesorgt, daß diese Briefe im Schloß verteilt wurden. Und jetzt dieses Ergebnis! Sie kann sich vor Stolz, vor Glück nicht fassen. Der nächste Schritt der Königin wird es sein, die Rechte der Frauen durchzusetzen.

Das Manifest der Olympe de Gouges hat nur Befremden ausgelöst. Die Öffentlichkeit verspottete die ‹Rechte der Frau› in einem Gassenhauer – zumindest hatte sich der Inhalt der Forderungen herumgesprochen:

> Verliebt uns zu machen jederzeit
> mit all ihrer Macht, ihrer Herrlichkeit,
> das ist, ich weiß es genau,
> das edelste Recht der Frau.

Öffentliche Reaktionen gab es nicht, ob die Königin die Deklaration gelesen hat, ist fraglich, zumindest gab es von ihrer Seite keinerlei

Initiative. Da die Männer in der Nationalversammlung sich in der betretenen Ablehnung des Dokuments einig wußten mit der überwältigenden Mehrheit der Frauen, die gar nicht wünschten, ihre bisherige Rolle zu verändern, durften sie schweigend zur Tagesordnung übergehen. Die Frauen benötigten für ihr privates Leben das Recht auf Eigentum, Ausbildung und Scheidung. Da die Revolution ihnen diese Zugeständnisse bereits gemacht hatte, wollten sie sich nicht undankbar zeigen. Das Recht unehelicher Kinder auf Gleichstellung mit ehelichen wurde ausgerechnet an dem Tag Gesetz, an dem Olympes Prozeß stattfand, der mit ihrem Todesurteil endete.

Doch so weit war es noch nicht, die Gegenwart hielt sogar noch einige Erfolge für sie bereit. Ob sie selbst auch dazu gezählt hätte, daß 1792 ein Katalog der ‹schönsten und tugendhaftesten Frauen von Paris› sie auf dem dritten Platz nannte? Wichtiger fand sie wohl die Bezeichnung ‹Friedensengel›, mit der sie das royalistische Lager auszeichnete. Sie war tatsächlich eine unermüdliche Verfechterin von Versöhnung und Gewaltlosigkeit. ‹Madame de Gouges hätte einen Weg in die Freiheit gewünscht, der nur mit Blumen besät gewesen wäre›, vermerkten mit sanftem Spott die Politiker, die selbst auch gerne auf den Einsatz von Gewalt verzichtet hätten.

Am 10. August 1792 stürzte mit der Belagerung der Tuilerien die Monarchie. Davon wurde Olympe nicht unvorbereitet getroffen, doch schmerzte die Erkenntnis, sich für eine untaugliche Perspektive eingesetzt zu haben. Aber sie faßte sich schnell: ‹Dieser Aufstand hat den gordischen Knoten der Ungewißheit gelöst.› Die Septembermorde ließen dann allerdings keinen Zweifel daran, daß die Republik mit Blut getauft wurde. Für die Radikalisierung machte sie allein die Jakobiner verantwortlich. Wieder begann sie, Pamphlete zu verfassen und ließ sie in den Straßen, in den Sektionen, sogar im Konvent anschlagen. Sie hatte ihre Waffe geschärft, nie zuvor gab es den jetzt von ihr angeschlagenen Ton des Hasses, der Schmähungen, noch nie hatte man von einer Frau diese rabiate Sprache gehört, getragen vom Pathos der Vaterlandsliebe und der Selbstentäußerung. Neben der Maßlosigkeit persönlicher Diffamierungen (‹Marat, Robespierre, Ungeziefer, vermodernd im Sumpf der Korruption, aus dem ihr bis jetzt nicht emporgekrochen seid...›) stehen Sätze von bestechendem Scharfblick: ‹Was soll in Europa aus dieser vielgepriesenen Revolution werden, auf die wir so stolz waren? Wir wollten der Welt Vorbild sein, und nun bieten wir einen Anblick der Schande, des Grauens. Wach auf, zaghafte Gleichgültigkeit! Der Geist von 1789 muß zu neuem Leben erweckt werden, um die Schmach des September zu tilgen.› Marat attackierte sie besonders heftig, verhöhnte seine Häßlichkeit, seine Krankheit, die ihn zwang, seine Zeit meistens zu Hause zu verbringen – dieser erbärmliche Hanswurst möge in seinem unterirdischen Schlupfwinkel verkommen! Sie war fixiert auf den Aspekt der Gewalt und erfaßte sie nicht als Symptom wesentlich tiefer liegender Ursachen. Das Versagen der girondistischen Politik in der Wirtschaft, die katastrophale Notlage des hungernden Volks, die ideologischen Kontroversen zwischen Jakobinern und Sansculotten, die Treffsicherheit der Analysen, die Marat dem trägen Konvent als Sprengsatz verpaßte – nichts davon schlug sich nieder in Olympes Texten. Sie scheint die politischen Zusammenhänge auch nicht verstanden zu haben. Die Stärke ihrer Argumentation liegt in ihrer unerbittlichen Humanität. Die Schwäche in überbordender, völlig unkontrollierter Emotionalität. In manchen Phasen ihres Lebens produzierte sie so schnell, worauf sie stolz immer wieder hinwies, daß zu ruhiger Überprüfung ihrer Aussagen einfach die Zeit fehlte. So auch im November 1792.

Ein Girondist hatte Robespierre vorgeworfen, daß er nach der Alleinherrschaft strebe. Für den 5. November war dessen Verteidigung angekündigt. Am Morgen dieses Tages ließ Olympe ein Plakat anschlagen, in dem sie sich selbst vorstellte als ‹ein Lebewesen ohnegleichen; ich bin nicht Mann, nicht Weib, besitze allen Mut des einen und zuweilen die Schwächen des andern. – Stolz bin ich, einfach, aufrichtig und empfindsam.› Sie titulierte Robespierre als Abschaum und ‹Schandfleck der Revolution› und warnte das französische Volk davor, weiterhin Robespierre und Marat zu folgen, denn diese beiden würden es ‹von Mord zu Mord führen, und schließlich wirst du gemeinsam mit diesen verabscheuungswürdigen Verschwörern zugrunde gehen›.

Auch nach Robespierres glanzvoller Rechtfertigung war Olympe von ihrem Urteil nicht abzubringen, im Gegenteil, sie verschärfte ihre Polemik. Am nächsten Tag bereits hing überall ihre neue Streitschrift, in der sie seine Argumente zerpflückte. Hatte er nicht beteuert, er gäbe sein Leben hin für Ruhm und Glück des Vaterlandes? Nun forderte sie ihn auf, Wort zu halten und so sein Land zu erlösen. Er solle sich mit ihr zusammen in der Seine ertränken, damit wäre das Land vom schlimmsten aller Übel befreit, und sie würde mit dem Opfer ihres unschuldigen Lebens den Himmel besänftigen. – Erstaunlich, daß Robespierre auf diese Provokationen mit keinem Wort reagierte. Ließ er sich erst gar nicht auf die Auseinandersetzung mit einer Frau ein und zog es vor, ihr mit Mißachtung zu begegnen? Oder wollte er auf einen geeigneteren Augenblick warten, um sie auszulöschen, nämlich dann, wenn sie sich etwas zuschulden hatte kommen lassen und nicht der Eindruck entstehen konnte, er habe aus persönlicher Gekränktheit zugeschlagen?

Diese Gelegenheit ergab sich schon bald. Am 15. Dezember bot Olympe dem Konvent in einem Brief an, die Verteidigung des Königs zu übernehmen. Ein merkwürdiges Unterfangen. Da bereits ein Verteidiger bestellt worden war und sie außerdem wissen mußte, daß es überhaupt keine Chance gab, als Frau in dieses Amt berufen zu werden, war dieses Angebot entweder ein Amoklauf oder aus dem Bedürfnis entstanden, trotz der ihr bekannten Aussichtslosigkeit zumindest ein Zeichen zu setzen. Vor der Geschichte?

Dieses Vorpreschen hat Olympe sehr geschadet, sogar in Lebensgefahr gebracht, aus der sie sich nur mit ihrer Schlagfertigkeit retten konnte. Am 16. Januar 1793 wurde über Ludwig XVI. die Todesstrafe verhängt, am 21. folgte seine Hinrichtung. Kurz davor hatte sich Olympe noch einmal zu Wort gemeldet, auf einem roten Plakat. Ausdrücklich stimmte sie dem Todesurteil zu, aber: ‹Weshalb erkauft ihr nicht mit dem Kopf des Königs einen Friedensschluß, der uns vor einem Blutbad der Völker bewahrt?› Als Gegenleistung für die Begnadigung sollten die europäischen Potentaten die Unabhängigkeit der französischen Republik anerkennen. Die königliche Familie als Geisel zu benützen erschien ihr sinnvoller, als Köpfe rollen zu lassen.

Die Zeitgenossen hätten es bestimmt leichter gehabt, die politische Qualität ihrer Aussagen zu erkennen, wären in ihren Texten nicht Einsichten von Weitblick und Denkschärfe verquickt mit banalen Geschichtchen von Kränkungen, Mißverständnissen, kleinlichen Rechthabereien. Nach dem Kampf gegen die zunehmende Brutalität in der Konkurrenz der Parteien begann Olympe mit derselben Energie und demselben leidenschaftsdurchtosten Pathos eine Kampagne gegen ein paar armselige Schauspieler, die mit ihrem schlechten Spiel angeblich die Schuld trugen am Mißerfolg eines ihrer Theaterstücke. Da Wichtiges neben Unbedeutendem dieselbe große Gebärde beanspruchte, hatte sich das Interesse der Leser abgestumpft. Die ständigen Erregungen der Olympe de Gouges waren nur noch Tageskuriositäten.

Am 2. Juni 1793 stürzte die Gironde. Olympe blieb ihr treu und erklärte am 9. Juni dem Konvent schriftlich, sie sei ebenso schuldig wie die Abgeordneten, die jetzt unter Anklage gestellt wurden, ja, noch mehr: ‹Ich habe die Revolution durch meine Schriften vorbereitet. Suchen Sie den Hauptschuldigen? Das bin ich.› Aber ihre Selbstbezichtigung fand kaum Beachtung: ‹Ich lege hundert nützliche Pläne vor, man nimmt sie zur Kenntnis; aber da ich eine Frau bin, braucht man sie nicht ernst zu nehmen.› Die bittere Wahrheit.

Längst war Olympe völlig isoliert. Den Royalisten, sofern sie nicht über die Grenzen entkommen waren, galt sie als Verräterin; den Gemäßigten – ihre Gesinnungsfreunde – war ihre hysterische Selbstdarstellung zuwider; die Jakobiner lehnten Frauen, die dermaßen aufdringlich in die Öffentlichkeit drängten, grundsätzlich ab; und die Sansculotten interessierten sich nicht für sie, weil sie von den wirklich drängenden Fragen der Politik, also der Preisregulierung und Eigentumsverteilung, nichts verstand, sich dazu jedenfalls nie äußerte. Und die Frauen? Von den Mitstreiterinnen war Théroigne bereits im Irrenhaus, Etta hatte das Land verlassen müssen, der neugegründete Club der Revolutionären Republikanerinnen konzentrierte sich auf ökonomische Probleme, und der großen Masse der Hausfrauen war sie mit ihrer Exaltiertheit peinlich. Zudem verstörten die Wechsel ihrer Standpunkte. Sie versuchte zu erklären: ‹Mit einem republikanischen Gemüt wurde ich geboren, und mit ihm werde ich auch sterben. Wenn ich in einigen meiner politischen Broschüren die konstitutionelle Monarchie zu verteidigen schien, so bloß aus Furcht vor den schlimmen Folgen, die ein Sturz dieser Monarchie mit sich brächte.› Glaubhaft? ‹Wenn es den Eindruck machte, als ob ich für die Monarchie einträte, so wohl nur deshalb, weil ich der festen Überzeugung war, daß diese Regierungsform dem französischen Charakter eher entspräche.› Überzeugend?

Philippe von Orléans war bereits im April verhaftet worden, obwohl er für den Tod seines Vetters Ludwig gestimmt hatte. Der Feind, den Olympe am liebsten angegriffen hatte, seit er zum Gegner des Königs geworden war, schwebte nun selbst in Lebensgefahr. Sie hatte ihm ihre gesammelten Werke gewidmet und ihn im selben Atemzug herabgesetzt und beleidigt. So schlug sie immer wild um sich, aber hauptsächlich doch wohl ins Leere. Das Wissen um ihre Ohnmacht peitschte sie zu immer wahnwitzigeren Provokationen, als wollte sie wenigstens einen grandiosen Tod, die Selbstaufopferung als Märtyrerin erzwingen. Niemand verlangte ihren Einsatz, die Bürger auf den Straßen, die Abgeordneten im Konvent, die Journalisten fragten ärgerlich: was mischt sie sich ein? Also stilisierte sie sich selbstmörderisch zur Todfeindin des Systems, gab sich selbst eine Bedeutung als Gefahr für die Herrschenden, worüber diese nur lächelten. Ihr ungebetenes Randalieren, ihre aufbrausende Heftigkeit, ihre stolzen Auftritte vor den verschiedenen Gremien, obwohl niemand um ihren Rat, auch nur um ihre Anwesenheit gebeten hatte, bestätigten bei den Männern der in diesen Belangen konservativen Linken den Eindruck, sie habe den Verstand verloren. Oder nie welchen gehabt.

Immer dringlicher beschwor sie die eigene Opferbereitschaft, die

außer Befremden höchstens schnell verrauchte Wut hervorrief über
die ständigen Störungen durch Briefe, Botschaften, Anklagen,
Rechtfertigungen, Kommentare. Aber ernstgenommen wurde sie
nicht. So holte sie aus zum letzten Schlag.

Sie wollte mit einer Schrift, deren hochverräterischer Charakter
ihr bewußt sein mußte, die Öffentlichkeit aufrütteln. Bevor sie aber
diese ‹Drei Urnen› publizierte, verfaßte sie noch ein ‹Politisches
Testament›, in dem sie ihren Tod als unausweichlich bezeichnete.
Sollten die Gegner dadurch abgehalten werden, ihre Prophezeiung
zu erfüllen? Oder forderte sie diesen Tod tatsächlich heraus: ‹Wie
ehrenvoll und erhaben ist es doch, sein Leben für das in den letzten
Zügen liegende Vaterland hinzugeben!› Der ehrenvolle Tod – von
den Zeitgenossen beklagt, von der Nachwelt bewundert zu werden,
darum galt es jetzt zu kämpfen. Sie solidarisierte sich mit den
Girondisten, die auf ihren Prozeß warteten: ‹Wie stolz bin ich, euch
verteidigen zu können und gleich euch als wahre Republikanerin zu
sterben. – Da mir nun das Schicksal ein jähes und ruhmreiches Ende
bestimmt hat...› Niemand bedrohte sie, niemand plante ihren
Untergang. Nicht einmal das. Aber in dem Augenblick, in dem sie
offenbar entschlossen war, sich diesen glorreichen Tod nicht mehr
nehmen zu lassen, verlor sich ihr oft verbissener Fanatismus, und
sie fand Worte von Heiterkeit und Grazie: ‹Mein Herz vermache ich
dem Vaterland, meinen Anstand den Männern (sie können ihn
brauchen), meine Seele den Frauen, kein liebloses Geschenk. Meine
Begabung soll den Dramenschreibern gehören, sie mag ihnen nützen; meine Selbstlosigkeit den Strebern, meine philosophische Aus-
geglichenheit den Verfolgten, meinen Verstand den Fanatikern, meinen Glauben den Atheisten, meine gute Laune den alternden Frauen
und die kärglichen Reste meines Vermögens meinem Sohn, falls er
mich überlebt...›

Ihre letzten Monate versanken in Schweigen, Krankheit,
Schmutz. Nur in wenigen Augenblicken hat ihr Leben ihrem Anspruch genügt.

Der Stolz im Untergang:
Marie-Antoinette

Die Tochter Marie-Thérèse
‹Am 2. August um zwei Uhr morgens weckte man uns, um
meiner Mutter das Dekret des Konvents vorzulesen mit der Anordnung, daß sie in die Conciergerie überführt werde, weil man ihr den
Prozeß mache.› Die Schwägerin Elisabeth und die Tochter flehen,

Marie-Antoinette

sie begleiten zu dürfen, müssen aber in ihrem bisherigen Gefängnis, dem Temple, zurückbleiben. ‹Während sie ein Paket mit Kleidung zurechtmachte, blieben die Beamten bei ihr; sie mußte sich sogar vor ihnen anziehen.› Das Paket wird ihr abgenommen, man läßt ihr lediglich ein Taschentuch und ihr Riechfläschchen für den Fall, daß sie ohnmächtig würde. ‹Meine Mutter umarmte mich liebevoll und forderte mich auf, Mut zu fassen, um meine Tante Sorge zu tragen und ihr zu gehorchen wie einer zweiten Mutter; dann warf sie sich in die Arme meiner Tante und vertraute ihr ihre Kinder an. Ich antwortete nichts, so erschrocken war ich bei dem Gedanken, sie zum letzten Mal zu sehen; meine Tante sagte zu ihr leise einige Worte. Dann ging meine Mutter hinaus, ohne uns noch einmal anzusehen, zweifellos aus Angst, sie könne die Beherrschung verlieren.›

Rosalie Lamorlière, Kammermädchen bei Madame Richard, Verwalterin der Conciergerie
Am 1. August wird die Königin angekündigt. Madame Richard läßt das Zimmer räumen, in dem bis jetzt General Custine eingesperrt war. Der feuchte Raum wird möbliert: ein Klappbett, Matratzen, ein Kopfkissen, eine leichte Decke, eine Waschschüssel, ein Tisch, zwei Stühle. Die beiden Frauen warten bis drei Uhr nachts. ‹Ich war in einem Sessel eingeschlafen; Madame Richard packte mich am Arm, weckte mich überstürzt auf und sagte folgendes: Aufwachen, Rosalie, schnell, schnell, nimm diesen Leuchter, sie sind angekommen. – Zitternd stieg ich mit Madame Richard hinunter in das Gefängnis M. de Custines am Ende eines langen, dunklen Flurs. Die Königin war schon dorthin gebracht worden. Viele Gendarmen standen vor ihrer Türe, einige Beamte und Offiziere waren im Zimmer, wo sie leise miteinander redeten. Es wurde schon Tag.›
Endlich sind die Formalitäten erledigt. ‹Es war heiß. Ich sah Schweißtropfen über das Gesicht der Königin laufen. Zwei- oder dreimal trocknete sie sich mit ihrem Taschentuch ab. Ihre Augen betrachteten erstaunt die schreckliche Kahlheit dieses Raumes.› Hilfe beim Zubettgehen weist sie dankend ab.

Die Tochter
‹Da meine Mutter, die nie etwas anderes als Wasser getrunken hatte, das Wasser aus der Seine nicht vertrug, davon wurde ihr übel, baten wir die Beamten, ihr Wasser von Ville-d'Avray zu bringen, das es täglich im Temple gab.› Dazu ihr Strickzeug, ‹denn sie hatte begonnen, für meinen Bruder ein Paar Strümpfe zu stricken. – Wir erfuhren später, daß man es ihr nicht gegeben hatte aus Furcht, sie könne sich mit den Stricknadeln etwas antun.›

Rosalie
‹Die Königin erduldete große Entbehrungen. Man hatte ihr jede Art von Nadeln verboten, dabei liebte sie so sehr Beschäftigung und Arbeit. Ich habe gesehen, wie sie von Zeit zu Zeit starke Fäden aus der Stofftapete, die an Holzrahmen die Mauern entlang angenagelt war, herauszog, und aus diesen Fäden, die sie mit der Hand glättete, machte sie ein Schnürband, wobei sie ihr Knie als Handarbeitskissen benützte.›
Zehn Tage lang bittet die Königin um frische Wäsche, aber Madame Richard wagt nicht, ihr etwas zu leihen, weil sie fürchtet, sich

selbst zu gefährden. Endlich kommt das Paket aus dem Temple an. ‹Ihre Majestät hatte, wie ich schon gesagt habe, weder eine Kommode noch einen Schrank in ihrem Zimmer. Als ihr kleiner Wäschevorrat aus dem Temple angekommen war, bat sie um eine Schachtel, um ihn darin aufzubewahren und vor Staub zu schützen. Madame Richard, die nicht mehr wagte, diesen Wunsch an die Aufseher weiterzuleiten, erlaubte mir, der Fürstin einen Karton zu bringen, den sie so befriedigt entgegennahm, als hätte man ihr das schönste Möbelstück der Welt überreicht.› Gegen die Gepflogenheit in den Gefängnissen darf ihr Rosalie ihren eigenen billigen Spiegel geben: ‹Die Königin betrachtete diesen kleinen Spiegel als etwas Wertvolles und bediente sich seiner bis zum letzten Tag.›

‹Der Kummer, die schlechte Luft, Mangel an Bewegung belasteten die Gesundheit der Königin. Ihr Blut erhitzte sich, und sie erlitt heftige Blutungen. Das habe ich gesehen; sie bat mich heimlich um Wäsche, und ich zerschnitt meine Hemden und legte ihr diese Stoffstreifen auf ihr Kopfkissen.›

Eines Tages bringt Madame Richard ihren jüngsten Sohn mit. ‹Als die Königin diesen hübschen kleinen Jungen sah, zuckte sie merklich zusammen; sie nahm ihn in die Arme, bedeckte ihn mit Küssen und Liebkosungen und erzählte uns unter Tränen von M. le Dauphin, der fast im selben Alter war; sie dachte Tag und Nacht an ihn. Diese Begegnung schmerzte sie entsetzlich.›

Die Tochter

‹Am 3. Juli hatte man uns ein Dekret des Konvents vorgelesen, laut dessen mein Bruder von uns entfernt werden mußte.› Marie-Antoinette weigert sich stundenlang, das Kind gehenzulassen, und trennt sich erst von ihm, als man ihr ernsthaft droht, ihre beiden Kinder zu töten. ‹Wir stiegen oft den Turm hoch, weil mein Bruder von der anderen Seite kam und weil es das einzige Vergnügen meiner Mutter war, ihn von weitem durch einen kleinen Spalt vorbeigehen zu sehen. Sie blieb ganze Stunden, um einen Augenblick dieses Kind zu sehen; das war ihre einzige Erwartung, ihre einzige Beschäftigung.›

Fantasieausgeburten

Der zum Erzieher des Prinzen bestellte Schuster Simon bringt bei der Stadtverwaltung eine wichtige Entdeckung zur Anzeige: Er und seine Frau hatten das Kind ‹an seinem Körper seiner Gesundheit abträgliche Unanständigkeiten ausüben sehen, und es hatte ihnen gestanden, daß es in diesen sehr gefährlichen Gewohnheiten von seiner Mutter und seiner Tante unterwiesen worden war.›

Daraufhin wird die Vermutung des Inzests zu einem der Anklagepunkte erhoben. Marie-Antoinette verweigert dazu jede Aussage:˘
‹Ich wende mich an alle anwesenden Mütter...›

Der letzte Brief Marie-Antoinettes an ihre Schwägerin
‹Nun muß ich auf etwas zu sprechen kommen, was mir das Herz sehr
schwer macht. Ich weiß, welchen Kummer dieses Kind Ihnen bereitet
haben muß; vergeben Sie ihm, meine geliebte Schwester. Denken Sie an
sein Alter und daran, wie leicht man einem Kind beliebige Worte in den
Mund legen kann, selbst solche, die es nicht versteht.›

Rosalie
‹Ihre Majestät aß mit einigem Appetit. Sie zerteilte ihr Geflügel in
zwei Hälften, das heißt, sie aß davon zwei Tage.› Dazu gibt es
Gemüse. ‹Solange Madame Richard im Amt war, kaufte man für die
Königin nur das Beste von dem, was es gab; und auf dem Markt
kannten drei oder vier Marktfrauen den Kerkermeister und legten
für ihn das zarteste Geflügel und die schönsten Früchte zurück: Für
unsere Königin, sagten sie weinend.›

Die Verzweiflung Fersens
‹Die Gendarmen sagten zu Michonis, daß Madame nichts esse,
auf diese Weise könne sie nicht leben, sie sagten auch, daß ihr Essen
sehr schlecht sei. Sie brachten ein mageres, nahezu verdorbenes
Huhn und sagten: Von diesem Huhn hat Madame nichts gegessen,
man setzt es ihr schon vier Tage lang vor. –›

Rosalie
Nach einem entdeckten Versuch eines Offiziers, sich ins Gefängnis der Königin zu schmuggeln, befürchtet man ein Komplott zu
ihrer Befreiung. Die Familie Richard wird verhaftet und die Behandlung der Königin unter dem neuen Aufseher verschärft. ‹Man hatte
ihr weder Lampe noch Kienspan erlaubt, und so dehnte ich so lange
wie möglich das bescheidene Abendessen aus, damit meine verehrte Gebieterin ein wenig später erst in Einsamkeit und Dunkelheit war. Üblicherweise hatte sie, um ins Bett zu gehen, nichts als
das schwache Licht der Laterne im Hof.›

Die Tochter
‹Um uns noch härter zu behandeln, nahm man uns alles weg, was
uns bequem war, zum Beispiel den Lehnsessel, den meine Tante
benützte, und andere Kleinigkeiten wie unsere Hüte, Spielkarten
mit Königen darauf, Bücher, in denen Waffen abgebildet waren.›

Protokoll der Stadtverwaltung

‹Ein Polizeibeamter, der gestern Dienst gehabt hat, hinterlegt einen goldenen Fingerhut, den ihm Elisabeth gegeben hat, um einen anderen dafür zu erhalten, aus welchem Material es dem Rat beliebt, hinsichtlich dessen, daß der abgegebene durchstochen ist. Der Rat gibt dem Bürger Depotverwalter den Vorgang zu den Akten und beschließt, daß ein anderer Fingerhut aus Leder oder Elfenbein beschafft und der goldene zum Profit der Notleidenden verkauft werden soll.›

Das Verfahren

Verhöre: ‹Waren Sie es, die Ludwig Capet die Verstellungskunst beigebracht hat, mit der er lange Zeit das gute französische Volk getäuscht hat, das nicht für möglich gehalten hat, man könne Gemeinheit und Verbrechen so weit treiben?› – ‹Das französische Volk ist tatsächlich getäuscht worden, und zwar auf grausamste Weise, aber nicht von meinem Mann und nicht von mir.›

Auf diese Weise soll sich die Schuld der Königin herausstellen betreffend den Marsch nach Versailles, die Flucht der königlichen Familie, den Sturm auf die Tuilerien, die Verschwörungen zu ihrer Befreiung aus dem Gefängnis...

Die Anklage

Machenschaften mit dem Ausland, damit die Republik vernichtet werde. Teilnahme an einem Komplott, das in der Republik Bürgerkrieg entfachen solle.

Vierzig Zeugen, deren Aussagen nicht einmal den Ankläger überzeugen.

Das Urteil

‹Nach der einstimmigen Erklärung der Jury spricht das Tribunal Recht entsprechend den Ausführungen des öffentlichen Anklägers und den von ihm zitierten Gesetzen und verurteilt Marie-Antoinette, Habsburg-Lothringen, Witwe von Ludwig Capet, zum Tod. Es erklärt nach dem Gesetz vom 10. März dieses Jahres ihren sämtlichen Besitz auf französischem Boden eingezogen und beschlagnahmt zum Nutzen der Republik. Es ordnet an, daß das Urteil entsprechend dem Antrag des öffentlichen Anklägers auf dem Platz der Revolution vollzogen und in der ganzen Republik gedruckt und bekanntgemacht wird.›

Um ½ fünf Uhr morgens wird Marie-Antoinette in die Conciergerie zurückgebracht.

Rosalie

‹Gegen sieben Uhr bekam ich den Befehl, zu ihr zu gehen und sie zu fragen, ob sie irgendeine Nahrung wolle. Als ich ihr Gefängnis betrat, sah ich sie ausgestreckt auf ihrem Bett, ganz in Schwarz gekleidet. Das Gesicht zum Fenster, stützte sie ihren Kopf auf die Hand. Madame, sagte ich zitternd, Sie haben gestern abend nichts gegessen und fast nichts während des Tages. Was wünschen Sie heute morgen? – Tränenüberströmt antwortete die Königin: Meine Tochter, ich brauche nun nichts mehr, für mich ist alles vorbei. – Ich nahm mir die Freiheit hinzuzufügen: Madame, ich habe eine Bouillon warmgehalten; Sie müssen sich stärken, erlauben Sie mir, Ihnen etwas zu bringen. – Die Königin weinte noch stärker und sagte: Rosalie, bring mir eine Bouillon. – Ich brachte sie ihr; sie richtete sich etwas auf, konnte aber nicht mehr als ein paar Löffel schlukken.›

Sie schreibt einen Brief an ihre Schwägerin.

Ein Priester will ihr die Beichte abnehmen. Sie erfährt, daß er den Eid auf die Verfassung abgelegt hat, und lehnt ihn ab.

Gegen acht Uhr will sie sich umziehen, der wachhabende Offizier stellt sich neben sie. ‹Ihre Majestät zog ihr Tuch über den Schultern zusammen und sagte sehr sanft zu dem jungen Mann: Im Namen des Anstandes, mein Herr, gestatten Sie, daß ich meine Wäsche wechsle ohne Zeugen. – Dem kann ich nicht zustimmen, mein Befehl lautet, alle Ihre Bewegungen zu beobachten.›

In ihrem weißen Hauskleid, einen Musselinschal um die Schultern, ein gestärktes Leinenhäubchen auf den abgeschnittenen Haaren, verläßt sie das Gefängnis.

Die Tochter

‹Meine Tante und ich wußten nichts vom Tod meiner Mutter, obwohl wir ihre Verurteilung von einem Zeitungsverkäufer ausrufen hörten; die Hoffnung, wie üblich bei Unglücklichen, machte uns glauben, daß man sie gerettet habe.›

Am 10. Mai des nächsten Jahres wird ihre Tante geholt. ‹Ich verblieb in tiefer Verzweiflung, als man mich von meiner Tante trennte; ich wußte nicht, was aus ihr geworden war, und man wollte es mir nicht sagen.› Fünfzehn Monate bleibt sie ganz allein, sieht nur einige Male am Tag die Personen, die ihr etwas zu essen bringen, und manchmal Polizeikommissare. Nach der Entmachtung Robespierres wird sie etwas besser behandelt, bekommt eine Kerze und Bücher, im Winter ausreichend Brennmaterial. Am 8. Juni stirbt ihr Bruder.

Sein Wärter Simon hat ihn gezwungen, die Revolutionslieder mit den wüstesten Beschimpfungen seines Vaters und seiner Mutter zu singen und Wein zu trinken, so daß er bei fast allen Vernehmungen betrunken war. Als Simon im Januar 1794 wieder seine frühere

Tätigkeit in der Stadtverwaltung übernimmt, bleibt das Kind ganz allein in einem fast ständig versperrten Zimmer zurück. ‹Man ließ ihm eine Klingel, wenn er etwas brauchte, er zog sie aber nie, so groß war seine Angst vor den Leuten, die er rufen konnte, und er verzichtete lieber auf alles, als seine Bewacher auch nur um das Geringste zu bitten. Er schlief in einem Bett, das man sechs Monate lang nicht frisch bezogen hatte, er selbst und seine Wäsche waren übersät von Wanzen und Flöhen.› Als sich einer der Soldaten mitleidig zeigt, wird er sofort denunziert und versetzt. Nach dem 9. Thermidor übernimmt ein neuer Kommissar die Aufsicht. ‹Laurent ließ ihn baden und entfernte das Ungeziefer. Allerdings ließ man ihn weiterhin allein in seinem Zimmer.›

Neuerlicher Wechsel im November: ‹Der neue Kommissar Gomier kümmerte sich außerordentlich um meinen Bruder. Seit langer Zeit hatte man das unglückliche Kind ohne Licht gelassen, es starb vor Angst. Gomier erreichte, daß es bis zum Schlafengehen Licht hatte, er verbrachte sogar selbst einige Stunden bei ihm, um es zu unterhalten. Er bemerkte, daß die Knie und Handgelenke meines Bruders geschwollen waren, und erbat vom Komitee, daß er in den Garten dürfe, um Bewegung zu haben.›

Madame Tourzel, die frühere Erzieherin

Unter erheblichen Schwierigkeiten erhält Madame Tourzel die Erlaubnis, ihren früheren Zögling Marie-Thérèse mit ihrer Tochter Pauline besuchen zu dürfen. ‹Wir hatten Madame als ein zartes und kränkliches Mädchen zurückgelassen, und als wir sie nach drei Jahren beispiellosen Unglücks wiedersahen, waren wir höchst erstaunt, eine schöne, große, kräftige Sechzehnjährige vorzufinden, deren Haltung durch Würde gekennzeichnet war.› Wie nur konnte sie die Zeit nach dem Tod ihrer Tante überstehen? ‹Meine Tante, die das Unglück, zu dem ich bestimmt war, klar vorausgesehen hatte, gewöhnte mich daran, allein zurechtzukommen und niemanden zu brauchen. Sie hatte mein Leben so eingerichtet, daß ich stündlich beschäftigt war: Zimmeraufräumen, Gebet, Lektüre, Arbeit – alles war eingeteilt. Sie gewöhnte mich daran, allein mein Bett zu machen, mich zu frisieren, zu schnüren, mich anzukleiden, und sie hatte nichts übersehen, was meine Gesundheit erhalten könne. So hatte sie verlangt, daß ich eine ganze Stunde lang sehr schnell hin- und hergehe, mit der Uhr in der Hand, um eine Stauung meiner Körpersäfte zu verhindern.›

Dennoch fühlte sie sich oft bis zur Bewußtlosigkeit in ihrer Einsamkeit elend und gab zu, zu sich selbst gesagt zu haben: Wenn man mir nur eine Person zur Gesellschaft gäbe, die nicht gerade ein

Ungeheuer ist, spüre ich, daß ich sie lieben müßte. – Und genau in dieser Verfassung bekam sie tatsächlich eine Frau, die sich um sie kümmern sollte.› Marie-Thérèse spricht viel von den Leiden ihres Bruders und seiner schweren Krankheit, die nicht erkannt worden war. Mit zehn Jahren war er endlich gestorben – aber nicht an Gift, wie die Kommune annahm, sondern am Zusammenwirken seiner unerträglichen Lebensumstände. Und Marie-Thérèse? ‹Ich fragte Madame eines Tages, ob sie keine Beschwerden bekommen habe während der Zeit ihrer völligen Isolierung. Sie sagte: Meine Person beschäftigt mich so wenig, ich habe darauf nicht besonders geachtet. –›

Im Dezember 1795 wird die Prinzessin an Österreich ausgeliefert. Ihr mürrisches Wesen setzt alle Welt in Erstaunen. 1799 wird sie mit einem Cousin verheiratet. Die Ehe bleibt kinderlos.

Die kämpfenden Aristokratinnen
der Vendée

Die Schlösser brennen. Die republikanische Armee leistet gründliche Arbeit: stundenlang werden in alle Stockwerke und Flure Strohballen und Reisigbündel geschleppt, um die Gebäude an mehreren Stellen zugleich anzünden zu können. Es wird nicht geplündert. Die gesamte kostbare Einrichtung muß von den Flammen verschlungen werden – drohendes Signal für die beabsichtigte Ausrottung des Adels. Lediglich einige leichte Teppiche nehmen die Blauen mit, als Pferdedecken. Obwohl die Armee hungert, brennen auch die Getreidespeicher und Ställe. Ein Höllenfeuer soll das geben, es verschlingt die königstreuen Ungeheuer mitsamt ihrer Habe. So geschieht es nach dem Willen des Jakobinergenerals Westermann, dessen Wut der bis zum Oktober 1793 ungebrochene Widerstand der Vendée ins Maßlose steigert.

Ist die Armee abgezogen, versuchen die Bauern zu löschen, manchmal aber enden ihre Bemühungen abrupt:
‹Für mein Hochzeitsfest hatte man ein prächtiges Feuerwerk vorbereitet, es aber wegen der Krankheit meiner Großmutter nicht abgebrannt. Und diese Feuerwerkskörper flogen mit einem Mal in die Luft. Die Männer und Frauen, die löschten und Möbel aus den Flammen schleppten, hielten dies für ein Artilleriefeuer der Blauen, ergriffen die Flucht und wagten sich zwölf Stunden lang nicht in die Nähe des Schlosses. So blieb davon kein Stein auf dem anderen, so wie es Westermann angekündigt hatte. Lediglich die Grundmauern der Kapelle blieben erhalten.›

Kühle Worte, ein distanzierter Blick zurück.

Oder auch Scham über ein unangemessenes Gefühl: ‹Als La Bouëre brannte, habe ich aus der Ferne den Rauch gerochen, und ich gestehe, daß ich, trotz der äußersten Not, der wir anheimgefallen waren, und der geringen Hoffnung, unseren Besitz erhalten zu können, nicht hindern konnte, einen Augenblick zu weinen.›

Nichts bleibt übrig, kein Buch als Erinnerung, kein Brief. Vielleicht von einem eifrigen Bauern gerettet – die Harfe, jahrelang im feuchten Keller zwischen den Kartoffeln aufbewahrt, den Besitzern stolz zurückgegeben. Was muß auf die Flucht mitgenommen werden? Keine Zeit für Überlegungen, in einer Lederreisetasche ‹meine Diamanten, Schmuck, Spitzen, zweihundert Golddukaten, dreitausend Livres in Silber›.

Mehrmals sollte der Schatz vergraben werden, immer kam etwas Wichtigeres dazwischen. Und eines Tages ist die Tasche verschwunden. Irgend jemand wollte das Pferd, das sie schleppte, entlasten. Seltsam, nach dem Krieg finden sich in Nantes zwei Ellen dieser seltenen kostbaren Spitze – wer hat sie verkauft? Vorbei, die Nachforschung lohnt nicht. In den Taschen von Mantel und Rock sind noch fünfundsechzig Golddukaten und etwa fünftausend Assignaten, wertlose Papierfetzen mit dem Bild des Königs. Das bißchen Schmuck, getragen beim Aufbruch. Aber Ringe stören beim Hantieren mit Gewehr und Pistolen.

Aristokratinnen, zu Pferd im Gefolge der royalistischen Truppen. An deren Spitze adelige Generäle, die Ehemänner.

Marie-Louise de Lescure, zwanzig Jahre alt, schwanger.

Marie de Bonchamps, siebenundzwanzig Jahre alt, zwei Kinder.

Antoinette de La Bouëre, zweiundzwanzig Jahre alt, zwei Kinder, vor der Geburt eines dritten.

Manchmal kreuzen sich ihre Wege. Manchmal übernachten sie in derselben Notunterkunft. Manchmal beten sie gemeinsam.

Marie, aus altem Adel, frühzeitig verwaist, standesgemäß im Kloster aufgezogen, liebt ihren sieben Jahre älteren Mann, seine Zuverlässigkeit, seinen Ernst, seine Kühnheit. Bald nach Ausbruch der Revolution hat er seinen Dienst als Offizier quittiert und lebt seitdem mit Frau und Kindern auf dem Familienschloß. Mit Verstand und Fleiß hat er den Ertrag seiner Besitzungen gesteigert und fühlt sich für seine Pächter verantwortlich.

Im März 1793 soll in der Vendée eine Aushebung von 300000 Mann durchgeführt werden. An mehreren Orten demonstrieren die Einwohner gegen die von Nationalgarden beschützten Delegierten aus Paris. Es kommt zu Ausschreitungen. Die Landbevölkerung im Westen Frankreichs hat die Revolution satt. Sicher, zu Anfang betörten die schönen Worte und die Verheißungen, aber was hat man tatsächlich gewonnen? Die Kirche wurde enteignet, warum nicht? Für den Ankauf dieser Nationalgüter reicht das Ersparte nicht. Der freigewordene Besitz fällt also an Fremde. Die Frauen brauchen nicht zu zetern, den Klöstern gestohlener Grund bringe keinen Segen. Den Leuten aus der Stadt macht das nichts aus.

Priester müssen einen Eid auf die Verfassung ablegen. Nichts dagegen. Aber tun sie es nicht, verlieren sie ihre Pfarreien, werden deportiert. An ihre Stelle kommen patriotische Pfarrer. Die haben es schwer. Sie versuchen, sich den Zutritt in ihre Kirchen zu erzwingen. Die Frauen verjagen sie, die Kirchenschlüssel sind unauffindbar. Die alten Priester werden versteckt, nur von ihnen nimmt man Sakramente an. Im Januar 1793 wurde der König geköpft – sein Blut komme über seine Mörder. Was war schlecht an den alten Zeiten? Trotz guter Ernten bringen die Bauern weniger Ertrag nach Hause als früher. Solange es nur diese Fetzen Papiergeld gibt, sollte man die Ernte in den Scheunen lassen. Aber dafür wird man schnell erschossen von guten Republikanern. Denn Frankreich hungert. Warum muß man die Adeligen hassen? Sie sind die Paten der vielen Kinder, sitzen sonntags mit der Gemeinde in den Kirchenstühlen, bei Seuchen lassen sie Medizin verteilen. Wem nützt diese Revolution?

Auf dem Schloß La Baronnière der Bonchamps ist mit einem Schlag das geruhsame Leben zu Ende. Die ersten Aufstände hatten sich noch spontan gebildet. Ein Jagdhüter, ein Perückenmacher, ein Fuhrmann übernahmen die Führung. Für den bevorstehenden Kampf genügt das nicht.

‹Die Bauern schickten eine Abordnung nach La Baronnière, um den Marquis de Bonchamps zu bitten, sich an die Spitze zu stellen. Zunächst erbat er sich Bedenkzeit, aber als sie ihn heftig bedrängten, sagte er: Nun gut. Seid ihr unwiderruflich entschlossen, alles der heiligen Sache, die ihr verteidigen wollt, zu opfern? Versprecht ihr, sie nie im Stich zu lassen? – Ja, ja! schrien sie alle zusammen. – Dann schwört mit mir Treue unserer heiligen Religion, unserem jungen König, der in Fesseln liegt, der Monarchie, dem Vaterland. – Nach diesem Schwur wollte er mit der Delegation aufbrechen, und zwar zu Pferd, aber die Bauern bestanden darauf, er solle zu Fuß gehen wie sie auch. Er fügte sich. Mir zog sich vor Schmerz das Herz zusammen, als ich meinen Mann fortgehen sah, ganz allein und zu Fuß inmitten dieses Haufens undisziplinierter Bauern. Ich blieb auf dem Schloß mit meinen beiden Kindern, einem Jungen und einem Mädchen, beide in zartestem Alter. Außerdem war ich schwanger, und dies hielt mich ab, meinem Mann zu folgen.›

Für Antoinette de La Bouëre war sofort bei Ausbruch der Revolution klar, daß ihr Mann emigrieren und sie mit den beiden Kindern auf dem Schloß allein zurückbleiben müsse, bis sich der Spuk verflüchtigt haben würde. Im August 1792, nach der Gefangennahme der königlichen Familie, ging der Kavallerieoffizier nach Holland, von dort weiter nach England. Aber die Sehnsucht nach seiner Familie treibt ihn schon im Dezember wieder nach Hause, heimlich durchquert er Frankreich, verbirgt sich auf seinem Schloß. So schlimm kann es nicht werden, zwar werden die Aristokraten in den Städten gehaßt und verfolgt, die Bauern aber halten ihnen die Treue.

‹Der Hof war voll von Bauern, von denen einige zu dem Fenster kamen, an dem ich stand, und derjenige, der wohl ihr Anführer war, sagte zu mir, daß sie jetzt die Blauen in Jallais angreifen würden. Ich solle mich aber nicht beunruhigen, alle seien guten Muts, sie würden den Sieg erringen, weil die Sache, der sie dienten, die Sache Gottes und des königlichen Märtyrers sei.

Ich wollte ihnen eine Erfrischung anbieten, der Anführer sagte: Keinen Wein, wir brauchen jetzt kaltes Blut. – Ich ließ Cidre bringen, den er annahm, aber mit Wasser. Viele von ihnen wollten gar nichts. Aber meine Freunde, sagte ich zu ihnen, die Männer, die ihr angreifen wollt, sind bewaffnet, sie haben sogar eine Kanone, und ihr? – Das wissen wir, sagte er, aber Gott ist mit uns.›

Und dann gibt sie ihnen so viele Waffen, wie sie nur im Haus auftreiben kann, ohne dabei zu bedenken, daß sie ja auch selbst welche zur Verteidigung braucht. ‹Es war in diesem Krieg ein erschreckendes Mißverhältnis zwischen den Mitteln des Angriffs und denen der Verteidigung bei den Feinden und den Unsrigen. Die Blauen hatten gute Gewehre mit Bajonetten, Kanonen, Patronen im Überfluß, berittene Gendarmen und Husaren. Die Vendéer hatten nur die Waffen und Munition, die sie ihnen abjagten. Genauso war es mit Pferden.›

Marie-Louise de Lescure bringt im Oktober 1792 auf dem Stammschloß der Familie bei Clisson ein Mädchen zur Welt. ‹Ich gab meine Tochter zum Stillen einer Bäuerin, die ich zu mir genommen hatte. Ich wollte es nicht selbst tun. Ich sah voraus, daß die Revolution uns einholen würde, und ich wollte meinem Mann um jeden Preis folgen, sei es ins Gefängnis, sei es in den Krieg.› Sie wußte seit ihrer Kindheit, daß sie ihren Vetter heiraten würde, seitdem gilt ihm ihre ganze Zärtlichkeit. Sie bewundert seine Bildung – er übersetzt die schwierigsten lateinischen Verse vom Blatt – und seinen Respekt gegenüber seinem Vater, der in leichtsinnigem Lebenswandel das Vermögen verschleudert, horrende Schulden ge-

macht hatte. Der Sohn bezahlt sie bis zum letzten Heller. ‹Wenn ich
mit ihm zusammen war, hatte ich sonst keinerlei Bedürfnis, und
dadurch veränderten sich mein Geschmack und mein Charakter.
Früher liebte ich leidenschaftlich alle möglichen Vergnügungen,
aber seit meiner Heirat liebte ich nur noch ihn.›

Der Marquis de Lescure hatte zur persönlichen Garde des Königs
gehört. Nach dessen Fluchtversuch im Juni 1791 wollte er emigrieren, verließ Paris, kehrte aber doch wieder um, weil er seiner
Pflicht, den König zu beschützen, genügen wollte. Die Nacht vom
9. auf den 10. August 1792 verbrachte er zufällig nicht in den
Tuilerien, sondern bei seiner Frau, weil die Offiziere durch ein
gezielt ausgestreutes Gerücht in Sicherheit gewiegt wurden, es
stehe ein Angriff auf das Arsenal bevor, nicht auf das Schloß. Als
seit den Morgenstunden die Tuilerien gestürmt wurden, versuchte
Lescure, zum König vorzudringen, aber er konnte sich nicht einmal
Eingang in das Schloß verschaffen. Die Lage war aussichtslos und
lebensgefährlich. Verkleidet gelang es ihm, seine junge Frau und
deren Eltern aus der mörderischen Stadt zu schmuggeln. In den
Straßen hatte Marie-Louise mit der erregten Menge ‹Hoch die
Sansculotten!› gebrüllt und konnte sich kaum beruhigen. Die
Flucht nach Clisson gelang. Wie aus einer anderen Welt dringt bis
hierher die Nachricht von den Greueln des September. Enge
Freunde der Familie zählen zu den Ermordeten, die Prinzessin
Lamballe geköpft, die Eingeweide aus dem Leib gerissen – die
Mutter Marie-Louises erleidet einen Nervenschock, weint tagelang.
Ohne zu zögern übernimmt der Marquis de Lescure den Befehl über
einen Teil der königstreuen Rebellen, ebenso sein Schwiegervater,
Marquis de Donissan, und sein Vetter Henri de Rochejaquelein.

‹Mein Mann und Henri amüsierten sich seit einiger Zeit damit,
mir beizubringen, auf ein Pferd zu steigen. Ich hatte solche Angst,
daß ich weinte. Die beiden, zu Fuß, faßten jeder eine Hand von mir,
und ein Bedienter hielt die Zügel des Pferdes. M. de Lescure fand
mit Recht, daß ich das einfach lernen müsse, in Revolutionszeiten
könnte es für mich einmal nötig sein. Und allmählich verlor ich
meine Furcht.›

Die Republikaner lassen alle Verdächtigen verhaften, also alle
diejenigen, die nicht als Parteigänger der Revolution gelten. Marie-
Louise kommt ins Gefängnis von Bressuire, ihre Eltern begleiten sie
freiwillig: ‹Sie wollen mich doch nicht des Vergnügens berauben,
mich für meine Tochter zu opfern?› Die Gendarmen respektieren
die Adeligen, untersagen dem Pöbel in den Straßen, die Gefangenen
zu beleidigen. Die Befreiung aus dem Gefängnis ist die erste militärische Heldentat Henris, es gelingt ihm, die Stadt im Sturm zu

nehmen. Als die Bauern ihm den Oberbefehl übertragen hatten, wollte er mit Hinweis auf seine Jugend und Unerfahrenheit ablehnen, doch schnell wird der Zwanzigjährige ihr glänzendster Anführer: ‹Wenn ich angreife, folgt mir. Wenn ich zurückweiche, tötet mich. Wenn ich sterbe, rächt mich.› Um seine Tollkühnheit ranken sich bald Legenden. Für ihn und die anderen Aristokraten unterscheidet sich diese Aufgabe von allem, was sie im Militär gelernt haben. Sie führen Bauern, nicht ausgebildete Soldaten, gewöhnt an Disziplin. Selbstverständlich gibt es auch keine Uniformen, nur die roten Tücher, keck um Kopf und Hals geschlungen oder im Gürtel flatternd, sind eine Art Erkennungszeichen. ‹Mit ihrer Kleidung, meistens nur Gilet und Hosen, bei jedem nach Geschmack verschieden, ein runder Hut und ein großer Husarensäbel, hatten die jungen Leute das Aussehen von Räubern, und so wurden sie ja auch von den Blauen genannt.› ‹Diese Benennung erschien uns dermaßen komisch, daß wir, anstatt uns zu ärgern, darüber lachten. Wir haben uns schließlich so daran gewöhnt, Briganten und Brigantinnen genannt zu werden, daß wir zuletzt die eigentliche Wortbedeutung vergaßen. So legte man z. B. ein Gelübde ab für die Briganten, man liebte sie, schätzte sie, usw. – als ob dieses Wort nichts anderes hieße als eben königstreu.›

Die Royalisten nennen ihrerseits jeden, der republikanisch gesinnt ist, Pataud, und das heißt schlicht Tolpatsch.

‹Die Bauern kämpfen durchaus heldenhaft, wenn ihre Anführer ihnen mit ihrem Beispiel unerschrockenen Wagemuts vorangehen. Man kann sie nicht besser leiten, als wenn man sich selbst in Gefahr begibt, oft auch unvorsichtig. Deshalb wurde M. de Bonchamps so oft verwundet. Man hat ihm ungerechtfertigterweise vorgeworfen, daß er als General zu wenig auf sich selbst geachtet habe. Er kannte aber Mentalität und Gebräuche der Landsleute. Er handelte aus Überlegung, nicht aus Verwegenheit. So hatte er absoluten Einfluß auf seine Soldaten, mit einem einzigen Wort konnte er oft ihren Mut neu anstacheln.›

Seine Frau Marie sieht die Gefahr, in die er sich tagtäglich begibt. Ohne den persönlichen Einsatz der Anführer würden sich die Bauern sofort nach dem Kampf auf ihre Höfe zurückziehen oder sich in der Buschlandschaft zerstreuen. Die Offiziere kämpfen immer in der vordersten Reihe, Zielscheibe gegnerischer Angriffe. Galoppieren sie nicht selbst an der Spitze, verlieren die Truppen den Mut, scheinen zu vergessen, wofür sie überhaupt kämpfen.

‹So wollte er sich trotz seiner Verwundung gegen meine Einwände wieder in den Kampf stürzen, und weil alle seine Leute damit beschäftigt waren zu packen, mußte ich seine Waffen laden, was er

mir selbst mit Vergnügen beigebracht hatte: die Frau eines Generals
hat in der Lage zu sein, ihrem Gatten diesen Dienst zu erweisen. – Ich
gehorchte ihm wie immer, aber das Laden der Gewehre war mir doch
besonders unangenehm.› Aber sie tut es. Klaglos. Sie ist stolz auf
seine Wertschätzung. Davon ist ihre Ehe von Anfang an geprägt:
gerade verheiratet war das junge Paar auf der Fahrt in sein Schloß in
ein Unwetter gekommen. Bei der Überfahrt über die sturmge-
peitschte Loire wurde das Schiff so weit abgetrieben, daß man mitten
in der Nacht, dazu im Winter, mehrere Stunden laufen mußte, um
dahin zu gelangen. ‹Mein Mann bewunderte meinen Mut, was mich
all diese Anstrengungen leicht ertragen ließ. Es ging mir nur darum,
sein Lob zu verdienen. Wenn man einem Menschen, den man liebt,
gefallen möchte und darauf verzichtet, seine Angst kundzutun, kann
man leicht ohne Schwäche die größten Gefahren ertragen.›

Sie hat reichlich Gelegenheit, diese Auffassung in die Tat umzusetzen.

‹Mein Mann schickte mir Nachricht, ich müsse mit den Kindern
das Schloß verlassen, weil der Feind nahte. Die Sturmglocke läu-
tete, und mir blieb kaum Zeit, mich zu retten. Weil alle unsere
Pferde requiriert waren, mußte ich Bauernpferde nehmen. Ich ver-
staute meine Kinder in einem der Körbe, die an den Pferdesätteln
befestigt wurden, mit ein bißchen Spielzeug, damit sie nicht weinten. Der andere Korb enthielt Schießpulver, Flinten und Pistolen
meines Mannes. Das Pferd, das meine Kinder trug, scheute, ging
durch und warf sie ab. Aus Schreck darüber hatte ich zwei Tage
später eine Fehlgeburt im fünften Monat.›

Im März 1793 hat der Aufstand der Vendée begonnen. Zehn Monate
später ist kaum noch einer der jungen Generäle am Leben. Sie sind
ihren Verletzungen erlegen.

Marie-Louise:

‹Ein Kurier brachte mir die Nachricht, die man mir bisher vorenthalten hatte, von der Verwundung M. de Lescures. Ich wurde von
heftigem Zittern befallen und wollte sofort aufbrechen. So sprang
ich auf ein schlechtes kleines Pferd, das zufällig herumstand. Ich
nahm mir nicht einmal die Zeit, die Steigbügel richtig einzustellen,
so daß der eine etwa 20 Zentimeter länger war als der andere. In
irrem Galopp jagte ich los. Als wir ganz nahe an einem Baum
vorbeiritten und ich das Tier nicht lenken konnte, hätte ich mir die
Kniescheibe zertrümmert, wenn ich nicht während des Galopps
dieses Bein auf dieselbe Seite geschwungen hätte wie das andre. Die
Bauern glaubten, ich sei abgeworfen worden. Seit diesem Tag
fürchte ich mich nicht mehr vor Pferden.›

Marie:
‹Einige Tage verheimlichte man mir den entsetzlichen Verlust, den ich erlitten hatte. Ein Kurier richtete mir von meinem Mann aus, ich solle in die Bretagne aufbrechen. Als ich nach Neuigkeiten über ihn selbst fragte, hieß es, er habe seine Pferde bereits auf meinem Weg vorgeschickt. So getäuscht, brach ich sofort mit meinen Kindern auf, ohne Beunruhigung. Wir überquerten die Loire per Schiff. Aber bald ließen mich Schmerz und Verwirrung der Bauern, die ich traf, irgendein Unglück vermuten. Auf meine drängenden Fragen erfuhr ich endlich, daß ich den Gegenstand meiner lebhaftesten Zärtlichkeit, meiner tiefsten Bewunderung und alle meine Hoffnungen auf Ruhm und Glück verloren hatte. In dem Augenblick, als ich die schrecklichen Worte hörte: er lebt nicht mehr... – ich glaubte auch mein Leben zu Ende.›

Marie-Louise:
Nach dem sechsunddreißigstündigen Todeskampf meines Mannes ‹schrie ich nur noch vor Schmerzen und befürchtete eine Fehlgeburt. Ein Aderlaß ermattete mich so sehr, daß ich sehr starke Medizin einnehmen mußte. Ich wollte die Leiche nicht als Beute für die Republikaner zurücklassen, ich wußte, sie hatten die Leiche M. de Bonchamps ausgegraben und verstümmelt. Deshalb wollte ich meinen Mann einbalsamieren lassen und mit mir im Wagen mitnehmen. Ich war davon kaum abzubringen. Man hielt dagegen, ich riskiere entweder eine Fehlgeburt oder die Geburt eines verunstalteten oder verblödeten Kindes.› Sie fügt sich dennoch nicht. Ihr Vater läßt schließlich die Leiche heimlich an einem ihr unbekannten Ort bestatten. Apathisch schließt sie sich dem Strom der Fliehenden an.

Und nun? Der Tod der Ehemänner hat die Frauen, die Kinder schutzlos zurückgelassen. Nicht einmal kurz können sie ausruhen, die Häuser der Bauern werden von den Blauen immer wieder durchsucht, ebenso die Ställe, die Scheunen. Die Wälder werden durchkämmt. Diese Frauen stehen obenan auf den Fahndungslisten, ihnen Unterschlupf zu gewähren ist mit Gefahr für das eigene Leben verbunden, zusätzlich der Sippenhaft für die betroffene Familie. So reiten die Frauen mit der Nachhut der Truppen, die früher von den Ehemännern kommandiert worden waren. Natürlich versuchen die anderen adeligen Generäle, die Witwen zu schützen, aber da die katholische Armee seit Oktober 1793 nur noch Niederlagen erleidet und sich die Einheiten selbst meist in wilder Flucht befinden, ist die Lage äußerst unsicher.

Marie-Louise de Lescure hat das Kind, das sie vor einem Jahr geboren hat, zunächst bei der Amme gelassen. Der Verzicht, ihr

Töchterchen selbst zu stillen, um den geliebten Mann in die Schlachten begleiten zu können, schmerzte tief. Jüngerin Rousseaus wie alle diese jungen Adeligen, empfindet sie zärtliche Verantwortung für das kleine Geschöpf. Während der siegreichen Behauptung der katholischen Armee beordert sie die Amme mit dem Kind zum Heer. ‹Aber die Frau zeigte den größten Widerwillen, den Truppen zu folgen, und fiel dauernd in Ohnmacht, sei es aus Kummer, ihren Mann verlassen zu haben, sei es einfach aus Angst. Ich fürchtete, ihre Milch werde versiegen, und dachte, meine Tochter sei bei den Bauern doch besser aufgehoben als bei mir. Ich entschied mich also kummervoll, sie bei der Amme zu lassen.›

In dem Chaos nach den Niederlagen nimmt sie das Kind wieder zu sich – würde sich die Amme, deren Junge nach der Geburt gestorben war, für ein fremdes Baby aufopfern? ‹Ich suchte für meine kleine Tochter ein neues Versteck, vergeblich, trotz all dem, was ich dafür bot. Sie war noch so klein, daß man sie nicht am Schreien hindern konnte, wodurch sie natürlich entdeckt werden würde. Die Leute, bei denen ich übernachtete, versicherten mir, sie würden geköpft oder verpflichtet, das Kind zur Stadtverwaltung zu bringen, wo man es zu den Findelkindern steckt oder gleich umbringt.› So schleppt sie es in all den Strapazen mit sich herum, verzweifelt über den Tod ihres Mannes und ihrer neue Schwangerschaft, die sie in Panik versetzt.

Eines Tages nehmen die Truppen Quartier im Haus wohlhabender Gutsbesitzer, streng republikanisch gesinnt. Madame Lescure beobachtet, wie die unfreiwillige Gastgeberin ihre sieben noch kleinen Kinder liebevoll umsorgt. Wachposten melden das Nahen der Feinde, überstürzter Aufbruch der Königstreuen – da versteckt sie ihr Kind, ohne ein Wort zu sagen, im Bett dieser Madame Thorée und hofft, diese würde aus Mitleid das arme Würmchen mit den eigenen Kindern aufziehen. Sie selbst ist nicht mehr imstande, es weiter bei sich zu behalten. Nach dieser schmerzhaften Trennung fühlt sie sich zu Tode erschöpft, den ganzen Tag hat sie keinen Bissen gegessen, sie hat die Orientierung verloren, und als sie erkennt, in welche Richtung sich der flüchtende Menschenstrom bewegt, fehlt ihr die Kraft, ihr Pferd auch dorthin zu lenken. Also hält sie an, lehnt sich an eine Mauer, zu müde zum Weinen. Unterdessen ist einem treuen Bediensteten aufgefallen, daß er das kleine Mädchen auf niemandes Arm sieht, er meint, es sei im Getümmel im Haus vergessen worden, läuft zurück, sucht überall und findet das Kind im Bett, so wie es seine Mutter hineingelegt hat. Triumphierend rettet er die Tochter seines toten Generals, sucht Madame de Lescure, hebt das Kleine stolz über die Köpfe der

Fliehenden und legt es ihr in den Arm. Sie erkennt darin eine Fügung Gottes und schleppt sich mit letzter Kraft weiter.

Schließlich gelingt es ihr doch, das Kind bei Bauern in Pflege zu geben. Als sie es nach einiger Zeit besuchen will, erfährt sie, daß es gestorben ist, an Erschöpfung. ‹Ich weinte sehr über diese Nachricht, aber ich konnte den Gedanken nicht unterdrücken, der Tod sei das größte Glück, das dem Kind hatte zustoßen können.›

Ihre Mutter weicht keinen Schritt von ihrer Seite, und so erträgt sie die neuerliche Schwangerschaft leichter. Ebenso die Meldung, ihr Vater, der Marquis de Donissan, sei in die Hände der Republikaner gefallen und geköpft worden. In dieser Not sind Mutter und Tochter füreinander die einzige Stütze. Seit sich die Armee aufgelöst hat, hängt ihr Leben ab von der Mildtätigkeit der Bauern. Sie sind selbst angezogen wie die Bäuerinnen, aber die weiße Haut sticht von der groben Kleidung ab. Sie reiben sich mit brauner Farbe ein, doch nach den harten Monaten im Freien ist das nicht mehr nötig, sie unterscheiden sich nicht mehr von der Landbevölkerung – außer in der verfeinerten Empfindlichkeit ihres Standes. Aus Angst, bei einer überraschenden Hausdurchsuchung nicht schnell genug fliehen zu können, haben sie monatelang in den Kleidern geschlafen. ‹Wir hatten lange nicht mehr Wäsche gewechselt und spürten ein fürchterliches Jucken, ohne den Grund dafür zu wissen. Unsere Körper waren über und über rot. Wir vertrauten uns der Bäuerin an, denn wir hielten die Pusteln für Ausschlag. – Haben Sie vielleicht Flöhe?› Schmutz, Ungeziefer, besonders in den Häusern der gastfreundlichen Bretonen. Alles trinkt aus einem Krug, ißt aus einer Schüssel. Aber die Frauen sind dankbar, überhaupt aufgenommen zu werden. Tagsüber hüten sie Schafe, nachts werden sie von Alpträumen geschüttelt. Nun ist auch der blutjunge Held Henri de Rochejaquelein an seinen Wunden gestorben. Nachrichten von der Hinrichtung von Freunden, die guillotiniert oder in der Loire ertränkt worden sind, lösen nur noch matten Schrecken aus.

Wieder ist eine Razzia angekündigt, aber Marie-Louises Schwangerschaft hindert die beiden daran, in den nächsten Verwaltungsbezirk zu fliehen. Sie verstecken sich in einem Kornfeld und schlafen vor Entkräftung ein, obwohl es regnet. Der April hat schon manche milde Nacht. ‹Gegen ein Uhr nachts wachten wir auf von einem gewaltigen Lärm. Die Blauen marschierten vorüber. Der Zufall hatte sie einen kleinen Weg wählen lassen, auf dem sie wirklich niemand hatte erwarten können, fünfzig Schritte von uns entfernt. Hätten sie wie oft einen Hund dabeigehabt, wären wir entdeckt worden. Die Bauern holten uns zurück und gaben uns zum Schlafen eine winzige Kammer, die seit Jahren keiner bewohnte. Völlig

MARQUISE DE LA ROCHEJAQUELEIN.

Marie-Louise de Lescure im Reitkleid, mit einer Pistole bewaffnet.
Ihre Memoiren wird sie unter dem Namen ihres zweiten Mannes
schreiben, als Marquise de La Rochejaquelein.

durchnäßt schliefen wir sofort ein. Gegen fünf Uhr morgens erwachte ich mit rasenden Schmerzen, die ständig zunahmen. Meine Mutter wollte nach der Hebamme schicken, die ziemlich weit entfernt wohnte. Aber weil man sie uns als schwatzhaft beschrieben hatte und ich nicht dachte, daß meine schwere Stunde schon gekommen sein könnte, wollte ich davon nichts hören. Gegen neun Uhr waren die Schmerzen so heftig, daß ich sagte: Ich werde jeden Augenblick gebären. – Meine Mutter rannte außer sich aus dem Haus und schrie um Hilfe. Man schickte nach einer Frau, die selbst viele Kinder hatte und wohl würde helfen können. Ich brachte ein Mädchen zur Welt. Aber niemand konnte damit umgehen, und so blieb es liegen, bis diese Frau endlich kam. Doch ich hatte weiter Schmerzen und wenige Minuten später – ein zweites Mädchen. Was sollte mit diesen Kindern geschehen? Da sie sechs Wochen vor der Zeit waren, außerdem hatten wir nur mit einem gerechnet, war überhaupt nichts vorbereitet. Jeder suchte nach Lumpen, um sie, so gut es eben ging, zuzudecken. Ich wollte sie selbst stillen, aber meine Mutter verwies auf die Gefahr, sowohl für uns als auch für die Kinder, in unserer Lage. Wir mußten doch ständig bereit sein zur Flucht.

Mit Mühe fanden sich Ammen für die Zwillinge, und drei Tage später wurden sie getauft. Statt ins Kirchenregister wurden ihre und ihrer Eltern Namen samt den Zeugen auf Zinnteller geritzt, die man anschließend vergrub. Diese Vorsorge sollte ihre Legitimität beweisen, falls man uns verhaftete. Nach einigen Tagen starb Josephine, und ich erfuhr das so, wie es bei den Bauern üblich ist. Ein Mädchen kam in die Kammer und schrie von der Tür aus: Schlechte Nachricht, Ihre Tochter ist tot. – Dann geht es ihr gut und besser als mir, antwortete ich. Ich begann zu weinen, wußte aber dabei, daß der Tod ein Glück für sie war.›

Marie de Bonchamps wurde von ihrem sterbenden Mann der Obhut Henri de Rochejaqueleins übergeben. Deshalb ist sie mit ihren Kindern immer im Schlepptau der Armee. Das hat den Vorteil einer gewissen Sicherheit, weil die Soldaten sie beschützen, ihr Pferd führen, wenn sie es vor Erschöpfung selbst nicht mehr schafft, oder sie mit gezogenem Säbel begleiten, wenn sie sogar zu schwach ist, im Galopp zu flüchten. Der Nachteil ist, daß sich auch die Kinder ständig in unmittelbarer Gefahr befinden. Während eines plötzlichen Beschusses der Truppen durch die Blauen und der kopflosen Flucht der Königstreuen geht der zweijährige Sohn Hermenée verloren, und sie sucht ihn mehrere Stunden verzweifelt. Nach diesem Schrecken beschließt sie, für die Kinder eine Zuflucht zu suchen.

Sie sollten in Sicherheit sein, wenn sie selbst Hals über Kopf würde fliehen müssen. Um dorthin zu gelangen, wo sie ihre Kinder unterzubringen hofft, muß ein Nebenarm der Loire überquert werden. Die Marquise hat ein Schiff gemietet, und die Überfahrt soll beginnen. Da eröffnet ein Posten der Republikaner am anderen Ufer das Feuer. Der Bediente, der den Sohn auf dem Arm hält, wird tödlich von einer Kugel getroffen, und der kleine Junge stürzt ins Wasser. ‹Glücklicherweise war ich nahe bei ihm und zog ihn heraus. Aber bald geschah etwas noch Schrecklicheres. Unser Boot war dermaßen von Flüchtlingen überfüllt, daß es unter diesem Ansturm kenterte und auf Grund auflief. Wir glitten ins Wasser, zwar ohne uns zu verletzen, aber der Schrecken, den ich empfand, als ich uns untergehen fühlte, ist nicht zu beschreiben. Ich hielt uns alle drei für verloren. Ich umklammerte die kleinen Händchen meiner Kinder und dachte einen Augenblick, daß ich, wenn ich jetzt von diesem jammervollen Leben erlöst würde, mit diesen beiden Engeln, sozusagen meinen Fürsprechern, vor Gott erscheinen würde...› Aber sie werden gerettet.

Weil sie nicht weiter weiß, sucht sie Schutz bei einer früheren Kammerfrau ihres Schlosses, die von der Familie mit Wohltaten überschüttet worden war. Sie hatte auch schon einigen der Bediensteten Zuflucht gewährt. Die junge Mutter kommt mit ihren erschöpften Kindern, alle drei in Bauernkleidung, bei der Frau an, und endlich gibt es ein wenig Sicherheit. ‹Aber wie heftig war mein Entsetzen, als ich aus ihrem eigenen Munde erfuhr, daß sie aus Angst, ihr Haus werde von den Blauen angezündet, diese Unglücklichen ausgeliefert hatte, und alle waren massakriert worden! Dies alles erzählte sie mit einer Kälte und Gelassenheit, die die Brutalität noch verstärkten, und redete sich dauernd auf «die Umstände» hinaus.› In der folgenden Nacht ist Marie geschüttelt von Panik, bei jedem Geräusch meint sie, die Verräterin habe die Republikaner geholt.

Am nächsten Morgen macht sie sich mit ihren Kindern wieder auf den Weg. Sie trägt den Sohn auf dem Rücken, eine Dienerin begleitet sie und trägt das vierjährige Töchterchen. Überglücklich und dankbar findet sie einen Unterschlupf in einem Bauernhaus. Da bricht bei allen dreien hohes Fieber aus, sie haben die Pocken. Nachbarn warnen die Bauern, Flüchtlinge aufzunehmen, zumal die Blauen im Anmarsch sind. Aus Angst ‹brachte uns der Bauer nun in einer großen, für alle Winde offenen Scheune unter und bettete uns auf Stroh. So verbrachten wir die Nacht. Eine schwere Erkältung und das Fieber, unter dem Hermenée schon litt, seit er durch die Loire hatte waten müssen, führten zu einem heftigen Ausbruch

seiner Pocken, und am folgenden Tag hauchte das geliebte Kind an
meiner Brust seinen Geist aus. Ich weiß nicht, was in dieser grauenhaften Lage aus mir geworden wäre ohne meine Religion, die alles
ertragen hilft. Ich wußte dieses zärtlich geliebte Kind im Himmel,
und ich weinte nur über mich. Ich wickelte es in ein großes weißes
Tuch ein und hielt es achtundvierzig Stunden in meinen Armen,
denn ich wollte mich nicht von ihm trennen, wenn es nicht in
geweihter Erde begraben würde. Schließlich wurde er heimlich auf
dem Friedhof beigesetzt. Aber dieses Ereignis hatte auf uns aufmerksam gemacht, wir mußten weiter.›

Übersät von Pockenpusteln werden sie und ihre kleine Tochter
von einem großherzigen Mann aufgenommen, aber die Republikaner liefern ganz in der Nähe ein Gefecht, und sie müssen das Haus
wieder verlassen. ‹Man brachte sie zu einem ausgehöhlten Baum. In
diese Höhlung etwa dreieinhalb Meter über dem Erdboden kletterten wir mit Hilfe einer Leiter, und da blieben wir drei volle Tage und
Nächte mit unserer Krankheit. Der gute Bauer setzte ein Krüglein
mit Wasser und ein Stück Brot in Reichweite. Es läßt sich nicht
sagen, was ich in dieser traurigen Lage durchgemacht habe, nach der
ersten Freude, mich mit meiner Tochter hier verstecken zu können,
es war ja zumindest ein Asyl! – Nach einer Stunde war ich dermaßen erschöpft von der verkrampften Haltung in diesem engen Gefängnis, die ich auch nicht verändern konnte, daß ich meinte, ich
könne kein Auge schließen. Meine Tochter hatte es besser als ich,
denn ich hielt sie zwischen meinen Knien, und sie konnte sich
wenigstens umdrehen. Ich verbrachte eine grauenvolle Nacht, und
die Ungewißheit, mehr noch als die körperliche Krankheit, erlaubte
mir keinen Augenblick des Ausruhens. Meine Tochter schlief ein
wenig. Aber während des Schlafens stöhnte sie ständig, und ihre
Leiden zerrissen mir das Herz. Sie wurde nur wach, um zu trinken
zu verlangen. Ich litt ebenfalls unter brennendem Durst, wagte aber
nicht zu trinken aus Angst, unseren kleinen Wasservorrat aufzu-
brauchen. Endlich bei Tagesbeginn kam unser mildtätiger Bauer
und brachte uns Schwarzbrot und Äpfel. Allein sein Kommen
tröstete mich: es zeigte mir, daß wir nicht völlig verlassen waren,
daß uns noch ein Halt und ein Beschützer geblieben war. Ich hatte
überhaupt keinen Appetit, aber ich aß gierig von den Äpfeln, um
meinen Durst zu löschen. Dadurch verschlimmerte sich mein Übel,
an meiner Tochter zeigte sich dieselbe Wirkung. Unser Fieber ver-
doppelte sich. Trotz der Kälte in dieser Jahreszeit glühten wir beide.
Nicht nur ohne Medizin, ohne irgendein Hilfsmittel, ohne Bediensteten, sondern auch ohne Bett, ohne Zimmer, sogar ohne die
Möglichkeit, sich auch nur auszustrecken, waren wir den Schmer-

zen dieser gefährlichen Krankheit ausgeliefert und ausgesetzt dem Ungemach der Witterung. Denn wenn es auch noch nicht gefror, war es doch stürmisch geworden, Regen und Hagel fielen in unseren Baum. Es erschien in dieser schrecklichen Lage fast undenkbar, an diesen geballten Übeln nicht zu sterben.

Und da entstand in mir das wohl ungewöhnlichste Gefühl, das jemals das Herz einer Mutter bewegt hatte: ich wünschte mir inbrünstig, meine Tochter zu überleben, und sei es auch nur für eine einzige Stunde. Ich ertrug den Gedanken nicht, was aus ihr werden und wie sie es aushalten sollte, wenn ich nicht mehr antwortete, wenn sie von mir nicht gestreichelt, nicht mehr in meinen Armen gehalten würde, wenn sie mich unbeweglich, leblos, erstarrt und unempfänglich für ihr Weinen und Schreien sehen müßte!... Diese Gedanken hätten mich wohl das Leben gekostet, wenn mich nicht meine Religion aufgerichtet hätte. Ich betete mit Vertrauen, Zuversicht und Ergebenheit, und mit jedem Gebet aus der Tiefe meiner Seele fühlte ich mich gestärkt, neu belebt.›

Marie-Louise:

‹Madame de Bonchamps versteckte sich bei Bauern, verkleidet als eine von ihnen. Ihre Zuflucht war ein alter hohler Baum, in den sie gekrochen war. Sie hatte die Pocken, ebenso wie ihre Kinder, ihr Söhnchen ist daran gestorben. Es blieben ihr einige Pockennarben, sie war aber dennoch sehr hübsch, klein und zierlich mit einer entzückenden Figur, dunkelhaarig, reizvoll, sehr geistreich und mutig. Nach drei Monaten wurde sie aufgegriffen, ins Gefängnis geworfen, zunächst in Bouffiers, danach in Nantes, und sofort zum Tod verurteilt.›

Marie:

‹Ich vertraute meine Tochter Bauern an und war sicher, sie würden sich um sie kümmern. Bei mir war mein Kind in Lebensgefahr, bei ihnen hatte es nichts zu fürchten. Diese Trennung kostete mich viele Tränen, aber ich hielt sie für notwendig. – Und dann überließ ich mich ganz der Vorsehung. Als ich wieder eine Nacht in einem Graben verbrachte, weckte mich das Getöse vorbeiziehender republikanischer Truppen. Obwohl ich bäurisch gekleidet war und mich für eine Einheimische ausgab, verhafteten mich die Feinde. Der Name, den ich angenommen hatte, wurde von den Spitzeln, die sie berieten, sofort als falsch erkannt. Aber man wußte meinen richtigen Namen nicht, und der Steckbrief, den man vor meiner Krankheit ausgestellt hatte, konnte mich nicht verraten. Dieser Steckbrief bezog sich auf eine junge, gesunde, sehr lebhafte Person, und ich war gebückt und hinfällig. Mein Gesicht war noch übersät von den roten Pockenmalen, meine Züge waren aufgeschwemmt, und ich sah aus wie eine mindestens Vierzigjährige.

Man brachte mich nach Ancenis, und da wurde ich von einer Mitgefangenen trotz meiner Veränderung erkannt. Die Republikaner betrachteten mich verblüfft, sie waren höchlichst überrascht.›

Im Gefängnis gelingt es ihr, mit Gebeten auch ihre Mithäftlinge zu stärken. Um dies zu unterbinden, legen sie die Republikaner mit eingesperrten Prostituierten zusammen.

Antoinette de La Bouëre:

‹Diese machten sich einen Spaß daraus, die größten Derbheiten auszusprechen, besonders vor den gefangenen Klosterschwestern. Madame de Bonchamps machte ihnen Vorhaltungen über die Gemeinheit, die keuschen Ohren der Ordensschwestern zu beleidigen, und schließlich nahmen sie Vernunft an. Wenn eine in diese üble Angewohnheit zurückverfiel, mahnten sie die anderen: Sag doch nicht so was vor dieser armen Madame de Bonchamps, du weißt doch, daß es sie kränkt.›

Der verstorbene Marquis de Bonchamps war ein Mensch von besonderer Güte gewesen. Als er im Sterben lag und hörte, daß seine Leute beabsichtigten, fünftausend gefangene Republikaner zu erschießen, erteilte er mit letzter Kraft den Befehl, diese Soldaten sofort freizulassen. Einer der davon Betroffenen erfährt jetzt von der Haft seiner Witwe und richtet mit den Unterschriften vieler anderer damals Freigelassener ein Gnadengesuch an das Gericht, in dem er absichtlich die falsche Aussage macht, die Begnadigung sei auf die Fürbitte von Madame de Bonchamps erfolgt.

‹Nachdem dieses Gesuch eingereicht worden war, brachten die Bauern, denen ich meine Tochter anvertraut hatte, sie zu mir ins Gefängnis, und ich erhielt die Erlaubnis, sie bei mir zu behalten. Wie sehr mich dieses geliebte Kind rührte, wenn es neben mir, auf den Knien, mit gefalteten Händen laut betete und eigene Sätze darunter mischte, um von Gott meine Gesundung und die Freiheit zu erflehen!

Endlich kündigte man mir meine Begnadigung an. Mit welcher Seligkeit umarmte ich meine Tochter! Die Gewißheit, am Leben zu bleiben, schenkte mir das Gefühl, ein zweites Mal ihre Mutter geworden zu sein. Aber das Tribunal schickte mir die Unterlagen der Begnadigung nicht, und es war zu fürchten, daß sie widerrufen werden könnte. Da machte mir der Gefängnisaufseher den Vorschlag, meine Tochter zum Gericht zu schicken, und es blieb mir nichts übrig, als darauf einzugehen. Wir brachten meiner Tochter einen Satz bei, den sie dort sagen müsse, und sie machte sich, von einer Bediensteten begleitet, auf den Weg. Sie kam bei Gericht an, trat mit großem Ernst vor, ging zu den Richtern und sagte laut und würdevoll: Bürger, ich ersuche Sie um die Begnadigungspapiere für meine Mutter. – Die Dienerin berichtete mir, daß die Richter meine Tochter entzückend fanden. Einer wandte sich an sie mit der Bemerkung, er wisse, sie bereite allen Gefangenen großes Vergnügen mit ihrer schönen Stimme, er wolle ihr die Papiere geben, wenn sie ihnen hier ihr schönstes Lied vorsänge. Meine Tochter wollte den Richtern gefällig sein, sie überlegte sich das für diese Gelegenheit geeignetste Lied und sang aus voller Kehle folgenden Refrain:

> Es lebe, es lebe, es lebe der König,
> Nieder mit der Republik!

Wäre sie einige Jahre älter gewesen, hätte man sie und mich am nächsten Tag auf die Guillotine geschickt. Heldentum hätte das Blutgericht empört, ihre Harmlosigkeit und Naivität entwaffneten es. Man lächelte, machte einige patriotische Bemerkungen über die furchtbare Erziehung, die die armen Kinder von fanatischen Royalisten erhielten, und man überreichte ihr die Dokumente, die mir meine Tochter im Triumph brachte.›

Nach ihrer Freilassung muß sie sich noch einige Zeit verborgen halten, ist aber jetzt längst nicht mehr so gefährdet wie vor ihrer Verhaftung. Im Dezember 1794 wird im Rahmen des Programms, Frankreich zu befrieden und Versöhnung mit den vom Bürgerkrieg verwüsteten Gebieten zu erreichen, eine Generalamnestie beschlossen, die den königstreuen Katholiken, die in der Vendée gekämpft hatten, Schutz vor weiteren Verfolgungen zusichert.

Die Freilassung der Madame de Bonchamps erscheint wie ein Wunder. Wer verhaftet wird, hat mit dem Tod zu rechnen. Im Schnellverfahren werden die Urteile gesprochen und sofort vollzogen. In Nantes übt ein sadistischer Gewaltmensch die Herrschaft aus, Carrier, ein schwerer Trinker. Aneinandergefesselt läßt er politische Gegner auf seeuntüchtigen und langsam sinkenden Schiffen ertränken. Die Angehörigen müssen an den Ufern zusehen. Gefangenen adeligen Frauen verspricht er die Rettung, wenn sie sich mit ihm einlassen. Er hält sein Wort nie. Für die brutale Tötung auch von Frauen und sogar Kindern wird er unter dem Direktorium zur Rechenschaft gezogen und hingerichtet – fast auf den Tag gleichzeitig mit der Verkündigung der Amnestie.

Ungezählte Geschichten: Stolz, Selbstachtung, Opfermut, Erbärmlichkeit, Elend und immer wieder Tod.

‹Eine junge Adelige von fünfundzwanzig Jahren, deren Mann guillotiniert worden war, verurteilte man zum Vollzug ihrer Hinrichtung erst nach der Geburt ihres Kindes, weil ihre Niederkunft bevorstand. Gemäß einem bizarren Gesetz gewährte man einer

Mutter die Zeit zum Stillen. Nach vierzehn Tagen starb ihr Kind, und sie wurde am nächsten Tag geköpft. Man braucht übrigens nicht zu glauben, daß man alle schwangeren und stillenden Frauen verschont hätte. Wie viele wurden aufgeschlitzt, erschossen, ersäuft!›

‹Niemals vergesse ich die rührende Geschichte von Mlle Félicité de Jourdain: der Vater war emigriert, die Mutter und ihre vier Töchter schlossen sich der Armee an. Sie wurden auf das Schiff gebracht, um sie zu ertränken. Ein Freiwilliger, berührt von der Schönheit und Jugend der dritten Tochter, Félicité, sechzehn Jahre alt, wollte sie retten, aber sie beeilte sich, in den Fluß zu gelangen, in den man schon ihre Mutter geworfen hatte. Weil sie aber offenbar auf andere Kadaver gefallen war, schrie sie: Stoßt mich mit den Füßen an, hier ist zu wenig Wasser, um unterzugehen!›

‹Das Ehepaar Moricet hatte sich seit fünf Wochen in einem Baum versteckt. Die Frau erwartete ein Kind, und deshalb nahm eine alte Bäuerin, Witwe, sie zu sich mit, damit sie sich aufwärme. Ausgerechnet da kamen die Blauen. Sie verlangten von der alten Frau, sie müsse von jeder Person im Haus den Namen sagen und wer sie sei. Sollte sie Verdächtige bei sich haben, werde ihr nichts geschehen, wenn sie sie selbst anzeige. Tue sie dies aber nicht und werde überführt, werde ihr Haus verbrannt, und alle müßten über die Klinge springen. Sie wurde blaß, ging ins Nebenzimmer, kam zurück und nannte den Blauen mit größter Kaltblütigkeit den Namen jedes Anwesenden, wobei sie Madame Moricet als ihre Tochter ausgab. Als die Blauen fort waren, sagte diese: Ich hatte große Angst. Als ich Sie so verstört sah, glaubte ich mich verloren und ich bin überrascht von dem Mut, den Sie danach bewiesen haben. – Das ist wahr, mein Kind, antwortete die gute Frau, ich war drauf und dran, Sie zu denunzieren, aber ich habe mich auf die Knie geworfen und gebetet, da war meine Furcht verschwunden.›

Antoinette de La Bouëre hat nach dem Krieg und dem späteren Ende der Jakobinerherrschaft die Akten der Militärkommissionen in der Vendée studiert und Seiten über Seiten Auszüge angefertigt:
9. November 1793
Jeanne-Bernard du Perché, Barmherzige Schwester, überführt gerufen zu haben: Es lebe der König! Es lebe der Graf von Artois, der Erzbischof Lorry! Vivat der königlich-katholischen Armee und dem Adel, dem seine früheren Rechte zustehen! – Zum Tod verurteilt, der in vierundzwanzig Stunden vollzogen wird. Ihr Besitz ist konfisziert.
Sophie Hubert, überführt, mit den Briganten im Einvernehmen

gestanden und gesagt zu haben, ein König sei besser als eine Republik.

21. November
Rose-Madeleine de Grand und Marie Le Grand, ehemalige Adelige, überführt, an den Zusammenrottungen der Briganten teilgenommen zu haben und ihnen auf ihrem konterrevolutionären Marsch gefolgt zu sein. Bei ihnen wurde Papier sichergestellt mit einer Lilie als Wasserzeichen. Zum Tod verurteilt, der um vier Uhr morgens vollstreckt wurde.

26. Januar
Charlotte du Tréan und zwei weitere ehemalige Adelige sind zum Tod verurteilt, weil sie außer Haus ein sogenanntes Herz Jesu getragen haben, ein verbotenes konterrevolutionäres Zeichen.›
Die Liste des lächerlichen Grauens ließe sich beliebig fortsetzen.

Antoinette de La Bouëre hat es nicht ganz so schwer gehabt wie ihre beiden Leidensgenossinnen Marie-Louise de Lescure und Marie de Bonchamps. Sie durfte ihren Mann behalten. Zwar befand sie sich auch fast zwei Jahre lang auf der Flucht, hat während dieser Zeit zwei Kinder zur Welt gebracht, eine Tochter im Oktober 1793, einen Sohn im Februar 1795, zwar geriet sie mehrmals in Lebensgefahr, war denunziert worden und mußte um ihren Mann zittern, der noch nach der Befriedung der Vendée ins Gefängnis kam, weil er eine Geisel hatte laufenlassen, aber während aller Leiden hatten seine Liebe und Fürsorge ihr Kraft gegeben. Mit seinen Soldaten kümmerte er sich um Quartier für sie, machte es immer wieder möglich, selbst als Bauer verkleidet einige Zeit mit ihr und den Kindern gemeinsam zu verbringen, er sorgt sich darum, ob sie nicht zu lange das kleine Töchterchen stillt – ‹endlich überlegte ich mir doch, ob seine Ratschläge nicht richtig waren, daß die Schrecken, denen ich in dieser Art Leben ausgesetzt war, sich auf das Kind schädlich auswirken könnten› –, er findet nach mühevoller Suche schließlich eine Amme. Und wie beflügelt es ihren Mut, nach seiner Verhaftung für ihn von einem Vorgesetzten zum nächsten zu laufen und mit ihrer Überredung ihn schließlich frei gebettelt zu haben! Nach dem Ende aller Schrecken ist die Familie wieder vereint, und das Paar trennt sich nie mehr bis zu beider Tod in hohem Greisenalter.
Zu Beginn der Erhebung, als sie gerade dabei ist, für den Aufbruch ins Ungewisse für sich und die Kinder das Nötigste einzupacken, hat sie eine Begegnung, die ihr weiteres Verhalten prägt. Spätabends bitten etwa vierzig Flüchtige, die Nacht auf dem Schloß verbringen zu dürfen. Antoinette verköstigt sie mit den letzten Nahrungsvorräten. Eine Frau will ein Ei kochen und verbrüht sich mit dem heißen

Wasser den Fuß. Was für eine Erschwernis der Flucht! Aber die Frau
reagiert gelassen: ‹Gnädige Frau, ich habe mich wohl gefühlt, Gott
hat meine Arbeit gesegnet, und jetzt habe ich alles verloren. Ich
hatte einen guten Mann, die Blauen haben ihn getötet. Ich habe
auch einen Sohn verloren, der ein guter Junge war. Ich kann also nur
mit Hiob sagen: Gott sei gepriesen und sein Wille geschehe. – Er hat
das Gute, das er mir gegeben hat, wieder zurückgenommen. Ich
hoffe, er wird meine Kinder behüten, von deren Schicksal ich nichts
weiß. Und wenn er will, daß ich gerettet werde, kann ihn meine
Brandwunde nicht daran hindern.›

Die junge Adelige staunt über diese fromme Ergebenheit und wird
sich in Stunden der tiefsten Mutlosigkeit daran erinnern: ‹Diese
arme Frau gab mir eine Lektion, die mir in den Sinn kam, als die
Plünderungen der Republikaner uns alles raubten und sie später das
Schloß und alle Pachthöfe in Brand steckten. Wenn ich alles verloren glaubte und verzweifelte, fiel mir diese Frau ein, und ich fühlte
mich gestärkt. Tatsächlich bringt es nichts zu klagen.›

Diese stolze Unterwerfung in den Willen Gottes charakterisiert
die Haltung der adeligen Frauen in der Vendée – die Leiden der
schlimmen Zeit verstehen sie als Prüfung, die es zu bestehen gilt.

Nach der Amnestie beginnt sofort der Wiederaufbau der zerstörten Besitzungen. Die Witwen Marie-Louise de Lescure und Marie de
Bonchamps gehen zu Verwandten. Sie beginnen mit der Niederschrift ihrer Erinnerungen, die zunächst für die eigene Familie
gedacht sind. Nur Antoinette de La Bouëre macht während ihres
ganzen Lebens immer wieder neue Notizen auf einzelne Blätter, in
dünne Hefte, und sorgt sich vor ihrem Tod mit siebenundneunzig
Jahren: ‹Was wird einmal mit diesen Papieren geschehen?›

Die Frauen beschwören ihre große Hochachtung vor ihren Ehemännern und bestehen darauf, daß sie nur unter dem äußersten
Druck der Verhältnisse die Grenzen der Weiblichkeit überschritten
haben.

Marie-Louise:

‹Die wenigen Menschen, die ich nach meiner Amnestie in Nantes
traf, waren erstaunt über mein Aussehen und mein Benehmen. Man
glaubte ja, daß ich selbst gekämpft hatte, sogar mit Säbelhieben.
Angeblich hatte ich Heldentaten vollbracht, und so erwartete man,
eine große, kräftige Frau zu sehen. Dieses Märchen war derart
verbreitet, daß mich tausend Menschen darüber ausfragten, noch
letztens. Überall, wo ich seither gewesen bin, fühlte ich mich
verpflichtet, diese Großtaten zu dementieren und ganz einfach
meine Feigheit zuzugeben.›

Immer wieder schreibt sie von ihrer Schwäche, ihrer Ängstlich-

keit, aber doch setzt sich zwischen den Zeilen ein anderes Bild
durch, das Bild einer Frau, die geradezu tollkühn zu reiten versteht;
die mit dem Gewehr umgehen kann und auch bereit ist, sich damit
zu verteidigen; die sich mit diesem Gewehr auf einen offensichtlich
betrunkenen Soldaten stürzt, der die geschlossene Schlachtreihe
nach hinten durchbrechen will – einige Offiziere eilen ihr zu Hilfe,
sonst wäre es ihr schlecht ergangen! Während einer kopflosen
Flucht findet sie sich plötzlich ungewollt an der Spitze eines Haufens von Soldaten. Wagen mit Frauen und Kindern, Troßpferden und
Rindern, die als Vorrat mitgeführt werden – und sie bringt diesen
fast unentwirrbaren Knäuel in Sicherheit: das ist so lebhaft und
farbig erzählt, daß die pflichtschuldige Versicherung, was sie dabei
für Angst ausgestanden habe, nur dazu dient, den Stolz auf die
eigene Leistung abzuschwächen.

Madame de Bonchamps berichtet weniger scheu von ihren Erfolgen. Wenn sie ihren Willen durchsetzen will, führt sie die Wirkung
ihres Namens ins Treffen. So verhindert sie die Exekution von
gefangenen Republikanern, indem sie an die letzten Worte ihres
Gatten erinnert, der ja auf dem Sterbelager befohlen hatte, fünftausend Gefangene freizulassen. Als sich der Offizier zunächst weigert,
ihrer Anordnung nachzukommen, droht sie ihm, ihn selbst von
Soldaten, die ihr ergeben seien, erschießen zu lassen. ‹Indem ich
dies erzähle, will ich mich keineswegs zur Heldin stilisieren. Mein
Gehorsam gegenüber meinem Mann war grenzenlos. Bei allem, was
ich tat, war ich erfüllt von dem Wunsch, seinem Andenken Ehre zu
erweisen. Seine Sache zu vertreten und mit Würde seinen Namen
zu tragen waren so machtvolle Motive in meiner Seele, daß sie mich
über mich selbst hinauswachsen ließen. Ich folgte ohne Anstrengung einem Gefühl, das mich völlig beherrschte und mich heute
noch erfüllt.›

Als sich die Armee auf erfolgreichem Vormarsch befand, ‹verbreiteten die Republikaner die Nachricht, Henri de La Rochejaquelein
sei geschlagen und müsse kehrtmachen. Diese falsche Neuigkeit
löste in allen Herzen Verzweiflung aus, und es begann die Flucht
Richtung Saint-Malo. Ich hatte gerade noch Zeit, eines meiner
Kinder einer anderen Frau anzuvertrauen, und schon jagte ich zum
Stadttor, wohin auch die Bauern eilten. Ich redete auf sie ein, um
ihnen klarzumachen, daß sie in ihr Unglück liefen, wenn sie sich
zerstreuten, und daß es ihnen Schande bringe außerdem. Meine
Vorhaltungen und der Name Bonchamps, den ich mehrfach betonte,
bewogen sie schließlich, in den Kampf zurückzukehren. Sie sam-
melten sich und schlossen sich wieder der Armee an. Wenig später
erfuhren wir, daß die Vendéer gesiegt hatten.›

Dazu Marie-Louise:

‹Man sagt, daß Madame Bonchamps in der Stadt und auf dem Schlachtfeld die Soldaten der Armee ihres Mannes gesammelt habe. Was ich gesehen habe ist folgendes: eine Kammerfrau der Madame de La Chevallerie galoppierte glühend vor Leidenschaft mit dem Gewehr in der Hand durch die Stadt und schrie: Vorwärts, ins Feuer mit den Männern aus Poitou! – Obwohl ich nicht tapfer bin, war auch mein erster Impuls, mein Pferd anzutreiben. Aber ich war so krank, daß ich, weil ich völlig kraftlos war, einfach stehenblieb, mich nur mit Mühe aufrecht halten konnte. Ich wagte mich nicht zu bewegen aus Furcht, die Flucht wieder in Gang zu bringen. Man schrie ununterbrochen, alles solle anhalten, und so mußte man entweder umkehren oder sich gar nicht bewegen.›

Antoinette de La Bouëre berichtet von dem Gesuch, das Madame de Bonchamps vor der Guillotine gerettet hatte, und kann nicht oft genug betonen, daß es eine Lüge gewesen sei, diese sei an der Befreiung der republikanischen Gefangenen beteiligt gewesen. Dann zitiert sie noch ihren Mann: Die ganze Geschichte ist überhaupt erlogen, ‹denn weder der Gatte der Madame de Bonchamps noch M. de Lescure waren bei der Sitzung anwesend, die beschlossen hatte, die Republikaner am Leben zu lassen. Es geht nicht darum, den beiden das Verdienst an diesem Akt der Menschlichkeit abzusprechen, sondern es ihnen nicht allein zuzugestehen.›

Trotz der harten Zeiten, die die Damen durchlitten haben, sind sie nicht ohne Mißgunst gegeneinander. Nur die Verdienste des eigenen Mannes sind bedeutend: in den Memoiren Maries und Marie-Louises erscheint nicht ein einziges Mal der Name La Bouëre, in den vielhundert Seiten Erinnerungen Marie-Louises gibt es nur zwei kurze Erwähnungen des Generals Bonchamps.

Für sie ist der Marquis de Lescure ein Heiliger und der junge Henri der unangefochtene Held des Widerstands. Nach Kriegsende heiratet sie Henris Bruder, der die Kriegsjahre in der Emigration verbracht hat. Sie bringt eine Reihe Kinder zur Welt und genießt ihre Rolle als Zeitzeugin. Aus der zierlichen Brigantin ist eine füllige Matrone geworden. Ihre Memoiren erscheinen unter dem Namen ihres zweiten Ehemannes, La Rochejaquelein. Mit größter Detailgenauigkeit schildert sie die Abläufe der militärischen Begegnungen und die Unterschiede zwischen den grausamen Blauen und der gottgefälligen Milde der Königstreuen. Von jedem Aristokraten, den sie erwähnt, listet sie in minutiösen Anmerkungen den Tag der Geburt, die Eltern, Ehepartner, Nachkommen und das Todesdatum auf.

In nicht einem einzigen Satz klingt an, sie habe irgend etwas von den weltbewegenden Neuerungen der Revolution verstanden. Für sie gibt es nichts, was geändert zu werden verdient hätte. Das Verhältnis zwischen den Grundherren und den Bauern, die für sie arbeiteten, sieht sie im Geist patriarchalischer Zuständigkeit. Nach ihrer Darstellung muß das vorrevolutionäre Leben auf dem Lande ein Idyll gewesen sein. Daß die Revolution durch irgendwelche Mißstände ausgelöst hätte sein können, daß in diesem Ancien régime nicht alles so makellos verlaufen ist, wie es aus ihrer Sicht erscheint, hätte vielleicht doch einen einzigen Gedanken verdient. Sie ist Partei in ihrer Wahrnehmung und stolz darauf. Nach der Amnestie lebt sie über ein Jahr in Spanien im Exil. Erst Napoleon öffnet die Grenzen für die Rückkehr der Emigranten. Er wünscht sich die alten Adelsfamilien an seinen Hof, aber die Familie La Rochejaquelein versagt sich. ‹Seit ich diese Erinnerungen schrieb, die allein für euch, meine lieben Kinder, bestimmt sind, leben wir auf dem Land, vermeiden sorgfältig Wirbel und Getöse, kommen niemals nach Paris, bewahren unsere Meinungen und Gefühle und über all dem die Hoffnung, daß Gott uns eines Tages unseren legitimen König zurückgeben möge.›

Madame de Bonchamps setzt noch einmal auf den Liebreiz ihrer kleinen Tochter. Diese empfängt aus der Hand Napoleons eine Pension für ihre Mutter – eine rührende Szene, die der legitimitäts-süchtige Emporkömmling auf einem Gemälde zu seinem Ruhm festhalten ließ.

Auch Antoinette de La Bouëre hat es im Lauf ihres langen Lebens nicht nötig gefunden, ihren Blick auf die Ereignisse zu ändern. Die Grundherren haben den Bauern nur Gutes erwiesen, und so ist es nur recht und billig, daß diese in den Zeiten der Verfolgung den Adeligen treu zur Seite stehen. Bei Verlassen des Schlosses hat ihr Mann mit Hilfe eines Pächters das Familiensilber vergraben, und zwar mitten in einem Feld, das der Bauer am nächsten Tag frisch bestellte, so daß man die Stelle nicht einmal ahnen konnte. Wiederzufinden ist sie nur, weil sie sich direkt gegenüber dem größten Baum der benachbarten Hecke befindet. ‹Nach dem Frieden versuchte M. de La Bouëre vergeblich, dieses Silber wiederzufinden, und gab schließlich auf. Der Pächter, ein vollkommen ehrlicher Mann, der einzige Zeuge des Vergrabens, war von dem Gedanken gequält, er könne von uns verdächtigt werden, was aber gar nicht zutraf. Er untersuchte die Hecke von allen Seiten und fand endlich ein Loch, das darauf hinwies, daß hier ein Baum ausgerissen worden war. Sofort begann er von diesem Platz aus die Suche noch einmal, und in der richtigen Entfernung stieß er mit seinem Werkzeug auf eine silberne Kaffeekanne. Er grub alles, was dort deponiert war, aus und brachte es uns im Triumph.›

Das Leben geht bald ohne entscheidende Veränderungen weiter, der Bürgerkrieg verkleinert sich in der Erinnerung auf ritterliche Anekdoten: Am 2. Februar 1794 hatte es während eines Scharmützels einen Kampf gegeben zwischen ihrem Mann und einem republikanischen Husaren. Der Husar schlitzt dem Offizier mit dem Säbel das Ohr und die Wange auf. Beide ringen auf Leben und Tod miteinander, da eilen andere Husaren herbei und auch Royalisten. La Bouëre verbietet zu schießen, weil er dabei von den eigenen Leuten getroffen werden könnte, sie befreien ihn ohne Schuß und schlagen mit den Gewehrkolben auf den Husaren ein, bis er tot ist. ‹Einige Jahre später speist M. de La Bouëre während einer Reise in Dijon in einem Restaurant. Am Nachbartisch sitzen Offiziere, die von ihren Kriegserlebnissen in der Vendée berichten. Ein junger Kerl, der bisher geschwiegen hat, sagt: Ich, meine Herren, war in der Schlacht von Gesté auf den Tod liegengeblieben. Aber bevor mich die Briganten zusammenschlugen, habe ich wenigstens ihrem Anführer ein Ohr abgehauen. – M. de La Bouëre schaut sich den Offizier genauer an und geht schließlich auf ihn zu: Mein Herr, hier ist das Ohr, das Sie abgeschlagen haben, sagt er und zeigt ihm die Narbe seiner Verwundung.

Oho, macht der Offizier erstaunt und erkennt seinen Feind, ich bin erfreut, es noch an seinem Platz zu sehen!

Und ich bin erfreut, daß Sie noch leben.

Daraufhin reichen sich die beiden Gegner herzlich die Hand.›

Galerie 4:
Renée Bordereau

‹Der Aufstand der Königstreuen 1793 in der Vendée brachte die Armeen der Republikaner in unser Land, die es verheerten und erbarmungslos mordeten. Ich habe nacheinander 42 meiner Verwandten umkommen sehen; aber der Mord an meinem Vater vor meinen Augen versetzte mich in Wut und Verzweiflung. In diesem Augenblick faßte ich den Entschluß, meinen Körper meinem König aufzuopfern, meine Seele Gott zu empfehlen, und ich gelobte, zu kämpfen bis zum Tod oder zum Sieg.›

Diesen Entschluß faßte eine dreiundzwanzigjährige Bauerntochter, Renée Bordereau. 1814 forderten sie einige adelige Damen auf, ihre Erinnerungen niederzuschreiben, offenbar in der Absicht, nach der Rückkehr der Bourbonen eine Belohnung für sie zu erwirken.

‹Nach so vielen Qualen und Leiden, in denen ich auch mehrmals alles, was mir gehörte, verloren habe, glaube ich das Glück zu

verdienen, den guten König, den Ersehnten, und die ganze Bourbonenfamilie zu sehen, denen ich treu bin und es sein werde bis zu
meinem letzten Atemzug.› Ob es dazu gekommen ist?

‹Ich gebe offen zu, daß mich in den ersten Gefechten der Lärm der
Gewehrsalven beeindruckte und daß ich verzweifelt war, nicht
mutiger zu sein. Ich wandte mich an Gott, hob die Arme zum
Himmel und sagte: Guter Gott, willst du mir nicht mehr Kraft
geben, um unsere Feinde zu besiegen? – Bald darauf fühlte ich mich
wie durch ein Wunder belebt. Ich habe mich nie mehr vor etwas
gefürchtet, und mit Gottes Hilfe fehlte es mir seither nie mehr an
Mut.›

Zähigkeit: ‹Was mich betrifft, habe ich die Schlacht von fünf Uhr
früh bis vier Uhr nachmittags nicht verlassen, auch die ganze
folgende Nacht nicht, ohne irgendeine Nahrung, ebenso wie mein
Pferd.›

Mitleid: ›Das war damals, als die gelähmte Mademoiselle von
Grignon, die sich nicht bewegen konnte, immer im Ginster versteckt war; ich habe sie öfter auf meinen Armen getragen, wenn sie
den Platz wechseln mußte.›

Fröhlichkeit: ‹Eines Tages wurden wir von den Blauen überrascht,
und wir mußten im Kugelhagel um unser Leben rennen. Ich hatte
gerade Männerstiefel erwischt, mit denen ich nicht schnell genug
laufen konnte, und ließ mich in einen Graben fallen, wo von mir
eine satte halbe Stunde nur der Kopf aus dem Wasser schaute.
Deshalb hat mich keiner gesehen. Meine Kameraden, die schon
glaubten, ich sei tot, fingen zu weinen an, aber da sahen sie mich,
wie ich aus dem Graben kroch und mich ausschüttete vor Lachen.›

Erfolg: ‹Und schließlich spaltete ich noch dem letzten mit dem
Säbel den Schädel. Ich allein habe an diesem Tag 21 getötet; aber
nicht ich habe sie gezählt, sondern die mit mir waren, und wenn die
das nicht gesagt hätten, hätte ich von mir aus nicht davon gesprochen.›

Bescheidenheit: ‹Nach diesem Sieg wollten mich die versammelten Mannschaften zu ihrem Kommandanten machen und boten mir
auch einen Sekretär an; das habe ich abgelehnt und gesagt, daß ich
unfähig sei für diesen Posten.›

Ein Spaß: ‹Man beschuldigte mich, die Tochter eines Unteroffiziers vergewaltigt zu haben.› Der Friedensrichter holte Erkundigungen ein: ‹daß ich ein Mädchen bin, tapfer und anständig; daß ich
deshalb kein Mädchen vergewaltigen kann; daß ich aber immer als
Mann angezogen bin und daß es schon möglich ist, daß ich diesem
Fräulein gefallen habe.›

Gefangennahme nach dem Friedensschluß; Angebote, für die

Mit Säbel und Pistole und in Männerkleidung verteidigt Renée Bordereau die Vendée.

Republikaner zu kämpfen: ‹Wenn die mir meinen Vater und die 41 Verwandten, die sie massakriert haben, zurückgeben und zum Leben erwecken, werde ich eine gute Republikanerin (ich sagte Republikaner, denn ich war ja ein Mann).› Die Patrioten plünderten ihr Haus. ‹Mir tut nur leid, daß sie meine Waffen in einem meiner Betten gefunden haben.›

Gefangenschaft unter Napoleon; zunächst Einzelhaft: ‹Dann warfen sie mich für achtzehn Monate in die Verliesse zu den Wahnsinnigen und hetzten sie gegen mich auf, mich umzubringen. Aber Gott ist mächtig.› Insgesamt fünf Jahre Kerker, davon zwei auf dem Mont Saint-Michel, mit einem Halseisen zusammengeschlossen mit sechs Männern. ‹Man gab uns nur Brot und von dem Regenwasser aus der Zisterne täglich eine halbe Flasche und alle zwei Wochen sechs Pfund Stroh für alle. Man gab uns niemals Feuer oder eine Kerze, selbst nicht im ärgsten Frost. Im letzten Winter sind drei Männer zur Zeit der größten Kälte erfroren.›

‹Das also, meine werten Damen, ist das Leben, das ich geführt und das ich erzählt habe, so gut ich kann. Ich bitte Sie, mich zu entschuldigen und sich weiterhin für mich zu interessieren.›

Diskrete Radikalität:
Sophie de Condorcet

Ihr Entschluß steht fest. Es gibt keinen Ausweg. Und dennoch: wie soll sie ihrem Mann dieses Opfer abverlangen? Sie fühlt sich außerstande, auch nur das Wort über die Lippen zu bringen. Also muß sie ihm schreiben. ‹Die Rücksicht auf die Interessen unseres Kindes zwingt mich zu dieser Maßnahme, gegen deren Benennung sich meine Feder sträubt und deren Inhalt mein Herz nicht versteht...› Scheidung. Kann sie diesen Schmerz einem Menschen zumuten, der sich seit mehr als neun Monaten verborgen halten muß? Keinen Fuß auf die Straße setzen darf? Dessen Leben sich schleppt von einem ihrer seltenen Besuche zum nächsten? Anläßlich ihres siebenten Hochzeitstages vor einigen Tagen hat er für sie ein Gedicht verfaßt, er, der nüchterne Mathematiker und Philosoph. Die Trennung von ihr und dem Kind vermochten ihn zu einer lyrischen Klage zu bewegen.

Ich habe meinem Land gedient, dazu dein Herz besessen,
und darum nicht umsonst gelebt, ich darf es nicht vergessen.

Wie ein Student fügte er unbeholfene Reime aneinander, seine ansonsten leuchtend präzise Sprache bot seinem Schmerz keinen angemessenen Ausdruck. Doch selbst in seiner verzweifelten Mutlosigkeit ist sein Stolz ungebrochen. Er wird den notwendigen Schritt verstehen und zustimmen. Längst ist sein gesamter Besitz eingezogen. Hartnäckig hält sich das Gerücht, er sei in die Schweiz geflohen. Täglich wächst die Gefahr für die Familie eines Flüchtigen. Und die geringe Hoffnung, das Erbe ihrer Mutter antreten zu dürfen, schwindet. Wovon soll sie ihr dreijähriges Kind ernähren? Die alte Kinderfrau, die zeit ihres Lebens an ihrer Seite geblieben und jetzt von ihr abhängig ist? Wovon die zarte, kränkelnde Schwester? Nie hätte sie daran gedacht, den Lebensunterhalt mit eigener Hände Arbeit verdienen zu müssen. Daß sie es kann, erfüllt sie mit Verwunderung. Auch Genugtuung? Nein. Begabungen vielfältigster Art – daraus formt sich das Wesen des gebildeten Menschen. Aber damit Geld verdienen? Ihr Vater würde sie streng zurechtweisen. Natürlich hätte sie sich auf seinem Schloß in Sicherheit bringen können, aber dann wäre ihr Gatte ohne den geringsten Trost allein in Paris zurückgeblieben. Also gilt es, das tägliche Brot zu erarbeiten. Ihre Portraits gefallen, sogar die blutigen Machthaber schätzen Miniaturen von ihrer Hand. Tun so, als wüßten sie nicht, wer die bescheiden gekleidete Frau ist, gewesen ist, der sie in ihrem winzigen Atelier Modell sitzen. Verschonen sie – aber wie lange noch? Seltsam, daß sie in dieser lange ersehnten Republik um ihr Leben fürchten muß! Dabei war von ihrem Salon die Forderung ausgegangen, in Frankreich die Monarchie abzuschaffen – weshalb zählt sie jetzt zu den Geächteten? Zumindest solange sie verheiratet ist? Was hat ihr Mann verbrochen?

Nur knapp war er seiner Verhaftung entgangen. Dank, Dank der gütigen Madame Vernet, die ihn ohne zu zögern bei sich aufgenommen hat! Eine einzige Frage hatte ihr genügt, bevor sie das Wagnis riskierte: ob der Verfolgte ein anständiger Mensch sei. Mehr wollte sie gar nicht wissen. Dabei wohnt in ihrem Haus ein Mitglied des Konvents. Madame Vernet hat diesen Abgeordneten der Bergpartei ins Vertrauen gezogen, und er verhält sich so, als ob er Condorcet nicht erkenne! Ob die beiden jemals miteinander gesprochen haben? Condorcet hat sich in seinem kleinen Raum sofort in die Arbeit gestürzt. Eine Rechtfertigungsschrift wollte er verfassen, die seine Schuldlosigkeit und die Willkür der Anklagen gegen ihn verdeutlichen sollte. Nur ihrer Überredung ist es gelungen, ihn diesen Plan aufgeben zu lassen. Tag für Tag hätte er in der Auseinandersetzung mit seinen Gegnern seine Seele aufgewühlt, wie hätte er da in seinem armseligen Versteck Ruhe finden sollen? Er wäre erstickt an der Unmöglichkeit, die Verleumdungen Robespierres und Marats öffentlich sichtbar zu machen. Eigenhändig hat sie auf das Manuskript geschrieben: Unterbrochen auf meine Bitte, um den ‹Entwurf einer historischen Darstellung der Fortschritte des menschlichen Geistes› zu verfassen. – Ihre Handschrift würde für den Gatten der Riegel sein, den sie vor die Beschäftigung mit den quälenden Erinnerungen geschoben hatte. Das große Werk über die Kulturgeschichte des Geistes würde ihn stärken, sich seines Wertes wieder bewußt werden lassen. Schwierig ist natürlich, daß Condorcet keinen Zugang zu seiner Bibliothek hat. Die wichtigsten Bü-

cher hat sie ihm zwar in seinen Unterschlupf gebracht, auch
Madame Vernet ließ manches Buch über Vermittlung Dritter in
sein Zimmerchen schmuggeln, aber für die Gründlichkeit des
Verfassers reicht dieses Material längst nicht aus. Nur gut, daß sein
Gedächtnis in der Abgeschiedenheit noch konzentrierter arbeitet
als früher, so kann sie hoffen, daß ihr Mann beim Schreiben Kraft
gewinnt zum Durchhalten. Immer wieder sagt sie ihm, wie sehn-
süchtig die kleine Eliza nach ihm verlangt. Nein, er ist nicht
vergessen, alle Fürsorge gilt ihm, auch wenn sie ihm mit dem
Wunsch nach Scheidung weh tun muß. ‹Dieser Schritt verursacht
mir mehr Kummer als Dir. Er ist notwendig im Interesse unseres
Kindes.›

Am 14. Januar 1794 hat Sophie de Condorcet beim Magistrat von
Auteuil, ihrem Wohnsitz, die Scheidung eingereicht. Danach mußte
sie noch sorgfältiger den Verdacht vermeiden, mit ihrem Mann in
Kontakt zu stehen. War er doch bereits am 3. Oktober 1793 in
Abwesenheit zum Tod verurteilt worden. In Paris durfte sie zwar
ihre Arbeit ausüben, aber nicht wohnen. Deshalb mietete der Bruder des früheren Sekretärs ihres Mannes in der Stadt eine kleine
Wäscherei, über der das Atelier lag, in dem Sophie portraitierte. Fast
täglich legte sie die Strecke von Auteuil nach Paris zurück, zu Fuß,
nur manchmal nahm sie ein Wagen, der mit Gemüse oder Geflügel
zum Markt fuhr, ein Stück mit. In der Kleidung einer Bäuerin wagte
sie auch auf Umwegen die heimlichen Besuche im Versteck ihres
Mannes. Ihre Arbeit strengte sie an. Abgesehen davon, daß sie
immer gerne gemalt und sich besonders mit gelungenen Portraits
hervorgetan hatte, litt sie an ihren Aufträgen. Sie ging in die
Gefängnisse und bot ihre Dienste an, da die Inhaftierten gerne ihren
Angehörigen ein Bild von sich schicken wollten. Das Wissen, oftmals die Gesichtszüge eines Menschen festzuhalten, der in wenigen
Tagen sterben würde, quälte sie, ebenso die häufige Aufforderung
der Wärter und Wachen, auch von ihnen ein Bild anzufertigen.
Konnte die feinfühlige Frau wagen, die groben, oft vom Alkohol
gedunsenen Gesichtszüge naturgetreu abzubilden?
　Zum Schutz ihrer kleinen Tochter hatte sie gut daran getan, die
Scheidung einzureichen. Am 13. März wurden per Dekret alle Gegner der Republik, die sich einem Gerichtsverfahren durch Flucht
entzogen hatten, für vogelfrei erklärt. Und jeder, der mit ihnen
Kontakt hatte, wurde als deren Komplize behandelt und mußte mit
harten Strafen rechnen. Condorcet ertrug die Belastung nicht länger,
für seine Frau und für Madame Vernet ein lebensgefährdendes
Risiko darzustellen. Zehn Tage marterte ihn die Entscheidung zu

gehen oder zu bleiben, aber als er Zeuge eines Gesprächs geworden war, in dem Madame Vernet vor einer bevorstehenden Hausdurchsuchung gewarnt wurde, verließ er heimlich, gegen den ausdrücklichen Wunsch seiner Wirtin, das Haus. Seine Schriften packte er in einen Leinensack und vertraute diesen dem Lebensgefährten Madame Vernets an, den er in seine Fluchtabsicht eingeweiht hatte. Zunächst versuchte er, bei Freunden aus seiner Jugendzeit, dem Ehepaar Suard, Unterschlupf zu finden, aber als er deren Gartentor gegen die Verabredung verschlossen fand, verzichtete er auf alle Vorsicht und ließ sich ohne Widerstand verhaften. Um seine Familie zu schützen, gab er einen falschen Namen an. Seine Gelassenheit beruhte darauf, daß er sich schon vor seiner Verhaftung von einem langjährigen Freund und politischen Mitstreiter ein schnell wirkendes tödliches Gift hatte aushändigen lassen. Am Morgen nach seiner Festnahme fand man ihn tot in seiner Zelle. Erst sehr viel später wurde er auf Grund der wenigen Utensilien, die er mit sich führte, identifiziert.

Am 18. Mai 1794 erhielt Sophie die Scheidungsurkunde. Zu diesem Zeitpunkt war ihr Ehemann bereits seit etwa 6 Wochen tot, ohne daß sie es wußte. Sie meinte, er sei ins Ausland entkommen. Sophie und ihre Tochter ehrten zeitlebens das Andenken des außergewöhnlichen Mannes. Schon im Jahr nach seinem Tod veröffentlichte Sophie die ersten Schriften aus seinem Nachlaß und zog, um sich darum kümmern zu können, nach Paris. Sie war 31 Jahre alt.

Sophie de Grouchy stammte aus einer Familie alten Militäradels und war das älteste von vier Kindern. Ihre Mutter liebte diese ‹kleine Nymphe mit den schwarzen Augen›, ihre süße Grouchette, und achtete auf eine sorgfältige Erziehung. Das Schloß Villette in der Nähe von Meulan in der Normandie war ein großzügiger Landsitz ohne den luxuriösen Überschwang, in dem sich adelige Lebensweise sonst oft gefiel. Zwischen den Familienmitgliedern herrschte respektvolle Zärtlichkeit. Da das gesamte Erbe dem erstgeborenen Sohn zufiel, machte die Familie von einem Privileg Gebrauch, das altem Adel zustand: der Ausbildung der Töchter zu Stiftsdamen. Für die jungen Mädchen bedeutete dies nach Erlangen dieser Würde den Anspruch auf eine hohe Pfründe aus den Einnahmen der Abtei, die sie aufgenommen hatte. Um in den Genuß dieses finanziellen Vorteils zu gelangen, gab es fast keine Pflichten. Die Stunden des Gebets waren einzuhalten, aber ansonsten lebten die jungen Damen in hübschen Pavillons, konnten ausgehen, sich z.B. auf Bällen amüsieren, und waren an kein Gelübde gebunden. Sophie kam mit zwanzig Jahren nach Neuville-les-Dames in der Diözese Lyon und

Sophie de Condorcet

lebte dort fast zwei Jahre unter der Obhut der Nonnen. Sie vertiefte ihre Kenntnisse im Englischen und Italienischen und übersetzte Young und Tasso. Für Voltaire begeisterte sie sich und für Rousseaus ‹Gesellschaftsvertrag›. Als die zwei Jahre vergangen waren, hatte sie ihren Glauben abgelegt und jeden Standesdünkel. Sie war Atheistin und Demokratin, und es nützte wenig, daß die verzweifelte Mutter die Bücher der Aufklärungsphilosophie verbrannte.

Im Herbst 1786 verbrachte die Familie einige Wochen in Paris, und da verliebte sich ein Freund von Verwandten in das ungewöhnlich schöne, gebildete zweiundzwanzigjährige Mädchen. Es war der bekannte Mathematiker Condorcet, Freund Voltaires und Herausgeber seiner Schriften. Sein Briefwechsel mit dem eben verstorbenen Preußenkönig Friedrich II. war Stadtgespräch. Dieser Marie-Jean-Antoine-Nicolas Caritat, Marquis de Condorcet, war bereits mit 26 Jahren in die Akademie der Wissenschaften aufgenommen worden, war mit 28 zum Verantwortlichen für die Münzprägungen ernannt, mit 39 in die Académie française berufen worden – und wagte nicht, Sophie seine Liebe zu gestehen. Mit seinen fast 45 Jahren hatte er, von einigen erfolglosen Schwärmereien abgesehen, keine Erfahrungen in der Liebe und hielt sich selbst für wenig anziehend: nicht groß, eher schwächlich gebaut, eine mächtig gewölbte Stirn über hellen Augen, ein weicher Mund – dazu sein scheues, fast linkisches Auftreten, seine stockende Redeweise, sofern er es nicht überhaupt vorzog zu schweigen. In der von brillantem Parlieren entzückten Pariser Gesellschaft stand er gleichermaßen im Ruf der Arroganz wie der Tölpelhaftigkeit. Schon lange vor der Revolution kritisierte er das Ancien Régime als grundsätzlich überholt, und nun fand er in Sophie eine Frau, die wie er an die Republik als ideale Staatsform glaubte, sie aber in Frankreich noch nicht für realisierbar hielt. Ihr ausgeprägter Gerechtigkeitssinn prangerte wie der seine die Unterdrückung der Schwarzen in den Kolonien, der Protestanten, der Juden an, sie teilte seine Urteile und träumte seine Utopien. Und dieses vollkommene Geschöpf erwiderte seine Zuneigung und nahm seinen Heiratsantrag an. Nach der Hochzeit brachte Condorcet die Freunde, die wie er liberales Gedankengut vertraten, in den Salon seiner Frau im prächtigen Münzpalais, und sie machte mit ihrer gelassenen Klugheit ihr Haus zum Treffpunkt der geistigen Elite des Fortschritts.

1789 veröffentlichte Condorcet seine Schrift ‹Über die Zulassung der Frauen zum Bürgerrecht›. Mit bestechenden Argumenten bewies er die Unhaltbarkeit der damals selbstverständlichen Auffassung von der natürlichen Unterlegenheit der Frauen. ‹Man sagt, keine Frau verfüge über das gleiche Spektrum von Kenntnissen und die gleiche Kraft des Verstandes wie manche Männer. Aber daraus folgt doch nur, daß zwischen Frauen und der Mehrzahl der Männer völlige Gleichheit herrscht – ausgenommen die kleine Gruppe männlicher Genies. Da ja nun das Bürgerrecht keineswegs diesen vorbehalten ist, sollte man es eher denjenigen unter den Männern aberkennen, die einer großen Zahl von Frauen unterlegen sind, als die Frauen insgesamt davon ausschließen.› Seine Bewunderung für das weibliche Geschlecht war im täglichen Umgang mit seiner klugen Frau, die es gleichwohl nie nötig hatte, sich in den Vordergrund zu spielen, gewachsen. Jeder Satz ist eine subtile Liebeserklärung an seine Sophie.

Diese Ehe wurde oft Zielscheibe für Spott und Verleumdung, aber die Schwätzer hatten außer Vermutungen nichts in der Hand. Sophie wurde eine Affäre mit Lafayette angedichtet, mit dem jungen Aristokraten Du Chastellet – aber Sophie hatte nach dem Vorbild ihrer Familie eine so strenge Auffassung vom Ernst der Ehe, daß sie nie Ehebruch begangen hätte. Dazu verehrte sie ihren Mann, war berührt von seiner Bewunderung für sie und seiner Zärtlichkeit für die Tochter. Ihre Schönheit wurde als einzigartig gerühmt, die Flut blonder Locken stand in geheimnisvollem Kontrast zu den großen schwarzen Augen, und obwohl ihre Liebenswürdigkeit bezauberte, umgab sie eine Aura von kühler Zurückhaltung und Unberührbarkeit.

Als der König die Generalstände einberief und Abgeordnete gewählt wurden, war Condorcet zur Mitarbeit bereit. Aber es zeigte sich zum erstenmal sein Dilemma, in dem es ihm fast unmöglich wurde, seine Position zu finden: die Adeligen lehnten ihn ab, weil er zu wenig konservativ war. Den Luxus liberalen Denkens hätte man ihm nur verziehen bei großem Reichtum und Einfluß, wie etwa LaRochefoucauld. Und der Dritte Stand mißtraute ihm, da er es nur schlecht verstand zu erläutern, weshalb er als Aristokrat nicht für seinen eigenen Stand eintrat. Rhetorische Fähigkeiten, wie sie z. B. Mirabeau zur Verfügung standen, hatte er nicht. Also erhielt er nicht genug Stimmen und verbarg seine Enttäuschung nicht. Als er auch nicht in die Stadtverwaltung von Paris gewählt wurde, empfand er diesen Mißerfolg als bittere Kränkung. Wie konnte er seine Kräfte im Dienste des Gemeinwohls einsetzen? So sammelte er mit Sophies Unterstützung in seinem Haus die besten Köpfe, um wenigstens auf diesem Weg Einfluß auszuüben. Der Engländer Thomas Paine, der Amerikaner Franklin zählten zu den Gästen und alle Abgeordneten, deren Ziel eine Konstitution nach englischem Vorbild war.

1. Juli 1791: Wie viele Plakate sind angeschlagen? An allen Häuserwänden müßte der Text zu lesen sein, um die Menschen in den Straßen zur Vernunft zu bringen. Haben sie nicht längst verstanden, daß die Rettung Frankreichs nicht mehr zu trennen ist vom Ende der Königsherrschaft? Die Zeit ist reif für die Einführung der Republik. Die Flucht des Königs, so infam geplant wie jämmerlich mißglückt, hat gezeigt, was von Ludwig zu erwarten ist. ‹Die Nation kann ihr Vertrauen nicht einem Menschen schenken, der, treulos gegenüber seinen Aufgaben, seine Eide gebrochen und sich davongestohlen hat, der sich als König von Frankreich verkroch in der Verkleidung eines Dienstboten.› Hätte die Sprache noch schärfer sein müssen? War ihre Übersetzung zu zaghaft ausgefallen? ‹Was ist das für ein Amt, das keine Erfahrung, kein Geschick erfordert, das lediglich vom Zufall der Geburt abhängt? Ein Amt, das von einem Narren, einem Verrückten, einem Schuft genauso ausgeübt werden kann wie von einem Weisen?› Nein, Thomas Paine hat genau den richtigen Ton getroffen. Unangebracht, sich auch nur sprachlich in die Nähe der Vulgarität Marats zu begeben, der

‹*Ludwig Capet*› *einen gemeingefährlichen Trottel nennt. Das Ge-*
kläffe ist ihr zuwider, wie alles an diesem ungewaschenen Mann,
der für sich die Rolle des Plebejers entworfen hat und nun in jeder
Äußerung, sogar in seinem Aussehen bemüht ist, ihr zu entspre-
chen. Die Republik muß von der geistigen Elite Frankreichs ge-
schaffen werden, darf sich nicht beschmutzen mit dem Geifer der
Straßenköter. Aber geht es an, den eigenen Traum zu verraten, nur
um sich vom ‹*Volksfreund*› *abzugrenzen? Die Verantwortung liegt*
allein beim Gesetzgeber – nur: was ist von einer Versammlung zu
halten, die den Verrat des Königs als Versuch der Entführung der
königlichen Familie ausgeben will und damit ihre Glaubwürdig-
keit aufs Spiel setzt? Weshalb fehlt es am Mut, endlich den ent-
scheidenden Schritt zu tun? Sie weiß, in der Öffentlichkeit wird
das Gerücht verbreitet, sie sei Republikanerin wegen eines priva-
ten Streits mit der Königin. Lächerlich. Seit ihrer Kindheit ist sie
bemüht, ihre Grundsätze nie von persönlichen Interessen beein-
flussen zu lassen. Sie fühlt sich mit heiligem Ernst den Einsichten
verpflichtet, die sie aus der Lektüre Rousseaus bezogen hat. Beseelt
von republikanischem Feuer, hat sie den Text Paines ins Französi-
sche übersetzt. Und daß niemand von ihrer Mitarbeit weiß, ist ihr
recht. Eitelkeiten haben keinen Platz im strengen Gefüge politi-
scher Moral. Du Chastellet hat den Text auch nicht deshalb unter-
zeichnet, um in die Geschichte einzugehen, sondern weil Paine als
Ausländer vor Verfolgung geschützt werden muß. Wie hilflos wäre
er ohne sie in Paris! Zwar versteht er etwas Französisch, weigert
sich aber, die fremde Sprache zu sprechen. Ob er es wirklich nicht
kann? Sie ist stolz darauf, dem bewunderten Mann mit ihren
Kenntnissen dienstbar sein zu können. Wann wird sich Frankreich
endlich von dem Wahn verabschieden, der Staat sei durch die
Bindung des Königs an eine Verfassung zu retten?

Auch sie wird einen Beitrag für die Republik leisten, mit ihren
Mitteln als Frau und Aristokratin. Sie weiß, daß am 17. Juli eine
Petition auf dem Marsfeld ausliegen wird mit der Forderung nach
der Republik und dem Nachweis, daß der König durch seine Flucht
bereits abgedankt habe. Die Konstituierende Versammlung soll
den Willen des Volkes kennenlernen, bevor sie ihre Arbeit an der
Verfassung beendet. Sie, Sophie de Condorcet, wird sich nicht in
die Unterschriftenliste eintragen, aber sie wird gerade an diesem
Tag mit ihrer kleinen Tochter auf dem Arm unter dem Volk spazie-
rengehen und durch ihre Anwesenheit bezeugen, wofür ihr Herz
schlägt.

Der 17. Juli 1791, an dem sich Sophie tatsächlich mit ihrem Kind
unter die erregte, aber unbewaffnete Menge mischte, wurde zu
einem der bösen Tage der Revolution: Lafayette, der Freund früherer
Tage, ließ in die Spaziergänger feuern, ohne Rücksicht auf Frauen
und Kinder. Nur knapp entging Sophie dem Blutbad. Die Staatsmacht hatte ihr wahres Gesicht gezeigt.

Condorcets Empörung kannte keine Grenzen. Wenn es für ihn
noch irgendeinen Zweifel gegeben hätte, daß die Monarchie als
verbrecherisch abgeschafft werden müsse: jetzt wäre er behoben.
Die Toten und Verletzten bewirkten aber seltsamerweise nicht, daß
sich der Ruf nach der Republik verstärkte, im Gegenteil, es wurden
die Verfasser der Petition und deren Befürworter verfolgt. ‹Ist es
denn wahr›, schrieb Sophie an einen Schweizer Freund, ‹daß jede
Herrschaft, selbst wenn sie das Ergebnis der Aufklärung ist, eine
Behinderung darstellt?› Die Enttäuschung über das Scheitern aller
Hoffnungen setzte in ihr anarchische Gedanken frei. Sie schilderte
die armselige Situation der Patrioten und den Sieg der Königstreuen.
‹Man hat sich auf die Drohung beschränkt, uns zu verhaften, und da
wir antworteten, eine Verhaftung bedeute Sieg für unsere Argumente und Triumph für uns persönlich, geschah nichts mehr.› Sie
verlegte ihre Erwartungen in eine ferne Zukunft und träumte ‹von
einer Methode, vernünftige Frauen heranzuziehen, damit sie mit
Männern zusammenleben könnten, die es noch lange Zeit nicht
schaffen würden, in bezug auf Frauen ihrerseits vernünftig zu sein›.

Die Konstituierende Nationalversammlung verabschiedete sich
mit dem Entschluß, daß ihre Mitglieder nicht in die neue Legislative gewählt werden dürften. Der Weg war also frei für noch uner-
probte politische Begabungen. Diesmal wurde Condorcet gewählt.
Da er ein schlechter Redner war, leise sprach und die schwierige
Akustik im Sitzungsraum, dem ehemaligen Reitsaal der Tuilerien,
schon gar nicht bewältigte, begann er mit dem Verfassen eines
bemerkenswerten Dokuments: der ‹Chronik von Paris›. Darin hielt
er den Ablauf der täglichen Sitzungen der Legislative wie auch
später des Konvents fest. Und nach wie vor versuchte er in dem
intimen Rahmen des Salons seiner Frau die Gesinnungsfreunde zu
beeinflussen.

Sophie war eine diskrete Gastgeberin und hatte nicht den Ehrgeiz
der Manon Roland, von ihrem privaten Bereich aus die Fäden zu
ziehen. Sie begnügte sich mit den Pflichten der Hausfrau und
Mutter. Oder doch nicht ausschließlich?

Sie hatte zu schreiben begonnen. In Briefform wollte sie das
Wesen der Zuneigung abhandeln, war aber unsicher, ob sie dem Plan
gewachsen sei. Um sich zu vergewissern, daß sie ‹über die Mittel

verfüge, derer die Ausführung entsprechend den Ideen bedürfe›,
schickte sie die Entwürfe an den Freund Dumont nach London mit
der Bitte um seinen Rat. Dieser schwieg. Zwei Monate später
schrieb sie ihm erneut – vorrangig, um sich nach dem Befinden
Paines zu erkundigen, der verhaftet worden sein sollte. Sie schreibt
in so gedrechselten Wendungen, daß man ihre Verlegenheit deutlich
spürt. Endlich kommt sie zur Sache: ‹Sie sind unbarmherzig gegenüber Autoren, besonders gegenüber einer schüchternen Frau als
Autor. Was hätte es Sie gekostet, wenn Sie mir nach der Lektüre
meiner Skizzen mitgeteilt hätten, ob es sich lohne, damit fortzufah-
ren? Ich gebe Ihnen mein Wort, daß Ihr Nein mich nicht mehr
bedrückt hätte als Ihr Schweigen.›

Condorcet wurde in der Legislative immer mehr zum Einzelgän-
ger. Je mehr die Republikaner an Boden gewannen, desto isolierter
fühlte sich derjenige, der diese Staatsform als erster befürwortet
hatte. Aber er konnte nicht akzeptieren, daß sie zustande kam auf
den Druck der Straße hin. Die Massendemonstrationen des 20. Juni
lehnte er rundweg ab.

Nach dem Sturm auf die Tuilerien bestand er darauf, den Haushalt nach Auteuil zu verlegen. Sophie und das Kind bezogen ein
schönes Haus fern vom brodelnden Stadtzentrum, und in ihrem
Salon ging das Leben weiter, unbeirrt von den Schrecknissen des
Tages. Über die blutigen Gemetzel des 2. und 3. September informierte sie einen Freund in England: ‹Es stimmt, daß die Rache des
Volkes, die Sie sich in ihrem ganzen Ausmaß nicht vorstellen
können, in einer Weise vorübergegangen ist, daß es aufrechte Patrioten nur ehrlich betrüben kann.› Was für eine vornehme Verharmlo-
sung! Vom Postulat des ‹guten Volkes› will sie nicht abweichen, also
muß das scheußliche Geschehen notgedrungen als Rache deklariert
werden. Betrübt war Sophie? Vor ihrer Haustüre hatte das Ab-
schlachten der Menschen, die der Rache des Volks zum Opfer
gefallen waren, ja nicht stattgefunden, vielleicht hätte dann sogar
sie sich etwas drastischer ausgedrückt.

*Mai 1793. Der kämpferische Elan ihres Mannes scheint gebrochen.
Sogar im Blatt des Freundes Brissot stand zu lesen, daß Condorcet
seit nun acht Monaten geschwiegen habe. ‹Condorcet versteht die
Sprache des Konvents nicht mehr.› Das ist nicht alles. Nicht nur,
daß das Getöse der Zuschauer zugenommen hat und die Abgeordneten immer lauter brüllen müssen, um sich verständlich zu machen – unmöglich für Condorcet! –, auch die Art der Angriffe
aufeinander ist an Derbheit nicht mehr zu überbieten. Die Hem-
mungslosigkeit persönlicher Attacken steigert sich von Woche zu*

Woche, vor keiner Unterstellung, keiner Beleidigung schrecken die Redner zurück, sie drohen einander Prügel an und gehen mit Waffen aufeinander los. Die Entartung des politischen Umgangs hat Condorcet gelähmt. Mitreißende Rhetorik ist noch nie seine Sache gewesen, aber seit im März die Druckerei seiner ‹Chronik› verwüstet worden war, schafft er nur noch mit äußerster Disziplin das Protokollieren der täglichen Sitzungen. Die Dreistigkeit der Männer, die sich als Retter des Volkes gebärden, wie etwa Marat, der Frankreich offenbar damit retten will, daß er Köpfe rollen läßt, verschlägt Condorcet die Sprache. Sie selbst erinnert sich genau, wie Marat am 16. Oktober des vergangenen Jahres uneingeladen bei einem Fest ihrer Freundin Julie Talma erschienen war und mit den Sansculotten, die auf seine Befehle warteten, die Gäste anpöbelte. Er drohte allen Anwesenden mit Festnahme. Ein kleiner Mann, ein zu kurz Gekommener, der seinen Mangel an Erziehung und Bildung durch rabiates Gegröle wettmachen will. Als er gegangen war, wurden alle Fenster des Salons geöffnet, so übel war der Geruch dieses Menschen, der sich darin gefällt, mit vorsätzlich schmutziger Kleidung zu provozieren. Das schmierige Tuch, das er um den Kopf geschlungen trug! Wie wäre es denkbar, sich mit ihm und dem Abschaum, der ihm hö.ig ist, auf eine Auseinandersetzung einzulassen! Die Revolution ist verkommen. Der Gedanke der Republik, ihrem Herzen heilig wie römische Philosophie, ist entweiht durch den Pöbel von Paris. Wohin soll das führen!

Condorcet weigert sich, bedingungslos einer Partei anzugehören. Er will bei jeder Entscheidung frei abstimmen. Aber gerade diese Unabhängigkeit macht ihn verdächtig, zumindest einsam. Wenigstens arbeitet er wieder an einem großen Konzept: der neuen Verfassung. Zwar ist seit September die Republik ausgerufen, aber noch liegt keine gesetzliche Regelung vor. Darüber grübelt er. Allein. Höchstens, daß er im Salon mit Freunden die Schwerpunkte erörtert. Er ist müde geworden. Und wenn der Konvent seinen Entwurf ablehnt! Sein Ruf als Republikaner steht außer Zweifel. Wer könnte es wagen, ihn eines Verbrechens gegen sein geliebtes Frankreich zu bezichtigen!

Die Jakobiner bezeichneten den Verfassungsentwurf Condorcets als royalistisch, blieben die Beweise dafür allerdings schuldig. Er hätte den Konvent längst verlassen müssen, besonders nach der unrechtmäßigen Verhaftung der girondistischen Abgeordneten, unter denen er sich vielen persönlich verbunden fühlte. Er verfaßte einen Artikel, um die Schmach anzuprangern, die der ‹Majestät des Volkes› angetan wurde. Dies brachte ihm den Vorwurf der Verleumdung und

Volksverhetzung ein, schließlich den Verhaftungsbefehl am 8. Juli 1793. Von nun an verbarg er sich fast neun Monate lang im Haus der Madame Vernet, aus dem er aufbrach, dem Tod entgegen.

Die Machthaber des Thermidor beschlossen, den Familien der unter der Jakobinerdiktatur Geächteten ihren Besitz wiederzugeben. Aber erst im Januar 1795 erhielt Sophie das Erbe ihres verstorbenen Mannes. In dem Versuch des Direktoriums, die Revolution bürgerlich zu rehabilitieren, eignete sich Condorcet, aufrecht und fraktionslos, als Leitfigur. Um seiner wiedergewonnenen Reputation zu entsprechen, veröffentlichte Sophie die Schriften aus dem Nachlaß und begann, eine Gesamtausgabe seiner Werke vorzubereiten. Im Zuge seiner neuerlichen Wertschätzung suchte sie auch Gewinn für sich selbst – ein einziges Mal. Ihr Text über die Zuneigung, eine Arbeit, an der offensichtlich ihr Herz hing, sollte nun endlich Leser finden. Condorcet hatte das kleine Werk geschätzt und in seinem Testament ausdrücklich gefordert, die Tochter Eliza solle daraus sittliche Anleitungen beziehen. Wieder hatte Sophie einen berühmten englischen Autor übersetzt, diesmal Adam Smith: The Theorie of Moral Sentiments. In der Erstausgabe dieser Übersetzung erschienen im Anhang ihre ‹Briefe über die Sympathie›. Sie sind gerichtet an einen der ältesten Freunde der Familie, der 1796 Sophies jüngere Schwester geheiratet hatte, Cabanis, berühmt als Arzt und Gelehrter, mit dem Ruf eines außerordentlichen Wohltäters. Im Schutz dieser drei geachteten Männer – Condorcet, Smith, Cabanis – erhob nun Sophie ihre Stimme, um sich der gebildeten Welt mitzuteilen.

‹Sie sehen, mein lieber Cabanis, daß die Natur, die uns mit einer Fülle von Übeln umgibt, uns dafür einen gewissen Ausgleich gewährt, indem sie manchmal aus unseren Schmerzen unsere innigsten Freuden entspringen läßt. Rühmen wir also den wundervollen Zusammenhang zwischen dem sittlichen Anspruch einiger Menschen und den körperlichen Bedürfnissen der vielen, zwischen dem Unglück, dem wir durch unsere Fehler anheimgegeben werden, und der Befähigung der Tugend, die glücklicherweise unsere Mängel lindert.› Was soll Cabanis weiterhin erkennen? ‹Es herrscht eine natürliche Seelenverwandtschaft zwischen melancholischen und nachdenklichen Menschen, die es schätzen, ihre Gefühle zu kultivieren, sie in besinnlicher Muße zu genießen, die sich im Leben nur an echte Werte binden und sich in ihre Zuneigung versenken, ohne ständig mehr zu begehren. Denn so unersättlich das menschliche Herz auch sein mag: das wahre Glück schöpft es nur aus, wenn es auch verweilen will.›

Anspruchsvoll delikat die Sprache, feinsinnig geziert die Gedan-

ken. Löst sich der Sinn aus den komplizierten Perioden, mag das
Ergebnis in holder Schlüssigkeit überraschen: ‹Das Glück, geliebt
zu werden, ist die unverzichtbarste, die ersehnteste aller Freuden.› –
‹Schönheit löst allein bei ihrem Anblick eine angenehme Empfin-
dung aus.› Allerdings seien Männer eher auf den Reiz äußerer
Anziehung angewiesen als Frauen, die sich von Kindheit an darin
übten, ihre Zuneigung weniger nach körperlichem Wohlgefallen
auszurichten als nach den Grundsätzen der Moral und der Pflicht.
Und sinnvoll wäre es, Ehen nicht nur nach der Mitgift einzugehen,
sondern darauf zu achten, daß auch Zuneigung eine Rolle spielen
solle. Denn nur in der Konzentration auf einen einzigen Partner
liege die Hoffnung, das Glück zu finden. Der trockene, blutleere
Text schwingt sich immer wieder auf zu poetischer Ekstase, die den
biederen Lehren nur geringe Schubkraft bietet: Die Erfüllung des
Lebens liege in Wohltätigkeit, Güte und Redlichkeit. ‹Ihr innigen
und tröstlichen Freuden, die ihr an den Seelenfrieden und an ge-
heimgehaltene Tugenden geknüpft seid!› Die Verlockungen der Eitelkeit entfernen leider auch das weibliche Geschlecht von diesen
Genüssen, obwohl die Natur gerade die Frau in außerordentlichem
Maße für diese Wonnen ausgestattet hat.

Endlich war gesagt, was Sophie seit Jahren unbedingt hatte mitteilen müssen. Die Reaktion war zurückhaltend.

Ihr weiteres Leben? Eine Leidenschaft zu einem unbedeutenden
Schönling, der sich zuerst schmückt mit der Liebe dieser Frau mit
dem berühmten Namen, sie aber bald betrügt und schließlich
verläßt. Eine ruhige Lebensgemeinschaft mit einem Wissenschaft-
ler, die bis zu ihrem Tod mit 58 Jahren andauert. Ein Salon, der sich
als Opposition gegen Napoleon versteht, vom Kaiser spöttisch ‹die
Trotzköpfe von Auteuil› genannt. Bei der Rückkehr der Bourbonen
wird sie attackiert als Jakobinerin und Königsmörderin, ein kurzer
Trubel, nicht der Rede wert.

Bilanz: im Kloster unter Nonnen, die sie verehrte, wurde sie
Atheistin. Der Mutter, die sie liebte, verweigerte sie auf dem Sterbe-
bett einen Priester. Als adelige Republikanerin verfocht sie die
Befreiung des Dritten Standes. Das Volk, für dessen Rechte sie sich
einsetzte, kannte sie nicht. Bauern und Dienstboten behandelte sie
nach den vornehmsten Regeln des Feudalismus: fürsorglich, gnädig.
Auch im Elend mußte sie nicht einen Tag hungern. Eine Weile
verdiente sie für sich und ihre Familie den Lebensunterhalt. Sie war
ihrem Mann eine gute Gefährtin. Ein einziges Mal überließ sie sich
einer Passion und vergriff sich in der Wahl ihres Geliebten. Sie hielt
daran fest, daß die Rolle der Frau in der Politik sich darauf be-
schränke, als Gastgeberin den diskreten Rahmen zu schaffen für das

Gespräch der Männer. Sie betonte geradezu leidenschaftlich, nicht ehrgeizig zu sein.

Die stolzeste Episode ihrer Biographie ist eine erfundene Antwort bei einem erfundenen Zusammentreffen auf Napoleons Bemerkung, er schätze Frauen nicht, die sich in Politik einmischen: ‹In einem Land, in dem Frauen geköpft werden, müßte es doch gestattet sein, daß sie den Grund dafür erfahren wollen.›

Ausverkauf in Hingabe:
Charlotte Robespierre, Madam Duplay, Elisabeth Le Bas

‹Nachdem er genaueste Informationen über den Patriotismus der Bürgerin Caroline Robespierre erhalten hat, erklärt der Sicherheitsausschuß, daß alle Ergebnisse zu ihren Gunsten sprechen; daß er weiß, wie diese Bürgerin von ihrem Bruder verfolgt und gezwungen wurde, sich von ihm zu trennen; daß schon die Sicherheitsbehörden der Sektionen von Paris wie auch jetzt der allgemeine Sicherheitsausschuß ihr Gerechtigkeit widerfahren lassen, daß die Lauterkeit ihres Betragens und ihre staatsbürgerlichen Grundsätze dem Bericht der Kommission über die Dokumente Robespierres entsprechen und dem Nationalkonvent von dem Volksvertreter Courtois so vorgelegt werden; der Ausschuß erklärt als Folge davon, daß überall dort, wohin die Bürgerin Robespierre reisen oder sich zurückziehen möchte, sie das Vertrauen der guten Bürger und den Schutz der Behörden verdient, die aufgefordert sind, ihr Hilfe und Unterstützung zukommen zu lassen, wie es reinstem Bürgersinn und französischer Zuverlässigkeit zusteht.›

Am 13. April 1795 wird mit diesem Schriftstück einer Frau ein Unbedenklichkeitszeugnis ausgestellt, die allein als Schwester von Maximilien und Augustin Robespierre eher zu den Verfolgten des neuen Regime zählen könnte, als so nachdrücklich gelobt zu werden. Zwar heißt sie nicht Caroline – sie ist getauft auf Marie-Marguerite-Charlotte und wurde nie anders als mit ihrem dritten Vornamen angeredet –, aber die Verfälschung ihres Namens ist die einzige Unbill, die ihr die Sieger des Thermidor zumuten. Dafür sorgt ein Fürsprecher, Mitglied im Sicherheitsausschuß und erbitterter Feind der am 28. Juli 1794 hingerichteten Brüder Robespierre: Guffroy, Herausgeber eines der übelsten Schmierblätter der Revolution, einer Schmutzpostille, die sich in den vergangenen Jahren mit einer billigen Kopf-ab-Hetze einen gewissen Ruf erwarb. Maximilien Robespierre verachtete diesen Mann wegen seiner Lust an Verleumdungen, seines vulgären Journalismus. Jetzt ist die Stunde des Geschmähten gekommen, als Verfechter von Charlottes Interessen posthum Rache an dem immer überlegenen Widersacher zu nehmen. In einem Gutachten führt er aus: ‹Ich kannte selbst sehr wohl die Undankbarkeit und Ungerechtigkeit der Brüder gegen sie, sie hingegen hatte alles für sie getan in der berechtigten Hoffnung, daß sie sie niemals verlassen würden.› Die Geschwister hätten nach dem Tod der Eltern lediglich über Einnahmen aus einem kleinen Kapital verfügt, und die ‹großzügige und unvorsichtige Schwester› habe gegen den Rat anderer Verwandter diese geringen Einkünfte verkauft, um es den Brüdern zu ermöglichen, nach Paris zu gehen, habe ihnen außerdem ihre Ersparnisse übereignet und sogar auch ihren Anteil am Familiensilber verkauft und sich damit aller Mittel entblößt. Die Brüder aber jagten sie fort, weil sie nicht genauso dachte wie diese, weil sie die Frau des Verfassers, Guffroy, besuchte und Umgang mit Bürgern pflegte, die sich der Wahrheit und Gerechtigkeit verpflichtet fühlen. Die Brüder wollten sich ihrer entledigen, indem sie die Schwester nach Hause, nach Arras, schickten, wo sie hätte eingekerkert werden sollen. Jetzt steht sie also völlig mittellos da, lebt bei einem gemeinsamen Freund und ist zu schwach, sich mit Spitzenklöppeln ihren Lebensunterhalt zu verdienen. ‹Es entspricht der Würde und dem Rechtsverständnis des Konvents, dem Unglück entgegenzukommen und die Tugend zu ehren auch bei der Schwester eines Verschwörers.› Und dann beantragt der Fürsprecher eine Rente für Charlotte.

Eine finstere Geschichte aus dem Privatleben des Bluthundes Robespierre, der nicht nur die Nation, sondern auch seine hilflose Schwester in den Untergang treiben wollte. Aber die Retter Frankreichs werden diese Untat zu verhindern wissen. – Charlotte erhält tatsächlich eine Pension, aber nicht durch die Regierung des Direktoriums, sondern erst von Napoleon, der Robespierre schätzte und sich deshalb der Bitte Charlottes um eine finanzielle Unterstützung nicht verschließt. Seltsam und kaum verständlich aber, daß nach seinem Sturz auch der Bourbone Ludwig XVIII. diese Rente, zwar gekürzt auf ein Drittel, weiterbezahlt. Geld aus der Staatskasse für die Schwester der Königsmörder, damit diese, zwar äußerst bescheiden, aber doch gesichert ihren Lebensabend verbringen kann. Sie hat den Überwindern der Schreckensherrschaft dazu gedient, sich ihrer Humanität zu rühmen. Vierzig Jahre lebt die Frau noch nach der Hinrichtung der Brüder, verachtet von den Freunden und Feinden Robespierres. Gegen Ende ihres Lebens macht sie ein junger Mann ausfindig, dessen Herz für eine jakobinische Utopie schlägt, und bringt sie dazu, Erinnerungen an ihre Brüder aufzuschreiben. Sie tut es, will den jungen Menschen, den sie liebgewinnt, für seine

Aufmerksamkeit belohnen. Ein Jahr nach ihrem Tod werden diese Aufzeichnungen 1834 veröffentlicht.

Die Schreibseligkeit des 18. Jahrhunderts ist bereits abgeklungen, und nun, wenig beachtet in der Flut der Memoiren, dieser Nachzügler. Ohne literarischen Ehrgeiz, zustande gekommen vielleicht mit Hilfe des jungen Laponneraye, eine Rechtfertigungsschrift? Für die Brüder? Für sich selbst? Die alte Frau zeichnet liebevoll Details an der privaten Persönlichkeit des Mannes, der mit seinem messianischen Wollen die Revolution geprägt hat, politische Zusammenhänge erhellen die oft rührenden kleinen Geschichten nicht. Wahrheit? Für wen? Laponneraye, der so inbrünstig wünscht, daß sie sich als Zeitzeugin äußert, verehrt Robespierre. Sie darf also nicht um der Wahrheit willen Illusionen zerstören, muß vor allem darauf achten, daß sie nicht ihr eigenes Ansehen beschädigt. Sie weiß, daß ein Brief, den sie wenige Wochen vor der Katastrophe an ihren jüngeren Bruder geschrieben hat, veröffentlicht ist. Das tiefe Zerwürfnis zwischen den Geschwistern, Thema des Briefes, kann sie also nicht verschweigen. Sie mag wegen der Indiskretion dieser Veröffentlichung klagen, mag beteuern, der Brief sei im Tonfall verschärft wiedergegeben, ihre eigenen Worte seien nicht so hart gewesen – den Streit und ihre Verzweiflung kann sie nicht ausklammern. Sie muß eine Balance finden zwischen dem, was sie sagen will, und dem, was sie sagen muß, weil es nachprüfbar ist. Um die richtige Auswahl geht es, nicht um Wahrheit, nicht um das Begreifenwollen einer Vergangenheit, die längst Besitz der Historiker, Romanciers, Politiker geworden ist. Den eifrigen Zwanzigjährigen gilt es nicht zu enttäuschen, das ist wohl das einzige Bedürfnis in diesen Mitteilungen. Die Verfasserin ist der Gedanken an diese längst vergangene Zeit überdrüssig, nichts drängt sie, noch einmal einzutauchen in Jugendjahre, die mit einem so beschämenden Scheitern der für richtig gehaltenen Politik und, viel kränkender, schon davor mit dem Verlust der Rolle endeten, über die sie sich zu definieren dachte. Unverarbeitet strömen die Erinnerungen aufs Papier, Zorn, Empörung, Verdächtigungen – frisch und unverbraucht, als hätten die 40 Jahre noch immer keine Distanz geschaffen. Im verehrungsvollen Blick des jungen Mannes will sie sich spiegeln, darin liegen Gegenwart und Nachwelt. Sie muß auf der Hut sein.

Charlotte berichtet von der Kindheit in Arras. Sie ist 1760 geboren, zwei Jahre jünger als Maximilien, drei älter als Augustin. Es gab noch eine Schwester, die mit neunzehn Jahren starb. Entscheidend der Tod der Mutter, Charlotte war erst fünf. Ungewöhnlich daraufhin das Verhalten des Vaters. Dieser gutverdienende Advokat verfiel in eine so schwere Gemütsverstimmung, daß ihm Freunde rieten, sich von seinem Schmerz mit einer Reise abzulenken. Er kam nie mehr zurück, die Kinder hielten ihn für tot. Er hatte aber, wohl aus Angst vor der Verantwortung, Frankreich verlassen und lebte bis zu seinem Tod 1777 in München als Sprachlehrer. Das haben seine Kinder nie erfahren. Das Grunderlebnis der kleinen Charlotte ist also Verlassenwerden, wobei das Verschwinden des Vaters wahrscheinlich eine tiefere Verunsicherung auslöste als der Tod der Mutter, den man bei aller Trauer zu den natürlichen Abläufen des Lebens zählen konnte. Die beiden Mädchen wurden von Tanten aufgezogen, die Brüder von den Großeltern. Wie üblich verbrachte Charlotte viele Jahre im Kloster und lernte in der größten Zurückgezogenheit Schreiben, Handarbeit, vor allem Religiosität und Bescheidenheit. Ihr unauffälliges und anspruchsloses Leben erfuhr die entscheidende Veränderung, als der verehrte große Bruder, der in Paris im Collège Louis-le-Grand mit Auszeichnung die Rechte studiert hatte, sich in Arras als Advokat niederlassen wollte und seine Schwester bat, ihm den Haushalt zu führen. Die Jahre zwischen 1781 und 1789 waren für sie uneingeschränkt glücklich. Sich dem Bruder völlig unterzuordnen machte ihr Freude. Sie verstand das schwere Amt des Ältesten, nach Tod und Verschwinden der Eltern die Rolle des Familienoberhauptes übernehmen zu müssen, und erzählte über den erst achtjährigen Maximilien: ‹Nahm er an unseren Spielen teil, dann, um sie zu lenken.› Es gefiel ihr, jetzt für den Erwachsenen zu sorgen, der schnell anerkannt wurde und sich den Ruf erwarb, sich besonders für vom Schicksal Benachteiligte erfolgreich einzusetzen. Seine wichtige Arbeit ließ keinen Raum für Interesse an der Schwester und den Tanten, die sich darüber amüsierten, wie zerstreut er sich an ihren abendlichen Kartenspielen beteiligte, was selten genug vorkam. Eine Geschichte ist Charlotte besonders im Gedächtnis geblieben. Auf dem nächtlichen Heimweg von einer Einladung habe ihr Bruder einfach vergessen, daß sie neben ihm ging, sei mit großen Schritten nach Hause geeilt, und dort habe sie ihn im Arbeitszimmer angetroffen, als sie eine gute Weile später als er ankam. Er habe den Kopf von den Akten gehoben und streng gefragt, wieso sie erst jetzt nach Hause komme – worauf sich der Vorfall in großem Gelächter aufklärte. In seiner Bedürfnislosigkeit habe es ihn auch nie interessiert, was sie ihm zum Essen vorsetzte, ihm war alles recht, besser gesagt, er nahm es überhaupt nicht wahr. Aber Charlotte scheint ihr unbeachtetes Wirken im Hintergrund mit Stolz erfüllt zu haben, ermöglichte doch sie es, daß sich der Bruder ungestört seinen bedeutsamen Tätigkeiten widmen konnte. Traurig und melancholisch sei er gewesen – erst nach dem plötzlichen Tod der Schwester, schränkt sie sofort ein, sonst immer zu Späßen aufgelegt, bei denen er Tränen lachte, was sich schlecht in die Berichte anderer Zeitgenossen über seine häufigen depressiven Verstimmungen einfügen will. Verliebt sei er gewesen, und er hätte gerne geheiratet, aber das Mädchen habe das Versprechen, auf ihn zu warten, bis er seine Arbeit in der Verfassunggebenden Versammlung in Paris beendet haben würde, nicht gehalten. Davon war er ‹schmerzlich betroffen›, erinnert sich die Schwester. Hier findet sich der erste weibliche Verrat, der einem der geliebten Brüder Schaden zufügte. Charlotte wird sich im weiteren Bericht immer im Kampf gegen weibliche Bösartigkeit darstellen, und sie wird immer unterliegen.

In diese insgesamt friedliche Zeit in Arras fällt auch eine Disputation, wie sie damals von allen Akademien durchgeführt wurden. Die Frage lautete: Wodurch entsteht die Auffassung, daß ein Teil der Schande, die die Bestrafung eines Schuldigen auslöst, sich auf alle Mitglieder seiner Familie erstreckt? – Für seine Erörterung des Problems erhielt Maximilien eine Auszeichnung. An dieser Stelle der Erinnerungen ändert sich der Tonfall Charlottes: sie weist darauf hin, daß sie genau dieses Los zu tragen habe, obwohl ja nur Verleumdungen den Bruder zu einem Verbrecher stempelten. Sie beschwört den ‹teuren Schatten›, nicht daran zu zweifeln, daß sie immer zu ihm gehalten habe: ‹Ich bin stolz, deinen Namen zu tragen; es ehrt mich, aus deinem Blut zu stammen.› Weshalb dieser pathetische Diskurs mit einem Toten? Nun, sie hat seinen Namen abgelegt und den Mädchennamen ihrer Mutter angenommen, um sich nach seiner Hinrichtung vor Verfolgungen zu schützen.

Das Jahr 1789 brachte zunächst Hoffnung für die Familie: Maximilien wurde als Vertreter des Dritten Standes in die Generalstände gewählt und begann seine Arbeit in Paris. Weniger als ein Jahr später schrieb ihm Charlotte: ‹Wenn Du doch in Paris einen Platz finden könntest, der mir zusagt, und einen für meinen Bruder, denn hier wird nichts aus ihm.› Augustin hat ebenfalls das Collège Louis-le-Grand besucht und sein Studium der Rechtswissenschaften abgeschlossen. Karriere machen konnte er nur in Paris, und Maximilien setzte sich für ihn ein, fand aber zunächst keine passende Position für den Jüngeren, so daß dieser noch eine Zeit in der Stadtverwaltung von Arras arbeitete. Der Sekretär Maximiliens gibt zu Protokoll, Robespierre habe seine Einnahmen folgendermaßen aufgeteilt: ein Viertel davon bekam eine junge Frau, die von ihm schlecht behandelt und oft gar nicht vorgelassen wurde, die ihn aber vergötterte. Der Rest wurde durch zwei geteilt und eine Hälfte an seine Schwester geschickt. Es gibt keinen Beweis für die verkauften

Silberlöffel und dafür, daß Charlotte die Zinsen ihrer Einkünfte verkauft hätte, um die Brüder zu unterstützen. Beide verdienten und sorgten auch für ihren Lebensunterhalt.

Im September 1792 erfüllen sich Charlottes Wünsche: Beide Brüder werden in den Konvent gewählt, Maximiliens Ergebnis ist das beste der Liste, aber auch Augustin hat den Sprung in die große Politik geschafft. Die Geschwister lösen den Haushalt in Arras auf und ziehen um nach Paris. Charlotte erwartet eine gewaltige Enttäuschung. Seit dem 17. Juli dieses Jahres wohnt Maximilien bei der Familie Duplay. Nach dem Blutbad auf dem Marsfeld hatte ihm der Schreiner Duplay angeboten, zu seiner Sicherheit bei ihm zu wohnen. Duplay ist ein Jakobiner der ersten Stunde, ein erfolgreicher Unternehmer, dem auch mehrere einträgliche Immobilien gehören. Madame Duplay vereinnahmt den prominenten Mieter sofort. Sie und ihre drei Töchter verwöhnen ihn, lesen ihm jedem Wunsch von den Augen ab. Und nun ist die Schwester in der Stadt, pocht auf ihre älteren Rechte. Sie wohnt zunächst in der Familie, ist aber so entsetzt über den Einfluß, den Madame Duplay auf ihren Bruder ausübt, daß man sie schnell in einer anderen Wohnung unterbringt, die keine Verbindung mit den Räumen Maximiliens hat. ‹Ich beschloß, meinen Bruder ihren Händen zu entreißen.› Sie macht ihm klar, daß er bei seiner Position eine eigene Wohnung benötige, und er läßt sich überzeugen. Nach einiger Zeit erkrankt er. Charlotte pflegt ihn mit aller Fürsorge, ist doch die Sorge für ihre Brüder ihr einziger Lebensinhalt. Madame Duplay stürmt geradezu die Wohnung, erklärt Robespierre für vernachlässigt und schleppt ihn im Triumph wieder zu sich nach Hause. ‹Sie liebt mich so sehr, es wäre undankbar von mir, sie abzuweisen›, begründet er der Schwester gegenüber den erneuten Wohnungswechsel. Er hat sich zwischen den zwei rivalisierenden Frauen entschieden und seine Schwester tödlich gekränkt. Noch als alte Frau hat sie diesen Schmerz nicht überwunden. ‹Mußte er mich ihr opfern? Nachdem sie mir vorgeworfen hatte, daß ich es gegen meinen Bruder an Sorgfalt fehlen ließe, hätte er doch bedenken müssen, daß es ihre Vorwürfe bestätigte, wenn er mich verließ und sich wieder in ihre Obhut begab. Und dabei liebte mich mein Bruder.› Darum schmerzt die Niederlage doppelt. Ihre Erklärung: er war so sehr daran gewöhnt, die Wünsche anderer über seine eigenen zu stellen, daß er nicht zögerte, sie, ‹die er für einen Teil seines Selbst hielt›, genauso aufzuopfern, wie er es selbst unentwegt tat, ‹um nicht eine Familie zu verletzen, die ihm mit ihrer Fürsorge und Güte alle Mittel genommen hatte, sich ihr zu widersetzen.›

Die verlassene Schwester wird von der Siegerin auch noch äu-

ßerst unfreundlich und abweisend behandelt. ‹Eines Tages, als ich
meine Magd beauftragte, meinem Bruder einige Töpfchen Marmelade zu bringen, sagte Madame Duplay zornig zu ihr: Nehmen Sie
das nur wieder mit, ich will nicht, daß sie Robespierre vergiftet. –
Meine Magd berichtete mir unter Tränen die ungeheure Beleidigung
von Madame Duplay.› Von diesem Tag an herrscht offene Feindschaft.

Weshalb ist Madame Duplay so hingebungsvoll an Robespierre
interessiert? Die Gründe, die Charlotte angeblich in einem Gespräch gegenüber einem Bekannten geäußert haben soll, daß die
Familie in der Zeit der Versorgungsschwierigkeiten davon profitierte, sich nicht um Lebensmittel anstellen zu müssen und billig
einkaufen zu können, spielen, wenn überhaupt, nur eine unterge-
ordnete Rolle. Daß die Familie wünschte, die älteste Tochter Eleonore mit Robespierre zu verheiraten, wozu dieser selbst wenig
Neigung zeigte, mag zutreffen. Aber es kommt wohl dazu, daß
Robespierre eine geheimnisvolle Faszination auf Frauen ausgeübt
hat. Seine Unnahbarkeit, seine körperliche Zartheit, die anfällige
Gesundheit, aber gepaart mit einer stählernen Energie, die Unbeirr-
barkeit seiner Zielvorstellungen versetzten gerade Frauen in einen
Begeisterungstaumel. Sie jubelten ihm von den Tribünen zu, obwohl
er ein schlechter Redner war, der nur vom Blatt ablesen konnte, ohne
Schlagfertigkeit und Brillanz. Offenbar faszinierte Frauen diese Verbindung von Unscheinbarkeit und Besessenheit. Von keinem der
männlichen Beobachter wurde ihm eine charismatische Ausstrah-
lung zugeschrieben, während Frauen in Ekstase gerieten, ihm eine
fast religiöse Verehrung entgegenbrachten. Natürlich stammten
seine Anhängerinnen aus den unteren Schichten der Bevölkerung,
sie unterstützten seine unerbittliche Feindschaft gegen die Privilegierten der alten Gesellschaft und setzten ihr Vertrauen in sein
Desinteresse, sich am politischen Geschehen persönlich zu berei-
chern. Damit ist aber das Phänomen seiner Wirkung nicht geklärt,
denn auch Brissot zum Beispiel, sein girondistischer Gegenspieler,
hatte aus der Revolution für sich selbst keinen Nutzen gezogen und
lebte mit seiner Familie in sparsamster Bescheidenheit. Worin bestand also die Anziehungskraft dieses schmächtigen Mannes, der
pedantisch sein Äußeres pflegte, vor Körperkontakten zurückzuckte
und sich deshalb nie dem populistischen Bad in der Menge aussetzte?
Er war ängstlich, scheu, hatte um sich eine Aura der Einsamkeit,
wozu gehörte, daß er sorgfältig darauf achtete, nicht in Zusammenhang mit Liebesaffären gebracht zu werden. Der Mächtige, der
politische Führer, dem die Exekutive gehorcht, der Ideologe, der
Priester des Kults vom Höchsten Wesen – ein zerbrechlicher Mensch,

angewiesen auf Schonung und Ergebenheit, in diesem Spannungsfeld
fanden Frauen die Befriedigung, gebraucht zu werden.

Die Hingabe der Madame Duplay übertraf bei weitem das erklär-
bare Maß. Beim Sturz Robespierres wurde auch die Familie Duplay
verhaftet, der Vater übrigens bald wieder freigelassen, die beiden
Töchter nach wenigen Wochen. Es bestand also keine akute Gefahr,
in den Strudel der Vernichtung mitgerissen zu werden. Und dennoch erhängte sich diese Ehefrau und Mutter unmittelbar nach
ihrer Einlieferung ins Gefängnis in ihrer Zelle. Sie war ohne ihre
Ikone nicht mehr lebensfähig, unverbrüchlich hatte sie ihr Schicksal mit dem ihres Idols verknüpft.

Die mittlere der drei Töchter, Elisabeth, hat ebenfalls einen
bescheidenen Memoirentext verfaßt. Sie erzählt, wie sie sich in den
Abgeordneten Le Bas verliebt, einen Bewunderer der Brüder Robespierre. Sie hat ihn kennengelernt, als sie mit Charlotte eine Sitzung
des Konvents besuchte. Sie mochte Charlotte, die beiden probierten
gemeinsam Frisuren und Kleider, gingen miteinander aus, oft in
politische Versammlungen. Auch Charlotte bestätigt in ihren Erinnerungen: ‹Elisabeth ist nicht losgegangen auf mich, sie kam zu
mir, um meine Tränen zu trocknen, wenn mich die Kränkungen
ihrer Mutter weinen machten.› Mlle Duplay geht nur knapp auf den
Konflikt zwischen ihrer Mutter und der früheren Freundin ein:
‹Meine Mutter behandelte sie wie ihre Tochter. Arme Mutter! Sie
hielt Charlotte für genauso untadelig und aufrichtig wie ihre Brüder.
Großer Gott! Das war sie nicht.› Sie schwärmt von Maximilien als
ihrem großen Vertrauten, der sich ihrer zärtlich annimmt, auch als
sie Liebeskummer hat. Denn Le Bas läßt zunächst lange nichts von
sich hören. Als die beiden einander wieder treffen, fragt er sie, was
sie sich aus Putz und Vergnügungen mache und ob sie ihre Kinder
selbst stillen wolle. ‹Ich antwortete ihm, daß ich dem Beispiel
meiner guten Mutter folgen und sie immer um Rat fragen werde.›
Darauf bittet sie Le Bas scherzhaft, ihm zu helfen, eine Frau zu
finden, die lustig und vergnügungssüchtig sei und nicht daran
denke, ihre Kinder zu stillen, weil sie dies versklaven und von
ihrem Spaß abhalten würde. Die Kleine bricht beinahe in Tränen
aus – da hält er um ihre Hand an, denn er wollte nur ihre Gesinnung
prüfen. Die Eltern stimmen dem Antrag nur sehr zögernd zu, weil
sie zuerst die ältere Schwester verheiraten wollen – sollte damit
Robespierre genötigt werden, sich Eleonore zu erklären? (Charlotte:
‹Außerdem muß ich bezeugen, daß er mir zwanzigmal gesagt hat, er
empfinde nichts für Leonore; das Drängen, die Zudringlichkeit der
Familie waren eher dazu angetan, ihm zu mißfallen, als ihn verliebt
zu machen. Das ist die reine Wahrheit.›)

Das junge Paar muß sich noch in weiteren Schwierigkeiten bewähren. Ein Bekannter des Verlobten rät diesem dringend von der Heirat ab: das Mädchen sei schlecht erzogen, ohne Vermögen, sei in schlimme Geschichten verwickelt und keine Gefährtin für einen aufrechten Patrioten. Diese Warnungen teilt der verwirrte Bräutigam seiner Liebsten mit, die als wahre Jakobinerfrau reagiert: ‹Falls ich eine zuwenig ausgiebige Erziehung genossen haben sollte, so hat mir die Natur dafür ein reines Herz gegeben und kluge und zärtliche Eltern, die uns aufgezogen haben, um aus uns tugendhafte Frauen zu machen.› Recht so, die Ehre der Familie ist bedroht. Auch die Brüder Robespierre versichern Le Bas, daß die Töchter perfekte Hausfrauen seien, dieser Haushalt insgesamt an das goldene Zeitalter erinnere und vom Geist eines soliden Patriotismus durchdrungen sei, usw. usw. Wer will denn nun einen Keil zwischen die Liebenden treiben? Niemand anderer als Guffroy, der Gossenjournalist. Er möchte seine eigene Tochter, die aus einer früheren Liebesbeziehung ein Kind erwartet, an den leicht beeinflußbaren Le Bas verheiraten und ist höchst ärgerlich, als man im Hause Duplay seine Intrige aufdeckt. Ausgerechnet ihm wird Charlotte später verdanken, daß sie nicht in die Mühlen der Thermidor-Justiz gerät.

So wird also im August 1793 die Hochzeit zwischen Elisabeth und Le Bas gefeiert, und spätestens bei diesem Anlaß stellt sich die Frage, weshalb sich Robespierre nicht um einen Mann für seine Schwester bemüht hatte. Mit ihren 33 Jahren wäre eine Heirat Charlottes überfällig, aber darum scheint sich keiner gekümmert zu haben. Charlotte berichtet in ihren Memoiren, Fouché habe um ihre Hand angehalten und Maximilien ihr nicht gerade von ihm abgeraten. Aber da er ja später Robespierre verraten hat, ist sie froh, daß diese Hochzeit nicht zustande kam. Seltsam: wenige Wochen, bevor Charlotte von Arras nach Paris kam, hatte Fouché bereits geheiratet, war Vater eines Kindes. Wußte Charlotte davon nichts? Aber bei der späteren Karriere dieses Mannes zum Herzog von Otranto muß sie doch irgendwann die Wahrheit erfahren haben – kein Verweis darauf in ihrer Niederschrift.

Augustin erhält den Auftrag, die Revolutionstruppen in Südfrankreich zu inspizieren und nimmt seine Schwester mit. Wahrscheinlich soll diese Reise das gespannte Verhältnis zwischen ihr und der Familie Duplay beruhigen und damit Maximilien entlasten. Das Ergebnis ist allerdings ein Zerwürfnis zwischen Charlotte und Augustin, das durch die Intrige einer Frau ausgelöst wird, die es auf Augustin abgesehen hat – zumindest behauptet dies Charlotte, die sich noch 40 Jahre nach diesen Ereignissen nicht darüber beruhigen kann: ‹Wahrhaftig, wenn nicht die Scham meine Feder zurückhielte, könnte ich Dinge sagen, die Madame Ricord nicht zur Ehre gereichen würden!› Sie kehrt nach Paris zurück, wagt aber nicht, mit Maximilien über das Vorgefallene zu sprechen: ‹Ich sah ihn so beschäftigt!›

Augustin kennt solche Rücksichten nicht und informiert den Bruder: ‹Meine Schwester hat nicht einen einzigen Tropfen Blutes, der dem unsern ähnlich wäre. Ich habe so viel von ihr erfahren und selbst mit angesehen, daß ich sie als unsere größte Feindin betrachte. Sie mißbraucht unseren fleckenlosen Ruf, um uns ihren Willen zu diktieren und um uns zu drohen, einen skandalösen Schritt zu tun, uns zu kompromittieren. Es muß entschieden gegen sie vorgegangen werden. Sie muß dazu gebracht werden, nach Arras abzureisen; diese Frau, die unser beider Verzweiflung ausmacht, muß entfernt werden. Sie möchte uns den Ruf schlechter Brüder anhängen, ihre Verleumdungen, die sie gegen uns verbreitet, zielen darauf ab.›

Was hat sich Charlotte zuschulden kommen lassen?

Augustin verläßt die gemeinsame Wohnung, und Maximilien wird abgeschirmt im Schoß der Familie Duplay. In ihrer ausweglosen Lage, Opfer von Mißverständnissen durch weibliche Feindseligkeiten, stimmt sie zu, nach Arras zurückzukehren. Sie hat Verwandte und frühere Freunde in dieser Stadt, allerdings herrscht zur Zeit der schrecklichste Terror. Ihr Wohltäter Guffroy wird später behaupten, sie sei dort nur knapp der Verhaftung entgangen – das kann nicht sein. Gerade hier wird niemand so respektiert wie Robespierre! War sie wirklich in Gefahr? Jedenfalls bricht sie nach kurzer Zeit wieder auf – zurück nach Paris. Von einer Familie Delaporte wird sie für einige Zeit aufgenommen, will nicht in die frühere Wohnung mit Augustin zurück. Vom 5. Juli 1794 datiert folgender Brief an Augustin: ‹Ihre Abneigung gegen mich, mein Bruder, weit entfernt, sich zu verringern, wie ich mir vorgegaukelt habe, ist dermaßen zum unversöhnlichsten Haß geworden, daß mein Anblick allein Ihnen schon Grauen einflößt; ich darf auch nicht hoffen, daß Sie ruhig genug sind, mich anzuhören, ich will also versuchen, Ihnen zu schreiben.› Dieser sehr erregte Brief enthält keinerlei Fakten, die den tatsächlichen Grund des einschneidenden Zerwürfnisses ahnen ließen. Sie beteuert, die Wut des Bruders nicht zu verdienen, ihm aber dennoch wegen seiner Grausamkeit nicht böse zu sein, sondern darauf zu hoffen, daß er seinen Irrtum einsehen möge. ‹Von meinen Brüdern gehaßt zu werden, ich, für die es ein Bedürfnis ist, sie zu hegen und zu pflegen, ist das einzige in der Welt, was mich so unglücklich machen kann, wie ich bin.› Sie betont ihre Unschuld, ohne einen einzigen Hinweis, wessen sie sich beschuldigt sieht, und versichert, ihre Brüder nicht belästigen, sondern sich verborgen halten zu wollen. Dann fügt sie eine Art Haushaltsabrechnung an, auf die Augustin mit einem Antwortzettelchen eingeht, das weitere Zahlen zum Haushalt enthält und den Vorwurf, sie habe ihn ruiniert. Was erwartet sie sich noch von dem Aufenthalt in Paris? Wieder wechselt sie die Wohnung und erfährt bei einer Madame Beguin von der Entmachtung Maximiliens. ‹Am nächsten Tag, am 10. Thermidor, stürze ich auf die Straße, mit verwirrtem Kopf, Verzweiflung im Herzen; ich rufe, ich suche meine Brüder. Ich erfahre, daß man sie in die Conciergerie gebracht hat. Ich renne dorthin, verlange, sie zu sehen, fordere es mit gerungenen Händen; ich werfe mich vor den Soldaten auf die Knie; sie stoßen mich zurück, lachen über mein Weinen, beleidigen, schlagen mich. Einige mitleidige Personen führen mich weg. Mein Verstand war verwirrt. Als ich wieder zu mir kam, war ich im Gefängnis.›

Diese dramatische Schilderung betrifft offenbar die Zeit zwischen der Verhaftung und der Hinrichtung der Brüder. Was hat sie vorher getan? Sie berichtet, was am 9. Thermidor geschehen war, allerdings ist deutlich zu erkennen, daß dies ein Bericht aus zweiter Hand ist. Was hat sie von den Ereignissen mitbekommen? Schließlich wohnte sie ganz in der Nähe des Konvents und muß den Aufruhr in den Straßen, die Truppen, das Läuten der Sturmglocke gemerkt haben, aber was tat sie? Verhaftet wurde sie erst drei Tage nach der Hinrichtung der Brüder, wie ist diese Zeit vergangen? Kein Wort darüber. Aber sie erzählt sehr erregt und seltsam schuldbewußt, daß im Gefängnis eine Frau sie dazu gebracht habe, in einer Eingabe schlecht von ihren Brüdern zu reden. Wer war diese Frau, die – wieder einmal – Charlotte zu etwas Schlimmem gezwungen haben soll? Eine Eingabe, wie sie Charlotte beschreibt, ist nicht gefunden worden. Was verursacht ihr Pein, so viele Jahre nach den Ereignissen?

Nach ihrer Freilassung 14 Tage später nehmen sie Freunde auf, bei denen sie für ihr weiteres Leben wohnen bleiben und deren Tochter sie zur Erbin einsetzen wird, wenn sie als alte Frau an ihren Tod denkt.

Was hat sie gewußt vom Tod ihrer Brüder?

Als Maximilien verhaftet wird, fordert Augustin, der gar nicht bedroht worden ist, die Ehre, so wie sein Bruder behandelt zu werden, und der junge Le Bas schließt sich diesem selbstmörderischen Wunsch an. Schon einige Tage vor dem Sturz Robespierres äußerte er zu seiner Frau Elisabeth, die vor wenigen Wochen ein Kind zur Welt gebracht hatte: ‹Wenn es nicht ein Verbrechen wäre,

Charlotte Robespierre

würde ich dir eine Kugel in den Kopf schießen, und du müßtest mich töten, dann würden wir wenigstens gemeinsam sterben. Aber nein! Es gibt ja unser armes Kind!› Ein Gedanke, der ihn nicht daran hindert, sich tatsächlich mit seinem bewunderten Freund Robespierre ins Verderben zu stürzen.

Nach der Verhaftung Robespierres und seiner Vertrauten machen sofort die Sektionen mobil, um die Gefangenen zu befreien, die ins Rathaus gebracht worden sind. Aber dann stehen die Bewaffneten stundenlang ohne Befehl und ohne Essen auf der Straße, bis sie sich allmählich wieder verlaufen. Die letzten Stunden der Revolutionäre enden in dumpfem Grauen. Maximilien ist schwer verletzt durch eine Kugel in der Kinnlade, es ist unklar, wer diesen Schuß abgegeben hat, wahrscheinlich er selbst. Augustin hat sich aus dem Fenster geworfen, beide werden blutüberströmt zur Guillotine geschleppt. Le Bas ist es gelungen, sich zu erschießen. Seine junge

Frau sitzt mit dem Säugling im Gefängnis, ihre Schwester Eleonore ist freiwillig mit ihr gegangen. Im Kerker wird Elisabeth nahegelegt, ihren Namen zu ändern, aber: ‹Sagen Sie diesen Ungeheuern, daß die Witwe Le Bas diesen heiligen Namen nur auf dem Schafott ablegen wird!› Auch nach ihrer Freilassung bringt sie sich in Gefahr, indem sie stolz die Treue zu ihrem Mann den neuen Machthabern entgegenschreit und nur mit Mühe von dieser zerstörerischen Rage abgebracht werden kann.

Sie hat kein Verständnis für Charlotte: ‹Ich wäre lieber Wäscherin, als von diesen Leuten Geld anzunehmen, die unsere armen Freunde getötet haben!› Nun, Charlotte hatte gar kein Geld erhalten, obwohl es ihr zugesagt worden war. Aber schon diese Zusage brachte sie in den Ruf, im Verhör die Brüder verraten zu haben. Das aber stimmt nicht. Sie beantwortete die Fragen, die man ihr stellte, darunter, weshalb sie nicht bei der Familie Duplay gewohnt habe wie ihr Bruder. Niemand würde erwarten, daß Charlotte die Menschen schonte, von denen sie so viele Kränkungen erfahren hatte. ‹Sie sagt aus, daß Frau Duplay ihr vorgeworfen habe, Konterrevolutionäre zu treffen, unter denen auch der Volksvertreter Guffroy war; daß ihr Bruder ihr böse war, weil sie den Mut gehabt hatte, ihn auf die Gefahr aufmerksam zu machen, in die er sich begab in dieser schlechten Umgebung, und daß die Duplays bereits fürchten mußten, ihn zu verlieren.› Weiter befragt, ob sie von der ‹infamen Verschwörung› gewußt habe, die ihr älterer Bruder angezettelt hatte, erklärte sie, ‹daß sie ihr Land zu sehr liebe, daß sie überhaupt nichts von der teuflischen Verschwörung gewußt habe, daß sie den Mut gehabt hatte, ihm, so oft sie nur die Gelegenheit dazu finden konnte, zu sagen, daß die Menschen, die um ihn seien, versuchten, ihn zu betrügen, daß sie, wenn sie von dem niederträchtigen Komplott gewußt hätte, es eher angezeigt hätte, als anzusehen, wie ihr Land untergehe.› Sie versuchte, ihren Bruder zu entlasten, indem sie alles, was ihm angekreidet wurde, auf den verderblichen Einfluß der Familie Duplay schob. Sicher, sie übernahm den Begriff der ‹teuflischen Verschwörung›, aber doch nur um zu betonen, daß sie davon keine Ahnung gehabt hatte. Wie hätte man ihr auch glauben sollen, wenn sie beteuert hätte, es habe nie eine solche Verschwörung gegeben, sie, die seit Wochen keinen Kontakt mit den Brüdern haben durfte? Ein rührendes Detail, daß sie sich bei der Vernehmung um fünf Jahre jünger machte – aber ist das wirklich ein Beweis, wie wenig nahe ihr der Tod ihrer Brüder gegangen sei?

Wie stellt Charlotte selbst ihre Zeugenaussage vor dem Sicherheitsausschuß dar? Gar nicht. Kein Wort über dieses Kapitel. Wie über so vieles, worüber sie sich nicht äußern will, so verschweigt sie

auch die von den Brüdern befohlene Heimkehr nach Arras und ihre
eigenmächtige Rückkehr nach Paris. Sie klammert aus, was nicht in
ihr Bild von sich selbst paßt: die aufopferungsbereite Schwester als
Spielball finsterer Machenschaften, vornehmlich von Frauen, die sie
das Vertrauen der Brüder gekostet haben. Ohne Anklage, ohne
Vorwürfe, ohne die Forderung auch nur nach einer Aussprache über
die vielen Konflikte hat sie die Mißlichkeiten erduldet und sich
dem Willen der Brüder unterworfen. Schwach ist sie und hilflos und
zart und unfähig, sich gegen Verleumdungen zu wehren. Das Portrait, das wir von ihr kennen, spricht eine andere Sprache. Wie alt
mag sie darauf sein? Ihr Aufzug verrät eine prekäre Spannung
zwischen Züchtigkeit und Koketterie. Eng um die Schultern gewik-
kelt ist ein großes Tuch, in dieses hineingesteckt noch ein Brusttuch in lockeren Falten, darunter sogar noch ein Hemd, so daß der
Ausschnitt nur bis zum Schlüsselbein Haut freilegt. Dazu eine
auffallende Frisur: lange, dunkle Locken fallen weich bis über die
Schultern, ein Haarbüschel ist in der Höhe des Scheitels von einer
Schleife gebunden und bildet ein keckes Pinselchen. In der Stirne
einige unternehmungslustige Strähnchen. Auffallend in dem ziemlich breiten Gesicht die großen Augen, die den Betrachter direkt
anblicken, mit einem schwer zu bestimmenden Ausdruck zwischen
Gelassenheit und Spott. Der Mund setzt fast zu einem Lächeln an,
aber hier verstärkt sich der süffisante Zug in den Mundwinkeln.
Eine zu lange, schmale Nase zeigt keinerlei Familienähnlichkeit.
Hübsch war sie nicht, aber anziehend in dieser geheimnisvollen
Hinterhältigkeit, die der Gesichtsausdruck vermuten läßt. Auf keinen Fall wirkt sie so schüchtern, wie sie von sich selbst behauptet.
Auf eine nicht recht angenehme Weise sich ihrer selbst und auch
ihrer Mittel bewußt. Kein Reh, keine Taube. Warum auch?

War sie in der Lage, die politische Arbeit der Brüder zu beurteilen?
In ihren Erinnerungen weist nichts darauf hin. Gegen Ende ihrer
Aufzeichnungen fühlt sie sich bemüßigt, noch ein wenig die Rolle
der Zeitzeugin zu bedienen. Dann redet sie von berühmten Männern um Robespierre. Marat habe sich um Zusammenarbeit bemüht, sei aber von Maximilien abgewiesen worden: ‹Du kompro-
mittierst die Revolution, du machst sie verhaßt, indem du ständig
Köpfe forderst.› An Danton hebt sie seine Lasterhaftigkeit hervor,
deshalb sei keine Gemeinsamkeit zustande gekommen. Daß es
neben der Frage der Moral um politische Gegensätze ging, hat sie
nicht gesehen, erwähnt es zumindest nicht. Was Camille betrifft,
behauptet sie, daß Robespierre ihn noch in letzter Minute im
Gefängnis besuchen wollte, um ihn zu retten, seine Verteidigung zu
übernehmen, daß dieser es aber abgelehnt habe, den früheren

Freund zu empfangen. Sie schreibt für eine reine Weste des geliebten Bruders, sonst interessiert sie nichts. Eine Reihe von nicht bekannt gewordenen Mordanschlägen sei auf ihn ausgeübt worden. Das entspricht ihrem Weltbild: der Gerechte geht unter, zu Fall gebracht von minderwertigen, aber geschickten Feinden. So sieht sie sich auch selbst.

Die Texte der Charlotte Robespierre und Elisabeth Le Bas öffnen den Blick auf Frauen, die nur zufällig in die Peripherie der großen Ereignisse geraten sind, selbst ohne Ehrgeiz, zumindest ohne erkennbare Versuche, Ehrgeiz zu verwirklichen. Elisabeth erzählt ihre Erinnerungen im Ton des süßen kleinen Mädchens, als das sie dem Geliebten gefallen hat. Kein Anflug von Kritik an ihrem Mann, etwa bei seiner Wankelmütigkeit gegenüber den Angriffen auf sie durch Guffroy, kein Zweifel daran, ob es nicht ein wenig rücksichtslos war, sich umzubringen und die Frau mit dem neugeborenen Sohn sich selbst zu überlassen. Sie ist mit ihm ganz einverstanden und hätte beinahe seine heroische Geste imitiert und so auch ihr Leben weggeworfen. Ungebrochen schreibt sie 1842, in der Julimonarchie: ‹Ich liebe die Freiheit; das Blut, das in meinen Adern fließt, mit meinen siebzig Jahren, ist das Blut einer Republikanerin.›

Die Schlüsselbegriffe in Charlottes Verhalten: Unterwerfung, Selbstaufgabe, Kampf ums eigene Revier, Schuldzuweisungen an die anderen, Feindschaft gegenüber Frauen mit gnadenloser Entlarvung von deren Fehlern, Verdrängung der eigenen Anteile an jedem Konflikt. Ein Leben als Lobpreisung der freiwilligen Abhängigkeit.

Galerie 5:
Cécile Renault

Aus dem Rapport des Sicherheitsausschusses vom 23. Mai 1794:

Um neun Uhr abends wurde ein junges Mädchen im Haus des Bürgers Duplay vorstellig, verlangte Robespierre und sagte, daß sie ihn seit drei Stunden suche. Auf die Antwort, die die älteste der Duplay-Töchter gab, daß Robespierre nicht hier sei, sagte dieses junge Mädchen, daß es doch erstaunlich sei, daß er sich nicht zu Hause befinde, und äußerte mit Frechheit und übler Laune, er sei schließlich Volksvertreter und dazu da, denen zu antworten, die mit ihm sprechen wollten: diese drohende Haltung hat uns genötigt, sie zum Sicherheitsausschuß zu bringen.

Zusatz: Wir bestätigen außerdem, daß sie während des Weges gesagt hat, daß man im alten Regime beim König sofort vorgelassen wurde, wenn man bei ihm vorstellig wurde. Wir haben sie gefragt, ob sie lieber einen König wolle, und sie antwortete, daß sie ihr Blut vergießen würde, um einen zu haben, dies sei ihre Meinung, und wir seien Tyrannen.

Aus dem 1. Verhör der zwanzigjährigen Aimée-Cécile Renault, Tochter eines Papierwarenhändlers:

Welcher Grund führte Sie zum Volksvertreter Robespierre?

Mit ihm zu reden.

Über welche Angelegenheit wollten Sie mit ihm reden?

Das hätte sich gezeigt, wenn sie ihn gefunden haben würde.

Kannten Sie den Bürger Robespierre?

Nein, deshalb wollte ich ihn ja kennenlernen.

Aus welchem Grund wollten Sie ihn kennenlernen?

Um zu sehen, ob er mir gefällt.

Haben Sie zu den Bürgern, die Sie festgenommen haben, gesagt, Sie würden Ihr Blut vergießen, wenn das nötig wäre, um einen König zu haben?

Ja, das habe ich gesagt.

Bleiben Sie dabei?

Ja.

Welche Gründe haben Sie bewogen und bewegen Sie noch, sich einen Tyrannen zu wünschen?

Ich wünsche einen König, weil mir das lieber ist als 50000 Tyrannen, und ich bin nur zu Robespierre gegangen, um zu sehen, wie ein Tyrann ist.

Erschwerende Fakten:

– Am selben Tag wird ein Mann festgenommen, der, Mieter im selben Haus wie Collot d'Herbois, versuchte, diesen zu erschießen, und zugab, daß er eigentlich hätte Robespierre ermorden wollen, diesen den ganzen Tag aber nicht gefunden habe.

– Ein Nachbar der Familie Renault liefert ein Paket ab, das Cécile bei ihm deponiert hatte. Es enthält eine komplette Frauenbekleidung.

– Bei der Leibesvisitation finden sich in der Tasche Céciles zwei kleine Messer, eines mit einem Schildpatt-, das andere mit einem Elfenbeingriff.

Fortsetzung des Verhörs:

Warum sie diese Kleidungsstücke abgegeben habe?

Sie habe erwartet, an den Ort gebracht zu werden, wohin man sie sicher führen werde, da wollte sie ihre eigene Wäsche zur Verfügung haben.

Von welchem Ort sprechen Sie?

Vom Gefängnis, um von dort aus zur Guillotine zu gehen.

Was haben Sie mit den beiden Messern vorgehabt, die man bei Ihnen gefunden hat?

Gar nichts, sicher nicht, jemanden damit zu verletzen.

Sie wird in die Conciergerie überführt.

Verhör des Revolutionstribunals:

Wie könne sie behaupten, die Macht des Volkes, seiner Vertreter und seiner Abgeordneten sei eine Tyrannei?

Sie sei niemandem über ihre Ansichten Rechenschaft schuldig.

Ob sie in der Revolution irgendeinen Verlust erlitten habe oder zu irgendeinem Opfer gezwungen worden sei, die der Vorwand für ihre Ansichten seien?

Nein, sie wolle einen König und habe kein sonstiges Motiv.

Ob sie damit rechne, wieder einen König einzusetzen?

Ja, aber es sei ihr gleichgültig, welcher, sie bevorzuge keinen bestimmten.

Wie sie sich vorstelle, daß die Monarchie wieder eingeführt werde?

Durch den Sieg der Koalitionsarmeen.

Zu welchem Zweck hatte sie die beiden Messer bei sich, als sie zu Robespierre ging?

Das eine hat sie von ihrem Bruder, das andere von ihrer Großmutter. Sie wollte von dem einen mit dem anderen den Rost abkratzen, aber das schon vor acht oder neun Tagen, sie benütze sie sehr selten.

Hatte sie die Absicht, als sie zu Robespierre ging, ihn mit diesen Messern zu töten?

Nein. Das kann man doch nicht machen, einfach weil es einem gefällt.

Als sie gestern das Haus verließ, hatte sie da nicht ein Paket mit Kleidungsstücken? Weshalb hat sie dieses Paket gepackt?

Sie hat vorausgesehen, daß sie verhaftet würde, wenn sie zu Robespierre ging.

Erschwerende Fakten:

– Unter ihrem Bett findet man eine Art Fähnchen mit einer Krone darauf, umgeben von Lilien.

– Bei ihrem Vater findet man Bilder des Königs und seiner Frau und Papiervorräte mit dem königlichen Wasserzeichen.

– Cécile hatte bei ihrer Schneiderin Kleider aus Musselin und Taft bestellt, die für sie viel zu teuer waren. Woher hat sie das Geld? Sie hat sie machen lassen für die Hochzeit einer Kusine, der Stoffhändler hat ihr gestattet zu zahlen, wann sie wolle, in zehn oder zwanzig Jahren.

Urteil: Beteiligung an einem Komplott zur Ermordung Robespierres und deshalb die Todesstrafe.

17. Juni 1794:

70 Menschen werden in den roten Hemden der Mörder zur

Guillotine gefahren, darunter Cécile Renault, ihr Vater, ihre Tante, ihr Bruder.

Im selben Wagen und im nächsten: Mutter und Tochter Saint-Amaranthe, der frischvermählte Ehemann der Tochter und der Sohn.

Die Mutter, eine stadtbekannte Halbweltdame, hat den elegantesten Spielsalon von Paris geführt, in dem Aristokraten und Jakobiner verkehrten, auch der jüngere Bruder Robespierres. Sie waren angeklagt, in die Verschwörung des Auslands und in Devisenschiebereien verwickelt zu sein. Die neunzehnjährige Tochter und der siebzehnjährige Sohn verstehen die Fragen nicht, auf die sie antworten sollen.

Die Schönheit und gefaßte Haltung der Frauen veranlaßt Fouquier-Tinville zu Wutgeschrei über die ‹Unverschämtheit dieser Weiber›. Ihr Tod ist Stadtgespräch, ‹und das in einer Zeit, in der es schwierig ist, diesbezüglich aufzufallen. Alle Welt hatte sich darauf eingestellt zu sterben wie die römischen Gladiatoren – war es doch schon fast so gewöhnlich, geköpft zu werden, wie einen Schnupfen zu kriegen.›

1794/95
Nach dem Thermidor

Die Sieger des Thermidor, Tallien, Barras, feiern die Erlösung Frankreichs von der Diktatur Robespierres, den sie zum Alleinschuldigen am Terror und an jedem staatlichen Versagen stempeln. Aber an den Grundsätzen der Republik, vor allem am obersten Ziel der Gleichheit, halten sie fest. Vergeblich. Das Bürgertum wittert die Chance, nun doch die Werte durchzusetzen, für die es 1789 angetreten ist. Die individuelle Freiheit müsse garantiert werden, und dazu gehöre unabdingbar die Freiheit der Wirtschaft, also der Verzicht auf jeden staatlichen Eingriff. Folgerichtig wird schon im Dezember 1794 das Maximum aufgehoben.

Das vordringlichste Ideal während der kurzen Phase der radikalen Demokratie, die uneingeschränkte Gleichheit aller, wird zurückgeschraubt auf das Prinzip der Rechtsgleichheit, um politische oder gar Besitzgleichheit auszuschließen. Das private Eigentum muß geschützt und zum Maßstab politischer Beteiligung werden – der Weg ist frei für eine Erneuerung des Zensuswahlrechts. Unmittelbar nach dem Sturz Robespierres überwiegt ein beinahe einhelliger Freudentaumel. Paris tanzt und stürzt sich in ein festliches Treiben, wie um die düsteren und blutigen Erinnerungen mit einem Schlag auszumerzen.

Überall in Frankreich beginnt die Jagd auf Terroristen. Eine Jeunesse dorée macht sich auf zur Verfolgung der roten Mütze, Rollkommandos schlagen Sansculotten zusammen, wo man ihrer habhaft werden kann. In den Cafés machen sich die Muscadins breit, provozierend gekleidete junge Stutzer, die sich von den schäbigen und ausgemergelten Gestalten aus dem einfachen Volk zynisch abheben.

Als deutliches Signal für die Zäsur in der politischen Entwicklung wird im November der Jakobinerclub geschlossen.

Die Freigabe des Marktes hat die Preise in die Höhe schnellen lassen. Alles ist zu haben, nur unerschwinglich für die Armen, die erbittert mit ansehen müssen, wie eine schmale Schicht von Spekulanten und Schiebern ihren Reichtum protzig zur Schau stellt.

Im April und im Mai 1795 kommt es zu den letzten Erhebungen der notleidenden Bevölkerung. Verzweifelte Menschen klagen vor dem Konvent ihr Recht auf Überleben ein. Die Aufstände werden vom Militär niedergeworfen, den weiteren Weg in die bürgerliche Reaktion kann nun nichts mehr aufhalten.

Die letzten Volksgesellschaften werden aufgelöst, für Frauen wird ein striktes Verbot ausgesprochen, am politischen Leben teilzunehmen, sie dürfen nicht einmal mehr als Zuhörerinnen auf den Tribünen sitzen.

Am 23. September 1795 wird die Direktorialverfassung verkündet, ein Instrument des besitzenden Bürgertums, um radikaldemokratische Bestrebungen zurückweisen und Terrorismus abwehren zu können. In den folgenden Jahren konsolidiert sich Frankreich allmählich. Die Siege des jungen General Bonaparte tragen dazu bei.

Im November 1799 wird er mit einem Staatsstreich seine Alleinherrschaft beginnen und, nach seiner eigenen Auffassung, die Revolution vollenden.

Ich habe alles verloren:
Die Duchesse de Duras

Die Türe zu ihrer Zelle wird aufgerissen. Sie erschrickt schon gar nicht mehr, zu oft hat sie damit gerechnet, zur Hinrichtung abgeholt zu werden. ‹Sie sind wieder frei.› Die Türe bleibt offen. Sie kann gehen. Wohin? ‹Bar jeden Trostes, ohne meinen Sohn, meine Eltern, ohne Madame de Chimay, die einzige Freundin, die mir der Himmel gelassen hat, ohne Bleibe und auch nur den nötigsten Besitz, erbitterten mich die Glückwünsche der Gefängniswärter und Gendarmen, die mir noch eben mit der Guillotine gedroht hatten. Ich hatte Angst, sie würden mir auch noch nach ihrer Gewohnheit um den Hals fallen, aber das konnte ich glücklicherweise vermeiden.› In zwei Bündel stopft sie ihre Habseligkeiten. 19. Oktober 1794 – vor fast genau einem Jahr ist sie verhaftet worden, am 15. Oktober 1793. Ein Jahr hat das Ende der alten Zeit besiegelt, das Selbstverständliche in Scherben geschlagen, ihr Herz zermürbt, ihr Hirn ausgedörrt. Sie findet den Weg zu der neuen Adresse ihrer Schwiegermutter, einem armseligen Mietshaus. Niemand hat sie erwartet. Noch in den Umarmungen bemüht sich jeder, den Schrecken über ihr Aussehen zu unterdrücken. Mit Mühe hält sie sich aufrecht. Ein einziges Jahr.

Die alte Kinderfrau hat gerettet, was möglich war. So kann sie jetzt Trauerkleidung anlegen. Ihre Eltern sind tot. Der achtzigjährige Vater und die Mutter wurden am 22. Juli hingerichtet. Nach zweiundfünfzig gemeinsamen Jahren stützten sie einander, als sie das klapprige Leiterwägelchen bestiegen, das sie zum Schafott karrte. Gebrechliche Greise, Wohltäter ihr Leben lang – ein Mensch aus der Menge schrie zu ihnen hoch: Jetzt werden die Sansculotten euren Besitz aufessen und euren Wein trinken! – Antwort des alten Marschalls: Gott gebe, daß ihr in einem Jahr noch Brot habt und nicht gezwungen seid, euch gegenseitig aufzuessen. – Wohl nur eine Legende, dennoch tröstlich. Wie soll sie nur Madame Latour ihre Dankbarkeit beweisen, die freiwillig mitgegangen ist ins Luxembourg, um den Eltern die Gefangenschaft zu erleichtern? Es ist ja nichts mehr geblieben.

Der Luxus, sich wieder ungestört zurückziehen zu können. Bei jedem Schritt im Korridor genießt sie das Recht, über ihr Zimmer zu verfügen: kein Wärter tritt ein, keine Mitgefangene, die Lust auf einen Schwatz hat, kein betrunkener Gendarm, der sich wichtig macht und eine Kontrolle durchführt, kein Mitglied der Stadtverwaltung, das einfach neugierig ist, wie sie sich benimmt... Damit ist es jetzt vorbei.

Sie trifft eine alte Freundin, Madame de Tourzel, die bereits in mehreren Gefängnissen war und sich gerade in Freiheit befindet, aber schon mit der nächsten Verhaftung rechnet, die man ihr angekündigt hat. Die Erzieherin des Dauphin und seiner Schwester – verwunderlich, daß sie noch am Leben ist, der König, die Königin, fast alle Vertrauten der Familie – geköpft, massakriert. Die beiden Frauen verstehen einander. ‹Es ist beklagenswert, daß wir nach den großen Ereignissen, die wir als Handelnde oder als Zeugen erlebt hatten, den nötigsten Gebrauchsgegenständen, die wir so lange vermißt hatten, so große Bedeutung schenkten: da war das Vergnügen, ein Messer zu benutzen, einen sauberen Teller, eine Schere, einen Spiegel, etc.› Zunächst hatte es sie empört, die Schikanen erdulden zu müssen, aber dann hatte sie sich vorgenommen, in sich jeden Widerstand zu ersticken, nicht zu rebellieren, nichts zu fragen, womöglich um nichts zu bitten, sich unangreifbar zu machen durch Verzicht. Das Abtöten aller Bedürfnisse forderte nur zu Anfang ihre ganze Kraft, im Lauf der Monate ist es ihre zweite Natur geworden – jetzt hat sie Mühe, in sich einen Wunsch entstehen zu lassen. Wissen, ob ihr Sohn noch lebt. Für die Eltern eine würdige letzte Ruhestätte bereiten – wie? Die Asche aller Hingerichteten ist an einem gemeinsamen Platz, der Staub der Eltern hat sich längst vermischt mit den Überresten der anderen Toten, Unschuldiger, Mörder – kein guter Beginn für das Wünschen. Sie wird sich in ein abgelegenes Dorf zurückziehen, sich versenken in Trauer und Stille. Aber wovon soll sie Brot kaufen, Brennholz, Kerzen? Sie ist auf die Wohltätigkeit von Verwandten, Freunden angewiesen, die auch Not leiden, aber noch etwas abgeben können.

Sie ist fünfzig Jahre alt, war früher von hohem Adelsrang, der sie fast das Leben gekostet hat, die Duchesse de Duras – jetzt einfache Bürgerin. Seit September 1792 lebte sie auf dem Schloß ihrer Eltern und erwartete täglich ihre Verhaftung. Emigration kam für sie nicht in Frage, sie wollte die alten Eltern nicht verlassen, die schon an der Ungewißheit über das Schicksal der Brüder litten. Der jüngere, Philippe, hat Frankreich verlassen – so hoffen sie alle zumindest, auf seinen Kopf war eine Prämie ausgesetzt. Der jüngste Bruder ist mit allen erforderlichen Papieren nach Nordamerika gereist, auch von ihm keine Nachricht. Seine junge Frau Louise wurde auch ins Luxembourg gebracht, zusammen mit Mutter und Großmutter. Alle drei starben am selben Tag auf dem Schafott. Die Kinder ihrer hingerichteten Schwägerin haben sie einmal im Kerker besucht – da ist noch eine Aufgabe im Leben.

Die erste Zeit der Gefangenschaft hat sie im Chantilly verbracht. Das ehemalige Schloß ist wenig geeignet als Gefängnis, man hat die

Raumeinteilung nicht verändert und die großen Räume mit bis zu 25 Personen gefüllt. In einem Saal hausen zum Beispiel ein republikanischer General mit seiner Frau, zwei Mütter mit mehreren Töchtern zwischen 14 und 20 Jahren, einige Nonnen, dicht gedrängt. Will einer ein paar Schritte tun, müssen die anderen aufstehen, um ihm Platz zu machen. Auch Sansculotten finden sich darunter. Verwunderlich, denn dieses improvisierte Gefängnis war dazu bestimmt, die Flut der Gefangenen aufzunehmen, die nach dem Gesetz über die Verdächtigen vom September 1793 arretiert wurden, Priester, die noch immer nicht den Eid auf die Verfassung ablegen, vor allem Adelige. Aber eben ‹auch das, was man Sansculotten nennt, die besten Menschen der Welt. Ich hatte in meiner Nachbarschaft einen Briefträger, eine Wirtshauskellnerin und mehrere Hausangestellte, die ich außerordentlich schätzte.› Die Haftbedingungen sind anfangs human, man darf tagsüber im Haus herumgehen, andere besuchen. Aber ‹ich entdeckte kurz nach meiner Einweisung nach Chantilly, daß der Verlust der Freiheit weder die Herzen noch die Seelen eint, sondern daß man in der Gefangenschaft genauso ist wie sonst auch: eifersüchtig, hinterlistig, falsch, und außerdem gab es unter uns einige Spitzel.›

Inspektion durch einen Kommissar der Armee: dem mißfällt die lockere Atmosphäre. Männer und Frauen werden getrennt, die Frauen müssen ihre langen Haare abschneiden, damit sie nicht zuviel Zeit mit ihrer Toilette zubringen. Bei der Belegung der Schlafsäle wird von nun an streng darauf geachtet, daß Adelige und Sansculotten gemischt werden, aus erzieherischen Gründen. Den einfachen Leuten ist das peinlich.

Nach ihrer Einlieferung hat sie zum erstenmal in ihrem Leben selbst eine Schokolade zubereitet, sie schmeckt abscheulich. Als sie es besser kann, lädt sie eine Nachbarin zum Frühstück ein. Diese ist zwar über den Geschmack befremdet, lobt ihn aber dennoch als gelungen. Da gibt es etwas zu lachen. Sonst wenig. Sie wundert sich, daß die Gefangenen Lust haben zu tanzen, zu spielen, zu musizieren. Wie ist das möglich, erfährt man doch täglich, daß Menschen hingerichtet worden sind, die man gekannt, geschätzt hat! Sie beteiligt sich nur am gemeinsamen Gebet mit den inhaftierten Priestern. Das Haus ist kaum geheizt. Die jungen Leute, viele noch nicht fünfzehn, wärmen sich beim Ballspielen.

Eine unangenehme Neuerung bei den Mahlzeiten: ab sofort dürfen nur noch sehr schwache und alte Menschen in ihren Räumen bleiben. Für die anderen ist auf der Galerie ein riesiger Tisch gerichtet für 200 Personen. Also drei Turnusse für die 600 Insassen. ‹Wir aßen eine Suppe, die nur aus Wasser bestand, Linsen, wie sie sonst die Pferde fressen, Spinatbüschel, Kartoffeln, die schon faulten, und ein besonders übles Ragout, das man Ratatouille nannte. Ich glaube, dieses Wort gibt es nicht im Wortschatz der Akademie, und man sollte es auch nicht aufnehmen. Man stand hungrig auf.› Dennoch Vorwürfe der Kommissare an den Gefängnisleiter, daß zu wenige Gefangene sterben.

Eine seltsame Beobachtung, auch als sie später in schlimmere Gefängnisse überführt wird: Frauen, die krank eingeliefert wurden, die an Krämpfen litten, Blut spuckten – hier, in einem feuchten, gemörtelten Raum ohne Ofen, in dem es durch alle Ritzen zieht, werden sie gesund. Trotz der Angst, trotz der erbärmlichen Verpflegung – alle Energie konzentriert sich aufs Überleben, der Geist hat keine Aufmerksamkeit frei für die Beschwerden des Körpers. ‹Mich erstaunt, wie wenig ich während meiner Gefangenschaft Langeweile empfunden habe.› Das Denken kreist in einem engen Bereich: Sehnsucht nach den geliebten Menschen, Befriedigung der täglichen Bedürfnisse. ‹Der Mangel an Bewegung, die mir unverzichtbar war und die ich mir seit der frühesten Kindheit zur Gewohnheit gemacht hatte, verursachte mir Blutstauungen. Beim Aufwachen war ich so benommen, daß ich eine Krankenschwester rief, die ein nahe gelegenes Zimmer bewohnte. Sie glaubte, ich müsse sterben, und holte Hilfe. Dieser beunruhigende Zustand dauerte nicht lange und löste sich in Erbrechen. Ich schlief ein und fand mich beim Erwachen von vielen besorgten Menschen umgeben. Ich bedankte mich und brach in Tränen aus. Sie wußten nicht, weshalb. Ich entschuldigte mich und erklärte ihnen, daß ich vor Jahren einen ähnlichen Anfall hatte, aber da war ich umgeben von Freunden und Verwandten, und heute sei ich einsam. Ich faßte mich wieder und verließ mein Zimmer, um an die frische Luft zu gehen. In meiner Schwäche konnte ich meine Gefühle nicht verbergen, die mit so traurigen Erinnerungen verbunden waren. Normalerweise habe ich eine Abneigung, darüber zu reden, was mich schmerzt. Man schickte nach dem Verantwortlichen für die Gesundheit in den Gefängnissen, das war ein gewaltiger Revolutionär, sehr klein und dunkel, kaum sachkundig, bekleidet mit einer Carmagnole, dem Einheitskostüm der Sansculotten. Ich wagte nicht, mir von ihm einen Aderlaß machen zu lassen, obwohl ich ihn dringend gebraucht hätte. Er setzte mir Blutegel an den Hals, die meine Kopfschmerzen behoben.› Manchmal fragt sie ein Offizier der Nationalgarde, ob er ihr einen Gefallen tun könne. Aber sie lehnt ab. ‹In den Zeiten der Terreur war die geringste Aufmerksamkeit, die man Leuten unseres Standes erwies, dermaßen gefährlich, daß ich ihn davor bewahrte, aus Dankbarkeit für seinen guten Willen.›

Sie hat sich in ihr Schicksal ergeben. Eines Tages erhält sie einen Brief ihrer Mutter, die sich wundert, daß sie sich nicht darum bemüht, nach Paris in das Luxembourg-Gefängnis überführt zu werden. Daran hatte sie nicht gedacht. Jetzt macht sie mehrere Eingaben – mit Erfolg. Am 5. April vormittags geht der Transport los, in einem offenen Wagen sitzen die Gefangenen auf Holzbänken, ohne Decken ausgesetzt den eisigen Winden. Sie hat das ihr einzig Wertvolle mitgenommen, ihre Bücher in zwei schweren Taschen, die sie in der qualvollen Enge unangenehm drücken. Es beginnt zu regnen. Um 11 Uhr abends kommen sie in Paris an. Die Gefängnisse sind überfüllt, so rumpelt der Wagen von einem zum anderen. Um 1 Uhr nachts dürfen sie endlich absteigen. Halbbetrunkene Gefängniswärter belästigen die jungen Mädchen, und sie schlägt vor, daß jede Frau ein Mädchen in ihre Obhut nimmt. Sie kümmert sich um ein Fräulein de Pons und rät ihr, keinen Schritt von ihrer Seite zu weichen. Sie sind im Plessis-Gefängnis gelandet, das direkt Fouquier-Tinville untersteht und für Konterrevolutionäre bestimmt ist. Sie versucht klarzumachen, daß sie weder denunziert worden ist noch zu den Emigranten oder deren Angehörigen zählt, daß sie lediglich eine ‹Verdächtige› ist und sich freiwillig für diesen Transport gemeldet hat, um mit ihren Eltern zusammengelegt zu werden. Niemand zeigt dafür Interesse. Wie alle anderen wird sie in die Liste eingetragen als Staatsfeindin. Die Enttäuschung nach den Strapazen der Reise ist stärker als die Müdigkeit, der Hunger. Sie wird ihre Eltern nicht sehen.

Mit Fräulein de Pons bekommt sie eine winzige Zelle, die Platz hat für zwei Betten, wenn man sie so geschickt stellt, daß das Fußende des einen beim Kopfteil des anderen ist. Das junge Mädchen weint. ‹Ich tat mein Bestes, um ihren Mut aufzurichten und ihr den Widerwillen zu nehmen, so eng mit einer alten Frau zusammenleben zu müssen. Ich versicherte ihr, daß ich an keinerlei Gebrechen litt.›

Für horrende Preise kann man sich Lebensmittel einkaufen lassen. Sie bereitet mit zwei anderen Frauen das Essen zu. Der Spott der Wärter, wozu das gut sein solle, sie werden doch bald geköpft. ‹Mademoiselle de Pons fand unsere Kost nicht gut genug und schloß sich einer anderen Dame an.›

Nach etwa einem Monat neuerlicher Wechsel des Gefängnisses. Sie fühlt sich wie in einem Palast. Da Männer und Frauen getrennt sind, ist es erlaubt, frei durch das Haus zu gehen. Ihr Zimmer liegt im fünften Stock, es hat als einziges einen Kamin. Deshalb bereiten alle Nachbarinnen hier ihren Kaffee. ‹Dadurch entstand ein wenig angenehmes Kommen und Gehen.›

Neue Gefangene: Fischfrauen, Straßenmädchen, Aussätzige, die

Geliebte des Henkers, auch eine Verrückte, die sich an sie klammert und nur mit Gewalt entfernt werden kann, eine schwarze Sängerin, Bäuerinnen, eine, weil sie auf den Mantel eines Patrioten gespuckt hatte, eine andere, weil sie auf eine umgefallene Freiheitsstatue getreten war, und es wird eingeliefert Madame de Lafayette, die Schwester ihrer Schwägerin Louise. Jetzt endlich kann sie mit einem Menschen sprechen, der sie versteht, von denselben Sorgen gequält wird. Gemeinsam weinen sie um den Tod ihrer Liebsten.

Sie beobachtet: Die Concierge bedient lieber Aristokraten als Leute aus dem Volk. Die Adeligen beschweren sich nie, nicht über die Haare, die in der Suppe schwimmen, nicht über den Tisch, der nach verschüttetem Rotwein stinkt und nie saubergewischt wird, nicht über die kärglichen Rationen der Mahlzeiten. Sie beobachtet: die adeligen Häftlinge geben sich Illusionen hin. Bei jedem Verurteilten sehen sie Gründe für seine Hinrichtung: bei dem hat man Geld gefunden, der hat mit Emigranten korrespondiert. – Sie macht sich nichts vor. Sie weiß, daß alle Aristokraten ohne Ausnahme vernichtet werden sollen. Sie rechnet mit ihrem Tod. Sie beschließt, bei ihrer Verhandlung kein Wort zu sprechen, keine Frage zu beantworten. Nach dem Urteil will sie den Richtern sagen: ‹Sie verurteilen eine Unschuldige; aus christlicher Nächstenliebe verzeihe ich Ihnen; aber der Gott der Rache wird Sie richten.›

8. Juni, das Fest des Höchsten Wesens: das Haus soll mit Girlanden geschmückt werden. Einige Sansculottenfrauen, die ständig beteuern, nur wegen eines Mißverständnisses hierzusein, wollen im Hof einen Freiheitsbaum pflanzen. Die Concierge will davon nichts wissen, das sei wenig passend für ein Gefängnis.

27. Juli, fünf Tage nach der Hinrichtung ihrer Eltern und Schwägerin: die Gefangenen dürfen während des ganzen Tages ihre Zimmer nicht verlassen, im Haus herrscht große Unruhe: Robespierre ist gestürzt. Jubel bei den Gefangenen, aber die Radikalen sind an der Macht geblieben, also besteht keine Hoffnung. Mitte Oktober wird sie ganz unvorbereitet zu einem Verhör geholt. Was sie für die Revolution geleistet habe? ‹Ich habe zeit meines Lebens das Gute getan, wozu ich fähig war.› Man hält sie für hochmütig. ‹Mein Name ist kein Verbrechen.› Sie wird zurückgebracht.

Und dann ist sie frei.

Der Winter 1794/95 ist besonders kalt. Die Menschen hungern. Sie bewohnt ein Zimmer in demselben Haus wie ihre Schwiegermutter. Sie kauft ein, kocht, sieht aus wie eine Dienstmagd, trägt immer mehrere Kleidungsstücke übereinander, um weniger zu frieren. Sie sitzt im Dunkeln, Kerzen sind zu teuer. Aber sie erhält Nachricht von ihrem Sohn. Er kommt nach Paris.

‹Von da an gab es in meinem Leben nur ganz gewöhnliche Vorfälle, so daß ich diesen beschwerlichen Bericht beende und mich bei den Lesern entschuldige. 11.2.1804.›

Alibi und Anpassung:
Teresa Tallien

‹Ich ergreife diese Gelegenheit, Bürger, um öffentlich meine Heirat mit der Bürgerin Cabarrus bekanntzugeben. Ich schulde es der Freundschaft, der Dankbarkeit, mein Los mit dem einer anziehenden patriotischen Frau zu vereinigen, die meinetwegen verfolgt und eingekerkert war und schon über ihrem Haupt das Schwert der Ächtung sah, weil sie den Mut gehabt hatte, sich zu weigern, an Robespierre einen Brief gegen mich zu schreiben, mit welchem Mittel man mich zu vernichten hoffte. Um diesen Preis bot man ihr immerhin einen Paß und die Garantie ihres Vermögens; aber nichts brachte sie dazu, die Freundschaft mit mir zu verraten, und von diesem Augenblick an war sie dem Tod geweiht und verdankt ihre Rettung nur der Revolution des 9. Thermidor.› Jean-Lambert Tallien verteidigt in diesem Artikel der ‹Abendpost› vom 1. Januar 1795 seine Frau gegen Angriffe und Verleumdungen, die sie erdulden muß.

Ein erhebender Text, fragwürdig nur bezüglich seines Wahrheitsgehalts. Die Bürgerin Cabarrus trägt diesen Namen, ihren Mädchennamen, seit sieben Jahren nicht mehr. 1788 war sie durch Heirat eine Gräfin Fontenay geworden und hatte den adeligen Namen auch nach der Scheidung 1793 behalten. Und keineswegs war sie wegen Tallien ins Gefängnis geraten, sondern als Aristokratin, also als eine Verdächtige, auch wenn sie nicht noch zusätzlich die Unverschämtheit besessen hätte, nach Paris zu reisen, was den ci-devants bei strengster Strafe verboten war. Hatte die Sehnsucht nach ihrem Liebhaber Tallien sie dazu getrieben, ihm von Bordeaux nach Paris zu folgen? Nun, sie fand es dringend nötig, sich um die Anteile ihres Besitzes zu kümmern, nachdem der überaus leichtfertige und unzuverlässige geschiedene Ehemann emigriert war. Und sie hatte auch Grund zur Besorgnis: ‹Nur so viel: Fontenay hatte tausend Niederträchtigkeiten begangen, er hat mir Häuser und Ländereien verkauft, die noch gar nicht bezahlt waren und deshalb zum Teil noch anderen gehören, was mein Vermögen erheblich mindert.›

Und das Opfer, Tallien nicht zu denunzieren? Abgesehen von ihrer eigenen Aussage gibt es keinen Beweis, daß Robespierre sie tatsächlich dazu aufgefordert hätte. Vielleicht stimmt diese Geschichte. Später ergänzte sie noch, man habe sie mit dem Hinweis auf ihr verlassenes Söhnchen unter Druck zu setzen versucht. Aber viel eher muß man annehmen, daß dies eine der vielen Erfindungen ist, mit denen sie ihr Leben pikant zu dramatisieren wußte.

Die Ehe, die Tallien bekanntgab, wäre im Ancien régime nicht möglich gewesen. Undenkbar die Verbindung zwischen einer adeligen Frau und einem Mann aus bescheidenen bürgerlichen Verhältnissen; beinahe undenkbar, daß sich eine geschiedene Frau überhaupt neu vermählen durfte; über alle Maßen ungewöhnlich aber auch in der neuen Zeit der Reichtum der Frau und die völlige Besitzlosigkeit des Mannes. Da wußte sich die Braut allerdings abzusichern. Ein Ehevertrag wurde aufgesetzt, der die Asymmetrie des Besitzstandes zementierte: ‹Art. 1. Es wird keine Gütergemeinschaft geben zwischen den künftigen Eheleuten, die sich hiermit von allen anderslautenden Gesetzen, Sitten, Gebräuchen und Dispositionen lossagen.› Die weiteren Artikel regeln präzise, daß der Ehemann auch dann auf nichts Anspruch erheben darf, wenn er es während der Ehe mit seiner Frau gemeinsam benützt, also Möbel oder ein Haus.

Die Ehe wird geschlossen zwischen dem augenblicklich in Frankreich mächtigsten Mann, dem Überwinder Robespierres, dem Sieger des Thermidor, 28 Jahre alt, und der bekanntermaßen schönsten Frau von Paris, 22 Jahre alt, die aus dieser Verbindung bereits ein Kind erwartet. Es wird bei seiner Geburt im April den unsäglichen Namen Thermidor-Rose erhalten.

Eine Liebesheirat? Die Besiegelung einer großen Leidenschaft? Ganz gewiß für den Bräutigam, der an seiner Frau nicht nur ‹ihr Unglück und ihre Tugenden› schätzt, wie er dem Konvent mitteilt. Bald beginnt er, um seine Frau zu kämpfen, die sich lieber ohne ihn und mit einflußreicheren Männern vergnügt. Er wird den Kampf verlieren. Die Untreue der Frau – Beweis für die Jämmerlichkeit des betrogenen Mannes: auch dies eine bisher unbekannte Komponente des Geschlechterverhältnisses.

Bei diesem Paar verwundert weniger die Trennung, als daß es überhaupt zueinander finden konnte. Tallien ist der Sohn des Hausverwalters eines Adeligen, der den begabten Jungen erziehen ließ, um ihn zu seinem Sekretär zu machen. Nach dem Tod des Gönners nützt Tallien die Aufstiegschancen, die einem jungen Mann ohne Herkunft und Mittel in der Phase des revolutionären Aufbruchs gegeben sind. Er macht sich einen Namen über die Clubs und im Journalismus.

Seine spätere Frau Teresa führt zu dieser Zeit ein Leben in Luxus und Verwöhnung. Sie stammt aus einer reichen Familie spanischer

Großhandelsunternehmer, die ihre Geschäfte auch nach Frankreich verzweigten. Der noch junge Vater, knapp achtzehn Jahre älter als sie, hat in ideenreichen Transaktionen ein Millionenvermögen erworben und die spanische Nationalbank gegründet. Teresa, in Spanien aufgewachsen, soll in Paris verheiratet werden, und Geschäftsfreunde des Vaters finden einen geeigneten Kandidaten: Jean-Jacques Devin de Fontenay, aus einer Familie alten Amtsadels und mit dem Titel eines Gerichtsrats geschmückt. Da sich der Bewerber noch in anderen Eheverhandlungen befindet, greifen die Spanier schnell zu, der Ehevertrag wird unterschrieben, die beiderseitige Vermögenslage deklariert und festgelegt, daß die Braut die beiden ersten Ehejahre im Haus der Schwiegereltern verbringen soll, bevor sie einen eigenen Hausstand übernimmt. Sie ist vierzehn Jahre alt. Am 21. Februar 1788 findet die Vermählung statt, ‹ohne Freude und ohne Kummer›, wie Teresa später vermerkt.

Die Ehegatten versuchen nicht, zueinander zu finden. Teresa bringt nach einem knappen Jahr Ehe einen Sohn zur Welt, womit sich die eheliche Intimität erschöpft haben dürfte. Die Revolution entzückt den Grafen und seine Gattin, unter den meisten jungen Adeligen gilt es als elegant, dem Jakobinerclub beizutreten, und vielleicht haben nicht alle so wenig von der gedanklichen Grundlage und Zielsetzung dieses Aufbruchs verstanden wie der einhellig als besonders beschränkt beschriebene M. de Fontenay und seine ungebildete Kindfrau Teresa. Immerhin treffen sich in ihrem Salon auch ernsthafte Vertreter der liberalen Aristokratie wie die Brüder Lameth, Noailles und sogar Condorcet, Lafayette. Teresa wird zur Zielscheibe der Kritik in den königstreuen Blättern, die der Kontrast empört zwischen den einschneidenden Veränderungen in der Politik, zum Beispiel der Abschaffung der Adelsprivilegien, und der frivolen Leichtfertigkeit dieses Zirkels. Und die bürgerliche Presse vermutet in jeder adeligen Geselligkeit die so zutiefst verhaßte Libertinage, die man im Zug der Revolution besiegt zu haben hofft. Teresa hat in Bordeaux einer verblüfften Aristokratin gestanden, sie sei in die Orgien dieses Kreises durch die Verführung schlechter Vorbilder geraten; die anderen Teilnehmer und auch deren Frauen berichten im Rückblick nicht von Orgien, sondern von erhitzten politischen Debatten. Vielleicht wollte sich Teresa wichtig machen, gefiel sich in der Geste freimütigen Bekennens. Fest steht: der Ehemann ging eigene Wege, und Teresa war schön. ‹Kein menschliches Wesen war so vollendet aus der Hand des Schöpfers hervorgegangen. Alle ihre Züge trugen das Gepräge höchster künstlerischer Regelmäßigkeit. Ihre Haare, ebenholzschwarz, schienen aus feinster Seide gesponnen, und nichts trübte den Glanz ihrer Haut von einem unvergleichlichen Weiß. Ein hinreißendes Lächeln zeigte bewundernswürdige Zähne. Ihr hoher Wuchs erinnerte an die Jagdgöttin Diana. Die leiseste ihrer Bewegungen bewies eine unvergleichliche Grazie. Ihre Stimme, harmonisch, leicht durch einen fremden Akzent gekennzeichnet, verfügte über einen Liebreiz, den kein Wort bezeichnen könnte.› So der Bericht einer ebenfalls jungen und schönen Frau, sicherlich glaubwürdig. Dazu kam, daß Teresa wenig redete. Ihre instinktsichere Klugheit verbot ihr, in den geistreichen Gesprächen der Freunde auch brillieren zu wollen. Sie hörte zu, belohnte mit einem verschleierten Blick und erwarb den Ruf einer betörenden Sanftheit und Grazie.

Allmählich zeigte die als eine Art Abenteuer geschätzte Revolution ihre gefährlichen Seiten. Zwar bejubelte Teresa den Erlaß eines neuen Scheidungsrechts im September 1792 und machte auch im April des nächsten Jahres davon Gebrauch, aber dann wußte sie nicht weiter. Seit März waren alle Ausländer des Landes verwiesen, die aus Staaten stammten, mit denen sich Frankreich im Krieg befand, und dazu zählte Spanien. Sie war zwar durch ihre Heirat Französin, aber seit ihrer Scheidung wurde sie drohend ‹Bürgerin Cabarrus› angeredet. Und seit dem 26. März gehörten alle Aristokraten automatisch zu den Verdächtigen und befanden sich in größter Gefahr, verhaftet und sogar hingerichtet zu werden. Teresa hatte in Paris keine Verwandten, und so entschloß sie sich zur Abreise in ihre Heimat und ließ ihren vierjährigen Sohn bei den Schwiegereltern, die auf ihrem Schloß in der Nähe von Paris noch unbehelligt lebten. Auf der Fahrt erfuhr sie, daß Madrid auch kein sicherer Aufenthaltsort war, da ihr Vater in Ungnade gefallen war und im Gefängnis saß. Deshalb blieb sie zunächst in Bordeaux, wo ein Teil ihrer Familie lebte und sie wenigstens diesen Rückhalt hatte, obwohl sie diese Verwandten noch nie gesehen hatte.

Am 16. Oktober 1793 tritt Tallien, der inzwischen bei den Jakobinern bis in die höchsten Politränge Karriere gemacht hatte, in Bordeaux seine Mission als Revolutionskommissar an. Am 18. November gelangt eine Denunziation an den Pariser Sicherheitsausschuß: ‹Wir zeigen den Volksvertreter Tallien, zur Zeit Bordeaux, an, intime Beziehungen mit der genannten Cabarrus, der geschiedenen Frau des früheren Adeligen Fontenay, zu haben, die ihn stark beeinflußt als Beschützerin ihrer Kaste der Aristokraten, des Finanzadels und der Ausbeuter. Wenn diese Frau weiterhin in seiner Nähe bleibt, wird die Volksvertretung in Mißkredit geraten im Gegensatz zu deren tiefem Bedürfnis, sich des Vertrauens der Bevölkerung zu erfreuen.›

Was Teresa von ihrer Ankunft im Mai bis zu diesem Zeitpunkt

getan, wie sie ihr aufwendiges Leben in einem hübschen Stadtpalais bestritten hat, liegt im Dunkel. Sie selbst berichtet, sie habe Tallien kennengelernt, indem er sie aus einem Festungsgefängnis befreite – aber auch dies erwähnt außer ihr niemand, obwohl dieses Faktum sich doch gerade die Denunzianten nicht hätten entgehen lassen. Es stimmt aber tatsächlich, daß es Teresa gelungen ist, ihren Geliebten dazu zu bewegen, für Verfolgte Pässe auszustellen, damit diese emigrieren konnten. Die Marquise de Lage de Volude hatte sich schriftlich mit der Bitte um Hilfe an sie gewandt und ein kostbares Schmuckstück beigelegt, um ihrer Bitte Nachdruck zu verleihen. Teresa nahm es an, und die Marquise erhielt ihren Paß. Teresa handelte sicher nicht aus Habgier. Als auch ihr ungeliebter ehemaliger Gatte auftauchte und sie um Hilfe bestürmte, gab sie ihm auf seine Fahrt nach Amerika in einem Taschentuch zusammengeknotet fast ihren gesamten Schmuck mit und erklärte der erstaunten Zeugin dieses Vorgangs, einen Teil dieser Diamanten habe sie von ihm und einen Teil von ihrer Mutter bekommen, sie habe keine Verwendung mehr dafür.

Warum hat sich Teresa auch für ihr unbekannte Menschen eingesetzt, um ihnen die Flucht zu ermöglichen? Als ihre hervorstechendste Eigenschaft wird von allen Personen, die über sie berichten, ihre Gutmütigkeit genannt. Es bereitete ihr Freude, sich gefällig zu erweisen, aber zudem empfand sie wohl auch einen besonderen Genuß dabei, von dem in der ganzen Stadt gefürchteten Machthaber ein Entgegenkommen erpressen zu können, dessen politischer Tragweite sie sich kaum bewußt war. Sie genoß Talliens Abhängigkeit von ihrer Gnade, übersah aber dabei, daß es zu seinem im Grunde sanften Charakter gehörte, bedrängten Menschen zu helfen, und daß es ja nicht nur die Hörigkeit von seiner Geliebten war, wodurch sein Verhalten seinen Vorgesetzten mißfiel: ‹Dulden Sie nicht länger, daß man ein Gesetz verletzt, das vorschreibt, daß die Köpfe aller Verschwörer unter dem Beil fallen, oder Sie machen sich zum Komplizen dieser kriminellen Schwäche.› Er selbst wäre glücklich gewesen, nach ganz anderen Grundsätzen handeln zu dürfen: ‹Wir wissen, daß wir mit Geduld, Erziehung und Festigkeit den Triumph der Republik sichern werden; wir haben ihn mit Terror begonnen, wir werden ihn abschließen mit Liebe.› Und an dieser Leitlinie, die sich der junge Politiker für seine erste selbständige Aufgabe vorgenommen hatte, gab es keinen Anteil der harmlos friedfertigen Teresa. Sie gefiel sich in der Rolle der Wohltäterin, der ein blutrünstiges Ungeheuer keinen Wunsch abschlagen konnte.

Die Marquise de la Tour du Pin sah in der Ankunft Teresas in Bordeaux eine Chance für ihre Rettung. Sie bat um ein Gespräch mit einem schmeichelnden Billet: ‹Eine Dame, die Mme de Fontenay in Paris getroffen hat und weiß, daß diese ebenso gut wie schön ist, bittet um einen Augenblick der Unterredung› – vor sich selbst mußte sie zugeben, daß sie mit dieser jungen Frau eigentlich überhaupt keine Erinnerung verband, aber in ihrer Not war jedes Mittel recht. Teresa empfing sie äußerst liebenswürdig und bestellte sie zum Abend, damit sie Tallien in ihrer Wohnung ihre Bitte vortragen könne. Der Tag verging in Angst und Pein, und als sie sich abends schließlich zu ihrer Verabredung begab, fühlte sie sich mehr tot als lebendig.

Erst nach einiger Zeit unruhigen Wartens fuhr Talliens Wagen vor. ‹Mme de Fontenay ging hinaus, kehrte nach einem Augenblick zurück, nahm mich an der Hand und sagte: «Er erwartet Sie.» Wenn sie mir den Henker angekündigt hätte, wäre die Wirkung auf mich nicht anders gewesen. Sie öffnete eine Tür, die in einen dunklen Gang führte, an dessen Ende ich ein erleuchtetes Zimmer sah. Ich meine das ganz wörtlich: meine Füße klebten am Parkett. Unwillkürlich blieb ich stehen. Mme de Fontenay stieß mich in den Rücken und sagte: «Vorwärts! Seien Sie nicht kindisch.» Dann drehte sie sich um und schloß im Gehen die Tür hinter sich.›

Das Gespräch verlief nicht gut. Tallien sah in der Marquise die Verwandte einiger hartnäckiger Feinde der Republik. Und sie reagierte in ihrer Angst schroff und arrogant. Dennoch war sie überrascht von der sanften Stimme, der Jugend, der angenehmen Erscheinung des ‹Ungeheuers›. Niedergeschlagen kehrte sie nach Hause zurück. ‹Aber Mme de Fontenay ließ sich nicht so schnell entmutigen. Sie begann mit ihm zu streiten, weil er mich nicht gut behandelt hatte, und sagte ihm, ich hätte mich entschieden, sie nicht mehr zu besuchen aus Furcht, ihn bei ihr zu treffen.› Zu diesem Zeitpunkt wußte er bereits, daß er in Paris denunziert war ‹als Gemäßigter und Wohltäter der Aristokraten›. Zur größten Überraschung der Marquise erschien eines Tages Teresa am Arm Talliens bei ihr in ihrem Notquartier, um alle Angaben aufzunehmen, die für die Beantragung eines Passes nötig waren. Er mußte selbst nach Paris, um sich gegen seine Gegner zur Wehr zu setzen, aber Teresa hatte es noch erreicht, daß er vorher die dringendsten Hilfen für ihr wie ihm völlig fremde Menschen unterzeichnete. An keiner einzigen dieser Hilfsaktionen hat er sich bereichert. Er verließ Bordeaux genauso mittellos, wie er dort seine Aufgabe begonnen hatte.

Natürlich zählt sein kurzer Einsatz zur Praxis des Terrors. Es hat Verhaftungen und Gerichtsverfahren gegeben, auch Hinrichtungen, sogar von zwei Frauen, deren eine das Verbrechen begangen hatte, in ihrem Schloß eine Hochzeit von einem eidverweigernden Priester zelebrieren zu lassen. Er hat für scharfe Zensur der Presse und im Theater gesorgt. Die Lebensmittelknappheit wurde durch die vorgeschriebene Verschlechterung der Qualität des Brotes nicht behoben, das System der Lebensmittelkarten funktionierte eher schlecht als recht, aber der Schwarzmarkt wurde unterbunden, und die Verpflegung der Armee war einigermaßen gesichert. Wie sehr sich Tallien bemühte, sowenig Druck wie nur möglich auszuüben und Blutvergießen in Grenzen zu halten, ist im Vergleich mit seinem Nachfolger zu bewerten, der mit dem Auftrag gekommen war, die zu weiche Amtsführung wieder ins rechte Lot zu rücken. Unter dem neunzehnjährigen Marc-Antoine Jullien stieg die Zahl der Hinrichtungen sprunghaft an.

Teresa empfand den Weggang ihres Liebhabers und Beschützers als Katastrophe, begann aber sofort, den jungen Jullien für sich zu gewinnen. Sie arrangierte ein privates Zusammentreffen, hatte sich aber verrechnet. So wie Kleopatra zunächst nicht wahrhaben wollte, daß ihre weiblichen Reize, denen Cäsar und Marc Anton erlegen waren, den strengen Jüngling Octavian nicht verführten, konnte auch Teresa nicht begreifen, daß sich der radikale Jakobiner von ihr eher abgestoßen fühlte. ‹Ich habe sie gesehen und mochte sie nicht.› Ihre Geltungssucht mißfiel ihm ebenso wie ihr Wechsel von griechischen zu polnischen und auch anderen Kostümierungen. Da sie ihn aber zum Schutz ihrer Sicherheit unbedingt beeindrukken mußte, versuchte sie sich als Patriotin. Der Umworbene hatte gerade der Öffentlichkeit einen Traktat vorgestellt, in dem er die Pflichten besonders der Bürgerinnen für den Staat behandelte. Teresa hängte sich an sein Thema an und legte einen ergreifenden Text vor.

‹Ordnet an, Bürger Volksvertreter, unsere Herzen beschwören euch, ordnet an, daß alle jungen Mädchen, bevor sie einen Ehemann nehmen, einige Zeit in den Asylen der Armut und der Schmerzen verbringen, um dort die Unglücklichen zu pflegen und dabei alle Tugenden zu erlernen, die die Gesellschaft zu Recht von ihnen erwarten darf. – Bürger Volksvertreter, diejenige, die sich hier die Ehre gibt, euch ihre Gedanken, ihre geheimsten Gefühle zu widmen, ist jung, 20 Jahre alt; sie ist Mutter, nicht mehr verheiratet; ihr ganzer Ehrgeiz, überhaupt ihr ganzes Glück wäre, eine der Ersten zu sein, die sich diesen süßen, diesen reizenden Aufgaben widmet. Seid so gütig, ihr glühendstes Verlangen wohlwollend anzunehmen; möge dieser Wunsch durch euch bald der ganz Frankreichs werden.›

Wer auch immer dieses viele Seiten lange pathetisch verlogene Elaborat verfaßt haben mag – die Wirkung auf Jullien ist gleich Null, und Teresa verläßt Bordeaux. Sie will sich in Paris um ihre

Vermögensverhältnisse kümmern. Der Marquise de Lage hat sie in
Bordeaux anvertraut, ‹daß es überhaupt keine Leidenschaft war, die
sie an Tallien band, sondern eine Art Ehre und Pflicht, weil doch sie
der Anlaß für alle Gefahren war, die auf ihn zukamen›. Sie hatte
rührende Vorstellungen von Politik. Die Marquise de Lage berichtet
in ihren Memoiren eine seltsame Szene. Sie suchte Teresa, die sie
noch nicht persönlich kannte, auf, um sie an ihr Bittgesuch zu
erinnern. Teresa lag im Bett, bezeichnete sich als krank, war aber
wohl eher seelisch in schlechter Verfassung. Unvermittelt begann
sie ihr Herz auszuschütten: ‹Sie fügte ganz ungezwungen hinzu: Sie
wissen oder wissen auch nicht, daß ich sehr verbunden war mit
Saint Fargeau, der mir alle möglichen Gemeinheiten angetan hatte;
aber nichts konnte mich von ihm abbringen; ich hatte hier ein
Porträt für Tallien anfertigen lassen; als es fertig war, fand ich es so
gut, daß ich es an Saint Fargeau nach Paris schickte; Sie wissen, wie
mich die Mitglieder des Sicherheitsausschusses verachten; sie ließen mein Päckchen öffnen und brachten diesen Brief, der (wie sie
lachend zu mir sagte) ziemlich eindeutig war, zu Tallien. Er kam
gestern mittag her in einem solchen Zorn, daß er Blut spuckte. Er
drohte mir, daß er mich am selben Tag guillotinieren lassen würde;
Sie können sich diesen Wutausbruch überhaupt nicht vorstellen.
Ich hörte ihm mit absoluter Ruhe zu, ließ seiner Wut Zeit, sich zu
beruhigen, und danach setzte ich alles, was ich an Geist habe, ein,
um ihm zu beweisen, daß der Sicherheitsausschuß keinen gesunden
Menschenverstand habe; daß dieser Brief gar nichts hatte aussagen
wollen. Ich hatte allmählich erreicht, daß er ihn mir zurückgab,
damit er ihn nicht mehr vor Augen hatte. – Dann zeigte sie ihn mir
und amüsierte sich mit mir darüber, wie sie Tallien überzeugt hatte,
daß das, was er ihr vorwarf, ganz unschuldig war. – All dies, setzte
sie hinzu, geschah zwischen Mittag und 1 Uhr, und um 6 war der
Sicherheitsausschuß verhaftet. – Und sie sagte, daß seine Mitglieder
lange und teuer für das Böse, was sie ihr angetan hatten, würden
zahlen müssen.›

Tatsächlich löste Tallien dieses Komitee auf. Dies war aber ein
sorgfältig vorbereiteter politischer Coup, den er damit begründete,
daß weder die Anordnungen aus Paris noch seine eigenen zufrieden-
stellend ausgeführt würden und somit die Arbeit sabotiert werde.
Schriftlich bat er die Vorgesetzten in Paris, den Verleumdungen, die
von diesem Ausschuß gegen ihn erhoben worden waren, keinen
Glauben zu schenken. Die Öffentlichkeit in Bordeaux wurde durch
Plakate darüber informiert, ‹daß sich die Sonderinteressen einiger
an den Platz des Allgemeinwohls gesetzt hätten› – was Tallien als
getreuen Jünger Rousseaus zeigt – und daß zugleich mit diesem

Revirement eine genaue Überprüfung eingeleitet werde, ob Menschen zu Unrecht in den Gefängnissen säßen. Er selbst begann mit Gefängnisinspektionen, beanstandete die untragbaren Zustände und leitete Verbesserungen ein. Er agierte also geschickt nach zwei Richtungen, suchte sich in Paris zu rechtfertigen und das Vertrauen der Bevölkerung in Bordeaux zu gewinnen.

Für Teresa war dies alles nur die Folge einer Eifersuchtsraserei. Sie verstand nicht, daß es in der Politik andere Beweggründe des Handelns geben könne als private. Sie verstand auch nicht die unüberbrückbare Kluft, die die Anhänger des alten Systems von den neuen Machthabern trennte. Um der Marquise de la Tour du Pin eine Freude zu machen, teilte sie ihr mit: ‹Wissen Sie, daß mir Tallien diesen Morgen sagte, Sie würden eine wundervolle Göttin der Vernunft abgeben? – Als ich ihr mit Abscheu entgegnete, lieber würde ich sterben, war sie völlig überrascht und zuckte die Achseln.› Teresa machte sich keine Vorstellung davon, daß sie mit einer solchen Aussage eine Frau tief verletzen mußte, die nicht nur an der Monarchie, sondern vor allem an der Ehrfurcht vor der Religion, die mit diesem Fest beleidigt wurde, festhielt. Ihre Bemerkung verriet weniger Mangel an Takt, sondern ihre absolute politische Ahnungslosigkeit.

Sofort bei ihrer Ankunft in Paris wird Teresa verhaftet und unter sehr harten Bedingungen gefangengehalten. Es wäre wenig zuverlässig, wollte man den Schreckensgeschichten glauben, die sie selbst nach ihrer Befreiung zum Besten gab, aber Zeugen bestätigen, daß sie die fast zwei Monate ihrer Gefangenschaft unter schlimmen Umständen zugebracht hatte: in Einzelhaft, ohne die Möglichkeit, Kleider und Wäsche zu wechseln, in einem feuchten Loch.

Die Nacht vom 9. zum 10. Thermidor (27./28. Juli 1794) leitet in Frankreich das Ende der Jakobinerherrschaft ein und bringt für Teresa die Rettung. Mehr als dreißig Jahre später, 1836, schreibt sie an einen Freund: ‹Der 9. Thermidor ist der schönste Tag meines Lebens, zumal auch ein wenig durch meine kleine Hand die Guillotine besiegt wurde.› Unsere Liebe Frau vom Thermidor – ein Leben lang wird sie sich stolz mit diesem Ehrennamen schmücken. Wie groß ist ihr Anteil an diesem politischen Umschwung in Wirklichkeit? Aus dem Gefängnis ließ sie Tallien einen Brief zukommen: ‹Gerade geht der Polizeichef; er war gekommen, um mir zu sagen, daß ich morgen dem Tribunal vorgeführt werde, das bedeutet Schafott. Dies erinnert nur wenig an meinen Traum in der vergangenen Nacht: da gab es keinen Robespierre mehr, und die Gefängnisse standen offen. Aber dank Ihrer großartigen Feigheit wird sich in Frankreich wohl niemand finden, der fähig wäre, meinen Traum in die Tat umzusetzen.› Vielleicht waren diese Worte der letzte Anstoß zum Handeln, sicher ist, daß Tallien seit geraumer Zeit den Sturz Robespierres vorbereitete, nicht nur, um Teresa, sondern auch seinen eigenen Kopf zu retten, hatte er doch das Vertrauen des Wohlfahrtsausschusses nicht zurückgewinnen können. Nach seinem Sieg werden die Führungsgremien neu besetzt, ein zündendes neues Konzept können die Thermidorianer nicht vorweisen. So leicht geben sich die Jakobiner auch nicht geschlagen, obwohl ihre Position immer mehr in Mißkredit gerät, weil die Bevölkerung des Terrors, der nicht einmal volle Mägen garantiert, überdrüssig ist. Schließlich wird der Jakobinerclub per Dekret am 12. November aufgelöst. ‹Ich war es, die in der Rue Saint-Honoré zusammen mit Fréron und Merlin die Schlüssel zum Eingang des Clubs abziehen ließ und damit jeden Versuch, erneut zusammenzutreten, verhinderte› – das ist zwar erfunden, aber so sieht sich Teresa gerne, im Mittelpunkt einer wichtigen Aktion, im Mittelpunkt des politischen Lebens, die Männer zu großen Taten beflügelnd, im Mittelpunkt bewundernder Aufmerksamkeit.

In der Hoffnung, an seiner Seite die erträumte Bedeutung zu gewinnen, heiratet sie Tallien. Aber zu mehr, als für einige Jahre der Blickfang von Paris zu werden, reicht es nicht. Sie kreiert die Mode der fast durchsichtigen antikisierenden Chiffonhemdchen, sie enthüllt verschwenderisch ihre Haut, sie zeigt sich bei jedem Ball, in jedem Theater, sie giert nach dem vakanten Thron einer Revolutionskönigin und ist doch nichts als eine entzückende Arabeske.

Nach der Geburt ihrer Tochter erwirbt sie ein Haus, strohgedeckt und weinumrankt im ländlichen Stil, das sie in raffiniertem Kontrast dazu einrichtet mit allem Luxus neureichen Geschmacks: Marmor im Überfluß, ein Vestibül à la Pompei, Dreifußlampen, goldener Zierat und Statuen griechischer Göttinnen mit den Gesichtszügen Teresas. Hier hält sie Hof und umgibt sich mit hübschen Frauen, die den Reiz ihrer eigenen außerordentlichen Schönheit noch unterstreichen: die sieben Jahre ältere, exquisit elegante Josephine de Beauharnais, deren Gatte nur vier Tage vor dem Sturz Robespierres hingerichtet wurde – ohne daß die Witwe darunter besonders zu leiden schien, hatte sie doch im Gefängnis eine heftige Liebesbeziehung zu dem jungen General Hoche begonnen; Aimé de Coigny, der die letzte Poesie André Chéniers vor dem Schafott gegolten hat; die Damen Hamelin und Récamier; und sie versammelt viele männliche Bewunderer: Barras, der auf die Stunde wartet, die Macht zu übernehmen; Garat, den verwöhnten Operntenor; Fréron, von Lucile Desmoulins ehemals liebevoll ‹Hase› genannt – wie würde sie sich über ihn wundern: macht er doch mit seiner jeunesse dorée, bewaffneten Jugendbanden, erbittert Jagd auf die

Mächtigen von gestern, Jakobiner, Sansculotten; nicht zu vergessen natürlich den kleinen bettelarmen General Bonaparte mit seiner ganzen Familie. Teresa erweist Bittstellern gerne Gefälligkeiten, was ihr wie in Bordeaux den Ruf großer Güte einbringt, aber in den sittenstrengen Sansculottenkreisen wird sie die ‹größte Hure von Paris› genannt – zu provokant stechen die Feste in ihrer Chaumière ab von der Notlage in der ganzen Stadt. Die Hungeraufstände im April und Mai machen das ganze Elend und die Ohnmacht der Volksschichten deutlich, die sich als Verlierer der Revolution geschlagen geben müssen.

Im Februar 1797 reicht Teresa die Scheidung ein. Tallien hat sich nicht an der Macht halten können, gehört nicht zu den fünf Direktoren, die an der Spitze des Staates stehen, ist lediglich Mitglied im Rat der 500. Außerdem hat sie die Gunst von Barras gewonnen, der seine Geliebte Josephine an Bonaparte loswerden konnte. Teresa übernimmt im Luxembourg, dem Regierungs- und Wohnsitz der Direktoren, die offiziöse Rolle der Hausherrin, und Tallien stört in diesem Umfeld der Macht und des Pomps. Es gelingt dem verzweifelten Ehemann, die endgültige Trennung noch einmal hinauszuschieben, aber da er immer mehr an politischem Einfluß verliert – unter einem formalen Vorwand wird sogar sein Mandat im Rat der 500 gestrichen –, hat er gegenüber dem glanzvollen Nebenbuhler Barras keine Chance. In dieser privaten und beruflichen Aussichtslosigkeit beschließt er, seinem Freund Bonaparte ins ägyptische Abenteuer zu folgen. ‹Leb wohl, meine gute Teresa›, schreibt er ihr im August 1798, ‹meine Tränen benetzen das Papier. Die süßesten Erinnerungen an Deine Güte, unsere Liebe, die Hoffnung, Dich immer liebenswürdig, immer treu wiederzufinden und meine teure Tochter zu umarmen, halten allein einen Unglücklichen aufrecht.›

Teresa treu und für immer noch dazu? Sie vermißt den ungeliebten Ehemann nicht. Mehr denn je ist sie tonangebend in der Mode und verabredet mit ihrer Freundin Josephine immer neue verblüffende Kostümierungen. Auch Josephine ist damit zufrieden, den Gatten an ferner Front zu wissen, und genießt die Liebe zu einem jungen Mann, den sie als ihre einzige Leidenschaft bezeichnet. Das Problem der beiden leichtlebigen Damen besteht in notorischem Geldmangel. Eines Tages überreicht der Bankier und Großhändler Julien Ouvrard Teresa einen goldenen Schlüssel, Symbol für den Eintritt ins Paradies: mit dem Schlüssel verbunden ist die Übereignung eines eleganten Palais mit Garten. Von nun an ist Teresa ganz unverhohlen eine ausgehaltene Geliebte. Ihr Gönner ist zwar in seiner Heimatstadt Nantes verheiratet, aber das stört sie nicht. Gleichzeitig bei seinen beiden Frauen sorgt Ouvrard für Nachwuchs; innerhalb von vier Jahren wird Teresa vier Kinder von ihm zur Welt bringen – Kinder, die bei einem ehemaligen Dienerehepaar aufwachsen und ihre Mutter fast nie zu sehen bekommen –, und die junge Ehefrau gebiert pünktlich die ehelichen Nachkommen. Die lukrative Beziehung bringt aber Teresa einen unvorhergesehenen Schaden, den sie nie wiedergutmachen kann. Als Napoleon aus Ägypten zurückkehrt und von ihrem Verhältnis zu diesem Mann erfährt, der sich durch Bestechungen in unglaublicher Höhe den Auftrag der Marinerüstung verschafft hat, als er merkt, daß auch seine Frau von diesen Schmiergeldern profitiert hat, und er außerdem davon überzeugt ist, daß der Leichtsinn Josephines auf den verderblichen Einfluß Teresas zurückzuführen ist, verbietet er kurzerhand jeden weiteren Kontakt zwischen den beiden Frauen. Teresa wird also bei der schwindelerregenden Karriere Bonapartes auf der Strecke bleiben, nie mehr in sein Haus geladen werden, was nach seinem Griff nach der Kaiserwürde praktisch ihre Verbannung vom Hof bedeutet. Damit ist sie aus den Kreisen ausgeschlossen, die gesellschaftlich zählen, denn kaum jemand wagt es, wegen der in Ungnade gefallenen Frau den Unwillen Napoleons zu provozieren.

Als Tallien nach dem Zusammenbruch der ägyptischen Unternehmung nach Paris zurückkehrt, erlebt er einen bösen Empfang: Teresa hat ihrem reichen Gönner bereits zwei Kinder geboren und erwartet ein drittes; die Chaumière, über die laut Ehevertrag nur Teresa verfügen durfte, ist vermietet – ihm bleibt nur, in die Scheidung einzuwilligen. Sein weiteres Leben wird er, zurückgezogen, krank, verbittert, in größter Armut fristen und immer wieder Briefe an Teresa schreiben, die er seiner unverbrüchlichen Zuneigung versichert, und ab und zu wird er seine Tochter sehen dürfen, die er mit seinen bescheidenen Mitteln beschenkt.

Für Teresa scheint das Schicksal noch einmal eine Wendung ins Große zu nehmen. Im Haus der Madame de Staël, die sich der Ächtung Napoleons nicht angeschlossen hat, lernt Teresa den Comte de Riquet-Caraman kennen. Die Beziehung zu Ouvrard wird abrupt beendet, das neue Liebespaar gibt seine Verlobung bekannt und heiratet 1805. Die Ablehnung Napoleons hat dadurch nur noch zugenommen. ‹Ich verbiete Dir, Madame Tallien zu sehen›, schreibt er an seine Frau, ‹unter welchem Vorwand auch immer. Ich akzeptiere keine Entschuldigung. Wenn Du auf meinen Respekt Wert legst und mir gefallen willst, überschreite niemals diesen Befehl. Ein Elender hat sie jetzt geheiratet mit acht Bastarden! Ich verachte sie jetzt noch mehr als vorher. Sie war ein entzückendes Mädchen, aber sie ist eine ehrlose und gemeine Frau geworden.› Die Familie des künftigen Ehemannes reagiert genauso verächtlich wie der Kaiser, aber der Graf heiratet seine Geliebte, sogar ohne Einverständnis seines Vaters.

Nun hat Teresa einen hohen Rang erheiratet, aber die erste Gesellschaft empfängt sie nicht, nimmt auch keine ihrer Einladungen an. Finanziell steht das Ehepaar ziemlich schlecht da, und es zieht sich wegen der horrenden Lebenshaltungskosten in Paris auf das Stammschloß der Prinzen de Chimay in den belgischen Ardennen zurück. Nach dem Wiener Kongreß fallen diese Gebiete 1815 an die holländische Krone, die auch den Prinzentitel bestätigt, und der holländische König ernennt den Prinzen zum Kammerherrn. Die Familie bezieht ein Schloß in Brüssel, aber hier erwartet Teresa eine herbe Enttäuschung: auch dieses Königshaus weigert sich, sie zu empfangen, weniger aus moralischen Gründen, sondern wegen ihrer Vergangenheit als eine der Leitfiguren der Revolution. Geradezu verzweifelt versucht Teresa, den Bann aufzuheben, umsonst, und so führt sie in Chimay unfreiwillig ein zurückgezogenes Leben. Aus dieser Ehe stammen noch einmal drei Kinder, und in ihrer Abgeschiedenheit verlegt sich Teresa auf ihre Rolle als Mutter.

Spät entdeckt sie das Interesse an ihren Kindern, die sie bislang vernachlässigt hat. Doch wird ihre Gefühlskälte gegenüber ihren elf Kindern vielleicht verständlich bei einem Blick in ihre eigene Kindheit. Die ersten drei Jahre hatte sie bei einer Amme verbracht, ohne jemals ihre Eltern zu sehen. Dann nahm sie der Großvater, den sie bis dahin auch nicht kannte, zu sich, und mit elf Jahren kam sie nach Paris, wo inzwischen ihre Eltern mit ihren zwei jüngeren Brüdern lebten. Unmittelbar nach ihrer Ankunft begann die traditionelle Erziehung in einem Kloster, das sie drei Jahre später verließ, um in die Gesellschaft eingeführt zu werden, weil sie so schnell und so günstig wie möglich verheiratet werden sollte. Wann sie während ihrer Ehe mit einem jungen Taugenichts, der Prostituierte bevorzugte, zum erstenmal Liebe erlebt hat? Ob sie überhaupt jemals geliebt und nicht nur in Besitzgier umklammert oder als spektakuläre Eroberung vorgewiesen worden ist? Auf Schloß Chimay findet sie jedenfalls Ruhe, gesucht und gewollt hat sie sie nicht. Seit 1820 ist sie krank, gequält von einem schweren Leberleiden. ‹Sie hatte einen enormen Körperumfang, und ihr Festhalten an der Mode von früher entstellte sie›, vermerkt ihre zukünftige Schwiegertochter überrascht. Was ist geblieben von dieser Frau, als ihre hervorstechendste Eigenschaft, die Schönheit, verging? Deren Eleganz offenbar nicht Schritt gehalten hat mit der Zeit? Wie ist sie mit der Vergänglichkeit dieser Werte, über die sie sich fast ausschließlich definierte, umgegangen? Worin fand sie Trost? In ihrem Zimmer gab

Madame Tallien

es eine Unmenge von Büchern, Zeichnungen, Musikpartituren – ein
Schutzwall gegen die Langeweile? Gegen Kränkung?

In Memoiren und historischen Darstellungen fühlte sie sich
meist verleumdet. Wie um ein Gegengewicht zu setzen, verklärte
sie selbst ihre Vergangenheit. ‹Ist es meine Schuld›, schrieb sie in
einem Brief, ‹daß mich M. de Fontenay verraten und verlassen hat,
daß M. Tallien nach Ägypten aufbrach, als seine Pflicht ihn in Paris
hätte zurückhalten müssen?› Was nicht in die rührenden Geschichten paßt, die sie ihren Kindern über sich erzählte, verdrängte sie. Ihr
Sohn aus der ersten Ehe hatte den Kontakt zu ihr verweigert, er
starb mit 26 Jahren. Die Tochter aus der zweiten Ehe sammelte

Briefe und Beweise, um ihrem Vater Gerechtigkeit widerfahren zu lassen. Unter den anderen Kindern kreisten Bulletins über den Gesundheitszustand der Mutter, um ihre letzten Stunden für die Erinnerung festzuhalten, aber dann sind es doch nicht die letzten Stunden, sondern es vergehen noch viele Jahre der ständigen Erwartung ihres Todes, bis selbst die liebevollste Aufmerksamkeit in der Gewöhnung an die unzähligen Abschiede versickert.

Was ist von einem solchen Satz zu halten: ‹Denke daran, mein Sohn, daß Glück nur in der Mittelmäßigkeit und aus der Mittelmäßigkeit existiert; daß jeder, der sich heraushebt, die Blicke auf sich zieht und mit der Ruhe seines ganzen Lebens für die Illusion eines Augenblicks bezahlt›? Sah sie sich als einen Menschen, der sich ‹herausgehoben› hat? Sie hat mit sich geschehen lassen, daß sie eine Rolle spielte, für die sie ihre Herkunft, ihr Aussehen und ihr Charme prädestinierten. Sie hat ihren Körper hingegeben, wenn ihr dieser Einsatz Nutzen zu bringen versprach. Sie war in all ihrem Tun nur an sich selbst und ihrer Wirkung interessiert. Nach dem Thermidor hat sie in aller Öffentlichkeit ihren Reichtum als ausgehaltene Frau zur Schau gestellt, während auf den Straßen Kinder mit vor Hunger aufgetriebenen Bäuchen zusammenbrachen und alte Menschen ausgemergelt die Häuserwände entlangkrochen auf der Suche nach einem Essensrest im Abfall – hat sie davon nie etwas gemerkt? In den Jahren ihres langwierigen Sterbens hat sie sich eingesetzt für die Verbesserung der Lebensbedingungen in den Dörfern, die zu Chimay gehörten. Bei ihrem Tod 1835 hinterließ sie eine aufrichtig trauernde Gemeinde.

Die so über alles Maß gepriesene Schönheit hat sich offenbar der Darstellung auf Portraits verweigert. Die verschiedenen Abbildungen zeigen kaum Gemeinsamkeiten: riesige schwarze Augen, weiche, leicht gedunsene Gesichtszüge mit schmachtendem Ausdruck – sonst nichts, was sich unverwechselbar einprägt.

Auf dem Gemälde von Gérard, das sie in ganzer Figur beim Betreten einer Villa zeigt, kommt uns eine hochgewachsene Frau (‹Diana auf der Jagd›) in etwas ungeschickter Pose entgegen. Der Blick ein wenig müde, Arme und Décolleté üppig (‹sie hat breite Schultern und einen kräftigen Körper›), ein fließendes Kleid, der Kaschmirschal gibt ausgiebig den Blick auf die körperliche Pracht frei (‹einer dieser riesigen Schals, eine Art Draperie, die eher dazu dient, einen schönen Busen, eine schöne Kehle, einen schönen Hals, eine schöne Figur zu zeigen als zu bedecken oder zu verstecken›, und den sie in Augenblikken, in denen sie Aufmerksamkeit auf sich ziehen will, zum Beispiel wenn eine andere reizvolle Frau den Raum betritt, wie zufällig von den Schultern gleiten läßt: ‹Der Schal hätte auf Ihren Schultern bleiben können – ein Mittel ohne Notwendigkeit einzusetzen, dessen man sich nur im äußersten Notfall bedienen sollte, ist ein taktischer Fehler.›). In der Zeit ihrer größten Triumphe hat sie jedes Jahr ein Kind geboren – trotz der fast ständigen Schwangerschaft wird ihre Anmut beim Tanz gerühmt. Sie verkörpert wohl das Weibliche schlechthin: fruchtbar, sinnlich, träge, nichts fordernd als die Bewunderung ihrer Geschlechtlichkeit. Gefühlvoll, oft in Tränen, jeder Blick eine Verlockung, modisch extravagant, bezaubernd unfähig, mit Geld umzugehen, anschmiegsam auf männliche Führung angewiesen – die Wiederbelebung eines Typus, den man durch die Revolution überwunden glaubte.

Das Fazit eines kritischen Freundes: ‹Madame Tallien wurde viel zu früh in die große Welt geworfen, und das in einer Zeit, als ein hübscher Körper und Fähigkeiten, wie sie die typische Pariser Erziehung produzierte, mehr galten als verläßliche Eigenschaften des Herzens, des Verstandes und des Charakters. Wie hätte sie so jung der hinreißenden Gewalt üblicher Verführung widerstehen können? Verheiratet mit sechzehn (sic!) an M. de Fontenay, der sie nicht liebte und auch nicht dazu gemacht war, ein ehrliches, einfaches, wahrscheinlich sinnliches und ehrgeiziges Wesen zu schätzen und anzuleiten, folgte sie dem Sturm der Revolution, und die Revolution hat sie in eine korrumpierte Gesellschaft geschleudert.

Sie wird keine Rolle in der Geschichte spielen, man wird lediglich von ihr sagen: sie hat den 9. Thermidor inspiriert.›

Letztes Aufbegehren

Der Winter 1794/95 ist einer der kältesten des Jahrhunderts. Die Temperaturen fallen auf minus 10 Grad im Dezember, auf minus 16 Grad im Januar. Die Seine ist zugefroren, was die Versorgung von Paris erschwert. Arbeitslosigkeit bedrückt die Menschen, Hunger. Die Frauen verbringen die Nacht vor den Bäckerläden, um bei der Verteilung des meist einzigen Nahrungsmittels nicht leer auszugehen. Die Tagesration wird ständig verringert. Anfang April bekommt ein Erwachsener täglich nur noch ein Viertel Pfund Brot. Einige der Ältesten und Schwächsten finden einen Platz in den Krankenhäusern, die anderen sterben. Kinder werden vor den Findelhäusern ausgesetzt. Die Selbstmordrate steigt: die Polizeiberichte registrieren viele Mütter mit Kleinkindern.

Die Frauen in den Arbeitervierteln haben kein Vertrauen mehr in die Politik. Sie halten das Direktorium für ebenso unfähig wie den Konvent. Aber sie haben auch jeden Respekt vor den Männern allgemein verloren, und das ist neu. Sie verachten ihre eigenen Männer, weil diese nichts gegen die Notlage unternehmen, weil sie sich von der Regierung alles gefallen lassen.

Aus den Polizeiberichten:

13. April: Die Frauen sagen, die Männer sind Schlappschwänze, daß sie sich so behandeln lassen.

15. April: Die Frauen sagen, daß es besser wäre, wenn es gar kein Brot gäbe, dann wären ihre Schwächlinge von Männern gezwungen, welches zu fordern.

17. April: Zwei Frauen schrien an der Tür eines Bäckers, daß ihre Männer Memmen sind, weil sie sich nicht aufraffen und zum Konvent marschieren.

26. April: Die Frauen verhöhnen die Männer und behandeln sie als Versager. Eine große Zahl wollte zum Aufstand aufhetzen.

11. Mai: Die Frauen provozierten die Männer zu Rebellion und Plünderung und beschimpften sie.

19. Mai: Die Frauen kreischten gegen den Konvent und sagten, daß ihre Männer verdammte Memmen seien, weil sie den Hunger ertragen...

Die Ernährungsnotlage gehört zu den ständigen Problemen der Revolution. 1793 waren Ladenstürme das Mittel gewesen, mit denen die Frauen ihrer Empörung Luft machten. Nach den Polizeiakten steht aber fest, daß meistens nicht geplündert wurde, sondern daß einige Anführerinnen den Preis der Waren festsetzten und dafür sorgten, daß die Kunden diesen erzwungenen, aber auch für die Händler noch tragbaren Preis auch bezahlten. 1794 verschärfte sich die Situation. Die von der Polizei besoldeten Beobachter registrierten in den Straßen vor den Läden bei den Frauen tiefe Erbitterung und Wut. Im vergangenen September hatte der Konvent auf Druck der Revolutionären Republikanerinnen das Maximumgesetz beschlossen – damals waren die militanten Frauen noch der Meinung, die gesetzlichen Organe müßten das Volk davor bewahren, seine Moral zu verlieren. Aber auch dieses Gesetz brachte nicht viel Verbesserung, konnte es doch den Mangel an Waren nicht beheben. Deshalb wurde der Ruf immer lauter, man müsse die Häuser und Wohnungen untersuchen, ob nicht manche Bürger Vorräte horteten. Diese Vorräte müßten dann verteilt werden. Zum Entsetzen der Polizei führten die Revolutionären Republikanerinnen solche Aktionen auch selbst durch. ‹Einige robuste und höchst übel dreinschauende Frauen, die zweifellos bezahlt worden waren, um die Not der Umstände zu nutzen›, sorgten nach Meinung der Berichterstatter für Unruhen. Diese ‹in Hosen steckenden Monster› heizten die Stimmung überall an und waren dafür verantwortlich, ‹daß die

Während für die Armen die Versorgung mit der Mindestration nicht gewährleistet ist, provoziert die Jeunesse dorée mit ihren Modetorheiten. Die Knotenstöcke der jungen Männer dienen zur Jagd auf Sansculotten.

Markthalle einem Schlachtfeld gleicht›. Aber auch die sanftesten Frauen waren gereizt, wenn sie in langen Schlangen um die notwendigsten Nahrungsmittel anstehen mußten, oft sogar vergeblich. Sie schimpften auf die Unfähigkeit der Verantwortlichen und fragten, was der Konvent denn zu tun gedenke, um das Volk vor dem Verhungern zu bewahren. Die meisten waren eher verzweifelt und ratlos als aggressiv.

Zu Beginn des Jahres 1795 ist die Lage grundlegend verändert. Der schamlos zur Schau getragene Luxus einer Schicht von Neureichen provoziert die armen Leute mehr als die Not der vergangenen Jahre, die man als gemeinsam zu tragendes Übel verstand. Die Aufhebung des kaum effektiven Maximumgesetzes sorgt für zusätzliche Empörung. Vor der Revolution und während ihrer ersten Jahre hatten die Frauen aus dem Volk die Macht des Königs und den Prunk des Hofes akzeptiert als einen Teil der gottgewollten Ordnung. Dazu gehörte auch der privilegierte Adel, so daß die wenigsten auf die Idee gekommen wären, ihre eigene Misere dadurch zu beenden, daß man den König absetze und den Adel enteigne.

1795 hat man aber die bittere Erfahrung gemacht, daß sich durch die Herrschaft des Volkes in der Republik für den Alltag der kleinen Leute nichts verbessert, daß sich im Gegenteil die Ernährungslage lebensbedrohlich zuspitzt. Bis zur ersten Hälfte des Jahres 1794 hatte man den neuen Führern geglaubt, durch die Vernichtung einiger Verräter, die das Elend verschuldet hätten, werde die Not gelindert. Dieser einfache Gedankengang überzeugte bis zur Hinrichtung Robespierres. Nun aber sind wieder Monate vergangen, und den Menschen geht es so schlecht wie überhaupt noch nie. In den Köpfen der Armen ist Robespierre längst rehabilitiert. Gemeinsam hassen sie das Schieberpack, das sich in der Rüstungsindustrie bereichert, die schnell nach dem Thermidor wieder privatisiert wurde. Erstmalig machen die Frauen der Vorstädte die Männer insgesamt für die katastrophalen Zustände verantwortlich: den Männern in der Staatsführung fällt nichts dazu ein, wie dem Volk zu helfen sei – sie selbst leiden ja auch nicht an Nahrungsmangel, es spricht sich herum, daß sie sich mit ausgezeichneten Mahlzeiten bei Kräften halten: Kalbsbraten, Steinbutt, Kuchen, Champagner; und die Ehemänner, Brüder, Väter der Frauen, die sich mit den letzten Resten von Energie darum bemühen, die Familien satt zu kriegen, schweigen zu dem Elend, anstatt tatkräftig zu handeln, so wie sie 1789 das feudale System bekämpften und 1792 schwungvoll die alte Staatsform beseitigten.

Die Frauen der unteren Volksschichten werden immer zorniger und dem gehobenen Bürgertum immer unheimlicher. Die jungen Stutzer mit ihren nach Mandelmilch duftenden Händchen verteufeln alle Arbeiterfrauen als Furien der Guillotine, als blutige Strickweiber, die selbst bei Hinrichtungen ihre klappernden Stricknadeln unter dem Schafott nicht aus der Hand legten. Tatsächlich war es ja in den vergangenen Jahren zu Ausschreitungen gekommen, an denen sich auch Frauen beteiligt hatten; die entsetzten Berichte von Ausländern über Frauen, die Menschen massakrierten und im Triumphzug ihre Eingeweide durch die Straßen trugen, sind keine Lügen. Aber sicherlich ist die bluttriefende Megäre eine Ausnahme. Allerdings fällt seit Beginn der Revolution eine unglaubliche Brutalisierung der Sprache auf. In den Gerichtsprotokollen werden Frauen Äußerungen vorgehalten, die an ihren Absichten gegenüber den Reichen, den Händlern, den ‹Aristokraten› (womit längst nicht mehr nur Adelige gemeint sind) keinen Zweifel lassen: ‹Wir werden ihnen das Messer ins Herz rennen und die Hände in ihrem Blut waschen. – Heute lassen wir die Schweine furzen. – Wir werden ihnen das Gekröse herausreißen.› Diese Formulierungen kehren aber so regelmäßig wieder, daß man sie als Floskel des Hasses bezeichnen könnte, befreiend in ihrer Ventilfunktion. Unangenehm und abstoßend, keine Frage, und für die Goldene Jugend, die sich einen Spaß macht in der Jagd auf Sansculotten, ein Freibrief für ihre Verachtung dieser Frauen. Die Anhängerinnen der Bergpartei im Konvent und die Besucherinnen des Jakobinerclubs werden angepöbelt, geschlagen und die nackten Hintern versohlt. Die sexuelle Komponente verstärkt die Erniedrigung dieser Prozedur. Gerne reißen die jungen Reaktionäre Mädchen aus diesem Milieu die Mieder vom Leib und zerfetzen ihnen die Röcke. Am 8. Februar werden die Witwe Dupertois und ihre Tochter von mehreren Muscadins nach dem Verlassen der Konventssitzung überfallen, und die Mutter verteidigt mit einem Messer ‹erfolgreich› die Ehre ihrer Tochter. Im November dringen die Muscadins in den Jakobinerclub ein und verprügeln die anwesenden Frauen. Die Jakobiner lassen sich auf keinen Kampf ein, sie suchen das Weite. Bei dem überstürzten Aufbruch bleiben ihre Carmagnoles und die Freiheitsmützen zurück. Die Sieger johlen, die blutig geschlagenen Frauen haben die Wahl, wen sie mehr hassen. Die Demütigung der Frauen gehört zum Programm, ist also keineswegs ein spontaner Einfall. In der Stadt kursiert ein Pamphlet mit dem Titel: Das Volk stattet den Ärschen der Jakobinerinnen einen Besuch ab.

Die Reaktion des Sicherheitsausschusses ist charakteristisch für das politische Klima: nicht die Ruhestörer werden bestraft, sondern der Jakobinerclub wird geschlossen. Am 12. November um vier Uhr morgens holt der Polizeikommissar sämtliche Schlüssel ab und bringt am Haupteingang ein Vorhängeschloß an.

Nun haben die militanten Frauen das letzte Forum verloren, sich in die Auseinandersetzungen einzuschalten, um so heftiger brodelt es unter der Oberfläche. Die meisten Frauen sind nur aufsässig, weil sie ihrer Aufgabe, ihre Familie zu ernähren, nicht mehr nachkommen können. Aber es gibt sehr wohl auch diejenigen, die sich als Bollwerk gegen die Reaktion verstehen, ihre Haltung ideologisch begründen. Dieser militante Kern trifft sich auf zwei bestimmten Tribünen im Konvent. Das große Wort führt eine Arbeiterin, die fünfzigjährige Witwe Béliard, die von ihrem Stammplatz jeden vertreibt, der Parteigänger der Girondisten oder gar der Thermidorianer sein könnte: ‹Wir sind die Patrioten des 31. Mai, wir reden nicht über den 9. Thermidor, darüber reden wir, wenn es an der Zeit ist›, droht sie. In unbegreiflicher Blindheit ruft sie auf zur Solidarität mit Carrier, dem Schlächter von Lyon, dessen perverse Massenhinrichtungen (‹republikanische Hochzeiten› auf lecken Schiffen in der Loire) sogar seine Parteifreunde abstießen. Jetzt wird ihm der Prozeß gemacht. ‹Ja, ich ergreife Partei für Carrier, und ich rechne mir das

*Das zarte Mädchen im fließenden Kleid, mit Säbel und Jakobiner-
mütze, führt die Frauen an. Messer, Piken, ein erbeuteter Helm über
dem Häubchen – kein Zweifel, sie sind zum Äußersten entschlossen.*

zur Ehre an. Das ist ein Republikaner und tüchtiger Patriot, und
bevor sein Kopf fällt, werden noch 2000 Köpfe rollen.› Er wird im
Dezember hingerichtet, und die Sympathie für diesen widerlichen
Mörder gereicht den Frauen ganz und gar nicht zur Ehre.

Die ‹gefährlichen Weiber› sind in den Polizeiberichten Gegenstand heftiger Abneigung, für die verzweifelten Mütter, die sich
nicht mehr zu helfen wissen, klingt dagegen Mitgefühl durch. ‹Am
15. April sagt eine Mutter zu ihrer kleinen Tochter vor den Tuilerien: Mein Kind, hier hat dein Vater am 10. August sein Blut
vergossen, und hier werde ich dir den Kopf auf dem Pflaster zer-

schmettern, bevor ich zusehe, wie du verhungerst.› Immer wieder versammeln sich Frauen vor dem Konvent, die ‹Sektion Hungerleider› nennen sie sich. Dennoch ist bislang außer verbalen Gemetzeln nichts geschehen.

Am 20. Mai 1795 (1. Prairial des Jahres III) bricht der Hungeraufstand der Frauen aus. Um fünf Uhr in der Früh läutet wieder einmal die Sturmglocke. In jeder Sektion findet sich eine Anführerin, die den Zug zum Konvent organisiert. Trommler werden angeheuert, jede Frau wirbt in ihrem Wohnhaus um Teilnahme an dem Marsch, Kundinnen werden aus den Läden auf die Straße gezogen, Nationalgardisten mit sanfter Gewalt in den Zug eingereiht, Offizieren, die sich weigern, reißt man die Epauletten von den Schultern und beschimpft sie, schon fliegen Steine in Geschäfte, deren Besitzer nicht schnell genug geschlossen haben. Eine Künstlerin der Komischen Oper wird umworben: ‹Komm, Gonthier, komm mit, wenn du eine gute Bürgerin bist. – Und eine andere fügt hinzu: Schau, mein Kind saugt aus meinen Brüsten statt Milch nur noch Blut. –› Um 10 Uhr ist die Vorhut von vierhundert Frauen beim Konvent angelangt. Wilde Reden gegen die Muscadins: ‹Heute abend werden die Halstücher der Muscadins billig sein, und wir werden schöne Hemden kriegen.› Aber letztlich ist das nicht wichtig. Die Losung heißt: Brot und die Verfassung von 1793. Es ist ja bekannt, daß eine neue Verfassung ausgearbeitet wird (im August 1795 wird sie in Kraft treten), und was die armen Leute davon zu erwarten haben, ist für niemand zweifelhaft. Die Verfassung von 1793, sofort nach ihrer Annahme wegen des Notstandes suspendiert, hat zumindest das allgemeine und gleiche Wahlrecht verankert, womit in der neuen sicherlich nicht zu rechnen ist. Auch bei den engagiertesten Frauen geht es im Augenblick nicht um die Frage des Frauenwahlrechts. Offenbar wissen sie instinktiv, daß es in dieser Phase des Endkampfes Energieverschwendung wäre, sich um die Klärung der Frauenfrage zu bemühen.

Eine der aktivsten Frauen ist Marie Periot, vierzig Jahre alt, verheiratet, Kurzwarenhändlerin. Sie fühlt sich in unverbrüchlicher Treue der Bergpartei verbunden, auf deren Wiedererstarken sie ihre ganze Hoffnung setzt. Sie haßt die reaktionären Stutzer. Jeden gutgekleideten Menschen soll sie aus ihrem Laden heraus angegiftet und die ganze Nachbarschaft terrorisiert haben. Jetzt ist der ersehnte Tag der Abrechnung mit den Muscadins gekommen: ‹Nur Mut, heute wird die Bergpartei triumphieren, man muß die Wichte zermalmen. Man hat sich beklagt, daß guillotiniert wurde, aber nach dieser Sache jetzt wird die Guillotine Muscadinchen heißen. Ja, wir brauchen das Blut der Verräter.› Ein paar Tage nach dem

Aufstand wird man sie festnehmen, zusammen mit ihrem Mann. Der soll ‹die wüsten Meinungen seiner Frau geteilt und sie nicht im Zaum gehalten haben›. Eheliche Harmonie. Einem Mann, der seiner Frau verbot, mit ihm zu den Jakobinern zu gehen, hat sie an den Kopf geworfen, ‹daß sie ihren Mann eher umbringen würde, als mit jemandem zu leben, der nicht mit ihr einer Meinung sei›. Dann werden die Nachbarn, die sie schon seit geraumer Zeit denunzieren, endlich Genugtuung bekommen. Immer geht es in den Anzeigen um ihre große Klappe, aber natürlich auch um Verbrechen wie dieses, Portraits von Marat und Robespierre um den Hals zu tragen. Man wird sie der Volksverhetzung für schuldig befinden und zu sechs Jahren Gefängnis verurteilen. Außerdem wird sie an drei aufeinanderfolgenden Tagen für je zwei Stunden auf einem Schafott zur Schau gestellt.

Am 20. Mai bei ihrem Einmarsch in den Konvent ist sie noch in bester Laune. Sie nimmt mit den von ihr angeführten Frauen auf den Tribünen Platz und begleitet die Reden der Abgeordneten mit höhnischem Lachen. Mit Sprechchören verhindern die Frauen die Wortmeldungen der Abgeordneten: Brot! Brot! – Die Deputierten erklären sich in ihrer Ehre als Volksvertreter gekränkt und wollen sich nicht bieten lassen, daß die Würde des hohen Hauses mißachtet werde. Gegen die skandierenden Frauen – Brot! Brot! – wirken sie ziemlich armselig. Der Abgeordnete Feraud tut sich besonders hervor: ‹Seien wir fähig, zugrunde zu gehen, wenn es notwendig ist.› – Er wird diese Chance bekommen. Die Frauen, die man nicht mehr in den Sitzungssaal einlassen wollte, sind so wütend, daß sie eine Gerichtsbank als Rammbock benützen und damit die Türe aufbrechen. Gendarmen und Nationalgarden treten ihnen mit Säbel und Bajonett entgegen. Jetzt ist an keine Verständigung mehr zu denken. Eine Frau, die stark blutet, aber nur am Daumen verletzt ist, gibt später zu Protokoll: ‹Wir waren zum Konvent gekommen, um Brot zu fordern, aber diese Schufte nannten uns Kanaillen. Ich habe dann den Abgeordneten Feraud bemerkt und ihn am Kragen gepackt, darauf haben einige von uns ihn an den Haaren aus dem Saal gezerrt, und dann haben wir ihm den Kopf abgeschnitten.› Seine Todesursache ist aber ein Schuß. Es läßt sich nicht klären, wer ihn abgefeuert hat. Eine junge Modeverkäuferin, die man beschuldigt, sagt aus, ‹sie habe ihm ihre Galosche auf den Kopf gehauen genau in dem Moment, als er von dem Pistolenschuß getroffen wurde und noch zappelte›. Und wieder einmal wird ein aufgespießter Kopf als Siegeszeichen herumgetragen, und wieder verscherzen sich die Frauen damit jedes Verständnis für ihre Forderungen. Der Konvent wird gezwungen, Dekrete zu erlassen über ausreichende Brotversorgung, über die Einführung der Verfassung von 1793, über die Freilassung der bei den letzten Unruhen im April verhafteten Abgeordneten der Bergpartei, usw. usw. Gegen Abend gelingt es den Truppen, die Aufständischen aus dem Gebäude zu drängen. Der Konvent tagt weiter bis in die Morgenstunden und macht alle Erlasse rückgängig, die er nur unter Zwang beschlossen hat.

Ein neues Dekret kommt hinzu: das Verbot für Frauen, weiterhin an den Sitzungen des Konvents teilzunehmen.

An den beiden nächsten Tagen setzen sich die Tumulte fort, aber ohne die antreibende Kraft der Frauen. Zwar befreien sie einen Schlosser, der den Kopf Ferauds auf der Pike getragen hat und dafür geköpft werden soll, auf seinem Weg zur Guillotine, aber außer daß sie ‹einem Bruder das Leben schenkten›, halten sie sich aus den Auseinandersetzungen heraus. Der Konvent hat Militär eingesetzt, sollen sich die Frauen über den Haufen schießen lassen?

Als die Rebellion niedergeschlagen ist, beschließt der Konvent ein weiteres Gesetz, das den Frauen nicht nur die Teilnahme an sämtlichen politischen Veranstaltungen verbietet, sondern ihnen sogar untersagt, auf der Straße in Gruppen von mehr als fünf Personen zusammenzustehen. ‹Es wird angeordnet, daß sich alle Frauen bis auf Widerruf in ihren Wohnungen aufhalten.› Anschließend setzt eine Verhaftungswelle ein. Es werden aber nicht nur die Teilnehmerinnen an den Ereignissen des 20. Mai festgenommen, sondern die Gelegenheit ist günstig, die militanten Frauen überhaupt auszuschalten, die als Strickweiber diffamierten Sansculottinnen und die Anhängerinnen der Bergpartei. Viele von ihnen waren 1793 Mitglieder der Revolutionären Republikanerinnen. Gegen sie haben die Muscadins schon seit dem Verbot ihres Clubs Anklagepunkte zusammengetragen, man kann sie jetzt als Grundlage für die anlaufenden Verfahren verwenden. Frauen stehen vor Gericht, weil sie Hinrichtungen mit Applaus begleitet haben; weil sie im Jakobinerclub gestrickt haben; weil sie elegant gekleidete Leute lauthals auf das Schafott wünschten; weil sie die Zeiten unter Robespierre lobten; weil sie ein rotes Taschentuch schwenkten und sich an der Farbe des Blutes erfreuten; weil...

Im Juni wird ein junges Mädchen verhaftet, Catherine Louise Vignot, der Polizei schon lange ein Dorn im Auge. Catherine trägt Männerkleidung und einen Säbel. Im Verhör gefragt, weshalb sie nicht die für ihr Geschlecht passende Kleidung trage, antwortet sie, daß dies ihr Beruf nicht gestatte, Frauenkleider würden sie bei der Arbeit behindern. Sie ist Kohlenhändlerin. Je nach Auftrag beginnt sie mit der Arbeit zwischen fünf und sechs Uhr morgens, sie beliefert Gastwirte und Privathaushalte. Ihr wird vorgeworfen, am

Eine Frau aus dem Volk mit aufmerksamem, angespanntem Gesichtsausdruck – wie wird es weitergehen?

20. Mai die Frauen mit dem Säbel in der Hand aufgehetzt zu haben, den Konvent zu stürmen. Ihre Verteidigung ist einfach. Sie streitet alles ab. Gegen sie spricht das Zeugnis des Brigadechefs, der genau beschreibt, wie sie mit gezogenem Säbel, in Männerkleidung, auf dem Kopf einen Dreispitz mit einer roten und einer blauen Feder, im Sturmschritt neben dem Trommler marschiert sei. Gegen sie spricht auch die Anzeige mehrerer Mitglieder ihrer Sektion unmittelbar nach dem Aufstand, die sich beklagen, daß sie ‹gewaltsam ehrliche Bürgerinnen, die zufrieden in ihren Wohnungen bleiben wollten, fortschleppte und sie mißhandelte, wenn sie sich wehrten,

zum Konvent mitzukommen›. Daraufhin wurde die Forderung erhoben, ihr die Waffen wegzunehmen. Von den 148 Angeklagten wird keine zum Tod verurteilt, auch nicht zur Deportation. Die Unruhestifterinnen verschwinden lediglich für einige Zeit in den Gefängnissen. Die alten Kämpferinnen sind ausgeschaltet, die jungen, die noch nicht politisch vorbelastet sind, bleiben unter strengster Kontrolle.

Schon am 29. Mai 1795 kann ein Polizeibericht melden: ‹Die Ruhe ist vollkommen wiederhergestellt. Die Arbeiter haben ihre Arbeit wiederaufgenommen, die Frauen haben sich in ihre Haushalte zurückgezogen und äußern sich nicht mehr zu den politischen Ereignissen.›

‹Die Frauen› – jetzt hat man sie endlich zum Verstummen gebracht.

Galerie 6:
Die Witwe Castel

Die Wohnung der Witwe Castel liegt günstig. Bequem kann sie von ihrem Fenster aus die Leiterwagen beobachten, die auf dem Weg zur Guillotine vorbeifahren. 63 Jahre ist sie alt, die Augen sind nicht mehr die besten, sie behilft sich mit einem Lorgnon. Sind die Wagen nur halb voll, findet sie, daß es sich kaum lohne, da überhaupt hinzuschauen. An dem Tag, als Cécile Renault und insgesamt weitere 70 Opfer vorbeirumpeln, gerät sie in Verzückung: ‹Wenn ich da unten wäre, würde ich ihnen mein Messer ins Herz rammen. – Was für Schweine! Das sind doch genug für die nächste Dekade, und nachher kommen die Händler dran, man wird keine Gnade walten lassen.›

Im Winter 1794 wird sie im Polizeibericht erwähnt, als ‹fanatische Jakobinerin, die ihre Grundsätze offen verfochten hat bis zu dem Augenblick, als der Tod des Unbestechlichen ihr den Mund schloß. Sie wird verdächtigt, eine der Agentinnen zu sein, die die Jakobiner im Faubourg unterhielten. Besuchte sehr beflissen die Sitzungen der Jakobiner (und zwar von 10 Uhr morgens bis 11 Uhr nachts) und soll angeblich früher von ihnen besoldet gewesen sein. Hat sich gerühmt, sie allein habe 18 Personen einsperren lassen, und bedauert, daß das Blutgericht nicht genug Opfer verschlungen habe. Sie hat sich gemeldet, wenn es sein müßte, selbst die Schnur der Guillotine zu ziehen. Gefährlich durch ihre Prinzipien, die sie vertreten würde, wann immer sich dazu Gelegenheit böte.›

Am Aufstand der Frauen am 20. Mai 1795 hat sie sich nicht beteiligt. Dennoch wird sie Opfer einer Denunziation und am

27. Mai verhaftet als ‹eine jener Rasenden, für die Blut Nahrung und Verbrechen Bedürfnis ist›. Im Verhör erklärt sie, ‹sie würde auch ihren eigenen Vater denunzieren, wenn er ein Konterrevolutionär wäre›. Nach wie vor bewundert sie Robespierre. Sie erhält eine Haftstrafe.

Die Neue Welt
der Marquise de la Tour du Pin

‹Ich verbrachte schlaflose Nächte, weil ich bei jedem Geräusch glaubte verhaftet zu werden. Auszugehen wagte ich nicht mehr. Meine Milch versiegte, und ich fürchtete, krank zu werden ausgerechnet jetzt, da ich unbedingt gesund sein mußte, um handeln zu können, wenn es nötig sein würde. Eines Morgens, bei einem Besuch bei M. de Brouquens, fiel mein Blick unabsichtlich auf eine aufgeschlagene Zeitung. Ich las unter den Handelsnachrichten: Die DIANA aus Boston, 150 Tonnen, sticht in acht Tagen ohne Ladung in See, mit Erlaubnis des Marineministeriums.

Im Hafen faulten achtzig amerikanische Schiffe seit einem Jahr vor sich hin, ohne die Genehmigung zum Auslaufen. Wortlos zog ich mich an und wollte gehen, als M. de Brouquens, der gerade schrieb, aufsah und mich fragte: Wohin wollen Sie denn so schnell? – Nach Amerika, antwortete ich und ging.›

Für Henriette-Lucy de la Tour du Pin bietet sich mit diesem Entschluß ein Ausweg aus lähmender Hoffnungslosigkeit. Vierundzwanzig Jahre ist sie alt und lebt mit ihren beiden Kindern, dem vierjährigen Sohn und der neugeborenen Tochter, in ständiger Angst, hier in Bordeaux erkannt und nach dem Verdächtigengesetz gefangengenommen zu werden. Sie hatte die Revolution zunächst begrüßt, waren doch sie und ihre Familie nicht von Einschränkungen oder gar Gefahr betroffen. Und dem schwachen König, dem verkommenen Hofadel gönnte sie eine Lektion, denn das System hatte Reformen dringend nötig, so viel hatte sie von ihrem Mann gelernt. Als aber ihr Mann bei der Rebellion der Soldaten in Nancy lebensgefährlich verletzt wurde, wurde ihr doch der Ernst der Lage bewußt. Sehr erleichtert verließ sie Paris, als ihr Mann den Botschafterposten in Den Haag übertragen bekam. ‹Ich hatte französische Eleganz mitgebracht. In kurzer Zeit war ich sehr gefragt. Man ahmte mich in allem nach. Ich hatte große Ballerfolge, und kein Gedanke an morgen beunruhigte mich.›

Der Kriegsausbruch und erst recht das Ende der Monarchie veränderten die Lage grundlegend. Die Familie zog sich auf das Stammschloß in den Süden des Landes zurück und wähnte sich dort in Sicherheit. Als aber ihr Schwiegervater in Paris unter der Anklage, zur alten Garde der Königstreuen zu gehören, verhaftet wurde, stand auch sein Sohn auf der Fahndungsliste. Seit Monaten verbarg er sich auf dem Lande bei einem Schlosser, der ihn in einem engen Verschlag untergebracht hatte, direkt über der Werkstatt. Um keinen Verdacht zu wecken, durfte er sich kaum bewegen und kein Licht anzünden. Wie lange würde sich dieser Zustand ertragen lassen? Lucy lebte in Bordeaux unter falschem Namen. Im September 1793 war die Revolutionsarmee eingerückt, um die Bewohner, die als girondistenfreundlich galten, zu disziplinieren. Auf dem Hauptplatz nahm die Guillotine ihre Arbeit auf, täglich wurden Häuser durchsucht, Güter beschlagnahmt, Denunziationen überprüft, Verfahren durchgepeitscht, die meistens mit dem Tod der Angeklagten endeten.

Lucys Idee, nach Amerika zu fliehen, ist nicht leicht zu verwirklichen. Sie braucht Pässe auf falsche Namen und die Erlaubnis der Behörden. So erfindet sie die Notwendigkeit, sich auf Martinique um die Besitzungen ihres Vaters kümmern zu müssen. Aber die Abreise wäre nie und nimmer zustande gekommen ohne die Hilfe einer flüchtig Bekannten aus Paris, der schönen Teresa de Fontenay. Sie beeinflußt ihren Geliebten, den Kommissar Tallien, die nötigen Papiere auszustellen, und nach einer Woche fieberhafter Vorbereitungen, ständig in Angst, noch in letzter Minute denunziert zu werden, schifft sich die Familie am 10. März 1794 ein ins Ungewisse.

In Bordeaux herrscht so große Hungersnot, außerdem sind die meisten Lebensmittel rationiert, daß man kaum Proviant für die Fahrt beschaffen kann: mehrere Säcke Kartoffeln und Bohnen, ein paar Töpfe Marmelade und einige Flaschen Wein, das ist alles, der Kapitän verkauft altes Bisquit. Die Überfahrt dauert sechzig Tage. Die Familie bewohnt eine kleine Kajüte, die M. de la Tour du Pin kaum verlassen kann, so heftig leidet er an Seekrankheit. Er lebt fast nur von schwarzem Tee und wird immer schwächer. Die Kinder weinen vor Hunger. Lucy kann schon bald nicht mehr stillen, sie zittert in der Angst, die Kleinen könnten die Reise nicht überleben. Unwetter, die Erkrankung eines der nur vier Matrosen, die drohende Kontrolle durch ein französisches Militärschiff, dem die DIANA nur durch plötzlich aufsteigenden dichten Nebel entkommt – die Schrecknisse dieser beiden langen Monate werden in den Memoiren nur wie beiläufig erwähnt. Die Verfasserin richtet den Blick lieber auf Gelingen als auf Elend. Jede Lebenslage bringt Nutzen, könnte ihre beschwörende Botschaft lauten.

‹Mein Leben an Bord, so hart es auch war, brachte mir dennoch Gewinn, indem es mir den Wert der kleinen Genüsse, die man sonst nicht schätzt, bewußt machte.› Es hieß, mit den reduzierten Möglichkeiten an Bequemlichkeit zurechtzukommen. ‹Ohne einen Augenblick des Ausspannens, zwischen der Versorgung der Kinder und meines kranken Mannes hatte ich, seitdem ich an Bord war, noch kein einziges Mal Toilette gemacht, ja noch nicht einmal das Tuch abgenommen, das ich um den Kopf gewickelt hatte. Der Mode entsprechend hatte man Mengen von Puder und Pomade im Haar. Eines Tages wollte ich mich frisieren, während meine kleine Tochter schlief. Ich fand meine Haare, die ich sehr lang trug, dermaßen verfilzt, daß ich aus der Verzweiflung, sie nie wieder durchkämmen zu können, die spätere Mode der Titus-Frisur vorwegnahm: ich nahm eine Schere und schnitt sie ganz kurz ab, worüber mein Mann einen Wutanfall bekam. Dann warf ich sie ins Meer und mit ihnen alle leichtfertigen Gedanken, auf die mich meine schönen blonden Locken noch hätten bringen können.›

Der Kapitän hat die Orientierung verloren, die vielen wetter- und fluchtbedingten Kurswechsel lassen ihn die richtige Route nur raten. Um so größer sind die Überraschung und das Glück, als bei strahlendem Maiwetter in der Ferne die Bucht von Boston vor ihnen auftaucht. Sie sind gerettet. Der Kapitän sucht für die Emigranten Quartier und bringt sie bei einem der reichsten Kaufleute der Stadt unter – eine Gunst der Stunde, denn sie kommen ohne ein einziges Empfehlungsschreiben in Amerika an. Über Vermittlung ihres Hausherrn lernen sie bald Menschen kennen, die sich mit Interesse ihrer annehmen und ihnen weiterhelfen. Sosehr die Amerikaner während des Unabhängigkeitskrieges die französische Unterstützung schätzten, so fassungslos ist ihr Entsetzen über die blutigen Auswüchse der Revolution in Frankreich. Die jungen französischen Generäle wie Lafayette sind noch in bester Erinnerung, und Lucy profitiert davon, daß auch ihr Vater Arthur Dillon große Wertschätzung genießt. Als die Presse, um einige Wochen verspätet, seine Hinrichtung meldet, steigert sich die Hilfsbereitschaft der gebildeten Bostoner für die Flüchtlinge zu Mitgefühl und Freundschaft.

Lucy kommt nun zugute, daß sie als Kind mit einer für ihren Stand unüblichen Neugier in allen Bereichen des riesigen Haushalts ihrer Großmutter mitgearbeitet hat. So kann sie ausgezeichnet nähen. Das nützt ihr nicht nur, für sich und ihre Familie Trauerkleidung anzufertigen – kurz nach der Nachricht vom Tod Arthur Dillons erreicht sie die Meldung von der Hinrichtung des alten Marquis de la Tour du Pin –, sondern die amerikanischen Damen lassen sich in Modefragen gern tatkräftig beraten und von ihr auch beispielsweise Hüte anfertigen. Ihr Plan steht fest: eine Farm soll gekauft werden, und der Ehemann ist unterwegs, um sich günstige Objekte anzusehen. Lucy lebt indessen mit den Kindern bereits auf einer Farm bei Albany im Landesinnern. Was an Hausrat, den sie mitbringen konnten, nicht unbedingt nötig ist, wird verkauft: Musikinstrumente, Spitzen, Stoffe. Sie verfügen noch über Wertpapiere und fordern über eine Bank ihre noch in Holland und Frankreich deponierten Guthaben an, um sich in ihrem neuen Leben einrichten zu können. Schließlich findet sich ein geeignetes Haus, und es werden Möbel, Kühe, Schafe, Pferde und Schlitten gekauft, denn der Winter steht bevor, und andere Fortbewegungsmittel gibt es nicht. Und Lucy ersteht Negersklaven.

Nach neuen Gesetzen war es Vorschrift, daß kein Neger gegen seinen Willen bei seinem Besitzer festgehalten werden durfte, wenn sich ein neuer Käufer gefunden hatte. Eines Tages kommt ein junger Schwarzer zu Lucy und wünscht, von ihr gekauft zu werden. Im Haushalt seines jetzigen Herrn leben auch seine Eltern, deren ständiger Kontrolle und Erziehung er entkommen will. Der Kauf kommt zustande, aber zu des jungen Sklaven größter Enttäuschung bittet kurz darauf auch sein Vater, von der Familie de la Tour du Pin übernommen zu werden. Dieser fast fünfzigjährige Mann verfügt über eine so hohe Intelligenz, daß es ihn im Haus seines Besitzers langweilt, wie wenig dieser auf seine Vorschläge für Verbesserungen eingeht. Der Ruf Lucys als großzügig und aufgeschlossen hat ihn dazu bewogen, bei ihr arbeiten zu wollen. Für die unerfahrenen Farmer ist diese Arbeitskraft eine wertvolle Hilfe. Er wieder empfiehlt den Kauf eines tüchtigen Sklaven, der seit fünfzehn Jahren verheiratet ist. Die Frau ‹hatte alle Hoffnung aufgegeben, mit ihrem Mann, den sie anbetete, vereint zu werden, da ihr Besitzer, ein harter, unangenehmer Mensch, sich immer geweigert hatte, sie zu verkaufen.› Lucy aber setzte es sich in den Kopf, die beiden zusammenzubringen – und außerdem braucht sie unbedingt eine weibliche Hilfe im Haus. Mit einem Sack Geld macht sie sich mit ihrem Schlitten auf zum Bauernhof des bösen Weißen. ‹Ich sagte ihm, daß er wisse, er könne sich dem Verkauf eines Negers nicht widersetzen, wenn dieser ihn fordere; daß er aber diese Judith, als sie den Wunsch geäußert hatte, fast totgeschlagen hatte, weshalb sie noch jetzt krank sei. Brutal antwortete er, sie könne sich einen neuen Herrn suchen, wenn sie wieder gesund sei. – Lassen Sie sie holen, sagte ich, sie hat einen gefunden. – Sie kam. Als sie erfuhr, daß ich ihren Mann gekauft hatte und sie erwerben wollte, um sie zu vereinen, fiel die arme Frau ohnmächtig in einen Sessel.› Am nächsten Tag zieht sie mit ihrer kleinen Tochter in den neuen Haushalt um. ‹Wir hatten wirklich großes Glück. Der Mann und die Frau waren ausgezeichnete Leute, aktiv, arbeitsam und intelligent. Sie liebten uns leidenschaftlich. Wenn Neger etwas taugen, dann ganz und gar. Man könnte bis zum Tod mit ihrer Ergebenheit rechnen. Judith war 34 und ungewöhnlich häßlich, nichtsdestoweniger war ihr Mann verrückt nach ihr.›

In Frankreich hatte Lucy einen schwarzen Bediensteten gehabt, der mit absoluter Treue an ihr hing und ohne den sie es nie geschafft hätte, heimlich ihren Hausrat auf das Schiff zu schaffen. Sie erwähnt immer wieder, wie wichtig ihr ein gutes Verhältnis mit den Dienstboten ist, schon in ihrer Kindheit hat sie sich für deren Belange gegen die jähzornige und ungerechte Großmutter eingesetzt. ‹Unsere Neger arbeiteten, angespornt von unserem Beispiel, gerne. Sie waren besser gekleidet und ernährt als alle Sklaven unserer Nachbarn.›

Lucy gefällt sich darin, ihre Fähigkeit im Umgang mit dem Ungewohnten zu betonen. Natürlich ist auch sie verblüfft, als ihr das erstemal zwei bis auf den Lendenschurz splitternackte Indianer begegnen, aber bald macht sie mit ihnen kleine Tauschgeschäfte: die Eingeborenen dürfen Fallholz sammeln, und sie erhält dafür wunderschön geflochtene Körbe. Unter den Frauen verteilt sie Straußenfedern, Seidenbänder, künstliche Blumen – Accessoires, die früher in Paris zur Eleganz gehörten und jetzt die Indianerinnen entzücken. ‹Unter ihnen war eine sehr alte Squaw mit abstoßendem Äußeren. Sie stand im Ruf der Zauberei. Wenn Hennen gedeckt werden, Kühe oder Säue werfen sollten, wenn man Gemüse gepflanzt hatte oder irgend etwas Wichtiges im Haushalt plante, war es notwendig, daß man sich mit ihr durch ein kleines Geschenk gutstellte, das sie für ihren Putz verwendete. Eine alte Frau ist selbst im zivilisierten Leben eine häßliche Angelegenheit. Nun stelle man sich aber diese alte Squaw vor, siebzigjährig, mit schwarzer und gegerbter Haut, die ihr ganzes Leben nackt sämtlichen Witterungen ausgesetzt war; mit grauen Haaren, die noch nie ein Kamm berührt hatte; die als einzige Kleidung eine Art blaue Schürze und eine kleine Wolldecke trug, was beides erst erneuert wurde, wenn es völlig in Fetzen zerfallen war – also diese Frau, die leidlich Englisch konnte, liebte Putz inbrünstig. Dazu diente ihr alles: der Rest einer alten rosa Feder, eine Schleife, eine alte Blüte versetzten sie in gute Laune. Gestattete man ihr dann auch noch, sich im Spiegel zu betrachten, konnte man sich schmeicheln, daß sie den Küken und Kühen wohlgesonnen war, daß der Rahm nicht umschlug und die Butter schön gelb sein würde.› Und auf nichts anderes kam es der französischen Marquise an, sie scheint in ihrem Leben auf nichts so stolz gewesen zu sein wie auf ihre erstklassigen Landwirtschaftsprodukte.

‹Meine Butter stand hoch im Kurs. Ich arrangierte sie sorgfältig um kleine Brötchen, versah sie mit unserem Stempel und ordnete sie in einem hübschen Korb ein, auf einem feinen Tuch. So wurde sie verkauft. Mein Rahm war immer frisch. Das brachte mir täglich gutes Geld.›

Mit aus Frankreich importierten Methoden erreichen sie eine Apfelernte, die die Nachbarn in Staunen versetzt, und für ihren Cidre beschaffen sie sich alte französische Cognacfässer – ihre Produkte finden reißenden Absatz, und ihr Ansehen nimmt zu. Lucy steht täglich vor Sonnenaufgang auf, versorgt mit ihren Sklaven die Tiere, dann die Familie, sie kocht selbst, näht, wäscht und bügelt, so daß sie selbst meint, auf sie würde ein Satz zutreffen, den viel später Talleyrand über Napoleon geäußert hatte: ‹Wer diesem Menschen ein wenig Faulheit schenken könnte, wäre ein Wohltäter des Universums.› Also keine unangebrachte Bescheidenheit – Lucy weiß sehr wohl um ihre Tüchtigkeit. Von ihrem Mann berichtet sie wenig, außer daß er einen so fabelhaften Schweinestall baut, daß er von den Nachbarn als Palast bestaunt wird.

In Paris hat das Direktorium inzwischen beschlossen, den Aristokraten ihren Besitz zurückzugeben, sofern sie ihn selbst im Land einfordern. Melden sich die Eigentümer in einem bestimmten Zeitraum nicht, fallen die Güter an den Staat. Also ist das abrupte Ende des paradiesischen Lebens gekommen. Hab und Gut wird verkauft, die Sklaven erhalten die Freiheit, und nach einem tränenreichen Abschied beginnt erneut die große Fahrt. Vierzig Tage wird sie dauern, ist längst nicht so bedrohlich wie die Überfahrt vor zwei Jahren, aber dennoch ist die Stimmung gedrückt. ‹Ich empfand überhaupt keine Freude, nach Frankreich zurückzukehren. Im Gegenteil, die Leiden während der sechs Monate vor unserer Flucht hatten in mir Angst und Schrecken zurückgelassen, die ich nicht überwinden konnte.› Obwohl sie damit rechnete, ihr Schloß verwüstet vorzufinden, obwohl sie sich auf Armut und langwierige Verhandlungen um den Besitz einstellte, übertraf die Heimkehr ihre Befürchtungen. ‹Ich muß gestehen, daß mir der erste Augenblick meine ganze Philosophie abverlangte. Dieses Haus – ich hatte es gut eingerichtet verlassen, und wenn man auch keinen Luxus finden konnte, war doch alles reichlich zur Bequemlichkeit vorhanden. Ich fand es vollkommen leer vor: nicht ein Stuhl, nicht ein Tisch, nicht ein Bett. Ich verfiel in Mutlosigkeit – aber Klagen wäre wirklich unnütz gewesen. Wir gingen also daran, unser Gepäck von der Farm auszupacken, und der Anblick dieser kleinen, einfachen Möbel, die in das riesige Schloß gebracht wurden, löste schon Nachdenklichkeit aus.›

Lucys Mann begibt sich nun auf die Reise, um die Vermögensverhältnisse zu klären. Sie bleibt mit den Kindern und der guten Marguerite allein in dem leeren Haus, in ständiger Furcht vor Raubüberfällen, die an der Tagesordnung waren. Banditen hatten Nachbarn schlimm zugerichtet und gefoltert, um die Verstecke der Wertsachen zu erfahren. So sitzt sie nachts bei jedem Anschlagen der Hunde hellwach und zitternd in ihrem Bett. ‹Es schien mir, daß ich in meinem Leben keine unangenehmere Zeit verbracht hatte. Wie sehnte ich mich nach meiner Farm, meinen guten Negern, meiner früheren Ruhe! Meine Tage vergingen nicht glücklicher als meine Nächte. Ich dachte an meinen Mann, der mitten im Winter auf einem schlechten Roß über Land zieht, auf diesen schrecklichen Straßen, wie sie damals besonders in den südlichen Provinzen üblich waren.› Von ihrem Besitz läßt sich außer dem Schloß nichts retten. Sie reisen also nach Paris, um dort ihre Angelegenheiten vielleicht besser betreiben zu können. Im Juli 1797 kommen sie an – im September erläßt das Direktorium nach einem mißglückten royalistischen Putsch das Dekret, alle Emigranten müßten sofort Paris und Frankreich verlassen. Obwohl die Familie mit regulären Pässen das Land verlassen hatte und im strengen Sinn nicht emigriert war, trifft sie das Gebot der Ausreise.

Sie haben natürlich ihren ganzen Besitz auf ihrem Schloß in Bouilh zurückgelassen und nach Paris nur das für eine Reise Nötige mitgenommen – wieder heißt es aufbrechen, diesmal entschließen sie sich für England, da leben Verwandte in London, also bietet sich dieser Fluchtpunkt an. Wieder leidet M. de le Tour du Pin bei der Überfahrt an seiner entsetzlichen Seekrankheit, wieder fährt man ins Ungewisse, wieder stehen sie vor dem Nichts. Die nächsten Jahre verbringen sie in äußerst bedrängten Verhältnissen, leben in zwei kleinen Zimmern, in denen sie schlafen und arbeiten. Schnell hat sich der Ruf von Lucys Geschicklichkeit verbreitet, sie ernährt ihre Familie mit Näharbeiten und Sticken. Ein Kind wird geboren, das nur drei Monate lebt. Abwechslung gibt es wenig, die Verwandten, denen es etwas bessergeht, wie die Witwe des hingerichteten Generals Dillon, erweisen sich als wenig großzügig und brechen den Kontakt ab, aus Angst, angebettelt zu werden. Nach dem Staatsstreich Napoleons öffnen sich Frankreichs Grenzen wieder für die vertriebenen Aristokraten, Napoleon und besonders seiner Frau Josephine gefällt es, ihren Salon mit dem alten Hofadel zu schmükken. Aber die Familie de la Tour de Pin zieht es vor, nach Bouilh zurückzukehren, und verbringt dort acht Jahre, mit dem Wiederauf-

bau des Besitzes und der Erziehung der Kinder beschäftigt. Bei einem
Besuch Napoleons, der sich inzwischen zum Kaiser erhöht hatte, in
Bordeaux macht ihm auch Lucy ihre Aufwartung, kurz danach wird
der Marquis zum Präfekten von Brüssel ernannt.

Das Leben läuft wieder in geregelten Bahnen.

Die Memoiren enden 1815. Warum? Die Gründe sind nicht bekannt. Weitere Lebensetappen lassen sich aus dem umfangreichen
Briefwechsel rekonstruieren. Auch unter Ludwig XVIII. ist der Marquis de la Tour du Pin Botschafter in Brüssel, Den Haag, Turin. 1830,
nach der Julirevolution, unfreiwilliger Rückzug aus der Politik,
Gefängnis, Exil, Armut. Lucy hat ihren ältesten Sohn durch ein Duell
verloren, eine siebzehnjährige Tochter an Schwindsucht, eine sech-
sundzwanzigjährige Tochter durch einen Unfall. Der jüngste Sohn
schließt sich einem legitimistischen Aufstand der Vendée gegen den
Bürgerkönig Louis-Philippe an, wird dafür zum Tod verurteilt, kann
aber in die Schweiz entkommen. 1837 stirbt Lucys Mann. Seine
Witwe, die ihn sechzehn Jahre überlebt, muß den noch verbliebenen
Besitz verkaufen, um den Lebensunterhalt zu fristen, will keinem
zur Last fallen und lebt deshalb in der billigen Stadt Pisa, bescheiden,
ohne Klage. ‹Dazu gibt es nichts zu sagen, denn das hilft mir nicht
weiter. Ich bin wie die Katzen: wenn sie leiden, wollen sie in einem
Winkel des Dachbodens ganz allein sein.› Jetzt nimmt sie sich noch
einmal ihre Memoiren vor, überarbeitet, ergänzt sie. ‹Ich stopple die
Erinnerungen an mein Leben zusammen. Das Alter hat mich nur an
den Fersen erwischt, die mich schmerzen (an Gicht, glaube ich, oder
Rheumatismus) und mir das Gehen empfindlich erschweren. Ansonsten fühle ich mich wohl. Und meine Haare wollen absolut nicht
weiß werden; ich habe eine Mähne, die auf den Kopf einer Dreißig-
jährigen passen würde; das ist fast komisch.›

Bis ins hohe Alter bleibt sie spöttisch, unsentimental, scharf, oft
ungerecht in ihrem Urteil, sich ihres Wertes bewußt. Die Revolution hatte ihre Selbständigkeit forciert, aber ihr Wesen nicht zu
ändern brauchen. Sie verfügte schon in ihrer Kindheit über einen
gnadenlos analytischen Blick, erkannte Heuchelei und noch so gut
getarnte Unmoral, spielte sich nicht zum Sittenrichter auf, beschloß aber, den eigenen Lebensweg nach anderen Maximen auszurichten. ‹... Gott hat mir die Gnade gegeben, in jeder Situation, in
die er mich stellt, zufrieden zu sein, und ich danke ihm dafür, daß
inmitten all des Unglücks, mit dem er mich zu schlagen beliebte,
mein Herz nie von Klagen überwältigt war, obwohl ich sehr empfindlich den Schmerz über meine Verluste spürte. Ich habe Frieden
im Herzen und Ruhe im Geist, wodurch ich das, was mir geblieben
ist, genießen kann.›

Die Waffe der Weiblichkeit:
Madame de Villirouët

Hoffnung? Seit dem Sturz Robespierres sind schon wieder zwei Monate vergangen ohne Anzeichen einer Veränderung. Der Jubel war umsonst gewesen. Soll man erneut zu hoffen wagen? Paris versucht, die königstreuen Provinzen zu befrieden! Amnestie für die Chouans, die Kämpfer gegen die Revolution. Und auch die Gefängnisse sollen überprüft werden, ob nicht Unschuldige festgehalten werden. Unschuldige, was für ein Hohn. Volksvertreter, allesamt Mitglieder des Konvents, reisen in die entlegensten Gebiete der Einen und Unteilbaren Republik und bringen Gerechtigkeit, Menschlichkeit für alle Bürger Frankreichs. Befreiung von den Ketten? Im Gefängnis der bretonischen Stadt Lamballe atmen 208 Gefangene auf, als der Abgeordnete Boursault in ihre Stadt kommt. Nach drei Tagen ist er wieder abgereist. Er hat nicht einmal nach den Gefangenen gefragt, heißt es. Aber er hat eine Kommission gegründet, die ‹Gesellschaft der Menschenfreunde›. Also will er das Gute, vielleicht fehlt es ihm an Informationen? Was weiß er über diese Menschen, die ihrer Freiheit beraubt worden sind: Adelige; Priester; Bürger, die im Verdacht stehen, der Nation zu schaden, weil ein Familienmitglied emigriert ist; ehemalige Nonnen – was haben sie verbrochen?

Die Comtesse de la Villirouët, 27 Jahre alt, Mutter von drei Kindern und im Gefängnis seit dem 12. Oktober 1793, schreibt Boursault nach Rennes, der nächsten Station seiner Reise: ‹Bürger, ich wende mich an Dich im Hinblick auf Deine Gerechtigkeit und Güte, um Dich zu bitten, mir meine Freiheit und meine Kinder wiederzugeben.› Damit er sich ein Bild machen könne von der Unhaltbarkeit der Anschuldigungen gegen sie, legt sie ihm das Protokoll ihres Verhörs vom vergangenen August bei – zehn Monate war sie da bereits eingesperrt, ohne daß sie die Gründe erfahren hätte. Im Verhör nennt man sie ihr: ihre adelige Abstammung; Verwandtschaft mit Emigranten; Korrespondenz mit Aristokraten; ihre Rolle als Gebildete, als die sie die Revolution verspotte. Darauf die Beschuldigte: man könne sie nicht für ihre Geburt verantwortlich machen; von ihrem Ehemann habe sie seit Juli 1792 keine Nachricht, wisse nicht, ob er überhaupt noch lebe; aber selbst, wenn er emigriert sei: ‹Immer und überall ist der Gatte Herr über seine Rechte und über sein Tun, deshalb kann man die Ehefrau nicht für das Verhalten des Gatten anklagen›; – ‹Schwester eines Emigranten›? Keine Schwester verfügt über Autorität gegenüber einem Bruder, ‹man kann mir nicht die Taten meines älteren Bruders zur Last legen›; natürlich korrespondiere sie mit ihren Verwandten, besonders mit ihrer Mutter – sei das nicht ihre Kindespflicht? Sie hat drei kleine Kinder, welche Zeit bleibe ihr für die ‹Rolle einer Gebildeten›? Und was den Spott über die Revolution betrifft: ‹Es ist schwerer, sich gegen eine Verleumdung zu wehren, als sie in die Welt zu setzen.› Sie bittet, die Anklagepunkte neu zu prüfen.

Keine Antwort des Menschenfreundes Boursault.

Im Januar 1795 kommt ein zweiter Deputierter nach Lamballe, Bollet: ‹Ach, sein Name sei allezeit gesegnet, so wie er allezeit in unseren Herzen leben wird!›

Zwei Frauen sind freigelassen worden, unter die Amnestie für die Rebellen gefallen. Und was ist mit den anderen, die sich nicht einmal Aufsässigkeit gegen die Republik haben zuschulden kommen lassen? Wieder verfaßt sie eine Bittschrift, diesmal darf die Chance, den Volksvertreter in der Stadt zu haben, nicht verstreichen. Der sechzehnjährige Sohn des Gefängniswärters überbringt die Petition, er soll auf Antwort warten. Bollet sagt zu, er werde am nächsten Tag ins Gefängnis kommen. Am nächsten Morgen um 7 Uhr steht der Junge vor der Tür des Abgeordneten, um ihm den Weg zu weisen. Bekräftigung der Zusage, erneutes Warten. Am Nachmittag schickt Madame de Villirouët den Vater des Jungen mit einem Brief zu Bollet, in dem sie darum ersucht, unter Bewachung zu ihm geführt zu werden. ‹Sie will mich unbedingt sehen!› Es amüsiert den Mann, so hartnäckig bestürmt zu werden. Nachmittags trifft plötzlich die Freilassungsurkunde ein, für die Comtesse und den Großteil der Gefangenen. Kaum ist sie auf freiem Fuß, findet sie sich bei Bollet ein, von dem sie weiß, daß er am nächsten Tag abreisen wird. Nach Stunden wird sie vorgelassen: Dank für die Freilassung, Mißtrauen, ob sie nicht nur provisorisch sei? – Aber gewiß, außer Sie verstoßen gegen die Gesetze. – Dann bin ich beruhigt. Wenn man so grausam dafür bestraft worden ist, nichts verbrochen zu haben, drängt man sich nicht nach Strafe, die berechtigt wäre. – Wahrhaftig, Bürgerin, Sie verdanken Ihre Freilassung sich selbst, Ihrer Offenheit. Sie sagen aufrichtig, was Sie denken. – Dann möge er doch sofort die Freilassung der restlichen Gefangenen verfügen.

Dafür ist er nicht zuständig. Er benötigt die Akten vom Sicherheitsausschuß. Also sofort in dieses Büro. Die beiden Beamten erklären, die Unterlagen jetzt nicht heraussuchen zu können. Sie insistiert, selbstverständlich sei dies möglich, und sie erhält die Papiere. Zurück zu Bollet. Er stimmt ihr zu, daß Gefangenschaft aufgrund lediglich der Herkunft nicht gerechtfertigt sei. Auch nicht wegen des Glaubens. Warum soll man dafür bestraft werden, als Nonne Gott dienen zu wollen? Richtig, Bürger? – Zweifellos. Jeder hat seinen eigenen Verstand und sein eigenes Gewissen, jeder muß denken können, was ihm gefällt, und wenn es mir gefällt, etwa diese Kerze anzubeten, so ist das meine Sache. Diese Kerze tut mir schließlich Gutes, sie gibt mir Licht. – Sie werden zugeben, Bürger, daß diese Meinung vor sechs Monaten noch nicht erlaubt gewesen ist. – Allerdings. – Und schon hat sie Entlassungsurkunden für weitere Häftlinge. Nur noch vier stehen aus, es bleibt nicht mehr viel Zeit. Für die ordentliche Führung dieser vier braucht sie Gutachten vom Sicherheitsausschuß. Um 7 Uhr in der Früh klopft sie an die Wohnungstüre eines der Komiteemitglieder. Er liegt im Bett. Die Haushälterin läßt sie bis zur Schlafzimmertüre. – Bürger, würden Sie die Freundlichkeit haben aufzustehen? – Bürgerin, es ist verdammt zeitig, ich habe mich gestern erst um 11 Uhr zur Ruhe begeben. – Auch ich, Bürger, lag nicht früher im Bett und bin schon seit vier Stunden auf den Beinen. Außerdem werden Sie zugeben, daß die Freiheit von vier Unglücklichen einige faule Stunden aufwiegt. Bollet reist ab, und Sie wissen, daß er ohne Ihre Zustimmung nichts entscheiden kann. Bitte, Bürger, stehen Sie auf! Es ist mir zwar peinlich, Sie so früh zu wecken, aber schließlich werden Sie nicht jeden Morgen aus so gutem Grund geweckt. –

Auch dem zweiten zuständigen Beamten vertreibt sie den Schlaf. Aber die beiden Herren lassen sich Zeit. Sie rennt zu Bollet, der sich zur Abreise vorbereitet, und trägt ihm die Fälle vor. Er zeigt sich wohlwollend. – Sie haben ja großes Interesse an diesen Unglücklichen. – Wenn man so lange gemeinsam gefangen ist, liebt man einander. – Zurück zum Sicherheitsausschuß, die Gutachten sind noch nicht fertig. Während sie ausgestellt werden – Pferdegetrappel. Sie rast die Treppe hinunter und sieht den Wagen Bollets in vollem Galopp verschwinden. Ins Büro kommt gerade ein Offizier, der am nächsten Tag nach Rennes fährt. Ihm gibt sie die Dokumente mit und bittet Bollet in einem Brief, er möge sein Wort halten. Nach weiteren vier Tagen hält sie die nötigen Unterlagen in Händen. Das Gefängnis ist leer.

Neue Sorgen fordern intensiven Einsatz. Seit 1792 lebt ihr Mann nicht in Frankreich. Er hat sich der Armee der Königstreuen angeschlossen, und nach mehreren Niederlagen wartet er auf der Insel Jersey vor der bretonischen Küste auf einen günstigeren Zeitpunkt der Rückkehr. Ohne Madame de Villirouëts unermüdliche Bemühungen wäre sein Besitz längst der Nation verfallen. Sie schafft es zumindest, die Rechtslage in der Schwebe zu halten. Sie hat in Paris eine kleine Wohnung genommen, um bei den Ämtern immer wie-

der ihre Sache zu vertreten. Im Juni 1796 ist der Kriegszustand mit
den Rebellen offiziell beendet, dennoch ist die Heimkehr gefährlich.
Deshalb schlägt sich Monsieur de Villirouët nach Paris durch, hofft,
in der Großstadt für eine Weile unerkannt leben zu können. Er
besorgt sich falsche Papiere. Seine Frau bringt den achtjährigen
Sohn nach Paris, und der Vater kommt in der Rolle eines Hausleh-
rers täglich in das Haus seiner Frau. Auch während dieser Zeit ist sie
viel unterwegs, um die Besitzfragen zu klären, auch ihre beiden
anderen Kinder in Lamballe zu besuchen. Die Erbschaft ihres 1794
hingerichteten Großonkels, der ohne Nachkommen gestorben ist,
klärt sie zu ihren Gunsten. Sie ist zäh und eindringlich bei diesen
Verhandlungen.

Im September 1797 erläßt das Direktorium nach einem geschei-
terten royalistischen Putschversuch verschärfte Gesetze gegen Emigranten. Bei Androhung der Todesstrafe müssen sie innerhalb weniger Stunden Paris, innerhalb weniger Tage Frankreich verlassen. Die
kleine Familie de Villirouët will nicht schon wieder auseinandergehen,
sie glaubt sich in Sicherheit, so unauffällig leben sie, verborgen
und bescheiden. Dennoch werden sie denunziert und am 14. Januar
1799 verhaftet. Gerade davor ist der Sohn in ein Collège gebracht
worden. Das Ehepaar beschließt, unter keinen Umständen die
Wahrheit zuzugeben und sich auf die falschen Papiere zu berufen.

Diese Gefangenschaft unterscheidet sich empfindlich von den
Monaten im Gefängnis von Lamballe, da gab es nur Verfolgte der
Revolution, die einander Mut machten und respektierten. Hier ist
die junge Frau unter Kriminellen. ‹Ich befand mich unter vierzig
Mädchen oder Frauen, gezeichnet vom Verbrechen. Alle zeigten nur
zu deutlich, was sie waren, durch die Schamlosigkeit ihrer Blicke,
die Frechheit ihres Gebarens genauso wie durch die Obszönität
ihrer Reden und Lieder und ihre ekelerregende Unsauberkeit. Die
meisten von ihnen waren fast nackt und an den Armen tätowiert.›
Jedes Bett ist für zwei Personen bestimmt, ihr graut vor der Nähe zu
einer dieser Frauen und vor dem Schmutz der Bettlaken. ‹Am
nächsten Morgen stand ich zeitig auf, und nachdem ich im Herumgehen gebetet hatte, fühlte ich erneut, daß Gott der wahre Trost ist
für die leidende und demütige Seele.›

Sie wird zum Verhör geführt. Sie soll zugeben, daß es sich bei dem
Hauslehrer um ihren eigenen Mann handelt, und erklären, wie sie
in den Besitz der gefälschten Papiere gekommen ist. Der Untersuchungsrichter droht ihr, sie müsse ihr Leben in diesem Gefängnis
verbringen. Sie gibt nichts zu und fragt den Richter, was er denn
wohl täte, wenn er wüßte, daß die Wahrheit unter allen Umständen
den Tod bedeute – für Nichtbefolgen der Emigrantengesetze von

1797 gibt es keine Nachsicht. Von den Mitgefangenen wird sie verhöhnt und beschimpft, ‹aber ich litt darunter wahrscheinlich weniger als andere, weil ich überhaupt nicht hochmütig bin, das ist das Ergebnis einer richtigen Erziehung›. Jeder Kontakt zur Außenwelt ist unterbunden, sie fühlt sich von allen Freunden verlassen. Auch ihr Mann ist mit Dieben und Mördern zusammen eingesperrt. Schließlich gibt er seine Identität zu. Leugnete er weiter, käme auch seine Frau nicht frei, und seine Vermieterin würde ebenfalls verhaftet. Warum er nach dem Gesetz vom September 1797 Paris nicht verlassen habe? – Er wäre lieber gestorben, als sich von seiner Frau zu trennen.

Nach dem Geständnis erhält sie Besuch von Freunden, darf auch ihren Mann sehen. Der Gefängniswärter gestattet ihr als besondere Gunst, mit seiner zahlreichen Familie das Schlafzimmer zu teilen. Nach 29 Tagen Haft wird sie entlassen.

Mit der ihr eigenen Energie setzt sie durch, daß sie ihren Mann täglich im Gefängnis besuchen darf. Von einem Bekannten erfährt sie, was der Untersuchungsrichter, Sallior, über sie gesagt hatte: ‹Ich habe eine kleine Frau verhört, deren Geistesgegenwart, Festigkeit und Mut mich lebhaft interessieren.› Sie versucht, die Sachbearbeiter des Falls kennenzulernen, und macht die Erfahrung, daß sie es schafft, alle diese sehr unterschiedlichen Männer für sich einzunehmen. Alle wollen ihr in ihrem Unglück beistehen, sehen aber keine Möglichkeit. Nun muß sie sich für einen Verteidiger ihres Mannes entscheiden. ‹Eines Morgens lag ich im Bett, unruhig und erregt von einer Gedankenflut. Ich erhob mein Herz zu Gott und bat ihn leidenschaftlich, mir einzugeben, wie ich meinen Mann retten könne. Als mein Gebet beendet war, stand die Idee, selbst meinen Mann zu verteidigen, klar vor meinen Augen.›

Sie erzählt ihrem Mann von diesem Einfall, und er antwortet: ‹Ich ziehe dich allen Advokaten von Paris vor; wenn du den Mut hast, meine Sache zu vertreten, bin ich gerettet.›

Wieder läuft sie zu den Justizbehörden, um die Erlaubnis zu erhalten. Es gelingt ihr, alle Beamten zu überzeugen, besonders Sallior unterstützt ihren Wunsch. Um die Gerichtssituation kennenzulernen, nimmt sie an einer Verhandlung teil. Der Angeklagte kommt mit einem ziemlich milden Urteil davon, das betrachtet sie als gutes Omen. Zu Hause erwarten sie zwei Gendarmen. Sie wird erneut verhaftet. Jetzt verläßt sie der Mut. Sie verweist auf ihre Erlaubnis, ihren Mann vor Gericht zu verteidigen: ‹Ich muß doch bis zu diesem Urteil frei bleiben!› Umsonst. Die Vorwürfe: Falschaussagen bei den ersten Verhören. ‹Bürger, sagte ich stolz, ich werde mich nicht rechtfertigen. Falsch angeklagt, werde ich nichts zu meiner Verteidigung sagen. Die Fakten sprechen für sich. Mein Mann war kein Emigrant, also habe ich auch keinen Emigranten versteckt. Aber selbst wenn er als Emigrant bei mir gewohnt hätte, hätte ich dabei nichts anderes getan, als die Gesetze der Natur zu befolgen, und die sind älter und stärker als alle anderen Gesetze, und ich brauche mich nicht zu entschuldigen.›

Durch Protektion von Sallior kommt sie doch wieder frei. Im Gefängnis hat sie begonnen, das Plädoyer zu entwerfen. Während der sechs Wochen der Gefangenschaft ihres Mannes werden drei seiner Leidensgenossen, die wie er wegen Emigration vor Gericht stehen, von dem Militärgericht zum Tode verurteilt und hingerichtet.

Eingeschüchtert bittet sie einen erfahrenen Juristen, den offiziellen Pflichtverteidiger, um Rat. Das Wichtigste sei, ausreichend die Gesetzeslage zu erörtern. Er redet und redet, wirft aber keinen Blick in ihren Entwurf. ‹Ich kenne das Recht der Natur und ich fühlte – ja das wagte ich –, daß eine Frau, noch dazu eine junge, zu Männern nicht in der Sprache des Herzens sprechen könne, ohne sie zu bewegen. Inmitten der alltäglichen Unmoral, jetzt, da der Zusammenhalt von zwei Gatten so selten war, die Zügellosigkeit auf dem Höhepunkt und Scheidung an der Tagesordnung, konnte doch eheliche Treue, von der ich Zeugnis ablegen wollte, ihren Eindruck nicht verfehlen! Ich dachte, daß die Herzen aller Gatten, Väter und auch Mütter, die im Auditorium sein würden, sich mit dem meinigen vereinigen würden.› Und sie erhofft sich viel von der verblüffenden Wirkung ihrer Erscheinung vor Gericht, von dem Kontrast zwischen der geballten Staatsmacht und ihrer Schutzlosigkeit.

Ihr Schwager und eine Freundin verwirren, quälen sie, indem sie ihr zu bedenken geben, wie sie darunter leiden würde, wenn sie erfolglos bliebe und sich den Tod ihres Mannes selbst zuschreiben müßte. Nach einigen Tagen und Nächten des düstersten Pessimismus erklärt sie der Freundin: ‹Wenn du mit mir über Fakten reden willst, so tue es; willst du aber Kommentare abgeben, so bitte ich dich, mich damit zu verschonen; ich habe schon genug an meinen eigenen Ängsten, um auch noch gegen die der übrigen Welt anzukämpfen.›

In den Gerichtsarchiven informiert sie sich über die exakte Gesetzeslage. In der Nacht vor dem Gerichtstermin arbeitet sie diese Artikel in ihren bereits fertigen Text ein und schreibt ihn noch einmal neu. Erst spät in der Nacht ist sie damit fertig. Diese letzte Anspannung hilft ihr, die würgende Nervosität zu überwinden.

Am Morgen bereitet ihr eine Freundin, die bei ihr geblieben ist, eine kräftige Suppe, und sie schlürft ein rohes Ei, das schmeidigt die Stimme. ‹Mein Aufzug war ganz einfach: auf dem Kopf hatte ich ein weißes Häubchen mit Schnüren und weißen Seidenbändern. Mein Kleid: eine Art Hemd aus Baumwollmusselin mit einer flatternden Schärpe aus Organdi. Ich sah nicht aus wie ein Redner, eher wie eine neue Iphigenie. Meine Blässe und meine geröteten Augen bezeugten die Leiden, die ich schon ertragen hatte und die ich, verstärkt, weiterhin fürchtete.›

Beim Eintritt ins Gerichtsgebäude sieht sie ihren Mann inmitten einer Militäreskorte, ein Zittern überfällt sie, die Freundin muß sie stützen. Sie bleibt auch neben ihr während der Verhandlung, rechts von ihr sitzt Sallior, der ihr seine Begleitung angeboten hatte. Seine Nähe, er ist immerhin der Repräsentant der staatlichen Justiz, gibt ihr Kraft.

Ihr Mann betritt den überfüllten Saal. Er ist kurzsichtig und offenbar beunruhigt, weil er sie nicht sieht. Die Freundin gibt ihm ein Zeichen, er lächelt seiner Frau zu. Er ist wegen dreier Verstöße gegen das geltende Recht angeklagt: wegen Emigration, wegen Übertreten des Dekrets vom 4. September, das die Emigranten des Landes verweist – auf beide Vergehen steht die Todesstrafe. Und wegen der Änderung seines Namens – dafür kann er zu zehn Jahren Gefängnis verurteilt werden. Er benennt dem Gericht seine Frau als seine Verteidigerin. Sie steht auf und beginnt damit, ihr ungewöhnliches Auftreten zu begründen: ‹Ich habe nur die Gefahr gesehen, die meinen Mann bedroht, und welche Seele könnte seine Not so berühren wie meine und welches Gefühl könnte dem meinen gleichen?› Sie verweist darauf, wie oft der Familienname ihres Mannes falsch geschrieben worden ist, und beruft sich auf ein Dekret, das vorschreibt, daß jeder Emigrant mit allen seinen Vor- und Zunamen, seinem Stand und dem letzten bekannten Wohnsitz registriert sein muß. In einem Präzedenzfall, den sie benennt, ist ein Beschuldigter freigesprochen worden, weil die Beamten die erforderlichen Fakten nicht angeführt hatten. Dasselbe gilt auch für ihren Mann – abgesehen von der nachweisbaren Falschschreibung seines Familiennamens.

Außerdem sei ihr Mann niemals emigriert, er habe sich in Orléans aufgehalten und sei lange krank gewesen. Für den Aufenthalt in Orléans bringt sie Belege, ebenso Atteste für seine Krankheit.

Obwohl also das Gesetz gegen Emigranten auf ihn nicht zutraf, wollte er es befolgen, da er ja von seiner Registrierung wußte. Aber er verfügte über keinerlei Vermögen, auch seine Verwandten, an die er sich um Hilfe wandte, sind enteignet. Wie soll er also Frankreich verlassen? Er hätte nicht einmal die Schiffspassage bezahlen können. In dieser Aufregung erkrankte er erneut – und nun hat sie ihn überredet zu bleiben, mit ihrem Recht als seine Ehefrau und Mutter seiner Kinder: daß er geblieben ist, muß ihr als Schuld angerechnet werden! Nach dieser Entscheidung mußte er einen anderen Namen annehmen. Ein ganzes Jahr ist er seit der Denunziation observiert worden: hat irgend jemand an ihm etwas beobachtet, was gegen ihn gesprochen hätte? Er hat sich nur um seine Frau und seine Kinder gekümmert – verhält sich so ein Feind der Republik?

Sie schließt ihre Beweiskette: wäre ihr Mann in der Emigration gewesen, so wäre sie doch mit ihm gegangen, ‹um ihm bis zum letzten Atemzug die Zuneigung zu beweisen, die ich ihm geschworen habe und die keine menschliche Gewalt zerstören kann›. Ihr letzter Appell: ‹Sie sind selbst Väter, Gatten; keiner von Ihnen ist gefühllos für die Stimme der Natur. Sie werden nicht wollen, ohne irgendeinen Nutzen für das Vaterland, daß die beste Ehe getrennt, das süßeste Band zerrissen wird und die Kinder verwaisen.›

Während der Rede hat sie nicht gewagt, die Richter anzuschauen. An einer Stelle, die ihr besonders wichtig ist, tut sie es und sieht, daß dem Präsidenten Tränen über die Wangen laufen. ‹Da fühlte ich einen Widerstreit von Dankbarkeit, Rührung, Hoffnung und Angst, daß meine Augen feucht wurden; aber zugleich fühlte ich die Gefahr, mich meinen Empfindungen zu überlassen.›

42 Minuten hat sie gesprochen, im Saal ist es totenstill. Der Präsident erklärt, Monsieur de Villirouët werde nun in das Gefängnis zurückgebracht, während sich das Gericht zur Beratung zurückziehe. ‹Mein Mann stand also auf, grüßte die Richter und kam, mich zu umarmen. Ich werde nicht versuchen, meine teuren Kinder, euch zu beschreiben, was wir in diesem Augenblick, der der letzte unserer Verbindung hätte sein können, in unseren Seelen fühlten.› Die Zuschauer sind tief gerührt, sie schluchzen, flüstern miteinander. Nach einer halben Stunde betreten die Richter wieder den Saal und sprechen den Angeklagten in allen Punkten frei. Ein überwältigender Jubel bricht los. Alle wollen sie sehen, man hebt sie auf einen Tisch, weil sie so klein ist. ‹Was für eine starke Seele in einem so winzigen Körper!› Die Richter lassen sie zu sich rufen und beglückwünschen sie. ‹Einer fragte mich, ob dies das erstemal war, daß ich öffentlich gesprochen habe. Ich bejahte und fügte hinzu, ich hoffe, daß meine Karriere als Advokat damit beendet ist.› Dann darf sie endlich zu ihrem Mann ins Gefängnis fahren. Sie erinnert sich, gesagt zu haben: ‹Mein Freund, jetzt könnte ich sterben, ich habe das Glück kennengelernt.› Der nächste Tag, der 24. März, war ein strahlender Ostersonntag.

Als sie sich bei ihrem Gönner Sallior bedankt, ein neuer Schreck: ihr Mann ist noch nicht aus der Liste der Emigranten gestrichen, müßte also sofort Paris und Frankreich verlassen, bis alle Formalitäten erledigt sind. Sallior setzt beim Polizeichef durch, daß Monsieur de Villirouët unter seine persönliche Obhut genommen wird, er darf bleiben. Madame de Villirouët wird mit Glückwünschen überschüttet, man feiert sie als Heldin, das weist sie zurück. Die Presse ist voll des Lobes: ‹Tränen, dieses mächtige Mittel, das Frauen meistens einsetzen, um zu gewinnen, verwendete diese Bürgerin nicht. Sie war beredt ohne zu weinen. Sie bewegte die Richter und Zuschauer, ohne sich anderer Mittel zu bedienen als der Wahrheit und der Unschuld ihres Gatten.›

Diese Frau konnte auf die primitiven Waffen der Weiblichkeit verzichten. Sie analysierte ihre Wirkung, um die Balance zu finden zwischen den Erwartungen an eine schwache Frau, die das Rollenmuster streng zu respektieren hatte, und dem Abweichen vom Üblichen, womit sie Aufmerksamkeit und Erfolg erzwang. Sie vertraute der Kraft ihres Wortes, der Genauigkeit ihrer Argumentation, ihrem Durchhaltevermögen und Kampfgeist – aber auch ihrer Zierlichkeit, die alle Männer, an die sie sich um Hilfe wandte, zu ihren Beschützern machte. Sie unternahm nicht einen einzigen Schritt, der nicht durch die Sorge um ihre Familie gerechtfertigt gewesen wäre. Sie zeigte weder politischen Ehrgeiz noch überhaupt Ambitionen, in der Öffentlichkeit Beachtung zu finden, und war damit in ihrer Überlegenheit auszuhalten in einer Gesellschaft, die im Handeln von Frauen nur private Motive dulden wollte. Nach ihrem großen Erfolg bemühte sie sich weiter darum, den verlorengegangenen Besitz zumindest teilweise für ihre Kinder zurückzugewinnen. Sie erreichte alles, was sie sich vornahm. Und dennoch formuliert sie in den ‹Ratschlägen zur Erziehung von Mädchen›: ‹So wie eine Frau immer durch Charakter und Herz mehr für sich einnehmen wird als durch Geist, soll eine Mutter bevorzugt Charakter und Herz ihrer Tochter formen. (...) Wie gebildet auch immer eine Frau sein mag, liebenswert wird sie durch ihre natürlichen Gaben und nicht durch das, was man ihr beigebracht hat, und sehr oft schadet dieses jenen. Die Liebenswürdigkeit einer Frau muß sich grundsätzlich unterscheiden von der des Mannes. Gemacht, um zu gefallen, und zwar weniger den Augen als dem Herzen, war ihre Berufung nie und wird nie sein: Bildung. Die Wissenschaft macht eine Frau hochmütig, deshalb ist sie nicht dafür geeignet.› Sie strebt keine Veränderung der traditionellen Aufgabenbereiche der Frau an. Ihre Erziehungsvorschläge zielen darauf ab, schon den kleinen Mädchen beizubringen, daß ihr Glück darin besteht, so perfekt wie nur möglich den ihnen angestammten Platz in Haus und Familie auszufüllen. Daß sie sich in der Welt der Männer, bei den Behörden, in der Verwaltung, der Justiz so erfolgreich behaupten konnte, lag an ihrem Geschick, die männliche Überlegenheit nie in Frage zu stellen, sondern im Gegenteil für sich dienstbar zu machen. ‹Wie man die Männer kennenlernt, wenn man in Schwierigkeiten ist! Wie man die Motive zu verstehen sucht, nach denen sie handeln, wie man in ihren Gesichtszügen ihre Gefühle lesen lernt! Wie man kundig wird in der Kunst des Begreifens, wann man sprechen darf und wann man besser schweigt, welche Wendung man einem Gespräch geben muß, um ihr Herz zu bewegen und ihren Geist zu vergnügen, um ihrer Eigenliebe zu schmeicheln! Mit einem Wort: welche Saiten muß man im menschlichen Herzen aufziehen, um zu rühren und zu erschüttern. Dieser läßt sich durch nichts anderes als den Anblick wahren Schmerzes bewegen; jener, und so ist die Mehrheit, will, daß man ihn verführt, und zwar sein Herz vor seinem Verstand. Man muß ihm Vertrauen und Wertschätzung zeigen, um in ihm schließlich den Wunsch zu wecken, die hohe Meinung zu rechtfertigen, die man doch von ihm hat. Aber im allgemeinen ist es am besten, Mut und Energie zu beweisen; denn es interessiert weniger das Unglück als die Art, es vorzutragen. Man kann beginnen mit Rührung; aber wenn das Mitleid nicht getragen ist von Wertschätzung, ermüdet es bald. Deshalb, meine teuren Kinder, seid immer bescheiden im Wohlergehen und mutig oder gefaßt im Unglück; mutig, wenn man im Kampf gegen das Schicksal hoffen kann, es zu besiegen; gefaßt, wenn man gar nichts mehr unternehmen kann und einem nichts bleibt als Tränen.›

Galerie 7:
Victorine de Chastenay

Sie hat keinen Ehemann. Sie ist auch niemandes Maitresse.

Hochadel.

Abgeschlossene Klostererziehung zur Stiftsdame. Deshalb wird sie mit ‹Madame› angeredet. ‹Bürgerin› kommt langsam aus der Mode.

Sie kann nur ganz geringe Summen für ihre Garderobe aufwenden; sticht ab gegen den Luxus der anderen Damen. Wenigstens hat sie Geschmack. Sie besitzt nicht einmal einen eigenen Wagen. Zu den Empfängen kommt sie zu Fuß oder mietet, selten, einen Fiaker. Ein treuer Bediensteter ist ihre Begleitung.

Das kleine Vermögen der Familie ging während der Revolution verloren.

Jeder kennt sie, sie kennt jeden.

Sie könnte es nicht ertragen, geduldet zu werden. Man muß sie mehrmals bitten, bevor sie eine Einladung annimmt.

Aus der mondänen Welt des Direktoriums ist sie nicht wegzudenken. Im Salon von Barras gilt sie als eine Art Maskottchen.

Sie ist 26 Jahre alt.

Victorine de Chastenay versteht, daß man sie für ‹einen seltsa-
men Vogel› hält.

Ihr Kapital: ihre Bildung, ihre Konversation, ihre Musikalität. Sie
komponiert, spielt vorzüglich Klavier, läßt sich nicht bitten, Ge-
sangsdarbietungen zu begleiten oder im Hintergrund der Gesellschaft leise zu improvisieren. Aber sie bevorzugt Auftritte als Soli-
stin. Bescheidenheit ist ihre Sache nicht. ‹Ich will gefallen.›

Die gelehrtesten Männer schätzen das Gespräch mit ihr. Philosophie, Literatur – ach ja, ihre Übersetzungen englischer Romane
verkaufen sich gut, von diesen Einnahmen lebt sie – Geschichte,
Botanik, da ist sie beschlagen. Später wird sie noch Astronomie
studieren, Geometrie, Hebräisch, ein vierbändiges Werk verfassen:
‹Über den Geist der alten Völker›.

Ihre Energie steckt sie in Bittgänge für andere Leute, Verwandte,
Freunde – alles Adelige, für deren Anliegen sie sich einsetzt: Strei-
chung aus der Liste der Emigranten, Rückgabe der vom Staat einge-
zogenen Güter... Unermüdlich zeigt sie sich in den Ministerien,
bei den Behörden, schreibt Gesuche, verfaßt Eingaben, pocht auf
ihre Bekanntschaft mit den Berühmtheiten der Politik, läßt nicht
locker, findet immer neue Argumente.

Im grauen oder braunen Kleid, einen dichten Schleier über den
Haaren, in der Hand ein lateinisches Buch, um die langen Wartezei-
ten zu nutzen – jeder will ihr gefällig sein, aber nur wenige sind
zuständig. Die meisten Betteleien sind umsonst, die Mächtigen
selbst gefangen im Wirrwarr der Kompetenzen.

Beraten wird sie von einem Freund, dem erfolgreichsten Verteidiger von Paris, Réal. Jede seiner Verhandlungen bespricht er mit ihr.
Er bewundert ihren Scharfsinn, daraus wird eine tiefe Liebe, von ihr
unerwidert, wie sie beteuert. Immer betont sie dem vierzehn Jahre
älteren Mann gegenüber ihre kindliche Zuneigung.

Sätze: ‹Dieses Feuer, das ich neben mir brennen sah, erhellte
lediglich den Bereich einer Einsamkeit, in der ich mich von nun an
zerstören würde, allein für alle Zeit.› – ‹Diese Leidenschaft, wie
alles Brennende, hat sich verbraucht.›

Was hat sie davon, mit ihren Bittgängen erfolgreich zu sein? Was
gewinnt sie? Sie braucht die Bestätigung ihrer Strategie, das Vergnügen an ihrem Einfluß. Ein großartiger Jurist wäre sie geworden oder
Diplomat oder... Vor einigen Jahren, 1795, irritierte der Besuch
eines kleinen, schweigsamen, abweisenden Generals die Gesellschaft von Chatillon. Victorine sang italienische Lieder aus seiner

Victorine de Chastenay

Heimat Korsika. ‹Ich fragte ihn, ob meine Aussprache gut sei. Er antwortete: nein. – Ganz einfach so.› Es begann ein Gespräch von vielen Stunden. ‹Wie ich es bedauerte, kein Mann zu sein, um mich einer Berufung anzuschließen, von der ich nur Großes erwartete.›

Von ihr erwartete alle Welt, besonders die Familie, daß sie endlich heiratete. Aber da behält sie ihren eigenen Kopf.

Mit 19 Jahren:

‹Die Ehe meiner Eltern war mir bis zu diesem Zeitpunkt als der Inbegriff einer schönen Beziehung erschienen, aber niemals wäre ich auf den Gedanken gekommen, daß man als verheiratetes Paar auch verliebt sein könne. Man hatte mir eingeschärft, wie allen jungen Mädchen, die für die Gesellschaft erzogen wurden, daß ein Ehemann der Herr ist, dem man gehorcht, außer man kann seinen Anweisungen geschickt ausweichen. Das Ziel eines Frauenlebens stellte man uns so ernüchternd wie nur möglich hin. Ich habe von Mädchen aus guter Familie gehört, ihr Wunschtraum sei der Witwenstand; dieser Gedanke hat mir immer mißfallen, aber in diesem

System falscher Erziehung entstand er aus der Notwendigkeit, seinen Namen zu ändern und mit Madame angeredet zu werden, Unabhängigkeit zu erlangen und dem Status eines Kindes zu entkommen. Aber plötzlich standen alle meine Vorstellungen auf dem Kopf. Ich erinnere mich gut an den Aufruhr in meinem Innern; die Liebe erschien mir nun als das einzige Glück und der einzige Reiz des Lebens. Meine Eltern erträumten für mich eine glänzende Partie; für mich dagegen wäre eine Wüste mit einem verliebten Gatten der Gipfel der Seligkeit gewesen.›

Mit 26 Jahren:

‹M. de Aligre war schätzenswert, sein Vermögen beträchtlich, aber ich weiß nicht, ob unsere Charaktere zusammengepaßt hätten.›

Mit 27 Jahren:

‹Mit einer Geschwindigkeit, die ich nicht für möglich gehalten hätte, machte mir der junge M. de Sade einen Heiratsantrag. Ich muß gestehen, daß mich dies berührte, denn von allen Anträgen, die ich erhalten habe, führte keiner zur Heirat, und alle Heiratsprojekte, deren Gegenstand ich gewesen war, waren Geschäfte und hatten mir jedenfalls nicht die Art der Übereinstimmungen geboten, wie sie das seelische Glück braucht.›

Mit 42 Jahren:

Der ehrenwerte Marschall Kellermann möchte sie mit seinen 76 Jahren heiraten. ‹Ich kann gar nicht sagen, wie sehr mir dieser Gedanke mißfiel. Mein Leben hatte immer seine Schwierigkeiten und Nöte gehabt, aber auch seine Annehmlichkeiten, seine Vorzüge. Das Gleichgewicht zu gefährden, das man sich erworben hat, noch dazu vielleicht ohne Resultat, ist für einen vernünftigen Menschen entsetzlich.›

Sie bleibt ledig.

Wenn sie sich auch bei bescheidensten Ansprüchen das Leben in Paris nicht leisten kann, geht sie für eine Weile nach Hause in die Provinz. Sie wird zurückkehren nach Paris und begehrt sein bei den Empfängen unter dem Konsulat, im Kaiserreich, während der Restauration und nach der Julirevolution.

Sie wird es ablehnen, Hofdame der Kaiserin Josephine zu werden und Erzieherin der Königskinder von Neapel.

Sie wird ihr Gleichgewicht verteidigen.

Sie wird spöttisch immer wieder über sich selbst staunen.

Eine alleinlebende Frau, die auch noch stolz darauf ist?

Sie lächelt.

Ein Debakel wird etabliert

... und dennoch!

Gewiß ist für Frauen nicht viel übriggeblieben von den Errungenschaften der Revolution: Brüder und Schwestern sind gleichberechtigt in der Erbfolge, das Großjährigkeitsdatum ist für beide Geschlechter gleich, Scheidung bleibt weiterhin möglich – aber von den sieben Gründen, die nach dem Scheidungsgesetz von 1792 einen Antrag auf Trennung rechtfertigen, sind nur noch drei erhalten geblieben: Ehebruch, die Verurteilung des Partners zu entehrenden Strafen, Mißhandlung oder schwere Beleidigung. Die Trennung in gegenseitigem Einvernehmen ist erschwert durch strenge Bedingungen und schließlich nach 1804 gar nicht mehr möglich. Der Code civil verstärkt den Schutz der Familie und läßt weiblicher Selbstbestimmung keinen Raum mehr. ‹Der Gehorsam der Frau ist eine Ehrenbezeugung gegenüber der Macht, die sie beschützt.› Daraus folgt zwingend, daß allein der Mann den gemeinsamen Wohnort festlegt, daß seine Zustimmung erforderlich ist, wenn die Ehefrau einen Beruf ausüben, eine Hypothek aufnehmen, in einem Prozeß als Zeugin aussagen will. Der Mann allein fällt Entscheidungen in der Kindererziehung, nur er verfügt über das gemeinsame Eigentum, die Frau hat im besten Fall Recht auf ihren in die Ehe mitgebrachten Besitz, aber auch diesen verliert sie, wenn sie Ehebruch begeht. Zwar steht ihr noch grundsätzlich das Recht auf Scheidung zu – das wird erst 1816 mit der katholischen Restauration aufgehoben –, aber sie kann wegen Ehebruchs nur klagen, wenn der Mann im ehelichen Haushalt eine Geliebte unterhält, während beim Scheidungsbegehren des Mannes eine einfache Denunziation der angeblichen Ehebrecherin ausreicht. ‹Untreue der Frau setzt viel mehr Sittenverderbnis voraus und zeitigt schlimmere Folgen als beim Mann.› Deshalb steht es dem Gatten sogar zu, die Korrespondenz seiner Frau zu kontrollieren. Ordnung in der Familie ist die Voraussetzung für Ordnung im Staat. So wird auch die Gleichstellung der unehelichen Kinder gegenüber den ehelichen wieder rückgängig gemacht. Die Bürgermoral triumphiert, und viele Frauen fühlen sich ‹gehalten wie Haustiere›.

Galt schon während der Revolution das Wahlrecht für Frauen nicht als ernsthafter Diskussionsgegenstand, so ist erst recht danach die politische Beteiligung von Frauen am öffentlichen Leben kein Thema. Rückschläge auch bei den Plänen für die Erziehung von Mädchen. Da die Zusage für eine kostenfreie Ausbildung zurückgenommen und sogar die allgemeine Schulpflicht wieder aufgehoben wurde, können sich die hergebrachten Unterschiede der Geschlechter erneut verfestigen. Im elitären Pensionat der Madame Campan, einer ehemaligen Hofdame Marie-Antoinettes, wird der liebenswürdigsten Schülerin jeden Jahrgangs eine Rose überreicht als ‹Preis der Sanftmut›.

Ausschließlich der private Raum gilt als Wirkungsbereich der Frau, die Trennung von weiblichen und männlichen Aufgaben wird rigide Praxis. So könnte man fortfahren mit dem Aufzählen der Einzelheiten, die das Scheitern aller Bemühungen um Gleichberechtigung dokumentieren.

War also der Einsatz der Frauen während der Revolution vergeblich? Störgetöse in der ruhigen Entwicklung von der Bürgeridylle, wie sie Rousseau in zarten Farben pinselte, hin zum Bürgerglück des 19. Jahrhunderts? Überflüssig wäre unter diesem Aspekt das Geschrei einiger vorwitziger Weiber gewesen, die die beunruhigten Männer herausgefordert hatten, mit strengen Strafen die Disziplin wiederherzustellen.

Andererseits ließen sich mit ein wenig Interpretationsenergie auch Siege politisch bewußter Frauen anführen. Hat nicht der König nur unter dem Druck der Frauen am 5. und 6. Oktober 1789 die Erklärung der Menschenrechte unterschrieben? Muß man denn fragen, ob er nicht ein wenig später in jedem Fall gegengezeichnet hätte?

Wie auch immer das Verhalten der Frauen während der Revolution beurteilt werden mag, nichts führt an der Einsicht vorbei, daß es in der Geschichte der Frauenbefreiung keine Kontinuität gegeben hat von 1789 bis heute. Damals, in der allgemeinen Erwartung einschneidender Reformen, wäre keine einzige Frau auf den Gedanken gekommen, daß der Aufbruch aus dem Ancien régime ohne sie stattfinden könne. Jede fühlte sich in die Erklärung der Menschenrechte einbezogen, in den patriotischen Treueschwur auf Frankreich und die Verfassung. Und daß die Ehe kein Sakrament mehr war, sondern ein ziviler Vertrag zwischen gleichberechtigten Partnern, die ihn einvernehmlich auch wieder lösen konnten, bestätigte die Annahme des gleichen Werts beider Geschlechter. So wollten die Frauen zunächst gar nicht wahrhaben, daß sie ausgeschlossen sein sollten von der Freiheit des Bürgers – sie waren ja auch bereit, alle Pflichten mitzutragen, sogar, wenn es denn sein müsse, die Verteidigung des Staates mit der Waffe. Sehr bitter schmeckte die Lektion, als sie allmählich begreifen mußten, wie wenig von ihnen erwartet wurde, wie wenig sie beisteuern durften.

Nicht nehmen aber konnte man ihnen das Bewußtsein der Verantwortung für ihr eigenes Leben. Sie boten ihre Begabung, ihre Kraft an, sie wagten sich vor in bisher ungeahnte Weiten der Erfahrungen, sie wiegten sich in Zukunftsvisionen und sind grausam abgestürzt – und sollten nun zurückkehren in eine Ordnung, die längst gesprengt, eine Unterwürfigkeit, die längst überholt, eine Hingabe, die längst nur noch Lüge war? Sie haben ihre Chancen erkannt, ihre Fehleinschätzungen, ihre Grenzen: die militanten Verfechterinnen politischer Mitsprache sind abgeprallt an der geschlossenen Front der Männer und dem Unverständnis der meisten Frauen; gebildete Bürgerinnen, die nur ihre Anerkennung als Weggefährtinnen ihrer Männer forderten, wurden verächtlich in ihre Schranken gewiesen; Aristokratinnen, die in einer Umwälzung, die sie nicht gewollt hatten, Familienangehörige, Freunde und Besitz verloren hatten, gaben um keinen Preis ihren Glauben an Gott und die legitime Monarchie auf und verteidigten trotzig die geschmähten Werte; einfache Frauen auf dem Lande hatten nur vage gehofft, die Revolution werde die Beschwerlichkeit ihres Lebens verringern – es blieb ihnen nur Staunen, daß sich praktisch und konkret für sie gar nichts verändert hatte. Die Verblüffung darüber, was man durchgestanden hatte, setzte einen gewaltigen Drang frei, sich mitzuteilen, und Frauen aus fast allen Bevölkerungskreisen schrieben ihre Erinnerungen nieder. Sie hatten unter extremen Belastungen gelebt, sich Wünsche gestattet, deren Verwirklichung greifbar nahe schien, sie hatten die Freiheit des Denkens als Lust verstanden – und waren unabhängig von dem kleinlichen Maßstab, nach dem nur bleibender Erfolg Geltung hat. Vor der Intensität ihres nie zuvor erprobten Wagemuts scherte sie die Berichterstattung späterer Generationen keinen Pfifferling. ‹Durch diese schöne Anstrengung mit sich selbst bekannt gemacht› – was wäre da umsonst gewesen?

Zitierte Literatur

Es werden, nach Kapiteln geordnet, die Werke aufgeführt, aus denen die wörtlichen Zitate stammen. Alle Zitate aus Werken, von denen keine deutsche Übersetzung angegeben ist, wurden von der Autorin übersetzt. Die vollständigen Werktitel sind im Literaturverzeichnis nachgewiesen. Die römischen Ziffern beziehen sich auf die Gliederung des Literaturverzeichnisses.

Mein Freund Jean-Jacques...

Jean-Jacques Rousseau: Emile oder Über die Erziehung. Stuttgart 1963
ders.: Julie oder Die neue Héloïse. München 1988
Louis-Sébastien Mercier: Mein Bild von Paris. 1979
II. Necker

1789: Erwartungen und Aufbruch

Sprechversuche
  I. Cahiers; Les Femmes
Wetterleuchten der Revolution: Die Jugend der Marquise de la Tour du Pin
  II. La Tour du Pin
Der Zug nach Versailles: Mißverständnisse und Ernüchterung
  II. La Tour du Pin; Tourzel
  I. Cahiers
Galerie 1: Reine Audu
  nach: III. 1 Soprani
Prinzenerziehung – jakobinisch: Madame de Genlis
  II. Genlis

1790–1792: Hoffnungsjahre der Revolution

Der kurze Ruhm und eine lange Finsternis: Théroigne de Méricourt
  I. Les Femmes
  III. 2 Ernst; Roudinesco
Galerie 2: Die Schwestern Fernigh
  II. Fernigh
Die gleißende Kälte der Tugend: Manon Roland
  II. Roland; I. Landauer

III. 2 Chaussinand-Nogaret; Kermina
Schwester oder Feindin? – Etta Palm und Louise Robert
 I. Les Femmes
 III. 2 Vincelot
In ungebeugter Loyalität: Madame de Tourzel und ihre Tochter
 II. Tourzel; Campan; Tarente

1793: Ersehnt und ungeliebt: Die Republik

Waghalsige Unschuld: Lucile Desmoulins
 III. 2 Bertaud; Claretie
Aus heiliger Liebe zur Humanität: Madame Jullien
 I. Landauer
 II. Jullien
Galerie 3: Madame Cavaignac
 II. Cavaignac
Politische Gebärden der Germaine de Staël
 II. Staël
 III. 1 Gwynne; Herold
Aufbegehren und gescheiterte Illusionen: Claire Lacombe und Pauline Léon
 I. Les Femmes
 III. 1 Cerati; Villiers
Die Lust am Opfer: Charlotte Corday und Simone Evrard
 I. Walter
 III. 1 Lenôtre

1793/94: Besichtigung eines Zerfalls

Die mißbrauchte Göttin
 III. 1 Harten/Harten; Ozouf
 IV. Sklavin oder Bürgerin?
Ich, Olympe de Gouges, mehr Mann als Frau...
 I. Les Femmes
 II. Gouges
 III. 1 Blanc
Der Stolz im Untergang: Marie-Antoinette
 I. Walter
 II. Angoulème
 III. 2 Campardon
Die kämpfenden Aristokratinnen der Vendée
 II. Bonchamps; La Bouëre; La Rochejaquelein
Galerie 4: Renée Bordereau
 II. Bordereau
Diskrete Radikalität: Sophie de Condorcet
 III. 2 Badinter; Guillois; Boissel

Ausverkauf in Hingabe: Charlotte Robespierre, Madame Duplay, Elisabeth
  Le Bas
  II. Robespierre
  III. 1 Text E. Le Bas in: Yalom
Galerie 5: Cécile Renault
  Le Tribunal révolutionnaire de Paris

1794/95: Nach dem Thermidor

Ich habe alles verloren: Die Duchesse de Duras
  II. Duras
Alibi und Anpassung: Teresa Tallien
  III. 2 Bourquin; Houssaye
Letztes Aufbegehren
  III. 1 Godineau
Galerie 6: Die Witwe Castel
  III. 1 Godineau
Die Neue Welt der Marquise de la Tour du Pin
  II. La Tour du Pin
Die Waffe der Weiblichkeit: Madame de Villirouët
  II. La Villirouët
Galerie 7: Victorine de Chastenay
  II. Chastenay

Literaturverzeichnis

I. Quellensammlungen

Cahiers de doléances des femmes en 1789 et autres textes. Paris 1981

Landauer, Gustav (Hrsg.): Briefe aus der Französischen Revolution. Berlin 1985

Les Femmes dans la Révolution française. Paris 1982

Petersen, Susanne: Marktweiber und Amazonen. Frauen in der Franz. Revolution. Köln 1987

Scheinfuß, Katharina: Von Brutus zu Marat. Kunst im Nationalkonvent 1789–1795. Dresden 1973

Walter, Gérard: Actes du Tribunal révolutionnaire. Paris 1986

Women in revolutionary Paris, 1789–1795. (Hrsg. Levy/Applewhite/Johnson). Chicago 1979

II. Schriften von Frauen zur Zeit der Französischen Revolution

Angoulème, Marie-Thérèse-Charlotte; Duchesse d': Mémoires. Paris 1923

Boigné, Eléonore de: Du règne de Louis XVI à 1820. Paris 1986

Bonchamps, Marie de: Mémoires. Paris 1823

Bordereau, Renée: Mémoires. Niort 1888

Campan, Jeanne-Louise-Henriette Genet, Mme: Mémoires sur la vie privée de Marie-Antoinette. Paris 1979

Cavaignac, Julie: Mémoires d'une inconnue, 1780–1816. Paris 1894

Chastenay, Victorine de: Mémoires. Paris 1987

Coigny, Aimée de: Mémoires. Paris 1906

Duras, Louise-Charlotte de Noailles, Duchesse de: Journal des prisons de mon père, de ma mère et des miennes. Paris 1888

Fernigh, Théophile de: Correspondance. Paris 1873

Genlis, Félicité de: Mémoires inédits sur le 18e siècle et la Révolution française. Paris 1825

Gouges, Olympe de: Œuvres. Paris 1986

dies.: Schriften. Basel, Frankfurt 1980

Jullien, Rosalie: Journal d'une bourgeoise pendant la Révolution 1791–1793. Paris 1881

La Bouëre, Comtesse de: Souvenirs: La guerre de la Vendée. Paris 1890

La Rochejaquelein, Marie-Louise-Victoire de Donissan, Marquise de: Mémoires. Paris 1988

La Tour du Pin, Henriette-Lucy Dillon, Marquise de: Journal d'une femme de cinquante ans. Paris 1987

La Villirouët, Comtesse de: Une femme avocat. Paris 1902

Maussion, Angélique de: Rescapés de Thermidor. Paris 1975

Necker, Suzanne Curchod, Madame: Mélanges. Extraits des manuscrits. Paris 1798–1801

Robespierre, Charlotte: Mémoires sur ses deux frères. Paris 1835

Roland, Manon: Lettres 1780–1793. Publiées par Claude Perroud. Paris 1902

dies.: Mémoires. Paris 1986

Staël, Germaine de: Considérations sur les principaux évènements de la Révolution française. Paris 1983

dies.: Rettet die Königin! Zürich 1989

dies.: Über Deutschland. Frankfurt 1985

Tarente, Princesse de: Souvenirs. Paris 1901

Tourzel, Duchesse de: Mémoires. Paris 1986

Vigée-Le Brun, Elisabeth: Der Schönheit Malerin... Erinnerungen. Darmstadt/Neuwied 1985

Williams, Helen: Letters from France. London 1975

III. Darstellungen

1. Allgemein

Abensour, Léon: La Femme et le Féminisme avant la Révolution. Paris 1923 (Genf 1977)

Albistur, M./Armogathe, D.: Histoire du Féminisme français. Paris 1977

Badinter, Elisabeth: Die Mutterliebe. Geschichte eines Gefühls vom 17. Jahrhundert bis heute. München 1984

Bertaud, Jean-Paul: La Vie quotidienne en France au Temps de la Révolution 1789–1795. Paris 1983 (dt: Darmstadt 1989)

Blanc, Olivier: Der letzte Brief. Die Schreckensherrschaft der Französischen Revolution in Augenzeugenberichten. Wien, Darmstadt 1988

Bessand-Massenet, Pierre: La fin d'une société. Femmes sous la Révolution. Paris 1953

Cerati, Marie: Le Club des Citoyennes républicaines révolutionnaires. Paris 1966

Dauban, C.-A.: Les Prisons de Paris sous la Révolution. Paris 1870

Duhet, Paule-Marie: Les Femmes et la Révolution 1789–1794. Paris 1971

Furet, F./Richet, D.: Die Französische Revolution. Frankfurt 1968

Gendron, F.: La Jeunesse sous le Thermidor. Paris 1984

Godineau, Dominique: Citoyennes tricoteuses. Les femmes du peuple à Paris pendant la Révolution française. Aix-en-Provence 1988

Goncourt, E. et J.: La femme au dix-huitième siècle. Paris 1982

Grubitzsch, H./Cyrus, H./Haarbusch, E.: Grenzgängerinnen. Revolutionäre Frauen im 18. und 19. Jahrhundert. Düsseldorf 1985

Harten, E./Harten, H.-Ch.: Frauen – Kultur – Revolution 1789–1799. Pfaffenweiler 1988

Held, Jutta (Hrsg.): Frauen im Frankreich des 18. Jahrhunderts: Amazonen, Mütter, Revolutionärinnen. Hamburg 1989

Lenôtre, G.: La Révolution par ceux qui l'ont vue. Paris 1934

Marand-Fouquet, Catherine: La Femme au temps de la Révolution. Paris 1989

Markov, Walter: Revolution im Zeugenstand. Frankreich 1789–1799. 2 Bde. Frankfurt 1987

Michelet, Jules: Die Frauen der Revolution. München 1913 (neu 1984)

Ozouf, Mona: La Fête révolutionnaire. Paris 1976

Reichardt, Rolf: Die Französische Revolution. Freiburg 1988

Robiquet, Jean: La vie quotidienne au temps de la Révolution. Paris 1958

Rosa, Annette: Citoyennes. Les Femmes et la Révolution française. Paris 1988

Soprani, Anne: La Révolution et les Femmes de 1789 à 1796. Paris 1988

Soboul, Albert: Die Große Französische Revolution. Frankfurt 1973

Turquan, Joseph: Les femmes de l'émigration. Paris 1912

Villiers, Baron Marc de: Histoire des clubs de femmes et les légions d'amazones. 1793–1848–1871. Paris 1910

Yalom, Marilyn: Le temps des orages. Aristocrates, bourgeoises et paysannes racontent. Paris 1989

2. Biographien

Blanc, Olivier: Olympe de Gouges. Paris 1981 (deutsch 1989)

Badinter, E. et R.: Condorcet. Paris 1988

Bertaud, Jean-Paul: Camille et Lucile Desmoulins. Paris 1985

Boissel, Thierry: Sophie de Condorcet, femme des Lumières. Paris 1988

Bourquin, Marie-Hélène: Monsieur et Madame Tallien. Paris 1987

Broglie, Gabriel de: Madame de Genlis. Paris 1985

Campardon, Emile: Marie-Antoinette à la Conciergerie. Paris 1863 (enthält die Aufzeichnungen der Rosalie Lamorlière)

Chaussinand-Nogaret, Guy: Madame Roland. Stuttgart 1988

Claretie, J.: Camille et Lucile Desmoulins. Paris 1875

Ernst, Otto: Théroigne de Méricourt. Paris 1935

Fleischmann, Hector: Charlotte Robespierre. Paris 1910

Grubitzsch, H./Bockholt, R.: Théroigne de Méricourt. Die Amazone der Freiheit. Pfaffenweiler 1991

Guillois, Antoine: La Marquise de Condorcet: sa famille, son salon, ses amis. Paris 1897

Gwynne, G. E.: Madame de Staël et la Révolution française. Paris 1969

Herold, Christopher: Madame de Staël. München 1960

Houssaye, Arsène: Notre Dame de Thermidor. Paris 1895

Kermina, Françoise: Madame Roland ou La passion révolutionnaire. Paris 1976

Nettelbeck, Petra und Uwe: Charlotte Corday. Salzhausen-Luhmühlen 1977

Roudinesco, Elisabeth: Théroigne de Méricourt. Une femme mélancolique sous la Révolution. Paris 1989

Vincelot, Chantal: Recherches sur Mademoiselle de Kéralio et François Robert. Diplôme d'études supérieures. Paris 1967

IV. Bildbände, Nachschlagewerke, Kataloge

Freiheit, Gleichheit, Brüderlichkeit. 200 Jahre Französische Revolution in Deutschland. Katalog der Ausstellung im Germanischen Nationalmuseum Nürnberg 1989

Les femmes au temps de la Révolution française. Katalog der BBL Brüssel 1989

Herding, Klaus/Reichardt, Rolf: Die Bildpublizistik der Französischen Revolution. Frankfurt 1989

Manceron, Claude: La Révolution française. Dictionnaire biographique. Paris 1989

Neyer, Hans-Joachim (Hrsg.): Vive la Révolution. Berlin 1989

Pellegrin, Nicole: Les Vêtements de la Liberté. Aix-en-Provence 1989

Sklavin oder Bürgerin? Französische Revolution und Neue Weiblichkeit 1760–1830. Katalog der Ausstellung des Historischen Museums Frankfurt 1989 (Hrsg.: Viktoria Schmidt-Linsenhoff)

Bildnachweise

S. 11: Augustin Claude Le Grand, Jean-Jacques Rousseau oder der natürliche Mensch, Kupferstich. – S. 21: Anonymer Stich. – S. 41: Zeitgenössische Radierung. Archiv für Kunst und Geschichte, Berlin. – S. 46: Lithographie. Archiv für Kunst und Geschichte, Berlin. – S. 50: Anonymer Stich. – S. 60: Anonymes Gemälde. Musée Carnavalet, Paris. Musées de la Ville de Paris by SPADEM 1993. – S. 79: Adelaïde Labille-Guiard, Portrait de femme. Musée des Beaux-Arts de Quimper (France). – S. 110: Anonymer Stich. Archiv für Kunst und Geschichte, Berlin. – S. 150: J.-L. David, Camille Desmoulins et sa famille, 1792. Giraudon. S. 175: Mme de Staël, Gemälde von Gérard. Archiv Gerstenberg, Wietze. – S. 188: Gouache, um 1790, von Lesneur. Archiv für Kunst und Geschichte, Berlin. – S. 200: Zit. nach A. Soprani, La Revolution et les Femmes de 1789 à 1796, Paris 1988, Tafel 2. – S. 203: Louis Leopold Boilly, Der Triumph des Marat. Musée des Beaux-Arts, Lille. Lauros-Giraudon/Bridgeman Art Library. Interfoto, München. – S. 217: Lithographie von Baudran nach dem Gemälde Hauers. Archiv für Kunst und Geschichte, Berlin. – S. 222: Monatskupferstiche zum Republikanischen Kalender von Louis Lafitte und Salvatore Tresca. – S. 230: Zeitgenössischer Kupferstich. – S. 235: Marguerite Chatté, Kalender der Freien Frauen. Aquarell. Paris, Musée Carnavalet, zit. nach: Sklavin oder Bürgerin? Französische Revolution und Neue Weiblichkeit 1760–1830, hrsg. v. V. Schmidt-Linsenhoff, Historisches Museum Frankfurt 1989, S. 473. – S. 248: Zit. nach A. Rosa, Citoyennes, Paris 1988, S. 95. – S. 257: Alexander Kucharski, Portrait der Marie-Antoinette, Pastell, unvollendet, Musée de Versailles. Archiv für Kunst und Geschichte, Berlin. – S. 274: Zit. nach A. Soprani, La Revolution et les Femmes de 1789 à 1796, Paris 1988, Tafel 1. – S. 289: ebda, Tafel 4. – S. 294: Marquise de Condorcet, Bibliothèque Nationale. Photo Harlingue-Viollet. – S. 314: Charlotte Robespierre, Gravure par Leclerc. Photo Collection Viollet. – S. 342: Madame Tallien, Gemälde von Gérard, Château de Versailles. – S. 346: Illustration aus der Zeitschrift »Le Bon Genre«, um 1800. S. 349: Anonymer Stich. – S. 353: J.-L. David, La maraichère. Lyon, Musée des Beaux-Arts. Bildarchiv Foto Marburg. – S. 374: Victorine de Chastenay, Lithographie, Bibliothèque Nationale. Photo Collection Viollet. – Soweit nicht anders angegeben, stammen die Abbildungen aus privaten Archiven.

Namenverzeichnis